Código de Processo Penal

Código de Processo Penal

(com referência aos acórdãos de fixação de jurisprudência e transcrição dos respetivos sumários)

2020 • 7ª Edição

Código da Execução das Penas e Medidas Privativas da Liberdade
Lei da Identificação Criminal
Regime da Utilização de Meios Técnicos de Controlo à Distância
Lei do Cibercrime
Lei de Saúde Mental
Lei da Cooperação Judiciária Internacional em Matéria Penal
Regime Jurídico do Mandado de Detenção Europeu
Regime Jurídico das Perícias Médico-Legais e Forenses
Proteção de Testemunhas em Processo Penal
Estatuto da Vítima
Regime Jurídico das Ações Encobertas para Fins de Prevenção e Investigação Criminal
Legislação Complementar Adicional

ALMEDINA

CÓDIGO DE PROCESSO PENAL
1ª edição: março, 2011

EDITOR
EDIÇÕES ALMEDINA, S.A.
Rua Fernandes Tomás nºs 76, 78, 80
3000-167 Coimbra
Tel.: 239 851 904 · Fax: 239 851 901
www.almedina.net · editora@almedina.net

DESIGN DE CAPA
EDIÇÕES ALMEDINA, S.A.

PRÉ-IMPRESSÃO
EDIÇÕES ALMEDINA, S.A.

IMPRESSÃO E ACABAMENTO

outubro, 2020

DEPÓSITO LEGAL
??????/20

Apesar do cuidado e rigor colocados na elaboração da presente obra, devem os diplomas legais dela constantes ser sempre objeto de confirmação com as publicações oficiais.
Toda a legislação contida na presente obra encontra-se atualizada de acordo com os diplomas publicados em Diário da República, independentemente de terem já iniciado a sua vigência ou não.
Os textos legislativos apresentam a grafia com que foram publicados em Diário da República. Por determinação da RCM 8/2011, de 25-01, a partir de 1 de janeiro de 2012 tornou-se obrigatória a aplicação do Acordo Ortográfico à publicação do Diário da República, razão pela qual coexistem ambas as grafias.

ALMEDINA | GRUPOALMEDINA

BIBLIOTECA NACIONAL DE PORTUGAL – CATALOGAÇÃO NA PUBLICAÇÃO

PORTUGAL. Leis, decretos, etc. Código de Processo Penal
Código de processo penal. – 7ª ed. – (Textos da lei)
ISBN 978-972-40-8935-5
CDU 343

NOTA PRÉVIA À 7ª EDIÇÃO

Na presente edição encontram-se as recentes alterações ao Código de Processo Penal, operadas pela Lei nº 39/2020, de 18 de agosto, que altera o regime sancionatório aplicável aos crimes contra animais de companhia.

Integra também as alterações ao regime jurídico aplicável à prevenção da violência doméstica, à proteção e à assistência das vítimas: Lei nº 2/2020, de 31 de março e Lei nº 54/2020, de 26 de agosto.

Coimbra, outubro de 2020
A EQUIPA EDITORIAL

Código de Processo Penal

Decreto-Lei nº 78/87, de 17 de fevereiro

Depois de diversos propósitos e tentativas, algumas com começo de execução, que se foram esboçando ao longo dos anos, ingressa, por fim, na vida jurídica portuguesa um novo Código de Processo Penal. Só as obras não significativas são incontroversas; o Código, que agora passa a ocupar o espaço do de 1929 e da legislação avulsa que, dispersa e, por vezes, incoerentemente, o complementou, surge, no entanto, em resultado de uma ponderada preparação e de um debate institucional alargado.

Decorrerão da sua entrada em vigor modificações orgânicas e adaptações de vária índole; haverá mesmo que reconverter, até certo ponto, as mentalidades de alguns dos protagonistas do sistema. Daí a necessidade de diferir o início da sua aplicação, excluindo-se, para além disso, tal aplicação aos processos pendentes.

Uma excepção foi aberta; crê-se que com inteira justificação. Diz ela respeito à supressão da incaucionabilidade, por força da lei, quanto a certas categorias de crimes. Realmente, o princípio da caucionabilidade abstracta de todas as infracções é o que se adequa com o direito fundamental da liberdade pessoal. Pressupõe, aliás, uma reafirmação de confiança nos critérios dos juízes; trata-se de uma outorga de confiança que constituirá um elemento matricial de um Estado de Direito. Daí a entrada em vigor desde já da revogação do Decreto-Lei nº 477/82, de 22 de Dezembro; este diploma teve, de resto, o condão de suscitar uma quase unanimidade nas opiniões discordantes.

Noutro plano esteve, naturalmente, presente a intencionalidade de assegurar uma proporcionada compatibilização do novo Código com a legislação estravagante conexionável com o Código de 1929 até que se venha a concretizar a modificação geral dessa legislação. Assume o problema particular melindre no que respeita ao processamento das transgressões e contravenções que em legislação avulsa se vêm mantendo, não obstante o declarado movimento no sentido da convolação desses ilícitos penais para o direito contra-ordenacional. A fórmula encontrada – largamente preferível à da revivência do Código anterior naquilo em que ele continha uma forma especial para a tramitação de tais infracções – parece equilibrada e praticável; e nem será a eventualidade de reenvio para a forma comum que irá prejudicar a exequibilidade do sistema no que respeita ao julgamento de transgressões e contravenções puníveis com multa.

Assim:

No uso da autorização conferida pela Lei nº 43/86, de 26 de Setembro, o Governo decreta, nos termos da alínea *b*) do nº 1 do artigo 201º da Constituição, o seguinte:

ARTIGO 1º

É aprovado o Código de Processo Penal publicado em anexo e que faz parte integrante do presente diploma.

ARTIGO 2º

1 – É revogado o Código de Processo Penal aprovado pelo Decreto-Lei nº 16489, de 15 de Fevereiro de 1929, com a redacção em vigor.

2 – São igualmente revogadas as disposições legais que contenham normas processuais penais em oposição com as previstas neste Código, nomeadamente as seguintes:

a) Decreto-Lei nº 35007, de 13 de Outubro de 1945;

b) Decreto-Lei nº 31843, de 8 de Janeiro de 1942;

c) Artigos 26º, 27º e 28º do Decreto-Lei nº 32171, de 29 de Julho de 1942, o Decreto-Lei nº 47749, de 6 de Junho de 1967 e o artigo 28º do Decreto-Lei nº 48587, de 27 de Agosto de 1968, todos na parte aplicável ao processo penal;

d) Artigo 36º do Decreto-Lei nº 37047, de 7 de Setembro de 1948;

e) Artigo 67º do Código da Estrada, aprovado pelo Decreto-Lei nº 39673, de 20 de Maio de 1954, com a redacção em vigor;

f) Decreto-Lei nº 45108, de 3 de Julho de 1963;

g) Decreto-Lei nº 605/75, de 3 de Novembro, com a redacção que lhe conferiu o Decreto-Lei nº 377/77, de 6 de Setembro;

h) Lei nº 38/77, de 17 de Junho;

i) Decreto-Lei nº 377/77, de 6 de Setembro;

j) Decreto-Lei nº 477/82, de 22 de Dezembro.

ARTIGO 3º

(Revogado pelo Decreto-Lei nº 17/91, de 10-01)

ARTIGO 4º

Consideram-se efectuadas para as correspondentes disposições do presente Código de Processo Penal as remissões feitas em legislação avulsa para o Código anterior.

ARTIGO 5º

1 – Os processos cuja instrução esteja legalmente cometida aos tribunais de instrução criminal prosseguirão aí os seus termos até à conclusão da instrução.

2 – O Conselho Superior da Magistratura e a Procuradoria-Geral da República adoptarão, de forma articulada, as medidas necessárias à célere conclusão dos processos referidos no número anterior.

ARTIGO 6º

As somas em unidade de conta processual penal, tal como se encontram definidos na alínea *h*) do nº 1 do artigo 1º do Código, arrecadadas em processos nos quais seja decretada a condenação respectiva, terão o seguinte destino:

a) 20% para os Cofres do Ministério da Justiça;

b) 20% para o Instituto de Reinserção Social;

c) 60% para o organismo ao qual for cometida competência em matéria de acesso ao direito.

ARTIGO 7º

1 – O Código de Processo Penal aprovado pelo presente diploma e as disposições antecedentes começarão a vigorar no dia 1 de Junho de 1987, mas só se aplicam aos processos instaurados a partir dessa data, independentemente do momento em que a infracção tiver sido cometida, continuando os processos pendentes àquela data a reger-se até ao trânsito em julgado da decisão que lhes ponha termo, pela legislação ora revogada.

2 – Exceptua-se do disposto no número anterior o artigo 209º do Código aprovado pelo presente diploma, bem como a revogação decretada pela alínea *j*) do nº 2 do artigo 2º deste Decreto-Lei, que produzem efeitos no dia imediato ao da publicação do presente diploma, sendo os processos em que tiver sido ordenada ou mantida prisão preventiva incaucionável ao abrigo daquele diploma, ora revogado, feitos conclusos ao juiz para que este, através de despacho fundamentado, se pronuncie no prazo de 15 dias quanto à subsistência da prisão ou quanto à concessão da liberdade provisória.

3 – Da decisão proferida ao abrigo do número anterior cabe recurso, nos termos gerais.

Visto e aprovado em Conselho de Ministros de 4 de Dezembro de 1986. – *Aníbal António Cavaco Silva* – *Mário Ferreira Bastos Raposo.*

Promulgado em 22 de Janeiro de 1987.

Publique-se.

O Presidente da República, MÁRIO SOARES.

Referendado em 26 de Janeiro de 1987.

O Primeiro-Ministro, *Aníbal António Cavaco Silva.*

Código de Processo Penal*

I – 1 – A urgência de uma revisão sistemática e global do ordenamento processual penal constitui um dos tópicos mais consensuais da experiência jurídica contemporânea. Reclamada pelos cultores da doutrina processual penal, ansiosamente aguardada pelos práticos do direito, a reforma do processo penal tem também persistido como um compromisso invariavelmente inscrito nos programas dos sucessivos governos constitucionais.

Igualmente pacífica é hoje a convicção de que só uma nova codificação do direito processual penal poderá representar o início de uma resposta consistente aos múltiplos e ingentes desafios que neste domínio se colocam à sociedade portuguesa. Na verdade, de uma qualquer tentativa de revisão parcial da codificação ainda vigente mais não poderá esperar-se que o aumento da complexidade e a multiplicação das aporias, tanto no plano teórico como no da aplicação da lei. Iniciado em 1929, o ciclo de vigência do Código de Processo Penal anterior caracterizou-se por uma produção praticamente ininterrupta de novos diplomas legais em matéria de processo penal: umas vezes com o propósito de sancionar inovações a inscrever no próprio texto codificado, outras a engrossar o já incontrolável caudal das leis extravagantes. Tratou-se, além disso, de diplomas projectados em horizontes históricos vários, com diferente densidade ideológica e cultural, e, por isso mesmo, prestando homenagem a distintas concepções do mundo e da vida, do estado e do cidadão, da comunidade e da pessoa, e portadores de programas político-criminais centrífugos e frequentemente antagónicos.

O quadro esboçado agravou-se ainda com as reformas ditadas e introduzidas pelas transformações iniciadas em 25 de Abril de 1974. De tudo resultou um ordenamento processual penal minado por contradições, desfasamentos e disfuncionalidades comprometedoras; um ordenamento onde, às dificuldades de identificação, na multidão de regulamentações sobrepostas, do regime concretamente aplicável,

* Texto de acordo com a republicação da Lei nº 48/2007, de 29-08 (cfr.Declarações de Rectificação nºs 100-A/2007, de 26-10 e 105/2007, de 09-11).

se somavam as emergentes da impossibilidade de referenciar um sistema coerente, preordenado à realização de uma teleologia claramente perspectivada e assumida.

2 – É a dar resposta aos imperativos que revelam deste contexto que se destina o presente Código de Processo Penal. Para mais fácil apreensão do seu espírito e dos seus propósitos, e como forma de mediatizar a sua consensual e generalizada aceitação, importará assinalar alguns dos princípios que deliberadamente foram erigidos em matriz e étimo legitimador das soluções técnicas por que se optou. Como convirá por outro lado, e a título meramente exemplificativo, pôr em relevo algumas destas soluções, muitas delas de cariz inovador. Antes, porém, será oportuno explicitar algumas das coordenadas que definiram o ambiente em que a reforma teve de operar e que condicionaram, por isso, as linhas de equilíbrio e de superação de princípios de projecção muitas vezes antinómica, ditando deste modo, frequentemente, a preferência por uma certa solução técnica entre várias em princípio disponíveis.

Distinguir-se-á, para o efeito, entre condicionalismos exógenos e endógenos: os primeiros, derivados da cada vez mais intensa inserção de Portugal nas comunidades e organizações supranacionais e da cada vez mais acentuada sintonia com o ritmo dos grandes movimentos ideológicos, culturais, científicos, político-criminais e jurídicos que permanentemente agitam e renovam o rosto do mundo; os segundos, provenientes da experiência jurídica nacional e das idiossincrasias irrenunciáveis do nosso universo histórico-cultural.

3 – No que aos factores exógenos respeita, ponderou-se atentamente a lição de direito comparado. Procurou-se, em particular, tirar vantagem dos ensinamentos oferecidos pela experiência dos países comunitários (Espanha, França, Itália, República Federal da Alemanha) com os quais Portugal mantém um mais extenso património jurídico e cultural comum; países de resto, todos eles, empenhados num processo de profunda renovação das instituições processuais penais. Igualmente se cuidou de analisar os resultados alcançados pelas aturadas investigações criminológicas empreendidas nalguns daqueles países e que incidem sobre a acção das diferentes instâncias que integram o sistema formal de controlo da criminalidade. Sem se advogar nem pretender uma transposição mecânica de tais resultados, verdade é que não devem desatender-se as consistentes injunções político-criminais que deles emanam, na perspectiva de um sistema apostado em maximizar e racionalizar o seu funcionamento; apostado, noutros termos, em obviar às elevadas «cifras negras» e às desigualdades que elas incorporam e em vencer os desajustamentos e disfuncionalidades entre as singulares instâncias e entre o sistema globalmente considerado e a comunidade ambiente.

Particularmente relevante para a elaboração do presente Código foi a ciência jurídico-processual penal dos países referidos. O que facilmente se compreende, certo como é ter sido a este poderoso movimento de elaboração dogmática que ficaram a dever-se os progressos registados na afirmação das implicações dos princípios basilares de um Estado de Direito democrático e social sobre um processo penal que se quer sintonizado com tais princípios.

À mesma doutrina devem, de resto, creditar-se os esforços mais consequentes na procura de alternativas susceptíveis de plasmar com maior eficácia, na experiência quotidiana, aqueles princípios e a axiologia última a que prestam homenagem.

Despicienda não foi, por último, a influência que irradia de um foro com o prestígio moral e cultural do Conselho da Europa, ao qual o nosso país se orgulha de pertencer. Recorde-se, a propósito, que inúmeros temas do processo penal – com destaque, *v. g.*, para os problemas da prisão preventiva, das garantias e direitos dos arguidos, dos processos acelerados e simplificados, da posição jurídico-processual da vítima, do sentido e âmbito de aplicação do princípio da oportunidade, etc. – têm constituído objecto de reuniões científicas sob o seu patrocínio e, não raro, de recomendações ou deliberações dos seus órgãos competentes.

4 – De entre as condicionantes endógenas deve evidenciar-se, em primeiro lugar, o relevo que no presente Código quis atribuir-se à tradição processual penal portuguesa. Procurou-se, com efeito, que a busca da inovação e da modernidade se não fizesse com sacrifício indiscriminado de instituições e de princípios que, apesar de tudo, devem ser preservados como sinais identificadores de uma maneira autónoma de estar no mundo, de fazer história e de criar cultura. Paradigmático a este respeito é o que se passa com o estatuto da *vítima-assistente*, que nos singulariza claramente no contexto do direito comparado e por cujo modelo começam agora a orientar-se os movimentos de reforma de muitos países, sob o impulso das mais recentes investigações criminológico-vitimológicas.

Importa referir, em segundo lugar, a Constituição da República e o Código Penal – dois diplomas que, pelo seu papel no contexto da ordem jurídica portuguesa, em muitos casos estreitam drasticamente o espectro das alternativas disponíveis, enquanto noutros casos predeterminam o sentido e o alcance das soluções a consagrar em processo penal. Assim, a Constituição da República elevou, por exemplo, à categoria de direitos fundamentais os princípios relativos à estrutura básica do processo penal, aos limites à prisão preventiva como medida que se quer decididamente subsidiária, à regularidade das provas, à celeridade processual compatível com as garantias de defesa, à assistência do defensor, ao juiz natural. Por seu turno, de entre os condicionalismos decorrentes do Código Penal pode salientar-se, desde logo, o que se prende com a sua fidelidade ao ideário socializador e que aponta por sua vez, por exemplo, para uma autonomia, ao menos relativa, do momento processual de determinação e de medida da pena. Menos óbvias e significativas não são, de resto, as implicações decorrentes da circunstância de o Código Penal ter definido a indemnização, arbitrada ao lesado como consequências de um crime, como uma prestação de natureza civilística; o que não pode deixar de contender, por exemplo, com o princípio de um generalizado arbitramento oficioso, vigente no direito anterior.

Relevante foi, em terceiro lugar, a representação – que se quis tão aproximada e verdadeira quanto possível – dos principais estrangulamentos e desvios registados na *praxis* dos nossos tribunais e responsáveis pela frustração de uma justiça tempestiva e eficaz. Tais disfuncionalidades foram principalmente diagnosticadas: na existência da instrução, como fase necessária à submissão do feito a julgamento nos crimes mais graves; no desregramento em matéria de continuidade e de disciplina da audiência de julgamento e na invencível anomia do desrespeito dos prazos em geral; num sistema de recursos que, por sobre induzir ao abuso, se relevava paradoxalmente como oferecendo um segundo grau de recurso sem, simultaneamente, garantir uma dupla jurisdição sobre o mérito; numa pletora de formas comuns e especiais do procedimento. Tudo, de resto, se agravando com a desconfiança generalizada dos cidadãos quanto à idoneidade da justiça formal prestada, num processo de afastamento que se alimentava em espiral e induzia à procura de soluções informais autotutela, de desforço ou vindicta, de composição e de ressarcimento privados.

II – 5 – Para se ganhar a perspectiva adequada à compreensão da estrutura básica do modelo de processo subjacente ao presente Código, dos seus princípios fundamentais e das suas soluções concretas, convirá começar por uma referência prévia aos fins ou metas que, em última instância, é legítimo esperar de um processo penal no quadro de um Estado de Direito democrático e social.

São, com efeito, os valores e as formas deste modelo de organização comunitária que definem o horizonte em que o Código pretende inscrever-se. Este assume, em conformidade, a ideia-mestra segundo a qual o processo penal tem por fim a realização de justiça no caso, por meios processualmente admissíveis e por forma a assegurar a paz jurídica dos cidadãos.

Sabe-se, porém, como estas três referências valem no processo penal como polarizadores autónomos de universo de valores e geradores de princípios de implicações inevitavelmente antitéticas. Afastada está pois, à partida, a possibilidade de se pôr de pé um sistema processual que dê satisfação integral às exigências decorrentes de cada uma daquelas três referências. Por maioria de razão deve, aliás, afastar-se, sem mais, toda a pretensão de absolutizar unilateralmente qualquer deles – sob pena de se abrir a porta às formas mais intoleráveis de tirania, ou de se advogar soluções do mais inócuo ritualismo processual. O possível, e também – importa acentuá-lo – o desejável, é, assim, um modelo processual preordenado à concordância prática das três teleologias antinómicas, na busca da maximização alcançável e admissível das respectivas implicações.

No estado actual do conhecimento, e tendo presente o lastro da experiência histórica, seria ociosa qualquer demonstração das antinomias que medeiam entre, por exemplo, a liberdade e dignidade dos arguidos e a procura a todo o transe de uma verdade material; ou entre o acréscimo de eficiência da justiça penal e o respeito das formas ou ritos processuais que se apresentam como baluartes dos direitos fundamentais.

As transformações políticas e sociais mais recentes, e mesmo o avanço da reflexão teórica mais ou menos empenhada, têm entretanto feito aflorar novas e importantes linhas de clivagem e de conflitualidade entre os fins do processo penal.

Está no primeiro caso o triunfo do moderno Estado de Direito social, cujos reflexos no processo penal (socialização, conciliação, transacção, oportunidade, etc.) podem colidir drasticamente com as exigências ancoradas em mais de dois séculos de afirmação da vertente meramente liberal do Estado de Direito clássico.

Paradigmática, no que ao segundo caso respeita, é a antinomia que resulta da descoberta do relevo institucional de certos direitos fundamentais, a ponto de o Estado de Direito contemporâneo os assumir como seus próprios valores simbólicos. O que se traduz, *v. g.*, na sua irrenunciabilidade mesmo no contexto do processo penal, para mediatizar os seus fins e sob o envolvimento das suas garantias formais. O que se passa com as proibições de prova – que, por obediência aos imperativos constitucionais, o Código expressamente consagra –, cujo regime sobreleva de forma explícita o consentimento do arguido e a sua autonomia, constitui a manifestação porventura mais expressiva, mas não seguramente a única, desta postura do Estado de Direito perante os direitos fundamentais. Ao erigi-los em «instituição» e ao impô-los de certo modo contra o próprio titular, é também a «instituição» de um processo penal plenamente legitimado que o Estado moderno procura preservar. Por via reflexa e em última instância, é a sua própria legitimação que o Estado procura acautelar.

6 – São, assim, as antinomias a nível dos próprios fundamentos do processo penal que reclamam um regime integrado de soluções compromissórias, precludindo a possibilidade de um sistema alinhado segundo os ditames de uma lógica unilinear e absolutizada. As pressões no sentido de um sistema aberto mais se acentuam, de resto, quando se entra em linha de conta com duas considerações complementares: a primeira contende com a heterogeneidade da realidade sobre que versa o processo penal; a segunda tem a ver com a diversidade de atitude ou de *ethos* próprios das diferentes estruturas de interacção em que se analisa o drama processual. Noutros termos, e seguindo neste ponto a formulação de alguns processualistas contemporâneos, é possível inscrever todo o universo processual num sistema de coordenadas definido por um eixo horizontal e outro vertical.

a) Quanto ao primeiro eixo, convém não esquecer a importância decisiva da distinção entre a criminalidade grave e a pequena criminalidade – uma das manifestações típicas das sociedades modernas. Trata-se de duas realidades claramente distintas quanto à sua explicação criminológica, ao grau de danosidade social e ao alarme colectivo que provocam. Não poderá deixar de ser, por isso, completamente diferente o teor da reacção social num e noutro caso, *maxime*, o teor da reacção formal. Nem será mesmo por acaso que a procura de novas formas de controlo da pequena criminalidade representa uma das linhas mais marcantes do actual debate político-criminal. Concretamente, é sobretudo com os olhos postos nesta específica área da fenomenologia criminal que, cada vez com maior insistência, se fala em termos de oportunidade, diversão, informalidade, consenso, celeridade. Não se estranhará por isso que o presente Código preste uma moderada mas inequívoca homenagem às razões que estão por detrás destas sugestões político-criminais. Nem será outrossim difícil identificar soluções ou institutos que delas relevam directamente. Pelo seu carácter inovador e pelo seu peso na economia do diploma, merecem especial destaque a possibilidade de suspensão provisória do processo com injunções e regras de conduta e, sobretudo, a criação de um processo sumaríssimo – forma especial de processo destinado ao controlo da pequena criminalidade em termos de eficácia e celeridade, sem os custos duma estigmatização e dum aprofundamento da conflitualidade no contexto de uma audiência formal.

b) Um segundo eixo estabelece a fronteira entre aquilo que se pode designar por espaços de consenso e espaços de conflito no processo penal: embora em boa medida sobreponível com a anteriormente mencionada – no tratamento da pequena criminalidade devem privilegiar-se soluções de consenso, enquanto no da criminalidade mais grave devem, inversamente, viabilizar-se soluções que passem pelo reconhecimento e clarificação do conflito –, esta segunda distinção possui sentimento autónomo.

Por um lado, abundam no processo penal as situações em que a busca do consenso, da pacificação e da reafirmação estabilizadora das normas, assente na reconciliação, vale como um imperativo ético-jurídico. Expressões do eco encontrado no presente Código por tais ideias são, entre outras: o relevo atribuído à confissão livre e integral, a qual pode dispensar toda a ulterior produção da prova; o acordo de vários sujeitos processuais como pressuposto de institutos como o da suspensão provisória do processo, o do processo sumaríssimo, a competência do juiz singular para o julgamento de casos em abstracto pertinentes à competência do tribunal colectivo, bem como as numerosas disposições cuja eficácia é posta na dependência do assentimento de um ou de vários intervenientes processuais.

Contudo, o Código não erige a procura do consenso em valor incondicionado. Pela natureza das coisas, também aqui a absolutização só seria possível à custa do arbítrio, subalternizando à «paz» a própria vida e a autonomia humanas. Acresce que, não raro, o controlo eficaz da criminalidade só pode lograr-se mediante a formalização da conflitualidade real. Paradigmática do respeito que esta consideração merece ao Código é, por exemplo, a possibilidade que assiste ao arguido de aceitar ou rejeitar a desistência da queixa ou da acusação particular. Da mesma postura relevam, em geral, todas as disposições que, como implicações do sistema acusatório, visam realizar na medida do possível a reclamada «igualdade de armas» entre a acusação e a defesa. O mesmo poderá ainda afirmar-se a propósito o reforço da consistência do estatuto do assistente, com a intenção manifestada de consolidar o papel de um dos protagonistas no campo da conflitualidade real.

III – 7 – O que fica dito permitirá uma mais fácil identificação e explicação dos contornos mais salientes da arquitectura do processo penal previsto no presente Código. Três notas complementares ajudarão a evidenciar outros tantos aspectos que imprimem cunho ao sistema delineado.

a) A primeira nota tem a ver com a estrutura básica do processo. Por apego deliberado a uma das conquistas mais marcantes do progresso civilizacional democrático, e por obediência ao mandamento constitucional, o Código perspectivou um processo de estrutura basicamente acusatória. Contudo – e sem a mínima transigência no que às autênticas exigências do acusatório respeita –, procurou temperar o empenho na maximização da acusatoriedade com um princípio de investigação oficial, válido tanto para efeito de acusação com de julgamento; o que representa, além do mais, uma sintonia com a nossa tradição jurídico-processual penal.

b) Em segundo lugar, o Código optou decididamente por converter o inquérito, realizado sob a titularidade e a direcção do Ministério Público, na fase geral e normal de preparar a decisão de acusação ou de não acusação. Por seu turno, a instrução, de carácter contraditório e dotada de uma fase de debate oral – o que implicou o abandono da distinção entre instrução preparatória e contraditória –, apenas terá lugar quando for requerida pelo arguido que pretenda invalidar a decisão de acusação, ou pelo assistente que deseje contrariar a decisão de não acusação. Tal opção filia-se na convicção de que só assim será possível ultrapassar um dos maiores e mais graves estrangulamentos da nossa actual *praxis* processual penal. E esteia-se, por outro lado, no facto de todos os actos processuais que contendam directamente com os direitos fundamentais do arguido só devem poder ter lugar se autorizados pelo juiz de instrução e, nalguns casos, só por este podem ser realizados. Refira-se ainda que, como decorrência directa da opção de fundo acabada de mencionar, os órgãos de polícia criminal são, na fase de inquérito, colocados na dependência funcional do Ministério Público.

c) Inovador a muitos títulos é, em terceiro lugar, o regime de recursos previsto neste Código. Com as inovações introduzidas procurou obter-se um duplo efeito: potenciar a economia processual numa óptica de celeridade e de eficiência; e, ao mesmo tempo, emprestar efectividade à garantia contida num duplo grau de jurisdição autêntico.

Para alcançar o primeiro desiderato, tentou obviar-se ao reconhecido pendor para o abuso dos recursos, abrindo-se a possibilidade de rejeição liminar de todo o recurso por manifesta falta de fundamento. Complementarmente, procurou simplificar-se todo o sistema, abolindo-se concretamente a existência, por regra, de um duplo grau de recurso. Por isso os tribunais de relação passam a conhecer em última instância das decisões finais do juiz singular e das decisões interlocutórias do tribunal colectivo e do júri, devendo o recurso das decisões finais destes últimos tribunais ser directamente interposto para o Supremo Tribunal de Justiça.

Por outro lado, é logo a partir da primeira instância que se começa por dar expressão à garantia ínsita na existência de uma dupla jurisdição. Com efeito, o Código aposta confiadamente na qualidade da justiça realizada a nível da primeira instância, para o que não deixa de adoptar as medidas consideradas mais adequadas e de supor que outras – que a ele não cabe editar – não deixarão de ser consagradas nos lugares próprios. Entre estas avulta a da separação entre os juízes que hão-de actuar como juízes singulares e os que pertencem aos tribunais colectivos. No mesmo enquadramento deverá interpretar-se o alargamento da competência dos jurados, agora extensiva também à matéria de direito, combinado com a diminuição sensível do seu número que deverá ser estatuída pela lei complementar sobre o júri. No que aos recursos especificamente respeita, estebelece o Código um regime aparentado com a ideia do recurso unitário, em princípio idêntico para a Relação e para o Supremo e abarcando, na medida possível e conveniente, tanto a questão de direito como a questão de facto. Com o mesmo propósito de emprestar ao recurso maior consistência, procura contrariar-se a tendência para fazer dele um labor meramente rotineiro executado sobre papéis, convertendo-o num conhecimento autêntico de problemas e conflitos reais, mediatizado pela intervenção motivada de pessoas. Por isso se submetem os recursos ao princípio geral – aliás jurídico-constitucionalmente imposto! – da estrutura acusatória, com a consequente exigência de uma audiência onde seja respeitada a máxima da oralidade.

8 – Mesmo no contexto de uma apresentação sumária, não pode deixar de sublinhar-se outra das motivações que esteve na primeira linha dos trabalhos de reforma: a procura de uma maior celeridade e eficiência na administração da justiça penal.

Importa, contudo, prevenir que a procura da celeridade e da eficiência não obedeceu a uma lógica puramente economicista de produtividade pela produtividade. A rentabilização da realização da justiça é apenas desejada em nome do significado directo da eficiência para a concretização dos fins do processo penal: realização da justiça, tutela de bens jurídicos, estabilização das normas, paz jurídica dos cidadãos. A eficiência é, por um lado, o espelho da capacidade do ordenamento jurídico e do seu potencial de prevenção, que, sabe-se bem, tem muito mais a ver com a prontidão e a segurança das reacções criminais do que com o seu carácter mais ou menos drástico. A imagem de eficiência constitui, por outro lado, o antídoto mais eficaz contra o recurso a modos espontâneos e informais de autotutela ou ressarcimento, catalizadores de conflitos e violências dificilmente controláveis. Mas a eficiência – no sentido de redução das cifras negras e das desigualdades a que elas obedecem – pode também valer como a garantia da igualdade da lei em acção, critério fundamental da sua legitimação material e, por isso, da sua aceitação e interiorização colectiva.

Acresce que a celeridade é também reclamada pela consideração dos interesses do próprio arguido, não devendo levar-se a crédito do acaso o facto de a Constituição, sob influência da Convenção Europeia dos Direitos do Homem, lhe ter conferido o estatuto de um autêntico direito fundamental. Há, pois, que reduzir ao mínimo a duração de um processo que implica sempre a compressão da esfera jurídica de uma pessoa que pode ser – e tem mesmo de presumir-se – inocente. Como haverá ainda que prevenir os perigos de uma estigmatização e adulteração irreversível da identidade do arguido, que pode culminar no compromisso com uma carreira delinquente. De resto, a aceleração processual redundará tanto mais em favorecimento do arguido quanto mais ela tiver por reverso – como sucede no presente Código – um reforço efectivo da sua posição processual.

9 – Como facilmente se intuirá, o propósito de aceleração processual aflora já em algumas das alterações e inovações mencionadas noutros contextos. Para além delas, e sempre a título meramente exemplificativo, outras poderão mencionar-se: umas directamente preordenadas à aceleração processual, outras apresentando pelo menos uma inquestionável valência neste sentido.

A favor directamente da aceleração processual estão sem dúvida: a introdução de um incidente autónomo de aceleração do processo; a nova disciplina em matéria de prazos, com cominações que se esperam eficazes; o poder de disciplina e direcção conferido às autoridades judiciárias, *maxime*, ao juiz na fase da audiência de julgamento; a estruturação desta audiência e o seu desenvolvimento em termos de continuidade e concentração reforçada; a simplificação e desburocratização de numerosos actos processuais, nomeadamente as notificações.

O mesmo efeito se espera da criteriosa definição, delimitação e articulação da competência das diversas instâncias de controlo, como, por exemplo, do Ministério Público e do juiz, sobretudo do juiz de instrução, prevenindo assim eventuais conflitos e desfasamentos, inevitavelmente geradores de demoras e delongas.

É também à ideia de aceleração que em boa medida deve imputar-se a redução substancial das formas de processo. Na verdade, a par de uma única forma de processo comum (comportando apenas as particularidades impostas pela circunstância de o processo decorrer perante o juiz singular, o tribunal colectivo ou o tribunal do júri), prevêem-se apenas duas formas de processo especial: o sumário e o sumaríssimo. A este propósito, a forma de processo especial cuja falta será mais notada é naturalmente a do processo de ausentes. O Código optou decididamente por fugir aos inconvenientes do processo de ausentes tradicional, nomeadamente numa perspectiva de desincentivação da ausência, privilegiando um conjunto articulado de medidas drásticas de compressão da capacidade patrimonial e negocial do contumaz, que se espera sejam suficientes e eficazes.

10 – Por último, o estatuto dos diferentes sujeitos e intervenientes processuais constitui outro dos domínios onde as alterações são, a par de menos ostensivas, igualmente de tomo. De um modo geral, elas operaram-se em três direcções: em uma mais cuidadosa delimitação legal; num alargamento e reforço das competências dos órgãos das diferentes instâncias formais de controlo, em ordem à viabilização efectiva das tarefas que lhe são cometidas, e no reforço da posição jurídica do arguido.

A mais precisa definição das competências relativas das diferentes autoridades processuais é, desde logo, ditada por obediência às exigências do princípio acusatório. Por seu lado, a ampliação dos meios ao seu dispor explica-se pela necessidade de maximizar a eficiência e pelo propósito de salvaguardar o prestígio dos órgãos processuais nas suas relações com a comunidade, em ordem a um mais cabal adimplemento das obrigações de colaboração na realização da justiça penal. Nesta linha avultam as chamadas medidas cautelares de polícia e as medidas de caução e de garantia patrimonial a que podem recorrer, nos casos e nos termos especificamente previstos, o juiz, o Ministério Público e a polícia criminal. De recordar que ao Ministério Público é deferida a titularidade e a direcção do inquérito, bem como a competência exclusiva para a promoção processual: daí que lhe seja atribuído, não o estatuto de parte, mas o de uma autêntica magistratura, sujeita ao estrito dever de objectividade.

Na redefinição do estatuto do arguido começa logo por sobressair o cuidado e uma certa solenidade com que se rodeia a sua constituição formal. Por outro lado, não será difícil verificar que o regime do Código, globalmente considerado, redunda num inquestionável aumento e consolidação dos direitos processuais do arguido. Também aqui, de resto, o respeito intransigente pelo princípio acusatório leva o Código a adoptar soluções que se aproximam duma efectiva «igualdade de armas», bem como à preclusão de todas as medidas que contendam com a dignidade pessoal do arguido.

Uma última referência merecem, neste contexto, as disposições relativas às medidas de coacção – categoria que integra, entre outras, a figura da prisão preventiva. Por um lado, o Código submete todas estas medidas aos princípios da legalidade, da proporcionalidade e da necessidade. Por outro lado, alarga o respectivo espectro, introduzindo, a par das medidas de coacção já clássicas, novas modalidades, como, por exemplo, a obrigação de permanência na habitação. Este alargamento permite uma maior maleabilidade na escolha das soluções concretamente aplicáveis, com o respeito pelos ditames da proporcionalidade e da necessidade. Mas permite, acima de tudo, a realização efectiva do princípio constitucional da subsidiariedade da prisão preventiva, em homenagem ao qual, de resto, o Código extingue a categoria dos crimes incaucionáveis.

IV – 11 – Pensa-se que, pela forma sumariamente descrita, o Código que em seguida se apresenta poderá constituir uma peça fundamental do diálogo, sempre em aberto e sempre renovado, entre a vertente liberal e a vertente social do Estado de Direito democrático, entre a justiça e a eficiência na aplicação da lei penal, entre as exigências de segurança da comunidade e de respeito pelos direitos das pessoas. Se assim for, do Código de Processo Penal – a pedra essencial que faltava no edifício renovado da nossa legislação penal – poderá legitimamente esperar-se que cumpra a função decisiva que lhe cabe na tarefa ingente de controlo e domínio da criminalidade.

(Preâmbulo constante do Código, tal como aprovado pelo Decreto-Lei nº 78/87, de 17-02)

DISPOSIÇÕES PRELIMINARES E GERAIS

ARTIGO 1º
Definições legais

Para efeitos do disposto no presente Código considera-se:

a) «Crime» o conjunto de pressupostos de que depende a aplicação ao agente de uma pena ou de uma medida de segurança criminais;

b) «Autoridade judiciária» o juiz, o juiz de instrução e o Ministério Público, cada um relativamente aos actos processuais que cabem na sua competência;

c) «Órgãos de polícia criminal» todas as entidades e agentes policiais a quem caiba levar a cabo quaisquer actos ordenados por uma autoridade judiciária ou determinados por este Código;

d) «Autoridade de polícia criminal» os directores, oficiais, inspectores e subinspectores de polícia e todos os funcionários policiais a quem as leis respectivas reconhecerem aquela qualificação;

e) «Suspeito» toda a pessoa relativamente à qual exista indício de que cometeu ou se prepara para cometer um crime, ou que nele participou ou se prepara para participar;

f) «Alteração substancial dos factos» aquela que tiver por efeito a imputação ao arguido de um crime diverso ou a agravação dos limites máximos das sanções aplicáveis;

g) «Relatório social» a informação sobre a inserção familiar e sócio-profissional do arguido e, eventualmente, da vítima, elaborada por serviços de reinserção social, com o objectivo de auxiliar o tribunal ou o juiz no conhecimento da personalidade do arguido, para os efeitos e nos casos previstos nesta lei;

h) «Informação dos serviços de reinserção social» a resposta a solicitações concretas sobre a situação pessoal, familiar, escolar, laboral ou social do arguido e, eventualmente, da vítima, elaborada por serviços de reinserção social, com o objectivo referido na alínea anterior, para os efeitos e nos casos previstos nesta lei;

i) «Terrorismo» as condutas que integram os crimes de organizações terroristas, terrorismo, terrorismo internacional e financiamento do terrorismo;

j) «Criminalidade violenta» as condutas que dolosamente se dirigirem contra a vida, a integridade física, a liberdade pessoal, a liberdade e autodeterminação sexual ou a autoridade pública e forem puníveis com pena de prisão de máximo igual ou superior a 5 anos;

l) «Criminalidade especialmente violenta» as condutas previstas na alínea anterior puníveis com pena de prisão de máximo igual ou superior a 8 anos;

m) «Criminalidade altamente organizada» as condutas que integrarem crimes de associação criminosa, tráfico de órgãos humanos, tráfico de pessoas, tráfico de armas, tráfico de estupefacientes ou de substâncias psicotrópicas, corrupção, tráfico de influência, participação económica em negócio ou branqueamento.

(Redação dada pela Lei nº 102/2019, de 06-09)

ARTIGO 2º
Legalidade do processo

A aplicação de penas e de medidas de segurança criminais só pode ter lugar em conformidade com as disposições deste Código.

ARTIGO 3º
Aplicação subsidiária

As disposições deste Código são subsidiariamente aplicáveis, salvo disposição legal em contrário, aos processos de natureza penal regulados em lei especial.

ARTIGO 4º
Integração de lacunas*

Nos casos omissos, quando as disposições deste Código não puderem aplicar-se por analogia, observam-se as normas do processo civil que se harmonizem com o processo penal e, na falta delas, aplicam-se os princípios gerais do processo penal.

ARTIGO 5º
Aplicação da lei processual penal no tempo

1 – A lei processual penal é de aplicação imediata, sem prejuízo da validade dos actos realizados na vigência da lei anterior.

* **Acórdão do Supremo Tribunal de Justiça nº 3/2014, de 15 de abril (publicado no DR nº 74, série I, de 15-04-2014):** Em processo penal, é admissível a remessa a juízo de peças processuais através de correio electrónico, nos termos do disposto no artigo 150º, nº 1, alínea *d*), e nº 2, do Código de Processo Civil de 1961, na redacção do Decreto-Lei nº 324/2003, de 27.12, e na Portaria nº 642/2004, de 16.06, aplicáveis conforme o disposto no artigo 4º do Código de Processo Penal.

2 – A lei processual penal não se aplica aos processos iniciados anteriormente à sua vigência quando da sua aplicabilidade imediata possa resultar:

a) Agravamento sensível e ainda evitável da situação processual do arguido, nomeadamente uma limitação do seu direito de defesa; ou

b) Quebra da harmonia e unidade dos vários actos do processo.

ARTIGO 6º
Aplicação da lei processual penal no espaço

A lei processual penal é aplicável em todo o território português e, bem assim, em território estrangeiro nos limites definidos pelos tratados, convenções e regras do direito internacional.

ARTIGO 7º
Suficiência do processo penal

1 – O processo penal é promovido independentemente de qualquer outro e nele se resolvem todas as questões que interessarem à decisão da causa.

2 – Quando, para se conhecer da existência de um crime, for necessário julgar qualquer questão não penal que não possa ser convenientemente resolvida no processo penal, pode o tribunal suspender o processo para que se decida esta questão no tribunal competente.

3 – A suspensão pode ser requerida, após a acusação ou o requerimento para abertura da instrução, pelo Ministério Público, pelo assistente ou pelo arguido, ou ser ordenada oficiosamente pelo tribunal. A suspensão não pode, porém, prejudicar a realização de diligências urgentes de prova.

4 – O tribunal marca o prazo da suspensão, que pode ser prorrogado até um ano se a demora na decisão não for imputável ao assistente ou ao arguido. O Ministério Público pode sempre intervir no processo não penal para promover o seu rápido andamento e informar o tribunal penal. Esgotado o prazo sem que a questão prejudicial tenha sido resolvida, ou se a acção não tiver sido proposta no prazo máximo de um mês, a questão é decidida no processo penal.

PARTE I

LIVRO I
DOS SUJEITOS DO PROCESSO

TÍTULO I
Do juiz e do tribunal

CAPÍTULO I
Da jurisdição

ARTIGO 8º
Administração da justiça penal

Os tribunais judiciais são os órgãos competentes para decidir as causas penais e aplicar penas e medidas de segurança criminais.

ARTIGO 9º
Exercício da função jurisdicional penal

1 – Os tribunais judiciais administram a justiça penal de acordo com a lei e o direito.

2 – No exercício da sua função, os tribunais e demais autoridades judiciárias têm direito a ser coadjuvados por todas as outras autoridades; a colaboração solicitada prefere a qualquer outro serviço.

CAPÍTULO II
Da competência

SECÇÃO I
Competência material e funcional

ARTIGO 10º
Disposições aplicáveis

A competência material e funcional dos tribunais em matéria penal é regulada pelas disposições deste Código e, subsidiariamente, pelas leis de organização judiciária.

ARTIGO 11º
Competência do Supremo Tribunal de Justiça

1 – Em matéria penal, o plenário do Supremo Tribunal de Justiça tem a competência que lhe é atribuída por lei.

2 – Compete ao Presidente do Supremo Tribunal de Justiça, em matéria penal:

a) Conhecer dos conflitos de competência entre secções;

b) Autorizar a intercepção, a gravação e a transcrição de conversações ou comunicações em que intervenham o Presidente da República, o Presidente da Assembleia da República ou o Primeiro-Ministro e determinar a respectiva destruição, nos termos dos artigos 187º a 190º;

c) Exercer as demais atribuições conferidas por lei.

3 – Compete ao pleno das secções criminais do Supremo Tribunal de Justiça, em matéria penal:

a) Julgar o Presidente da República, o Presidente da Assembleia da República e o Primeiro-Ministro pelos crimes praticados no exercício das suas funções;

b) Julgar os recursos de decisões proferidas em 1ª instância pelas secções;

c) Uniformizar a jurisprudência, nos termos dos artigos 437º e seguintes.

4 – Compete às secções criminais do Supremo Tribunal de Justiça, em matéria penal:

a) Julgar processos por crimes cometidos por juízes do Supremo Tribunal de Justiça e das relações e magistrados do Ministério Público que exerçam funções junto destes tribunais, ou equiparados;

b) Julgar os recursos que não sejam da competência do pleno das secções;

c) Conhecer dos pedidos de *habeas corpus* em virtude de prisão ilegal;

d) Conhecer dos pedidos de revisão;

e) Decidir sobre o pedido de atribuição de competência a outro tribunal da mesma espécie e hierarquia, nos casos de obstrução ao exercício da jurisdição pelo tribunal competente;

f) Exercer as demais atribuições conferidas por lei.

5 – As secções funcionam com três juízes.

6 – Compete aos presidentes das secções criminais do Supremo Tribunal de Justiça, em matéria penal:

a) Conhecer dos conflitos de competência entre relações, entre estas e os tribunais de 1ª instância ou entre tribunais de 1ª instância de diferentes distritos judiciais;

b) Exercer as demais atribuições conferidas por lei.

7 – Compete a cada juiz das secções criminais do Supremo Tribunal de Justiça, em matéria penal, praticar os actos jurisdicionais relativos ao inquérito, dirigir a instrução, presidir ao debate instrutório e proferir despacho de pronúncia ou não pronúncia nos processos referidos na alínea *a*) do nº 3 e na alínea *a*) do nº 4.

ARTIGO 12º
Competência das relações

1 – Em matéria penal, o plenário das relações tem a competência que lhe é atribuída por lei.

2 – Compete aos presidentes das relações, em matéria penal:

a) Conhecer dos conflitos de competência entre secções;

b) Exercer as demais atribuições conferidas por lei.

3 – Compete às secções criminais das relações, em matéria penal:

a) Julgar processos por crimes cometidos por juízes de direito, procuradores da República e procuradores-adjuntos;

b) Julgar recursos;

c) Julgar os processos judiciais de extradição;

d) Julgar os processos de revisão e confirmação de sentença penal estrangeira;

e) Exercer as demais atribuições conferidas por lei.

4 – As secções funcionam com três juízes.

5 – Compete aos presidentes das secções criminais das relações, em matéria penal:

a) Conhecer dos conflitos de competência entre tribunais de 1ª instância do respectivo distrito judicial;

b) Exercer as demais atribuições conferidas por lei.

6 – Compete a cada juiz das secções criminais das relações, em matéria penal, praticar os actos jurisdicionais relativos ao inquérito, dirigir a instrução, presidir ao debate instrutório e proferir despacho de pronúncia ou não pronúncia nos processos referidos na alínea *a*) do nº 3.

ARTIGO 13º
Competência do tribunal do júri

1 – Compete ao tribunal do júri julgar os processos que, tendo a intervenção do júri sido requerida pelo Ministério Público, pelo assistente ou pelo arguido, respeitarem a crimes previstos no título III e no capítulo I do título V do livro II do Código Penal e na Lei Penal Relativa às Violações do Direito Internacional Humanitário.

2 – Compete ainda ao tribunal do júri julgar os processos que, não devendo ser julgados pelo tribunal singular e tendo a intervenção do júri sido requerida pelo Ministério Público, pelo assistente ou pelo arguido, respeitarem a crimes cuja pena máxima, abstractamente aplicável, for superior a 8 anos de prisão.

3 – O requerimento do Ministério Público e o do assistente devem ter lugar no prazo para dedução da acusação, conjuntamente com esta, e o do arguido, no prazo do requerimento para abertura de instrução. Havendo instrução, o requerimento do arguido e o do assistente que não deduziu acusação devem ter lugar no prazo de oito dias a contar da notificação da pronúncia.

4 – *(Revogado.)*

5 – O requerimento de intervenção do júri é irretractável.

(Redação dada pela Lei nº 1/2016, de 25-02)

ARTIGO 14º
Competência do tribunal colectivo

1 – Compete ao tribunal colectivo, em matéria penal, julgar os processos que, não devendo ser julgados pelo tribunal do júri, respeitarem a crimes previstos no título III e no capítulo I do título V do livro II do Código Penal e na Lei Penal Relativa às Violações do Direito Internacional Humanitário.

2 – Compete ainda ao tribunal colectivo julgar os processos que, não devendo ser julgados pelo tribunal singular, respeitarem a crimes:

a) Dolosos ou agravados pelo resultado, quando for elemento do tipo a morte de uma pessoa; ou

b) Cuja pena máxima, abstratamente aplicável, seja superior a 5 anos de prisão mesmo quando, no caso de concurso de infrações, seja inferior o limite máximo correspondente a cada crime.

(Redação dada pela Lei nº 1/2016, de 25-02)

ARTIGO 15º
Determinação da pena aplicável

Para efeito do disposto nos artigos 13º e 14º, na determinação da pena abstractamente aplicável, são levadas em conta todas as circunstâncias que possam elevar o máximo legal da pena a aplicar no processo.

ARTIGO 16º
Competência do tribunal singular

1 – Compete ao tribunal singular, em matéria penal, julgar os processos que por lei não couberem na competência dos tribunais de outra espécie.

2 – Compete também ao tribunal singular, em matéria penal, julgar os processos que respeitarem a crimes:

a) Previstos no capítulo II do título V do livro II do Código Penal; ou *b*) Cuja pena máxima, abstractamente aplicável, seja igual ou inferior a 5 anos de prisão;

c) *(Revogada.)*

3 – Compete ainda ao tribunal singular julgar os processos por crimes previstos na alínea *b*) do nº 2 do artigo 14º, mesmo em caso de concurso de infracções, quando o Ministério Público, na acusação, ou, em requerimento, quando seja superveniente o conhecimento do concurso, entender que não deve ser aplicada, em concreto, pena de prisão superior a 5 anos.

4 – No caso previsto no número anterior, o tribunal não pode aplicar pena de prisão superior a 5 anos.

(Redação dada pela Lei nº 1/2016, de 25-02)

ARTIGO 17º
Competência do juiz de instrução

Compete ao juiz de instrução proceder à instrução, decidir quanto à pronúncia e exercer todas as funções jurisdicionais até à remessa do processo para julgamento, nos termos prescritos neste Código.

ARTIGO 18º
Tribunal de Execução das Penas

A competência do Tribunal de Execução das Penas é regulada em lei especial.

SECÇÃO II
Competência territorial

ARTIGO 19º
Regras gerais

1 – É competente para conhecer de um crime o tribunal em cuja área se tiver verificado a consumação.

2 – Tratando-se de crime que compreenda como elemento do tipo a morte de uma pessoa, é competente o tribunal em cuja área o agente actuou ou, em caso de omissão, deveria ter actuado.

3 – Para conhecer de crime que se consuma por actos sucessivos ou reiterados, ou por um só acto susceptível de se prolongar no tempo, é competente o tribunal em cuja área se tiver praticado o último acto ou tiver cessado a consumação.

4 – Se o crime não tiver chegado a consumar-se, é competente para dele conhecer o tribunal em cuja área se tiver praticado o último acto de execução ou, em caso de punibilidade dos actos preparatórios, o último acto de preparação.

ARTIGO 20º
Crime cometido a bordo de navio ou aeronave

1 – É competente para conhecer de crime cometido a bordo de navio o tribunal da área do porto português para onde o agente se dirigir ou onde ele desembarcar; e, não se dirigindo o agente para território português ou nele não desembarcando, ou fazendo parte da tripulação, o tribunal da área da matrícula.

2 – O disposto no número anterior é correspondentemente aplicável a crime cometido a bordo de aeronave.

3 – Para qualquer caso não previsto nos números anteriores é competente o tribunal da área onde primeiro tiver havido notícia do crime.

ARTIGO 21º
Crime de localização duvidosa ou desconhecida

1 – Se o crime estiver relacionado com áreas diversas e houver dúvidas sobre aquela em que se localiza o elemento relevante para determinação da competência territorial, é competente para dele conhecer o tribunal de qualquer das áreas, preferindo o daquela onde primeiro tiver havido notícia do crime.

2 – Se for desconhecida a localização do elemento relevante, é competente o tribunal da área onde primeiro tiver havido notícia do crime.

ARTIGO 22º
Crime cometido no estrangeiro

1 – Se o crime for cometido no estrangeiro, é competente para dele conhecer o tribunal da área onde o agente tiver sido encontrado ou do seu domicílio. Quando ainda assim não for possível determinar a competência, esta pertence ao tribunal da área onde primeiro tiver havido notícia do crime.

2 – Se o crime for cometido em parte no estrangeiro, é competente para dele conhecer o tribunal da área nacional onde tiver sido praticado o último acto relevante, nos termos das disposições anteriores.

ARTIGO 23º
Processo respeitante a magistrado

Se num processo for ofendido, pessoa com a faculdade de se constituir assistente ou parte civil um magistrado, e para o processo devesse ter competência, por força das disposições anteriores, o tribunal onde o magistrado exerce funções, é competente o tribunal da mesma hierarquia ou espécie com sede mais próxima, salvo tratando-se do Supremo Tribunal de Justiça.

SECÇÃO III
Competência por conexão

ARTIGO 24º
Casos de conexão

1 – Há conexão de processos quando:

a) O mesmo agente tiver cometido vários crimes através da mesma acção ou omissão;

b) O mesmo agente tiver cometido vários crimes, na mesma ocasião ou lugar, sendo uns causa ou efeito dos outros, ou destinando-se uns a continuar ou a ocultar os outros;

c) O mesmo crime tiver sido cometido por vários agentes em comparticipação;

d) Vários agentes tiverem cometido diversos crimes em comparticipação, na mesma ocasião ou lugar, sendo uns causa ou efeito dos outros, ou destinando-se uns a continuar ou a ocultar os outros; ou

e) Vários agentes tiverem cometido diversos crimes reciprocamente na mesma ocasião ou lugar.

2 – A conexão só opera relativamente aos processos que se encontrarem simultaneamente na fase de inquérito, de instrução ou de julgamento.

ARTIGO 25º
Conexão de processos da competência de tribunais com sede na mesma comarca

Para além dos casos previstos no artigo anterior, há ainda conexão de processos quando o mesmo agente tiver cometido vários crimes cujo conhecimento seja da competência de tribunais com sede na mesma comarca, nos termos dos artigos 19º e seguintes.

ARTIGO 26º
Limites à conexão

A conexão não opera entre processos que sejam e processos que não sejam da competência de tribunais de menores.

ARTIGO 27º
Competência material e funcional determinada pela conexão

Se os processos conexos devessem ser da competência de tribunais de diferente hierarquia ou espécie, é competente para todos o tribunal de hierarquia ou espécie mais elevada.

ARTIGO 28º
Competência determinada pela conexão

Se os processos devessem ser da competência de tribunais com jurisdição em diferentes áreas ou com sede na mesma comarca, é competente para conhecer de todos:

a) O tribunal competente para conhecer do crime a que couber pena mais grave;

b) Em caso de crimes de igual gravidade, o tribunal a cuja ordem o arguido estiver preso ou, havendo vários arguidos presos, aquele à ordem do qual estiver preso o maior número;

c) Se não houver arguidos presos ou o seu número for igual, o tribunal da área onde primeiro tiver havido notícia de qualquer dos crimes.

ARTIGO 29º
Unidade e apensação dos processos

1 – Para todos os crimes determinantes de uma conexão, nos termos das disposições anteriores, organiza-se um só processo.

2 – Se tiverem já sido instaurados processos distintos, logo que a conexão for reconhecida procede-se à apensação de todos àquele que respeitar ao crime determinante da competência por conexão.

ARTIGO 30º
Separação dos processos

1 – Oficiosamente, ou a requerimento do Ministério Público, do arguido, do assistente ou do lesado, o tribunal faz cessar a conexão e ordena a separação de algum ou alguns processos sempre que:

a) Houver na separação um interesse ponderoso e atendível de qualquer arguido, nomeadamente no não prolongamento da prisão preventiva;

b) A conexão puder representar um grave risco para a pretensão punitiva do Estado, para o interesse do ofendido ou do lesado;

c) A conexão puder retardar excessivamente o julgamento de qualquer dos arguidos; ou

d) Houver declaração de contumácia, ou o julgamento decorrer na ausência de um ou alguns dos arguidos e o tribunal tiver como mais conveniente a separação de processos.

2 – A requerimento de algum ou alguns dos arguidos, o tribunal pode ainda tomar a providência referida no número anterior quando outro ou outros dos arguidos tiverem requerido a intervenção do júri.

3 – O requerimento referido na primeira parte do número anterior tem lugar nos oito dias posteriores à notificação do despacho que tiver admitido a intervenção do júri.

ARTIGO 31º
Prorrogação da competência

A competência determinada por conexão, nos termos dos artigos anteriores, mantém-se:

a) Mesmo que, relativamente ao crime ou aos crimes determinantes da competência por conexão, o tribunal profira uma absolvição ou a responsabilidade criminal se extinga antes do julgamento;

b) Para o conhecimento dos processos separados nos termos do nº 1 do artigo 30º

CAPÍTULO III
Da declaração de incompetência

ARTIGO 32º
Conhecimento e dedução da incompetência

1 – A incompetência do tribunal é por este conhecida e declarada oficiosamente e pode ser deduzida pelo Ministério Público, pelo arguido e pelo assistente até ao trânsito em julgado da decisão final.

2 – Tratando-se de incompetência territorial, ela somente pode ser deduzida e declarada:

a) Até ao início do debate instrutório, tratando-se de juiz de instrução; ou

b) Até ao início da audiência de julgamento, tratando-se de tribunal de julgamento.

ARTIGO 33º
Efeitos da declaração de incompetência

1 – Declarada a incompetência do tribunal, o processo é remetido para o tribunal competente, o qual anula os actos que se não teriam praticado se perante ele tivesse corrido o processo e ordena a repetição dos actos necessários para conhecer da causa.

2 – O tribunal declarado incompetente pratica os actos processuais urgentes.

3 – As medidas de coacção ou de garantia patrimonial ordenadas pelo tribunal declarado incompetente conservam eficácia mesmo após a declaração de incompetência, mas devem, no mais breve prazo, ser convalidadas ou infirmadas pelo tribunal competente.

4 – Se para conhecer de um crime não forem competentes os tribunais portugueses, o processo é arquivado.

CAPÍTULO IV
Dos conflitos de competência

ARTIGO 34º
Casos de conflito e sua cessação

1 – Há conflito, positivo ou negativo, de competência quando, em qualquer estado do processo, dois ou mais tribunais, de diferente ou da mesma espécie, se considerarem competentes ou incompetentes para conhecer do mesmo crime imputado ao mesmo arguido.

2 – O conflito cessa logo que um dos tribunais se declarar, mesmo oficiosamente, incompetente ou competente, segundo o caso.

ARTIGO 35º
Denúncia do conflito

1 – O tribunal, logo que se aperceber do conflito, suscita-o junto do órgão competente para o decidir, nos termos dos artigos 11º e 12º, remetendo-lhe cópia dos actos e todos os elementos necessários à sua resolução, com indicação do Ministério Público, do arguido, do assistente e dos advogados respectivos.

2 – O conflito pode ser suscitado também pelo Ministério Público, pelo arguido ou pelo assistente mediante requerimento dirigido ao órgão competente para a resolução, contendo a indicação das decisões e das posições em conflito, ao qual se juntam os elementos mencionados na parte final do número anterior.

3 – A denúncia ou o requerimento previstos nos números anteriores não prejudicam a realização dos actos processuais urgentes.

ARTIGO 36º
Resolução do conflito

1 – O órgão competente para dirimir o conflito envia os autos com vista ao Ministério Público e notifica os sujeitos processuais que não tiverem suscitado o conflito para, em todos os casos, alegarem no prazo de cinco dias, após o que, e depois de recolhidas as informações e as provas que reputar necessárias, resolve o conflito.

2 – A decisão sobre o conflito é irrecorrível.

3 – A decisão é imediatamente comunicada aos tribunais em conflito e ao Ministério Público junto deles e notificada ao arguido e ao assistente.

4 – É correspondentemente aplicável o disposto no nº 3 do artigo 33º

CAPÍTULO V
Da obstrução ao exercício da jurisdição

ARTIGO 37º
Pressupostos e efeito

Quando, em qualquer estado do processo posterior ao despacho que designar dia para a audiência, em virtude de graves situações locais idóneas a perturbar o desenvolvimento do processo:

a) O exercício da jurisdição pelo tribunal competente se revelar impedido ou gravemente dificultado;

b) For de recear daquele exercício grave perigo para a segurança ou a tranquilidade públicas; ou

c) A liberdade de determinação dos participantes no processo se encontrar gravemente comprometida;

a competência é atribuída a outro tribunal da mesma espécie e hierarquia onde a obstrução previsivelmente se não verifique e que se encontre o mais próximo possível do obstruído.

ARTIGO 38º
Apreciação e decisão

1 – Cabe às secções criminais do Supremo Tribunal de Justiça decidir do pedido de atribuição de competência que lhe seja dirigido pelo tribunal obstruído, pelo Ministério Público, pelo arguido, pelo assistente ou pelas partes civis. O pedido é logo acompanhado dos elementos relevantes para a decisão.

2 – É, com as necessárias adaptações, aplicável o disposto nos nºs 1 e 3 do artigo 36º, bem como no nº 3 do artigo 33º

3 – O pedido de atribuição de competência não tem efeito suspensivo, mas este pode ser-lhe conferido, atentas as circunstâncias do caso, pelo tribunal competente para a decisão. Neste caso o tribunal obstruído pratica os actos processuais urgentes.

4 – Se o pedido for deferido, o tribunal designado declara se e em que medida os actos processuais já praticados conservam eficácia ou devem ser repetidos perante ele.

5 – Se o pedido do arguido, do assistente ou das partes civis for considerado manifestamente infundado, o requerente é condenado ao pagamento de uma soma entre 6 UC e 20 UC.

CAPÍTULO VI
Dos impedimentos, recusas e escusas

ARTIGO 39º
Impedimentos

1 – Nenhum juiz pode exercer a sua função num processo penal:

a) Quando for, ou tiver sido, cônjuge ou representante legal do arguido, do ofendido ou de pessoa com a faculdade de se constituir assistente ou parte civil ou quando com qualquer dessas pessoas viver ou tiver vivido em condições análogas às dos cônjuges;

b) Quando ele, ou o seu cônjuge, ou a pessoa que com ele viver em condições análogas às dos cônjuges, for ascendente, descendente, parente até ao 3º grau, tutor ou curador, adoptante ou adoptado do arguido, do ofendido ou de pessoa com a faculdade de se constituir assistente ou parte civil ou for afim destes até àquele grau;

c) Quando tiver intervindo no processo como representante do Ministério Público, órgão de polícia criminal, defensor, advogado do assistente ou da parte civil ou perito; ou

d) Quando, no processo, tiver sido ouvido ou dever sê-lo como testemunha.

2 – Se o juiz tiver sido oferecido como testemunha, declara, sob compromisso de honra, por despacho nos autos, se tem conhecimento de factos que possam influir na decisão da causa. Em caso afirmativo verifica-se o impedimento; em caso negativo deixa de ser testemunha.

3 – Não podem exercer funções, a qualquer título, no mesmo processo juízes que sejam entre si cônjuges, parentes ou afins até ao 3º grau ou que vivam em condições análogas às dos cônjuges.

ARTIGO 40º
Impedimento por participação em processo

Nenhum juiz pode intervir em julgamento, recurso ou pedido de revisão relativos a processo em que tiver:

a) Aplicado medida de coacção prevista nos artigos 200º a 202º;

b) Presidido a debate instrutório;

c) Participado em julgamento anterior;

d) Proferido ou participado em decisão de recurso anterior que tenha conhecido, a final, do objeto do processo, de decisão instrutória ou de decisão a que se refere a alínea *a*), ou proferido ou participado em decisão de pedido de revisão anterior;

e) Recusado o arquivamento em caso de dispensa de pena, a suspensão provisória ou a forma sumaríssima por discordar da sanção proposta.

(Redação dada pela Lei nº 20/2013, de 21-02)

ARTIGO 41º
Declaração de impedimento e seu efeito

1 – O juiz que tiver qualquer impedimento nos termos dos artigos anteriores declara-o imediatamente por despacho nos autos.

2 – A declaração de impedimento pode ser requerida pelo Ministério Público ou pelo arguido, pelo assistente ou pelas partes civis logo que sejam admitidos a intervir no processo, em qualquer estado deste; ao requerimento são juntos os elementos comprovativos. O juiz visado profere o despacho no prazo máximo de cinco dias.

3 – Os actos praticados por juiz impedido são nulos, salvo se não puderem ser repetidos utilmente e se se verificar que deles não resulta prejuízo para a justiça da decisão do processo.

ARTIGO 42º
Recurso

1 – O despacho em que o juiz se considerar impedido é irrecorrível. Do despacho em que ele não reconhecer impedimento que lhe tenha sido oposto cabe recurso para o tribunal imediatamente superior.

2 – Se o impedimento for oposto a juiz do Supremo Tribunal de Justiça, o recurso é decidido pela secção criminal deste mesmo Tribunal sem a participação do visado.

3 – O recurso tem efeito suspensivo, sem prejuízo de serem levados a cabo, mesmo pelo juiz visado, se tal for indispensável, os actos processuais urgentes.

ARTIGO 43º
Recusas e escusas

1 – A intervenção de um juiz no processo pode ser recusada quando correr o risco de ser considerada suspeita, por existir motivo, sério e grave, adequado a gerar desconfiança sobre a sua imparcialidade.

2 – Pode constituir fundamento de recusa, nos termos do nº 1, a intervenção do juiz noutro processo ou em fases anteriores do mesmo processo fora dos casos do artigo 40º

3 – A recusa pode ser requerida pelo Ministério Público, pelo arguido, pelo assistente ou pelas partes civis.

4 – O juiz não pode declarar-se voluntariamente suspeito, mas pode pedir ao tribunal competente que o escuse de intervir quando se verificarem as condições dos nºs 1 e 2.

5 – Os actos processuais praticados por juiz recusado ou escusado até ao momento em que a recusa ou a escusa forem solicitadas só são anulados quando se verificar que deles resulta prejuízo para a justiça da decisão do processo; os praticados posteriormente só são válidos se não puderem ser repetidos utilmente e se se verificar que deles não resulta prejuízo para a justiça da decisão do processo.

ARTIGO 44º
Prazos

O requerimento de recusa e o pedido de escusa são admissíveis até ao início da audiência, até ao início da conferência nos recursos ou até ao início do debate instrutório. Só o são posteriormente, até à sentença, ou até à decisão instrutória, quando os factos invocados como fundamento tiverem tido lugar, ou tiverem sido conhecidos pelo invocante, após o início da audiência ou do debate.

ARTIGO 45º
Processo e decisão

1 – O requerimento de recusa e o pedido de escusa devem ser apresentados, juntamente com os elementos em que se fundamentam, perante:

a) O tribunal imediatamente superior;

b) A secção criminal do Supremo Tribunal de Justiça, tratando-se de juiz a ele pertencente, decidindo aquela sem a participação do visado.

2 – Depois de apresentados o requerimento ou o pedido previstos no número anterior, o juiz visado pratica apenas os actos processuais urgentes ou necessários para assegurar a continuidade da audiência.

3 – O juiz visado pronuncia-se sobre o requerimento, por escrito, em cinco dias, juntando logo os elementos comprovativos.

4 – O tribunal, se não recusar logo o requerimento ou o pedido por manifestamente infundados, ordena as diligências de prova necessárias à decisão.

5 – O tribunal dispõe de um prazo de 30 dias, a contar da entrega do respectivo requerimento ou pedido, para decidir sobre a recusa ou a escusa.

6 – A decisão prevista no número anterior é irrecorrível.

7 – Se o tribunal recusar o requerimento do arguido, do assistente ou das partes civis por manifestamente infundado, condena o requerente ao pagamento de uma soma entre 6 UC e 20 UC.

ARTIGO 46º
Termos posteriores

O juiz impedido, recusado ou escusado remete logo o processo ao juiz que, de harmonia com as leis de organização judiciária, deva substituí-lo.

ARTIGO 47º
Extensão do regime de impedimentos, recusas e escusas

1 – As disposições do presente capítulo são aplicáveis, com as adaptações necessárias, nomeadamente as constantes dos números seguintes, aos peritos, intérpretes e funcionários de justiça.

2 – A declaração de impedimento e o seu requerimento, bem como o requerimento de recusa e o pedido de escusa, são dirigidos ao tribunal ou ao juiz de instrução perante os quais correr o processo em que o incidente se suscitar e são por eles apreciados e imediata e definitivamente decididos, sem submissão a formalismo especial.

3 – Se não houver quem legalmente substitua o impedido, recusado ou escusado, o tribunal ou o juiz de instrução designam o substituto.

TÍTULO II
Do Ministério Público e dos órgãos de polícia criminal

ARTIGO 48º
Legitimidade

O Ministério Público tem legitimidade para promover o processo penal, com as restrições constantes dos artigos 49º a 52º

ARTIGO 49º
Legitimidade em procedimento dependente de queixa

1 – Quando o procedimento criminal depender de queixa, do ofendido ou de outras pessoas, é necessário que essas pessoas dêem conhecimento do facto ao Ministério Público, para que este promova o processo.

2 – Para o efeito do número anterior, considera-se feita ao Ministério Público a queixa dirigida a qualquer outra entidade que tenha a obrigação legal de a transmitir àquele.

3 – A queixa pode ser apresentada pelo titular do direito respectivo, por mandatário judicial ou por mandatário munido de poderes especiais.

4 – O disposto nos números anteriores é correspondentemente aplicável aos casos em que o procedimento criminal depender da participação de qualquer autoridade.

ARTIGO 50º
Legitimidade em procedimento dependente de acusação particular

1 – Quando o procedimento criminal depender de acusação particular, do ofendido ou de outras pessoas, é necessário que essas pessoas se queixem, se constituam assistentes e deduzam acusação particular.

2 – O Ministério Público procede oficiosamente a quaisquer diligências que julgar indispensáveis à descoberta da verdade e couberem na sua competência, participa em todos os actos processuais em que intervier a acusação particular, acusa conjuntamente com esta e recorre autonomamente das decisões judiciais.

3 – É correspondentemente aplicável o disposto no nº 3 do artigo anterior.

ARTIGO 51º
Homologação da desistência da queixa ou da acusação particular

1 – Nos casos previstos nos artigos 49º e 50º, a intervenção do Ministério Público no processo cessa com a homologação da desistência da queixa ou da acusação particular.

2 – Se o conhecimento da desistência tiver lugar durante o inquérito, a homologação cabe ao Ministério Público; se tiver lugar durante a instrução ou o julgamento, ela cabe, respectivamente, ao juiz de instrução ou ao presidente do tribunal.

3 – Logo que tomar conhecimento da desistência, a autoridade judiciária competente para a homologação notifica o arguido para, em cinco dias, declarar, sem

necessidade de fundamentação, se a ela se opõe. A falta de declaração equivale a não oposição.

4 – Se o arguido não tiver defensor nomeado e for desconhecido o seu paradeiro, a notificação a que se refere o número anterior efectua-se editalmente.

ARTIGO 52º
Legitimidade no caso de concurso de crimes

1 – No caso de concurso de crimes, o Ministério Público promove imediatamente o processo por aqueles para que tiver legitimidade, se o procedimento criminal pelo crime mais grave não depender de queixa ou de acusação particular, ou se os crimes forem de igual gravidade.

2 – Se o crime pelo qual o Ministério Público pode promover o processo for de menor gravidade, as pessoas a quem a lei confere o direito de queixa ou de acusação particular são notificadas para declararem, em cinco dias, se querem ou não usar desse direito. Se declararem:

a) Que não pretendem apresentar queixa, ou nada declararem, o Ministério Público promove o processo pelos crimes que puder promover;

b) Que pretendem apresentar queixa, considera-se esta apresentada.

ARTIGO 53º
Posição e atribuições do Ministério Público no processo

1 – Compete ao Ministério Público, no processo penal, colaborar com o tribunal na descoberta da verdade e na realização do direito, obedecendo em todas as intervenções processuais a critérios de estrita objectividade.

2 – Compete em especial ao Ministério Público:

a) Receber as denúncias, as queixas e as participações e apreciar o seguimento a dar-lhes;

b) Dirigir o inquérito;

c) Deduzir acusação e sustentá-la efectivamente na instrução e no julgamento;

d) Interpor recursos, ainda que no exclusivo interesse da defesa;

e) Promover a execução das penas e das medidas de segurança.

ARTIGO 54º
Impedimentos, recusas e escusas

1 – As disposições do capítulo VI do título I são correspondentemente aplicáveis, com as adaptações necessárias, nomeadamente as constantes dos números seguintes, aos magistrados do Ministério Público.

2 – A declaração de impedimento e o seu requerimento, bem como o requerimento de recusa e o pedido de escusa, são dirigidos ao superior hierárquico do magistrado em causa e por aquele apreciados e definitivamente decididos, sem obediência a formalismo especial; sendo visado o Procurador-Geral da República, a competência cabe à secção criminal do Supremo Tribunal de Justiça.

3 – A entidade competente para a decisão, nos termos do número anterior, designa o substituto do impedido, recusado ou escusado.

ARTIGO 55º
Competência dos órgãos de polícia criminal

1 – Compete aos órgãos de polícia criminal coadjuvar as autoridades judiciárias com vista à realização das finalidades do processo.

2 – Compete em especial aos órgãos de polícia criminal, mesmo por iniciativa própria, colher notícia dos crimes e impedir quanto possível as suas consequências, descobrir os seus agentes e levar a cabo os actos necessários e urgentes destinados a assegurar os meios de prova.

ARTIGO 56º
Orientação e dependência funcional dos órgãos de polícia criminal

Nos limites do disposto no nº 1 do artigo anterior, os órgãos de polícia criminal actuam, no processo, sob a direcção das autoridades judiciárias e na sua dependência funcional.

TÍTULO III
Do arguido e do seu defensor

ARTIGO 57º
Qualidade de arguido

1 – Assume a qualidade de arguido todo aquele contra quem for deduzida acusação ou requerida instrução num processo penal.

2 – A qualidade de arguido conserva-se durante todo o decurso do processo.

3 – É correspondentemente aplicável o disposto nos nºs 2 a 6 do artigo seguinte.

ARTIGO 58º
Constituição de arguido

1 – Sem prejuízo do disposto no artigo anterior, é obrigatória a constituição de arguido logo que:

a) Correndo inquérito contra pessoa determinada em relação à qual haja suspeita fundada da prática de crime, esta prestar declarações perante qualquer autoridade judiciária ou órgão de polícia criminal;

b) Tenha de ser aplicada a qualquer pessoa uma medida de coação ou de garantia patrimonial, ressalvado o disposto nos nºs 3 a 5 do artigo 192º;

c) Um suspeito for detido, nos termos e para os efeitos previstos nos artigos 254º a 261º; ou

d) For levantado auto de notícia que dê uma pessoa como agente de um crime e aquele lhe for comunicado, salvo se a notícia for manifestamente infundada.

2 – A constituição de arguido opera-se através da comunicação, oral ou por escrito, feita ao visado por uma autoridade judiciária ou um órgão de polícia criminal, de que a partir desse momento aquele deve considerar-se arguido num processo penal e da indicação e, se necessário, explicação dos direitos e deveres processuais referidos no artigo 61º que por essa razão passam a caber-lhe.

3 – A constituição de arguido feita por órgão de polícia criminal é comunicada à autoridade judiciária no prazo de 10 dias e por esta apreciada, em ordem à sua validação, no prazo de 10 dias.

4 – A constituição de arguido implica a entrega, sempre que possível no próprio acto, de documento de que constem a identificação do processo e do defensor, se este tiver sido nomeado, e os direitos e deveres processuais referidos no artigo 61º

5 – A omissão ou violação das formalidades previstas nos números anteriores implica que as declarações prestadas pela pessoa visada não podem ser utilizadas como prova.

6 – A não validação da constituição de arguido pela autoridade judiciária não prejudica as provas anteriormente obtidas.

7 – Sem prejuízo da prossecução do processo, a constituição de arguido menor é comunicada, de imediato, aos titulares das responsabilidades parentais, ao seu representante legal ou à pessoa que tiver a sua guarda de facto.

(Redação dada pela Lei nº 33/2019, de 22-05)

ARTIGO 59º
Outros casos de constituição de arguido

1 – Se, durante qualquer inquirição feita a pessoa que não é arguido, surgir fundada suspeita de crime por ela cometido, a entidade que procede ao acto suspende-o imediatamente e procede à comunicação e à indicação referidas no nº 2 do artigo anterior.

2 – A pessoa sobre quem recair suspeita de ter cometido um crime tem direito a ser constituída, a seu pedido, como arguido sempre que estiverem a ser efectuadas diligências, destinadas a comprovar a imputação, que pessoalmente a afectem.

3 – É correspondentemente aplicável o disposto nos nºs 3 e 4 do artigo anterior.

ARTIGO 60º
Posição processual

Desde o momento em que uma pessoa adquirir a qualidade de arguido é-lhe assegurado o exercício de direitos e de deveres processuais, sem prejuízo da aplicação de medidas de coacção e de garantia patrimonial e da efectivação de diligências probatórias, nos termos especificados na lei.

ARTIGO 61º
Direitos e deveres processuais

1 – O arguido goza, em especial, em qualquer fase do processo e salvas as excepções da lei, dos direitos de:

a) Estar presente aos actos processuais que directamente lhe disserem respeito;

b) Ser ouvido pelo tribunal ou pelo juiz de instrução sempre que eles devam tomar qualquer decisão que pessoalmente o afecte;

c) Ser informado dos factos que lhe são imputados antes de prestar declarações perante qualquer entidade;

d) Não responder a perguntas feitas, por qualquer entidade, sobre os factos que lhe forem imputados e sobre o conteúdo das declarações que acerca deles prestar;

e) Constituir advogado ou solicitar a nomeação de um defensor;

f) Ser assistido por defensor em todos os actos processuais em que participar e, quando detido, comunicar, mesmo em privado, com ele;

g) Intervir no inquérito e na instrução, oferecendo provas e requerendo as diligências que se lhe afigurarem necessárias;

h) Ser informado, pela autoridade judiciária ou pelo órgão de polícia criminal perante os quais seja obrigado a comparecer, dos direitos que lhe assistem;

i) Ser acompanhado, caso seja menor, durante as diligências processuais a que compareça, pelos titulares das responsabilidades parentais, pelo representante legal ou por pessoa que tiver a sua guarda de facto ou, na impossibilidade de contactar estas pessoas, ou quando circunstâncias especiais fundadas no seu interesse ou as necessidades do processo o imponham, e apenas enquanto essas circunstâncias persistirem, por outra pessoa idónea por si indicada e aceite pela autoridade judiciária competente;

j) Recorrer, nos termos da lei, das decisões que lhe forem desfavoráveis.

2 – A comunicação em privado referida na alínea *f*) do número anterior ocorre à vista quando assim o impuserem razões de segurança, mas em condições de não ser ouvida pelo encarregado da vigilância.

3 – A informação a que se refere a alínea *h*) do nº 1, no caso de arguido menor, é também disponibilizada às pessoas referidas na alínea *i*) do mesmo número.

4 – Caso o menor não tenha indicado outra pessoa para o acompanhar, ou a pessoa nomeada por si nos termos da alínea *i*) do nº 1 não seja aceite pela autoridade judiciária competente, esta procede à nomeação, para o mesmo efeito, de técnico especializado para o acompanhamento.

5 – Para efeitos do disposto na alínea *i*) do nº 1 e nos nºs 3 e 4, presume-se a menoridade se, depois de realizadas todas as diligências para proceder à identificação do arguido, a sua idade permanecer incerta e existirem motivos para crer que se trata de menor.

6 – Recaem em especial sobre o arguido os deveres de:

a) Comparecer perante o juiz, o Ministério Público ou os órgãos de polícia criminal sempre que a lei o exigir e para tal tiver sido devidamente convocado;

b) Responder com verdade às perguntas feitas por entidade competente sobre a sua identidade;

c) Prestar termo de identidade e residência logo que assuma a qualidade de arguido;

d) Sujeitar-se a diligências de prova e a medidas de coacção e garantia patrimonial especificadas na lei e ordenadas e efectuadas por entidade competente.

(Redação dada pela Lei nº 33/2019, de 22-05)

ARTIGO 62º
Defensor

1 – O arguido pode constituir advogado em qualquer altura do processo.

2 – Tendo o arguido mais de um defensor constituído, as notificações são feitas àquele que for indicado em primeiro lugar no acto de constituição.

ARTIGO 63º
Direitos do defensor

1 – O defensor exerce os direitos que a lei reconhece ao arguido, salvo os que ela reservar pessoalmente a este.

2 – O arguido pode retirar eficácia ao acto realizado em seu nome pelo defensor, desde que o faça por declaração expressa anterior a decisão relativa àquele acto.

ARTIGO 64º
Obrigatoriedade de assistência

1 – É obrigatória a assistência do defensor:

a) Nos interrogatórios de arguido detido ou preso;

b) Nos interrogatórios feitos por autoridade judiciária;

c) No debate instrutório e na audiência;

d) Em qualquer acto processual, à excepção da constituição de arguido, sempre que o arguido for cego, surdo, mudo, analfabeto, desconhecedor da língua portuguesa, menor de 21 anos, ou se suscitar a questão da sua inimputabilidade ou da sua imputabilidade diminuída;

e) Nos recursos ordinários ou extraordinários;

f) Nos casos a que se referem os artigos 271º e 294º;

g) Na audiência de julgamento realizada na ausência do arguido;

h) Nos demais casos que a lei determinar.

2 – Fora dos casos previstos no número anterior pode ser nomeado defensor ao arguido, a pedido do tribunal ou do arguido, sempre que as circunstâncias do caso revelarem a necessidade ou a conveniência de o arguido ser assistido.

3 – Sem prejuízo do disposto nos números anteriores, se o arguido não tiver advogado constituído nem defensor nomeado, é obrigatória a nomeação de defensor quando contra ele for deduzida a acusação, devendo a identificação do defensor constar do despacho de encerramento do inquérito.

4 – No caso previsto no número anterior, o arguido é informado, no despacho de acusação, de que fica obrigado, caso seja condenado, a pagar os honorários do defensor oficioso, salvo se lhe for concedido apoio judiciário, e que pode proceder à substituição desse defensor mediante a constituição de advogado.

(Redação dada pela Lei nº 20/2013, de 21-02)

ARTIGO 65º
Assistência a vários arguidos

Sendo vários os arguidos no mesmo processo, podem eles ser assistidos por um único defensor, se isso não contrariar a função da defesa.

ARTIGO 66º
Defensor nomeado

1 – A nomeação de defensor é notificada ao arguido e ao defensor quando não estiverem presentes no acto.

2 – O defensor nomeado pode ser dispensado do patrocínio se alegar causa que o tribunal julgue justa.

3 – O tribunal pode sempre substituir o defensor nomeado, a requerimento do arguido, por causa justa.

4 – Enquanto não for substituído, o defensor nomeado para um acto mantém-se para os actos subsequentes do processo.

5 – O exercício da função de defensor nomeado é sempre remunerado, nos termos e no quantitativo a fixar pelo tribunal, dentro de limites constantes de tabelas aprovadas pelo Ministério da Justiça ou, na sua falta, tendo em atenção os honorários correntemente pagos por serviços do género e do relevo dos que foram prestados. Pela retribuição são responsáveis, conforme o caso, o arguido, o assistente, as partes civis ou os cofres do Ministério da Justiça.

ARTIGO 67º
Substituição de defensor

1 – Se o defensor, relativamente a um acto em que a assistência for necessária, não comparecer, se ausentar antes de terminado ou recusar ou abandonar a defesa, é imediatamente nomeado outro defensor; mas pode também, quando a nomeação imediata se revelar impossível ou inconveniente, ser decidido interromper a realização do acto.

2 – Se o defensor for substituído durante o debate instrutório ou a audiência, pode o tribunal, oficiosamente ou a requerimento do novo defensor, conceder uma interrupção, para que aquele possa conferenciar com o arguido e examinar os autos.

3 – Em vez da interrupção a que se referem os números anteriores, pode o tribunal decidir-se, se isso for absolutamente necessário, por um adiamento do acto ou da audiência, que não pode, porém, ser superior a cinco dias.

TÍTULO IV
Vítima

ARTIGO 67º-A
Vítima

1 – Considera-se:

a) 'Vítima':

i) A pessoa singular que sofreu um dano, nomeadamente um atentado à sua integridade física ou psíquica, um dano emocional ou moral, ou um dano patrimonial, diretamente causado por ação ou omissão, no âmbito da prática de um crime;

ii) Os familiares de uma pessoa cuja morte tenha sido diretamente causada por um crime e que tenham sofrido um dano em consequência dessa morte;

b) 'Vítima especialmente vulnerável', a vítima cuja especial fragilidade resulte, nomeadamente, da sua idade, do seu estado de saúde ou de deficiência, bem como do facto de o tipo, o grau e a duração da vitimização haver resultado em lesões com consequências graves no seu equilíbrio psicológico ou nas condições da sua integração social;

c) 'Familiares', o cônjuge da vítima ou a pessoa que convivesse com a vítima em condições análogas às dos cônjuges, os seus parentes em linha reta, os irmãos e as pessoas economicamente dependentes da vítima;

d) 'Criança ou jovem', uma pessoa singular com idade inferior a 18 anos.

2 – Para os efeitos previstos na subalínea *ii*) da alínea *a*) do nº 1 integram o conceito de vítima, pela ordem e prevalência seguinte, o cônjuge sobrevivo não separado judicialmente de pessoas e bens, ou a pessoa que convivesse com a vítima em condições análogas às dos cônjuges, os descendentes e os ascendentes, na medida estrita em que tenham sofrido um dano com a morte, com exceção do autor dos factos que provocaram a morte.

3 – As vítimas de criminalidade violenta e de criminalidade especialmente violenta são sempre consideradas vítimas especialmente vulneráveis para efeitos do disposto na alínea *b*) do nº 1.

4 – Assistem à vítima os direitos de informação, de assistência, de proteção e de participação ativa no processo penal, previstos neste Código e no Estatuto da Vítima.

5 – A vítima tem direito a colaborar com as autoridades policiais ou judiciárias competentes, prestando informações e facultando provas que se revelem necessárias à descoberta da verdade e à boa decisão da causa.

(Aditado pela Lei nº 130/2015, de 04-09)

TÍTULO V
Do assistente

ARTIGO 68º
Assistente

1 – Podem constituir-se assistentes no processo penal, além das pessoas e entidades a quem leis especiais conferirem esse direito:

a) Os ofendidos, considerando-se como tais os titulares dos interesses que a lei especialmente quis proteger com a incriminação, desde que maiores de 16 anos;

b) As pessoas de cuja queixa ou acusação particular depender o procedimento;

c) No caso de o ofendido morrer sem ter renunciado à queixa, o cônjuge sobrevivo não separado judicialmente de pessoas e bens ou a pessoa, de outro ou do mesmo sexo, que com o ofendido vivesse em condições análogas às dos cônjuges, os descendentes e adoptados, ascendentes e adoptantes, ou, na falta deles, irmãos e seus descendentes, salvo se alguma destas pessoas houver comparticipado no crime;

d) No caso de o ofendido ser menor de 16 anos ou por outro motivo incapaz, o representante legal e, na sua falta, as pessoas indicadas na alínea anterior, segundo a ordem aí referida, ou, na ausência dos demais, a entidade ou instituição com responsabilidades de protecção, tutelares ou educativas, quando o mesmo tenha sido judicialmente confiado à sua responsabilidade ou guarda, salvo se alguma delas houver auxiliado ou comparticipado no crime;

e) Qualquer pessoa nos crimes contra a paz e a humanidade, bem como nos crimes de tráfico de influência, favorecimento pessoal praticado por funcionário, denegação de justiça, prevaricação, corrupção, peculato, participação económica em negócio, abuso de poder e de fraude na obtenção ou desvio de subsídio ou subvenção.

2 – Tratando-se de procedimento dependente de acusação particular, o requerimento tem lugar no prazo de 10 dias a contar da advertência referida no nº 4 do artigo 246º*

3 – Os assistentes podem intervir em qualquer altura do processo, aceitando-o no estado em que se encontrar, desde que o requeiram ao juiz**:

a) Até cinco dias antes do início do debate instrutório ou da audiência de julgamento;

Fixação de Jurisprudência:

* **Acórdão do Supremo Tribunal de Justiça nº 1/2011, de 26 de Janeiro (publicado no DR nº 18, série I, de 26-01-2011):**
Em procedimento dependente de acusação particular, o direito à constituição como assistente fica precludido se não for apresentado requerimento para esse efeito no prazo fixado no nº 2 do artigo 68º do Código de Processo Penal.

** **Acórdão do Supremo Tribunal de Justiça nº 12/2016, de 4 de outubro (publicado no DR nº 191, série I, de 04-10-2016)**
Após a publicação da sentença proferida em 1ª Instância, que absolveu o arguido da prática de um crime semipúblico, o ofendido não pode constituir-se assistente, para efeitos de interpor recurso dessa decisão, tendo em vista o disposto no artigo 68º, nº 3, do Código de Processo Penal, na redação vigente antes da entrada em vigor da Lei nº 130/2015, de 04.09.

b) Nos casos do artigo 284º e da alínea *b*) do nº 1 do artigo 287º, no prazo estabelecido para a prática dos respectivos actos;

c) No prazo para interposição de recurso da sentença.

4 – O juiz, depois de dar ao Ministério Público e ao arguido a possibilidade de se pronunciarem sobre o requerimento, decide por despacho, que é logo notificado àqueles.

5 – Durante o inquérito, a constituição de assistente e os incidentes a ela respeitantes podem correr em separado, com junção dos elementos necessários à decisão. *(Redação dada pela Lei nº 130/2015, de 04-09)*

ARTIGO 69º
Posição processual e atribuições dos assistentes

1 – Os assistentes têm a posição de colaboradores do Ministério Público, a cuja actividade subordinam a sua intervenção no processo, salvas as excepções da lei.

2 – Compete em especial aos assistentes:

a) Intervir no inquérito e na instrução, oferecendo provas e requerendo as diligências que se afigurarem necessárias e conhecer os despachos que sobre tais iniciativas recaírem;

b) Deduzir acusação independente da do Ministério Público e, no caso de procedimento dependente de acusação particular, ainda que aquele a não deduza;

c) Interpor recurso das decisões que os afectem, mesmo que o Ministério Público o não tenha feito, dispondo, para o efeito, de acesso aos elementos processuais imprescindíveis, sem prejuízo do regime aplicável ao segredo de justiça.*

(Redação dada pela Lei nº 26/2010, de 30-08)

ARTIGO 70º
Representação judiciária dos assistentes

1 – Os assistentes são sempre representados por advogado. Havendo vários assistentes, são todos representados por um só advogado. Se divergirem quanto à escolha, decide o juiz**.

2 – Ressalva-se do disposto na segunda parte do número anterior o caso de haver entre os vários assistentes interesses incompatíveis, bem como o de serem diferentes os crimes imputados ao arguido. Neste último caso, cada grupo de pessoas a quem a lei permitir a constituição como assistente por cada um dos crimes pode constituir um advogado, não sendo todavia lícito a cada pessoa ter mais de um representante.

* **Acórdão do Supremo Tribunal de Justiça nº 5/2011, de 11 de Março (publicado no DR nº 50, série I, de 11-03-2011):**
Em processo por crime público ou semipúblico, o assistente que não deduziu acusação autónoma nem aderiu à acusação pública pode recorrer da decisão de não pronúncia, em instrução requerida pelo arguido, e da sentença absolutória, mesmo não havendo recurso do Ministério Público.

** **Fixação de jurisprudência:**
Acórdão do Supremo Tribunal de Justiça nº 15/2016, de 6 de dezembro (publicado no DR nº 233, série I, de 06-12-2016)
Nos termos do artigo 70º, nº 1, do Código de Processo Penal, o ofendido que seja advogado e pretenda constituir-se assistente, em processo penal, tem de estar representado nos autos por outro advogado.

3 – Os assistentes podem ser acompanhados por advogado nas diligências em que intervierem.

TÍTULO VI
Das partes civis

ARTIGO 71º*
Princípio de adesão

O pedido de indemnização civil fundado na prática de um crime é deduzido no processo penal respectivo, só o podendo ser em separado, perante o tribunal civil, nos casos previstos na lei.

ARTIGO 72º
Pedido em separado

1 – O pedido de indemnização civil pode ser deduzido em separado, perante o tribunal civil, quando:

a) O processo penal não tiver conduzido à acusação dentro de oito meses a contar da notícia do crime, ou estiver sem andamento durante esse lapso de tempo;

b) O processo penal tiver sido arquivado ou suspenso provisoriamente, ou o procedimento se tiver extinguido antes do julgamento;

c) O procedimento depender de queixa ou de acusação particular;

d) Não houver ainda danos ao tempo da acusação, estes não forem conhecidos ou não forem conhecidos em toda a sua extensão;

e) A sentença penal não se tiver pronunciado sobre o pedido de indemnização civil, nos termos do nº 3 do artigo 82º;

f) For deduzido contra o arguido e outras pessoas com responsabilidade meramente civil, ou somente contra estas haja sido provocada, nessa acção, a intervenção principal do arguido;

g) O valor do pedido permitir a intervenção civil do tribunal colectivo, devendo o processo penal correr perante tribunal singular;

h) O processo penal correr sob a forma sumária ou sumaríssima;

i) O lesado não tiver sido informado da possibilidade de deduzir o pedido civil no processo penal ou notificado para o fazer, nos termos do nº 1 do artigo 75º e do nº 2 do artigo 77º

* **Fixação de jurisprudência:**

Acórdão do Supremo Tribunal de Justiça nº 1/2013, de 7 de Janeiro (publicado no DR nº 4, série I, de 07-01-2013):
Em processo penal decorrente de crime de abuso de confiança contra a Segurança Social, p. e p. no art. 107º, nº 1, do R.G.I.T., é admissível, de harmonia com o art. 71º, do C.P.P., a dedução de pedido de indemnização civil tendo por objecto o montante das contribuições legalmente devidas por trabalhadores e membros dos órgãos sociais das entidades empregadoras, que por estas tenha sido deduzido do valor das remunerações, e não tenha sido entregue, total ou parcialmente, às instituições de segurança social.

2 – No caso de o procedimento depender de queixa ou de acusação particular, a prévia dedução do pedido perante o tribunal civil pelas pessoas com direito de queixa ou de acusação vale como renúncia a este direito.

ARTIGO 73º
Pessoas com responsabilidade meramente civil

1 – O pedido de indemnização civil pode ser deduzido contra pessoas com responsabilidade meramente civil e estas podem intervir voluntariamente no processo penal.

2 – A intervenção voluntária impede as pessoas com responsabilidade meramente civil de praticarem actos que o arguido tiver perdido o direito de praticar.

ARTIGO 74º
Legitimidade e poderes processuais

1 – O pedido de indemnização civil é deduzido pelo lesado, entendendo-se como tal a pessoa que sofreu danos ocasionados pelo crime, ainda que se não tenha constituído ou não possa constituir-se assistente.

2 – A intervenção processual do lesado restringe-se à sustentação e à prova do pedido de indemnização civil, competindo-lhe, correspondentemente, os direitos que a lei confere aos assistentes.

3 – Os demandados e os intervenientes têm posição processual idêntica à do arguido quanto à sustentação e à prova das questões civis julgadas no processo, sendo independente cada uma das defesas.

ARTIGO 75º
Dever de informação

1 – Logo que, no decurso do inquérito, tomarem conhecimento da existência de eventuais lesados, as autoridades judiciárias e os órgãos de polícia criminal devem informá-los da possibilidade de deduzirem pedido de indemnização civil em processo penal e das formalidades a observar.

2 – Quem tiver sido informado de que pode deduzir pedido de indemnização civil nos termos do número anterior, ou, não o tendo sido, se considere lesado, pode manifestar no processo, até ao encerramento do inquérito, o propósito de o fazer.

ARTIGO 76º
Representação

1 – O lesado pode fazer-se representar por advogado, sendo obrigatória a representação sempre que, em razão do valor do pedido, se deduzido em separado, fosse obrigatória a constituição de advogado, nos termos da lei do processo civil.

2 – Os demandados e os intervenientes devem fazer-se representar por advogado.

3 – Compete ao Ministério Público formular o pedido de indemnização civil em representação do Estado e de outras pessoas e interesses cuja representação lhe seja atribuída por lei.

ARTIGO 77º
Formulação do pedido

1 – Quando apresentado pelo Ministério Público ou pelo assistente, o pedido é deduzido na acusação ou, em requerimento articulado, no prazo em que esta deve ser formulada.

2 – O lesado que tiver manifestado o propósito de deduzir pedido de indemnização civil, nos termos do nº 2 do artigo 75º, é notificado do despacho de acusação, ou, não o havendo, do despacho de pronúncia, se a ele houver lugar, para, querendo, deduzir o pedido, em requerimento articulado, no prazo de 20 dias.

3 – Se não tiver manifestado o propósito de deduzir pedido de indemnização ou se não tiver sido notificado nos termos do número anterior, o lesado pode deduzir o pedido até 20 dias depois de ao arguido ser notificado o despacho de acusação ou, se o não houver, o despacho de pronúncia.

4 – Quando, em razão do valor do pedido, se deduzido em separado, não fosse obrigatória a constituição de advogado, o lesado, nos prazos estabelecidos nos números anteriores, pode requerer que lhe seja arbitrada a indemnização civil. O requerimento não está sujeito a formalidades especiais e pode consistir em declaração em auto, com indicação do prejuízo sofrido e das provas.

5 – Salvo nos casos previstos no número anterior, o pedido de indemnização civil é acompanhado de duplicados para os demandados e para a secretaria.

ARTIGO 78º
Contestação

1 – A pessoa contra quem for deduzido pedido de indemnização civil é notificada para, querendo, contestar no prazo de 20 dias.

2 – A contestação é deduzida por artigos.

3 – A falta de contestação não implica confissão dos factos.

ARTIGO 79º
Provas

1 – As provas são requeridas com os articulados.

2 – Cada requerente, demandado ou interveniente pode arrolar testemunhas em número não superior a 10 ou a 5, consoante o valor do pedido exceda ou não a alçada da relação em matéria cível.

ARTIGO 80º
Julgamento

O lesado, os demandados e os intervenientes são obrigados a comparecer no julgamento apenas quando tiverem de prestar declarações a que não puderem recusar-se.

ARTIGO 81º
Renúncia, desistência e conversão do pedido

O lesado pode, em qualquer altura do processo:

a) Renunciar ao direito de indemnização civil e desistir do pedido formulado;

b) Requerer que o objecto da prestação indemnizatória seja convertido em diferente atribuição patrimonial, desde que prevista na lei.

ARTIGO 82º
Liquidação em execução de sentença e reenvio para os tribunais civis

1 – Se não dispuser de elementos bastantes para fixar a indemnização, o tribunal condena no que se liquidar em execução de sentença. Neste caso, a execução corre perante o tribunal civil, servindo de título executivo a sentença penal.

2 – Pode, no entanto, o tribunal, oficiosamente ou a requerimento, estabelecer uma indemnização provisória por conta da indemnização a fixar posteriormente, se dispuser de elementos bastantes, e conferir-lhe o efeito previsto no artigo seguinte.

3 – O tribunal pode, oficiosamente ou a requerimento, remeter as partes para os tribunais civis quando as questões suscitadas pelo pedido de indemnização civil inviabilizarem uma decisão rigorosa ou forem susceptíveis de gerar incidentes que retardem intoleravelmente o processo penal.

ARTIGO 82º-A
Reparação da vítima em casos especiais

1 – Não tendo sido deduzido pedido de indemnização civil no processo penal ou em separado, nos termos dos artigos 72º e 77º, o tribunal, em caso de condenação, pode arbitrar uma quantia a título de reparação pelos prejuízos sofridos quando particulares exigências de protecção da vítima o imponham.

2 – No caso previsto no número anterior, é assegurado o respeito pelo contraditório.

3 – A quantia arbitrada a título de reparação é tida em conta em acção que venha a conhecer de pedido civil de indemnização.

ARTIGO 83º
Exequibilidade provisória

A requerimento do lesado, o tribunal pode declarar a condenação em indemnização civil, no todo ou em parte, provisoriamente executiva, nomeadamente sob a forma de pensão.

ARTIGO 84º
Caso julgado

A decisão penal, ainda que absolutória, que conhecer do pedido civil constitui caso julgado nos termos em que a lei atribui eficácia de caso julgado às sentenças civis.

LIVRO II
DOS ACTOS PROCESSUAIS

TÍTULO I
Disposições gerais

ARTIGO 85º
Manutenção da ordem nos actos processuais

1 – Compete às autoridades judiciárias, às autoridades de polícia criminal e aos funcionários de justiça regular os trabalhos e manter a ordem nos actos processuais a que presidirem ou que dirigirem, tomando as providências necessárias contra quem perturbar o decurso dos actos respectivos.

2 – Se o prevaricador dever ainda intervir ou estar presente no próprio dia, em acto presidido pelo juiz, este ordena, se necessário, que aquele seja detido até à altura da sua intervenção, ou durante o tempo em que a sua presença for indispensável.

3 – Verificando-se, no decurso de um acto processual, a prática de qualquer infracção, a entidade competente, nos termos do nº 1, levanta ou manda levantar auto e, se for caso disso, detém ou manda deter o agente, para efeito de procedimento.

4 – Para manutenção da ordem nos actos processuais requisita-se, sempre que necessário, o auxílio da força pública, a qual fica submetida, para o efeito, ao poder de direcção da autoridade judiciária que presidir ao acto.

ARTIGO 86º
Publicidade do processo e segredo de justiça

1 – O processo penal é, sob pena de nulidade, público, ressalvadas as excepções previstas na lei.

2 – O juiz de instrução pode, mediante requerimento do arguido, do assistente ou do ofendido e ouvido o Ministério Público, determinar, por despacho irrecorrível, a sujeição do processo, durante a fase de inquérito, a segredo de justiça, quando entenda que a publicidade prejudica os direitos daqueles sujeitos ou participantes processuais.

3 – Sempre que o Ministério Público entender que os interesses da investigação ou os direitos dos sujeitos processuais o justifiquem, pode determinar a aplicação ao processo, durante a fase de inquérito, do segredo de justiça, ficando essa decisão sujeita a validação pelo juiz de instrução no prazo máximo de setenta e duas horas.

4 – No caso de o processo ter sido sujeito, nos termos do número anterior, a segredo de justiça, o Ministério Público, oficiosamente ou mediante requerimento do arguido, do assistente ou do ofendido, pode determinar o seu levantamento em qualquer momento do inquérito.

5 – No caso de o arguido, o assistente ou o ofendido requererem o levantamento do segredo de justiça, mas o Ministério Público não o determinar, os autos são remetidos ao juiz de instrução para decisão, por despacho irrecorrível.

6 - A publicidade do processo implica, nos termos definidos pela lei e, em especial, pelos artigos seguintes, os direitos de:

a) Assistência, pelo público em geral, à realização do debate instrutório e dos actos processuais na fase de julgamento;

b) Narração dos actos processuais, ou reprodução dos seus termos, pelos meios de comunicação social;

c) Consulta do auto e obtenção de cópias, extractos e certidões de quaisquer partes dele.

7 - A publicidade não abrange os dados relativos à reserva da vida privada que não constituam meios de prova. A autoridade judiciária especifica, por despacho, oficiosamente ou a requerimento, os elementos relativamente aos quais se mantém o segredo de justiça, ordenando, se for caso disso, a sua destruição ou que sejam entregues à pessoa a quem disserem respeito.

8 - O segredo de justiça vincula todos os sujeitos e participantes processuais, bem como as pessoas que, por qualquer título, tiverem tomado contacto com o processo ou conhecimento de elementos a ele pertencentes, e implica as proibições de:

a) Assistência à prática ou tomada de conhecimento do conteúdo de acto processual a que não tenham o direito ou o dever de assistir;

b) Divulgação da ocorrência de acto processual ou dos seus termos, independentemente do motivo que presidir a tal divulgação.

9 - A autoridade judiciária pode, fundamentadamente, dar ou ordenar ou permitir que seja dado conhecimento a determinadas pessoas do conteúdo de acto ou de documento em segredo de justiça, se tal não puser em causa a investigação e se afigurar:

a) Conveniente ao esclarecimento da verdade; ou

b) Indispensável ao exercício de direitos pelos interessados.

10 - As pessoas referidas no número anterior são identificadas no processo, com indicação do acto ou documento de cujo conteúdo tomam conhecimento e ficam, em todo o caso, vinculadas pelo segredo de justiça.

11 - A autoridade judiciária pode autorizar a passagem de certidão em que seja dado conhecimento do conteúdo de acto ou de documento em segredo de justiça, desde que necessária a processo de natureza criminal ou à instrução de processo disciplinar de natureza pública, bem como à dedução do pedido de indemnização civil.

12 - Se o processo respeitar a acidente causado por veículo de circulação terrestre, a autoridade judiciária autoriza a passagem de certidão:

a) Em que seja dado conhecimento de acto ou documento em segredo de justiça, para os fins previstos na última parte do número anterior e perante requerimento fundamentado no disposto na alínea *a*) do nº 1 do artigo 72º;

b) Do auto de notícia do acidente levantado por entidade policial, para efeitos de composição extrajudicial de litígio em que seja interessada entidade seguradora para a qual esteja transferida a responsabilidade civil.

13 – O segredo de justiça não impede a prestação de esclarecimentos públicos pela autoridade judiciária, quando forem necessários ao restabelecimento da verdade e não prejudicarem a investigação:

a) A pedido de pessoas publicamente postas em causa; ou

b) Para garantir a segurança de pessoas e bens ou a tranquilidade pública.

(Redação dada pela Lei nº 26/2010, de 30-08)

ARTIGO 87º
Assistência do público a actos processuais

1 – Aos actos processuais declarados públicos pela lei, nomeadamente às audiências, pode assistir qualquer pessoa. Oficiosamente ou a requerimento do Ministério Público, do arguido ou do assistente pode, porém, o juiz decidir, por despacho, restringir a livre assistência do público ou que o acto, ou parte dele, decorra com exclusão da publicidade.

2 – O despacho referido na segunda parte do número anterior deve fundar-se em factos ou circunstâncias concretas que façam presumir que a publicidade causaria grave dano à dignidade das pessoas, à moral pública ou ao normal decurso do acto e deve ser revogado logo que cessarem os motivos que lhe deram causa.

3 – Em caso de processo por crime de tráfico de órgãos humanos, tráfico de pessoas, ou contra a liberdade e autodeterminação sexual, os atos processuais decorrem, em regra, com exclusão da publicidade.

4 – Decorrendo o acto com exclusão da publicidade, apenas podem assistir as pessoas que nele tiverem de intervir, bem como outras que o juiz admitir por razões atendíveis, nomeadamente de ordem profissional ou científica.

5 – A exclusão da publicidade não abrange, em caso algum, a leitura da sentença.

6 – Não implica restrição ou exclusão da publicidade, para efeito do disposto nos números anteriores, a proibição, pelo juiz, da assistência de menor de 18 anos ou de quem, pelo seu comportamento, puser em causa a dignidade ou a disciplina do acto.

(Redação dada pela Lei nº 102/2019, de 06-09)

ARTIGO 88º
Meios de comunicação social

1 – É permitida aos órgãos de comunicação social, dentro dos limites da lei, a narração circunstanciada do teor de actos processuais que se não encontrem cobertos por segredo de justiça ou a cujo decurso for permitida a assistência do público em geral.

2 – Não é, porém, autorizada, sob pena de desobediência simples:

a) A reprodução de peças processuais ou de documentos incorporados no processo, até à sentença de 1ª instância, salvo se tiverem sido obtidos mediante certidão solicitada com menção do fim a que se destina, ou se para tal tiver havido autorização expressa da autoridade judiciária que presidir à fase do processo no momento da publicação;

b) A transmissão ou registo de imagens ou de tomadas de som relativas à prática de qualquer acto processual, nomeadamente da audiência, salvo se a autoridade judiciária referida na alínea anterior, por despacho, a autorizar; não pode, porém, ser autorizada a transmissão ou registo de imagens ou tomada de som relativas a pessoa que a tal se opuser;

c) A publicitação, por qualquer meio, da identidade de vítimas de crimes de tráfico de órgãos humanos, tráfico de pessoas, contra a liberdade e autodeterminação sexual, a honra ou a reserva da vida privada, exceto se a vítima consentir expressamente na revelação da sua identidade ou se o crime for praticado através de órgão de comunicação social.

3 – Até à decisão sobre a publicidade da audiência não é ainda autorizada, sob pena de desobediência simples, a narração de actos processuais anteriores àquela quando o juiz, oficiosamente ou a requerimento, a tiver proibido com fundamento nos factos ou circunstâncias referidos no nº 2 do artigo anterior.

4 – Não é permitida, sob pena de desobediência simples, a publicação, por qualquer meio, de conversações ou comunicações interceptadas no âmbito de um processo, salvo se não estiverem sujeitas a segredo de justiça e os intervenientes expressamente consentirem na publicação.

(Redação dada pela Lei nº 102/2019, de 06-09)

ARTIGO 89º

Consulta de auto e obtenção de certidão e informação por sujeitos processuais

1 – Durante o inquérito, o arguido, o assistente, o ofendido, o lesado e o responsável civil podem consultar, mediante requerimento, o processo ou elementos dele constantes, bem como obter os correspondentes extractos, cópias ou certidões, salvo quando, tratando-se de processo que se encontre em segredo de justiça, o Ministério Público a isso se opuser por considerar, fundamentadamente, que pode prejudicar a investigação ou os direitos dos participantes processuais ou das vítimas.

2 – Se o Ministério Público se opuser à consulta ou à obtenção dos elementos previstos no número anterior, o requerimento é presente ao juiz, que decide por despacho irrecorrível.

3 – Para efeitos do disposto nos números anteriores, os autos ou as partes dos autos a que o arguido, o assistente, o ofendido, o lesado e o responsável civil devam ter acesso são depositados na secretaria, por fotocópia e em avulso, sem prejuízo do andamento do processo, e persistindo para todos o dever de guardar segredo de justiça.

4 – Quando, nos termos dos nºs 1, 4 e 5 do artigo 86º, o processo se tornar público, as pessoas mencionadas no nº 1 podem requerer à autoridade judiciária competente o exame gratuito dos autos fora da secretaria, devendo o despacho que o autorizar fixar o prazo para o efeito.

5 – São correspondentemente aplicáveis à hipótese prevista no número anterior as disposições da lei do processo civil respeitantes à falta de restituição do processo dentro do prazo; sendo a falta da responsabilidade do Ministério Público, a ocorrência é comunicada ao superior hierárquico.

6 – Findos os prazos previstos no artigo 276º, o arguido, o assistente e o ofendido podem consultar todos os elementos de processo que se encontre em segredo de justiça, salvo se o juiz de instrução determinar, a requerimento do Ministério Público, que o acesso aos autos seja adiado por um período máximo de três meses, o qual pode ser prorrogado, por uma só vez, quando estiver em causa a criminalidade a que se referem as alíneas *i*) a *m*) do artigo 1º, e por um prazo objectivamente indispensável à conclusão da investigação.*

ARTIGO 90º

Consulta de auto e obtenção de certidão por outras pessoas

1 – Qualquer pessoa que nisso revelar interesse legítimo pode pedir que seja admitida a consultar auto de um processo que se não encontre em segredo de justiça e que lhe seja fornecida, à sua custa, cópia, extracto ou certidão de auto ou de parte dele. Sobre o pedido decide, por despacho, a autoridade judiciária que presidir à fase em que se encontra o processo ou que nele tiver proferido a última decisão.

2 – Excetuam-se do disposto no número anterior os autos de interrogatório ou outras diligências processuais nas quais participe arguido menor.

3 – A permissão de consulta de auto e de obtenção de cópia, extracto ou certidão realiza-se sem prejuízo da proibição, que no caso se verificar, de narração dos actos processuais ou de reprodução dos seus termos através dos meios de comunicação social.

(Redação dada pela Lei nº 33/2019, de 22-05)

ARTIGO 91º

Juramento e compromisso

1 – As testemunhas prestam o seguinte juramento: «Juro, por minha honra, dizer toda a verdade e só a verdade.»

2 – Os peritos e os intérpretes prestam, em qualquer fase do processo, o seguinte compromisso: «Comprometo-me, por minha honra, a desempenhar fielmente as funções que me são confiadas.»

3 – O juramento referido no nº 1 é prestado perante a autoridade judiciária competente e o compromisso referido no número anterior é prestado perante a autoridade judiciária ou a autoridade de polícia criminal competente, as quais advertem previamente quem os dever prestar das sanções em que incorre se os recusar ou a eles faltar.

4 – A recusa a prestar o juramento ou o compromisso equivale à recusa a depor ou a exercer as funções.

5 – O juramento e o compromisso, uma vez prestados, não necessitam de ser renovados na mesma fase de um mesmo processo.

*** Fixação de Jurisprudência:**

Acórdão do Supremo Tribunal de Justiça nº 5/2010, de 14 de Maio (publicado no DR nº 94, série I, de 14-05-2010):

O prazo de prorrogação do adiamento do acesso aos autos a que se refere a segunda parte do artigo 89º, nº 6, do Código de Processo Penal, é fixado pelo juiz de instrução pelo período de tempo que se mostrar objectivamente indispensável à conclusão da investigação, sem estar limitado pelo prazo máximo de três meses, referido na mesma norma.

6 – Não prestam o juramento e o compromisso referidos nos números anteriores:

a) Os menores de 16 anos;

b) Os peritos e os intérpretes que forem funcionários públicos e intervierem no exercício das suas funções.

TÍTULO II
Da forma dos actos e da sua documentação

ARTIGO 92º
Língua dos actos e nomeação de intérprete

1 – Nos actos processuais, tanto escritos como orais, utiliza-se a língua portuguesa, sob pena de nulidade.

2 – Quando houver de intervir no processo pessoa que não conhecer ou não dominar a língua portuguesa, é nomeado, sem encargo para ela, intérprete idóneo, ainda que a entidade que preside ao acto ou qualquer dos participantes processuais conheçam a língua por aquela utilizada.

3 – O arguido pode escolher, sem encargo para ele, intérprete diferente do previsto no número anterior para traduzir as conversações com o seu defensor.

4 – O intérprete está sujeito a segredo de justiça, nos termos gerais, e não pode revelar as conversações entre o arguido e o seu defensor, seja qual for a fase do processo em que ocorrerem, sob pena de violação do segredo profissional.

5 – Não podem ser utilizadas as provas obtidas mediante violação do disposto nos nºs 3 e 4.

6 – É igualmente nomeado intérprete quando se tornar necessário traduzir documento em língua estrangeira e desacompanhado de tradução autenticada.

7 – O intérprete é nomeado por autoridade judiciária ou autoridade de polícia criminal.

8 – Ao desempenho da função de intérprete é correspondentemente aplicável o disposto nos artigos 153º e 162º

ARTIGO 93º
Participação de surdo, de deficiente auditivo ou de mudo

1 – Quando um surdo, um deficiente auditivo ou um mudo devam prestar declarações, observam-se as seguintes regras:

a) Ao surdo ou deficiente auditivo é nomeado intérprete idóneo de língua gestual, leitura labial ou expressão escrita, conforme mais adequado à situação do interessado;

b) Ao mudo, se souber escrever, formulam-se as perguntas oralmente, respondendo por escrito. Em caso contrário e sempre que requerido nomeia-se intérprete idóneo.

2 – A falta de intérprete implica o adiamento da diligência.

3 – O disposto nos números anteriores é aplicável em todas as fases do processo e independentemente da posição do interessado na causa.

4 – É correspondentemente aplicável o disposto nos nºs 3 a 5 do artigo anterior.

ARTIGO 94º
Forma escrita dos actos

1 – Os actos processuais que tiverem de praticar-se sob a forma escrita são redigidos de modo perfeitamente legível, não contendo espaços em branco que não sejam inutilizados, nem entrelinhas, rasuras ou emendas que não sejam ressalvadas.

2 – Podem utilizar-se máquinas de escrever ou processadores de texto, caso em que se certifica, antes da assinatura, que o documento foi integralmente revisto e se identifica a entidade que o elaborou.

3 – Podem igualmente utilizar-se fórmulas pré-impressas, formulários em suporte electrónico ou carimbos, a completar com o texto respectivo, podendo recorrer-se a assinatura electrónica certificada.

4 – Em caso de manifesta ilegibilidade do documento, qualquer participante processual interessado pode solicitar, sem encargos, a respectiva transcrição dactilográfica.

5 – As abreviaturas a que houver de recorrer-se devem possuir significado inequívoco. As datas e os números podem ser escritos por algarismos, ressalvada a indicação por extenso das penas, montantes indemnizatórios e outros elementos cuja certeza importe acautelar.

6 – É obrigatória a menção do dia, mês e ano da prática do acto, bem como, tratando-se de acto que afecte liberdades fundamentais das pessoas, da hora da sua ocorrência, com referência ao momento do respectivo início e conclusão. O lugar da prática do acto deve ser indicado.

ARTIGO 95º
Assinatura

1 – O escrito a que houver de reduzir-se um acto processual é no final, e ainda que este deva continuar-se em momento posterior, assinado por quem a ele presidir, por aquelas pessoas que nele tiverem participado e pelo funcionário de justiça que tiver feito a redacção, sendo as folhas que não contiverem assinatura rubricadas pelos que tiverem assinado.

2 – As assinaturas e as rubricas são feitas pelo próprio punho, sendo, para o efeito, proibido o uso de quaisquer meios de reprodução.

3 – No caso de qualquer das pessoas cuja assinatura for obrigatória não puder ou se recusar a prestá-la, a autoridade ou o funcionário presentes declaram no auto essa impossibilidade ou recusa e os motivos que para elas tenham sido dados.

ARTIGO 96º
Oralidade dos actos

1 – Salvo quando a lei dispuser de modo diferente, a prestação de quaisquer declarações processa-se por forma oral, não sendo autorizada a leitura de documentos escritos previamente elaborados para aquele efeito.

2 – A entidade que presidir ao acto pode autorizar que o declarante se socorra de apontamentos escritos como adjuvantes de memória, fazendo consignar no auto tal circunstância.

3 – No caso a que se refere o número anterior devem ser tomadas providências para defesa da espontaneidade das declarações feitas, ordenando-se, se for caso disso, a exibição dos apontamentos escritos, sobre cuja origem o declarante será detalhadamente perguntado.

4 – Os despachos e sentenças proferidos oralmente são consignados no auto.

5 – O disposto no presente artigo não prejudica as normas relativas às leituras permitidas e proibidas em audiência.

ARTIGO 97º
Actos decisórios

1 – Os actos decisórios dos juízes tomam a forma de:

a) Sentenças, quando conhecerem a final do objecto do processo;

b) Despachos, quando conhecerem de qualquer questão interlocutória ou quando puserem termo ao processo fora do caso previsto na alínea anterior.

2 – Os actos decisórios previstos no número anterior tomam a forma de acórdãos quando forem proferidos por um tribunal colegial.

3 – Os actos decisórios do Ministério Público tomam a forma de despachos.

4 – Os actos decisórios referidos nos números anteriores revestem os requisitos formais dos actos escritos ou orais, consoante o caso.

5 – Os actos decisórios são sempre fundamentados, devendo ser especificados os motivos de facto e de direito da decisão.

ARTIGO 98º
Exposições, memoriais e requerimentos

1 – O arguido, ainda que em liberdade, pode apresentar exposições, memoriais e requerimentos em qualquer fase do processo, embora não assinados pelo defensor, desde que se contenham dentro do objecto do processo ou tenham por finalidade a salvaguarda dos seus direitos fundamentais. As exposições, memoriais e requerimentos do arguido são sempre integrados nos autos.

2 – Os requerimentos dos outros participantes processuais que se encontrem representados por advogados são assinados por estes, salvo se se verificar impossibilidade de eles o fazerem e o requerimento visar a prática de acto sujeito a prazo de caducidade.

3 – Quando for legalmente admissível a formulação oral de requerimentos, estes são consignados no auto pela entidade que dirigir o processo ou pelo funcionário de justiça que o tiver a seu cargo.

ARTIGO 99º
Auto

1 – O auto é o instrumento destinado a fazer fé quanto aos termos em que se desenrolaram os actos processuais a cuja documentação a lei obrigar e aos quais

tiver assistido quem o redige, bem como a recolher as declarações, requerimentos, promoções e actos decisórios orais que tiverem ocorrido perante aquele.

2 – O auto respeitante ao debate instrutório e à audiência denomina-se acta e rege-se complementarmente pelas disposições legais que este Código lhe manda aplicar.

3 – O auto contém, além dos requisitos previstos para os actos escritos, menção dos elementos seguintes:

a) Identificação das pessoas que intervieram no acto;

b) Causas, se conhecidas, da ausência das pessoas cuja intervenção no acto estava prevista;

c) Descrição especificada das operações praticadas, da intervenção de cada um dos participantes processuais, das declarações prestadas, do modo como o foram e das circunstâncias em que o foram, incluindo, quando houver lugar a registo áudio ou audiovisual, à consignação do início e termo de cada declaração, dos documentos apresentados ou recebidos e dos resultados alcançados, de modo a garantir a genuína expressão da ocorrência;

d) Qualquer ocorrência relevante para apreciação da prova ou da regularidade do acto.

4 – É correspondentemente aplicável o disposto no artigo 169º

(Redação dada pela Lei nº 20/2013, de 21-02)

ARTIGO 100º
Redacção do auto

1 – A redacção do auto é efectuada pelo funcionário de justiça, ou pelo funcionário de polícia criminal durante o inquérito, sob a direcção da entidade que presidir ao acto.

2 – Sempre que o auto dever ser redigido por súmula, compete à entidade que presidir ao acto velar por que a súmula corresponda ao essencial do que se tiver passado ou das declarações prestadas, podendo para o efeito ditar o conteúdo do auto ou delegar, oficiosamente ou a requerimento, nos participantes processuais ou nos seus representantes.

3 – Em caso de alegada desconformidade entre o teor do que for ditado e o ocorrido, são feitas consignar as declarações relativas à discrepância, com indicação das rectificações a efectuar, após o que a entidade que presidir ao acto profere, ouvidos os participantes processuais interessados que estiverem presentes, decisão definitiva sustentando ou modificando a redacção inicial.

ARTIGO 101º
Registo e transcrição

1 – O funcionário referido no nº 1 do artigo anterior pode redigir o auto utilizando os meios estenográficos, estenotípicos ou outros diferentes da escrita comum, bem como, nos casos legalmente previstos, proceder à gravação áudio ou audiovisual da tomada de declarações e decisões verbalmente proferidas.

2 – Quando forem utilizados meios estenográficos, estenotípicos ou outros meios técnicos diferentes da escrita comum, o funcionário que deles se tiver socorrido faz a transcrição no prazo mais curto possível, devendo a entidade que presidiu ao ato certificar-se da conformidade da transcrição antes da assinatura.

3 – As folhas estenografadas e as fitas estenotipadas ou gravadas são conservadas em envelope lacrado à ordem do tribunal, sendo feita menção no auto, de toda a abertura e encerramento dos registos guardados pela entidade que proceder à operação.

4 – Sempre que for utilizado registo áudio ou audiovisual não há lugar a transcrição e o funcionário, sem prejuízo do disposto relativamente ao segredo de justiça, entrega, no prazo máximo de 48 horas, uma cópia a qualquer sujeito processual que a requeira, bem como, em caso de recurso, procede ao envio de cópia ao tribunal superior.

5 – Em caso de recurso, quando for absolutamente indispensável para a boa decisão da causa, o relator, por despacho fundamentado, pode solicitar ao tribunal recorrido a transcrição de toda ou parte da sentença.

(Redação dada pela Lei nº 20/2013, de 21-02)

ARTIGO 102º
Reforma de auto perdido, extraviado ou destruído

1 – Quando se perder, extraviar ou destruir auto ou parte dele procede-se à sua reforma no tribunal em que o processo tiver corrido ou dever correr termos em 1ª instância, ainda mesmo quando nele tiver havido algum recurso.

2 – A reforma é ordenada pelo juiz, oficiosamente ou a requerimento do Ministério Público, do arguido, do assistente ou das partes civis.

3 – Na reforma seguem-se os trâmites previstos na lei do processo civil em tudo quanto se não especifica nas alíneas seguintes:

a) Na conferência intervêm o Ministério Público, o arguido, o assistente e as partes civis;

b) O acordo dos intervenientes, transcrito no auto, só supre o processo em matéria civil, sendo meramente informativo em matéria penal.

TÍTULO III
Do tempo dos actos e da aceleração do processo

ARTIGO 103º
Quando se praticam os actos

1 – Os actos processuais praticam-se nos dias úteis, às horas de expediente dos serviços de justiça e fora do período de férias judiciais.

2 – Exceptuam-se do disposto no número anterior:

a) Os actos processuais relativos a arguidos detidos ou presos, ou indispensáveis à garantia da liberdade das pessoas;

b) Os atos relativos a processos em que intervenham arguidos menores, ainda que não haja arguidos presos;

c) Os actos de inquérito e de instrução, bem como os debates instrutórios e audiências relativamente aos quais for reconhecida, por despacho de quem a elas presidir, vantagem em que o seu início, prosseguimento ou conclusão ocorra sem aquelas limitações;

d) Os actos relativos a processos sumários e abreviados, até à sentença em primeira instância;

e) Os actos processuais relativos aos conflitos de competência, requerimentos de recusa e pedidos de escusa;

f) Os actos relativos à concessão da liberdade condicional, quando se encontrar cumprida a parte da pena necessária à sua aplicação;

g) Os actos de mero expediente, bem como as decisões das autoridades judiciárias, sempre que necessário;

h) Os atos considerados urgentes em legislação especial.

3 – O interrogatório do arguido não pode ser efectuado entre as 0 e as 7 horas, salvo em acto seguido à detenção:

a) Nos casos da alínea *a*) do nº 5 do artigo 174º; ou

b) Quando o próprio arguido o solicite.

4 – O interrogatório do arguido tem a duração máxima de quatro horas, podendo ser retomado, em cada dia, por uma só vez e idêntico prazo máximo, após um intervalo mínimo de sessenta minutos.

5 – São nulas, não podendo ser utilizadas como prova, as declarações prestadas para além dos limites previstos nos nºs 3 e 4.

(Redação dada pela Lei nº 33/2019, de 22-05)

ARTIGO 104º
Contagem dos prazos de actos processuais

1 – Aplicam-se à contagem dos prazos para a prática de actos processuais as disposições da lei do processo civil.

2 – Correm em férias os prazos relativos a processos nos quais devam praticar-se os actos referidos nas alíneas *a*) a *e*) do nº 2 do artigo anterior.

ARTIGO 105º
Prazo e seu excesso

1 – Salvo disposição legal em contrário, é de 10 dias o prazo para a prática de qualquer acto processual.

2 – Salvo disposição legal em contrário, os despachos ou promoções de mero expediente, bem como os considerados urgentes, devem ser proferidos no prazo máximo de dois dias.

3 – Decorridos três meses sobre o termo do prazo fixado para a prática de ato próprio do juiz ou do Ministério Público sem que o mesmo tenha sido praticado, devem o juiz ou o magistrado do Ministério Público consignar a concreta razão da inobservância do prazo.

4 – A secretaria remete, mensalmente, ao presidente do tribunal de comarca e ao magistrado do Ministério Público coordenador de comarca informação discriminada dos casos em que se mostrem decorridos três meses sobre o termo do prazo fixado para a prática de ato próprio do juiz ou do Ministério Público, respetivamente, acompanhada da exposição das razões que determinaram os atrasos, ainda que o ato tenha sido entretanto praticado, incumbindo ao presidente do tribunal de comarca e ao magistrado do Ministério Público coordenador de comarca, no prazo de 10 dias contado da data de receção, remeter o expediente à entidade com competência disciplinar.

(Redação dada pela Lei nº 27/2015, de 14-04)

ARTIGO 106º
Prazo para termos e mandados

1 – Os funcionários de justiça lavram os termos do processo e passam os mandados no prazo de dois dias.

2 – O disposto no número anterior não se aplica quando neste Código se estabelecer prazo diferente, nem quando houver arguidos detidos ou presos e o prazo ali fixado afectar o tempo de privação da liberdade; neste último caso os actos são praticados imediatamente e com preferência sobre qualquer outro serviço.

ARTIGO 107º
Renúncia ao decurso e prática de acto fora do prazo

1 – A pessoa em benefício da qual um prazo for estabelecido pode renunciar ao seu decurso, mediante requerimento endereçado à autoridade judiciária que dirigir a fase do processo a que o acto respeitar, a qual o despacha em vinte e quatro horas.

2 – Os actos processuais só podem ser praticados fora dos prazos estabelecidos por lei, por despacho da autoridade referida no número anterior, a requerimento do interessado e ouvidos os outros sujeitos processuais a quem o caso respeitar, desde que se prove justo impedimento.

3 – O requerimento referido no número anterior é apresentado no prazo de três dias, contado do termo do prazo legalmente fixado ou da cessação do impedimento.

4 – A autoridade que defira a prática de acto fora do prazo procede, na medida do possível, à renovação dos actos aos quais o interessado teria o direito de assistir.

5 – Independentemente do justo impedimento, pode o acto ser praticado no prazo, nos termos e com as mesmas consequências que em processo civil, com as necessárias adaptações.*

6 – Quando o procedimento se revelar de excepcional complexidade, nos termos da parte final do nº 3 do artigo 215º, o juiz, a requerimento do Ministério Público,

* **Fixação de jurisprudência:**

Acórdão do Supremo Tribunal de Justiça nº 5/2012, de 21 de Maio (publicado no DR nº 98, série I, de 21-05-2012):

O Ministério Público, em processo penal, pode praticar acto processual nos três dias úteis seguintes ao termo do respectivo prazo, ao abrigo do disposto no artigo 145º, nº 5, do Código de Processo Civil, sem pagar multa ou emitir declaração a manifestar a intenção de praticar o acto naquele prazo.

do assistente, do arguido ou das partes civis, pode prorrogar os prazos previstos nos artigos 78º, 287º e 315º e nos nºs 1 e 3 do artigo 411º, até ao limite máximo de 30 dias.

ARTIGO 107º-A
Sanção pela prática extemporânea de actos processuais*

Sem prejuízo do disposto no artigo anterior, à prática extemporânea de actos processuais penais aplica-se o disposto nos nºs 5 a 7 do artigo 145º do Código de Processo Civil, com as seguintes alterações:

a) Se o acto for praticado no 1º dia, a multa é equivalente a 0,5 UC;
b) Se o acto for praticado no 2º dia, a multa é equivalente a 1 UC;
c) Se o acto for praticado no 3º dia, a multa é equivalente a 2 UC.

(Aditado pelo Decreto-Lei nº 34/2008, de 26-02)

ARTIGO 108º
Aceleração de processo atrasado

1 – Quando tiverem sido excedidos os prazos previstos na lei para a duração de cada fase do processo, podem o Ministério Público, o arguido, o assistente ou as partes civis requerer a aceleração processual.

2 – O pedido é decidido:

a) Pelo Procurador-Geral da República, se o processo estiver sob a direcção do Ministério Público;

b) Pelo Conselho Superior da Magistratura, se o processo decorrer perante o tribunal ou o juiz.

3 – Encontram-se impedidos de intervir na deliberação os juízes que, por qualquer forma, tiverem participado no processo.

ARTIGO 109º
Tramitação do pedido de aceleração

1 – O pedido de aceleração processual é dirigido ao presidente do Conselho Superior da Magistratura, ou ao Procurador-Geral da República, conforme os casos, e entregue no tribunal ou entidade a que o processo estiver afecto.

2 – O juiz ou o Ministério Público instruem o pedido com os elementos disponíveis e relevantes para a decisão e remetem o processo assim organizado, em três dias, ao Conselho Superior da Magistratura ou à Procuradoria-Geral da República.

3 – O Procurador-Geral da República profere despacho no prazo de cinco dias.

4 – Se a decisão competir ao Conselho Superior da Magistratura, uma vez distribuído o processo vai à primeira sessão ordinária ou a sessão extraordinária se nisso

* **Fixação de jurisprudência:**
Acórdão do Supremo Tribunal de Justiça nº 5/2012, de 21 de Maio (publicado no DR nº 98, série I, de 21-05-2012):
O Ministério Público, em processo penal, pode praticar acto processual nos três dias úteis seguintes ao termo do respectivo prazo, ao abrigo do disposto no artigo 145º, nº 5, do Código de Processo Civil, sem pagar multa ou emitir declaração a manifestar a intenção de praticar o acto naquele prazo.

houver conveniência, e nela o relator faz uma breve exposição, em que conclui por proposta de deliberação. Não há lugar a vistos, mas a deliberação pode ser adiada até dois dias para análise do processo.

5 – A decisão é tomada, sem outras formalidades especiais, no sentido de:

a) Indeferir o pedido por falta de fundamento bastante ou por os atrasos verificados se encontrarem justificados;

b) Requisitar informações complementares, a serem fornecidas no prazo máximo de cinco dias;

c) Mandar proceder a inquérito, em prazo que não pode exceder 15 dias, sobre os atrasos e as condições em que se verificaram, suspendendo a decisão até à realização do inquérito; ou

d) Propor ou determinar as medidas disciplinares, de gestão, de organização ou de racionalização de métodos que a situação justificar.

6 – A decisão é notificada ao requerente e imediatamente comunicada ao tribunal ou à entidade que tiver o processo a seu cargo. É-o igualmente às entidades com jurisdição disciplinar sobre os responsáveis por atrasos que se tenham verificado.

ARTIGO 110º
Pedido manifestamente infundado

Se o pedido de aceleração processual do arguido, do assistente ou das partes civis for julgado manifestamente infundado, o tribunal, ou o juiz de instrução, no caso da alínea *a*) do nº 2 do artigo 108º, condena o peticionante no pagamento de uma soma entre 6 UC e 20 UC.

TÍTULO IV
Da comunicação dos actos e da convocação para eles

ARTIGO 111º
Comunicação dos actos processuais

1 – A comunicação dos actos processuais destina-se a transmitir:

a) Uma ordem de comparência perante os serviços de justiça;

b) Uma convocação para participar em diligência processual;

c) O conteúdo de acto realizado ou de despacho proferido no processo.

2 – A comunicação é feita pela secretaria, oficiosamente ou precedendo despacho da autoridade judiciária ou de polícia criminal competente, e é executada pelo funcionário de justiça que tiver o processo a seu cargo, ou por agente policial, administrativo ou pertencente ao serviço postal que for designado para o efeito e se encontrar devidamente credenciado.

3 – A comunicação entre serviços de justiça e entre as autoridades judiciárias e os órgãos de polícia criminal efectua-se mediante:

a) Mandado: quando se determinar a prática de acto processual a entidade com um âmbito de funções situado dentro dos limites da competência territorial da entidade que proferir a ordem;

b) Carta: quando se tratar de acto a praticar fora daqueles limites, denominando-se precatória quando a prática do acto em causa se contiver dentro dos limites do território nacional e rogatória havendo que concretizar-se no estrangeiro;

c) Ofício, aviso, carta, telegrama, telex, telecópia, comunicação telefónica, correio electrónico ou qualquer outro meio de telecomunicações: quando estiver em causa um pedido de notificação ou qualquer outro tipo de transmissão de mensagens.

4 – A comunicação telefónica é sempre seguida de confirmação por qualquer meio escrito.

ARTIGO 112º
Convocação para acto processual

1 – A convocação de uma pessoa para comparecer a acto processual pode ser feita por qualquer meio destinado a dar-lhe conhecimento do facto, inclusivamente por via telefónica, lavrando-se cota no auto quanto ao meio utilizado.

2 – Quando for utilizada a via telefónica a entidade que efectuar a convocação identifica-se e dá conta do cargo que desempenha, bem como dos elementos que permitam ao chamado inteirar-se do acto para que é convocado e efectuar, caso queira, a contraprova de que se trata de telefonema oficial e verdadeiro.

3 – Revestem a forma de notificação, que indique a finalidade da convocação ou comunicação, por transcrição, cópia ou resumo do despacho ou mandado que a tiver ordenado, para além de outros casos que a lei determinar:

a) A comunicação do termo inicial ou final de um prazo legalmente estipulado sob pena de caducidade;

b) A convocação para interrogatório ou para declarações ou para participar em debate instrutório ou em audiência;

c) A convocação de pessoa que haja já sido chamada, sem efeito cominatório, e tenha faltado;

d) A convocação para aplicação de uma medida de coacção ou de garantia patrimonial.

ARTIGO 113º
Regras gerais sobre notificações

1 – As notificações efectuam-se mediante:

a) Contacto pessoal com o notificando e no lugar em que este for encontrado;

b) Via postal registada, por meio de carta ou aviso registados;

c) Via postal simples, por meio de carta ou aviso, nos casos expressamente previstos; ou

d) Editais e anúncios, nos casos em que a lei expressamente o admitir.

2 – Quando efetuadas por via postal registada, as notificações presumem-se feitas no terceiro dia posterior ao do seu envio, quando seja útil, ou no primeiro dia útil seguinte a esse, quando o não seja, devendo a cominação aplicável constar do ato de notificação.

3 – Quando efectuadas por via postal simples, o funcionário judicial lavra uma cota no processo com a indicação da data da expedição da carta e do domicílio para a qual foi enviada e o distribuidor do serviço postal deposita a carta na caixa de correio do notificando, lavra uma declaração indicando a data e confirmando o local exacto do depósito, e envia-a de imediato ao serviço ou ao tribunal remetente, considerando-se a notificação efectuada no 5º dia posterior à data indicada na declaração lavrada pelo distribuidor do serviço postal, cominação esta que deverá constar do acto de notificação.

4 – Se for impossível proceder ao depósito da carta na caixa de correio, o distribuidor do serviço postal lavra nota do incidente, apõe-lhe a data e envia-a de imediato ao serviço ou ao tribunal remetente.

5 – Ressalva-se do disposto nos nºs 3 e 4 as notificações por via postal simples a que alude a alínea *d*) do nº 4 do artigo 277º, que são expedidas sem prova de depósito, devendo o funcionário lavrar uma cota no processo com a indicação da data de expedição e considerando-se a notificação efetuada no 5º dia útil posterior à data de expedição.

6 – Quando a notificação for efectuada por via postal registada, o rosto do sobrescrito ou do aviso deve indicar, com precisão, a natureza da correspondência, a identificação do tribunal ou do serviço remetente e as normas de procedimento referidas no número seguinte.

7 – Se:

a) O destinatário se recusar a assinar, o agente dos serviços postais entrega a carta ou o aviso e lavra nota do incidente, valendo o acto como notificação;

b) O destinatário se recusar a receber a carta ou o aviso, o agente dos serviços postais lavra nota do incidente, valendo o acto como notificação;

c) O destinatário não for encontrado, a carta ou o aviso são entregues a pessoa que com ele habite ou a pessoa indicada pelo destinatário que com ele trabalhe, fazendo os serviços postais menção do facto com identificação da pessoa que recebeu a carta ou o aviso;

d) Não for possível, pela ausência de pessoa ou por outro qualquer motivo, proceder nos termos das alíneas anteriores, os serviços postais cumprem o disposto nos respectivos regulamentos, mas sempre que deixem aviso indicarão expressamente a natureza da correspondência e a identificação do tribunal ou do serviço remetente.

8 – Valem como notificação, salvo nos casos em que a lei exigir forma diferente, as convocações e comunicações feitas:

a) Por autoridade judiciária ou de polícia criminal aos interessados presentes em acto processual por ela presidido, desde que documentadas no auto;

b) Por via telefónica em caso de urgência, se respeitarem os requisitos constantes do nº 2 do artigo anterior e se, além disso, no telefonema se avisar o notificando de que a convocação ou comunicação vale como notificação e ao telefonema se seguir confirmação telegráfica, por telex ou por telecópia.

9 – O notificando pode indicar pessoa, com residência ou domicílio profissional situados na área de competência territorial do tribunal, para o efeito de receber notificações. Neste caso, as notificações, levadas a cabo com observância do formalismo previsto nos números anteriores, consideram-se como tendo sido feitas ao próprio notificando.

10 – As notificações do arguido, do assistente e das partes civis podem ser feitas ao respectivo defensor ou advogado. Ressalvam-se as notificações respeitantes à acusação, à decisão instrutória, à designação de dia para julgamento e à sentença, bem como as relativas à aplicação de medidas de coacção e de garantia patrimonial e à dedução do pedido de indemnização civil, as quais, porém, devem igualmente ser notificadas ao advogado ou defensor nomeado; neste caso, o prazo para a prática de acto processual subsequente conta-se a partir da data da notificação efectuada em último lugar.*

11 – As notificações ao advogado ou ao defensor nomeado, quando outra forma não resultar da lei, são feitas por via eletrónica, nos termos a definir em portaria do membro do Governo responsável pela área da justiça, ou, quando tal não for possível, nos termos das alíneas *a*), *b*) e *c*) do nº 1, ou por telecópia.

12 – Quando efetuadas por via eletrónica, as notificações presumem-se feitas no terceiro dia posterior ao do seu envio, quando seja útil, ou no primeiro dia útil seguinte a esse, quando o não seja.

13 – A notificação edital é feita mediante a afixação de um edital na porta da última residência do notificando e outro nos lugares para o efeito destinados pela respetiva junta de freguesia, seguida da publicação de anúncio na área de serviços digitais dos tribunais, acessível no endereço eletrónico https://tribunais.org.pt.

14 – Nos casos expressamente previstos, havendo vários arguidos ou assistentes, quando o prazo para a prática de actos subsequentes à notificação termine em dias diferentes, o acto pode ser praticado por todos ou por cada um deles até ao termo do prazo que começou a correr em último lugar.

15 – A assinatura do funcionário responsável pela elaboração da notificação pode ser substituída por indicação do código identificador da notificação, bem como do endereço do sítio eletrónico do Ministério da Justiça no qual, através da inserção do código, é possível confirmar a autenticidade da notificação.

(Redação dada pela Lei nº 71/2018, de 31-12)

*** Fixação de Jurisprudência:**

Acórdão do Supremo Tribunal de Justiça nº 6/2010, de 21 de Maio (publicado no DR nº 99, série I, de 21-05-2010):

I — Nos termos do nº 9 do artigo 113º do Código de Processo Penal, a decisão de revogação da suspensão da execução da pena de prisão deve ser notificada tanto ao defensor como ao condenado. II — O condenado em pena de prisão suspensa continua afecto, até ao trânsito da revogação da pena substitutiva ou à sua extinção e, com ela, à cessação da eventualidade da sua reversão na pena de prisão substituída, às obrigações decorrentes da medida de coacção de prestação de termo de identidade e residência (nomeadamente, a de «as posteriores notificações serão feitas por via postal simples para a morada indicada»). III — A notificação ao condenado do despacho de revogação da suspensão da pena de prisão pode assumir tanto a via de «contacto pessoal» como a «via postal registada, por meio de carta ou aviso registados» ou, mesmo, a «via postal simples, por meio de carta ou aviso» [artigo 113º, nº 1, alíneas a), b), c) e d), do Código de Processo Penal].

Nota: O presente acórdão foi proferido na vigência da anterior redacção do artigo, sendo a redacção do anterior nº 9 a do actual nº 10.

ARTIGO 114º
Casos especiais

1 – A notificação de pessoa que se encontrar presa é requisitada ao director do estabelecimento prisional respectivo e efectuada na pessoa do notificando por funcionário para o efeito designado.

2 – A notificação de funcionário ou agente administrativo pode fazer-se mediante requisição ao respectivo serviço, mas a comparência do notificado não carece de autorização do superior hierárquico; quando, porém, a notificação seja feita por outro modo, o notificado deve informar imediatamente da notificação o seu superior e apresentar-lhe documento comprovativo da comparência.

ARTIGO 115º
Dificuldades em efectuar notificação ou cumprir mandado

1 – O funcionário de justiça encarregado de efectuar uma notificação ou de cumprir um mandado pode, quando tal se revelar necessário, recorrer à colaboração da força pública, a qual é requisitada à autoridade mais próxima do local onde dever intervir.

2 – Todos os agentes de manutenção da ordem pública devem prestar auxílio e colaboração ao funcionário mencionado no número anterior e para os fins nele referidos, quando for pedida a sua intervenção e exibida a notificação ou o mandado respectivos.

3 – Se, apesar do auxílio e da colaboração prestados nos termos dos números anteriores, o funcionário de justiça não tiver conseguido efectuar a notificação ou cumprir o mandado, redige auto da ocorrência, no qual indica especificadamente as diligências a que procedeu, e transmite-o sem demora à entidade notificante ou mandante.

ARTIGO 116º
Falta injustificada de comparecimento

1 – Em caso de falta injustificada de comparecimento de pessoa regularmente convocada ou notificada, no dia, hora e local designados, o juiz condena o faltoso ao pagamento de uma soma entre 2 UC e 10 UC.

2 – Sem prejuízo do disposto no número anterior, o juiz pode ordenar, oficiosamente ou a requerimento, a detenção de quem tiver faltado injustificadamente pelo tempo indispensável à realização da diligência e, bem assim, condenar o faltoso ao pagamento das despesas ocasionadas pela sua não comparência, nomeadamente das relacionadas com notificações, expediente e deslocação de pessoas. Tratando-se do arguido, pode ainda ser-lhe aplicada medida de prisão preventiva, se esta for legalmente admissível.

3 – Se a falta for cometida pelo Ministério Público ou por advogado constituído ou nomeado no processo, dela é dado conhecimento, respectivamente, ao superior hierárquico ou à Ordem dos Advogados.

4 – É correspondentemente aplicável o disposto no nº 5 do artigo 68º

ARTIGO 117º
Justificação da falta de comparecimento

1 – Considera-se justificada a falta motivada por facto não imputável ao faltoso que o impeça de comparecer no acto processual para que foi convocado ou notificado.

2 – A impossibilidade de comparecimento deve ser comunicada com cinco dias de antecedência, se for previsível, e no dia e hora designados para a prática do acto, se for imprevisível. Da comunicação consta, sob pena de não justificação da falta, a indicação do respectivo motivo, do local onde o faltoso pode ser encontrado e da duração previsível do impedimento.

3 – Os elementos de prova da impossibilidade de comparecimento devem ser apresentados com a comunicação referida no número anterior, salvo tratando-se de impedimento imprevisível comunicado no próprio dia e hora, caso em que, por motivo justificado, podem ser apresentados até ao 3º dia útil seguinte. Não podem ser indicadas mais de três testemunhas.

4 – Se for alegada doença, o faltoso apresenta atestado médico especificando a impossibilidade ou grave inconveniência no comparecimento e o tempo provável de duração do impedimento. A autoridade judiciária pode ordenar o comparecimento do médico que subscreveu o atestado e fazer verificar por outro médico a veracidade da alegação da doença.

5 – Se for impossível obter atestado médico, é admissível qualquer outro meio de prova.

6 – Havendo impossibilidade de comparecimento, mas não de prestação de declarações ou de depoimento, esta realizar-se-á no dia, hora e local que a autoridade judiciária designar, ouvido o médico assistente, se necessário.

7 – A falsidade da justificação é punida, consoante os casos, nos termos dos artigos 260º e 360º do Código Penal.

8 – O disposto nos números anteriores no que se refere aos elementos exigíveis de prova não se aplica aos advogados, podendo a autoridade judiciária comunicar as faltas injustificadas ao organismo disciplinar da respectiva Ordem.

TÍTULO V
Das nulidades

ARTIGO 118º
Princípio da legalidade

1 – A violação ou a inobservância das disposições da lei do processo penal só determina a nulidade do acto quando esta for expressamente cominada na lei.

2 – Nos casos em que a lei não cominar a nulidade, o acto ilegal é irregular.

3 – As disposições do presente título não prejudicam as normas deste Código relativas a proibições de prova.

ARTIGO 119º
Nulidades insanáveis

Constituem nulidades insanáveis, que devem ser oficiosamente declaradas em qualquer fase do procedimento, além das que como tal forem cominadas em outras disposições legais:

a) A falta do número de juízes ou de jurados que devam constituir o tribunal, ou a violação das regras legais relativas ao modo de determinar a respectiva composição;

b) A falta de promoção do processo pelo Ministério Público, nos termos do artigo 48º, bem como a sua ausência a actos relativamente aos quais a lei exigir a respectiva comparência;

c) A ausência do arguido ou do seu defensor, nos casos em que a lei exigir a respectiva comparência;

d) A falta de inquérito ou de instrução, nos casos em que a lei determinar a sua obrigatoriedade;

e) A violação das regras de competência do tribunal, sem prejuízo do disposto no nº 2 do artigo 32º;

f) O emprego de forma de processo especial fora dos casos previstos na lei.

ARTIGO 120º
Nulidades dependentes de arguição

1 – Qualquer nulidade diversa das referidas no artigo anterior deve ser arguida pelos interessados e fica sujeita à disciplina prevista neste artigo e no artigo seguinte.

2 – Constituem nulidades dependentes de arguição, além das que forem cominadas noutras disposições legais:

a) O emprego de uma forma de processo quando a lei determinar a utilização de outra, sem prejuízo do disposto na alínea *f*) do artigo anterior;

b) A ausência, por falta de notificação, do assistente e das partes civis, nos casos em que a lei exigir a respectiva comparência;

c) A falta de nomeação de intérprete, nos casos em que a lei a considerar obrigatória;

d) A insuficiência do inquérito ou da instrução, por não terem sido praticados actos legalmente obrigatórios, e a omissão posterior de diligências que pudessem reputar-se essenciais para a descoberta da verdade.

3 – As nulidades referidas nos números anteriores devem ser arguidas:

a) Tratando-se de nulidade de acto a que o interessado assista, antes que o acto esteja terminado;

b) Tratando-se da nulidade referida na alínea *b*) do número anterior, até cinco dias após a notificação do despacho que designar dia para a audiência;

c) Tratando-se de nulidade respeitante ao inquérito ou à instrução, até ao encerramento do debate instrutório ou, não havendo lugar a instrução, até cinco dias após a notificação do despacho que tiver encerrado o inquérito;

d) Logo no início da audiência nas formas de processo especiais.

ARTIGO 121º
Sanação de nulidades

1 – Salvo nos casos em que a lei dispuser de modo diferente, as nulidades ficam sanadas se os participantes processuais interessados:

a) Renunciarem expressamente a arguí-las;

b) Tiverem aceite expressamente os efeitos do acto anulável; ou
c) Se tiverem prevalecido de faculdade a cujo exercício o acto anulável se dirigia.

2 – As nulidades respeitantes a falta ou a vício de notificação ou de convocação para acto processual ficam sanadas se a pessoa interessada comparecer ou renunciar a comparecer ao acto.

3 – Ressalvam-se do disposto no número anterior os casos em que o interessado comparecer apenas com a intenção de arguir a nulidade.

ARTIGO 122º
Efeitos da declaração de nulidade

1 – As nulidades tornam inválido o acto em que se verificarem, bem como os que dele dependerem e aquelas puderem afectar.

2 – A declaração de nulidade determina quais os actos que passam a considerar-se inválidos e ordena, sempre que necessário e possível, a sua repetição, pondo as despesas respectivas a cargo do arguido, do assistente ou das partes civis que tenham dado causa, culposamente, à nulidade.

3 – Ao declarar uma nulidade o juiz aproveita todos os actos que ainda puderem ser salvos do efeito daquela.

ARTIGO 123º
Irregularidades

1 – Qualquer irregularidade do processo só determina a invalidade do acto a que se refere e dos termos subsequentes que possa afectar quando tiver sido arguida pelos interessados no próprio acto ou, se a este não tiverem assistido, nos três dias seguintes a contar daquele em que tiverem sido notificados para qualquer termo do processo ou intervindo em algum acto nele praticado.

2 – Pode ordenar-se oficiosamente a reparação de qualquer irregularidade, no momento em que da mesma se tomar conhecimento, quando ela puder afectar o valor do acto praticado.

LIVRO III
DA PROVA

TÍTULO I
Disposições gerais

ARTIGO 124º
Objecto da prova

1 – Constituem objecto da prova todos os factos juridicamente relevantes para a existência ou inexistência do crime, a punibilidade ou não punibilidade do arguido e a determinação da pena ou da medida de segurança aplicáveis.

2 – Se tiver lugar pedido civil, constituem igualmente objecto da prova os factos relevantes para a determinação da responsabilidade civil.

ARTIGO 125º
Legalidade da prova

São admissíveis as provas que não forem proibidas por lei.

ARTIGO 126º
Métodos proibidos de prova

1 – São nulas, não podendo ser utilizadas, as provas obtidas mediante tortura, coacção ou, em geral, ofensa da integridade física ou moral das pessoas.

2 – São ofensivas da integridade física ou moral das pessoas as provas obtidas, mesmo que com consentimento delas, mediante:

a) Perturbação da liberdade de vontade ou de decisão através de maus tratos, ofensas corporais, administração de meios de qualquer natureza, hipnose ou utilização de meios cruéis ou enganosos;

b) Perturbação, por qualquer meio, da capacidade de memória ou de avaliação;

c) Utilização da força, fora dos casos e dos limites permitidos pela lei;

d) Ameaça com medida legalmente inadmissível e, bem assim, com denegação ou condicionamento da obtenção de benefício legalmente previsto;

e) Promessa de vantagem legalmente inadmissível.

3 – Ressalvados os casos previstos na lei, são igualmente nulas, não podendo ser utilizadas, as provas obtidas mediante intromissão na vida privada, no domicílio, na correspondência ou nas telecomunicações sem o consentimento do respectivo titular.

4 – Se o uso dos métodos de obtenção de provas previstos neste artigo constituir crime, podem aquelas ser utilizadas com o fim exclusivo de proceder contra os agentes do mesmo.

ARTIGO 127º
Livre apreciação da prova

Salvo quando a lei dispuser diferentemente, a prova é apreciada segundo as regras da experiência e a livre convicção da entidade competente.

TÍTULO II
Dos meios de prova

CAPÍTULO I
Da prova testemunhal

ARTIGO 128º
Objecto e limites do depoimento

1 – A testemunha é inquirida sobre factos de que possua conhecimento directo e que constituam objecto da prova.

2 – Salvo quando a lei dispuser diferentemente, antes do momento de o tribunal proceder à determinação da pena ou da medida de segurança aplicáveis, a inquirição sobre factos relativos à personalidade e ao carácter do arguido, bem como às suas condições pessoais e à sua conduta anterior, só é permitida na medida estritamente indispensável para a prova de elementos constitutivos do crime, nomeadamente da culpa do agente, ou para a aplicação de medida de coacção ou de garantia patrimonial.

ARTIGO 129º
Depoimento indirecto

1 – Se o depoimento resultar do que se ouviu dizer a pessoas determinadas, o juiz pode chamar estas a depor. Se o não fizer, o depoimento produzido não pode, naquela parte, servir como meio de prova, salvo se a inquirição das pessoas indicadas não for possível por morte, anomalia psíquica superveniente ou impossibilidade de serem encontradas.

2 – O disposto no número anterior aplica-se ao caso em que o depoimento resultar da leitura de documento de autoria de pessoa diversa da testemunha.

3 – Não pode, em caso algum, servir como meio de prova o depoimento de quem recusar ou não estiver em condições de indicar a pessoa ou a fonte através das quais tomou conhecimento dos factos.

ARTIGO 130º
Vozes públicas e convicções pessoais

1 – Não é admissível como depoimento a reprodução de vozes ou rumores públicos.

2 – A manifestação de meras convicções pessoais sobre factos ou a sua interpretação só é admissível nos casos seguintes e na estrita medida neles indicada:

a) Quando for impossível cindi-la do depoimento sobre factos concretos;

b) Quando tiver lugar em função de qualquer ciência, técnica ou arte;

c) Quando ocorrer no estádio de determinação da sanção.

ARTIGO 131º
Capacidade e dever de testemunhar

1 – Qualquer pessoa tem capacidade para ser testemunha desde que tenha aptidão mental para depor sobre os factos que constituam objeto da prova e só pode recusar-se nos casos previstos na lei.

2 – A autoridade judiciária verifica a aptidão física ou mental de qualquer pessoa para prestar testemunho, quando isso for necessário para avaliar da sua credibilidade e puder ser feito sem retardamento da marcha normal do processo.

3 – Tratando-se de depoimento de menor de 18 anos em crimes contra a liberdade e autodeterminação sexual de menores, pode ter lugar perícia sobre a personalidade.

4 – As indagações referidas nos números anteriores, ordenadas anteriormente ao depoimento, não impedem que este se produza.

(Redação dada pela Lei nº 49/2018, de 14-08)

ARTIGO 132º
Direitos e deveres da testemunha

1 – Salvo quando a lei dispuser de forma diferente, incumbem à testemunha os deveres de:

a) Se apresentar, no tempo e no lugar devidos, à autoridade por quem tiver sido legitimamente convocada ou notificada, mantendo-se à sua disposição até ser por ela desobrigada;

b) Prestar juramento, quando ouvida por autoridade judiciária;

c) Obedecer às indicações que legitimamente lhe forem dadas quanto à forma de prestar depoimento;

d) Responder com verdade às perguntas que lhe forem dirigidas.

2 – A testemunha não é obrigada a responder a perguntas quando alegar que das respostas resulta a sua responsabilização penal.

3 – Para o efeito de ser notificada, a testemunha pode indicar a sua residência, o local de trabalho ou outro domicílio à sua escolha.

4 – Sempre que deva prestar depoimento, ainda que no decurso de acto vedado ao público, a testemunha pode fazer-se acompanhar de advogado, que a informa, quando entender necessário, dos direitos que lhe assistem, sem intervir na inquirição.

5 – Não pode acompanhar testemunha, nos termos do número anterior, o advogado que seja defensor de arguido no processo.

ARTIGO 133º
Impedimentos

1 – Estão impedidos de depor como testemunhas:

a) O arguido e os co-arguidos no mesmo processo ou em processos conexos, enquanto mantiverem aquela qualidade;

b) As pessoas que se tiverem constituído assistentes, a partir do momento da constituição;

c) As partes civis;

d) Os peritos, em relação às perícias que tiverem realizado.

2 – Em caso de separação de processos, os arguidos de um mesmo crime ou de um crime conexo, mesmo que já condenados por sentença transitada em julgado, só podem depor como testemunhas se nisso expressamente consentirem.

ARTIGO 134º
Recusa de depoimento

1 – Podem recusar-se a depor como testemunhas:

a) Os descendentes, os ascendentes, os irmãos, os afins até ao 2º grau, os adoptantes, os adoptados e o cônjuge do arguido;

b) Quem tiver sido cônjuge do arguido ou quem, sendo de outro ou do mesmo sexo, com ele conviver ou tiver convivido em condições análogas às dos cônjuges, relativamente a factos ocorridos durante o casamento ou a coabitação.

2 – A entidade competente para receber o depoimento adverte, sob pena de nulidade, as pessoas referidas no número anterior da faculdade que lhes assiste de recusarem o depoimento.

ARTIGO 135º*
Segredo profissional

1 – Os ministros de religião ou confissão religiosa e os advogados, médicos, jornalistas, membros de instituições de crédito e as demais pessoas a quem a lei permitir ou impuser que guardem segredo podem escusar-se a depor sobre os factos por ele abrangidos.

2 – Havendo dúvidas fundadas sobre a legitimidade da escusa, a autoridade judiciária perante a qual o incidente se tiver suscitado procede às averiguações necessárias. Se, após estas, concluir pela ilegitimidade da escusa, ordena, ou requer ao tribunal que ordene, a prestação do depoimento.

3 – O tribunal superior àquele onde o incidente tiver sido suscitado, ou, no caso de o incidente ter sido suscitado perante o Supremo Tribunal de Justiça, o pleno das secções criminais, pode decidir da prestação de testemunho com quebra do segredo profissional sempre que esta se mostre justificada, segundo o princípio da prevalência do interesse preponderante, nomeadamente tendo em conta a imprescindibilidade do depoimento para a descoberta da verdade, a gravidade do crime e a necessidade de protecção de bens jurídicos. A intervenção é suscitada pelo juiz, oficiosamente ou a requerimento.

4 – Nos casos previstos nos nºs 2 e 3, a decisão da autoridade judiciária ou do tribunal é tomada ouvido o organismo representativo da profissão relacionada com o segredo profissional em causa, nos termos e com os efeitos previstos na legislação que a esse organismo seja aplicável.

5 – O disposto nos nºs 3 e 4 não se aplica ao segredo religioso.

ARTIGO 136º
Segredo de funcionários

1 – Os funcionários não podem ser inquiridos sobre factos que constituam segredo e de que tiverem tido conhecimento no exercício das suas funções.

2 – É correspondentemente aplicável o disposto nos nºs 2 e 3 do artigo anterior.

*** Fixação de Jurisprudência:**
Acórdão do Supremo Tribunal de Justiça nº 2/2008, de 31 de Março (publicado no DR nº 63, série I, de 31-03-2008):
Requisitada a instituição bancária, no âmbito de inquérito criminal, informação referente a conta de depósito, a instituição interpelada só poderá legitimamente escusar-se a prestá-la com fundamento em segredo bancário.
Sendo ilegítima a escusa, por a informação não estar abrangida pelo segredo, ou por existir consentimento do titular da conta, o próprio tribunal em que a escusa for invocada, depois de ultrapassadas eventuais dúvidas sobre a ilegitimidade da escusa, ordena a prestação da informação, nos termos do nº 2 do artigo 135º do Código de Processo Penal.
Caso a escusa seja legítima, cabe ao tribunal imediatamente superior àquele em que o incidente se tiver suscitado ou, no caso de o incidente se suscitar perante o Supremo Tribunal de Justiça, ao pleno das secções criminais, decidir sobre a quebra do segredo, nos termos do nº 3 do mesmo artigo.

ARTIGO 137º
Segredo de Estado

1 – As testemunhas não podem ser inquiridas sobre factos que constituam segredo de Estado.

2 – O segredo de Estado a que se refere o presente artigo abrange, nomeadamente, os factos cuja revelação, ainda que não constitua crime, possa causar dano à segurança, interna ou externa, do Estado Português ou à defesa da ordem constitucional.

3 – A invocação de segredo de Estado por parte da testemunha é regulada nos termos da lei que aprova o regime do segredo de Estado e da Lei-Quadro do Sistema de Informações da República Portuguesa.

(Redação dada pela Lei Orgânica nº 2/2014, de 06-08)

ARTIGO 138º
Regras da inquirição

1 – O depoimento é um acto pessoal que não pode, em caso algum, ser feito por intermédio de procurador.

2 – Às testemunhas não devem ser feitas perguntas sugestivas ou impertinentes, nem quaisquer outras que possam prejudicar a espontaneidade e a sinceridade das respostas.

3 – A inquirição deve incidir, primeiramente, sobre os elementos necessários à identificação da testemunha, sobre as suas relações de parentesco e de interesse com o arguido, o ofendido, o assistente, as partes civis e com outras testemunhas, bem como sobre quaisquer circunstâncias relevantes para avaliação da credibilidade do depoimento. Seguidamente, se for obrigada a juramento, deve prestá-lo, após o que depõe nos termos e dentro dos limites legais.

4 – Quando for conveniente, podem ser mostradas às testemunhas quaisquer peças do processo, documentos que a ele respeitem, instrumentos com que o crime foi cometido ou quaisquer outros objectos apreendidos.

5 – Se a testemunha apresentar algum objecto ou documento que puder servir a prova, faz-se menção da sua apresentação e junta-se ao processo ou guarda-se devidamente.

ARTIGO 139º
Imunidades, prerrogativas e medidas especiais de protecção

1 – Têm aplicação em processo penal todas as imunidades e prerrogativas estabelecidas na lei quanto ao dever de testemunhar e ao modo e local de prestação dos depoimentos.

2 – A protecção das testemunhas e de outros intervenientes no processo contra formas de ameaça, pressão ou intimidação, nomeadamente nos casos de terrorismo, criminalidade violenta ou altamente organizada, é regulada em lei especial.

3 – Fica assegurada a possibilidade de realização do contraditório legalmente admissível no caso.

CAPÍTULO II
Das declarações do arguido, do assistente e das partes civis

ARTIGO 140º
Declarações do arguido: Regras gerais

1 – Sempre que o arguido prestar declarações, e ainda que se encontre detido ou preso, deve encontrar-se livre na sua pessoa, salvo se forem necessárias cautelas para prevenir o perigo de fuga ou actos de violência.

2 – Às declarações do arguido é correspondentemente aplicável o disposto nos artigos 128º e 138º, salvo quando a lei dispuser de forma diferente.

3 – O arguido não presta juramento em caso algum.

ARTIGO 141º
Primeiro interrogatório judicial de arguido detido

1 – O arguido detido que não deva ser de imediato julgado é interrogado pelo juiz de instrução, no prazo máximo de quarenta e oito horas após a detenção, logo que lhe for presente com a indicação circunstanciada dos motivos da detenção e das provas que a fundamentam.

2 – O interrogatório é feito exclusivamente pelo juiz, com assistência do Ministério Público e do defensor e estando presente o funcionário de justiça. Não é admitida a presença de qualquer outra pessoa, a não ser que, por motivo de segurança, o detido deva ser guardado à vista.

3 – O arguido é perguntado pelo seu nome, filiação, freguesia e concelho de naturalidade, data de nascimento, estado civil, profissão, residência, local de trabalho, sendo-lhe exigida, se necessário, a exibição de documento oficial bastante de identificação. Deve ser advertido de que a falta de resposta a estas perguntas ou a falsidade das respostas o pode fazer incorrer em responsabilidade penal.

4 – Seguidamente, o juiz informa o arguido:

a) Dos direitos referidos no nº 1 do artigo 61º, explicando-lhos se isso for necessário;

b) De que não exercendo o direito ao silêncio as declarações que prestar poderão ser utilizadas no processo, mesmo que seja julgado na ausência, ou não preste declarações em audiência de julgamento, estando sujeitas à livre apreciação da prova;

c) Dos motivos da detenção;

d) Dos factos que lhe são concretamente imputados, incluindo, sempre que forem conhecidas, as circunstâncias de tempo, lugar e modo; e

e) Dos elementos do processo que indiciam os factos imputados, sempre que a sua comunicação não puser em causa a investigação, não dificultar a descoberta da verdade nem criar perigo para a vida, a integridade física ou psíquica ou a liberdade dos participantes processuais ou das vítimas do crime;

ficando todas as informações, à excepção das previstas na alínea *a*), a constar do auto de interrogatório.

5 – Prestando declarações, o arguido pode confessar ou negar os factos ou a sua participação neles e indicar as causas que possam excluir a ilicitude ou a culpa,

bem como quaisquer circunstâncias que possam relevar para a determinação da sua responsabilidade ou da medida da sanção.

6 – Durante o interrogatório, o Ministério Público e o defensor, sem prejuízo do direito de arguir nulidades, abstêm-se de qualquer interferência, podendo o juiz permitir que suscitem pedidos de esclarecimento das respostas dadas pelo arguido. Findo o interrogatório, podem requerer ao juiz que formule àquele as perguntas que entenderem relevantes para a descoberta da verdade. O juiz decide, por despacho irrecorrível, se o requerimento há-de ser feito na presença do arguido e sobre a relevância das perguntas.

7 – O interrogatório do arguido é efetuado, em regra, através de registo áudio ou audiovisual, só podendo ser utilizados outros meios, designadamente estenográficos ou estenotípicos, ou qualquer outro meio técnico idóneo a assegurar a reprodução integral daquelas, ou a documentação através de auto, quando aqueles meios não estiverem disponíveis, o que deverá ficar a constar do auto.

8 – Quando houver lugar a registo áudio ou audiovisual devem ser consignados no auto o início e o termo da gravação de cada declaração.

9 – É correspondentemente aplicável o disposto no artigo 101º

(Redação dada pela Lei nº 20/2013, de 21-02)

ARTIGO 142º
Juiz de instrução competente

1 – Havendo fundado receio de que o prazo máximo referido no nº 1 do artigo anterior não seja suficiente para apresentar o detido ao juiz de instrução competente para o processo, ou não sendo possível apresentá-lo dentro desse prazo com segurança, o primeiro interrogatório judicial é feito pelo juiz de instrução competente na área em que a detenção se tiver operado.

2 – Se do interrogatório, feito nos termos da parte final do número anterior, resultar a necessidade de medidas de coacção ou de garantia patrimonial, são estas imediatamente aplicadas.

ARTIGO 143º
Primeiro interrogatório não judicial de arguido detido

1 – O arguido detido que não for interrogado pelo juiz de instrução em acto seguido à detenção é apresentado ao Ministério Público competente na área em que a detenção se tiver operado, podendo este ouvi-lo sumariamente.

2 – O interrogatório obedece, na parte aplicável, às disposições relativas ao primeiro interrogatório judicial de arguido detido.

3 – Após o interrogatório sumário, o Ministério Público, se não libertar o detido, providencia para que ele seja presente ao juiz de instrução nos termos dos artigos 141º e 142º

4 – Nos casos de terrorismo, criminalidade violenta ou altamente organizada, o Ministério Público pode determinar que o detido não comunique com pessoa alguma, salvo o defensor, antes do primeiro interrogatório judicial.

ARTIGO 144º
Outros interrogatórios

1 – Os subsequentes interrogatórios de arguido preso e os interrogatórios de arguido em liberdade são feitos no inquérito pelo Ministério Público e na instrução e em julgamento pelo respectivo juiz, obedecendo, em tudo quanto for aplicável, às disposições deste capítulo.

2 – No inquérito, os interrogatórios referidos no número anterior podem ser feitos por órgão de polícia criminal no qual o Ministério Público tenha delegado a sua realização, obedecendo, em tudo o que for aplicável, às disposições deste capítulo, exceto quanto ao disposto nas alíneas *b*) e *e*) do nº 4 do artigo 141º

3 – Os interrogatórios de arguido preso são sempre feitos com assistência do defensor.

4 – A entidade que proceder ao interrogatório de arguido em liberdade informa-o previamente de que tem o direito de ser assistido por advogado.

(Redação dada pela Lei nº 20/2013, de 21-02)

ARTIGO 145º
Declarações e notificações do assistente e das partes civis

1 – Ao assistente e às partes civis podem ser tomadas declarações a requerimento seu ou do arguido ou sempre que a autoridade judiciária o entender conveniente.

2 – O assistente e as partes civis ficam sujeitos ao dever de verdade e a responsabilidade penal pela sua violação.

3 – A prestação de declarações pelo assistente e pelas partes civis fica sujeita ao regime de prestação da prova testemunhal, salvo no que lhe for manifestamente inaplicável e no que a lei dispuser diferentemente.

4 – A prestação de declarações pelo assistente e pelas partes civis não é precedida de juramento.

5 – Para os efeitos de serem notificados por via postal simples, nos termos da alínea *c*) do nº 1 do artigo 113º, o denunciante com a faculdade de se constituir assistente, o assistente e as partes civis indicam a sua residência, o local de trabalho ou outro domicílio à sua escolha.

6 – A indicação de local para efeitos de notificação, nos termos do número anterior, é acompanhada da advertência de que as posteriores notificações serão feitas para a morada indicada no número anterior, exceto se for comunicada outra, através de requerimento entregue ou remetido por via postal registada à secretaria onde os autos se encontrem a correr nesse momento.

(Redação dada pela Lei nº 20/2013, de 21-02)

CAPÍTULO III
Da prova por acareação

ARTIGO 146º
Pressupostos e procedimento

1 – É admissível acareação entre co-arguidos, entre o arguido e o assistente, entre testemunhas ou entre estas, o arguido e o assistente sempre que houver contradição entre as suas declarações e a diligência se afigurar útil à descoberta da verdade.

2 – O disposto no número anterior é correspondentemente aplicável às partes civis.

3 – A acareação tem lugar oficiosamente ou a requerimento.

4 – A entidade que presidir à diligência, após reproduzir as declarações, pede às pessoas acareadas que as confirmem ou modifiquem e, quando necessário, que contestem as das outras pessoas, formulando-lhes em seguida as perguntas que entender convenientes para o esclarecimento da verdade.

CAPÍTULO IV
Da prova por reconhecimento

ARTIGO 147º
Reconhecimento de pessoas

1 – Quando houver necessidade de proceder ao reconhecimento de qualquer pessoa, solicita-se à pessoa que deva fazer a identificação que a descreva, com indicação de todos os pormenores de que se recorda. Em seguida, é-lhe perguntado se já a tinha visto antes e em que condições. Por último, é interrogada sobre outras circunstâncias que possam influir na credibilidade da identificação.

2 – Se a identificação não for cabal, afasta-se quem dever proceder a ela e chamam-se pelo menos duas pessoas que apresentem as maiores semelhanças possíveis, inclusive de vestuário, com a pessoa a identificar. Esta última é colocada ao lado delas, devendo, se possível, apresentar-se nas mesmas condições em que poderia ter sido vista pela pessoa que procede ao reconhecimento. Esta é então chamada e perguntada sobre se reconhece algum dos presentes e, em caso afirmativo, qual.

3 – Se houver razão para crer que a pessoa chamada a fazer a identificação pode ser intimidada ou perturbada pela efectivação do reconhecimento e este não tiver lugar em audiência, deve o mesmo efectuar-se, se possível, sem que aquela pessoa seja vista pelo identificando.

4 – As pessoas que intervierem no processo de reconhecimento previsto no nº 2 são, se nisso consentirem, fotografadas, sendo as fotografias juntas ao auto.

5 – O reconhecimento por fotografia, filme ou gravação realizado no âmbito da investigação criminal só pode valer como meio de prova quando for seguido de reconhecimento efectuado nos termos do nº 2.

6 – As fotografias, filmes ou gravações que se refiram apenas a pessoas que não tiverem sido reconhecidas podem ser juntas ao auto, mediante o respectivo consentimento.

7 – O reconhecimento que não obedecer ao disposto neste artigo não tem valor como meio de prova, seja qual for a fase do processo em que ocorrer.

ARTIGO 148º
Reconhecimento de objectos

1 – Quando houver necessidade de proceder ao reconhecimento de qualquer objecto relacionado com o crime, procede-se de harmonia com o disposto no nº 1 do artigo anterior, em tudo quanto for correspondentemente aplicável.

2 – Se o reconhecimento deixar dúvidas, junta-se o objecto a reconhecer com pelo menos dois outros semelhantes e pergunta-se à pessoa se reconhece algum de entre eles e, em caso afirmativo, qual.

3 – É correspondentemente aplicável o disposto no nº 7 do artigo anterior.

ARTIGO 149º
Pluralidade de reconhecimento

1 – Quando houver necessidade de proceder ao reconhecimento da mesma pessoa ou do mesmo objecto por mais de uma pessoa, cada uma delas fá-lo separadamente, impedindo-se a comunicação entre elas.

2 – Quando houver necessidade de a mesma pessoa reconhecer várias pessoas ou vários objectos, o reconhecimento é feito separadamente para cada pessoa ou cada objecto.

3 – É correspondentemente aplicável o disposto nos artigos 147º e 148º

CAPÍTULO V
Da reconstituição do facto

ARTIGO 150º
Pressupostos e procedimento

1 – Quando houver necessidade de determinar se um facto poderia ter ocorrido de certa forma, é admissível a sua reconstituição. Esta consiste na reprodução, tão fiel quanto possível, das condições em que se afirma ou se supõe ter ocorrido o facto e na repetição do modo de realização do mesmo.

2 – O despacho que ordenar a reconstituição do facto deve conter uma indicação sucinta do seu objecto, do dia, hora e local em que ocorrerão as diligências e da forma da sua efectivação, eventualmente com recurso a meios audiovisuais. No mesmo despacho pode ser designado perito para execução de operações determinadas.

3 – A publicidade da diligência deve, na medida do possível, ser evitada.

CAPÍTULO VI
Da prova pericial

ARTIGO 151º
Quando tem lugar

A prova pericial tem lugar quando a percepção ou a apreciação dos factos exigirem especiais conhecimentos técnicos, científicos ou artísticos.

ARTIGO 152º
Quem a realiza

1 – A perícia é realizada em estabelecimento, laboratório ou serviço oficial apropriado ou, quando tal não for possível ou conveniente, por perito nomeado de entre pessoas constantes de listas de peritos existentes em cada comarca, ou, na sua falta ou impossibilidade de resposta em tempo útil, por pessoa de honorabilidade e de reconhecida competência na matéria em causa.

2 – Quando a perícia se revelar de especial complexidade ou exigir conhecimentos de matérias distintas, pode ela ser deferida a vários peritos funcionando em moldes colegiais ou interdisciplinares.

ARTIGO 153º
Desempenho da função de perito

1 – O perito é obrigado a desempenhar a função para que tiver sido competentemente nomeado, sem prejuízo do disposto no artigo 47º e no número seguinte.

2 – O perito nomeado pode pedir escusa com base na falta de condições indispensáveis para realização da perícia e pode ser recusado, pelos mesmos fundamentos, pelo Ministério Público, pelo arguido, pelo assistente ou pelas partes civis, sem prejuízo, porém, da realização da perícia se for urgente ou houver perigo na demora.

3 – O perito pode ser substituído pela autoridade judiciária que o tiver nomeado quando não apresentar o relatório no prazo fixado ou quando desempenhar de forma negligente o encargo que lhe foi cometido. A decisão de substituição do perito é irrecorrível.

4 – Operada a substituição, o substituído é notificado para comparecer perante a autoridade judiciária competente e expor as razões por que não cumpriu o encargo. Se aquela considerar existente grosseira violação dos deveres que ao substituído incumbiam, o juiz, oficiosamente ou a requerimento, condena-o ao pagamento de uma soma entre 1 UC e 6 UC.

ARTIGO 154º
Despacho que ordena a perícia

1 – A perícia é ordenada, oficiosamente ou a requerimento, por despacho da autoridade judiciária, contendo a indicação do objeto da perícia e os quesitos a que

os peritos devem responder, bem como a indicação da instituição, laboratório ou o nome dos peritos que realizarão a perícia.

2 – A autoridade judiciária deve transmitir à instituição, ao laboratório ou aos peritos, consoante os casos, toda a informação relevante à realização da perícia, bem como a sua atualização superveniente, sempre que eventuais alterações processuais modifiquem a pertinência do pedido ou o objeto da perícia, aplicando-se neste último caso o disposto no número anterior quanto à formulação de quesitos.

3 – Quando se tratar de perícia sobre características físicas ou psíquicas de pessoa que não haja prestado consentimento, o despacho previsto no número anterior é da competência do juiz, que pondera a necessidade da sua realização, tendo em conta o direito à integridade pessoal e à reserva da intimidade do visado.

4 – O despacho é notificado ao Ministério Público, quando este não for o seu autor, ao arguido, ao assistente e às partes civis, com a antecedência mínima de três dias sobre a data indicada para a realização da perícia.

5 – Ressalvam-se do disposto no número anterior os casos:

a) Em que a perícia tiver lugar no decurso do inquérito e a autoridade judiciária que a ordenar tiver razões para crer que o conhecimento dela ou dos seus resultados, pelo arguido, pelo assistente ou pelas partes civis, poderia prejudicar as finalidades do inquérito;

b) De urgência ou de perigo na demora.

(Redação dada pela Lei nº 20/2013, de 21-02)

ARTIGO 155º
Consultores técnicos

1 – Ordenada a perícia, o Ministério Público, o arguido, o assistente e as partes civis podem designar para assistir à realização da mesma, se isso ainda for possível, um consultor técnico da sua confiança.

2 – O consultor técnico pode propor a efectivação de determinadas diligências e formular observações e objecções, que ficam a constar do auto.

3 – Se o consultor técnico for designado após a realização da perícia, pode, salvo no caso previsto na alínea *a*) do nº 5 do artigo anterior, tomar conhecimento do relatório.

4 – A designação de consultor técnico e o desempenho da sua função não podem atrasar a realização da perícia e o andamento normal do processo.

(Redação dada pela Lei nº 20/2013, de 21-02)

ARTIGO 156º
Procedimento

1 – Os peritos prestam compromisso, podendo a autoridade judiciária competente, oficiosamente ou a requerimento dos peritos ou dos consultores técnicos, formular quesitos quando a sua existência se revelar conveniente.

2 – A autoridade judiciária assiste, sempre que possível e conveniente, à realização da perícia, podendo a autoridade que a tiver ordenado permitir também a presença do arguido e do assistente, salvo se a perícia for susceptível de ofender o pudor.

3 – Se os peritos carecerem de quaisquer diligências ou esclarecimentos, requerem que essas diligências se pratiquem ou esses esclarecimentos lhes sejam fornecidos, podendo, com essa finalidade, ter acesso a quaisquer atos ou documentos do processo.

4 – Sempre que o despacho que ordena a perícia não contiver os elementos a que alude o nº 1 do artigo 154º, os peritos devem obrigatoriamente requerer as diligências ou esclarecimentos, que devem ser praticadas ou fornecidos, consoante os casos, no prazo máximo de cinco dias.

5 – Os elementos de que o perito tome conhecimento no exercício das suas funções só podem ser utilizados dentro do objecto e das finalidades da perícia.

6 – As perícias referidas no nº 3 do artigo 154º são realizadas por médico ou outra pessoa legalmente autorizada e não podem criar perigo para a saúde do visado.

7 – Quando se tratar de análises de sangue ou de outras células corporais, os exames efectuados e as amostras recolhidas só podem ser utilizados no processo em curso ou em outro já instaurado, devendo ser destruídos, mediante despacho do juiz, logo que não sejam necessários.

(Redação dada pela Lei nº 20/2013, de 21-02)

ARTIGO 157º
Relatório pericial

1 – Finda a perícia, os peritos procedem à elaboração de um relatório, no qual mencionam e descrevem as suas respostas e conclusões devidamente fundamentadas. Aos peritos podem ser pedidos esclarecimentos pela autoridade judiciária, pelo arguido, pelo assistente, pelas partes civis e pelos consultores técnicos.

2 – O relatório, elaborado logo em seguida à realização da perícia, pode ser ditado para o auto.

3 – Se o relatório não puder ser elaborado logo em seguida à realização da perícia, é marcado um prazo, não superior a 60 dias, para a sua apresentação. Em casos de especial complexidade, o prazo pode ser prorrogado, a requerimento fundamentado dos peritos, por mais 30 dias.

4 – Se o conhecimento dos resultados da perícia não for indispensável para o juízo sobre a acusação ou sobre a pronúncia, pode a autoridade judiciária competente autorizar que o relatório seja apresentado até à abertura da audiência.

5 – Se a perícia for realizada por mais de um perito e houver discordância entre eles, apresenta cada um o seu relatório, o mesmo sucedendo na perícia interdisciplinar. Tratando-se de perícia colegial, pode haver lugar a opinião vencedora e opinião vencida.

ARTIGO 158º
Esclarecimentos e nova perícia

1 – Em qualquer altura do processo pode a autoridade judiciária competente determinar, oficiosamente ou a requerimento, quando isso se revelar de interesse para a descoberta da verdade, que:

a) Os peritos sejam convocados para prestarem esclarecimentos complementares, devendo ser-lhes comunicados o dia, a hora e o local em que se efectivará a diligência; ou

b) Seja realizada nova perícia ou renovada a perícia anterior a cargo de outro ou outros peritos.

2 – Os peritos dos estabelecimentos, laboratórios ou serviços oficiais são ouvidos por teleconferência a partir do seu local de trabalho, sempre que tal seja tecnicamente possível, sendo tão-só necessária a notificação do dia e da hora a que se procederá à sua audição.

ARTIGO 159º
Perícias médico-legais e forenses

1 – As perícias médico-legais e forenses que se insiram nas atribuições do Instituto Nacional de Medicina Legal são realizadas pelas delegações deste e pelos gabinetes médico-legais.

2 – Excepcionalmente, perante manifesta impossibilidade dos serviços, as perícias referidas no número anterior podem ser realizadas por entidades terceiras, públicas ou privadas, contratadas ou indicadas para o efeito pelo Instituto.

3 – Nas comarcas não compreendidas na área de actuação das delegações e dos gabinetes médico-legais em funcionamento, as perícias médico-legais e forenses podem ser realizadas por médicos a contratar pelo Instituto.

4 – As perícias médico-legais e forenses solicitadas ao Instituto em que se verifique a necessidade de formação médica especializada noutros domínios e que não possam ser realizadas pelas delegações do Instituto ou pelos gabinetes médico-legais, por aí não existirem peritos com a formação requerida ou condições materiais para a sua realização, podem ser efectuadas, por indicação do Instituto, por serviço universitário ou de saúde público ou privado.

5 – Sempre que necessário, as perícias médico-legais e forenses de natureza laboratorial podem ser realizadas por entidades terceiras, públicas ou privadas, contratadas ou indicadas pelo Instituto.

6 – O disposto nos números anteriores é correspondente aplicável à perícia relativa a questões psiquiátricas, na qual podem participar também especialistas em psicologia e criminologia.

7 – A perícia psiquiátrica pode ser efectuada a requerimento do representante legal do arguido, do cônjuge não separado judicialmente de pessoas e bens ou da pessoa, de outro ou do mesmo sexo, que com o arguido viva em condições análogas às dos cônjuges, dos descendentes e adoptados, ascendentes e adoptantes, ou, na falta deles, dos irmãos e seus descendentes.

ARTIGO 159º-A
Perícias médico-veterinárias legais e forenses

1 – As perícias médico-veterinárias legais e forenses devem ser realizadas por entidades designadas pela autoridade judiciária, nomeadamente o Instituto Nacional de Investigação Agrária e Veterinária, as faculdades que reúnam as condições para o efeito, bem como médicos veterinários e médicos veterinários municipais.

2 – As perícias médico-veterinárias legais e forenses em que se verifique a necessidade de formação especializada noutros domínios e que não possam ser realizadas pelas entidades referidas no número anterior, por aí não existirem peritos com a formação requerida ou condições materiais para a sua realização, podem ser efetuadas por serviço universitário ou de saúde público ou privado.

3 – Sempre que necessário, as perícias médico-veterinárias podem ser realizadas por médicos veterinários ligados a entidades terceiras, públicas ou privadas, ou ser solicitada perícia a outros médicos veterinários especialistas que laborem em entidades públicas ou privadas.

(Aditado pela Lei nº 39/2020, de 18-08)

ARTIGO 160º
Perícia sobre a personalidade

1 – Para efeito de avaliação da personalidade e da perigosidade do arguido pode haver lugar a perícia sobre as suas características psíquicas independentes de causas patológicas, bem como sobre o seu grau de socialização. A perícia pode relevar, nomeadamente para a decisão sobre a revogação da prisão preventiva, a culpa do agente e a determinação da sanção.

2 – A perícia deve ser deferida a serviços especializados, incluindo os serviços de reinserção social, ou, quando isso não for possível ou conveniente, a especialistas em criminologia, em psicologia, em sociologia ou em psiquiatria.

3 – Os peritos podem requerer informações sobre os antecedentes criminais do arguido, se delas tiverem necessidade.

ARTIGO 160º-A
Realização de perícias

1 – As perícias referidas nos artigos 152º e 160º podem ser realizadas por entidades terceiras que para tanto tenham sido contratadas por quem as tivesse de realizar, desde que aquelas não tenham qualquer interesse na decisão a proferir ou ligação com o assistente ou com o arguido.

2 – Quando, por razões técnicas ou de serviço, quem tiver de realizar a perícia não conseguir, por si ou através de entidades terceiras para tanto contratadas, observar o prazo determinado pela autoridade judiciária, deve imediatamente comunicar-lhe tal facto, para que esta possa determinar a eventual designação de novo perito.

ARTIGO 161º
Destruição de objectos

Se os peritos, para procederem à perícia, precisarem de destruir, alterar ou comprometer gravemente a integridade de qualquer objecto, pedem autorização para tal à entidade que tiver ordenado a perícia. Concedida a autorização, fica nos autos a descrição exacta do objecto e, sempre que possível, a sua fotografia; tratando-se de documento, fica a sua fotocópia, devidamente conferida.

ARTIGO 162º
Remuneração do perito

1 – Sempre que a perícia for feita em estabelecimento ou por perito não oficial, a entidade que a tiver ordenado fixa a remuneração do perito em função de tabelas aprovadas pelo Ministério da Justiça ou, na sua falta, tendo em atenção os honorários correntemente pagos por serviços do género e do relevo dos que foram prestados.

2 – Em caso de substituição do perito, nos termos do nº 3 do artigo 153º, pode a entidade competente determinar que não há lugar a remuneração para o substituído.

3 – Das decisões sobre a remuneração cabe, conforme os casos, recurso ou reclamação hierárquica.

ARTIGO 163º
Valor da prova pericial

1 – O juízo técnico, científico ou artístico inerente à prova pericial presume-se subtraído à livre apreciação do julgador.

2 – Sempre que a convicção do julgador divergir do juízo contido no parecer dos peritos, deve aquele fundamentar a divergência.

CAPÍTULO VII
Da prova documental

ARTIGO 164º
Admissibilidade

1 – É admissível prova por documento, entendendo-se por tal a declaração, sinal ou notação corporizada em escrito ou qualquer outro meio técnico, nos termos da lei penal.

2 – A junção da prova documental é feita oficiosamente ou a requerimento, não podendo juntar-se documento que contiver declaração anónima, salvo se for, ele mesmo, objecto ou elemento do crime.

ARTIGO 165º
Quando podem juntar-se documentos

1 – O documento deve ser junto no decurso do inquérito ou da instrução e, não sendo isso possível, deve sê-lo até ao encerramento da audiência.

2 – Fica assegurada, em qualquer caso, a possibilidade de contraditório, para realização do qual o tribunal pode conceder um prazo não superior a oito dias.

3 – O disposto nos números anteriores é correspondentemente aplicável a pareceres de advogados, de jurisconsultos ou de técnicos, os quais podem sempre ser juntos até ao encerramento da audiência.

ARTIGO 166º
Tradução, decifração e transcrição de documentos

1 – Se o documento for escrito em língua estrangeira, é ordenada, sempre que necessário, a sua tradução, nos termos do nº 6 do artigo 92º

2 – Se o documento for dificilmente legível, é feito acompanhar de transcrição que o esclareça e, se for cifrado, é submetido a perícia destinada a obter a sua decifração.

3 – Se o documento consistir em registo fonográfico, é, sempre que necessário, transcrito nos autos nos termos do nº 2 do artigo 101º, podendo o Ministério Público, o arguido, o assistente e as partes civis requerer a conferência, na sua presença, da transcrição.

ARTIGO 167º
Valor probatório das reproduções mecânicas

1 – As reproduções fotográficas, cinematográficas, fonográficas ou por meio de processo electrónico e, de um modo geral, quaisquer reproduções mecânicas só valem como prova dos factos ou coisas reproduzidas se não forem ilícitas, nos termos da lei penal.

2 – Não se consideram, nomeadamente, ilícitas para os efeitos previstos no número anterior as reproduções mecânicas que obedecerem ao disposto no título III deste livro.

ARTIGO 168º
Reprodução mecânica de documentos

Sem prejuízo do disposto no artigo anterior, quando não se puder juntar ao auto ou nele conservar o original de qualquer documento, mas unicamente a sua reprodução mecânica, esta tem o mesmo valor probatório do original, se com ele tiver sido identificada nesse ou noutro processo.

ARTIGO 169º
Valor probatório dos documentos autênticos e autenticados

Consideram-se provados os factos materiais constantes de documento autêntico ou autenticado enquanto a autenticidade do documento ou a veracidade do seu conteúdo não forem fundadamente postas em causa.

ARTIGO 170º
Documento falso

1 – O tribunal pode, oficiosamente ou a requerimento, declarar no dispositivo da sentença, mesmo que esta seja absolutória, um documento junto aos autos como falso,

devendo, para tal fim, quando o julgar necessário e sem retardamento sensível do processo, mandar proceder às diligências e admitir a produção da prova necessárias.

2 – Do dispositivo relativo à falsidade de um documento pode recorrer-se autonomamente, nos mesmos termos em que poderia recorrer-se da parte restante da sentença.

3 – No caso previsto no nº 1 e ainda sempre que o tribunal tiver ficado com fundada suspeita da falsidade de um documento, transmite cópia deste ao Ministério Público, para os efeitos da lei.

TÍTULO III
Dos meios de obtenção da prova

CAPÍTULO I
Dos exames

ARTIGO 171º
Pressupostos

1 – Por meio de exames das pessoas, dos lugares, dos animais e das coisas, inspecionam-se os vestígios que possa ter deixado o crime e todos os indícios relativos ao modo como e ao lugar onde foi praticado, às pessoas que o cometeram ou sobre as quais foi cometido.

2 – Logo que houver notícia da prática de crime, providencia-se para evitar, quando possível, que os seus vestígios se apaguem ou alterem antes de serem examinados, proibindo-se, se necessário, a entrada ou o trânsito de pessoas estranhas no local do crime ou quaisquer outros actos que possam prejudicar a descoberta da verdade.

3 – Se os vestígios deixados pelo crime se encontrarem alterados ou tiverem desaparecido, descreve-se o estado em que se encontram as pessoas, os lugares, os animais e as coisas em que possam ter existido, procurando-se, quanto possível, reconstitui-los e descrevendo-se o modo, o tempo e as causas da alteração ou do desaparecimento.

4 – Enquanto não estiver presente no local a autoridade judiciária ou o órgão de polícia criminal competentes, cabe a qualquer agente da autoridade tomar provisoriamente as providências referidas no nº 2, se de outro modo houver perigo iminente para obtenção da prova.

(Redação dada pela Lei nº 39/2020, de 18-08)

ARTIGO 172º
Sujeição a exame

1 – Se alguém pretender eximir-se ou obstar a qualquer exame devido ou a facultar animal ou coisa que deva ser objeto de exame, pode ser compelido por decisão da autoridade judiciária competente.

2 – É correspondentemente aplicável o disposto nos nºs 3 do artigo 154º e 6 e 7 do artigo 156º

3 – Os exames susceptíveis de ofender o pudor das pessoas devem respeitar a dignidade e, na medida do possível, o pudor de quem a eles se submeter. Ao exame só assistem quem a ele proceder e a autoridade judiciária competente, podendo o examinando fazer-se acompanhar de pessoa da sua confiança, se não houver perigo na demora, e devendo ser informado de que possui essa faculdade.

(Redação dada pela Lei nº 39/2020, de 18-08)

ARTIGO 173º
Pessoas no local do exame

1 – A autoridade judiciária ou o órgão de polícia criminal competentes podem determinar que alguma ou algumas pessoas se não afastem do local do exame e obrigar, com o auxílio da força pública, se necessário, as que pretenderem afastar-se a que nele se conservem enquanto o exame não terminar e a sua presença for indispensável.

2 – É correspondentemente aplicável o disposto no nº 4 do artigo 171º

CAPÍTULO II
Das revistas e buscas

ARTIGO 174º
Pressupostos

1 – Quando houver indícios de que alguém oculta na sua pessoa quaisquer animais, coisas ou objetos relacionados com um crime ou que possam servir de prova, é ordenada revista.

2 – Quando houver indícios de que os animais, as coisas ou os objetos referidos no número anterior, ou o arguido ou outra pessoa que deva ser detida, se encontram em lugar reservado ou não livremente acessível ao público, é ordenada busca.

3 – As revistas e as buscas são autorizadas ou ordenadas por despacho pela autoridade judiciária competente, devendo esta, sempre que possível, presidir à diligência.

4 – O despacho previsto no número anterior tem um prazo de validade máxima de 30 dias, sob pena de nulidade.

5 – Ressalvam-se das exigências contidas no nº 3 as revistas e as buscas efectuadas por órgão de polícia criminal nos casos:

a) De terrorismo, criminalidade violenta ou altamente organizada, quando haja fundados indícios da prática iminente de crime que ponha em grave risco a vida ou a integridade de qualquer pessoa;

b) Em que os visados consintam, desde que o consentimento prestado fique, por qualquer forma, documentado; ou

c) Aquando de detenção em flagrante por crime a que corresponda pena de prisão.

6 – Nos casos referidos na alínea *a)* do número anterior, a realização da diligência é, sob pena de nulidade, imediatamente comunicada ao juiz de instrução e por este apreciada em ordem à sua validação.

(Redação dada pela Lei nº 39/2020, de 18-08)

ARTIGO 175º
Formalidades da revista

1 – Antes de se proceder a revista é entregue ao visado, salvo nos casos do nº 5 do artigo anterior, cópia do despacho que a determinou, no qual se faz menção de que aquele pode indicar, para presenciar a diligência, pessoa da sua confiança e que se apresente sem delonga.

2 – A revista deve respeitar a dignidade pessoal e, na medida do possível, o pudor do visado.

ARTIGO 176º
Formalidades da busca

1 – Antes de se proceder a busca, é entregue, salvo nos casos do nº 5 do artigo 174º, a quem tiver a disponibilidade do lugar em que a diligência se realiza, cópia do despacho que a determinou, na qual se faz menção de que pode assistir à diligência e fazer-se acompanhar ou substituir por pessoa da sua confiança e que se apresente sem delonga.

2 – Faltando as pessoas referidas no número anterior, a cópia é, sempre que possível, entregue a um parente, a um vizinho, ao porteiro ou a alguém que o substitua.

3 – Juntamente com a busca ou durante ela pode proceder-se a revista de pessoas que se encontrem no lugar, se quem ordenar ou efectuar a busca tiver razões para presumir que se verificam os pressupostos do nº 1 do artigo 174º Pode igualmente proceder-se como se dispõe no artigo 173º

ARTIGO 177º
Busca domiciliária

1 – A busca em casa habitada ou numa sua dependência fechada só pode ser ordenada ou autorizada pelo juiz e efectuada entre as 7 e as 21 horas, sob pena de nulidade.

2 – Entre as 21 e as 7 horas, a busca domiciliária só pode ser realizada nos casos de:

a) Terrorismo ou criminalidade especialmente violenta ou altamente organizada;

b) Consentimento do visado, documentado por qualquer forma;

c) Flagrante delito pela prática de crime punível com pena de prisão superior, no seu máximo, a 3 anos.

3 – As buscas domiciliárias podem também ser ordenadas pelo Ministério Público ou ser efectuadas por órgão de polícia criminal:

a) Nos casos referidos no nº 5 do artigo 174º, entre as 7 e as 21 horas;

b) Nos casos referidos nas alíneas *b*) e *c*) do número anterior, entre as 21 e as 7 horas.

4 – É correspondentemente aplicável o disposto no nº 6 do artigo 174º nos casos em que a busca domiciliária for efectuada por órgão de polícia criminal sem consentimento do visado e fora de flagrante delito.

5 – Tratando-se de busca em escritório de advogado ou em consultório médico, ela é, sob pena de nulidade, presidida pessoalmente pelo juiz, o qual avisa previamente o presidente do conselho local da Ordem dos Advogados ou da Ordem dos Médicos, para que o mesmo, ou um seu delegado, possa estar presente.

6 – Tratando-se de busca em estabelecimento oficial de saúde, o aviso a que se refere o número anterior é feito ao presidente do conselho directivo ou de gestão do estabelecimento ou a quem legalmente o substituir.

CAPÍTULO III
Das apreensões

ARTIGO 178º
Objeto e pressupostos da apreensão

1 – São apreendidos os instrumentos, produtos ou vantagens relacionados com a prática de um facto ilícito típico, e bem assim todos os animais, as coisas e os objetos que tiverem sido deixados pelo agente no local do crime ou quaisquer outros suscetíveis de servir a prova.

2 – Os instrumentos, produtos ou vantagens e demais objetos apreendidos nos termos do número anterior são juntos ao processo, quando possível, e, quando não, confiados à guarda do funcionário de justiça adstrito ao processo ou de um depositário, de tudo se fazendo menção no auto, devendo os animais apreendidos ser confiados à guarda de depositários idóneos para a função com a possibilidade de serem ordenadas as diligências de prestação de cuidados, como a alimentação e demais deveres previstos no Código Civil.

3 – As apreensões são autorizadas, ordenadas ou validadas por despacho da autoridade judiciária.

4 – Os órgãos de polícia criminal podem efectuar apreensões no decurso de revistas ou de buscas ou quando haja urgência ou perigo na demora, nos termos previstos na alínea *c*) do nº 2 do artigo 249º

5 – Os órgãos de polícia criminal podem ainda efetuar apreensões quando haja fundado receio de desaparecimento, destruição, danificação, inutilização, ocultação ou transferência de animais, instrumentos, produtos ou vantagens ou outros objetos ou coisas provenientes da prática de um facto ilícito típico suscetíveis de serem declarados perdidos a favor do Estado.

6 – As apreensões efectuadas por órgão de polícia criminal são sujeitas a validação pela autoridade judiciária, no prazo máximo de setenta e duas horas.

7 – Os titulares de instrumentos, produtos ou vantagens ou outros objetos ou coisas ou animais apreendidos podem requerer ao juiz a modificação ou a revogação da medida.

8 – O requerimento a que se refere o número anterior é autuado por apenso, notificando-se o Ministério Público para, em 10 dias, deduzir oposição.

9 – Se os instrumentos, produtos ou vantagens ou outros objetos ou coisas ou animais apreendidos forem suscetíveis de ser declarados perdidos a favor do Estado e não pertencerem ao arguido, a autoridade judiciária ordena a presença do interessado e ouve-o.

10 – A autoridade judiciária prescinde da presença do interessado quando esta não for possível.

11 – Realizada a apreensão, é promovido o respetivo registo nos casos e nos termos previstos na legislação registal aplicável.

12 – Nos casos a que se refere o número anterior, havendo sobre o bem registo de aquisição ou de reconhecimento do direito de propriedade ou da mera posse a favor de pessoa diversa da que no processo for considerada titular do mesmo, antes de promover o registo da apreensão a autoridade judiciária notifica o titular inscrito para que, querendo, se pronuncie no prazo de 10 dias.
(Redação dada pela Lei nº 39/2020, de 18-08)

ARTIGO 179º
Apreensão de correspondência

1 – Sob pena de nulidade, o juiz pode autorizar ou ordenar, por despacho, a apreensão, mesmo nas estações de correios e de telecomunicações, de cartas, encomendas, valores, telegramas ou qualquer outra correspondência, quando tiver fundadas razões para crer que:

a) A correspondência foi expedida pelo suspeito ou lhe é dirigida, mesmo que sob nome diverso ou através de pessoa diversa;

b) Está em causa crime punível com pena de prisão superior, no seu máximo, a 3 anos; e

c) A diligência se revelará de grande interesse para a descoberta da verdade ou para a prova.

2 – É proibida, sob pena de nulidade, a apreensão e qualquer outra forma de controlo da correspondência entre o arguido e o seu defensor, salvo se o juiz tiver fundadas razões para crer que aquela constitui objecto ou elemento de um crime.

3 – O juiz que tiver autorizado ou ordenado a diligência é a primeira pessoa a tomar conhecimento do conteúdo da correspondência apreendida. Se a considerar relevante para a prova, fá-la juntar ao processo; caso contrário, restitui-a a quem de direito, não podendo ela ser utilizada como meio de prova, e fica ligado por dever de segredo relativamente àquilo de que tiver tomado conhecimento e não tiver interesse para a prova.

ARTIGO 180º
Apreensão em escritório de advogado ou em consultório médico

1 – À apreensão operada em escritório de advogado ou em consultório médico é correspondentemente aplicável o disposto nos nºs 5 e 6 do artigo 177º.

2 – Nos casos referidos no número anterior não é permitida, sob pena de nulidade, a apreensão de documentos abrangidos pelo segredo profissional, ou abrangidos por segredo profissional médico, salvo se eles mesmos constituírem objecto ou elemento de um crime.

3 – É correspondentemente aplicável o disposto no nº 3 do artigo anterior.

ARTIGO 181º
Apreensão em estabelecimento bancário

1 – O juiz procede à apreensão em bancos ou outras instituições de crédito de documentos, títulos, valores, quantias e quaisquer outros objectos, mesmo que em cofres

individuais, quando tiver fundadas razões para crer que eles estão relacionados com um crime e se revelarão de grande interesse para a descoberta da verdade ou para a prova, mesmo que não pertençam ao arguido ou não estejam depositados em seu nome.

2 – O juiz pode examinar a correspondência e qualquer documentação bancárias para descoberta dos objectos a apreender nos termos do número anterior.

3 – O exame é feito pessoalmente pelo juiz, coadjuvado, quando necessário, por órgãos de polícia criminal e por técnicos qualificados, ficando ligados por dever de segredo relativamente a tudo aquilo de que tiverem tomado conhecimento e não tiver interesse para a prova.

ARTIGO 182º
Segredo profissional ou de funcionário e segredo de Estado

1 – As pessoas indicadas nos artigos 135º a 137º apresentam à autoridade judiciária, quando esta o ordenar, os documentos ou quaisquer objectos que tiverem na sua posse e devam ser apreendidos, salvo se invocarem, por escrito, segredo profissional ou de funcionário ou segredo de Estado.

2 – Se a recusa se fundar em segredo profissional ou de funcionário, é correspondentemente aplicável o disposto nos nºs 2 e 3 do artigo 135º e no nº 2 do artigo 136º

3 – Se a recusa se fundar em segredo de Estado, é correspondentemente aplicável o disposto no nº 3 do artigo 137º

ARTIGO 183º
Cópias e certidões

1 – Aos autos pode ser junta cópia dos documentos apreendidos, restituindo-se nesse caso o original. Tornando-se necessário conservar o original, dele pode ser feita cópia ou extraída certidão e entregue a quem legitimamente o detinha. Na cópia e na certidão é feita menção expressa da apreensão.

2 – Do auto de apreensão é entregue cópia, sempre que solicitada, a quem legitimamente detinha o documento ou o objecto apreendidos.

ARTIGO 184º
Aposição e levantamento de selos

Sempre que possível, os objectos apreendidos são selados. Ao levantamento dos selos assistem, sendo possível, as mesmas pessoas que tiverem estado presentes na sua aposição, as quais verificam se os selos não foram violados nem foi feita qualquer alteração nos objectos apreendidos.

ARTIGO 185º
Apreensão de coisas sem valor, perecíveis, perigosas ou deterioráveis

1 – Se a apreensão respeitar a coisas sem valor, perecíveis, perigosas, deterioráveis ou cuja utilização implique perda de valor ou qualidades, a autoridade judiciária pode ordenar, conforme os casos, a sua venda ou afetação a finalidade pública ou socialmente útil, as medidas de conservação ou manutenção necessárias ou a sua destruição imediata, ressalvado o disposto nos nºs 4 e 5.

2 – Salvo disposição legal em contrário, a autoridade judiciária determina qual a forma a que deve obedecer a venda, de entre as previstas na lei processual civil.

3 – O produto apurado nos termos do número anterior reverte para o Estado após a dedução das despesas resultantes da guarda, conservação e venda.

4 – Quando a coisa a que se refere o nº 1 for um veículo automóvel, uma embarcação ou uma aeronave, no prazo máximo de 30 dias após a apreensão, a autoridade judiciária profere despacho determinando a sua remessa ao Gabinete de Administração de Bens para efeitos de administração em conformidade com o disposto na Lei nº 45/2011, de 24 de junho, nomeadamente nos seus artigos 14º e 20º-A, comunicando àquele gabinete informação sobre o valor probatório do veículo e sobre a probabilidade da sua perda a favor do Estado.

5 – Se, por força do disposto no número anterior, tiver sido comunicado ao Gabinete de Administração de Bens que o veículo automóvel, a embarcação ou a aeronave constitui meio de prova relevante, logo que tal deixe de se verificar, a autoridade judiciária comunica-lhe imediatamente o facto.

(Redação dada pela Lei nº 114/2017, de 29-12)

ARTIGO 186º
Restituição de animais, coisas e objetos apreendidos

1 – Logo que se tornar desnecessário manter a apreensão para efeito de prova, os animais, as coisas ou os objetos apreendidos são restituídos a quem de direito ou, no caso dos animais, a quem tenha sido nomeado seu fiel depositário.

2 – Logo que transitar em julgado a sentença, os animais as coisas ou os objetos são restituídos a quem de direito, salvo se tiverem sido declarados perdidos a favor do Estado.

3 – As pessoas a quem devam ser restituídos os animais, as coisas ou os objetos são notificadas para procederem ao seu levantamento no prazo máximo de 60 dias, findo o qual, se não o fizerem, se consideram perdidos a favor do Estado.

4 – Se se revelar comprovadamente impossível determinar a identidade ou o paradeiro das pessoas referidas no número anterior, procede-se, mediante despacho fundamentado do juiz, à notificação edital, sendo, nesse caso, de 90 dias o prazo máximo para levantamento dos animais, das coisas ou dos objetos.

5 – Ressalva-se do disposto nos números anteriores o caso em que a apreensão de animais, coisas ou objetos pertencentes ao arguido, ao responsável civil ou a terceiro deva ser mantida a título de arresto preventivo, nos termos do artigo 228º

6 – Quando a restituição ou o arresto referidos nos números anteriores respeitarem a bem cuja apreensão tenha sido previamente registada, é promovido o cancelamento de tal registo e, no segundo caso, o simultâneo registo do arresto.

7 – No que respeita à restituição de animais, deve ser sempre salvaguardado que estão reunidas as condições de bem-estar animal previstas na lei.

(Redação dada pela Lei nº 39/2020, de 18-08)

CAPÍTULO IV
Das escutas telefónicas

ARTIGO 187º
Admissibilidade

1 – A intercepção e a gravação de conversações ou comunicações telefónicas só podem ser autorizadas durante o inquérito, se houver razões para crer que a diligência é indispensável para a descoberta da verdade ou que a prova seria, de outra forma, impossível ou muito difícil de obter, por despacho fundamentado do juiz de instrução e mediante requerimento do Ministério Público, quanto a crimes:

a) Puníveis com pena de prisão superior, no seu máximo, a 3 anos;

b) Relativos ao tráfico de estupefacientes;

c) De detenção de arma proibida e de tráfico de armas;

d) De contrabando;

e) De injúria, de ameaça, de coacção, de devassa da vida privada e perturbação da paz e do sossego, quando cometidos através de telefone;

f) De ameaça com prática de crime ou de abuso e simulação de sinais de perigo; ou

g) De evasão, quando o arguido haja sido condenado por algum dos crimes previstos nas alíneas anteriores.

2 – A autorização a que alude o número anterior pode ser solicitada ao juiz dos lugares onde eventualmente se puder efectivar a conversação ou comunicação telefónica ou da sede da entidade competente para a investigação criminal, tratando-se dos seguintes crimes:

a) Terrorismo, criminalidade violenta ou altamente organizada;

b) Sequestro, rapto e tomada de reféns;

c) Contra a identidade cultural e integridade pessoal, previstos no título III do livro II do Código Penal e previstos na Lei Penal Relativa às Violações do Direito Internacional Humanitário;

d) Contra a segurança do Estado previstos no capítulo I do título V do livro II do Código Penal;

e) Falsificação de moeda ou títulos equiparados a moeda prevista nos artigos 262º, 264º, na parte em que remete para o artigo 262º, e 267º, na parte em que remete para os artigos 262º e 264º, do Código Penal;

f) Abrangidos por convenção sobre segurança da navegação aérea ou marítima.

3 – Nos casos previstos no número anterior, a autorização é levada, no prazo máximo de setenta e duas horas, ao conhecimento do juiz do processo, a quem cabe praticar os actos jurisdicionais subsequentes.

4 – A intercepção e a gravação previstas nos números anteriores só podem ser autorizadas, independentemente da titularidade do meio de comunicação utilizado, contra:

a) Suspeito ou arguido;

b) Pessoa que sirva de intermediário, relativamente à qual haja fundadas razões para crer que recebe ou transmite mensagens destinadas ou provenientes de suspeito ou arguido; ou *c*) Vítima de crime, mediante o respectivo consentimento, efectivo ou presumido.

5 – É proibida a intercepção e a gravação de conversações ou comunicações entre o arguido e o seu defensor, salvo se o juiz tiver fundadas razões para crer que elas constituem objecto ou elemento de crime.

6 – A intercepção e a gravação de conversações ou comunicações são autorizadas pelo prazo máximo de três meses, renovável por períodos sujeitos ao mesmo limite, desde que se verifiquem os respectivos requisitos de admissibilidade.

7 – Sem prejuízo do disposto no artigo 248º, a gravação de conversações ou comunicações só pode ser utilizada em outro processo, em curso ou a instaurar, se tiver resultado de intercepção de meio de comunicação utilizado por pessoa referida no nº 4 e na medida em que for indispensável à prova de crime previsto no nº 1.

8 – Nos casos previstos no número anterior, os suportes técnicos das conversações ou comunicações e os despachos que fundamentaram as respectivas intercepções são juntos, mediante despacho do juiz, ao processo em que devam ser usados como meio de prova, sendo extraídas, se necessário, cópias para o efeito.

ARTIGO 188º
Formalidades das operações

1 – O órgão de polícia criminal que efectuar a intercepção e a gravação a que se refere o artigo anterior lavra o correspondente auto e elabora relatório no qual indica as passagens relevantes para a prova, descreve de modo sucinto o respectivo conteúdo e explica o seu alcance para a descoberta da verdade.

2 – O disposto no número anterior não impede que o órgão de polícia criminal que proceder à investigação tome previamente conhecimento do conteúdo da comunicação interceptada a fim de poder praticar os actos cautelares necessários e urgentes para assegurar os meios de prova.

3 – O órgão de polícia criminal referido no nº 1 leva ao conhecimento do Ministério Público, de 15 em 15 dias a partir do início da primeira intercepção efectuada no processo, os correspondentes suportes técnicos, bem como os respectivos autos e relatórios.

4 – O Ministério Público leva ao conhecimento do juiz os elementos referidos no número anterior no prazo máximo de quarenta e oito horas.*

5 – Para se inteirar do conteúdo das conversações ou comunicações, o juiz é coadjuvado, quando entender conveniente, por órgão de polícia criminal e nomeia, se necessário, intérprete.

6 – Sem prejuízo do disposto no nº 7 do artigo anterior, o juiz determina a destruição imediata dos suportes técnicos e relatórios manifestamente estranhos ao processo:

a) Que disserem respeito a conversações em que não intervenham pessoas referidas no nº 4 do artigo anterior;

Fixação de Jurisprudência:
*** Acórdão do Supremo Tribunal de Justiça nº 1/2018, de 12 de fevereiro (publicado no DR nº 30, Série I, de 12-02-2018)**
A simples falta de observância do prazo de 48 horas, imposto no nº 4 do art. 188º do CPP, para o MP levar ao juiz os suportes técnicos, autos e relatórios referentes a escutas telefónicas, constitui nulidade dependente de arguição, nos termos dos arts. 190º e 120º, ambos do Código de Processo Penal.

b) Que abranjam matérias cobertas pelo segredo profissional, de funcionário ou de Estado; ou

c) Cuja divulgação possa afectar gravemente direitos, liberdades e garantias; ficando todos os intervenientes vinculados ao dever de segredo relativamente às conversações de que tenham tomado conhecimento.

7 – Durante o inquérito, o juiz determina, a requerimento do Ministério Público, a transcrição e junção aos autos das conversações e comunicações indispensáveis para fundamentar a aplicação de medidas de coacção ou de garantia patrimonial, à excepção do termo de identidade e residência.*

8 – A partir do encerramento do inquérito, o assistente e o arguido podem examinar os suportes técnicos das conversações ou comunicações e obter, à sua custa, cópia das partes que pretendam transcrever para juntar ao processo, bem como dos relatórios previstos no nº 1, até ao termo dos prazos previstos para requerer a abertura da instrução ou apresentar a contestação, respectivamente**.

9 – Só podem valer como prova as conversações ou comunicações que:

a) O Ministério Público mandar transcrever ao órgão de polícia criminal que tiver efectuado a intercepção e a gravação e indicar como meio de prova na acusação;

b) O arguido transcrever a partir das cópias previstas no número anterior e juntar ao requerimento de abertura da instrução ou à contestação; ou

c) O assistente transcrever a partir das cópias previstas no número anterior e juntar ao processo no prazo previsto para requerer a abertura da instrução, ainda que não a requeira ou não tenha legitimidade para o efeito.

10 – O tribunal pode proceder à audição das gravações para determinar a correcção das transcrições já efectuadas ou a junção aos autos de novas transcrições, sempre que o entender necessário à descoberta da verdade e à boa decisão da causa.

11 – As pessoas cujas conversações ou comunicações tiverem sido escutadas e transcritas podem examinar os respectivos suportes técnicos até ao encerramento da audiência de julgamento.

12 – Os suportes técnicos referentes a conversações ou comunicações que não forem transcritas para servirem como meio de prova são guardados em envelope

* **Acórdão do Supremo Tribunal de Justiça nº 13/2009, de 6 de Novembro (publicado no DR nº 216, série I, de 06-11-2009):** Durante o inquérito, o juiz de instrução criminal pode determinar, a requerimento do Ministério Público, elaborado nos termos do nº 7 do artigo 188º do Código de Processo Penal, a transcrição e junção aos autos das conversações e comunicações indispensáveis para fundamentar a futura aplicação de medidas de coacção ou de garantia patrimonial, à excepção do termo de identidade e residência, não tendo aquele requerimento de ser cumulativo com a promoção para aplicação de uma medida de coacção, mas devendo o Ministério Público indicar nele a concreta medida que tenciona vir a promover.

** **Fixação de jurisprudência:**

Acórdão do Supremo Tribunal de Justiça nº 3/2017, de 11 de Abril (publicado no DR nº 72, série I, de 11-04-2017)

A partir do encerramento do inquérito com dedução de acusação, o arguido, até ao termo dos prazos referidos no nº 8 do artigo 188º do Código de Processo Penal, tem o direito de examinar todo o conteúdo dos suportes técnicos referentes a conversações ou comunicações escutadas e de obter, à sua custa, cópia das partes que pretenda transcrever para juntar ao processo, mesmo das que já tiverem sido transcritas, desde que a transcrição destas se mostre justificada.

lacrado, à ordem do tribunal, e destruídos após o trânsito em julgado da decisão que puser termo ao processo.

13 – Após o trânsito em julgado previsto no número anterior, os suportes técnicos que não forem destruídos são guardados em envelope lacrado, junto ao processo, e só podem ser utilizados em caso de interposição de recurso extraordinário.

ARTIGO 189º
Extensão

1 – O disposto nos artigos 187º e 188º é correspondentemente aplicável às conversações ou comunicações transmitidas por qualquer meio técnico diferente do telefone, designadamente correio electrónico ou outras formas de transmissão de dados por via telemática, mesmo que se encontrem guardadas em suporte digital, e à intercepção das comunicações entre presentes.

2 – A obtenção e junção aos autos de dados sobre a localização celular ou de registos da realização de conversações ou comunicações só podem ser ordenadas ou autorizadas, em qualquer fase do processo, por despacho do juiz, quanto a crimes previstos no nº 1 do artigo 187º e em relação às pessoas referidas no nº 4 do mesmo artigo.

ARTIGO 190º
Nulidade

Os requisitos e condições referidos nos artigos 187º, 188º e 189º são estabelecidos sob pena de nulidade.

LIVRO IV
DAS MEDIDAS DE COACÇÃO E DE GARANTIA PATRIMONIAL

TÍTULO I
Disposições gerais

ARTIGO 191º
Princípio da legalidade

1 – A liberdade das pessoas só pode ser limitada, total ou parcialmente, em função de exigências processuais de natureza cautelar, pelas medidas de coacção e de garantia patrimonial previstas na lei.

2 – Para efeitos do disposto no presente livro, não se considera medida de coacção a obrigação de identificação perante a autoridade competente, nos termos e com os efeitos previstos no artigo 250º

ARTIGO 192º
Condições gerais de aplicação

1 – A aplicação de qualquer medida de coação depende da prévia constituição como arguido, nos termos do artigo 58º, da pessoa que dela for objeto.

2 - A aplicação de medidas de garantia patrimonial depende da prévia constituição como arguido, nos termos do artigo 58º, da pessoa que delas for objeto, ressalvado o disposto nos nºs 3 a 5 do presente artigo.

3 - No caso do arresto, sempre que a prévia constituição como arguido puser em sério risco o seu fim ou a sua eficácia, pode a constituição como arguido ocorrer em momento imediatamente posterior ao da aplicação da medida, mediante despacho devidamente fundamentado do juiz, sem exceder, em caso algum, o prazo máximo de 72 horas a contar da data daquela aplicação.

4 - A não constituição como arguido no prazo máximo previsto no número anterior determina a nulidade da medida de arresto, sem prejuízo do disposto no número seguinte.

5 - Caso a constituição como arguido para efeitos de arresto nos termos dos nºs 2 e 3 se tenha revelado comprovadamente impossível por o visado estar ausente em parte incerta e se terem frustrado as tentativas de localizar o seu paradeiro, pode a mesma ser dispensada, mediante despacho devidamente fundamentado do juiz, quando existam, cumulativamente, indícios objetivos de dissipação do respetivo património e fundada suspeita da prática do crime.

6 - Nenhuma medida de coacção ou de garantia patrimonial é aplicada quando houver fundados motivos para crer na existência de causas de isenção da responsabilidade ou de extinção do procedimento criminal.

(Redação dada pela Lei nº 30/2017, de 30-05)

ARTIGO 193º
Princípios da necessidade, adequação e proporcionalidade

1 - As medidas de coacção e de garantia patrimonial a aplicar em concreto devem ser necessárias e adequadas às exigências cautelares que o caso requerer e proporcionais à gravidade do crime e às sanções que previsivelmente venham a ser aplicadas.

2 - A prisão preventiva e a obrigação de permanência na habitação só podem ser aplicadas quando se revelarem inadequadas ou insuficientes as outras medidas de coacção.

3 - Quando couber ao caso medida de coacção privativa da liberdade nos termos do número anterior, deve ser dada preferência à obrigação de permanência na habitação sempre que ela se revele suficiente para satisfazer as exigências cautelares.

4 - A execução das medidas de coacção e de garantia patrimonial não deve prejudicar o exercício de direitos fundamentais que não forem incompatíveis com as exigências cautelares que o caso requerer.

ARTIGO 194º
Audição do arguido e despacho de aplicação

1 - À exceção do termo de identidade e residência, as medidas de coação e de garantia patrimonial são aplicadas por despacho do juiz, durante o inquérito a requerimento do Ministério Público e depois do inquérito mesmo oficiosamente, ouvido o Ministério Público, sob pena de nulidade.

2 – Durante o inquérito, o juiz pode aplicar medida de coação diversa, ainda que mais grave, quanto à sua natureza, medida ou modalidade de execução, da requerida pelo Ministério Público, com fundamento nas alíneas *a*) e *c*) do artigo 204º

3 – Durante o inquérito, o juiz não pode aplicar medida de coação mais grave, quanto à sua natureza, medida ou modalidade de execução, com fundamento na alínea *b*) do artigo 204º nem medida de garantia patrimonial mais grave do que a requerida pelo Ministério Público, sob pena de nulidade.

4 – A aplicação referida no nº 1 é precedida de audição do arguido, ressalvados os casos de impossibilidade devidamente fundamentada, e pode ter lugar no acto de primeiro interrogatório judicial, aplicando-se sempre à audição o disposto no nº 4 do artigo 141º

5 – Durante o inquérito, e salvo impossibilidade devidamente fundamentada, o juiz decide a aplicação de medida de coacção ou de garantia patrimonial a arguido não detido, no prazo de cinco dias a contar do recebimento da promoção do Ministério Público.

6 – A fundamentação do despacho que aplicar qualquer medida de coacção ou de garantia patrimonial, à excepção do termo de identidade e residência, contém, sob pena de nulidade:

a) A descrição dos factos concretamente imputados ao arguido, incluindo, sempre que forem conhecidas, as circunstâncias de tempo, lugar e modo;

b) A enunciação dos elementos do processo que indiciam os factos imputados, sempre que a sua comunicação não puser gravemente em causa a investigação, impossibilitar a descoberta da verdade ou criar perigo para a vida, a integridade física ou psíquica ou a liberdade dos participantes processuais ou das vítimas do crime;

c) A qualificação jurídica dos factos imputados;

d) A referência aos factos concretos que preenchem os pressupostos de aplicação da medida, incluindo os previstos nos artigos 193º e 204º

7 – Sem prejuízo do disposto na alínea *b*) do número anterior, não podem ser considerados para fundamentar a aplicação ao arguido de medida de coacção ou de garantia patrimonial, à excepção do termo de identidade e residência, quaisquer factos ou elementos do processo que lhe não tenham sido comunicados durante a audição a que se refere o nº 3.

8 – Sem prejuízo do disposto na alínea *b*) do nº 6, o arguido e o seu defensor podem consultar os elementos do processo determinantes da aplicação da medida de coação ou de garantia patrimonial, à exceção do termo de identidade e residência, durante o interrogatório judicial e no prazo previsto para a interposição de recurso.

9 – O despacho referido no nº 1, com a advertência das consequências do incumprimento das obrigações impostas, é notificado ao arguido.

10 – No caso de prisão preventiva, o despacho é comunicado de imediato ao defensor e, sempre que o arguido o pretenda, a parente ou a pessoa da sua confiança.

11 – Sendo o arguido menor, o despacho referido no nº 1 é comunicado, de imediato, aos titulares das responsabilidades parentais, ao seu representante legal ou à pessoa que tiver a sua guarda de facto.

(Redação dada pela Lei nº 33/2019, de 22-05)

ARTIGO 195º
Determinação da pena

Se a aplicação de uma medida de coacção depender da pena aplicável, atende-se, na sua determinação, ao máximo da pena correspondente ao crime que justifica a medida.

TÍTULO II
Das medidas de coacção

CAPÍTULO I
Das medidas admissíveis

ARTIGO 196º
Termo de identidade e residência

1 – A autoridade judiciária ou o órgão de polícia criminal sujeitam a termo de identidade e residência lavrado no processo todo aquele que for constituído arguido, ainda que já tenha sido identificado nos termos do artigo 250º

2 – Para o efeito de ser notificado mediante via postal simples, nos termos da alínea *c*) do nº 1 do artigo 113º, o arguido indica a sua residência, o local de trabalho ou outro domicílio à sua escolha.

3 – Do termo deve constar que àquele foi dado conhecimento:

a) Da obrigação de comparecer perante a autoridade competente ou de se manter à disposição dela sempre que a lei o obrigar ou para tal for devidamente notificado;

b) Da obrigação de não mudar de residência nem dela se ausentar por mais de cinco dias sem comunicar a nova residência ou o lugar onde possa ser encontrado;

c) De que as posteriores notificações serão feitas por via postal simples para a morada indicada no nº 2, excepto se o arguido comunicar uma outra, através de requerimento entregue ou remetido por via postal registada à secretaria onde os autos se encontrem a correr nesse momento;

d) De que o incumprimento do disposto nas alíneas anteriores legitima a sua representação por defensor em todos os actos processuais nos quais tenha o direito ou o dever de estar presente e bem assim a realização da audiência na sua ausência, nos termos do artigo 333º;

e) De que, em caso de condenação, o termo de identidade e residência só se extinguirá com a extinção da pena.

4 – A aplicação da medida referida neste artigo é sempre cumulável com qualquer outra das previstas no presente livro.

(Redação dada pela Lei nº 20/2013, de 21-02)

ARTIGO 197º
Caução

1 – Se o crime imputado for punível com pena de prisão, o juiz pode impor ao arguido a obrigação de prestar caução.

2 – Se o arguido estiver impossibilitado de prestar caução ou tiver graves dificuldades ou inconvenientes em prestá-la, pode o juiz, oficiosamente ou a requerimento, substituí-la por qualquer ou quaisquer outras medidas de coacção, à excepção da prisão preventiva ou de obrigação de permanência na habitação, legalmente cabidas ao caso, as quais acrescerão a outras que já tenham sido impostas.

3 – Na fixação do montante da caução tomam-se em conta os fins de natureza cautelar a que se destina, a gravidade do crime imputado, o dano por este causado e a condição sócio-económica do arguido.

ARTIGO 198º
Obrigação de apresentação periódica

1 – Se o crime imputado for punível com pena de prisão de máximo superior a 6 meses, o juiz pode impor ao arguido a obrigação de se apresentar a uma entidade judiciária ou a um certo órgão de polícia criminal em dias e horas preestabelecidos, tomando em conta as exigências profissionais do arguido e o local em que habita.

2 – A obrigação de apresentação periódica pode ser cumulada com qualquer outra medida de coacção, com a excepção da obrigação de permanência na habitação e da prisão preventiva.

ARTIGO 199º
Suspensão do exercício de profissão, de função, de actividade e de direitos

1 – Se o crime imputado for punível com pena de prisão de máximo superior a 2 anos, o juiz pode impor ao arguido, cumulativamente, se disso for caso, com qualquer outra medida de coacção, a suspensão do exercício:

a) De profissão, função ou actividade, públicas ou privadas;

b) Do poder paternal, da tutela, da curatela, da administração de bens ou da emissão de títulos de crédito;

sempre que a interdição do respectivo exercício possa vir a ser decretada como efeito do crime imputado.

2 – Quando se referir a função pública, a profissão ou actividade cujo exercício dependa de um título público ou de uma autorização ou homologação da autoridade pública, ou ao exercício dos direitos previstos na alínea *b*) do número anterior, a suspensão é comunicada à autoridade administrativa, civil ou judiciária normalmente competente para decretar a suspensão ou a interdição respectivas.

ARTIGO 200º
Proibição e imposição de condutas

1 – Se houver fortes indícios de prática de crime doloso punível com pena de prisão de máximo superior a 3 anos, o juiz pode impor ao arguido, cumulativa ou separadamente, as obrigações de:

a) Não permanecer, ou não permanecer sem autorização, na área de uma determinada povoação, freguesia ou concelho ou na residência onde o crime tenha sido cometido ou onde habitem os ofendidos, seus familiares ou outras pessoas sobre as quais possam ser cometidos novos crimes;

b) Não se ausentar para o estrangeiro, ou não se ausentar sem autorização;

c) Não se ausentar da povoação, freguesia ou concelho do seu domicílio, ou não se ausentar sem autorização, salvo para lugares predeterminados, nomeadamente para o lugar do trabalho;

d) Não contactar, por qualquer meio, com determinadas pessoas ou não frequentar certos lugares ou certos meios;

e) Não adquirir, não usar ou, no prazo que lhe for fixado, entregar armas ou outros objectos e utensílios que detiver, capazes de facilitar a prática de outro crime;

f) Se sujeitar, mediante prévio consentimento, a tratamento de dependência de que padeça e haja favorecido a prática do crime, em instituição adequada.

2 – As autorizações referidas no número anterior podem, em caso de urgência, ser requeridas e concedidas verbalmente, lavrando-se cota no processo.

3 – A proibição de o arguido se ausentar para o estrangeiro implica a entrega à guarda do tribunal do passaporte que possuir e a comunicação às autoridades competentes, com vista à não concessão ou não renovação de passaporte e ao controlo das fronteiras.

4 – As obrigações previstas nas alíneas *a*), *d*), *e*) e *f*) do nº 1 também podem ser impostas pelo juiz ao arguido, se houver fortes indícios de prática do crime de ameaça, de coação ou de perseguição, no prazo máximo de 48 horas.

5 – Para efeitos do disposto no número anterior, quando esteja em causa a obrigação prevista na alínea *d*) e quando tal se demonstre imprescindível para a proteção da vítima, podem ser aplicados, fundamentadamente, meios técnicos de controlo à distância, podendo ser dispensada a audiência prévia do suspeito, caso em que, se necessário, a constituição como arguido será feita aquando da notificação da medida de coação.

6 – A aplicação de obrigação ou obrigações que impliquem a restrição de contacto entre progenitores são imediatamente comunicadas ao representante do Ministério Público que exerce funções no tribunal competente, para efeitos de instauração, com caráter de urgência, do respetivo processo de regulação ou alteração da regulação do exercício das responsabilidades parentais.

(Redação dada pela Lei nº 101/2019, de 06-09)

ARTIGO 201º
Obrigação de permanência na habitação

1 – Se considerar inadequadas ou insuficientes, no caso, as medidas referidas nos artigos anteriores, o juiz pode impor ao arguido a obrigação de não se ausentar, ou de não se ausentar sem autorização, da habitação própria ou de outra em que de momento resida ou, nomeadamente, quando tal se justifique, em instituição adequada a prestar-lhe apoio social e de saúde, se houver fortes indícios de prática de crime doloso punível com pena de prisão de máximo superior a 3 anos.

2 – A obrigação de permanência na habitação é cumulável com a obrigação de não contactar, por qualquer meio, com determinadas pessoas.

3 – Para fiscalização do cumprimento das obrigações referidas nos números

anteriores podem ser utilizados meios técnicos de controlo à distância, nos termos previstos na lei.

ARTIGO 202º
Prisão preventiva

1 – Se considerar inadequadas ou insuficientes, no caso, as medidas referidas nos artigos anteriores, o juiz pode impor ao arguido a prisão preventiva quando:

a) Houver fortes indícios de prática de crime doloso punível com pena de prisão de máximo superior a 5 anos;

b) Houver fortes indícios de prática de crime doloso que corresponda a criminalidade violenta;

c) Houver fortes indícios de prática de crime doloso de terrorismo ou que corresponda a criminalidade altamente organizada punível com pena de prisão de máximo superior a 3 anos;

d) Houver fortes indícios de prática de crime doloso de ofensa à integridade física qualificada, furto qualificado, dano qualificado, burla informática e nas comunicações, receptação, falsificação ou contrafacção de documento, atentado à segurança de transporte rodoviário, puníveis com pena de prisão de máximo superior a 3 anos;

e) Houver fortes indícios da prática de crime doloso de detenção de arma proibida, detenção de armas e outros dispositivos, produtos ou substâncias em locais proibidos ou crime cometido com arma, nos termos do regime jurídico das armas e suas munições, puníveis com pena de prisão de máximo superior a 3 anos;

f) Se tratar de pessoa que tiver penetrado ou permaneça irregularmente em território nacional, ou contra a qual estiver em curso processo de extradição ou de expulsão.

2 – Mostrando-se que o arguido a sujeitar a prisão preventiva sofre de anomalia psíquica, o juiz pode impor, ouvido o defensor e, sempre que possível, um familiar, que, enquanto a anomalia persistir, em vez da prisão tenha lugar internamento preventivo em hospital psiquiátrico ou outro estabelecimento análogo adequado, adoptando as cautelas necessárias para prevenir os perigos de fuga e de cometimento de novos crimes.

(Redação dada pela Lei nº 26/2010, de 30-08)

ARTIGO 203º
Violação das obrigações impostas

1 – Em caso de violação das obrigações impostas por aplicação de uma medida de coacção, o juiz, tendo em conta a gravidade do crime imputado e os motivos da violação, pode impor outra ou outras medidas de coacção previstas neste Código e admissíveis no caso.

2 – Sem prejuízo do disposto nos nºs 2 e 3 do artigo 193º, o juiz pode impor a prisão preventiva, desde que ao crime caiba pena de prisão de máximo superior a 3 anos:

a) Nos casos previstos no número anterior; ou

b) Quando houver fortes indícios de que, após a aplicação de medida de coacção, o arguido cometeu crime doloso da mesma natureza, punível com pena de prisão de máximo superior a 3 anos.

(Redação dada pela Lei nº 26/2010, de 30-08)

CAPÍTULO II
Das condições de aplicação das medidas

ARTIGO 204º
Requisitos gerais

Nenhuma medida de coacção, à excepção da prevista no artigo 196º, pode ser aplicada se em concreto se não verificar, no momento da aplicação da medida:

a) Fuga ou perigo de fuga;

b) Perigo de perturbação do decurso do inquérito ou da instrução do processo e, nomeadamente, perigo para a aquisição, conservação ou veracidade da prova; ou

c) Perigo, em razão da natureza e das circunstâncias do crime ou da personalidade do arguido, de que este continue a actividade criminosa ou perturbe gravemente a ordem e a tranquilidade públicas.

ARTIGO 205º
Cumulação com a caução

A aplicação de qualquer medida de coacção, à excepção da prisão preventiva ou da obrigação de permanência na habitação, pode sempre ser cumulada com a obrigação de prestar caução.

ARTIGO 206º
Prestação da caução

1 – A caução é prestada por meio de depósito, penhor, hipoteca, fiança bancária ou fiança, nos concretos termos em que o juiz o admitir.

2 – Precedendo autorização do juiz, pode o arguido que tiver prestado caução por qualquer um dos meios referidos no número anterior substituí-lo por outro.

3 – A prestação de caução é processada por apenso.

4 – Ao arguido que não preste caução é correspondentemente aplicável o disposto no artigo 228º.

ARTIGO 207º
Reforço da caução

1 – Se, posteriormente a ter sido prestada caução, forem conhecidas circunstâncias que a tornem insuficiente ou impliquem a modificação da modalidade de prestação, pode o juiz impor o seu reforço ou modificação.

2 – É correspondentemente aplicável o disposto no nº 2 do artigo 197º e no artigo 203º

ARTIGO 208º
Quebra da caução

1 – A caução considera-se quebrada quando se verificar falta injustificada do arguido a acto processual a que deva comparecer ou incumprimento de obrigações derivadas de medida de coacção que lhe tiver sido imposta.

2 – Quebrada a caução, o seu valor reverte para o Estado.

ARTIGO 209º
Dificuldades de aplicação ou de execução de uma medida de coacção

Para efeito de aplicação ou de execução de uma medida de coacção é correspondentemente aplicável o disposto no artigo 115º

ARTIGO 210º
Inêxito das diligências para aplicação da prisão preventiva

Se o juiz tiver elementos para supor que uma pessoa pretende subtrair-se à aplicação ou execução da prisão preventiva, pode aplicar-lhe imediatamente, até que a execução da medida se efective, as medidas previstas nos artigos 198º a 201º, inclusive, ou alguma ou algumas delas.

ARTIGO 211º
Suspensão da execução da prisão preventiva

1 – No despacho que aplicar a prisão preventiva ou durante a execução desta o juiz pode estabelecer a suspensão da execução da medida, se tal for exigido por razão de doença grave do arguido, de gravidez ou de puerpério. A suspensão cessa logo que deixarem de verificar-se as circunstâncias que a determinaram e de todo o modo, no caso de puerpério, quando se esgotar o 3º mês posterior ao parto.

2 – Durante o período de suspensão da execução da prisão preventiva o arguido fica sujeito à medida prevista no artigo 201º e a quaisquer outras que se revelarem adequadas ao seu estado e compatíveis com ele, nomeadamente a de internamento hospitalar.

CAPÍTULO III
Da revogação, alteração e extinção das medidas

ARTIGO 212º
Revogação e substituição das medidas

1 – As medidas de coacção são imediatamente revogadas, por despacho do juiz, sempre que se verificar:

a) Terem sido aplicadas fora das hipóteses ou das condições previstas na lei; ou
b) Terem deixado de subsistir as circunstâncias que justificaram a sua aplicação.

2 – As medidas revogadas podem de novo ser aplicadas, sem prejuízo da unidade dos prazos que a lei estabelecer, se sobrevierem motivos que legalmente justifiquem a sua aplicação.

3 – Quando se verificar uma atenuação das exigências cautelares que determinaram a aplicação de uma medida de coacção, o juiz substitui-a por outra menos grave ou determina uma forma menos gravosa da sua execução.

4 – A revogação e a substituição previstas neste artigo têm lugar oficiosamente ou a requerimento do Ministério Público ou do arguido, devendo estes ser ouvidos, salvo nos casos de impossibilidade devidamente fundamentada, e devendo ser ainda ouvida a vítima, sempre que necessário, mesmo que não se tenha constituído assistente.

(Redação dada pela Lei nº 130/2015, de 04-09)

ARTIGO 213º
Reexame dos pressupostos da prisão preventiva e da obrigação de permanência na habitação

1 – O juiz procede oficiosamente ao reexame dos pressupostos da prisão preventiva ou da obrigação de permanência na habitação, decidindo se elas são de manter ou devem ser substituídas ou revogadas:

a) No prazo máximo de três meses, a contar da data da sua aplicação ou do último reexame; e

b) Quando no processo forem proferidos despacho de acusação ou de pronúncia ou decisão que conheça, a final, do objecto do processo e não determine a extinção da medida aplicada.

2 – Na decisão a que se refere o número anterior, ou sempre que necessário, o juiz verifica os fundamentos da elevação dos prazos da prisão preventiva ou da obrigação de permanência na habitação, nos termos e para os efeitos do disposto nos nºs 2, 3 e 5 do artigo 215º e no nº 3 do artigo 218º.

3 – Sempre que necessário, o juiz ouve o Ministério Público e o arguido.

4 – A fim de fundamentar as decisões sobre a manutenção, substituição ou revogação da prisão preventiva ou da obrigação de permanência na habitação, o juiz, oficiosamente ou a requerimento do Ministério Público ou do arguido, pode solicitar a elaboração de perícia sobre a personalidade e de relatório social ou de informação dos serviços de reinserção social, desde que o arguido consinta na sua realização.

5 – A decisão que mantenha a prisão preventiva ou a obrigação de permanência na habitação é susceptível de recurso nos termos gerais, mas não determina a inutilidade superveniente de recurso interposto de decisão prévia que haja aplicado ou mantido a medida em causa.

ARTIGO 214º
Extinção das medidas

1 – As medidas de coacção extinguem-se de imediato:

a) Com o arquivamento do inquérito;

b) Com a prolação do despacho de não pronúncia;

c) Com a prolação do despacho que rejeitar a acusação, nos termos da alínea *a*) do nº 2 do artigo 311º;

d) Com a sentença absolutória, mesmo que dela tenha sido interposto recurso; ou

e) Com o trânsito em julgado da sentença condenatória, à exceção do termo de identidade e residência que só se extinguirá com a extinção da pena.

2 – As medidas de prisão preventiva e de obrigação de permanência na habitação extinguem-se igualmente de imediato quando for proferida sentença condenatória, ainda que dela tenha sido interposto recurso, se a pena aplicada não for superior à prisão ou à obrigação de permanência já sofridas.

3 – Se, no caso da alínea *d*) do nº 1, o arguido vier a ser posteriormente condenado no mesmo processo, pode, enquanto a sentença condenatória não transitar em julgado, ser sujeito a medidas de coacção previstas neste Código e admissíveis no caso.

4 – Se a medida de coacção for a de caução e o arguido vier a ser condenado em prisão, aquela só se extingue com o início da execução da pena.
(Redação dada pela Lei nº 20/2013, de 21-02)

ARTIGO 215º
Prazos de duração máxima da prisão preventiva

1 – A prisão preventiva extingue-se quando, desde o seu início, tiverem decorrido:

a) Quatro meses sem que tenha sido deduzida acusação;

b) Oito meses sem que, havendo lugar a instrução, tenha sido proferida decisão instrutória;

c) Um ano e dois meses sem que tenha havido condenação em 1ª instância;

d) Um ano e seis meses sem que tenha havido condenação com trânsito em julgado.

2 – Os prazos referidos no número anterior são elevados, respectivamente, para seis meses, dez meses, um ano e seis meses e dois anos, em casos de terrorismo, criminalidade violenta ou altamente organizada, ou quando se proceder por crime punível com pena de prisão de máximo superior a 8 anos, ou por crime:

a) Previsto no artigo 299º, no nº 1 do artigo 318º, nos artigos 319º, 326º, 331º ou no nº 1 do artigo 333º do Código Penal e nos artigos 30º, 79º e 80º do Código de Justiça Militar, aprovado pela Lei nº 100/2003, de 15 de Novembro;

b) De furto de veículos ou de falsificação de documentos a eles respeitantes ou de elementos identificadores de veículos;

c) De falsificação de moeda, títulos de crédito, valores selados, selos e equiparados ou da respectiva passagem;

d) De burla, insolvência dolosa, administração danosa do sector público ou cooperativo, falsificação, corrupção, peculato ou de participação económica em negócio;

e) De branqueamento de vantagens de proveniência ilícita;

f) De fraude na obtenção ou desvio de subsídio, subvenção ou crédito;

g) Abrangido por convenção sobre segurança da navegação aérea ou marítima.

3 – Os prazos referidos no nº 1 são elevados, respectivamente, para um ano, um ano e quatro meses, dois anos e seis meses e três anos e quatro meses, quando o procedimento for por um dos crimes referidos no número anterior e se revelar de excepcional complexidade, devido, nomeadamente, ao número de arguidos ou de ofendidos ou ao carácter altamente organizado do crime.

4 – A excepcional complexidade a que se refere o presente artigo apenas pode ser declarada durante a 1ª instância, por despacho fundamentado, oficiosamente ou a requerimento do Ministério Público, ouvidos o arguido e o assistente.

5 – Os prazos referidos nas alíneas *c*) e *d*) do nº 1, bem como os correspondentemente referidos nos nºs 2 e 3, são acrescentados de seis meses se tiver havido recurso para o Tribunal Constitucional ou se o processo penal tiver sido suspenso para julgamento em outro tribunal de questão prejudicial.

6 – No caso de o arguido ter sido condenado a pena de prisão em 1ª instância e a sentença condenatória ter sido confirmada em sede de recurso ordinário, o prazo máximo da prisão preventiva eleva-se para metade da pena que tiver sido fixada.

7 – A existência de vários processos contra o arguido por crimes praticados antes de lhe ter sido aplicada a prisão preventiva não permite exceder os prazos previstos nos números anteriores.

8 – Na contagem dos prazos de duração máxima da prisão preventiva são incluídos os períodos em que o arguido tiver estado sujeito a obrigação de permanência na habitação.

ARTIGO 216º
Suspensão do decurso dos prazos de duração máxima da prisão preventiva

O decurso dos prazos previstos no artigo anterior suspende-se em caso de doença do arguido que imponha internamento hospitalar, se a sua presença for indispensável à continuação das investigações.

ARTIGO 217º
Libertação do arguido sujeito a prisão preventiva

1 – O arguido sujeito a prisão preventiva é posto em liberdade logo que a medida se extinguir, salvo se a prisão dever manter-se por outro processo.

2 – Se a libertação tiver lugar por se terem esgotado os prazos de duração máxima da prisão preventiva, o juiz pode sujeitar o arguido a alguma ou algumas das medidas previstas nos artigos 197º a 200º, inclusive.

3 – Quando considerar que a libertação do arguido pode criar perigo para o ofendido, o tribunal informa-o, oficiosamente ou a requerimento do Ministério Público, da data em que a libertação terá lugar.

ARTIGO 218º
Prazos de duração máxima de outras medidas de coacção

1 – As medidas de coacção previstas nos artigos 198º e 199º extinguem-se quando, desde o início da sua execução, tiverem decorrido os prazos referidos no nº 1 do artigo 215º, elevados ao dobro.

2 – À medida de coacção prevista no artigo 200º é correspondentemente aplicável o disposto nos artigos 215º e 216º.

3 – À medida de coacção prevista no artigo 201º é correspondentemente aplicável o disposto nos artigos 215º, 216º e 217º.

CAPÍTULO IV
Dos modos de impugnação

ARTIGO 219º
Recurso

1 – Da decisão que aplicar, substituir ou mantiver medidas previstas no presente título, cabe recurso a interpor pelo arguido ou pelo Ministério Público, a julgar no prazo máximo de 30 dias a contar do momento em que os autos forem recebidos.

2 – Não existe relação de litispendência ou de caso julgado entre o recurso pre-

visto no número anterior e a providência de *habeas corpus*, independentemente dos respectivos fundamentos.

(Redação dada pela Lei nº 26/2010, de 30-08)

ARTIGO 220º
Habeas corpus em virtude de detenção ilegal

1 – Os detidos à ordem de qualquer autoridade podem requerer ao juiz de instrução da área onde se encontrarem que ordene a sua imediata apresentação judicial, com algum dos seguintes fundamentos:

a) Estar excedido o prazo para entrega ao poder judicial;
b) Manter-se a detenção fora dos locais legalmente permitidos;
c) Ter sido a detenção efectuada ou ordenada por entidade incompetente;
d) Ser a detenção motivada por facto pelo qual a lei a não permite.

2 – O requerimento pode ser subscrito pelo detido ou por qualquer cidadão no gozo dos seus direitos políticos.

3 – É punível com a pena prevista no artigo 382º do Código Penal qualquer autoridade que levantar obstáculo ilegítimo à apresentação do requerimento referido nos números anteriores ou à sua remessa ao juiz competente.

ARTIGO 221º
Procedimento

1 – Recebido o requerimento, o juiz, se o não considerar manifestamente infundado, ordena, por via telefónica, se necessário, a apresentação imediata do detido, sob pena de desobediência qualificada.

2 – Conjuntamente com a ordem referida no número anterior, o juiz manda notificar a entidade que tiver o detido à sua guarda, ou quem puder representá-la, para se apresentar no mesmo acto munida das informações e esclarecimentos necessários à decisão sobre o requerimento.

3 – O juiz decide, ouvidos o Ministério Público e o defensor constituído ou nomeado para o efeito.

4 – Se o juiz recusar o requerimento por manifestamente infundado, condena o requerente ao pagamento de uma soma entre 6 UC e 20 UC.

ARTIGO 222º
Habeas corpus em virtude de prisão ilegal

1 – A qualquer pessoa que se encontrar ilegalmente presa o Supremo Tribunal de Justiça concede, sob petição, a providência de *habeas corpus*.

2 – A petição é formulada pelo preso ou por qualquer cidadão no gozo dos seus direitos políticos, é dirigida, em duplicado, ao Presidente do Supremo Tribunal de Justiça, apresentada à autoridade à ordem da qual aquele se mantenha preso e deve fundar-se em ilegalidade da prisão proveniente de:

a) Ter sido efectuada ou ordenada por entidade incompetente;

b) Ser motivada por facto pelo qual a lei a não permite; ou

c) Manter-se para além dos prazos fixados pela lei ou por decisão judicial.

ARTIGO 223º
Procedimento

1 – A petição é enviada imediatamente ao Presidente do Supremo Tribunal de Justiça, com informação sobre as condições em que foi efectuada ou se mantém a prisão.

2 – Se da informação constar que a prisão se mantém, o Presidente do Supremo Tribunal de Justiça convoca a secção criminal, que delibera nos oito dias subsequentes, notificando o Ministério Público e o defensor e nomeando este, se não estiver já constituído. São correspondentemente aplicáveis os artigos 424º e 435º

3 – O relator faz uma exposição da petição e da resposta, após o que é concedida a palavra, por quinze minutos, ao Ministério Público e ao defensor; seguidamente, a secção reúne para deliberação, a qual é imediatamente tornada pública.

4 – A deliberação pode ser tomada no sentido de:

a) Indeferir o pedido por falta de fundamento bastante;

b) Mandar colocar imediatamente o preso à ordem do Supremo Tribunal de Justiça e no local por este indicado, nomeando um juiz para proceder a averiguações, dentro do prazo que lhe for fixado, sobre as condições de legalidade da prisão;

c) Mandar apresentar o preso no tribunal competente e no prazo de vinte e quatro horas, sob pena de desobediência qualificada; ou

d) Declarar ilegal a prisão e, se for caso disso, ordenar a libertação imediata.

5 – Tendo sido ordenadas averiguações, nos termos da alínea *b*) do número anterior, é o relatório apresentado à secção criminal, a fim de ser tomada a decisão que ao caso couber dentro do prazo de oito dias.

6 – Se o Supremo Tribunal de Justiça julgar a petição de *habeas corpus* manifestamente infundada, condena o peticionante ao pagamento de uma soma entre 6 UC e 30 UC.

ARTIGO 224º
Incumprimento da decisão

É punível com as penas previstas nos nºs 4 e 5 do artigo 369º do Código Penal, conforme o caso, o incumprimento da decisão do Supremo Tribunal de Justiça sobre a petição de *habeas corpus*, relativa ao destino a dar à pessoa presa.

CAPÍTULO V
Da indemnização por privação da liberdade ilegal ou injustificada

ARTIGO 225º
Modalidades

1 – Quem tiver sofrido detenção, prisão preventiva ou obrigação de permanência na habitação pode requerer, perante o tribunal competente, indemnização dos danos sofridos quando:

a) A privação da liberdade for ilegal, nos termos do nº 1 do artigo 220º, ou do nº 2 do artigo 222º;

b) A privação da liberdade se tiver devido a erro grosseiro na apreciação dos pressupostos de facto de que dependia; ou

c) Se comprovar que o arguido não foi agente do crime ou actuou justificadamente.

2 – Nos casos das alíneas *b*) e *c*) do número anterior o dever de indemnizar cessa se o arguido tiver concorrido, por dolo ou negligência, para a privação da sua liberdade.

ARTIGO 226º
Prazo e legitimidade

1 – O pedido de indemnização não pode, em caso algum, ser proposto depois de decorrido um ano sobre o momento em que o detido ou preso foi libertado ou foi definitivamente decidido o processo penal respectivo.

2 – Em caso de morte do injustificadamente privado da liberdade e desde que não tenha havido renúncia da sua parte, pode a indemnização ser requerida pelo cônjuge não separado de pessoas e bens, pelos descendentes e pelos ascendentes. A indemnização arbitrada às pessoas que a houverem requerido não pode, porém, no seu conjunto, ultrapassar a que seria arbitrada ao detido ou preso.

TÍTULO III
Das medidas de garantia patrimonial

ARTIGO 227º
Caução económica

1 – O Ministério Público requer prestação de caução económica quando haja fundado receio de que faltem ou diminuam substancialmente as garantias:

a) Do pagamento da pena pecuniária, das custas do processo ou de qualquer outra dívida para com o Estado relacionada com o crime;

b) Da perda dos instrumentos, produtos e vantagens de facto ilícito típico ou do pagamento do valor a estes correspondente.

2 – O requerimento indica os termos e as modalidades em que deve ser prestada a caução económica.

3 – Havendo fundado receio de que faltem ou diminuam substancialmente as garantias de pagamento da indemnização ou de outras obrigações civis derivadas do crime, o lesado pode requerer que o arguido ou o civilmente responsável prestem caução económica, nos termos do número anterior.

4 – A caução económica prestada a requerimento do Ministério Público aproveita também ao lesado.

5 – A caução económica mantém-se distinta e autónoma relativamente à caução referida no artigo 197º e subsiste até à decisão final absolutória ou até à extinção das

obrigações. Em caso de condenação, são pagas pelo seu valor, sucessivamente, a multa, a taxa de justiça, as custas do processo, a indemnização e outras obrigações civis e, ainda, o valor correspondente aos instrumentos, produtos e vantagens do crime.

(Redação dada pela Lei nº 30/2017, de 30-05)

ARTIGO 228º
Arresto preventivo

1 – Para garantia das quantias referidas no artigo anterior, a requerimento do Ministério Público ou do lesado, pode o juiz decretar o arresto, nos termos da lei do processo civil; se tiver sido previamente fixada e não prestada caução económica, fica o requerente dispensado da prova do fundado receio de perda da garantia patrimonial.

2 – O arresto preventivo referido no número anterior pode ser decretado mesmo em relação a comerciante.

3 – A oposição ao despacho que tiver decretado arresto não possui efeito suspensivo.

4 – Em caso de controvérsia sobre a propriedade dos bens arrestados, pode o juiz remeter a decisão para tribunal civil, mantendo-se entretanto o arresto decretado.

5 – O arresto é revogado a todo o tempo em que o arguido ou o civilmente responsável prestem a caução económica imposta.

6 – Decretado o arresto, é promovido o respetivo registo nos casos e nos termos previstos na legislação registal aplicável, promovendo-se o subsequente cancelamento do mesmo quando sobrevier a extinção da medida.

(Redação dada pela Lei nº 30/2017, de 30-05)

LIVRO V
RELAÇÕES COM AUTORIDADES ESTRANGEIRAS E ENTIDADES JUDICIÁRIAS INTERNACIONAIS

TÍTULO I
Disposições gerais

ARTIGO 229º
Prevalência dos acordos e convenções internacionais

As rogatórias, a extradição, a delegação do procedimento penal, os efeitos das sentenças penais estrangeiras e as restantes relações com as autoridades estrangeiras relativas à administração da justiça penal são reguladas pelos tratados e convenções internacionais e, na sua falta ou insuficiência, pelo disposto em lei especial e ainda pelas disposições deste livro.

ARTIGO 230º
Rogatórias ao estrangeiro

1 – Sem prejuízo do disposto no artigo anterior, as rogatórias às autoridades estrangeiras são entregues ao Ministério Público para expedição.

2 – As rogatórias às autoridades estrangeiras só são passadas quando a autoridade judiciária competente entender que são necessárias à prova de algum facto essencial para a acusação ou para a defesa.

ARTIGO 231º
Recepção e cumprimento de rogatórias

1 – As rogatórias são recebidas por qualquer via, competindo ao Ministério Público promover o seu cumprimento.

2 – A decisão de cumprimento das rogatórias dirigidas a autoridades judiciárias portuguesas cabe ao juiz ou ao Ministério Público, no âmbito das respectivas competências.

3 – Recebida a rogatória que não deva ser cumprida pelo Ministério Público, é-lhe dada vista para opor ao cumprimento o que julgar conveniente.

ARTIGO 232º
Recusa do cumprimento de rogatórias

1 – O cumprimento de rogatórias é recusado nos casos seguintes:

a) Quando a autoridade judiciária rogada não tiver competência para a prática do acto;

b) Quando a solicitação se dirigir a acto que a lei proíba ou que seja contrário à ordem pública portuguesa;

c) Quando a execução da rogatória for atentatória da soberania ou da segurança do Estado;

d) Quando o acto implicar execução de decisão de tribunal estrangeiro sujeita a revisão e confirmação e a decisão se não mostrar revista e confirmada.

2 – No caso a que se refere a alínea *a*) do número anterior, a autoridade judiciária rogada envia a rogatória à autoridade judiciária competente, se esta for portuguesa.

ARTIGO 233º
Cooperação com entidades judiciárias internacionais

O disposto no artigo 229º aplica-se, com as devidas adaptações, à cooperação com entidades judiciárias internacionais estabelecidas no âmbito de tratados ou convenções que vinculem o Estado Português.

TÍTULO II
Da revisão e confirmação de sentença penal estrangeira

ARTIGO 234º
Necessidade de revisão e confirmação

1 – Quando, por força da lei ou de tratado ou convenção, uma sentença penal estrangeira dever ter eficácia em Portugal, a sua força executiva depende de prévia revisão e confirmação.

2 – A pedido do interessado pode ser confirmada, no mesmo processo de revisão e confirmação de sentença penal estrangeira, a condenação em indemnização civil constante da mesma.

3 – O disposto no nº 1 não tem aplicação quando a sentença penal estrangeira for invocada nos tribunais portugueses como meio de prova.

ARTIGO 235º
Tribunal competente

1 – É competente para a revisão e confirmação a relação do distrito judicial em que o arguido tiver o último domicílio ou, na sua falta, for encontrado, ou em que tiver o último domicílio ou for encontrado o maior número de arguidos.

2 – Se não for possível determinar o tribunal competente segundo as disposições do número anterior, é competente o Tribunal da Relação de Lisboa.

3 – Se a revisão e confirmação for pedida apenas relativamente à parte civil da sentença penal, é competente para ela a relação do distrito judicial onde os respectivos efeitos devam valer.

ARTIGO 236º
Legitimidade

Têm legitimidade para pedir a revisão e confirmação de sentença penal estrangeira o Ministério Público, o arguido, o assistente e as partes civis.

ARTIGO 237º
Requisitos da confirmação

1 – Para confirmação de sentença penal estrangeira é necessário que se verifiquem as condições seguintes:

a) Que, por lei, tratado ou convenção, a sentença possa ter força executiva em território português;

b) Que o facto que motivou a condenação seja também punível pela lei portuguesa;

c) Que a sentença não tenha aplicado pena ou medida de segurança proibida pela lei portuguesa;

d) Que o arguido tenha sido assistido por defensor e, quando ignorasse a língua usada no processo, por intérprete;

e) Que, salvo tratado ou convenção em contrário, a sentença não respeite a crime qualificável, segundo a lei portuguesa ou a do país em que foi proferida a sentença, de crime contra a segurança do Estado.

2 – Valem correspondentemente para confirmação de sentença penal estrangeira, na parte aplicável, os requisitos de que a lei do processo civil faz depender a confirmação de sentença civil estrangeira.

3 – Se a sentença penal estrangeira tiver aplicado pena que a lei portuguesa não prevê ou pena que a lei portuguesa prevê, mas em medida superior ao máximo legal admissível, a sentença é confirmada, mas a pena aplicada converte-se naquela que ao caso coubesse segundo a lei portuguesa ou reduz-se até ao limite adequado. Não obsta, porém, à confirmação a aplicação pela sentença estrangeira de pena em limite inferior ao mínimo admissível pela lei portuguesa.

ARTIGO 238º
Exclusão da exequibilidade

Verificando-se todos os requisitos necessários para a confirmação, mas encontrando-se extintos, segundo a lei portuguesa, o procedimento criminal ou a pena, por prescrição, amnistia ou qualquer outra causa, a confirmação é concedida, mas a força executiva das penas ou medidas de segurança aplicadas é denegada.

ARTIGO 239º
Início da execução

A execução de sentença penal estrangeira confirmada não se inicia enquanto o condenado não cumprir as penas ou medidas de segurança da mesma natureza em que tiver sido condenado pelos tribunais portugueses.

ARTIGO 240º
Procedimento

No procedimento de revisão e confirmação de sentença penal estrangeira seguem-se os trâmites da lei do processo civil em tudo quanto se não prevê na lei especial, bem como nos artigos anteriores e ainda nas alíneas seguintes:

a) Da decisão da relação cabe recurso, interposto e processado como os recursos penais, para a secção criminal do Supremo Tribunal de Justiça;

b) O Ministério Público tem sempre legitimidade para recorrer.

PARTE II

LIVRO VI
DAS FASES PRELIMINARES

TÍTULO I
Disposições gerais

CAPÍTULO I
Da notícia do crime

ARTIGO 241º
Aquisição da notícia do crime

O Ministério Público adquire notícia do crime por conhecimento próprio, por intermédio dos órgãos de polícia criminal ou mediante denúncia, nos termos dos artigos seguintes.

ARTIGO 242º
Denúncia obrigatória

1 – A denúncia é obrigatória, ainda que os agentes do crime não sejam conhecidos:

a) Para as entidades policiais, quanto a todos os crimes de que tomarem conhecimento;

b) Para os funcionários, na acepção do artigo 386º do Código Penal, quanto a crimes de que tomarem conhecimento no exercício das suas funções e por causa delas.

2 – Quando várias pessoas forem obrigadas à denúncia do mesmo crime, a sua apresentação por uma delas dispensa as restantes.

3 – Quando se referir a crime cujo procedimento dependa de queixa ou de acusação particular, a denúncia só dá lugar a instauração de inquérito se a queixa for apresentada no prazo legalmente previsto.

ARTIGO 243º
Auto de notícia

1 – Sempre que uma autoridade judiciária, um órgão de polícia criminal ou outra entidade policial presenciarem qualquer crime de denúncia obrigatória, levantam ou mandam levantar auto de notícia, onde se mencionem:

a) Os factos que constituem o crime;

b) O dia, a hora, o local e as circunstâncias em que o crime foi cometido; e

c) Tudo o que puderem averiguar acerca da identificação dos agentes e dos ofendidos, bem como os meios de prova conhecidos, nomeadamente as testemunhas que puderem depor sobre os factos.

2 – O auto de notícia é assinado pela entidade que o levantou e pela que o mandou levantar.

3 – O auto de notícia é obrigatoriamente remetido ao Ministério Público no mais curto prazo, que não pode exceder 10 dias, e vale como denúncia.

4 – Nos casos de conexão, nos termos dos artigos 24º e seguintes, pode levantar-se um único auto de notícia.

ARTIGO 244º
Denúncia facultativa

Qualquer pessoa que tiver notícia de um crime pode denunciá-lo ao Ministério Público, a outra autoridade judiciária ou aos órgãos de polícia criminal, salvo se o procedimento respectivo depender de queixa ou de acusação particular.

ARTIGO 245º
Denúncia a entidade incompetente para o procedimento

A denúncia feita a entidade diversa do Ministério Público é transmitida a este no mais curto prazo, que não pode exceder 10 dias.

ARTIGO 246º
Forma, conteúdo e espécies de denúncias

1 – A denúncia pode ser feita verbalmente ou por escrito e não está sujeita a formalidades especiais.

2 – A denúncia verbal é reduzida a escrito e assinada pela entidade que a receber e pelo denunciante, devidamente identificado. É correspondentemente aplicável o disposto no nº 3 do artigo 95º

3 – A denúncia contém, na medida possível, a indicação dos elementos referidos nas alíneas do nº 1 do artigo 243º

4 – O denunciante pode declarar, na denúncia, que deseja constituir-se assistente. Tratando-se de crime cujo procedimento depende de acusação particular, a declaração é obrigatória, devendo, neste caso, a autoridade judiciária ou o órgão de polícia criminal a quem a denúncia for feita verbalmente advertir o denunciante da obrigatoriedade de constituição de assistente e dos procedimentos a observar.

5 – Sem prejuízo do disposto nos artigos 92º e 93º, caso o denunciante não conheça ou domine a língua portuguesa a denúncia deve ser feita numa língua que compreenda.

6 – A denúncia anónima só pode determinar a abertura de inquérito se:

a) Dela se retirarem indícios da prática de crime; ou

b) Constituir crime.

7 – Nos casos previstos no número anterior, a autoridade judiciária ou órgão de polícia criminal competentes informam o titular do direito de queixa ou participação da existência da denúncia.

8 – Quando a denúncia anónima não determinar a abertura de inquérito, a autoridade judiciária competente promove a sua destruição.

(Redação dada pela Lei nº 130/2015, de 04-09)

ARTIGO 247º
Comunicação, registo e certificado da denúncia

1 – O Ministério Público informa o ofendido da notícia do crime, sempre que tenha razões para crer que ele não a conhece.

2 – Em todo o caso, o Ministério Público informa o ofendido sobre o regime do direito de queixa e as suas consequências processuais, bem como sobre o regime jurídico do apoio judiciário.

3 – Sem prejuízo do disposto no artigo 82º-A, o Ministério Público informa ainda o ofendido sobre o regime e serviços responsáveis pela instrução de pedidos de indemnização a vítimas de crimes violentos, formulados ao abrigo do regime previsto na Lei nº 104/2009, de 14 de setembro, e os pedidos de adiantamento às vítimas de violência doméstica, bem como da existência de instituições públicas, associativas ou particulares, que desenvolvam atividades de apoio às vítimas de crimes.

4 – O ofendido é informado, em especial, nos casos de reconhecida perigosidade potencial do agressor, das principais decisões judiciárias que afectem o estatuto deste.

5 – O Ministério Público procede ou manda proceder ao registo de todas as denúncias que lhe forem transmitidas.

6 – O denunciante pode, a todo o tempo, requerer ao Ministério Público certificado do registo da denúncia.

7 – Sendo a denúncia apresentada pela vítima, o certificado referido no número anterior deve conter a descrição dos factos essenciais do crime em causa, e a sua entrega ser assegurada de imediato, independentemente de requerimento, cumprindo-se ainda o disposto no nº 5 do artigo anterior, se necessário.

(Redação dada pela Lei nº 130/2015, de 04-09)

CAPÍTULO II
Das medidas cautelares e de polícia

ARTIGO 248º
Comunicação da notícia do crime

1 – Os órgãos de polícia criminal que tiverem notícia de um crime, por conhecimento próprio ou mediante denúncia, transmitem-na ao Ministério Público no mais curto prazo, que não pode exceder 10 dias.

2 – Aplica-se o disposto no número anterior a notícias de crime manifestamente infundadas que hajam sido transmitidas aos órgãos de polícia criminal.

3 – Em caso de urgência, a transmissão a que se refere o número anterior pode ser feita por qualquer meio de comunicação para o efeito disponível. A comunicação oral deve, porém, ser seguida de comunicação escrita.

ARTIGO 249º
Providências cautelares quanto aos meios de prova

1 – Compete aos órgãos de polícia criminal, mesmo antes de receberem ordem da autoridade judiciária competente para procederem a investigações, praticar os actos cautelares necessários e urgentes para assegurar os meios de prova.

2 – Compete-lhes, nomeadamente, nos termos do número anterior:

a) Proceder a exames dos vestígios do crime, em especial às diligências previstas no nº 2 do artigo 171º, e no artigo 173º, assegurando a integridade dos animais e a manutenção do estado das coisas, dos objetos e dos lugares;

b) Colher informações das pessoas que facilitem a descoberta dos agentes do crime e a sua reconstituição;

c) Proceder a apreensões no decurso de revistas ou buscas ou em caso de urgência ou perigo na demora, bem como adotar as medidas cautelares necessárias à conservação da integridade dos animais e à conservação ou manutenção das coisas e dos objetos apreendidos.

3 – Mesmo após a intervenção da autoridade judiciária, cabe aos órgãos de polícia criminal assegurar novos meios de prova de que tiverem conhecimento, sem prejuízo de deverem dar deles notícia imediata àquela autoridade.

(Redação dada pela Lei nº 39/2020, de 18-08)

ARTIGO 250º
Identificação de suspeito e pedido de informações

1 – Os órgãos de polícia criminal podem proceder à identificação de qualquer pessoa encontrada em lugar público, aberto ao público ou sujeito a vigilância policial, sempre que sobre ela recaiam fundadas suspeitas da prática de crimes, da pendência de processo de extradição ou de expulsão, de que tenha penetrado ou permaneça irregularmente no território nacional ou de haver contra si mandado de detenção.

2 – Antes de procederem à identificação, os órgãos de polícia criminal devem provar a sua qualidade, comunicar ao suspeito as circunstâncias que fundamentam a obrigação de identificação e indicar os meios por que este se pode identificar.

3 – O suspeito pode identificar-se mediante a apresentação de um dos seguintes documentos:

a) Bilhete de identidade ou passaporte, no caso de ser cidadão português;

b) Título de residência, bilhete de identidade, passaporte ou documento que substitua o passaporte, no caso de ser cidadão estrangeiro.

4 – Na impossibilidade de apresentação de um dos documentos referidos no número anterior, o suspeito pode identificar-se mediante a apresentação de documento original, ou cópia autenticada, que contenha o seu nome completo, a sua assinatura e a sua fotografia.

5 – Se não for portador de nenhum documento de identificação, o suspeito pode identificar-se por um dos seguintes meios:

a) Comunicação com uma pessoa que apresente os seus documentos de identificação;

b) Deslocação, acompanhado pelos órgãos de polícia criminal, ao lugar onde se encontram os seus documentos de identificação;

c) Reconhecimento da sua identidade por uma pessoa identificada nos termos do nº 3 ou do nº 4 que garanta a veracidade dos dados pessoais indicados pelo identificando.

6 – Na impossibilidade de identificação nos termos dos nºs 3, 4 e 5, os órgãos de polícia criminal podem conduzir o suspeito ao posto policial mais próximo e compeli-lo a permanecer ali pelo tempo estritamente indispensável à identificação, em caso algum superior a seis horas, realizando, em caso de necessidade, provas dactiloscópicas, fotográficas ou de natureza análoga e convidando o identificando a indicar residência onde possa ser encontrado e receber comunicações.

7 – Os actos de identificação levados a cabo nos termos do número anterior são sempre reduzidos a auto e as provas de identificação dele constantes são destruídas na presença do identificando, a seu pedido, se a suspeita não se confirmar.

8 – Os órgãos de polícia criminal podem pedir ao suspeito, bem como a quaisquer pessoas susceptíveis de fornecerem informações úteis, e deles receber, sem prejuízo, quanto ao suspeito, do disposto no artigo 59º, informações relativas a um crime e, nomeadamente, à descoberta e à conservação de meios de prova que poderiam perder-se antes da intervenção da autoridade judiciária.

9 – Será sempre facultada ao identificando a possibilidade de contactar com pessoa da sua confiança.

ARTIGO 251º
Revistas e buscas

1 – Para além dos casos previstos no nº 5 do artigo 174º, os órgãos de polícia criminal podem proceder, sem prévia autorização da autoridade judiciária:

a) À revista de suspeitos em caso de fuga iminente ou de detenção e a buscas no lugar em que se encontrarem, salvo tratando-se de busca domiciliária, sempre que tiverem fundada razão para crer que neles se ocultam objectos relacionados com o crime, susceptíveis de servirem a prova e que de outra forma poderiam perder-se;

b) À revista de pessoas que tenham de participar ou pretendam assistir a qualquer acto processual ou que, na qualidade de suspeitos, devam ser conduzidos a posto policial, sempre que houver razões para crer que ocultam armas ou outros objectos com os quais possam praticar actos de violência.

2 – É correspondentemente aplicável o disposto no nº 6 do artigo 174º

ARTIGO 252º
Apreensão de correspondência

1 – Nos casos em que deva proceder-se à apreensão de correspondência, os órgãos de polícia criminal transmitem-na intacta ao juiz que tiver autorizado ou ordenado a diligência.

2 – Tratando-se de encomendas ou valores fechados susceptíveis de serem apreendidos, sempre que tiverem fundadas razões para crer que eles podem conter informações úteis à investigação de um crime ou conduzir à sua descoberta, e que podem perder-se em caso de demora, os órgãos de polícia criminal informam do facto, pelo meio mais rápido, o juiz, o qual pode autorizar a sua abertura imediata.

3 – Verificadas as razões referidas no número anterior, os órgãos de polícia criminal podem ordenar a suspensão da remessa de qualquer correspondência nas estações de correios e de telecomunicações. Se, no prazo de quarenta e oito horas, a ordem não for convalidada por despacho fundamentado do juiz, a correspondência é remetida ao destinatário.

ARTIGO 252º-A
Localização celular

1 – As autoridades judiciárias e as autoridades de polícia criminal podem obter dados sobre a localização celular quando eles forem necessários para afastar perigo para a vida ou de ofensa à integridade física grave.

2 – Se os dados sobre a localização celular previstos no número anterior se referirem a um processo em curso, a sua obtenção deve ser comunicada ao juiz no prazo máximo de quarenta e oito horas.

3 – Se os dados sobre a localização celular previstos no nº 1 não se referirem a nenhum processo em curso, a comunicação deve ser dirigida ao juiz da sede da entidade competente para a investigação criminal.

4 – É nula a obtenção de dados sobre a localização celular com violação do disposto nos números anteriores.

ARTIGO 253º
Relatório

1 – Os órgãos de polícia criminal que procederem a diligências referidas nos artigos anteriores elaboram um relatório onde mencionam, de forma resumida, as investigações levadas a cabo, os resultados das mesmas, a descrição dos factos apurados e as provas recolhidas.

2 – O relatório é remetido ao Ministério Público ou ao juiz de instrução, conforme os casos.

CAPÍTULO III
Da detenção

ARTIGO 254º
Finalidades

1 – A detenção a que se referem os artigos seguintes é efectuada:

a) Para, no prazo máximo de quarenta e oito horas, o detido ser apresentado a julgamento sob forma sumária ou ser presente ao juiz competente para primeiro interrogatório judicial ou para aplicação ou execução de uma medida de coacção; ou

b) Para assegurar a presença imediata ou, não sendo possível, no mais curto prazo, mas sem nunca exceder vinte e quatro horas, do detido perante a autoridade judiciária em acto processual.

2 – O arguido detido fora de flagrante delito para aplicação ou execução da medida de prisão preventiva é sempre apresentado ao juiz, sendo correspondentemente aplicável o disposto no artigo 141º

ARTIGO 255º
Detenção em flagrante delito

1 – Em caso de flagrante delito, por crime punível com pena de prisão:

a) Qualquer autoridade judiciária ou entidade policial procede à detenção;

b) Qualquer pessoa pode proceder à detenção, se uma das entidades referidas na alínea anterior não estiver presente nem puder ser chamada em tempo útil.

2 – No caso previsto na alínea *b*) do número anterior, a pessoa que tiver procedido à detenção entrega imediatamente o detido a uma das entidades referidas na alínea *a*), a qual redige auto sumário da entrega e procede de acordo com o estabelecido no artigo 259º

3 – Tratando-se de crime cujo procedimento dependa de queixa, a detenção só se mantém quando, em acto a ela seguido, o titular do direito respectivo o exercer. Neste caso, a autoridade judiciária ou a entidade policial levantam ou mandam levantar auto em que a queixa fique registada.

4 – Tratando-se de crime cujo procedimento dependa de acusação particular, não há lugar a detenção em flagrante delito, mas apenas à identificação do infractor.

ARTIGO 256º
Flagrante delito

1 – É flagrante delito todo o crime que se está cometendo ou se acabou de cometer.

2 – Reputa-se também flagrante delito o caso em que o agente for, logo após o crime, perseguido por qualquer pessoa ou encontrado com objectos ou sinais que mostrem claramente que acabou de o cometer ou nele participar.

3 – Em caso de crime permanente, o estado de flagrante delito só persiste enquanto se mantiverem sinais que mostrem claramente que o crime está a ser cometido e o agente está nele a participar.

ARTIGO 257º
Detenção fora de flagrante delito

1 – Fora de flagrante delito, a detenção só pode ser efectuada por mandado do juiz ou, nos casos em que for admissível prisão preventiva, do Ministério Público:

a) Quando houver fundadas razões para considerar que o visado se não apresentaria voluntariamente perante autoridade judiciária no prazo que lhe fosse fixado;

b) Quando se verifique, em concreto, alguma das situações previstas no artigo 204º, que apenas a detenção permita acautelar; ou

c) Se tal se mostrar imprescindível para a protecção da vítima.

2 – As autoridades de polícia criminal podem também ordenar a detenção fora de flagrante delito, por iniciativa própria, quando:

a) Se tratar de caso em que é admissível a prisão preventiva;

b) Existirem elementos que tornem fundados o receio de fuga ou de continuação da actividade criminosa; e

c) Não for possível, dada a situação de urgência e de perigo na demora, esperar pela intervenção da autoridade judiciária.

(Redação dada pela Lei nº 26/2010, de 30-08)

ARTIGO 258º
Mandados de detenção

1 – Os mandados de detenção são passados em triplicado e contêm, sob pena de nulidade:

a) A data da emissão e a assinatura da autoridade judiciária ou de polícia criminal competentes;

b) A identificação da pessoa a deter; e

c) A indicação do facto que motivou a detenção e das circunstâncias que legalmente a fundamentam.

2 – Em caso de urgência e de perigo na demora é admissível a requisição da detenção por qualquer meio de telecomunicação, seguindo-se-lhe imediatamente confirmação por mandado, nos termos do número anterior.

3 – Ao detido é exibido o mandado de detenção e entregue uma das cópias. No caso do número anterior, é-lhe exibida a ordem de detenção donde conste a requisição, a indicação da autoridade judiciária ou de polícia criminal que a fez e os demais requisitos referidos no nº 1 e entregue a respectiva cópia.

ARTIGO 259º
Dever de comunicação

Sempre que qualquer entidade policial proceder a uma detenção, comunica-a de imediato:

a) Ao juiz do qual dimanar o mandado de detenção, se esta tiver a finalidade referida na alínea *b*) do artigo 254º;

b) Ao Ministério Público, nos casos restantes.

ARTIGO 260º
Condições gerais de efectivação

É correspondentemente aplicável à detenção o disposto nos nºs 2 do artigo 192º e 9 do artigo 194º

(Redação dada pela Lei nº 20/2013, de 21-02)

ARTIGO 261º
Libertação imediata do detido

1 – Qualquer entidade que tiver ordenado a detenção ou a quem o detido for presente, nos termos do presente capítulo, procede à sua imediata libertação logo que se tornar manifesto que a detenção foi efectuada por erro sobre a pessoa ou fora dos casos em que era legalmente admissível ou que a medida se tornou desnecessária.

2 – Tratando-se de entidade que não seja autoridade judiciária, faz relatório sumário da ocorrência e transmite-o de imediato ao Ministério Público; se for autoridade judiciária, a libertação é precedida de despacho.

TÍTULO II
Do inquérito

CAPÍTULO I
Disposições gerais

ARTIGO 262º
Finalidade e âmbito do inquérito

1 – O inquérito compreende o conjunto de diligências que visam investigar a existência de um crime, determinar os seus agentes e a responsabilidade deles e descobrir e recolher as provas, em ordem à decisão sobre a acusação.

2 – Ressalvadas as excepções previstas neste Código, a notícia de um crime dá sempre lugar à abertura de inquérito.

ARTIGO 263º
Direcção do inquérito

1 – A direcção do inquérito cabe ao Ministério Público, assistido pelos órgãos de polícia criminal.

2 – Para efeito do disposto no número anterior, os órgãos de polícia criminal actuam sob a directa orientação do Ministério Público e na sua dependência funcional.

ARTIGO 264º
Competência

1 – É competente para a realização do inquérito o Ministério Público que exercer funções no local em que o crime tiver sido cometido.

2 – Enquanto não for conhecido o local em que o crime foi cometido, a competência pertence ao Ministério Público que exercer funções no local em que primeiro tiver havido notícia do crime.

3 – Se o crime for cometido no estrangeiro, é competente o Ministério Público que exercer funções junto do tribunal competente para o julgamento.

4 – Independentemente do disposto nos números anteriores, qualquer magistrado ou agente do Ministério Público procede, em caso de urgência ou de perigo na demora, a actos de inquérito, nomeadamente de detenção, de interrogatório e, em geral, de aquisição e conservação de meios de prova.

5 – É correspondentemente aplicável o disposto nos artigos 24º a 30º

ARTIGO 265º
Inquérito contra magistrados

1 – Se for objecto da notícia do crime magistrado judicial ou do Ministério Público, é designado para a realização do inquérito magistrado de categoria igual ou superior à do visado.

2 – Se for objecto da notícia do crime o Procurador-Geral da República, a competência para o inquérito pertence a um juiz do Supremo Tribunal de Justiça, designado por sorteio, que fica impedido de intervir nos subsequentes actos do processo.

ARTIGO 266º
Transmissão dos autos

1 – Se, no decurso do inquérito, se apurar que a competência pertence a diferente magistrado ou agente do Ministério Público, os autos são transmitidos ao magistrado ou agente do Ministério Público competente.

2 – Os actos de inquérito realizados antes da transmissão só são repetidos se não puderem ser aproveitados.

3 – Em caso de conflito sobre a competência, decide o superior hierárquico que imediatamente superintende nos magistrados ou agentes em conflito.

CAPÍTULO II
Dos actos de inquérito

ARTIGO 267º
Actos do Ministério Público

O Ministério Público pratica os actos e assegura os meios de prova necessários à realização das finalidades referidas no nº 1 do artigo 262º, nos termos e com as restrições constantes dos artigos seguintes.

ARTIGO 268º
Actos a praticar pelo juiz de instrução

1 – Durante o inquérito compete exclusivamente ao juiz de instrução:

a) Proceder ao primeiro interrogatório judicial de arguido detido;

b) Proceder à aplicação de uma medida de coacção ou de garantia patrimonial, à excepção da prevista no artigo 196º, a qual pode ser aplicada pelo Ministério Público;

c) Proceder a buscas e apreensões em escritório de advogado, consultório médico ou estabelecimento bancário, nos termos do nº 3 do artigo 177º, do nº 1 do artigo 180º e do artigo 181º;

d) Tomar conhecimento, em primeiro lugar, do conteúdo da correspondência apreendida, nos termos do nº 3 do artigo 179º;

e) Declarar a perda a favor do Estado de bens apreendidos, com expressa menção das disposições legais aplicadas, quando o Ministério Público proceder ao arquivamento do inquérito nos termos dos artigos 277º, 280º e 282º;

f) Praticar quaisquer outros actos que a lei expressamente reservar ao juiz de instrução.

2 – O juiz pratica os actos referidos no número anterior a requerimento do Ministério Público, da autoridade de polícia criminal em caso de urgência ou de perigo na demora, do arguido ou do assistente.

3 – O requerimento, quando proveniente do Ministério Público ou de autoridade de polícia criminal, não está sujeito a quaisquer formalidades.

4 – Nos casos referidos nos números anteriores, o juiz decide, no prazo máximo de vinte e quatro horas, com base na informação que, conjuntamente com o requerimento, lhe for prestada, dispensando a apresentação dos autos sempre que a não considerar imprescindível.

(Redação dada pela Lei nº 30/2017, de 30-05)

ARTIGO 269º
Actos a ordenar ou autorizar pelo juiz de instrução

1 – Durante o inquérito compete exclusivamente ao juiz de instrução ordenar ou autorizar:

a) A efetivação de perícias, nos termos do nº 3 do artigo 154º;

b) A efectivação de exames, nos termos do nº 2 do artigo 172º;

c) Buscas domiciliárias, nos termos e com os limites do artigo 177º;

d) Apreensões de correspondência, nos termos do nº 1 do artigo 179º;

e) Intercepção, gravação ou registo de conversações ou comunicações, nos termos dos artigos 187º e 189º;

f) A prática de quaisquer outros actos que a lei expressamente fizer depender de ordem ou autorização do juiz de instrução.

2 – É correspondentemente aplicável o disposto nos nºs 2, 3 e 4 do artigo anterior.

(Redação dada pela Lei nº 20/2013, de 21-02)

ARTIGO 270º
Actos que podem ser delegados pelo Ministério Público nos órgãos de polícia criminal

1 – O Ministério Público pode conferir a órgãos de polícia criminal o encargo de procederem a quaisquer diligências e investigações relativas ao inquérito.

2 – Exceptuam-se do disposto no número anterior, além dos actos que são da competência exclusiva do juiz de instrução, nos termos dos artigos 268º e 269º, os actos seguintes:

a) Receber depoimentos ajuramentados, nos termos da segunda parte do nº 3 do artigo 138º;

b) Ordenar a efectivação de perícia, nos termos do artigo 154º

c) Assistir a exame susceptível de ofender o pudor da pessoa, nos termos da segunda parte do nº 3 do artigo 172º;

d) Ordenar ou autorizar revistas e buscas, nos termos e limites dos nºs 3 e 5 do artigo 174º;

e) Quaisquer outros actos que a lei expressamente determinar que sejam presididos ou praticados pelo Ministério Público.

3 – O Ministério Público pode, porém, delegar em autoridades de polícia criminal a faculdade de ordenar a efectivação da perícia relativamente a determinados tipos de

crime, em caso de urgência ou de perigo na demora, nomeadamente quando a perícia deva ser realizada conjuntamente com o exame de vestígios. Exceptuam-se a perícia que envolva a realização de autópsia médico-legal, bem como a prestação de esclarecimentos complementares e a realização de nova perícia nos termos do artigo 158º

4 – Sem prejuízo do disposto no nº 2, no nº 3 do artigo 58º, no nº 3 do artigo 243º e no nº 1 do artigo 248º, a delegação a que se refere o nº 1 pode ser efectuada por despacho de natureza genérica que indique os tipos de crime ou os limites das penas aplicáveis aos crimes em investigação.

ARTIGO 271º
Declarações para memória futura*

1 – Em caso de doença grave ou de deslocação para o estrangeiro de uma testemunha, que previsivelmente a impeça de ser ouvida em julgamento, bem como nos casos de vítima de crime de tráfico de órgãos humanos, tráfico de pessoas ou contra a liberdade e autodeterminação sexual, o juiz de instrução, a requerimento do Ministério Público, do arguido, do assistente ou das partes civis, pode proceder à sua inquirição no decurso do inquérito, a fim de que o depoimento possa, se necessário, ser tomado em conta no julgamento.

2 – No caso de processo por crime contra a liberdade e autodeterminação sexual de menor, procede-se sempre à inquirição do ofendido no decurso do inquérito, desde que a vítima não seja ainda maior.

3 – Ao Ministério Público, ao arguido, ao defensor e aos advogados do assistente e das partes civis são comunicados o dia, a hora e o local da prestação do depoimento para que possam estar presentes, sendo obrigatória a comparência do Ministério Público e do defensor.

4 – Nos casos previstos no nº 2, a tomada de declarações é realizada em ambiente informal e reservado, com vista a garantir, nomeadamente, a espontaneidade e a sinceridade das respostas, devendo o menor ser assistido no decurso do acto processual por um técnico especialmente habilitado para o seu acompanhamento, previamente designado para o efeito.

5 – A inquirição é feita pelo juiz, podendo em seguida o Ministério Público, os advogados do assistente e das partes civis e o defensor, por esta ordem, formular perguntas adicionais.

6 – É correspondentemente aplicável o disposto nos artigos 352º, 356º, 363º e 364º

7 – O disposto nos números anteriores é correspondentemente aplicável a declarações do assistente e das partes civis, de peritos e de consultores técnicos e a acareações.

8 – A tomada de declarações nos termos dos números anteriores não prejudica a prestação de depoimento em audiência de julgamento, sempre que ela for possível e não puser em causa a saúde física ou psíquica de pessoa que o deva prestar.

(Redação dada pela Lei nº 102/2019, de 06-09)

* **Fixação de jurisprudência:**
Acórdão do Supremo Tribunal de Justiça nº 8/2017, de 21 de novembro (publicado no DR nº 224, Série I, de 21-12-2017)
As declarações para memória futura, prestadas nos termos do artigo 271º do Código de Processo Penal, não têm de ser obrigatoriamente lidas em audiência de julgamento para que possam ser tomadas em conta e constituir prova validamente utilizável para a formação da convicção do tribunal, nos termos das disposições conjugadas dos artigos 355º e 356º, nº 2, alínea *a*), do mesmo Código.

ARTIGO 272º
Primeiro interrogatório e comunicações ao arguido

1 – Correndo inquérito contra pessoa determinada em relação à qual haja suspeita fundada da prática de crime é obrigatório interrogá-la como arguido, salvo se não for possível notificá-la.

2 – O Ministério Público, quando proceder a interrogatório de um arguido ou a acareação ou reconhecimento em que aquele deva participar, comunica-lhe, pelo menos com vinte e quatro horas de antecedência, o dia, a hora e o local da diligência.

3 – O período de antecedência referido no número anterior:

a) É facultativo sempre que o arguido se encontrar preso;

b) Não tem lugar relativamente ao interrogatório previsto no artigo 143º, ou, nos casos de extrema urgência, sempre que haja fundado motivo para recear que a demora possa prejudicar o asseguramento de meios de prova, ou ainda quando o arguido dele prescindir.

4 – Quando haja defensor, este é notificado para a diligência com pelo menos vinte e quatro horas de antecedência, salvo nos casos previstos na alínea *b*) do número anterior.

ARTIGO 273º
Mandado de comparência, notificação e detenção

1 – Sempre que for necessário assegurar a presença de qualquer pessoa em acto de inquérito, o Ministério Público ou a autoridade de polícia criminal em que tenha sido delegada a diligência emitem mandado de comparência, do qual conste a identificação da pessoa, a indicação do dia, do local e da hora a que deve apresentar-se e a menção das sanções em que incorre no caso de falta injustificada.

2 – O mandado de comparência é notificado ao interessado com pelo menos três dias de antecedência, salvo em caso de urgência devidamente fundamentado, em que pode ser deixado ao notificando apenas o tempo necessário à comparência.

3 – Se o mandado se referir ao assistente ou ao denunciante com a faculdade de se constituir assistente representado por advogado, este é informado da realização da diligência para, querendo, estar presente.

4 – É correspondentemente aplicável o disposto no nº 2 do artigo 116º

ARTIGO 274º
Certidões e certificados de registo

São juntos aos autos as certidões e certificados de registo, nomeadamente o certificado do registo criminal do arguido, que se afigurem previsivelmente necessários ao inquérito ou à instrução ou ao julgamento que venham a ter lugar e à determinação da competência do tribunal.

ARTIGO 275º
Autos de inquérito

1 – As diligências de prova realizadas no decurso do inquérito são reduzidas a auto, que pode ser redigido por súmula, salvo aquelas cuja documentação o Ministério Público entender desnecessário.

2 – É obrigatoriamente reduzida a auto a denúncia, quando feita oralmente, bem como os actos a que se referem os artigos 268º, 269º e 271º

3 – Concluído o inquérito, o auto fica à guarda do Ministério Público ou é remetido ao tribunal competente para a instrução ou para o julgamento.

CAPÍTULO III
Do encerramento do inquérito

ARTIGO 276º
Prazos de duração máxima do inquérito

1 – O Ministério Público encerra o inquérito, arquivando-o ou deduzindo acusação, nos prazos máximos de seis meses, se houver arguidos presos ou sob obrigação de permanência na habitação, ou de oito meses, se os não houver.

2 – O prazo de seis meses referido no número anterior é elevado:

a) Para 8 meses, quando o inquérito tiver por objecto um dos crimes referidos no nº 2 do artigo 215º;

b) Para 10 meses, quando, independentemente do tipo de crime, o procedimento se revelar de excepcional complexidade, nos termos da parte final do nº 3 do artigo 215º;

c) Para 12 meses, nos casos referidos no nº 3 do artigo 215º

3 – O prazo de oito meses referido no nº 1 é elevado:

a) Para 14 meses, quando o inquérito tiver por objecto um dos crimes referidos no nº 2 do artigo 215º;

b) Para 16 meses, quando, independentemente do tipo de crime, o procedimento se revelar de excepcional complexidade, nos termos da parte final do nº 3 do artigo 215º;

c) Para 18 meses, nos casos referidos no nº 3 do artigo 215º

4 – Para efeito do disposto nos números anteriores, o prazo conta-se a partir do momento em que o inquérito tiver passado a correr contra pessoa determinada ou em que se tiver verificado a constituição de arguido.

5 – Em caso de expedição de carta rogatória, o decurso dos prazos previstos nos nºs 1 a 3 suspende-se até à respectiva devolução, não podendo o período total de suspensão, em cada processo, ser superior a metade do prazo máximo que corresponder ao inquérito.

6 – O magistrado titular do processo comunica ao superior hierárquico imediato a violação de qualquer prazo previsto nos nºs 1 a 3 do presente artigo ou no nº 6 do artigo 89º, indicando as razões que explicam o atraso e o período necessário para concluir o inquérito.

7 – Nos casos referidos no número anterior, o superior hierárquico pode avocar o processo e dá sempre conhecimento ao Procurador-Geral da República, ao arguido e ao assistente da violação do prazo e do período necessário para concluir o inquérito.

8 – Recebida a comunicação prevista no número anterior, o Procurador-Geral da República pode determinar, oficiosamente ou a requerimento do arguido ou do assistente, a aceleração processual nos termos do artigo 109º

(Redação dada pela Lei nº 26/2010, de 30-08)

ARTIGO 277º
Arquivamento do inquérito

1 – O Ministério Público procede, por despacho, ao arquivamento do inquérito, logo que tiver recolhido prova bastante de se não ter verificado crime, de o arguido não o ter praticado a qualquer título ou de ser legalmente inadmissível o procedimento.

2 – O inquérito é igualmente arquivado se não tiver sido possível ao Ministério Público obter indícios suficientes da verificação de crime ou de quem foram os agentes.

3 – O despacho de arquivamento é comunicado ao arguido, ao assistente, ao denunciante com faculdade de se constituir assistente e a quem tenha manifestado o propósito de deduzir pedido de indemnização civil nos termos do artigo 75º, bem como ao respectivo defensor ou advogado.

4 – As comunicações a que se refere o número anterior efectuam-se:

a) Por notificação mediante contacto pessoal ou via postal registada ao assistente e ao arguido, excepto se estes tiverem indicado um local determinado para efeitos de notificação por via postal simples, nos termos dos nºs 5 e 6 do artigo 145º, do nº 2 e da alínea *c*) do nº 3 do artigo 196º, e não tenham entretanto indicado uma outra, através de requerimento entregue ou remetido por via postal registada à secretaria onde os autos se encontrarem a correr nesse momento;

b) Por editais, se o arguido não tiver defensor nomeado ou advogado constituído e não for possível a sua notificação mediante contacto pessoal, via postal registada ou simples, nos termos previstos na alínea anterior;

c) Por notificação mediante via postal simples ao denunciante com a faculdade de se constituir assistente e a quem tenha manifestado o propósito de deduzir pedido de indemnização civil;

d) Por notificação mediante via postal simples sempre que o inquérito não correr contra pessoa determinada.

5 – Nos casos previstos no nº 1, sempre que se verificar que existiu por parte de quem denunciou ou exerceu um alegado direito de queixa, uma utilização abusiva do processo, o tribunal condena-o no pagamento de uma soma entre 6 UC e 20 UC sem prejuízo do apuramento de responsabilidade penal.

ARTIGO 278º
Intervenção hierárquica

1 – No prazo de 20 dias a contar da data em que a abertura de instrução já não puder ser requerida, o imediato superior hierárquico do magistrado do Ministério Público pode, por sua iniciativa ou a requerimento do assistente ou do denunciante com a faculdade de se constituir assistente, determinar que seja formulada acusação ou que as investigações prossigam, indicando, neste caso, as diligências a efectuar e o prazo para o seu cumprimento.

2 – O assistente e o denunciante com a faculdade de se constituir assistente podem, se optarem por não requerer a abertura da instrução, suscitar a intervenção hierárquica, ao abrigo do número anterior, no prazo previsto para aquele requerimento.

ARTIGO 279º
Reabertura do inquérito

1 – Esgotado o prazo a que se refere o artigo anterior, o inquérito só pode ser reaberto se surgirem novos elementos de prova que invalidem os fundamentos invocados pelo Ministério Público no despacho de arquivamento.

2 – Do despacho do Ministério Público que deferir ou recusar a reabertura do inquérito há reclamação para o superior hierárquico imediato.

ARTIGO 280º
Arquivamento em caso de dispensa da pena

1 – Se o processo for por crime relativamente ao qual se encontre expressamente prevista na lei penal a possibilidade de dispensa da pena, o Ministério Público, com a concordância do juiz de instrução, pode decidir-se pelo arquivamento do processo, se se verificarem os pressupostos daquela dispensa.

2 – Se a acusação tiver sido já deduzida, pode o juiz de instrução, enquanto esta decorrer, arquivar o processo com a concordância do Ministério Público e do arguido, se se verificarem os pressupostos da dispensa da pena.

3 – A decisão de arquivamento, em conformidade com o disposto nos números anteriores, não é susceptível de impugnação.

ARTIGO 281º
Suspensão provisória do processo*

1 – Se o crime for punível com pena de prisão não superior a 5 anos ou com

* **Fixação de jurisprudência:**
Acórdão do Supremo Tribunal de Justiça nº 4/2017, de 16 de junho (publicado no DR nº 115, série I, de 16-06-2017)
«Tendo sido acordada a suspensão provisória do processo, nos termos do art. 281º do Código de Processo Penal, com a injunção da proibição da condução de veículo automóvel, prevista no nº 3 do preceito, caso aquela suspensão termine, prosseguindo o processo, ao abrigo do nº 4, do art. 282º, do mesmo Código, o tempo em que o arguido esteve privado da carta de condução não deve ser descontado, no tempo da pena acessória de inibição da faculdade de conduzir, aplicada na sentença condenatória que venha a ter lugar.»

sanção diferente da prisão, o Ministério Público, oficiosamente ou a requerimento do arguido ou do assistente, determina, com a concordância do juiz de instrução, a suspensão do processo, mediante a imposição ao arguido de injunções e regras de conduta, sempre que se verificarem os seguintes pressupostos:*

a) Concordância do arguido e do assistente;

b) Ausência de condenação anterior por crime da mesma natureza;

c) Ausência de aplicação anterior de suspensão provisória de processo por crime da mesma natureza;

d) Não haver lugar a medida de segurança de internamento;

e) Ausência de um grau de culpa elevado; e

f) Ser de prever que o cumprimento das injunções e regras de conduta responda suficientemente às exigências de prevenção que no caso se façam sentir.

2 – São oponíveis ao arguido, cumulativa ou separadamente, as seguintes injunções e regras de conduta:

a) Indemnizar o lesado;

b) Dar ao lesado satisfação moral adequada;

c) Entregar ao Estado, a instituições privadas de solidariedade social, associação de utilidade pública ou associações zoófilas legalmente constituídas certa quantia ou efetuar prestação de serviço de interesse público;

d) Residir em determinado lugar;

e) Frequentar certos programas ou actividades;

f) Não exercer determinadas profissões;

g) Não frequentar certos meios ou lugares;

h) Não residir em certos lugares ou regiões;

i) Não acompanhar, alojar ou receber certas pessoas;

j) Não frequentar certas associações ou participar em determinadas reuniões;

l) Não ter em seu poder determinados animais, coisas ou objetos capazes de facilitar a prática de outro crime;

m) Qualquer outro comportamento especialmente exigido pelo caso.

3 – Sem prejuízo do disposto no número anterior, tratando-se de crime para o qual esteja legalmente prevista pena acessória de proibição de conduzir veículos com motor, é obrigatoriamente oponível ao arguido a aplicação de injunção de proibição de conduzir veículos com motor.

4 – Não são oponíveis injunções e regras de conduta que possam ofender a dignidade do arguido.

5 – Para apoio e vigilância do cumprimento das injunções e regras de conduta podem o juiz de instrução e o Ministério Público, consoante os casos, recorrer aos serviços de reinserção social, a órgãos de polícia criminal e às autoridades administrativas.

*** Fixação de Jurisprudência:**

Acórdão do Supremo Tribunal de Justiça nº 16/2009, de 24 de Dezembro (publicado no DR nº 248, série I, de 24-12-2009):
A discordância do juiz de instrução em relação à determinação do Ministério Público, visando a suspensão provisória do processo, nos termos e para os efeitos do nº 1 do artigo 281º do Código de Processo Penal, não é passível de recurso.

6 – A decisão de suspensão, em conformidade com o nº 1, não é susceptível de impugnação.

7 – Em processos por crime de violência doméstica não agravado pelo resultado, o Ministério Público, mediante requerimento livre e esclarecido da vítima, determina a suspensão provisória do processo, com a concordância do juiz de instrução e do arguido, desde que se verifiquem os pressupostos das alíneas *b*) e *c*) do nº 1.

8 – Em processos por crime contra a liberdade e autodeterminação sexual de menor não agravado pelo resultado, o Ministério Público, tendo em conta o interesse da vítima, determina a suspensão provisória do processo, com a concordância do juiz de instrução e do arguido, desde que se verifiquem os pressupostos das alíneas *b*) e *c*) do nº 1.

9 – No caso do artigo 203º do Código Penal, é dispensada a concordância do assistente prevista na alínea *a*) do nº 1 do presente artigo quando a conduta ocorrer em estabelecimento comercial, durante o período de abertura ao público, relativamente à subtração de coisas móveis de valor diminuto e desde que tenha havido recuperação imediata destas, salvo quando cometida por duas ou mais pessoas.
(Redação dada pela Lei nº 39/2020, de 18-08)

ARTIGO 282º
Duração e efeitos da suspensão

1 – A suspensão do processo pode ir até dois anos, com excepção do disposto no nº 5.

2 – A prescrição não corre no decurso do prazo de suspensão do processo.

3 – Se o arguido cumprir as injunções e regras de conduta, o Ministério Público arquiva o processo, não podendo ser reaberto.

4 – O processo prossegue e as prestações feitas não podem ser repetidas:

a) Se o arguido não cumprir as injunções e regras de conduta; ou

b) Se, durante o prazo de suspensão do processo, o arguido cometer crime da mesma natureza pelo qual venha a ser condenado.

5 – Nos casos previstos nos nºs 6 e 7 do artigo anterior, a duração da suspensão pode ir até cinco anos.

ARTIGO 283º
Acusação pelo Ministério Público

1 – Se durante o inquérito tiverem sido recolhidos indícios suficientes de se ter verificado crime e de quem foi o seu agente, o Ministério Público, no prazo de 10 dias, deduz acusação contra aquele.

2 – Consideram-se suficientes os indícios sempre que deles resultar uma possibilidade razoável de ao arguido vir a ser aplicada, por força deles, em julgamento, uma pena ou uma medida de segurança.

3 – A acusação contém, sob pena de nulidade:

a) As indicações tendentes à identificação do arguido;

b) A narração, ainda que sintética, dos factos que fundamentam a aplicação ao arguido de uma pena ou de uma medida de segurança, incluindo, se possível, o lugar, o tempo e a motivação da sua prática, o grau de participação que o agente neles teve e quaisquer circunstâncias relevantes para a determinação da sanção que lhe deve ser aplicada;

c) A indicação das disposições legais aplicáveis;

d) O rol com o máximo de 20 testemunhas, com a respectiva identificação, discriminando-se as que só devam depor sobre os aspectos referidos no nº 2 do artigo 128º, as quais não podem exceder o número de cinco;

e) A indicação dos peritos e consultores técnicos a serem ouvidos em julgamento, com a respectiva identificação;

f) A indicação de outras provas a produzir ou a requerer;

g) A indicação do relatório social ou de informação dos serviços de reinserção social, quando o arguido seja menor, salvo quando não se mostre ainda junto e seja prescindível em função do superior interesse do menor;

h) A data e assinatura.

4 – Em caso de conexão de processos, é deduzida uma só acusação.

5 – É correspondentemente aplicável o disposto no nº 3 do artigo 277º, prosseguindo o processo quando os procedimentos de notificação se tenham revelado ineficazes.*

6 – As comunicações a que se refere o número anterior efectuam-se mediante contacto pessoal ou por via postal registada, excepto se o arguido e o assistente tiverem indicado a sua residência ou domicílio profissional à autoridade policial ou judiciária que elaborar o auto de notícia ou que os ouvir no inquérito ou na instrução, caso em que são notificados mediante via postal simples, nos termos da alínea *c*) do nº 1 do artigo 113º

7 – O limite do número de testemunhas previsto na alínea *d*) do nº 3 apenas pode ser ultrapassado desde que tal se afigure necessário para a descoberta da verdade material, designadamente quando tiver sido praticado algum dos crimes referidos no nº 2 do artigo 215º ou se o processo se revelar de excecional complexidade, devido ao número de arguidos ou ofendidos ou ao caráter altamente organizado do crime, enunciando-se no respetivo requerimento os factos sobre os quais as testemunhas irão depor e o motivo pelo qual têm conhecimento direto dos mesmos.

8 – O requerimento referido no número anterior é indeferido caso se verifiquem as circunstâncias previstas nas alíneas *b*), *c*) e *d*) do nº 4 do artigo 340º

(Redação dada pela Lei nº 33/2019, de 22-05)

ARTIGO 284º

Acusação pelo assistente

1 – Até 10 dias após a notificação da acusação do Ministério Público, o assistente pode também deduzir acusação pelos factos acusados pelo Ministério

*** Fixação de Jurisprudência:**

Acórdão do Supremo Tribunal de Justiça nº 3/2011, de 10 de Fevereiro (publicado no DR nº 29, série I, de 10-02-2011):

I – O despacho do Ministério Público a ordenar o prosseguimento do processo nos termos do artigo 283º, nº 5, do CPP, é um despacho de mero expediente e, por isso, não carece de ser notificado aos sujeitos processuais, nomeadamente aos arguidos já notificados da acusação, podendo estes requerer a abertura da instrução no prazo de 20 dias a contar dessa notificação, nos termos do artigo 287º, nº 1, do CPP.

II – Havendo vários prazos para esse efeito, a correr em simultâneo, ainda que não integralmente coincidentes, a abertura de instrução pode ser requerida por todos ou por cada um deles, até ao fim do prazo que terminar em último lugar, nos termos dos artigos 287º, nº 6, e 113º, nº 12, ambos do mesmo diploma.

Público, por parte deles ou por outros que não importem alteração substancial daqueles.

2 – É correspondentemente aplicável o disposto nos nºs 3, 7 e 8 do artigo anterior, com as seguintes modificações:

a) A acusação do assistente pode limitar-se a mera adesão à acusação do Ministério Público;

b) Só são indicadas provas a produzir ou a requerer que não constem da acusação do Ministério Público.

(Redação dada pela Lei nº 27/2015, de 14-04)

ARTIGO 285º
Acusação particular

1 – Findo o inquérito, quando o procedimento depender de acusação particular, o Ministério Público notifica o assistente para que este deduza em 10 dias, querendo, acusação particular.

2 – O Ministério Público indica, na notificação prevista no número anterior, se foram recolhidos indícios suficientes da verificação do crime e de quem foram os seus agentes.

3 – É correspondentemente aplicável à acusação particular o disposto nos nºs 3, 7 e 8 do artigo 283º

4 – O Ministério Público pode, nos cinco dias posteriores à apresentação da acusação particular, acusar pelos mesmos factos, por parte deles ou por outros que não importem uma alteração substancial daqueles.

(Redação dada pela Lei nº 27/2015, de 14-04)

TÍTULO III
Da instrução

CAPÍTULO I
Disposições gerais

ARTIGO 286º
Finalidade e âmbito da instrução

1 – A instrução visa a comprovação judicial da decisão de deduzir acusação ou de arquivar o inquérito em ordem a submeter ou não a causa a julgamento.

2 – A instrução tem carácter facultativo.

3 – Não há lugar a instrução nas formas de processo especiais.

ARTIGO 287º*
Requerimento para abertura da instrução

1 – A abertura da instrução pode ser requerida, no prazo de 20 dias a contar da notificação da acusação ou do arquivamento:

a) Pelo arguido, relativamente a factos pelos quais o Ministério Público ou o assistente, em caso de procedimento dependente de acusação particular, tiverem deduzido acusação; ou

b) Pelo assistente, se o procedimento não depender de acusação particular, relativamente a factos pelos quais o Ministério Público não tiver deduzido acusação.

2 – O requerimento não está sujeito a formalidades especiais, mas deve conter, em súmula, as razões de facto e de direito de discordância relativamente à acusação ou não acusação, bem como, sempre que disso for caso, a indicação dos actos de instrução que o requerente pretende que o juiz leve a cabo, dos meios de prova que não tenham sido considerados no inquérito e dos factos que, através de uns e de outros, se espera provar, sendo ainda aplicável ao requerimento do assistente o disposto nas alíneas *b*) e *c*) do nº 3 do artigo 283º Não podem ser indicadas mais de 20 testemunhas.

3 – O requerimento só pode ser rejeitado por extemporâneo, por incompetência do juiz ou por inadmissibilidade legal da instrução.

4 – No despacho de abertura de instrução o juiz nomeia defensor ao arguido que não tenha advogado constituído nem defensor nomeado.

5 – O despacho de abertura de instrução é notificado ao Ministério Público, ao assistente, ao arguido e ao seu defensor.

6 – É aplicável o disposto no nº 14 do artigo 113º

(Redação dada pela Lei nº 1/2018, de 29-01)

ARTIGO 288º
Direcção da instrução

1 – A direcção da instrução compete a um juiz de instrução, assistido pelos órgãos de polícia criminal.

2 – As regras de competência relativas ao tribunal são correspondentemente aplicáveis ao juiz de instrução.

*** Fixação de Jurisprudência:**
Acórdão do Supremo Tribunal de Justiça nº 3/2011, de 10 de Fevereiro (publicado no DR nº 29, série I, de 10-02-2011):
I – O despacho do Ministério Público a ordenar o prosseguimento do processo nos termos do artigo 283º, nº 5, do CPP, é um despacho de mero expediente e, por isso, não carece de ser notificado aos sujeitos processuais, nomeadamente aos arguidos já notificados da acusação, podendo estes requerer a abertura da instrução no prazo de 20 dias a contar dessa notificação, nos termos do artigo 287º, nº 1, do CPP.
II – Havendo vários prazos para esse efeito, a correr em simultâneo, ainda que não integralmente coincidentes, a abertura de instrução pode ser requerida por todos ou por cada um deles, até ao fim do prazo que terminar em último lugar, nos termos dos artigos 287º, nº 6, e 113º, nº 12, ambos do mesmo diploma.

3 – Quando a competência para a instrução pertencer ao Supremo Tribunal de Justiça ou à relação, o instrutor é designado, por sorteio, de entre os juízes da secção e fica impedido de intervir nos subsequentes actos do processo.

4 – O juiz investiga autonomamente o caso submetido a instrução, tendo em conta a indicação, constante do requerimento da abertura de instrução, a que se refere o nº 2 do artigo anterior.

ARTIGO 289º
Conteúdo da instrução

1 – A instrução é formada pelo conjunto dos actos de instrução que o juiz entenda dever levar a cabo e, obrigatoriamente, por um debate instrutório, oral e contraditório, no qual podem participar o Ministério Público, o arguido, o defensor, o assistente e o seu advogado, mas não as partes civis.

2 – O Ministério Público, o arguido, o defensor, o assistente e o seu advogado podem assistir aos actos de instrução por qualquer deles requeridos e suscitar pedidos de esclarecimento ou requerer que sejam formuladas as perguntas que entenderem relevantes para a descoberta da verdade.

CAPÍTULO II
Dos actos de instrução

ARTIGO 290º
Actos do juiz de instrução e actos delegáveis

1 – O juiz pratica todos os actos necessários à realização das finalidades referidas no nº 1 do artigo 286º

2 – O juiz pode, todavia, conferir a órgãos de polícia criminal o encargo de procederem a quaisquer diligências e investigações relativas à instrução, salvo tratando-se do interrogatório do arguido, da inquirição de testemunhas, de actos que por lei sejam cometidos em exclusivo à competência do juiz e, nomeadamente, os referidos no nº 1 do artigo 268º e no nº 2 do artigo 270º

ARTIGO 291º
Ordem dos actos e repetição

1 – Os actos de instrução efectuam-se pela ordem que o juiz reputar mais conveniente para o apuramento da verdade. O juiz indefere os actos requeridos que entenda não interessarem à instrução ou servirem apenas para protelar o andamento do processo e pratica ou ordena oficiosamente aqueles que considerar úteis.

2 – Do despacho previsto no número anterior cabe apenas reclamação, sendo irrecorrível o despacho que a decidir.

3 – Os actos e diligências de prova praticados no inquérito só são repetidos no caso de não terem sido observadas as formalidades legais ou quando a repetição se revelar indispensável à realização das finalidades da instrução.

4 – Não são inquiridas testemunhas que devam depor sobre os aspectos referidos no nº 2 do artigo 128º

ARTIGO 292º
Provas admissíveis

1 – São admissíveis na instrução todas as provas que não forem proibidas por lei.

2 – O juiz de instrução interroga o arguido e ouve a vítima, mesmo que não se tenha constituído assistente, quando o julgar necessário e sempre que estes o solicitarem.

(Redação dada pela Lei nº 130/2015, de 04-09)

ARTIGO 293º
Mandado de comparência e notificação

1 – Sempre que for necessário assegurar a presença de qualquer pessoa em acto de instrução, o juiz emite mandado de comparência do qual constem a identificação da pessoa, a indicação do dia, do local e da hora a que deve apresentar-se e a menção das sanções em que incorre no caso de falta injustificada.

2 – O mandado de comparência é notificado ao interessado com pelo menos três dias de antecedência, salvo em caso de urgência devidamente fundamentada, em que o juiz pode deixar ao notificando apenas o tempo necessário à comparência.

ARTIGO 294º
Declarações para memória futura

Oficiosamente ou a requerimento, o juiz pode proceder, durante a instrução, à inquirição de testemunhas, à tomada de declarações do assistente, das partes civis, de peritos e de consultores técnicos e a acareações, nos termos e com as finalidades referidas no artigo 271º

ARTIGO 295º
Certidões e certificados de registo

São juntas aos autos as certidões e certificados de registo, nomeadamente o certificado do registo criminal do arguido, que ainda não constarem dos autos e se afigurarem previsivelmente necessários à instrução ou ao julgamento que venha a ter lugar e à determinação da competência do tribunal.

ARTIGO 296º
Auto de instrução

As diligências de prova realizadas em acto de instrução são documentadas, mediante gravação ou redução a auto, sendo juntos ao processo os requerimentos apresentados pela acusação e pela defesa nesta fase, bem como quaisquer documentos relevantes para apreciação da causa.

CAPÍTULO III
Do debate instrutório

ARTIGO 297º
Designação da data para o debate

1 – Quando considerar que não há lugar à prática de actos de instrução, nomeadamente nos casos em que estes não tiverem sido requeridos, ou em cinco dias a partir da prática do último acto, o juiz designa dia, hora e local para o debate instrutório. Este é fixado para a data mais próxima possível, de modo que o prazo máximo de duração da instrução possa em qualquer caso ser respeitado.

2 – É correspondentemente aplicável o disposto no nº 3 do artigo 312º

3 – A designação de data para o debate instrutório é notificada ao Ministério Público, ao arguido e ao assistente pelo menos cinco dias antes de aquele ter lugar. Em caso de conexão de processos nos termos das alíneas *c*), *d*) e *e*) do nº 1 do artigo 24º, a designação da data para o debate instrutório é notificada aos arguidos que não tenham requerido a instrução.

4 – A designação de data para o debate é igualmente notificada, pelo menos três dias antes de aquele ter lugar, a quaisquer testemunhas, peritos e consultores técnicos cuja presença no debate o juiz considerar indispensável.

5 – É correspondentemente aplicável o disposto nos nºs 1 e 2 do artigo 116º e nos artigos 254º e 293º

ARTIGO 298º
Finalidade do debate

O debate instrutório visa permitir uma discussão perante o juiz, por forma oral e contraditória, sobre se, do decurso do inquérito e da instrução, resultam indícios de facto e elementos de direito suficientes para justificar a submissão do arguido a julgamento.

ARTIGO 299º
Actos supervenientes

1 – A designação de data para o debate não prejudica o dever do juiz de levar a cabo, antes do debate ou durante ele, os actos de instrução cujo interesse para a descoberta da verdade se tenha entretanto revelado.

2 – A realização dos actos referidos no número anterior processa-se com observância das formalidades estabelecidas no capítulo anterior.

ARTIGO 300º
Adiamento do debate

1 – O debate só pode ser adiado por absoluta impossibilidade de ter lugar, nomeadamente por grave e legítimo impedimento de o arguido estar presente.

2 – Em caso de adiamento, o juiz designa imediatamente nova data, a qual não pode exceder em 10 dias a anteriormente fixada. A nova data é comunicada aos

presentes, mandando o juiz proceder à notificação dos ausentes cuja presença seja necessária.

3 – Se o arguido renunciar ao direito de estar presente, o debate não é adiado com fundamento na sua falta, sendo ele representado pelo defensor constituído ou nomeado.

4 – O debate só pode ser adiado uma vez. Se o arguido faltar na segunda data marcada, é representado pelo defensor constituído ou nomeado.

ARTIGO 301º
Disciplina, direcção e organização do debate

1 – A disciplina do debate, a sua direcção e organização competem ao juiz, detendo este, no necessário, poderes correspondentes aos conferidos por este Código ao presidente, na audiência.

2 – O debate decorre sem sujeição a formalidades especiais. O juiz assegura, todavia, a contraditoriedade na produção da prova e a possibilidade de o arguido ou o seu defensor se pronunciarem sobre ela em último lugar.

3 – O juiz recusa qualquer requerimento ou diligência de prova que ultrapasse a natureza indiciária para aquela exigida nesta fase.

ARTIGO 302º
Decurso do debate

1 – O juiz abre o debate com uma exposição sumária sobre os actos de instrução a que tiver procedido e sobre as questões de prova relevantes para a decisão instrutória e que, em sua opinião, apresentem carácter controverso.

2 – Em seguida concede a palavra ao Ministério Público, ao advogado do assistente e ao defensor para que estes, querendo, requeiram a produção de provas indiciárias suplementares que se proponham apresentar, durante o debate, sobre questões concretas controversas.

3 – Segue-se a produção da prova sob a directa orientação do juiz, o qual decide, sem formalidades, quaisquer questões que a propósito se suscitarem. O juiz pode dirigir-se directamente aos presentes, formulando-lhes as perguntas que entender necessárias à realização das finalidades do debate.

4 – Antes de encerrar o debate, o juiz concede de novo a palavra ao Ministério Público, ao advogado do assistente e ao defensor para que estes, querendo, formulem em síntese as suas conclusões sobre a suficiência ou insuficiência dos indícios recolhidos e sobre questões de direito de que dependa o sentido da decisão instrutória.

5 – É admissível réplica sucinta, a exercer uma só vez, sendo, porém, sempre o defensor, se pedir a palavra, o último a falar.

ARTIGO 303º
Alteração dos factos descritos na acusação ou no requerimento para abertura da instrução

1 – Se dos actos de instrução ou do debate instrutório resultar alteração não substancial dos factos descritos na acusação do Ministério Público ou do assistente, ou no

requerimento para abertura da instrução, o juiz, oficiosamente ou a requerimento, comunica a alteração ao defensor, interroga o arguido sobre ela sempre que possível e concede-lhe, a requerimento, um prazo para preparação da defesa não superior a oito dias, com o consequente adiamento do debate, se necessário.

2 – Não tem aplicação o disposto no número anterior se a alteração verificada determinar a incompetência do juiz de instrução.

3 – Uma alteração substancial dos factos descritos na acusação ou no requerimento para abertura da instrução não pode ser tomada em conta pelo tribunal para o efeito de pronúncia no processo em curso, nem implica a extinção da instância.

4 – A comunicação da alteração substancial dos factos ao Ministério Público vale como denúncia para que ele proceda pelos novos factos, se estes forem autonomizáveis em relação ao objecto do processo.

5 – O disposto no nº 1 é correspondentemente aplicável quando o juiz alterar a qualificação jurídica dos factos descritos na acusação ou no requerimento para a abertura da instrução.

ARTIGO 304º
Continuidade do debate

1 – Ao debate instrutório é correspondentemente aplicável o disposto nos nºs 1 e 2 do artigo 328º

2 – O juiz interrompe o debate sempre que, no decurso dele, se aperceber de que é indispensável a prática de novos actos de instrução que não possam ser levados a cabo no próprio debate.

ARTIGO 305º
Acta

1 – Do debate instrutório é lavrada acta, a qual, sem prejuízo do disposto no nº 3 do artigo 99º, é redigida por súmula em tudo o que se referir a declarações orais, nos termos do nº 2 do artigo 100º

2 – A acta é assinada pelo juiz e pelo funcionário de justiça que a lavrar.

CAPÍTULO IV
Do encerramento da instrução

ARTIGO 306º
Prazos de duração máxima da instrução

1 – O juiz encerra a instrução nos prazos máximos de dois meses, se houver arguidos presos ou sob obrigação de permanência na habitação, ou de quatro meses, se os não houver.

2 – O prazo de dois meses referido no número anterior é elevado para três meses quando a instrução tiver por objecto um dos crimes referidos no nº 2 do artigo 215º

3 – Para efeito do disposto nos números anteriores, o prazo conta-se a partir da data de recebimento do requerimento para abertura da instrução.

ARTIGO 307º
Decisão instrutória

1 – Encerrado o debate instrutório, o juiz profere despacho de pronúncia ou de não pronúncia, que é logo ditado para a acta, considerando-se notificado aos presentes, podendo fundamentar por remissão para as razões de facto e de direito enunciadas na acusação ou no requerimento de abertura da instrução.

2 – É correspondentemente aplicável o disposto no artigo 281º, obtida a concordância do Ministério Público.

3 – Quando a complexidade da causa em instrução o aconselhar, o juiz, no acto de encerramento do debate instrutório, ordena que os autos lhe sejam feitos conclusos a fim de proferir, no prazo máximo de 10 dias, o despacho de pronúncia ou de não pronúncia. Neste caso, o juiz comunica de imediato aos presentes a data em que o despacho será lido, sendo correspondentemente aplicável o disposto na segunda parte do nº 1.

4 – A circunstância de ter sido requerida apenas por um dos arguidos não prejudica o dever de o juiz retirar da instrução as consequências legalmente impostas a todos os arguidos.

5 – À notificação do lesado que tiver manifestado o propósito de deduzir pedido de indemnização civil, quando não for assistente, bem como, no caso previsto no nº 4, à notificação de pessoas não presentes é correspondentemente aplicável o disposto no nº 5 do artigo 283º

ARTIGO 308º
Despacho de pronúncia ou de não pronúncia

1 – Se, até ao encerramento da instrução, tiverem sido recolhidos indícios suficientes de se terem verificado os pressupostos de que depende a aplicação ao arguido de uma pena ou de uma medida de segurança, o juiz, por despacho, pronuncia o arguido pelos factos respectivos; caso contrário, profere despacho de não pronúncia.

2 – É correspondentemente aplicável ao despacho referido no número anterior o disposto nos nºs 2, 3 e 4 do artigo 283º, sem prejuízo do disposto na segunda parte do nº 1 do artigo anterior.

3 – No despacho referido no nº 1 o juiz começa por decidir das nulidades e outras questões prévias ou incidentais de que possa conhecer.

ARTIGO 309º
Nulidade da decisão instrutória

1 – A decisão instrutória é nula na parte em que pronunciar o arguido por factos que constituam alteração substancial dos descritos na acusação do Ministério Público ou do assistente ou no requerimento para abertura da instrução.

2 – A nulidade é arguida no prazo de oito dias contados da data da notificação da decisão.

ARTIGO 310º
Recursos

1 – A decisão instrutória que pronunciar o arguido pelos factos constantes da acusação do Ministério Público, formulada nos termos do artigo 283º ou do nº 4 do artigo 285º, é irrecorrível, mesmo na parte em que apreciar nulidades e outras questões prévias ou incidentais, e determina a remessa imediata dos autos ao tribunal competente para o julgamento.

2 – O disposto no número anterior não prejudica a competência do tribunal de julgamento para excluir provas proibidas.

3 – É recorrível o despacho que indeferir a arguição da nulidade cominada no artigo anterior.

LIVRO VII
DO JULGAMENTO

TÍTULO I
Dos actos preliminares

ARTIGO 311º
Saneamento do processo

1 – Recebidos os autos no tribunal, o presidente pronuncia-se sobre as nulidades e outras questões prévias ou incidentais que obstem à apreciação do mérito da causa, de que possa desde logo conhecer.

2 – Se o processo tiver sido remetido para julgamento sem ter havido instrução, o presidente despacha no sentido:

a) De rejeitar a acusação, se a considerar manifestamente infundada;

b) De não aceitar a acusação do assistente ou do Ministério Público na parte em que ela representa uma alteração substancial dos factos, nos termos do nº 1 do artigo 284º e do nº 4 do artigo 285º, respectivamente.

3 – Para efeitos do disposto no número anterior, a acusação considera-se manifestamente infundada:

a) Quando não contenha a identificação do arguido;

b) Quando não contenha a narração dos factos;

c) Se não indicar as disposições legais aplicáveis ou as provas que a fundamentam; ou

d) Se os factos não constituírem crime.

ARTIGO 312º
Data da audiência

1 – Resolvidas as questões referidas no artigo anterior, o presidente despacha designando dia, hora e local para a audiência. Esta é fixada para a data mais próxima possível, de modo que entre ela e o dia em que os autos foram recebidos não decorram mais de dois meses.

2 – No despacho a que se refere o número anterior é, desde logo, igualmente designada data para realização da audiência em caso de adiamento nos termos do nº 1 do artigo 333º, ou para audição do arguido a requerimento do seu advogado ou defensor nomeado ao abrigo do nº 3 do artigo 333º

3 – Sempre que o arguido se encontrar em prisão preventiva ou com obrigação de permanência na habitação, a data da audiência é fixada com precedência sobre qualquer outro julgamento.

4 – O tribunal deve marcar a data da audiência de modo a evitar a sobreposição com outros actos judiciais a que os advogados ou defensores tenham a obrigação de comparecer, aplicando-se o disposto no artigo 155º do Código de Processo Civil.

ARTIGO 313º
Despacho que designa dia para a audiência

1 – O despacho que designa dia para a audiência contém, sob pena de nulidade:

a) A indicação dos factos e disposições legais aplicáveis, o que pode ser feito por remissão para a acusação ou para a pronúncia, se a houver;

b) A indicação do lugar, do dia e da hora da comparência;

c) A nomeação de defensor do arguido, se ainda não estiver constituído no processo; e

d) A data e a assinatura do presidente.

2 – O despacho, acompanhado de cópia da acusação ou da pronúncia, é notificado ao Ministério Público, bem como ao arguido e seu defensor, ao assistente, às partes civis e aos seus representantes, pelo menos 30 dias antes da data fixada para a audiência.

3 – A notificação do arguido e do assistente ao abrigo do número anterior tem lugar nos termos das alíneas *a*) e *b*) nº 1 do artigo 113º, excepto quando aqueles tiverem indicado a sua residência ou domicílio profissional à autoridade policial ou judiciária que elaborar o auto de notícia ou que os ouvir no inquérito ou na instrução e nunca tiverem comunicado a alteração da mesma através de carta registada, caso em que a notificação é feita mediante via postal simples, nos termos da alínea *c*) do nº 1 do artigo 113º

4 – Do despacho que designa dia para a audiência não há recurso.

ARTIGO 314º
Comunicação aos restantes juízes

1 – O despacho que designa dia para a audiência é imediatamente comunicado, por cópia, aos juízes que fazem parte do tribunal.

2 – Conjuntamente, ou logo que possível, são-lhes remetidas cópias da acusação ou arquivamento, da acusação do assistente, da decisão instrutória, da contestação do arguido, dos articulados das partes civis e de qualquer despacho relativo a medidas de coacção ou de garantia patrimonial.

3 – Sempre que se mostrar necessário, nomeadamente em razão da especial complexidade da causa ou de qualquer questão prévia ou incidental que nele se suscite, o presidente pode, oficiosamente ou a solicitação de qualquer dos restantes juízes, ordenar que o processo lhes vá com vista por prazo não superior a oito dias. Nesse caso, não é feita remessa dos documentos referidos no número anterior.

ARTIGO 315º
Contestação e rol de testemunhas

1 – O arguido, em 20 dias a contar da notificação do despacho que designa dia para a audiência, apresenta, querendo, a contestação, acompanhada do rol de testemunhas. É aplicável o disposto no nº 14 do artigo 113º

2 – A contestação não está sujeita a formalidades especiais.

3 – Juntamente com o rol de testemunhas, o arguido indica os peritos e consultores técnicos que devem ser notificados para a audiência.

4 – Ao rol de testemunhas é aplicável o disposto na alínea *d*) do nº 3 e nos nºs 7 e 8 do artigo 283º

(Redação dada pela Lei nº 1/2018, de 29-01)

ARTIGO 316º
Adicionamento ou alteração do rol de testemunhas

1 – O Ministério Público, o assistente, o arguido ou as partes civis podem alterar o rol de testemunhas, inclusivamente requerendo a inquirição para além do limite legal, nos casos previstos nos nºs 7 e 8 do artigo 283º, contanto que o adicionamento ou a alteração requeridos possam ser comunicados aos outros até três dias antes da data fixada para a audiência.

2 – Depois de apresentado o rol não podem oferecer-se novas testemunhas de fora da comarca, salvo se quem as oferecer se prontificar a apresentá-las na audiência.

3 – O disposto nos números anteriores é correspondentemente aplicável à indicação de peritos e consultores técnicos.

(Redação dada pela Lei nº 27/2015, de 14-04)

ARTIGO 317º
Notificação e compensação de testemunhas, peritos e consultores técnicos

1 – As testemunhas, os peritos e os consultores técnicos indicados por quem se não tiver comprometido a apresentá-los na audiência são notificados para comparência, excepto os peritos dos estabelecimentos, laboratórios ou serviços oficiais apropriados, os quais são ouvidos por teleconferência a partir do seu local de trabalho, sempre que tal seja tecnicamente possível, sendo tão-só necessária a notificação do dia e da hora a que se procederá à sua audição.

2 – Quando as pessoas referidas no número anterior tiverem a qualidade de órgão de polícia criminal ou de trabalhador da Administração Pública e forem convocadas em razão do exercício das suas funções, o juiz arbitra, sem dependência de requerimento, uma quantia correspondente à dos montantes das ajudas de custo e dos subsídios de viagem e de marcha que no caso forem devidos, que reverte, como receita própria, para o serviço onde aquelas prestam serviço.

3 – Para os efeitos do disposto no número anterior, os serviços em causa devem remeter ao tribunal informações necessárias, até cinco dias após a realização da audiência.

4 – Quando não houver lugar à aplicação do disposto no nº 2, o juiz pode, a requerimento dos convocados que se apresentarem à audiência, arbitrar-lhes uma quantia, calculada em função de tabelas aprovadas pelo Ministério da Justiça, a título de compensação das despesas realizadas.

5 – Da decisão sobre o arbitramento das quantias referidas nos números anteriores e sobre o seu montante não há recurso.

6 – As quantias arbitradas valem como custas do processo.

7 – A secretaria, oficiosamente ou sob a direcção do presidente, procede a todas as diligências necessárias à localização e notificação das pessoas referidas no nº 1, podendo, sempre que for indispensável, solicitar a colaboração de outras entidades.

ARTIGO 318º
Residentes fora do município

1 – Excecionalmente, a tomada de declarações ao assistente, às partes civis, às testemunhas, a peritos ou a consultores técnicos pode, oficiosamente ou a requerimento, não ser prestada presencialmente, podendo ser solicitada ao juiz de outro tribunal ou juízo, por meio adequado de comunicação, nos termos do artigo 111º, se:

a) Aquelas pessoas residirem fora do município onde se situa o tribunal ou juízo da causa;

b) Não houver razões para crer que a sua presença na audiência é essencial à descoberta da verdade; e

c) Forem previsíveis graves dificuldades ou inconvenientes, funcionais ou pessoais, na sua deslocação.

2 – A solicitação é de imediato comunicada ao Ministério Público, bem como aos representantes do arguido, do assistente e das partes civis.

3 – Quem tiver requerido a tomada de declarações informa, no mesmo acto, quais os factos ou as circunstâncias sobre que aquelas devem versar.

4 – A tomada de declarações processa-se com observância das formalidades estabelecidas para a audiência.

5 – A tomada de declarações realiza-se em simultâneo com a audiência de julgamento, com recurso a equipamento tecnológico que permita a comunicação, por meio visual e sonoro, em tempo real.

6 – Nos casos previstos no número anterior, observam-se as disposições aplicáveis à tomada de declarações em audiência de julgamento. No dia da inquirição, a pessoa identifica-se perante o funcionário judicial do tribunal ou juízo onde o depoimento é prestado, mas a partir desse momento a inquirição é efetuada perante o juiz da

causa e os mandatários das partes, através de equipamento tecnológico que permita a comunicação, por meio visual e sonoro, em tempo real, sem necessidade de intervenção do juiz do local onde o depoimento é prestado.

7 – Fora dos casos previstos no nº 5, o conteúdo das declarações é reduzido a auto, sendo aquelas reproduzidas integralmente ou por súmula, conforme o juiz determinar, tendo em atenção os meios disponíveis de registo e transcrição, nos termos do artigo 101º

8 – Sem prejuízo do disposto em instrumentos internacionais ou europeus, o assistente, partes civis ou testemunhas residentes no estrangeiro são inquiridos através de equipamento tecnológico que permita a comunicação, por meio visual e sonoro, em tempo real, sempre que no local da sua residência existam os meios tecnológicos necessários.

(Redação dada pela Lei nº 40-A/2016, de 22-12)

ARTIGO 319º
Tomada de declarações no domicílio

1 – Se, por fundadas razões, o assistente, uma parte civil, uma testemunha, um perito ou um consultor técnico se encontrarem impossibilitados de comparecer na audiência, pode o presidente ordenar, oficiosamente ou a requerimento, que lhes sejam tomadas declarações no lugar em que se encontrarem, em dia e hora que lhes comunicará.

2 – É correspondentemente aplicável o disposto nos nºs 2, 3 e 7 do artigo anterior.

3 – A tomada de declarações processa-se com observância das formalidades estabelecidas para a audiência, salvo no que respeita à publicidade.

ARTIGO 320º
Realização de actos urgentes

1 – O presidente, oficiosamente ou a requerimento, procede à realização dos actos urgentes ou cuja demora possa acarretar perigo para a aquisição ou a conservação da prova, ou para a descoberta da verdade, nomeadamente à tomada de declarações nos casos e às pessoas referidas nos artigos 271º e 294º

2 – É correspondentemente aplicável o disposto nos nºs 2, 3, 4 e 7 do artigo 318º

TÍTULO II
Da audiência

CAPÍTULO I
Disposições gerais

ARTIGO 321º
Publicidade da audiência

1 – A audiência de julgamento é pública, sob pena de nulidade insanável, salvo nos casos em que o presidente decidir a exclusão ou a restrição da publicidade.

2 – É correspondentemente aplicável o disposto no artigo 87º

3 – A decisão de exclusão ou de restrição da publicidade é, sempre que possível, precedida de audição contraditória dos sujeitos processuais interessados.

ARTIGO 322º
Disciplina da audiência e direcção dos trabalhos

1 – A disciplina da audiência e a direcção dos trabalhos competem ao presidente. É correspondentemente aplicável o disposto no artigo 85º

2 – As decisões relativas à disciplina da audiência e à direcção dos trabalhos são tomadas sem formalidades, podem ser ditadas para a acta e precedidas de audição contraditória, se o presidente entender que isso não põe em causa a tempestividade e a eficácia das medidas a tomar.

ARTIGO 323º
Poderes de disciplina e de direcção

Para disciplina e direcção dos trabalhos cabe ao presidente, sem prejuízo de outros poderes e deveres que por lei lhe forem atribuídos:

a) Proceder a interrogatórios, inquirições, exames e quaisquer outros actos de produção da prova, mesmo que com prejuízo da ordem legalmente fixada para eles, sempre que o entender necessário à descoberta da verdade;

b) Ordenar, pelos meios adequados, a comparência de quaisquer pessoas e a reprodução de quaisquer declarações legalmente admissíveis, sempre que o entender necessário à descoberta da verdade;

c) Ordenar a leitura de documentos, ou de autos de inquérito ou de instrução, nos casos em que aquela leitura seja legalmente admissível;

d) Receber os juramentos e os compromissos;

e) Tomar todas as medidas preventivas, disciplinares e coactivas, legalmente admissíveis, que se mostrarem necessárias ou adequadas a fazer cessar os actos de perturbação da audiência e a garantir a segurança de todos os participantes processuais;

f) Garantir o contraditório e impedir a formulação de perguntas legalmente inadmissíveis;

g) Dirigir e moderar a discussão, proibindo, em especial, todos os expedientes manifestamente impertinentes ou dilatórios.

ARTIGO 324º
Deveres de conduta das pessoas que assistem à audiência

1 – As pessoas que assistem à audiência devem comportar-se de modo a não prejudicar a ordem e a regularidade dos trabalhos, a independência de critério e a liberdade de acção dos participantes processuais e a respeitar a dignidade do lugar.

2 – Cabe, em especial, às pessoas referidas no número anterior:

a) Acatar as determinações relativas à disciplina da audiência;

b) Comportar-se com compostura, mantendo-se em silêncio, de cabeça descoberta e sentadas;

c) Não transportar objectos perturbadores ou perigosos, nomeadamente armas, salvo, quanto a estas, tratando-se de entidades encarregadas da segurança do tribunal;

d) Não manifestar sentimentos ou opiniões, nomeadamente de aprovação ou de reprovação, a propósito do decurso da audiência.

ARTIGO 325º
Situação e deveres de conduta do arguido

1 – O arguido, ainda que se encontre detido ou preso, assiste à audiência livre na sua pessoa, salvo se forem necessárias cautelas para prevenir o perigo de fuga ou actos de violência.

2 – O arguido detido ou preso é, sempre que possível, o último a entrar na sala de audiência e o primeiro a ser dela retirado.

3 – O arguido está obrigado aos mesmos deveres de conduta que, nos termos do artigo anterior, impendem sobre as pessoas que assistem à audiência.

4 – Se, no decurso da audiência, o arguido faltar ao respeito devido ao tribunal, é advertido e, se persistir no comportamento, é mandado recolher a qualquer dependência do tribunal, sem prejuízo da faculdade de comparecer ao último interrogatório e à leitura da sentença e do dever de regressar à sala sempre que o tribunal reputar a sua presença necessária.

5 – O arguido afastado da sala de audiência, nos termos do número anterior, considera-se presente e é representado pelo defensor.

6 – O afastamento do arguido vale só para a sessão durante a qual ele tiver sido ordenado.

7 – É correspondentemente aplicável o disposto no nº 3 do artigo 85º

ARTIGO 326º
Conduta dos advogados e defensores

Se os advogados ou defensores, nas suas alegações ou requerimentos:

a) Se afastarem do respeito devido ao tribunal;

b) Procurarem, manifesta e abusivamente, protelar ou embaraçar o decurso normal dos trabalhos;

c) Usarem de expressões injuriosas ou difamatórias ou desnecessariamente violentas ou agressivas; ou

d) Fizerem, ou incitarem a que sejam feitos, comentários ou explanações sobre assuntos alheios ao processo e que de modo algum sirvam para esclarecê-lo;

são advertidos com urbanidade pelo presidente do tribunal; e se, depois de advertidos, continuarem, pode aquele retirar-lhes a palavra, sendo aplicável neste caso o disposto na lei do processo civil.

ARTIGO 327º
Contraditoriedade

1 – As questões incidentais sobrevindas no decurso da audiência são decididas pelo tribunal, ouvidos os sujeitos processuais que nelas forem interessados.

2 – Os meios de prova apresentados no decurso da audiência são submetidos ao princípio do contraditório, mesmo que tenham sido oficiosamente produzidos pelo tribunal.

ARTIGO 328º
Continuidade da audiência

1 – A audiência é contínua, decorrendo sem qualquer interrupção ou adiamento até ao seu encerramento.

2 – São admissíveis, na mesma audiência, as interrupções estritamente necessárias, em especial para alimentação e repouso dos participantes. Se a audiência não puder ser concluída no dia em que se tiver iniciado, é interrompida, para continuar no dia útil imediatamente posterior.

3 – O adiamento da audiência só é admissível, sem prejuízo dos demais casos previstos neste Código, quando, não sendo a simples interrupção bastante para remover o obstáculo:

a) Faltar ou ficar impossibilitada de participar pessoa que não possa ser de imediato substituída e cuja presença seja indispensável por força da lei ou de despacho do tribunal, excepto se estiverem presentes outras pessoas, caso em que se procederá à sua inquirição ou audição, mesmo que tal implique a alteração da ordem de produção de prova referida no artigo 341º;

b) For absolutamente necessário proceder à produção de qualquer meio de prova superveniente e indisponível no momento em que a audiência estiver a decorrer;

c) Surgir qualquer questão prejudicial, prévia ou incidental, cuja resolução seja essencial para a boa decisão da causa e que torne altamente inconveniente a continuação da audiência; ou

d) For necessário proceder à elaboração de relatório social ou de informação dos serviços de reinserção social, nos termos do nº 1 do artigo 370º

4 – Em caso de interrupção da audiência ou do seu adiamento, a audiência retoma-se a partir do último acto processual praticado na audiência interrompida ou adiada.

5 – A interrupção e o adiamento dependem sempre de despacho fundamentado do presidente que é notificado a todos os sujeitos processuais.

6 – O adiamento não pode exceder 30 dias. Se não for possível retomar a audiência neste prazo, por impedimento do tribunal ou por impedimento dos defensores constituídos em consequência de outro serviço judicial já marcado de natureza urgente e com prioridade sobre a audiência em curso, deve o respetivo motivo ficar consignado em ata, identificando-se expressamente a diligência e o processo a que respeita.*,**

*** Fixação de Jurisprudência:**

Acórdão do Supremo Tribunal de Justiça nº 11/2008, de 11 de Dezembro (publicado no DR nº 239, série I, de 11-12-2008):
Nos termos do artigo 328º, nº 6, do Código de Processo Penal, o adiamento da audiência de julgamento por prazo superior a 30 dias implica a perda de eficácia da prova produzida com sujeição ao princípio da imediação. Tal perda de eficácia ocorre independentemente da existência de documentação a que alude o artigo 363º do mesmo diploma.

7 – Para efeitos da contagem do prazo referido no número anterior, não é considerado o período das férias judiciais, nem o período em que, por motivo estranho ao tribunal, os autos aguardem a realização de diligências de prova, a prolação de sentença ou que, em via de recurso, o julgamento seja anulado parcialmente, nomeadamente para repetição da prova ou produção de prova suplementar.

8 – O anúncio público em audiência do dia e da hora para continuação ou recomeço daquela vale como notificação das pessoas que devam considerar-se presentes.

(Redação dada pela Lei nº 27/2015, de 14-04)

ARTIGO 328º-A
Princípio da plenitude da assistência dos juízes

1 – Só podem intervir na sentença os juízes que tenham assistido a todos os atos de instrução e discussão praticados na audiência de julgamento, salvo o disposto nos números seguintes.

2 – Se durante a discussão e julgamento por tribunal coletivo falecer ou ficar impossibilitado permanentemente um dos juízes adjuntos, não se repetem os atos já praticados, a menos que as circunstâncias aconselhem a repetição de algum ou alguns dos atos já praticados, o que é decidido, em despacho fundamentado, pelo juiz que deva presidir à continuação da audiência, ouvido o juiz substituto.

3 – Sendo temporária a impossibilidade, interrompe-se a audiência pelo tempo indispensável, a não ser que as circunstâncias aconselhem a substituição do juiz impossibilitado, o que é decidido, em despacho fundamentado, pelo juiz que deva presidir à continuação da audiência.

4 – O juiz substituto continua a intervir, não obstante o regresso ao serviço do juiz efetivo.

5 – O juiz que for transferido, promovido ou aposentado conclui o julgamento, exceto se a aposentação tiver por fundamento a incapacidade física, moral ou profissional para o exercício do cargo, ou se em qualquer dos casos as circunstâncias aconselharem a substituição do juiz transferido, promovido ou aposentado, o que é decidido, em despacho fundamentado, pelo juiz que deva presidir à continuação da audiência.

6 – O disposto no nº 2 é correspondentemente aplicável às situações previstas nos nºs 3 e 5.

7 – Para o efeito de ser proferida a decisão prevista no nº 2 devem ser ponderados, nomeadamente, o número de sessões já realizadas, o número de testemunhas já inquiridas, a possibilidade de repetição da prova já produzida, a data da prática dos factos e a natureza dos crimes em causa.

(Aditado pela Lei nº 27/2015, de 14-04)

**** Fixação de Jurisprudência:**

Acórdão do Supremo Tribunal de Justiça nº 1/2016, de 5 de janeiro (publicado no DR nº 2, série I, de 05-01-2016):

O prazo de 30 dias previsto no art. 328º, nº 6 do Código de Processo Penal, na redacção anterior à Lei nº 27/2015, de 14 de Abril, é inaplicável nas fases processuais em que, após a deliberação do tribunal sobre as questões da culpabilidade e da determinação da sanção, seguida ao encerramento da fase de discussão, seja verificada a necessidade de repetição de prova registada no decurso dessa anterior fase de discussão por haver deficiência no registo efectuado mantendo-se, portanto, a eficácia da prova.

CAPÍTULO II
Dos actos introdutórios

ARTIGO 329º
Chamada e abertura da audiência

1 – Na hora a que deva realizar-se a audiência, o funcionário de justiça, de viva voz e publicamente, começa por identificar o processo e chama, em seguida, as pessoas que nele devam intervir.

2 – Se faltar alguma das pessoas que devam intervir na audiência, o funcionário de justiça faz nova chamada, após o que comunica verbalmente ao presidente o rol dos presentes e dos faltosos.

3 – Seguidamente, o tribunal entra na sala e o presidente declara aberta a audiência.

ARTIGO 330º
Falta do Ministério Público, do defensor e do representante do assistente ou das partes civis

1 – Se, no início da audiência, não estiver presente o Ministério Público ou o defensor, o presidente procede, sob pena de nulidade insanável, à substituição do Ministério Público pelo substituto legal e do defensor por outro advogado ou advogado estagiário, aos quais pode conceder, se assim o requererem, algum tempo para examinarem o processo e prepararem a intervenção.

2 – Em caso de falta do representante do assistente ou das partes civis a audiência prossegue, sendo o faltoso admitido a intervir logo que comparecer. Tratando-se da falta de representante do assistente em procedimento dependente de acusação particular, a audiência é adiada por uma só vez; a falta não justificada ou a segunda falta valem como desistência da acusação, salvo se houver oposição do arguido.

ARTIGO 331º
Falta do assistente, de testemunhas, peritos, consultores técnicos ou das partes civis

1 – Sem prejuízo do disposto no artigo 116º, a falta do assistente, de testemunhas, peritos ou consultores técnicos ou das partes civis não dá lugar ao adiamento da audiência. O assistente e as partes civis são, nesse caso, representados para todos os efeitos legais pelos respectivos advogados constituídos.

2 – Se o presidente, oficiosamente ou a requerimento, decidir, por despacho, que a presença de alguma das pessoas mencionadas no número anterior é indispensável à boa decisão da causa e não for previsível a obtenção do seu comparecimento com a simples interrupção da audiência, são inquiridas as testemunhas e ouvidos o assistente, os peritos ou consultores técnicos ou as partes civis presentes, mesmo que tal implique a alteração da ordem de produção de prova referida no artigo 341º

3 – Por falta das pessoas mencionadas no nº 1 não pode haver mais de um adiamento.

ARTIGO 332º
Presença do arguido

1 – É obrigatória a presença do arguido na audiência, sem prejuízo do disposto nos nºs 1 e 2 do artigo 333º e nos nºs 1 e 2 do artigo 334º

2 – O arguido que deva responder perante determinado tribunal, segundo as normas gerais da competência, e estiver preso em comarca diferente pela prática de outro crime, é requisitado à entidade que o tiver à sua ordem.

3 – A requerimento fundamentado do arguido, cabe ao tribunal proporcionar àquele as condições para a sua deslocação.

4 – O arguido que tiver comparecido à audiência não pode afastar-se dela até ao seu termo. O presidente toma as medidas necessárias e adequadas para evitar o afastamento, incluída a detenção durante as interrupções da audiência, se isso parecer indispensável.

5 – Se, não obstante o disposto no número anterior, o arguido se afastar da sala de audiência, pode esta prosseguir até final se o arguido já tiver sido interrogado e o tribunal não considerar indispensável a sua presença, sendo para todos os efeitos representado pelo defensor.

6 – O disposto no número anterior vale correspondentemente para o caso em que o arguido, por dolo ou negligência, se tiver colocado numa situação de incapacidade para continuar a participar na audiência.

7 – Nos casos previstos nos nºs 5 e 6 deste artigo, bem como no nº 4 do artigo 325º, voltando o arguido à sala de audiência é, sob pena de nulidade, resumidamente instruído pelo presidente do que se tiver passado na sua ausência.

8 – É correspondentemente aplicável o disposto nos nºs 1 e 2 do artigo 116º e no artigo 254º

ARTIGO 333º
Falta e julgamento na ausência do arguido notificado para a audiência

1 – Se o arguido regularmente notificado não estiver presente na hora designada para o início da audiência, o presidente toma as medidas necessárias e legalmente admissíveis para obter a sua comparência e a audiência só é adiada se o tribunal considerar que é absolutamente indispensável para a descoberta da verdade material a sua presença desde o início da audiência.*

2 – Se o tribunal considerar que a audiência pode começar sem a presença do arguido, ou se a falta de arguido tiver como causa os impedimentos enunciados nos

* **Fixação de Jurisprudência:**
Acórdão do Supremo Tribunal de Justiça nº 9/2012, de 10 de Dezembro (publicado no DR nº 238, série I, de 10-12-2012):
Notificado o arguido da audiência de julgamento por forma regular, e faltando injustificadamente à mesma, se o tribunal considerar que a sua presença não é necessária para a descoberta da verdade, nos termos do nº 1 do artigo 333º do CPP, deverá dar início ao julgamento, sem tomar quaisquer medidas para assegurar a presença do arguido, e poderá encerrar a audiência na primeira data designada, na ausência do arguido, a não ser que o seu defensor requeira que ele seja ouvido na segunda data marcada, nos termos do nº 3 do mesmo artigo.

nºs 2 a 4 do artigo 117º, a audiência não é adiada, sendo inquiridas ou ouvidas as pessoas presentes pela ordem referida nas alíneas *b*) e *c*) do artigo 341º, sem prejuízo da alteração que seja necessária efectuar no rol apresentado, e as suas declarações documentadas, aplicando-se sempre que necessário o disposto no nº 6 do artigo 117º

3 – No caso referido no número anterior, o arguido mantém o direito de prestar declarações até ao encerramento da audiência e, se ocorrer na primeira data marcada, o advogado constituído ou o defensor nomeado ao arguido pode requerer que este seja ouvido na segunda data designada pelo juiz ao abrigo do nº 2 do artigo 312º

4 – O disposto nos números anteriores não prejudica que a audiência tenha lugar na ausência do arguido com o seu consentimento, nos termos do nº 2 do artigo 334º

5 – No caso previsto nos nºs 2 e 3, havendo lugar a audiência na ausência do arguido, a sentença é notificada ao arguido logo que seja detido ou se apresente voluntariamente. O prazo para a interposição de recurso pelo arguido conta-se a partir da notificação da sentença.

6 – Na notificação prevista no número anterior o arguido é expressamente informado do direito a recorrer da sentença e do respectivo prazo.

7 – É correspondentemente aplicável o disposto nos nºs 1 e 2 do artigo 116º, no artigo 254º e nos nºs 4 e 5 do artigo seguinte.

(Redação dada pela Lei nº 26/2010, de 30-08)

ARTIGO 334º
Audiência na ausência do arguido em casos especiais e de notificação edital

1 – Se ao caso couber processo sumaríssimo mas o procedimento tiver sido reenviado para a forma comum e se o arguido não puder ser notificado do despacho que designa dia para a audiência ou faltar a esta injustificadamente, o tribunal pode determinar que a audiência tenha lugar na ausência do arguido.

2 – Sempre que o arguido se encontrar praticamente impossibilitado de comparecer à audiência, nomeadamente por idade, doença grave ou residência no estrangeiro, pode requerer ou consentir que a audiência tenha lugar na sua ausência.

3 – Nos casos previstos nos nºs 1 e 2, se o tribunal vier a considerar absolutamente indispensável a presença do arguido, ordena-a, interrompendo ou adiando a audiência, se isso for necessário.

4 – Sempre que a audiência tiver lugar na ausência do arguido, este é representado, para todos os efeitos possíveis, pelo defensor.

5 – Em caso de conexão de processos, os arguidos presentes e ausentes são julgados conjuntamente, salvo se o tribunal tiver como mais conveniente a separação de processos.

6 – Fora dos casos previstos nos nºs 1 e 2, a sentença é notificada ao arguido que foi julgado como ausente logo que seja detido ou se apresente voluntariamente. O prazo para a interposição do recurso pelo arguido conta-se a partir da notificação da sentença.

7 – Na notificação prevista no número anterior o arguido é expressamente informado do direito a recorrer da sentença e do respectivo prazo.

8 – É correspondentemente aplicável o disposto nos nºs 1 e 2 do artigo 116º e no artigo 254º

(Redação dada pela Lei nº 26/2010, de 30-08)

ARTIGO 335º
Declaração de contumácia

1 – Fora dos casos previstos nos nºs 1 e 2 do artigo anterior, se, depois de realizadas as diligências necessárias à notificação a que se refere o nº 2 e a primeira parte do nº 3 do artigo 313º, não for possível notificar o arguido do despacho que designa o dia para a audiência, ou executar a detenção ou a prisão preventiva referidas no nº 2 do artigo 116º e no artigo 254º, ou consequentes a uma evasão, o arguido é notificado por editais para se apresentar em juízo, num prazo até 30 dias, sob pena de ser declarado contumaz.

2 – Os editais contêm as indicações tendentes à identificação do arguido, do crime que lhe é imputado e das disposições legais que o punem e a comunicação de que, não se apresentando no prazo assinado, será declarado contumaz.

3 – A declaração de contumácia é da competência do presidente e implica a suspensão dos termos ulteriores do processo até à apresentação ou à detenção do arguido, sem prejuízo do disposto no nº 4 e da realização de atos urgentes nos termos do artigo 320º.

4 – Em caso de conexão de processos, a declaração de contumácia implica a separação daqueles em que tiver sido proferida.

5 – A declaração de contumácia não impede o prosseguimento do processo para efeitos da declaração da perda de instrumentos, produtos e vantagens a favor do Estado.

(Redação dada pela Lei nº 30/2017, de 30-05)

ARTIGO 336º
Caducidade da declaração de contumácia

1 – A declaração de contumácia caduca logo que o arguido se apresentar ou for detido, sem prejuízo do disposto no nº 4 do artigo anterior.

2 – Logo que se apresente ou for detido, o arguido é sujeito a termo de identidade e residência, sem prejuízo de outras medidas de coacção, observando-se o disposto nos nºs 2, 4 e 5 do artigo 58º

3 – Se o processo tiver prosseguido nos termos da parte final do nº 5 do artigo 283º, o arguido é notificado da acusação, podendo requerer abertura de instrução no prazo a que se refere o artigo 287º, seguindo-se os demais termos previstos para o processo comum.

ARTIGO 337º
Efeitos e notificação da contumácia

1 – A declaração de contumácia implica para o arguido a passagem imediata de mandado de detenção para efeitos do disposto no nº 2 do artigo anterior ou para aplicação da medida de prisão preventiva, se for caso disso, e a anulabilidade dos negócios jurídicos de natureza patrimonial celebrados após a declaração.

2 – A anulabilidade é deduzida perante o tribunal competente pelo Ministério Público até à cessação da contumácia.

3 – Quando a medida se mostrar necessária para desmotivar a situação de contumácia, o tribunal pode decretar a proibição de obter determinados documentos, certidões ou registos junto de autoridades públicas, bem como o arresto, na totalidade ou em parte, dos bens do arguido.

4 – Ao arresto é correspondentemente aplicável o disposto nos nºs 2, 3, 4 e 5 do artigo 228º.

5 – O despacho que declarar a contumácia é anunciado nos termos da parte final do nº 13 do artigo 113º e notificado, com indicação dos efeitos previstos no nº 1, ao defensor e a parente ou a pessoa da confiança do arguido.

6 – O despacho que declarar a contumácia, com especificação dos respectivos efeitos, e aquele que declarar a sua cessação são registados no registo de contumácia.

(Redação dada pela Lei nº 1/2018, de 29-01)

ARTIGO 338º
Questões prévias ou incidentais

1 – O tribunal conhece e decide das nulidades e de quaisquer outras questões prévias ou incidentais susceptíveis de obstar à apreciação do mérito da causa acerca das quais não tenha ainda havido decisão e que possa desde logo apreciar.

2 – A discussão das questões referidas no número anterior deve conter-se nos limites de tempo estritamente necessários, não ultrapassando, em regra, uma hora. A decisão pode ser proferida oralmente, com transcrição na acta.

ARTIGO 339º
Exposições introdutórias

1 – Realizados os actos introdutórios referidos nos artigos anteriores, o presidente ordena a retirada da sala das pessoas que devam testemunhar, podendo proceder de igual modo relativamente a outras pessoas que devam ser ouvidas, e faz uma exposição sucinta sobre o objecto do processo.

2 – Em seguida o presidente dá a palavra, pela ordem indicada, ao Ministério Público, aos advogados do assistente, do lesado e do responsável civil e ao defensor, para que cada um deles indique, se assim o desejar, sumariamente e no prazo de dez minutos, os factos que se propõe provar.

3 – O presidente regula activamente as exposições referidas no número anterior, com vista a evitar divagações, repetições ou interrupções, bem como a que elas se transformem em alegações preliminares.

4 – Sem prejuízo do regime aplicável à alteração dos factos, a discussão da causa tem por objecto os factos alegados pela acusação e pela defesa e os que resultarem da prova produzida em audiência, bem como todas as soluções jurídicas pertinentes, independentemente da qualificação jurídica dos factos resultante da acusação ou da pronúncia, tendo em vista as finalidades a que se referem os artigos 368º e 369º.

CAPÍTULO III
Da produção da prova

ARTIGO 340º
Princípios gerais

1 – O tribunal ordena, oficiosamente ou a requerimento, a produção de todos os meios de prova cujo conhecimento se lhe afigure necessário à descoberta da verdade e à boa decisão da causa.

2 – Se o tribunal considerar necessária a produção de meios de prova não constantes da acusação, da pronúncia ou da contestação, dá disso conhecimento, com a antecedência possível, aos sujeitos processuais e fá-lo constar da acta.

3 – Sem prejuízo do disposto no nº 3 do artigo 328º, os requerimentos de prova são indeferidos por despacho quando a prova ou o respectivo meio forem legalmente inadmissíveis.

4 – Os requerimentos de prova são ainda indeferidos se for notório que:

a) As provas requeridas já podiam ter sido juntas ou arroladas com a acusação ou a contestação, exceto se o tribunal entender que são indispensáveis à descoberta da verdade e boa decisão da causa;

b) As provas requeridas são irrelevantes ou supérfluas;

c) O meio de prova é inadequado, de obtenção impossível ou muito duvidosa; ou

d) O requerimento tem finalidade meramente dilatória.

(Redação dada pela Lei nº 20/2013, de 21-02)

ARTIGO 341º
Ordem de produção da prova

A produção da prova deve respeitar a ordem seguinte:

a) Declarações do arguido;

b) Apresentação dos meios de prova indicados pelo Ministério Público, pelo assistente e pelo lesado;

c) Apresentação dos meios de prova indicados pelo arguido e pelo responsável civil.

ARTIGO 342º
Identificação do arguido

1 – O presidente começa por perguntar ao arguido pelo seu nome, filiação, freguesia e concelho de naturalidade, data de nascimento, estado civil, profissão, local de trabalho e residência e, se necessário, pede-lhe a exibição de documento oficial bastante de identificação.

2 – O presidente adverte o arguido de que a falta de resposta às perguntas feitas ou a falsidade da mesma o pode fazer incorrer em responsabilidade penal.

(Redação dada pela Lei nº 20/2013, de 21-02)

ARTIGO 343º
Declarações do arguido

1 – O presidente informa o arguido de que tem direito a prestar declarações em qualquer momento da audiência, desde que elas se refiram ao objecto do processo, sem que no entanto a tal seja obrigado e sem que o seu silêncio possa desfavorecê-lo.

2 – Se o arguido se dispuser a prestar declarações, o tribunal ouve-o em tudo quanto disser, nos limites assinalados no número anterior, sem manifestar qualquer opinião ou tecer quaisquer comentários donde possa inferir-se um juízo sobre a culpabilidade.

3 – Se, no decurso das declarações, o arguido se afastar do objecto do processo, reportando-se a matéria irrelevante para a boa decisão da causa, o presidente adverte--o e, se aquele persistir, retira-lhe a palavra.

4 – Respondendo vários co-arguidos, o presidente determina se devem ser ouvidos na presença uns dos outros; em caso de audição separada, o presidente, uma vez todos os arguidos ouvidos e regressados à audiência, dá-lhes resumidamente conhecimento, sob pena de nulidade, do que se tiver passado na sua ausência.

5 – Ao Ministério Público, ao defensor e aos representantes do assistente e das partes civis não são permitidas interferências nas declarações do arguido, nomeadamente sugestões quanto ao modo de declarar. Ressalva-se, todavia, relativamente ao defensor, o disposto na segunda parte do nº 1 do artigo 345º

ARTIGO 344º
Confissão

1 – No caso de o arguido declarar que pretende confessar os factos que lhe são imputados, o presidente, sob pena de nulidade, pergunta-lhe se o faz de livre vontade e fora de qualquer coacção, bem como se se propõe fazer uma confissão integral e sem reservas.

2 – A confissão integral e sem reservas implica:

a) Renúncia à produção da prova relativa aos factos imputados e consequente consideração destes como provados;

b) Passagem de imediato às alegações orais e, se o arguido não dever ser absolvido por outros motivos, à determinação da sanção aplicável; e

c) Redução da taxa de justiça em metade.

3 – Exceptuam-se do disposto no número anterior os casos em que:

a) Houver co-arguidos e não se verificar a confissão integral, sem reservas e coerente de todos eles;

b) O tribunal, em sua convicção, suspeitar do carácter livre da confissão, nomeadamente por dúvidas sobre a imputabilidade plena do arguido ou da veracidade dos factos confessados; ou

c) O crime for punível com pena de prisão superior a 5 anos.

4 – Verificando-se a confissão integral e sem reservas nos casos do número anterior ou a confissão parcial ou com reservas, o tribunal decide, em sua livre convicção, se deve ter lugar e em que medida, quanto aos factos confessados, a produção da prova.

ARTIGO 345º
Perguntas sobre os factos

1 – Se o arguido se dispuser a prestar declarações, cada um dos juízes e dos jurados pode fazer-lhe perguntas sobre os factos que lhe sejam imputados e solicitar-lhe esclarecimentos sobre as declarações prestadas. O arguido pode, espontaneamente ou a recomendação do defensor, recusar a resposta a algumas ou a todas as perguntas, sem que isso o possa desfavorecer.

2 – O Ministério Público, o advogado do assistente e o defensor podem solicitar ao presidente que formule ao arguido perguntas, nos termos do número anterior.

3 – Podem ser mostrados ao arguido quaisquer pessoas, documentos ou objectos relacionados com o tema da prova, bem como peças anteriores do processo, sem prejuízo do disposto nos artigos 356º e 357º.

4 – Não podem valer como meio de prova as declarações de um co-arguido em prejuízo de outro co-arguido quando o declarante se recusar a responder às perguntas formuladas nos termos dos nºs 1 e 2.

ARTIGO 346º
Declarações do assistente

1 – Podem ser tomadas declarações ao assistente, mediante perguntas formuladas por qualquer dos juízes e dos jurados ou pelo presidente, a solicitação do Ministério Público, do defensor ou dos advogados das partes civis ou do assistente.

2 – É correspondentemente aplicável o disposto nos nºs 2 e 4 do artigo 145º e no nº 3 do artigo anterior.

ARTIGO 347º
Declarações das partes civis

1 – Ao responsável civil e ao lesado podem ser tomadas declarações, mediante perguntas formuladas por qualquer dos juízes ou dos jurados ou pelo presidente, a solicitação do Ministério Público, do defensor ou dos advogados do assistente ou das partes civis.

2 – É correspondentemente aplicável o disposto nos nºs 2 e 4 do artigo 145º e no nº 3 do artigo 345º.

ARTIGO 347º-A
Declarações do terceiro titular dos instrumentos, produtos ou vantagens suscetíveis de ser declarados perdidos a favor do Estado

1 – Ao terceiro ao qual pertençam instrumentos, produtos ou vantagens suscetíveis de ser declarados perdidos a favor do Estado, é garantido o exercício do direito de contraditório e a prestação de declarações, mediante perguntas formuladas por

qualquer dos juízes ou dos jurados ou pelo presidente, a solicitação do próprio terceiro, do Ministério Público, do defensor ou dos advogados do assistente ou das partes civis.

2 – É correspondentemente aplicável o disposto nos nºs 2 e 4 do artigo 145º e no nº 3 do artigo 345º

(Aditado pela Lei nº 30/2017, de 30-05)

ARTIGO 348º
Inquirição das testemunhas

1 – À produção da prova testemunhal na audiência são correspondentemente aplicáveis as disposições gerais sobre aquele meio de prova, em tudo o que não for contrariado pelo disposto neste capítulo.

2 – As testemunhas são inquiridas, uma após outra, pela ordem por que foram indicadas, salvo se o presidente, por fundado motivo, dispuser de outra maneira.

3 – O presidente pergunta à testemunha pela sua identificação, pelas suas relações pessoais, familiares e profissionais com os participantes e pelo seu interesse na causa, de tudo se fazendo menção na acta.

4 – Seguidamente a testemunha é inquirida por quem a indicou, sendo depois sujeita a contra-interrogatório. Quando neste forem suscitadas questões não levantadas no interrogatório directo, quem tiver indicado a testemunha pode reinquiri-la sobre aquelas questões, podendo seguir-se novo contra-interrogatório com o mesmo âmbito.

5 – Os juízes e os jurados podem, a qualquer momento, formular à testemunha as perguntas que entenderem necessárias para esclarecimento do depoimento prestado e para boa decisão da causa.

6 – Mediante autorização do presidente, podem as testemunhas indicadas por um co-arguido ser inquiridas pelo defensor de outro co-arguido.

7 – É correspondentemente aplicável o disposto no nº 3 do artigo 345º

ARTIGO 349º
Testemunhas menores de 16 anos

A inquirição de testemunhas menores de 16 anos é levada a cabo apenas pelo presidente. Finda ela, os outros juízes, os jurados, o Ministério Público, o defensor e os advogados do assistente e das partes civis podem pedir ao presidente que formule à testemunha perguntas adicionais.

ARTIGO 350º
Declarações de peritos e consultores técnicos

1 – As declarações de peritos e consultores técnicos são tomadas pelo presidente, a quem os outros juízes, os jurados, o Ministério Público, o defensor e os advogados do assistente e das partes civis podem sugerir quaisquer pedidos de esclarecimento ou perguntas úteis para a boa decisão da causa.

2 – Durante a prestação de declarações, os peritos e consultores podem, com autorização do presidente, consultar notas, documentos ou elementos bibliográficos, bem como servir-se dos instrumentos técnicos de que careçam, sendo-lhes ainda correspondentemente aplicável o disposto no nº 3 do artigo 345º

3 – Os peritos dos estabelecimentos, laboratórios ou serviços oficiais são ouvidos por teleconferência a partir do seu local de trabalho, sempre que tal seja tecnicamente possível, sendo tão-só necessária a notificação do dia e da hora a que se procederá à sua audição.

ARTIGO 351º
Perícia sobre o estado psíquico do arguido

1 – Quando na audiência se suscitar fundadamente a questão da inimputabilidade do arguido, o presidente, oficiosamente ou a requerimento, ordena a comparência de um perito para se pronunciar sobre o estado psíquico daquele.

2 – O tribunal pode também ordenar a comparência do perito quando na audiência se suscitar fundadamente a questão da imputabilidade diminuída do arguido.

3 – Em casos justificados, pode o tribunal requisitar a perícia a estabelecimento especializado.

4 – Se o perito não tiver ainda examinado o arguido ou a perícia for requisitada a estabelecimento especializado, o tribunal, para o efeito, interrompe a audiência ou, se for absolutamente indispensável, adia-a.

ARTIGO 352º
Afastamento do arguido durante a prestação de declarações

1 – O tribunal ordena o afastamento do arguido da sala de audiência, durante a prestação de declarações, se:

a) Houver razões para crer que a presença do arguido inibiria o declarante de dizer a verdade;

b) O declarante for menor de 16 anos e houver razões para crer que a sua audição na presença do arguido poderia prejudicá-lo gravemente; ou

c) Dever ser ouvido um perito e houver razão para crer que a sua audição na presença do arguido poderia prejudicar gravemente a integridade física ou psíquica deste.

2 – Salvo na hipótese da alínea *c*) do número anterior, é correspondentemente aplicável o disposto no nº 7 do artigo 332º

ARTIGO 353º
Dispensa de testemunhas e outros declarantes

1 – As testemunhas, os peritos, o assistente e as partes civis só podem abandonar o local da audiência por ordem ou com autorização do presidente.

2 – A autorização é denegada sempre que houver razões para crer que a presença pode ser útil à descoberta da verdade.

3 – O Ministério Público, o defensor e os advogados do assistente e das partes civis são ouvidos sobre a ordem ou a autorização.

ARTIGO 354º
Exame no local

O tribunal pode, quando o considerar necessário à boa decisão da causa, deslocar-se ao local onde tiver ocorrido qualquer facto cuja prova se mostre essencial e convocar para o efeito os participantes processuais cuja presença entender conveniente.

ARTIGO 355º
Proibição de valoração de provas

1 – Não valem em julgamento, nomeadamente para o efeito de formação da convicção do tribunal, quaisquer provas que não tiverem sido produzidas ou examinadas em audiência.

2 – Ressalvam-se do disposto no número anterior as provas contidas em actos processuais cuja leitura, visualização ou audição em audiência sejam permitidas, nos termos dos artigos seguintes.

ARTIGO 356º
Reprodução ou leitura permitidas de autos e declarações

1 – Só é permitida a leitura em audiência de autos:

a) Relativos a actos processuais levados a cabo nos termos dos artigos 318º, 319º e 320º; ou

b) De instrução ou de inquérito que não contenham declarações do arguido, do assistente, das partes civis ou de testemunhas.

2 – A leitura de declarações do assistente, das partes civis e de testemunhas só é permitida tendo sido prestadas perante o juiz nos casos seguintes:

a) Se as declarações tiverem sido tomadas nos termos dos artigos 271º e 294º;

b) Se o Ministério Público, o arguido e o assistente estiverem de acordo na sua leitura;

c) Tratando-se de declarações obtidas mediante rogatórias ou precatórias legalmente permitidas.

3 – É também permitida a reprodução ou leitura de declarações anteriormente prestadas perante autoridade judiciária:

a) Na parte necessária ao avivamento da memória de quem declarar na audiência que já não recorda certos factos; ou

b) Quando houver, entre elas e as feitas em audiência, contradições ou discrepâncias.

4 – É permitida a reprodução ou leitura de declarações prestadas perante a autoridade judiciária se os declarantes não tiverem podido comparecer por falecimento, anomalia psíquica superveniente ou impossibilidade duradoira, designadamente se, esgotadas as diligências para apurar o seu paradeiro, não tiver sido possível a sua notificação para comparecimento.

5 – Verificando-se o disposto na alínea *b*) do nº 2, a leitura pode ter lugar mesmo que se trate de declarações prestadas perante o Ministério Público ou perante órgãos de polícia criminal.

6 – É proibida, em qualquer caso, a leitura do depoimento prestado em inquérito ou instrução por testemunha que, em audiência, se tenha validamente recusado a depor.

7 – Os órgãos de polícia criminal que tiverem recebido declarações cuja leitura não for permitida, bem como quaisquer pessoas que, a qualquer título, tiverem participado na sua recolha, não podem ser inquiridos como testemunhas sobre o conteúdo daquelas.

8 – A visualização ou a audição de gravações de actos processuais só é permitida quando o for a leitura do respectivo auto nos termos dos números anteriores.

9 – A permissão de uma leitura, visualização ou audição e a sua justificação legal ficam a constar da acta, sob pena de nulidade.

(Redação dada pela Lei nº 20/2013, de 21-02)

ARTIGO 357º
Reprodução ou leitura permitidas de declarações do arguido

1 – A reprodução ou leitura de declarações anteriormente feitas pelo arguido no processo só é permitida:

a) A sua própria solicitação e, neste caso, seja qual for a entidade perante a qual tiverem sido prestadas; ou

b) Quando tenham sido feitas perante autoridade judiciária com assistência de defensor e o arguido tenha sido informado nos termos e para os efeitos do disposto na alínea *b*) do nº 4 do artigo 141º

2 – As declarações anteriormente prestadas pelo arguido reproduzidas ou lidas em audiência não valem como confissão nos termos e para os efeitos do artigo 344º

3 – É correspondentemente aplicável o disposto nos nºs 7 a 9 do artigo anterior.

(Redação dada pela Lei nº 20/2013, de 21-02)

ARTIGO 358º
Alteração não substancial dos factos descritos na acusação ou na pronúncia

1 – Se no decurso da audiência se verificar uma alteração não substancial dos factos descritos na acusação ou na pronúncia, se a houver, com relevo para a decisão da causa, o presidente, oficiosamente ou a requerimento, comunica a alteração ao arguido e concede-lhe, se ele o requerer, o tempo estritamente necessário para a preparação da defesa.

2 – Ressalva-se do disposto no número anterior o caso de a alteração ter derivado de factos alegados pela defesa.

3 – O disposto no nº 1 é correspondentemente aplicável quando o tribunal alterar a qualificação jurídica dos factos descritos na acusação ou na pronúncia.

ARTIGO 359º
Alteração substancial dos factos descritos na acusação ou na pronúncia

1 – Uma alteração substancial dos factos descritos na acusação ou na pronúncia não pode ser tomada em conta pelo tribunal para o efeito de condenação no processo em curso, nem implica a extinção da instância.

2 – A comunicação da alteração substancial dos factos ao Ministério Público vale como denúncia para que ele proceda pelos novos factos, se estes forem autonomizáveis em relação ao objecto do processo.

3 – Ressalvam-se do disposto nos números anteriores os casos em que o Ministério Público, o arguido e o assistente estiverem de acordo com a continuação do julgamento pelos novos factos, se estes não determinarem a incompetência do tribunal.

4 – Nos casos referidos no número anterior, o presidente concede ao arguido, a requerimento deste, prazo para preparação da defesa não superior a 10 dias, com o consequente adiamento da audiência, se necessário.

ARTIGO 360º
Alegações orais

1 – Finda a produção da prova, o presidente concede a palavra, sucessivamente, ao Ministério Público, aos advogados do assistente e das partes civis e ao defensor, para alegações orais nas quais exponham as conclusões, de facto e de direito, que hajam extraído da prova produzida.

2 – É admissível réplica, a exercer uma só vez, sendo, porém, sempre o defensor, se pedir a palavra, o último a falar, sob pena de nulidade. A réplica deve conter-se dentro dos limites estritamente necessários para a refutação dos argumentos contrários que não tenham sido anteriormente discutidos.

3 – As alegações orais não podem exceder, para cada um dos intervenientes, uma hora e as réplicas vinte minutos; o presidente pode, porém, permitir que continue no uso da palavra aquele que, esgotado o máximo do tempo legalmente consentido, assim fundadamente o requerer com base na complexidade da causa.

4 – Em casos excepcionais, o tribunal pode ordenar ou autorizar, por despacho, a suspensão das alegações para produção de meios de prova supervenientes quando tal se revelar indispensável para a boa decisão da causa; o despacho fixa o tempo concedido para aquele efeito.

ARTIGO 361º
Últimas declarações do arguido e encerramento da discussão

1 – Findas as alegações, o presidente pergunta ao arguido se tem mais alguma coisa a alegar em sua defesa, ouvindo-o em tudo o que declarar a bem dela.

2 – Em seguida o presidente declara encerrada a discussão, sem prejuízo do disposto no artigo 371º, e o tribunal retira-se para deliberar.

CAPÍTULO IV
Da documentação da audiência

ARTIGO 362º
Acta

1 – A acta da audiência contém:

a) O lugar, a data e a hora de abertura e de encerramento da audiência e das sessões que a compuseram;

b) O nome dos juízes, dos jurados e do representante do Ministério Público;

c) A identificação do arguido, do defensor, do assistente, das partes civis e dos respectivos advogados;

d) A identificação das testemunhas, dos peritos, dos consultores técnicos e dos intérpretes e a indicação de todas as provas produzidas ou examinadas em audiência;
e) A decisão de exclusão ou restrição da publicidade, nos termos do artigo 321º;
f) Os requerimentos, decisões e quaisquer outras indicações que, por força da lei, dela devam constar;
g) A assinatura do presidente e do funcionário de justiça que a lavrar.

2 – O presidente pode ordenar que a transcrição dos requerimentos e protestos verbais seja feita somente depois da sentença, se os considerar dilatórios.

ARTIGO 363º
Documentação de declarações orais

As declarações prestadas oralmente na audiência são sempre documentadas na acta, sob pena de nulidade.

ARTIGO 364º
Forma da documentação

1 – A documentação das declarações prestadas oralmente na audiência é efetuada, em regra, através de registo áudio ou audiovisual, só podendo ser utilizados outros meios, designadamente estenográficos ou estenotípicos, ou qualquer outro meio técnico idóneo a assegurar a reprodução integral daquelas, quando aqueles meios não estiverem disponíveis.

2 – Além das declarações prestadas oralmente em audiência, são objeto do registo áudio ou audiovisual as informações, os esclarecimentos, os requerimentos e as promoções, bem como as respetivas respostas, os despachos e as alegações orais.

3 – Quando houver lugar a registo áudio ou audiovisual devem ser consignados na ata o início e o termo de cada um dos atos enunciados no número anterior.

4 – A secretaria procede à transcrição de requerimentos e respetivas respostas, despachos e decisões que o juiz, oficiosamente ou a requerimento, determine, por despacho irrecorrível.

5 – A transcrição é feita no prazo de cinco dias, a contar do respetivo ato; o prazo para arguir qualquer desconformidade da transcrição é de cinco dias, a contar da notificação da sua incorporação nos autos.

6 – É correspondentemente aplicável o disposto no artigo 101º

(Redação dada pela Lei nº 27/2015, de 14-04)

TÍTULO III
Da sentença

ARTIGO 365º
Deliberação e votação

1 – Salvo em caso de absoluta impossibilidade, declarada em despacho, a deliberação segue-se ao encerramento da discussão.

2 – Na deliberação participam todos os juízes e jurados que constituem o tribunal, sob a direcção do presidente.

3 – Cada juiz e cada jurado enunciam as razões da sua opinião, indicando, sempre que possível, os meios de prova que serviram para formar a sua convicção, e votam sobre cada uma das questões, independentemente do sentido do voto que tenham expresso sobre outras. Não é admissível a abstenção.

4 – O presidente recolhe os votos, começando pelo juiz com menor antiguidade de serviço, e vota em último lugar. No tribunal do júri votam primeiro os jurados, por ordem crescente de idade.

5 – As deliberações são tomadas por maioria simples de votos.

ARTIGO 366º
Secretário

1 – À deliberação e votação pode assistir o secretário ou o funcionário de justiça que o presidente designar.

2 – O secretário presta ao tribunal todo o auxílio e colaboração de que este necessitar durante o processo de deliberação e votação, nomeadamente, tomando nota, sempre que o presidente o entender, das razões e dos meios de prova indicados por cada membro do tribunal e do resultado da votação de cada uma das questões a considerar.

3 – As notas tomadas pelo secretário são destruídas logo que a sentença for elaborada.

ARTIGO 367º
Segredo da deliberação e votação

1 – Os participantes no acto de deliberação e votação referido nos artigos anteriores não podem revelar nada do que durante ela se tiver passado e se relacionar com a causa, nem exprimir a sua opinião sobre a deliberação tomada, salvo o disposto no nº 2 do artigo 372º

2 – A violação do disposto no número anterior é punível com a sanção prevista no artigo 371º do Código Penal, sem prejuízo da responsabilidade disciplinar a que possa dar lugar.

ARTIGO 368º
Questão da culpabilidade

1 – O tribunal começa por decidir separadamente as questões prévias ou incidentais sobre as quais ainda não tiver recaído decisão.

2 – Em seguida, se a apreciação do mérito não tiver ficado prejudicada, o presidente enumera discriminada e especificamente e submete a deliberação e votação os factos alegados pela acusação e pela defesa e, bem assim, os que resultarem da discussão da causa, relevantes para as questões de saber:

a) Se se verificaram os elementos constitutivos do tipo de crime;
b) Se o arguido praticou o crime ou nele participou;
c) Se o arguido actuou com culpa;
d) Se se verificou alguma causa que exclua a ilicitude ou a culpa;

e) Se se verificaram quaisquer outros pressupostos de que a lei faça depender a punibilidade do agente ou a aplicação a este de uma medida de segurança;

f) Se se verificaram os pressupostos de que depende o arbitramento da indemnização civil.

3 – Em seguida, o presidente enumera discriminadamente e submete a deliberação e votação todas as questões de direito suscitadas pelos factos referidos no número anterior.

ARTIGO 369º
Questão da determinação da sanção*

1 – Se, das deliberações e votações realizadas nos termos do artigo anterior, resultar que ao arguido deve ser aplicada uma pena ou uma medida de segurança, o presidente lê ou manda ler toda a documentação existente nos autos relativa aos antecedentes criminais do arguido, à perícia sobre a sua personalidade e ao relatório social.

2 – Em seguida, o presidente pergunta se o tribunal considera necessária produção de prova suplementar para determinação da espécie e da medida da sanção a aplicar. Se a resposta for negativa, ou após a produção da prova nos termos do artigo 371º, o tribunal delibera e vota sobre a espécie e a medida da sanção a aplicar.

3 – Se, na deliberação e votação a que se refere a parte final do número anterior, se manifestarem mais de duas opiniões, os votos favoráveis à sanção de maior gravidade somam-se aos favoráveis à sanção de gravidade imediatamente inferior, até se obter maioria.

ARTIGO 370º
Relatório social

1 – O tribunal pode em qualquer altura do julgamento, logo que, em função da prova para o efeito produzida em audiência, o considerar necessário à correcta determinação da sanção que eventualmente possa vir a ser aplicada, solicitar a elaboração de relatório social ou de informação dos serviços de reinserção social, ou a respectiva actualização quando aqueles já constarem do processo.

2 – No caso de arguido menor, se o relatório social ou a informação dos serviços de reinserção social não se mostrar ainda junta ao processo, deve a respetiva junção ocorrer no prazo de 30 dias, salvo se, fundamentadamente, se justificar a respetiva dispensa face às circunstâncias do caso e desde que seja compatível com o superior interesse do menor.

*** Fixação de Jurisprudência:**
Acórdão do Supremo Tribunal de Justiça nº 4/2016, de 22 de fevereiro (publicado no DR nº 36, série I, de 22-02-2016):
«Em julgamento de recurso interposto de decisão absolutória da 1ª instância, se a relação concluir pela condenação do arguido deve proceder à determinação da espécie e medida da pena, nos termos das disposições conjugadas dos artigos 374º, nº 3, alínea *b)*, 368º, 369º, 371º, 379º, nº 1, alíneas *a)* e *c)*, primeiro segmento, 424º, nº 2, e 425º, nº 4, todos do Código de Processo Penal.».

3 – Independentemente de solicitação, os serviços de reinserção social podem enviar ao tribunal, quando o acompanhamento do arguido o aconselhar, o relatório social ou a respectiva actualização.

4 – A leitura em audiência do relatório social ou da informação dos serviços de reinserção social só é permitida a requerimento, nos termos e para os efeitos previstos no artigo seguinte.

5 – É correspondentemente aplicável o disposto no artigo 355º

(Redação dada pela Lei nº 33/2019, de 22-05)

ARTIGO 371º
Reabertura da audiência para a determinação da sanção

1 – Tornando-se necessária produção de prova suplementar, nos termos do nº 2 do artigo 369º, o tribunal volta à sala de audiência e declara esta reaberta.

2 – Em seguida procede-se à produção da prova necessária, ouvindo sempre que possível o perito criminológico, o técnico de reinserção social e quaisquer pessoas que possam depor com relevo sobre a personalidade e as condições de vida do arguido.

3 – Os interrogatórios são feitos sempre pelo presidente, podendo, findos eles, os outros juízes, os jurados, o Ministério Público, o defensor e o advogado do assistente sugerir quaisquer pedidos de esclarecimento ou perguntas úteis à decisão.

4 – Finda a produção da prova suplementar, o Ministério Público, o advogado do assistente e o defensor podem alegar conclusivamente até um máximo de vinte minutos cada um.

5 – A produção de prova suplementar decorre com exclusão da publicidade, salvo se o presidente, por despacho, entender que da publicidade não pode resultar ofensa à dignidade do arguido.

ARTIGO 371º-A
Abertura da audiência para aplicação retroactiva de lei penal mais favorável

Se, após o trânsito em julgado da condenação mas antes de ter cessado a execução da pena, entrar em vigor lei penal mais favorável, o condenado pode requerer a reabertura da audiência para que lhe seja aplicado o novo regime.

ARTIGO 372º
Elaboração e assinatura da sentença

1 – Concluída a deliberação e votação, o presidente ou, se este ficar vencido, o juiz mais antigo dos que fizerem vencimento, elaboram a sentença de acordo com as posições que tiverem feito vencimento.

2 – Em seguida, a sentença é assinada por todos os juízes e pelos jurados e, se algum dos juízes assinar vencido, declara com precisão os motivos do seu voto.

3 – Regressado o tribunal à sala de audiência, a sentença é lida publicamente pelo presidente ou por outro dos juízes. A leitura do relatório pode ser omitida. A leitura da fundamentação ou, se esta for muito extensa, de uma sua súmula, bem como do dispositivo, é obrigatória, sob pena de nulidade.

4 – A leitura da sentença equivale à sua notificação aos sujeitos processuais que deverem considerar-se presentes na audiência.

5 – Logo após a leitura da sentença, o presidente procede ao seu depósito na secretaria. O secretário apõe a data, subscreve a declaração de depósito e entrega cópia aos sujeitos processuais que o solicitem.

ARTIGO 373º
Leitura da sentença

1 – Quando, atenta a especial complexidade da causa, não for possível proceder imediatamente à elaboração da sentença, o presidente fixa publicamente a data dentro dos 10 dias seguintes para a leitura da sentença.

2 – Na data fixada procede-se publicamente à leitura da sentença e ao seu depósito na secretaria, nos termos do artigo anterior.

3 – O arguido que não estiver presente considera-se notificado da sentença depois de esta ter sido lida perante o defensor nomeado ou constituído.

ARTIGO 374º
Requisitos da sentença

1 – A sentença começa por um relatório, que contém:

a) As indicações tendentes à identificação do arguido;

b) As indicações tendentes à identificação do assistente e das partes civis;

c) A indicação do crime ou dos crimes imputados ao arguido, segundo a acusação, ou pronúncia, se a tiver havido;

d) A indicação sumária das conclusões contidas na contestação, se tiver sido apresentada.

2 – Ao relatório segue-se a fundamentação, que consta da enumeração dos factos provados e não provados, bem como de uma exposição tanto quanto possível completa, ainda que concisa, dos motivos, de facto e de direito, que fundamentam a decisão, com indicação e exame crítico das provas que serviram para formar a convicção do tribunal.

3 – A sentença termina pelo dispositivo que contém:

a) As disposições legais aplicáveis;

b) A decisão condenatória ou absolutória;

c) A indicação do destino a dar a animais, coisas ou objetos relacionados com o crime, com expressa menção das disposições legais aplicadas;

d) A ordem de remessa de boletins ao registo criminal;

e) A data e as assinaturas dos membros do tribunal.

4 – A sentença observa o disposto neste Código e no Regulamento das Custas Processuais em matéria de custas.

(Redação dada pela Lei nº 39/2020, de 18-08)

ARTIGO 375º
Sentença condenatória

1 – A sentença condenatória especifica os fundamentos que presidiram à escolha e à medida da sanção aplicada, indicando, nomeadamente, se for caso disso,

o início e o regime do seu cumprimento, outros deveres que ao condenado sejam impostos e a sua duração, bem como o plano individual de readaptação social.

2 – Após a leitura da sentença condenatória, o presidente, quando o julgar conveniente, dirige ao arguido breve alocução, exortando-o a corrigir-se.

3 – Para efeito do disposto neste Código, considera-se também sentença condenatória a que tiver decretado dispensa da pena.

4 – Sempre que necessário, o tribunal procede ao reexame da situação do arguido, sujeitando-o às medidas de coacção admissíveis e adequadas às exigências cautelares que o caso requerer.

ARTIGO 376º
Sentença absolutória

1 – A sentença absolutória declara a extinção de qualquer medida de coacção e ordena a imediata libertação do arguido preso preventivamente, salvo se ele dever continuar preso por outro motivo ou sofrer medida de segurança de internamento.

2 – A sentença absolutória condena o assistente em custas, nos termos previstos neste Código e no Regulamento das Custas Processuais.

3 – Se o crime tiver sido cometido por inimputável, a sentença é absolutória; mas se nela for aplicada medida de segurança, vale como sentença condenatória para efeitos do disposto no nº 1 do artigo anterior e de recurso do arguido.

(Redação dada pelo Decreto-Lei nº 34/2008, de 26-02)

ARTIGO 377º
Decisão sobre o pedido de indemnização civil

1 – A sentença, ainda que absolutória, condena o arguido em indemnização civil sempre que o pedido respectivo vier a revelar-se fundado, sem prejuízo do disposto no nº 3 do artigo 82º

2 – Se o responsável civil tiver intervindo no processo penal, a condenação em indemnização civil é proferida contra ele ou contra ele e o arguido solidariamente, sempre que a sua responsabilidade vier a ser reconhecida.

3 – Havendo condenação no que respeita ao pedido de indemnização civil, é o demandado condenado a pagar as custas suportadas pelo demandante nesta qualidade e, caso cumule, na qualidade de assistente.

4 – Havendo absolvição no que respeita ao pedido de indemnização civil, é o demandante condenado em custas nos termos previstos no Regulamento das Custas Processuais.

(Redação dada pelo Decreto-Lei nº 34/2008, de 26-02)

ARTIGO 378º
Publicação de sentença absolutória

1 – Quando o considerar justificado, o tribunal ordena no dispositivo a publicação integral ou por extracto da sentença absolutória em jornal indicado pelo arguido,

desde que este o requeira até ao encerramento da audiência e haja assistente constituído no processo.

2 – As despesas correm a cargo do assistente e valem como custas.

ARTIGO 379º
Nulidade da sentença*

1 – É nula a sentença:

a) Que não contiver as menções referidas no nº 2 e na alínea *b*) do nº 3 do artigo 374º ou, em processo sumário ou abreviado, não contiver a decisão condenatória ou absolutória ou as menções referidas nas alíneas *a*) a *d*) do nº 1 do artigo 389º-A e 391º-F;

b) Que condenar por factos diversos dos descritos na acusação ou na pronúncia, se a houver, fora dos casos e das condições previstos nos artigos 358º e 359º;

c) Quando o tribunal deixe de pronunciar-se sobre questões que devesse apreciar ou conheça de questões de que não podia tomar conhecimento.

2 – As nulidades da sentença devem ser arguidas ou conhecidas em recurso, devendo o tribunal supri-las, aplicando-se, com as necessárias adaptações, o disposto no nº 4 do artigo 414º.

3 – Se, em consequência de nulidade de sentença conhecida em recurso, tiver de ser proferida nova decisão no tribunal recorrido, o recurso que desta venha a ser interposto é sempre distribuído ao mesmo relator, exceto em caso de impossibilidade.

(Redação dada pela Lei nº 20/2013, de 21-02)

ARTIGO 380º
Correcção da sentença

1 – O tribunal procede, oficiosamente ou a requerimento, à correcção da sentença quando:

a) Fora dos casos previstos no artigo anterior, não tiver sido observado ou não tiver sido integralmente observado o disposto no artigo 374º;

b) A sentença contiver erro, lapso, obscuridade ou ambiguidade cuja eliminação não importe modificação essencial.

2 – Se já tiver subido recurso da sentença, a correcção é feita, quando possível, pelo tribunal competente para conhecer do recurso.

3 – O disposto nos números anteriores é correspondentemente aplicável aos restantes actos decisórios previstos no artigo 97º

*** Fixação de Jurisprudência:**

Acórdão do Supremo Tribunal de Justiça nº 4/2016, de 22 de fevereiro (publicado no DR nº 36, série I, de 22-02-2016):

«Em julgamento de recurso interposto de decisão absolutória da 1ª instância, se a relação concluir pela condenação do arguido deve proceder à determinação da espécie e medida da pena, nos termos das disposições conjugadas dos artigos 374º, nº 3, alínea *b*), 368º, 369º, 371º, 379º, nº 1, alíneas *a*) e *c*), primeiro segmento, 424º, nº 2, e 425º, nº 4, todos do Código de Processo Penal.».

LIVRO VIII
DOS PROCESSOS ESPECIAIS

TÍTULO I
Do processo sumário

ARTIGO 381º
Quando tem lugar

1 – São julgados em processo sumário os detidos em flagrante delito, nos termos dos artigos 255º e 256º, por crime punível com pena de prisão cujo limite máximo não seja superior a 5 anos, mesmo em caso de concurso de infrações:

a) Quando à detenção tiver procedido qualquer autoridade judiciária ou entidade policial; ou

b) Quando a detenção tiver sido efetuada por outra pessoa e, num prazo que não exceda duas horas, o detido tenha sido entregue a uma autoridade judiciária ou entidade policial, tendo esta redigido auto sumário da entrega.

2 – São ainda julgados em processo sumário, nos termos do número anterior, os detidos em flagrante delito por crime punível com pena de prisão de limite máximo superior a 5 anos, mesmo em caso de concurso de infrações, quando o Ministério Público, na acusação, entender que não deve ser aplicada, em concreto, pena de prisão superior a 5 anos.

(Redação dada pela Lei nº 1/2016, de 25-02)

ARTIGO 382º
Apresentação ao Ministério Público e a julgamento

1 – A autoridade judiciária, se não for o Ministério Público, ou a entidade policial que tiverem procedido à detenção ou a quem tenha sido efetuada a entrega do detido apresentam-no imediatamente, ou no mais curto prazo possível, sem exceder as 48 horas, ao Ministério Público junto do tribunal competente para julgamento, que assegura a nomeação de defensor ao arguido.

2 – Se o arguido não exercer o direito ao prazo para preparação da sua defesa, o Ministério Público, depois de, se o julgar conveniente, o interrogar sumariamente, apresenta-o imediatamente, ou no mais curto prazo possível, ao tribunal competente para julgamento, exceto nos casos previstos no nº 4 e nos casos previstos nos nºs 1 e 2 do artigo 384º

3 – Se o arguido tiver exercido o direito ao prazo para a preparação da sua defesa, o Ministério Público pode interrogá-lo nos termos do artigo 143º, para efeitos de validação da detenção e libertação do arguido, sujeitando-o, se for caso disso, a termo de identidade e residência, ou apresenta-o ao juiz de instrução para efeitos de aplicação de medida de coação ou de garantia patrimonial, sem prejuízo da aplicação do processo sumário.

4 – Se tiver razões para crer que a audiência de julgamento não se pode iniciar nos prazos previstos no nº 1 e na alínea *a)* do nº 2 do artigo 387º, designadamente por considerar necessárias diligências de prova essenciais à descoberta da verdade, o Ministério Público profere despacho em que ordena de imediato a realização das diligências em falta, sendo correspondentemente aplicável o disposto no número anterior.

5 – Nos casos previstos nos nºs 3 e 4, o Ministério Público notifica o arguido e as testemunhas para comparecerem, decorrido o prazo solicitado pelo arguido para a preparação da sua defesa, ou o prazo necessário às diligências de prova essenciais à descoberta da verdade, em data compreendida até ao limite máximo de 20 dias após a detenção, para apresentação a julgamento em processo sumário.

6 – O arguido que não se encontre sujeito a prisão preventiva é notificado com a advertência de que o julgamento se realizará mesmo que não compareça, sendo representado por defensor para todos os efeitos legais.

(Redação dada pela Lei nº 20/2013, de 21-02)

ARTIGO 383º
Notificações

1 – A autoridade judiciária ou a entidade policial que tiverem procedido à detenção notificam verbalmente, no próprio ato, as testemunhas presentes, em número não superior a sete, e o ofendido para comparecerem perante o Ministério Público junto do tribunal competente para o julgamento.

2 – No mesmo ato, o arguido é notificado de que tem direito a prazo não superior a 15 dias para apresentar a sua defesa, o que deve comunicar ao Ministério Público junto do tribunal competente para o julgamento e de que pode apresentar até sete testemunhas, sendo estas verbalmente notificadas caso se achem presentes.

(Redação dada pela Lei nº 20/2013, de 21-02)

ARTIGO 384º
Arquivamento ou suspensão do processo

1 – Nos casos em que se verifiquem os pressupostos a que aludem os artigos 280º e 281º, o Ministério Público, oficiosamente ou mediante requerimento do arguido ou do assistente, determina, com a concordância do juiz de instrução, respetivamente, o arquivamento ou a suspensão provisória do processo.

2 – Para os efeitos do disposto no número anterior, o Ministério Público pode interrogar o arguido nos termos do artigo 143º, para efeitos de validação da detenção e libertação do arguido, sujeitando-o, se for caso disso, a termo de identidade e residência, devendo o juiz de instrução pronunciar-se no prazo máximo de 48 horas sobre a proposta de arquivamento ou suspensão.

3 – Se não for obtida a concordância do juiz de instrução, é correspondentemente aplicável o disposto nos nºs 5 e 6 do artigo 382º, salvo se o arguido não tiver exercido o direito a prazo para apresentação da sua defesa, caso em que será notificado para comparecer no prazo máximo de 15 dias após a detenção.

4 – Nos casos previstos no nº 4 do artigo 282º, o Ministério Público deduz acusação para julgamento em processo abreviado no prazo de 90 dias a contar da verificação do incumprimento ou da condenação.

(Redação dada pela Lei nº 20/2013, de 21-02)

ARTIGO 385º
Libertação do arguido

1 – Se a apresentação ao juiz não tiver lugar em ato seguido à detenção em flagrante delito, o arguido só continua detido se houver razões para crer que:

a) Não se apresentará voluntariamente perante a autoridade judiciária na data e hora que lhe forem fixadas;

b) Quando se verificar em concreto alguma das circunstâncias previstas no artigo 204º que apenas a manutenção da detenção permita acautelar; ou

c) Se tal se mostrar imprescindível para a protecção da vítima.

2 – No caso de libertação nos termos do número anterior, o órgão de polícia criminal sujeita o arguido a termo de identidade e residência e notifica-o para comparecer perante o Ministério Público, no dia e hora que forem designados, para ser submetido:

a) A audiência de julgamento em processo sumário, com a advertência de que esta se realizará, mesmo que não compareça, sendo representado por defensor; ou

b) A primeiro interrogatório judicial e eventual aplicação de medida de coação ou de garantia patrimonial.

3 – Em qualquer caso, sempre que a autoridade de polícia criminal tiver fundadas razões para crer que o arguido não poderá ser apresentado no prazo a que alude o nº 1 do artigo 382º, procede à imediata libertação do arguido, sujeitando-o a termo de identidade e residência e fazendo relatório fundamentado da ocorrência, o qual transmite, de imediato e conjuntamente com o auto, ao Ministério Público.

(Redação dada pela Lei nº 1/2016, de 25-02)

ARTIGO 386º
Princípios gerais do julgamento

1 – O julgamento em processo sumário regula-se pelas disposições deste Código relativas ao julgamento em processo comum, com as modificações constantes deste título.

2 – Os actos e termos do julgamento são reduzidos ao mínimo indispensável ao conhecimento e boa decisão da causa.

(Redação dada pela Lei nº 26/2010, de 30-08)

ARTIGO 387º
Audiência

1 – O início da audiência de julgamento em processo sumário tem lugar no prazo máximo de quarenta e oito horas após a detenção, sem prejuízo do disposto no número seguinte.

2 – O início da audiência também pode ter lugar:

a) Até ao limite do 5º dia posterior à detenção, quando houver interposição de um ou mais dias não úteis no prazo previsto no número anterior, nos casos previstos no nº 1 do artigo 385º;

b) Até ao limite do 15º dia posterior à detenção, nos casos previstos no nº 3 do artigo 384º;

c) Até ao limite de 20 dias após a detenção, sempre que o arguido tiver requerido prazo para preparação da sua defesa ou o Ministério Público julgar necessária a realização de diligências essenciais à descoberta da verdade.

3 – Se faltarem testemunhas de que o Ministério Público, o assistente ou o arguido não prescindam, a audiência não é adiada, sendo inquiridas as testemunhas presentes pela ordem indicada nas alíneas *b*) e *c*) do artigo 341º, sem prejuízo da possibilidade de alterar o rol apresentado.

4 – As testemunhas que não se encontrem notificadas nos termos do nº 5 do artigo 382º ou do artigo 383º são sempre a apresentar e a sua falta não pode dar lugar ao adiamento da audiência, exceto se o juiz, oficiosamente ou a requerimento, considerar o seu depoimento indispensável para a descoberta da verdade e para a boa decisão da causa, caso em que ordenará a sua imediata notificação.

5 – Em caso de impossibilidade de o juiz titular iniciar a audiência nos prazos previstos nos nºs 1 e 2, deve intervir o juiz substituto.

6 – Nos casos previstos no nº 2 do artigo 389º, a audiência pode ser adiada, a requerimento do arguido, com vista ao exercício do contraditório, pelo prazo máximo de 10 dias, sem prejuízo de se proceder à tomada de declarações ao arguido e à inquirição do assistente, da parte civil, dos peritos e das testemunhas presentes.

7 – A audiência pode, ainda, ser adiada, pelo prazo máximo de 20 dias, para obter a comparência de testemunhas devidamente notificadas ou para a junção de exames, relatórios periciais ou documentos, cujo depoimento ou junção o juiz considere imprescindíveis para a boa decisão da causa.

8 – Os exames, relatórios periciais e documentos que se destinem a instruir processo sumário revestem, para as entidades a quem são requisitados, carácter urgente, devendo o Ministério Público ou juiz requisitá-las ou insistir pelo seu envio, consoante os casos, com essa menção.

9 – *(Revogado.)*

10 – *(Revogado.)*

(Redação dada pela Lei nº 1/2016, de 25-02)

ARTIGO 388º
Assistente e partes civis

Em processo sumário, as pessoas com legitimidade para tal podem constituir-se assistentes ou intervir como partes civis se assim o solicitarem, mesmo que só verbalmente, no início da audiência.

(Redação dada pela Lei nº 26/2010, de 30-08)

ARTIGO 389º
Tramitação

1 – O Ministério Público pode substituir a apresentação da acusação pela leitura do auto de notícia da autoridade que tiver procedido à detenção.

2 – Caso seja insuficiente, a factualidade constante do auto de notícia pode ser completada por despacho do Ministério Público proferido antes da apresentação a julgamento, sendo tal despacho igualmente lido em audiência.

3 – Nos casos em que tiver considerado necessária a realização de diligências, o Ministério Público, se não apresentar acusação, deve juntar requerimento donde conste, consoante o caso, a indicação das testemunhas a apresentar, ou a descrição de qualquer outra prova que junte, ou protesta juntar, neste último caso com indicação da entidade encarregue do exame, ou perícia, ou a quem foi requisitado o documento.

4 – A acusação, a contestação, o pedido de indemnização e a sua contestação, quando verbalmente apresentados, são documentados na acta, nos termos dos artigos 363º e 364º

5 – A apresentação da acusação e da contestação substituem as exposições introdutórias referidas no artigo 339º

6 – Finda a produção de prova, a palavra é concedida por uma só vez, ao Ministério Público, aos representantes dos assistentes e das partes civis e ao defensor pelo prazo máximo de 30 minutos.

(Redação dada pela Lei nº 1/2016, de 25-02)

ARTIGO 389º-A
Sentença

1 – A sentença é logo proferida oralmente e contém:

a) A indicação sumária dos factos provados e não provados, que pode ser feita por remissão para a acusação e contestação, com indicação e exame crítico sucintos das provas;

b) A exposição concisa dos motivos de facto e de direito que fundamentam a decisão;

c) Em caso de condenação, os fundamentos sucintos que presidiram à escolha e medida da sanção aplicada;

d) O dispositivo, nos termos previstos nas alíneas *a*) a *d*) do nº 3 do artigo 374º

2 – O dispositivo é sempre ditado para a acta.

3 – A sentença é, sob pena de nulidade, documentada nos termos dos artigos 363º e 364º

4 – É sempre entregue cópia da gravação ao arguido, ao assistente e ao Ministério Público no prazo de 48 horas, salvo se aqueles expressamente declararem prescindir da entrega, sem prejuízo de qualquer sujeito processual a poder requerer nos termos do nº 4 do artigo 101º

5 – Se for aplicada pena privativa da liberdade ou, excepcionalmente, se as circunstâncias do caso o tornarem necessário, o juiz, logo após a discussão, elabora a sentença por escrito e procede à sua leitura.

(Redação dada pela Lei nº 20/2013, de 21-02)

ARTIGO 390º
Reenvio para outra forma de processo

1 – O tribunal só remete os autos ao Ministério Público para tramitação sob outra forma processual quando:

a) Se verificar a inadmissibilidade legal do processo sumário;

b) Não tenham podido, por razões devidamente justificadas, realizar-se, no prazo máximo previsto no artigo 387º, as diligências de prova necessárias à descoberta da verdade; ou

c) O procedimento se revelar de excecional complexidade, devido, nomeadamente, ao número de arguidos ou de ofendidos ou ao carácter altamente organizado do crime.

2 – Se, depois de recebidos os autos, o Ministério Público deduzir acusação em processo comum com intervenção do tribunal singular, em processo abreviado, ou requerer a aplicação de pena ou medida de segurança não privativas da liberdade em processo sumaríssimo, a competência para o respectivo conhecimento mantém-se no tribunal competente para o julgamento sob a forma sumária.

(Redação dada pela Lei nº 1/2016, de 25-02)

ARTIGO 391º
Recorribilidade

1 – Em processo sumário só é admissível recurso da sentença ou de despacho que puser termo ao processo.

2 – Excepto no caso previsto no nº 4 do artigo 389º-A, o prazo para interposição do recurso conta-se a partir da entrega da cópia da gravação da sentença.

(Redação dada pela Lei nº 26/2010, de 30-08)

TÍTULO II
Do processo abreviado

ARTIGO 391º-A
Quando tem lugar

1 – Em caso de crime punível com pena de multa ou com pena de prisão não superior a 5 anos, havendo provas simples e evidentes de que resultem indícios suficientes de se ter verificado o crime e de quem foi o seu agente, o Ministério Público, em face do auto de notícia ou após realizar inquérito sumário, deduz acusação para julgamento em processo abreviado.

2 – São ainda julgados em processo abreviado, nos termos do número anterior, os crimes puníveis com pena de prisão de limite máximo superior a 5 anos, mesmo em caso de concurso de infracções, quando o Ministério Público, na acusação, entender que não deve ser aplicada, em concreto, pena de prisão superior a 5 anos.

3 – Para efeitos do disposto no nº 1, considera-se que há provas simples e evidentes quando:

a) O agente tenha sido detido em flagrante delito e o julgamento não puder efectuar-se sob a forma de processo sumário;

b) A prova for essencialmente documental e possa ser recolhida no prazo previsto para a dedução da acusação; ou

c) A prova assentar em testemunhas presenciais com versão uniforme dos factos.

(Redação dada pela Lei nº 26/2010, de 30-08)

ARTIGO 391º-B
Acusação, arquivamento e suspensão do processo

1 – A acusação do Ministério Público deve conter os elementos a que se refere o nº 3 do artigo 283º A identificação do arguido e a narração dos factos podem ser efectuadas, no todo ou em parte, por remissão para o auto de notícia ou para a denúncia.

2 – Sem prejuízo do disposto no nº 4 do artigo 384º, a acusação é deduzida no prazo de 90 dias a contar da:

a) Aquisição da notícia do crime, nos termos do disposto no artigo 241º, tratando-se de crime público; ou

b) Apresentação de queixa, nos restantes casos.

3 – Se o procedimento depender de acusação particular, a acusação do Ministério Público tem lugar depois de deduzida acusação nos termos do artigo 285º

4 – É correspondentemente aplicável em processo abreviado o disposto nos artigos 280º a 282º

(Redação dada pela Lei nº 20/2013, de 21-02)

ARTIGO 391º-C
Saneamento do processo

1 – Recebidos os autos, o juiz conhece das questões a que se refere o artigo 311º

2 – Se não rejeitar a acusação, o juiz designa dia para audiência, com precedência sobre os julgamentos em processo comum, sem prejuízo da prioridade a conferir aos processos urgentes.

ARTIGO 391º-D
Reenvio para outra forma de processo

1 – O tribunal só remete os autos ao Ministério Público para tramitação sob outra forma processual quando se verificar a inadmissibilidade, no caso, do processo abreviado.

2 – Se, depois de recebidos os autos, o Ministério Público deduzir acusação em processo comum com intervenção do tribunal singular ou requerer a aplicação de pena ou medida de segurança não privativas da liberdade em processo sumaríssimo, a competência para o respectivo conhecimento mantém-se no tribunal competente para o julgamento na forma abreviada.

(Redação dada pela Lei nº 26/2010, de 30-08)

ARTIGO 391º-E
Julgamento

1 – O julgamento regula-se pelas disposições relativas ao julgamento em processo comum, com as alterações previstas neste artigo.

2 – Finda a produção da prova, é concedida a palavra ao Ministério Público, aos representantes do assistente e das partes civis e ao defensor, os quais podem usar dela por um máximo de trinta minutos, prorrogáveis se necessário e assim for requerido. É admitida réplica por um máximo de dez minutos.

3 – *(Revogado.)*

(Redação dada pela Lei nº 26/2010, de 30-08)

ARTIGO 391º-F
Sentença

É correspondentemente aplicável à sentença o disposto no artigo 389º-A.

(Redação dada pela Lei nº 26/2010, de 30-08)

ARTIGO 391º-G
Recorribilidade

É correspondentemente aplicável ao processo abreviado o disposto no artigo 391º

(Aditado pela Lei nº 26/2010, de 30-08)

TÍTULO III
Do processo sumaríssimo

ARTIGO 392º
Quando tem lugar

1 – Em caso de crime punível com pena de prisão não superior a 5 anos ou só com pena de multa, o Ministério Público, por iniciativa do arguido ou depois de o ter ouvido e quando entender que ao caso deve ser concretamente aplicada pena ou medida de segurança não privativas da liberdade, requer ao tribunal que a aplicação tenha lugar em processo sumaríssimo.

2 – Se o procedimento depender de acusação particular, o requerimento previsto no número anterior depende da concordância do assistente.

ARTIGO 393º
Partes civis

1 – Não é permitida, em processo sumaríssimo, a intervenção de partes civis, sem prejuízo do disposto no número seguinte.

2 – Até ao momento da apresentação do requerimento do Ministério Público referido no artigo anterior, pode o lesado manifestar a intenção de obter a reparação

dos danos sofridos, caso em que aquele requerimento deverá conter a indicação a que alude a alínea *b*) do nº 2 do artigo 394º.
(Redação dada pela Lei nº 26/2010, de 30-08)

ARTIGO 394º
Requerimento

1 – O requerimento do Ministério Público é escrito e contém as indicações tendentes à identificação do arguido, a descrição dos factos imputados e a menção das disposições legais violadas, a prova existente e o enunciado sumário das razões pelas quais entende que ao caso não deve concretamente ser aplicada pena de prisão.

2 – O requerimento termina com a indicação precisa pelo Ministério Público:

a) Das sanções concretamente propostas;

b) Da quantia exacta a atribuir a título de reparação, nos termos do disposto no artigo 82º-A, quando este deva ser aplicado.

ARTIGO 395º
Rejeição do requerimento

1 – O juiz rejeita o requerimento e reenvia o processo para outra forma que lhe caiba:

a) Quando for legalmente inadmissível o procedimento;

b) Quando o requerimento for manifestamente infundado, nos termos do disposto no nº 3 do artigo 311º;

c) Quando entender que a sanção proposta é manifestamente insusceptível de realizar de forma adequada e suficiente as finalidades da punição.

2 – No caso previsto na alínea *c*) do número anterior, o juiz pode, em alternativa ao reenvio do processo para outra forma, fixar sanção diferente, na sua espécie ou medida, da proposta pelo Ministério Público, com a concordância deste e do arguido.

3 – Se o juiz reenviar o processo para outra forma, o requerimento do Ministério Público equivale, em todos os casos, à acusação.

4 – Do despacho a que se refere o nº 1 não há recurso.

ARTIGO 396º
Notificação e oposição do arguido

1 – O juiz, se não rejeitar o requerimento nos termos do artigo anterior:

a) Nomeia defensor ao arguido que não tenha advogado constituído ou defensor nomeado; e

b) Ordena a notificação ao arguido do requerimento do Ministério Público e, sendo caso disso, do despacho a que se refere o nº 2 do artigo anterior, para, querendo, se opor no prazo de 15 dias.

2 – A notificação a que se refere o número anterior é feita por contacto pessoal, nos termos da alínea *a*) do nº 1 do artigo 113º, e deve conter obrigatoriamente:

a) A informação do direito de o arguido se opor à sanção e da forma de o fazer;

b) A indicação do prazo para a oposição e do seu termo final;

c) O esclarecimento dos efeitos da oposição e da não oposição a que se refere o artigo seguinte.

3 – O requerimento é igualmente notificado ao defensor.

4 – A oposição pode ser deduzida por simples declaração.

ARTIGO 397º
Decisão

1 – Quando o arguido não se opuser ao requerimento, o juiz, por despacho, procede à aplicação da sanção e à condenação no pagamento da taxa de justiça.

2 – O despacho a que se refere o número anterior vale como sentença condenatória e não admite recurso ordinário.

3 – É nulo o despacho que aplique pena diferente da proposta ou fixada nos termos do disposto no nº 2 do artigo 394º e no nº 2 do artigo 395º

(Redação dada pela Lei nº 20/2013, de 21-02)

ARTIGO 398º
Prosseguimento do processo

1 – Se o arguido deduzir oposição, o juiz ordena o reenvio do processo para outra forma que lhe caiba, equivalendo à acusação, em todos os casos, o requerimento do Ministério Público formulado nos termos do artigo 394º

2 – Ordenado o reenvio, o arguido é notificado da acusação, bem como para requerer, no caso de o processo seguir a forma comum, a abertura de instrução.

LIVRO IX
DOS RECURSOS

TÍTULO I
Dos recursos ordinários

CAPÍTULO I
Princípios gerais

ARTIGO 399º
Princípio geral

É permitido recorrer dos acórdãos, das sentenças e dos despachos cuja irrecorribilidade não estiver prevista na lei.

ARTIGO 400º
Decisões que não admitem recurso

1 – Não é admissível recurso:

a) De despachos de mero expediente;

b) De decisões que ordenam actos dependentes da livre resolução do tribunal;

c) De acórdãos proferidos, em recurso, pelas relações que não conheçam, a final, do objecto do processo;

d) De acórdãos absolutórios proferidos, em recurso, pelas relações, exceto no caso de decisão condenatória em 1ª instância em pena de prisão superior a 5 anos;

e) De acórdãos proferidos, em recurso, pelas relações que apliquem pena não privativa de liberdade ou pena de prisão não superior a 5 anos*;

f) De acórdãos condenatórios proferidos, em recurso, pelas relações, que confirmem decisão de 1ª instância e apliquem pena de prisão não superior a 8 anos;**

g) Nos demais casos previstos na lei.**

2 – Sem prejuízo do disposto nos artigos 427º e 432º, o recurso da parte da sentença relativa à indemnização civil só é admissível desde que o valor do pedido seja superior à alçada do tribunal recorrido e a decisão impugnada seja desfavorável para o recorrente em valor superior a metade desta alçada.

3 – Mesmo que não seja admissível recurso quanto à matéria penal, pode ser interposto recurso da parte da sentença relativa à indemnização civil.

(Redação dada pela Lei nº 20/2013, de 21-02)

ARTIGO 401º***
Legitimidade e interesse em agir

1 – Têm legitimidade para recorrer:

a) O Ministério Público, de quaisquer decisões, ainda que no exclusivo interesse do arguido;

* Pelo Acórdão do Tribunal Constitucional nº 595/2018, de 11 de dezembro, é declarada a inconstitucionalidade, com força obrigatória geral, da norma que estabelece a irrecorribilidade do acórdão da Relação que, inovadoramente face à absolvição ocorrida em 1ª instância, condena os arguidos em pena de prisão efetiva não superior a cinco anos, por violação do artigo 32º, nº 1, conjugado com o artigo 18º, nº 2 da Constituição da República Portuguesa.

** **Fixação de Jurisprudência:**
Acórdão do Supremo Tribunal de Justiça nº 14/2013, de 12 de novembro (publicado no DR nº 219, série I, de 12-11-2013):
Da conjugação das normas do artigo 400º, alíneas *e*) e *f*), e artigo 432º, nº 1, alínea *c*), ambos do CPP, na redacção da Lei nº 48/2007, de 29 de Agosto, não é admissível recurso para o Supremo Tribunal de Justiça de acórdão da Relação que, revogando a suspensão da execução da pena decidida em 1ª instância, aplica ao arguido pena não superior a 5 anos de prisão.

*** **Acórdão do Supremo Tribunal de Justiça nº 2/2011, de 27 de Janeiro (publicado no DR nº 19, série I, de 27-01-2011):**
Em face das disposições conjugadas dos artigos 48º a 53º e 401º do Código de Processo Penal, o Ministério Público não tem interesse em agir para recorrer de decisões concordantes com a sua posição anteriormente assumida no processo.

b) O arguido e o assistente, de decisões contra eles proferidas;*

c) As partes civis, da parte das decisões contra cada uma proferidas;

d) Aqueles que tiverem sido condenados ao pagamento de quaisquer importâncias, nos termos deste Código, ou tiverem a defender um direito afectado pela decisão.

2 – Não pode recorrer quem não tiver interesse em agir.

ARTIGO 402º
Âmbito do recurso

1 – Sem prejuízo do disposto no artigo seguinte, o recurso interposto de uma sentença abrange toda a decisão.

2 – Salvo se for fundado em motivos estritamente pessoais, o recurso interposto:

a) Por um dos arguidos, em caso de comparticipação, aproveita aos restantes;

b) Pelo arguido, aproveita ao responsável civil;

c) Pelo responsável civil, aproveita ao arguido, mesmo para efeitos penais.

3 – O recurso interposto apenas contra um dos arguidos, em casos de comparticipação, não prejudica os restantes.

ARTIGO 403º
Limitação do recurso

1 – É admissível a limitação do recurso a uma parte da decisão quando a parte recorrida puder ser separada da parte não recorrida, por forma a tornar possível uma apreciação e uma decisão autónomas.

2 – Para efeito do disposto no número anterior, é autónoma, nomeadamente, a parte da decisão que se referir:

a) A matéria penal;

b) A matéria civil;

c) Em caso de concurso de crimes, a cada um dos crimes;

d) Em caso de unidade criminosa, à questão da culpabilidade, relativamente àquela que se referir à questão da determinação da sanção;

e) Em caso de comparticipação criminosa, a cada um dos arguidos, sem prejuízo do disposto nas alíneas *a*) e *c*) do nº 2 do artigo 402º;

f) Dentro da questão da determinação da sanção, a cada uma das penas ou medidas de segurança.

* **Fixação de Jurisprudência:**

Acórdão do Supremo Tribunal de Justiça nº 5/2011, de 11 de Março (publicado no DR nº 50, série I, de 11-03-2011):
Em processo por crime público ou semipúblico, o assistente que não deduziu acusação autónoma nem aderiu à acusação pública pode recorrer da decisão de não pronúncia, em instrução requerida pelo arguido, e da sentença absolutória, mesmo não havendo recurso do Ministério Público.

Acórdão do Supremo Tribunal de Justiça nº 2/2020 de 26 de março (publicado no DR nº 61, série I, de 26-03-2020):
O assistente, ainda que desacompanhado do Ministério Público, pode recorrer para que a suspensão da execução da pena de prisão em que o arguido foi condenado fique condicionada ao pagamento, dentro de certo prazo, da indemnização que lhe foi arbitrada.

3 – A limitação do recurso a uma parte da decisão não prejudica o dever de retirar da procedência daquele as consequências legalmente impostas relativamente a toda a decisão recorrida.

ARTIGO 404º
Recurso subordinado

1 – Em caso de recurso interposto por uma das partes civis, a parte contrária pode interpor recurso subordinado.

2 – O recurso subordinado é interposto no prazo de 30 dias contado da data da notificação referida nos nºs 6 e 7 do artigo 411º

3 – Se o primeiro recorrente desistir do recurso, este ficar sem efeito ou o tribunal não tomar conhecimento dele, o recurso subordinado fica sem efeito.

(Redação dada pela Lei nº 20/2013, de 21-02)

ARTIGO 405º
Reclamação contra despacho que não admitir ou que retiver o recurso

1 – Do despacho que não admitir ou que retiver o recurso, o recorrente pode reclamar para o presidente do tribunal a que o recurso se dirige.

2 – A reclamação é apresentada na secretaria do tribunal recorrido no prazo de 10 dias contados da notificação do despacho que não tiver admitido o recurso ou da data em que o recorrente tiver tido conhecimento da retenção.

3 – No requerimento o reclamante expõe as razões que justificam a admissão ou a subida imediata do recurso e indica os elementos com que pretende instruir a reclamação.

4 – A decisão do presidente do tribunal superior é definitiva quando confirmar o despacho de indeferimento. No caso contrário, não vincula o tribunal de recurso.

ARTIGO 406º
Subida nos autos e em separado

1 – Sobem nos próprios autos os recursos interpostos de decisões que ponham termo à causa e os que com aqueles deverem subir.

2 – Sobem em separado os recursos não referidos no número anterior que deverem subir imediatamente.

ARTIGO 407º
Momento da subida

1 – Sobem imediatamente os recursos cuja retenção os tornaria absolutamente inúteis.

2 – Também sobem imediatamente os recursos interpostos:

a) De decisões que ponham termo à causa;

b) De decisões posteriores às referidas na alínea anterior;

c) De decisões que apliquem ou mantenham medidas de coacção ou de garantia patrimonial, nos termos deste Código;

d) De decisões que condenem no pagamento de quaisquer importâncias, nos termos deste Código;

e) De despacho em que o juiz não reconhecer impedimento contra si deduzido;

f) De despacho que recusar ao Ministério Público legitimidade para a prossecução do processo;

g) De despacho que não admitir a constituição de assistente ou a intervenção de parte civil;

h) De despacho que indeferir o requerimento para a abertura de instrução;

i) Da decisão instrutória, sem prejuízo do disposto no artigo 310º;

j) De despacho que indeferir requerimento de submissão de arguido suspeito de anomalia mental à perícia respectiva;

k) De despacho proferido ao abrigo do disposto nos nºs 2, 3 e 5 do artigo 328º-A.

3 – Quando não deverem subir imediatamente, os recursos sobem e são instruídos e julgados conjuntamente com o recurso interposto da decisão que tiver posto termo à causa.

(Redação dada pela Lei nº 27/2015, de 14-04)

ARTIGO 408º
Recurso com efeito suspensivo

1 – Têm efeito suspensivo do processo:

a) Os recursos interpostos de decisões finais condenatórias, sem prejuízo do disposto no artigo 214º;

b) O recurso do despacho de pronúncia, sem prejuízo do disposto no artigo 310º

2 – Suspendem os efeitos da decisão recorrida:

a) Os recursos interpostos de decisões que condenarem ao pagamento de quaisquer importâncias, nos termos deste Código, se o recorrente depositar o seu valor;

b) O recurso do despacho que julgar quebrada a caução;

c) O recurso de despacho que ordene a execução da prisão, em caso de não cumprimento de pena não privativa da liberdade;

d) O recurso de despacho que considere sem efeito, por falta de pagamento de taxa de justiça, o recurso da decisão final condenatória.

3 – Os recursos previstos no nº 1 do artigo anterior têm efeito suspensivo do processo quando deles depender a validade ou a eficácia dos actos subsequentes, suspendendo a decisão recorrida nos restantes casos.

ARTIGO 409º
Proibição de *reformatio in pejus*

1 – Interposto recurso de decisão final somente pelo arguido, pelo Ministério Público, no exclusivo interesse daquele, ou pelo arguido e pelo Ministério Público no exclusivo interesse do primeiro, o tribunal superior não pode modificar, na sua espécie ou medida, as sanções constantes da decisão recorrida, em prejuízo de qualquer dos arguidos, ainda que não recorrentes.

2 – A proibição estabelecida no número anterior não se aplica à agravação da quantia fixada para cada dia de multa, se a situação económica e financeira do arguido tiver entretanto melhorado de forma sensível.

CAPÍTULO II
Da tramitação unitária

ARTIGO 410º
Fundamentos do recurso

1 – Sempre que a lei não restringir a cognição do tribunal ou os respectivos poderes, o recurso pode ter como fundamento quaisquer questões de que pudesse conhecer a decisão recorrida.

2 – Mesmo nos casos em que a lei restrinja a cognição do tribunal de recurso a matéria de direito, o recurso pode ter como fundamentos, desde que o vício resulte do texto da decisão recorrida, por si só ou conjugada com as regras da experiência comum:

a) A insuficiência para a decisão da matéria de facto provada;

b) A contradição insanável da fundamentação ou entre a fundamentação e a decisão;

c) Erro notório na apreciação da prova.

3 – O recurso pode ainda ter como fundamento, mesmo que a lei restrinja a cognição do tribunal de recurso a matéria de direito, a inobservância de requisito cominado sob pena de nulidade que não deva considerar-se sanada.

ARTIGO 411º
Interposição e notificação do recurso

1 – O prazo para interposição de recurso é de 30 dias e conta-se:

a) A partir da notificação da decisão;

b) Tratando-se de sentença, do respectivo depósito na secretaria;

c) Tratando-se de decisão oral reproduzida em acta, a partir da data em que tiver sido proferida, se o interessado estiver ou dever considerar-se presente.

2 – O recurso de decisão proferida em audiência pode ser interposto por simples declaração na acta.

3 – O requerimento de interposição do recurso é sempre motivado, sob pena de não admissão do recurso, podendo a motivação, no caso de recurso interposto por declaração na ata, ser apresentada no prazo de 30 dias contados da data da interposição.

4 – *(Revogado.)*

5 – No requerimento de interposição de recurso o recorrente pode requerer que se realize audiência, especificando os pontos da motivação do recurso que pretende ver debatidos.

6 – O requerimento de interposição ou a motivação são notificados aos restantes sujeitos processuais afetados pelo recurso, após o despacho a que se refere o nº 1 do artigo 414º, devendo ser entregue o número de cópias necessário.

7 – O requerimento de interposição de recurso que afecte o arguido julgado na ausência, ou a motivação, anteriores à notificação da sentença, são notificados àquele quando esta lhe for notificada, nos termos do nº 5 do artigo 333º

(Redação dada pela Lei nº 20/2013, de 21-02)

ARTIGO 412º
Motivação do recurso e conclusões

1 – A motivação enuncia especificamente os fundamentos do recurso e termina pela formulação de conclusões, deduzidas por artigos, em que o recorrente resume as razões do pedido.

2 – Versando matéria de direito, as conclusões indicam ainda:

a) As normas jurídicas violadas;

b) O sentido em que, no entendimento do recorrente, o tribunal recorrido interpretou cada norma ou com que a aplicou e o sentido em que ela devia ter sido interpretada ou com que devia ter sido aplicada; e

c) Em caso de erro na determinação da norma aplicável, a norma jurídica que, no entendimento do recorrente, deve ser aplicada.

3 – Quando impugne a decisão proferida sobre matéria de facto, o recorrente deve especificar:

a) Os concretos pontos de facto que considera incorrectamente julgados;

b) As concretas provas que impõem decisão diversa da recorrida;*

c) As provas que devem ser renovadas.

4 – Quando as provas tenham sido gravadas, as especificações previstas nas alíneas *b*) e *c*) do número anterior fazem-se por referência ao consignado na ata, nos termos do disposto no nº 3 do artigo 364º, devendo o recorrente indicar concretamente as passagens em que se funda a impugnação.

5 – Havendo recursos retidos, o recorrente especifica obrigatoriamente, nas conclusões, quais os que mantêm interesse.

6 – No caso previsto no nº 4, o tribunal procede à audição ou visualização das passagens indicadas e de outras que considere relevantes para a descoberta da verdade e a boa decisão da causa.

(Redação dada pela Lei nº 27/2015, de 14-04)

ARTIGO 413º
Resposta

1 – Os sujeitos processuais afetados pela interposição do recurso podem responder no prazo de 30 dias contados da notificação referida no nº 6 do artigo 411º

2 – *(Revogado.)*

3 – A resposta é notificada aos sujeitos processuais por ela afectados, devendo ser entregue o número de cópias necessário.

4 – É correspondentemente aplicável o disposto nos nºs 3 a 5 do artigo 412º

(Redação dada pela Lei nº 20/2013, de 21-02)

* **Fixação de Jurisprudência:**
Acórdão do Supremo Tribunal de Justiça nº 3/2012, de 18 de abril (publicado no DR nº 77, série I, de 18-04-2012):
Visando o recurso a impugnação da decisão sobre a matéria de facto, com reapreciação da prova gravada, basta, para efeitos do disposto no artigo 412º, nº 3, alínea *b*), do CPP, a referência às concretas passagens/excertos das declarações que, no entendimento do recorrente, imponham decisão diversa da assumida, desde que transcritas, na ausência de consignação na acta do início e termo das declarações.

ARTIGO 414º
Admissão do recurso

1 – Interposto o recurso e junta a motivação ou expirado o prazo para o efeito, o juiz profere despacho e, em caso de admissão, fixa o seu efeito e regime de subida.

2 – O recurso não é admitido quando a decisão for irrecorrível, quando for interposto fora de tempo, quando o recorrente não reunir as condições necessárias para recorrer, quando faltar a motivação ou, faltando as conclusões, quando o recorrente não as apresente em 10 dias após ser convidado a fazê-lo.

3 – A decisão que admita o recurso ou que determine o efeito que lhe cabe ou o regime de subida não vincula o tribunal superior.

4 – Se o recurso não for interposto de decisão que conheça, a final, do objecto do processo, o tribunal pode, antes de ordenar a remessa do processo ao tribunal superior, sustentar ou reparar aquela decisão.

5 – Havendo arguidos presos, deve mencionar-se tal circunstância, com indicação da data da privação da liberdade e do estabelecimento prisional onde se encontrem.

6 – Subindo o recurso em separado, o juiz deve averiguar se o mesmo se mostra instruído com todos os elementos necessários à boa decisão da causa, determinando, se for caso disso, a extracção e junção de certidão das pertinentes peças processuais.

7 – Se o recurso subir nos próprios autos e houver arguidos privados da liberdade, o tribunal, antes da remessa do processo para o tribunal superior, ordena a extracção de certidão das peças processuais necessárias ao seu reexame.

8 – Havendo vários recursos da mesma decisão, dos quais alguns versem sobre matéria de facto e outros exclusivamente sobre matéria de direito, são todos julgados conjuntamente pelo tribunal competente para conhecer da matéria de facto.

(Redação dada pela Lei nº 20/2013, de 21-02)

ARTIGO 415º
Desistência

1 – O Ministério Público, o arguido, o assistente e as partes civis podem desistir do recurso interposto, até ao momento de o processo ser concluso ao relator para exame preliminar.

2 – A desistência faz-se por requerimento ou por termo no processo e é verificada por despacho do relator.

ARTIGO 416º
Vista ao Ministério Público

1 – Antes de ser apresentado ao relator, o processo vai com vista ao Ministério Público junto do tribunal de recurso.

2 – Se tiver sido requerida audiência nos termos do nº 5 do artigo 411º, a vista ao Ministério Público destina-se apenas a tomar conhecimento do processo.

ARTIGO 417º
Exame preliminar

1 – Colhido o visto do Ministério Público o processo é concluso ao relator para exame preliminar.

2 – Se, na vista a que se refere o artigo anterior, o Ministério Público não se limitar a apor o seu visto, o arguido e os demais sujeitos processuais afectados pela interposição do recurso são notificados para, querendo, responder no prazo de 10 dias.

3 – Se das conclusões do recurso não for possível deduzir total ou parcialmente as indicações previstas nos nºs 2 a 5 do artigo 412º, o relator convida o recorrente a completar ou esclarecer as conclusões formuladas, no prazo de 10 dias, sob pena de o recurso ser rejeitado ou não ser conhecido na parte afetada. Se a motivação do recurso não contiver as conclusões e não tiver sido formulado o convite a que se refere o nº 2 do artigo 414º, o relator convida o recorrente a apresentá-las em 10 dias, sob pena de o recurso ser rejeitado.

4 – O aperfeiçoamento previsto no número anterior não permite modificar o âmbito do recurso que tiver sido fixado na motivação.

5 – No caso previsto no nº 3, os sujeitos processuais afectados pela interposição do recurso são notificados da apresentação de aditamento ou esclarecimento pelo recorrente, podendo responder-lhe no prazo de 10 dias.

6 – Após exame preliminar, o relator profere decisão sumária sempre que:

a) Alguma circunstância obstar ao conhecimento do recurso;

b) O recurso dever ser rejeitado;

c) Existir causa extintiva do procedimento ou da responsabilidade criminal que ponha termo ao processo ou seja o único motivo do recurso; ou

d) A questão a decidir já tiver sido judicialmente apreciada de modo uniforme e reiterado.

7 – Quando o recurso não puder ser julgado por decisão sumária, o relator decide no exame preliminar:

a) Se deve manter-se o efeito que foi atribuído ao recurso;

b) Se há provas a renovar e pessoas que devam ser convocadas.

8 – Cabe reclamação para a conferência dos despachos proferidos pelo relator nos termos dos nºs 6 e 7.

9 – Quando o recurso deva ser julgado em conferência, o relator elabora um projecto de acórdão no prazo de 15 dias a contar da data em que o processo lhe for concluso nos termos dos nºs 1, 2 ou 5.

10 – A reclamação prevista no nº 8 é apreciada conjuntamente com o recurso, quando este deva ser julgado em conferência.

(Cf. Declaração de Retificação nº 21/2013, de 19-04)

ARTIGO 418º
Vistos

1 – Concluído o exame preliminar, o processo, acompanhado do projecto de acórdão se for caso disso, vai a visto do presidente e do juiz-adjunto e depois à conferência, na primeira sessão que tiver lugar.

2 – Sempre que a natureza do processo e a disponibilidade de meios técnicos o permitirem, são tiradas cópias para que os vistos sejam efectuados simultaneamente.

ARTIGO 419º
Conferência

1 – Na conferência intervêm o presidente da secção, o relator e um juiz-adjunto.

2 – A discussão é dirigida pelo presidente, que, porém, só vota, para desempatar, quando não puder formar-se maioria com os votos do relator e do juiz-adjunto.

3 – O recurso é julgado em conferência quando:

a) Tenha sido apresentada reclamação da decisão sumária prevista no nº 6 do artigo 417º;

b) A decisão recorrida não conheça, a final, do objecto do processo, nos termos da alínea *a*) do nº 1 do artigo 97º; ou

c) Não tiver sido requerida a realização de audiência e não seja necessário proceder à renovação da prova nos termos do artigo 430º

ARTIGO 420º
Rejeição do recurso

1 – O recurso é rejeitado sempre que:

a) For manifesta a sua improcedência;

b) Se verifique causa que devia ter determinado a sua não admissão nos termos do nº 2 do artigo 414º; ou

c) O recorrente não apresente, complete ou esclareça as conclusões formuladas e esse vício afectar a totalidade do recurso, nos termos do nº 3 do artigo 417º

2 – Em caso de rejeição do recurso, a decisão limita-se a identificar o tribunal recorrido, o processo e os seus sujeitos e a especificar sumariamente os fundamentos da decisão.

3 – Se o recurso for rejeitado, o tribunal condena o recorrente, se não for o Ministério Público, ao pagamento de uma importância entre 3 UC e 10 UC.

ARTIGO 421º
Prosseguimento do processo

1 – Se o processo houver de prosseguir, é aberta conclusão ao presidente da secção, o qual designa a audiência para um dos 20 dias seguintes, determina as pessoas a convocar e manda completar os vistos, se for caso disso.

2 – São sempre convocados para a audiência o Ministério Público, o defensor e os representantes do assistente e das partes civis.

3 – Exceptuado o caso do Ministério Público, as notificações são feitas por via postal.

4 – É correspondentemente aplicável o disposto no nº 2 do artigo 418º

ARTIGO 422º
Adiamento da audiência

1 – A não comparência de pessoas convocadas só determina o adiamento da audiência quando o tribunal o considerar indispensável à realização da justiça.

2 – Se o defensor não comparecer e não houver lugar a adiamento, o tribunal nomeia novo defensor. É correspondentemente aplicável o disposto no nº 2 do artigo 67º

3 – Não é permitido mais de um adiamento da audiência.

ARTIGO 423º
Audiência

1 – Após o presidente ter declarado aberta a audiência, o relator introduz os debates com uma exposição sumária sobre o objecto do recurso, na qual enuncia as questões que o tribunal entende merecerem exame especial.

2 – À exposição do relator segue-se a renovação da prova, quando a ela houver lugar.

3 – Seguidamente, o presidente dá a palavra, para alegações, aos representantes do recorrente e dos recorridos, a cada um por período não superior a trinta minutos, prorrogável em caso de especial complexidade.

4 – Não há lugar a réplica, sem prejuízo da concessão da palavra ao defensor, antes do encerramento da audiência, por mais quinze minutos, se ele não tiver sido o último a intervir.

5 – São subsidiariamente aplicáveis as disposições relativas à audiência de julgamento em 1ª instância.

ARTIGO 424º
Deliberação

1 – Encerrada a audiência, o tribunal reúne para deliberar.

2 – São correspondentemente aplicáveis as disposições sobre deliberação e votação em julgamento, tendo em atenção a natureza das questões que constituem o objecto do recurso.

3 – Sempre que se verificar uma alteração não substancial dos factos descritos na decisão recorrida ou da respectiva qualificação jurídica não conhecida do arguido, este é notificado para, querendo, se pronunciar no prazo de 10 dias.

ARTIGO 425º
Acórdão

1 – Concluída a deliberação e votação, é elaborado acórdão pelo relator ou, se este tiver ficado vencido, pelo juiz-adjunto.

2 – São admissíveis declarações de voto.

3 – Se não for possível lavrar imediatamente o acórdão, o presidente fixa publicamente a data, dentro dos 15 dias seguintes, para a publicação da decisão, após o respectivo registo em livro de lembranças assinado pelos juízes.

4 – É correspondentemente aplicável aos acórdãos proferidos em recurso o disposto nos artigos 379º e 380º, sendo o acórdão ainda nulo quando for lavrado contra o vencido, ou sem o necessário vencimento.

5 – Os acórdãos absolutórios enunciados na alínea *d*) do nº 1 do artigo 400º, que confirmem decisão de 1ª instância sem qualquer declaração de voto, podem limitar-se a negar provimento ao recurso, remetendo para os fundamentos da decisão impugnada.

6 – O acórdão é notificado aos recorrentes, aos recorridos e ao Ministério Público.

7 – O prazo para a interposição de recurso conta-se a partir da notificação do acórdão.

ARTIGO 426º
Reenvio do processo para novo julgamento

1 – Sempre que, por existirem os vícios referidos nas alíneas do nº 2 do artigo 410º, não for possível decidir da causa, o tribunal de recurso determina o reenvio do processo para novo julgamento relativamente à totalidade do objecto do processo ou a questões concretamente identificadas na decisão de reenvio.

2 – O reenvio decretado pelo Supremo Tribunal de Justiça, no âmbito de recurso interposto, em 2ª instância, de acórdão da relação é feito para este tribunal, que admite a renovação da prova ou reenvia o processo para novo julgamento em 1ª instância.

3 – No caso de haver processos conexos, o tribunal superior faz cessar a conexão e ordena a separação de algum ou alguns deles para efeitos de novo julgamento quando o vício referido no número anterior recair apenas sobre eles.

4 – Se da nova decisão a proferir no tribunal recorrido vier a ser interposto recurso, este é sempre distribuído ao mesmo relator, exceto em caso de impossibilidade.

(Redação dada pela Lei nº 20/2013, de 21-02)

ARTIGO 426º-A
Competência para o novo julgamento

1 – Quando for decretado o reenvio do processo, o novo julgamento compete ao tribunal que tiver efectuado o julgamento anterior, sem prejuízo do disposto no artigo 40º, ou, no caso de não ser possível, ao tribunal que se encontre mais próximo, de categoria e composição idênticas às do tribunal que proferiu a decisão recorrida.

2 – Quando na mesma comarca existir mais de um juízo da mesma categoria e composição, o julgamento compete ao tribunal que resultar da distribuição.

(Redação dada pela Lei nº 52/2008, de 28-08)

CAPÍTULO III
Do recurso perante as relações

ARTIGO 427º
Recurso para a relação

Exceptuados os casos em que há recurso directo para o Supremo Tribunal de Justiça, o recurso da decisão proferida por tribunal de 1ª instância interpõe-se para a relação.

ARTIGO 428º
Poderes de cognição

As relações conhecem de facto e de direito.

ARTIGO 429º
Composição do tribunal em audiência

1 – Na audiência intervêm o presidente da secção, o relator e um juiz-adjunto.

2 – Sempre que possível, mantêm-se para a audiência juízes que tiverem intervindo na conferência.

ARTIGO 430º
Renovação da prova

1 – Quando deva conhecer de facto e de direito, a relação admite a renovação da prova se se verificarem os vícios referidos nas alíneas do nº 2 do artigo 410º e houver razões para crer que aquela permitirá evitar o reenvio do processo.

2 – A decisão que admitir ou recusar a renovação da prova é definitiva e fixa os termos e a extensão com que a prova produzida em 1ª instância pode ser renovada.

3 – A renovação da prova realiza-se em audiência.

4 – O arguido é sempre convocado para a audiência, mas, se tiver sido regularmente convocado, a sua falta não dá lugar a adiamento, salvo decisão do tribunal em contrário.

5 – É correspondentemente aplicável o preceituado quanto à discussão e julgamento em 1ª instância.

ARTIGO 431º
Modificabilidade da decisão recorrida

Sem prejuízo do disposto no artigo 410º, a decisão do tribunal de 1ª instância sobre matéria de facto pode ser modificada:

a) Se do processo constarem todos os elementos de prova que lhe serviram de base;
b) Se a prova tiver sido impugnada nos termos do nº 3 do artigo 412º; ou
c) Se tiver havido renovação da prova.

CAPÍTULO IV
Do recurso perante o Supremo Tribunal de Justiça

ARTIGO 432º
Recurso para o Supremo Tribunal de Justiça

1 – Recorre-se para o Supremo Tribunal de Justiça:

a) De decisões das relações proferidas em 1ª instância;*

b) De decisões que não sejam irrecorríveis proferidas pelas relações, em recurso, nos termos do artigo 400º;

c) De acórdãos finais proferidos pelo tribunal do júri ou pelo tribunal colectivo que apliquem pena de prisão superior a 5 anos, visando exclusivamente o reexame de matéria de direito;**

d) De decisões interlocutórias que devam subir com os recursos referidos nas alíneas anteriores.

2 – Nos casos da alínea *c*) do número anterior não é admissível recurso prévio para a relação, sem prejuízo do disposto no nº 8 do artigo 414º**

ARTIGO 433º
Outros casos de recurso

Recorre-se ainda para o Supremo Tribunal de Justiça noutros casos que a lei especialmente preveja.

ARTIGO 434º
Poderes de cognição

Sem prejuízo do disposto nos nºs 2 e 3 do artigo 410º, o recurso interposto para o Supremo Tribunal de Justiça visa exclusivamente o reexame de matéria de direito.

ARTIGO 435º
Audiência

Na audiência o tribunal é constituído pelo presidente da secção, pelo relator e por um juiz-adjunto.

* **Fixação de Jurisprudência:**
Acórdão do Supremo Tribunal de Justiça nº 14/2013, de 12 de novembro (publicado no DR nº 219, série I, de 12-11-2013):
Da conjugação das normas do artigo 400º, alíneas *e*) e *f*), e artigo 432º, nº 1, alínea *c*), ambos do CPP, na redacção da Lei nº 48/2007, de 29 de Agosto, não é admissível recurso para o Supremo Tribunal de Justiça de acórdão da Relação que, revogando a suspensão da execução da pena decidida em 1ª instância, aplica ao arguido pena não superior a 5 anos de prisão.

** **Fixação de jurisprudência:**
Acórdão do Supremo Tribunal de Justiça nº 5/2017, de 23 de junho (publicado no DR nº 120, série I, de 23-06-2017)
«A competência para conhecer do recurso interposto de acórdão do tribunal do júri ou do tribunal coletivo que, em situação de concurso de crimes, tenha aplicado uma pena conjunta superior a cinco anos de prisão, visando apenas o reexame da matéria de direito, pertence ao Supremo Tribunal de Justiça, nos termos do artigo 432º, nº 1, alínea *c*), e nº 2, do CPP, competindo-lhe também, no âmbito do mesmo recurso, apreciar as questões relativas às penas parcelares englobadas naquela pena, superiores, iguais ou inferiores àquela medida, se impugnadas.».

ARTIGO 436º
Alteração da composição do tribunal

Não sendo possível a participação na audiência dos juízes que intervieram na conferência, são chamados outros juízes, designando-se novo relator ou completando-se os vistos.

TÍTULO II
Dos recursos extraordinários

CAPÍTULO I
Da fixação de jurisprudência

ARTIGO 437º
Fundamento do recurso

1 – Quando, no domínio da mesma legislação, o Supremo Tribunal de Justiça proferir dois acórdãos que, relativamente à mesma questão de direito, assentem em soluções opostas, cabe recurso, para o pleno das secções criminais, do acórdão proferido em último lugar.

2 – É também admissível recurso, nos termos do número anterior, quando um tribunal de relação proferir acórdão que esteja em oposição com outro, da mesma ou de diferente relação, ou do Supremo Tribunal de Justiça, e dele não for admissível recurso ordinário, salvo se a orientação perfilhada naquele acórdão estiver de acordo com a jurisprudência já anteriormente fixada pelo Supremo Tribunal de Justiça.

3 – Os acórdãos consideram-se proferidos no domínio da mesma legislação quando, durante o intervalo da sua prolação, não tiver ocorrido modificação legislativa que interfira, directa ou indirectamente, na resolução da questão de direito controvertida.

4 – Como fundamento do recurso só pode invocar-se acórdão anterior transitado em julgado.

5 – O recurso previsto nos nºs 1 e 2 pode ser interposto pelo arguido, pelo assistente ou pelas partes civis e é obrigatório para o Ministério Público.

ARTIGO 438º
Interposição e efeito

1 – O recurso para a fixação de jurisprudência é interposto no prazo de 30 dias a contar do trânsito em julgado do acórdão proferido em último lugar.

2 – No requerimento de interposição do recurso o recorrente identifica o acórdão com o qual o acórdão recorrido se encontre em oposição e, se este estiver publicado, o lugar da publicação e justifica a oposição que origina o conflito de jurisprudência.

3 – O recurso para fixação de jurisprudência não tem efeito suspensivo.

ARTIGO 439º
Actos de secretaria

1 – Interposto o recurso, a secretaria faculta o processo aos sujeitos processuais interessados para efeito de resposta no prazo de 10 dias e passa certidão do acórdão recorrido certificando narrativamente a data de apresentação do requerimento de interposição e da notificação ou do depósito do acórdão.

2 – O requerimento de interposição do recurso e a resposta são autuados com a certidão, e o processo assim formado é presente à distribuição ou, se o recurso tiver sido interposto de acórdão da relação, enviado para o Supremo Tribunal de Justiça.

3 – No processo donde foi interposto o recurso fica certidão do requerimento de interposição e do despacho que admitiu o recurso.

ARTIGO 440º
Vista e exame preliminar

1 – Recebido no Supremo Tribunal de Justiça, o processo vai com vista ao Ministério Público, por 10 dias, e é depois concluso ao relator, por 10 dias, para exame preliminar.

2 – O relator pode determinar que o recorrente junte certidão do acórdão com o qual o recorrido se encontra em oposição.

3 – No exame preliminar o relator verifica a admissibilidade e o regime do recurso e a existência de oposição entre os julgados.

4 – Efectuado o exame, o processo é remetido, com projecto de acórdão, a vistos do presidente e dos juízes-adjuntos, por 10 dias, e depois à conferência, na primeira sessão que tiver lugar.

5 – É correspondentemente aplicável o disposto no nº 2 do artigo 418º

ARTIGO 441º
Conferência

1 – Se ocorrer motivo de inadmissibilidade ou o tribunal concluir pela não oposição de julgados, o recurso é rejeitado; se concluir pela oposição, o recurso prossegue.

2 – Se, porém, a oposição de julgados já tiver sido reconhecida, os termos do recurso são suspensos até ao julgamento do recurso em que primeiro se tiver concluído pela oposição.

3 – É correspondentemente aplicável o disposto nos nºs 1 e 2 do artigo 419º

ARTIGO 442º
Preparação do julgamento

1 – Se o recurso prosseguir, os sujeitos processuais interessados são notificados para apresentarem, por escrito, no prazo de 15 dias, as suas alegações.

2 – Nas alegações os interessados formulam conclusões em que indicam o sentido em que deve fixar-se a jurisprudência.

3 – Juntas as alegações, ou expirado o prazo para a sua apresentação, o processo é concluso ao relator, por 30 dias, e depois remetido, com projecto de acórdão, a visto simultâneo dos restantes juízes, por 10 dias.

4 – Esgotado o prazo para os vistos, o Presidente do Supremo Tribunal de Justiça manda inscrever o processo em tabela.

ARTIGO 443º
Julgamento

1 – O julgamento é feito, em conferência, pelo pleno das secções criminais.

2 – A conferência é presidida pelo Presidente do Supremo Tribunal de Justiça, que dirige os trabalhos e desempata quando não puder formar-se maioria.

3 – É correspondentemente aplicável o disposto no artigo 409º, ainda que o recurso tenha sido interposto pelo Ministério Público ou pelo assistente, salvo quando qualquer destes tiver recorrido, em desfavor do arguido, no processo em que foi proferido o acórdão recorrido.

ARTIGO 444º
Publicação do acórdão

1 – O acórdão é imediatamente publicado na 1ª série do Diário da República e enviado, por certidão, aos tribunais de relação para registo em livro próprio.

2 – O Presidente do Supremo Tribunal de Justiça remete ao Ministério da Justiça cópia do acórdão acompanhada das alegações do Ministério Público.

ARTIGO 445º
Eficácia da decisão

1 – Sem prejuízo do disposto no nº 3 do artigo 443º, a decisão que resolver o conflito tem eficácia no processo em que o recurso foi interposto e nos processos cuja tramitação tiver sido suspensa nos termos do nº 2 do artigo 441º

2 – O Supremo Tribunal de Justiça, conforme os casos, revê a decisão recorrida ou reenvia o processo.

3 – A decisão que resolver o conflito não constitui jurisprudência obrigatória para os tribunais judiciais, mas estes devem fundamentar as divergências relativas à jurisprudência fixada naquela decisão.

ARTIGO 446º
Recurso de decisão proferida contra jurisprudência fixada pelo Supremo Tribunal de Justiça

1 – É admissível recurso directo para o Supremo Tribunal de Justiça, de qualquer decisão proferida contra jurisprudência por ele fixada, a interpor no prazo de 30 dias a contar do trânsito em julgado da decisão recorrida, sendo correspondentemente aplicáveis as disposições do presente capítulo.

2 – O recurso pode ser interposto pelo arguido, pelo assistente ou pelas partes civis e é obrigatório para o Ministério Público.

3 – O Supremo Tribunal de Justiça pode limitar-se a aplicar a jurisprudência fixada, apenas devendo proceder ao seu reexame se entender que está ultrapassada.

ARTIGO 447º
Recursos no interesse da unidade do direito

1 – O Procurador-Geral da República pode determinar que seja interposto recurso para fixação da jurisprudência de decisão transitada em julgado há mais de 30 dias.

2 – Sempre que tiver razões para crer que uma jurisprudência fixada está ultrapassada, o Procurador-Geral da República pode interpor recurso do acórdão que firmou essa jurisprudência no sentido do seu reexame. Nas alegações o Procurador-Geral da República indica logo as razões e o sentido em que jurisprudência anteriormente fixada deve ser modificada.

3 – Nos casos previstos nos números anteriores a decisão que resolver o conflito não tem eficácia no processo em que o recurso tiver sido interposto.

ARTIGO 448º
Disposições subsidiárias

Aos recursos previstos no presente capítulo aplicam-se subsidiariamente as disposições que regulam os recursos ordinários.

CAPÍTULO II
Da revisão

ARTIGO 449º
Fundamentos e admissibilidade da revisão

1 – A revisão de sentença transitada em julgado é admissível quando:

a) Uma outra sentença transitada em julgado tiver considerado falsos meios de prova que tenham sido determinantes para a decisão;

b) Uma outra sentença transitada em julgado tiver dado como provado crime cometido por juiz ou jurado e relacionado com o exercício da sua função no processo;

c) Os factos que servirem de fundamento à condenação forem inconciliáveis com os dados como provados noutra sentença e da oposição resultarem graves dúvidas sobre a justiça da condenação;

d) Se descobrirem novos factos ou meios de prova que, de per si ou combinados com os que foram apreciados no processo, suscitem graves dúvidas sobre a justiça da condenação.

e) Se descobrir que serviram de fundamento à condenação provas proibidas nos termos dos nºs 1 a 3 do artigo 126º;

f) Seja declarada, pelo Tribunal Constitucional, a inconstitucionalidade com força obrigatória geral de norma de conteúdo menos favorável ao arguido que tenha servido de fundamento à condenação;

g) Uma sentença vinculativa do Estado Português, proferida por uma instância internacional, for inconciliável com a condenação ou suscitar graves dúvidas sobre a sua justiça.

2 – Para o efeito do disposto no número anterior, à sentença é equiparado despacho que tiver posto fim ao processo.

3 – Com fundamento na alínea *d*) do nº 1, não é admissível revisão com o único fim de corrigir a medida concreta da sanção aplicada.

4 – A revisão é admissível ainda que o procedimento se encontre extinto ou a pena prescrita ou cumprida.

ARTIGO 450º
Legitimidade

1 – Têm legitimidade para requerer a revisão:

a) O Ministério Público;

b) O assistente, relativamente a sentenças absolutórias ou a despachos de não pronúncia;

c) O condenado ou seu defensor, relativamente a sentenças condenatórias.

2 – Têm ainda legitimidade para requerer a revisão e para a continuar, quando o condenado tiver falecido, o cônjuge, os descendentes, adoptados, ascendentes, adoptantes, parentes ou afins até ao 4º grau da linha colateral, os herdeiros que mostrem um interesse legítimo ou quem do condenado tiver recebido incumbência expressa.

ARTIGO 451º
Formulação do pedido

1 – O requerimento a pedir a revisão é apresentado no tribunal onde se proferiu a sentença que deve ser revista.

2 – O requerimento é sempre motivado e contém a indicação dos meios de prova.

3 – São juntos ao requerimento a certidão da decisão de que se pede a revisão e do seu trânsito em julgado, bem como os documentos necessários à instrução do pedido.

ARTIGO 452º
Tramitação

A revisão é processada por apenso aos autos onde se proferiu a decisão a rever.

ARTIGO 453º
Produção de prova

1 – Se o fundamento da revisão for o previsto na alínea *d*) do nº 1 do artigo 449º, o juiz procede às diligências que considerar indispensáveis para a descoberta da verdade, mandando documentar, por redução a escrito ou por qualquer meio de reprodução integral, as declarações prestadas.

2 – O requerente não pode indicar testemunhas que não tiverem sido ouvidas no processo, a não ser justificando que ignorava a sua existência ao tempo da decisão ou que estiveram impossibilitadas de depor.

ARTIGO 454º
Informação e remessa do processo

No prazo de oito dias após ter expirado o prazo de resposta ou terem sido completadas as diligências, quando a elas houver lugar, o juiz remete o processo ao Supremo Tribunal de Justiça acompanhado de informação sobre o mérito do pedido.

ARTIGO 455º
Tramitação no Supremo Tribunal de Justiça

1 – Recebido no Supremo Tribunal de Justiça, o processo vai com vista ao Ministério Público, por 10 dias, e é depois concluso ao relator, pelo prazo de 15 dias.

2 – Com projecto de acórdão, o processo vai, de seguida, a visto dos juízes das secções criminais, por 10 dias.

3 – A decisão que autorizar ou denegar a revisão é tomada em conferência pelas secções criminais.

4 – Se o tribunal entender que é necessário proceder a qualquer diligência, ordena-a, indicando o juiz que a ela deve presidir.

5 – Realizada a diligência, o tribunal delibera sem necessidade de novos vistos.

6 – É correspondentemente aplicável o disposto no nº 2 do artigo 418º e no artigo 435º

ARTIGO 456º
Negação da revisão

Se o Supremo Tribunal de Justiça negar a revisão pedida pelo assistente, pelo condenado ou por qualquer das pessoas referidas no nº 2 do artigo 450º, condena o requerente em custas e ainda, se considerar que o pedido era manifestamente infundado, no pagamento de uma quantia entre 6 UC a 30 UC.

ARTIGO 457º
Autorização da revisão

1 – Se for autorizada a revisão, o Supremo Tribunal de Justiça reenvia o processo ao tribunal de categoria e composição idênticas às do tribunal que proferiu a decisão a rever e que se encontrar mais próximo.

2 – Se o condenado se encontrar a cumprir pena de prisão ou medida de segurança de internamento, o Supremo Tribunal de Justiça decide, em função da gravidade da dúvida sobre a condenação, se a execução deve ser suspensa.

3 – Se ordenar a suspensão da execução ou se o condenado não tiver ainda iniciado o cumprimento da sanção, o Supremo Tribunal de Justiça decide se ao condenado deve ser aplicada medida de coacção legalmente admissível no caso.

ARTIGO 458º
Anulação de sentenças inconciliáveis

1 – Se a revisão for autorizada com fundamento na alínea *c*) do nº 1 do artigo 449º, por haver sentenças penais inconciliáveis que tenham condenado arguidos diversos pelos mesmos factos, o Supremo Tribunal de Justiça anula as sentenças e determina que se proceda a julgamento conjunto de todos os arguidos, indicando o tribunal que, segundo a lei, é competente.

2 – Para efeitos do disposto no número anterior, os processos são apensos, seguindo-se os termos da revisão.

3 – A anulação das sentenças faz cessar a execução das sanções nelas aplicadas, mas o Supremo Tribunal de Justiça decide se aos condenados devem ser aplicadas medidas de coacção legalmente admissíveis no caso.

ARTIGO 459º
Meios de prova e actos urgentes

1 – Baixado o processo, o juiz manda dar vista ao Ministério Público para indicar meios de prova e, para o mesmo fim, ordena a notificação do arguido e do assistente.

2 – Seguidamente, o juiz pratica os actos urgentes necessários, nos termos do artigo 320º, e ordena a realização das diligências requeridas e as demais que considerar necessárias para o esclarecimento da causa.

ARTIGO 460º
Novo julgamento

1 – Praticados os actos a que se refere o artigo anterior, é designado dia para julgamento, observando-se em tudo os termos do respectivo processo.

2 – Se a revisão tiver sido autorizada com fundamento nas alíneas *a*) ou *b*) do nº 1 do artigo 449º, não podem intervir no julgamento pessoas condenadas ou acusadas pelo Ministério Público por factos que tenham sido determinantes para a decisão a rever.

ARTIGO 461º
Sentença absolutória no juízo de revisão

1 – Se a decisão revista tiver sido condenatória e o tribunal de revisão absolver o arguido, aquela decisão é anulada, trancado o respectivo registo e o arguido restituído à situação jurídica anterior à condenação.

2 – A sentença que absolver o arguido no tribunal de revisão é afixada por certidão à porta do tribunal da comarca da sua última residência e à porta do tribunal que tiver proferido a condenação e publicada em três números consecutivos de jornal da sede deste último tribunal ou da localidade mais próxima, se naquela não houver jornais.

ARTIGO 462º
Indemnização

1 – No caso referido no artigo anterior, a sentença atribui ao arguido indemnização pelos danos sofridos e manda restituir-lhe as quantias relativas a custas e multas que tiver suportado.

2 – A indemnização é paga pelo Estado, ficando este sub-rogado no direito do arguido contra os responsáveis por factos que tiverem determinado a decisão revista.

3 – A pedido do requerente, ou quando não dispuser de elementos bastantes para fixar a indemnização, o tribunal relega a liquidação para execução de sentença.

ARTIGO 463º
Sentença condenatória no juízo de revisão

1 – Se o tribunal de revisão concluir pela condenação do arguido, aplica-lhe a sanção que considerar cabida ao caso, descontando-lhe a que já tiver cumprido.

2 – É correspondentemente aplicável o disposto no artigo 409º

3 – Se a decisão revista tiver sido absolutória, mas no juízo de revisão a sentença for condenatória:

a) O arguido que houver recebido indemnização é condenado a restituí-la; e

b) Ao assistente são restituídas as custas que houver pago.

ARTIGO 464º
Revisão de despacho

Nos casos em que for admitida a revisão de despacho que tiver posto fim ao processo, nos termos do nº 2 do artigo 449º, o Supremo Tribunal de Justiça, se conceder a revisão, declara sem efeito o despacho e ordena que o processo prossiga.

ARTIGO 465º
Legitimidade para novo pedido de revisão

Tendo sido negada a revisão ou mantida a decisão revista, não pode haver nova revisão com o mesmo fundamento.

ARTIGO 466º
Prioridade dos actos judiciais

Quando o condenado a favor de quem foi pedida a revisão se encontrar preso ou internado, os actos judiciais que deverem praticar-se preferem a qualquer outro serviço.

LIVRO X
DAS EXECUÇÕES

TÍTULO I
Disposições gerais

ARTIGO 467º
Decisões com força executiva

1 – As decisões penais condenatórias transitadas em julgado têm força executiva em todo o território português e ainda em território estrangeiro, conforme os tratados, convenções e regras de direito internacional.

2 – As decisões penais absolutórias são exequíveis logo que proferidas, sem prejuízo do disposto no nº 3 do artigo 214º

ARTIGO 468º
Decisões inexequíveis

Não é exequível decisão penal que:

a) Não determinar a pena ou a medida de segurança aplicadas ou que aplicar pena ou medida inexistentes na lei portuguesa;

b) Não estiver reduzida a escrito; ou

c) Tratando-se de sentença penal estrangeira, não tiver sido revista e confirmada nos casos em que isso for legalmente exigido.

ARTIGO 469º
Promoção da execução

Compete ao Ministério Público promover a execução das penas e das medidas de segurança e, bem assim, a execução por indemnização e mais quantias devidas ao Estado ou a pessoas que lhe incumba representar judicialmente.

(Redação dada pela Lei nº 27/2019, de 28-03)

ARTIGO 470º
Tribunal competente para a execução

1 – A execução corre nos próprios autos perante o presidente do tribunal de 1ª instância em que o processo tiver corrido, sem prejuízo do disposto no artigo 138º do Código da Execução das Penas e Medidas Privativas da Liberdade.

2 – Se a causa tiver sido julgada em 1ª instância pela relação ou pelo Supremo Tribunal de Justiça ou se a decisão tiver sido revista e confirmada, a execução corre na comarca do domicílio do condenado, salvo se este for magistrado judicial ou do Ministério Público aí em exercício, caso em que a execução corre no tribunal mais próximo.

(Redação dada pela Lei nº 115/2009, de 12-10)

ARTIGO 471º
Conhecimento superveniente do concurso

1 – Para o efeito do disposto nos nºs 1 e 2 do artigo 78º do Código Penal é competente, conforme os casos, o tribunal colectivo ou o tribunal singular. É correspondentemente aplicável a alínea *b*) do nº 2 do artigo 14º

2 – Sem prejuízo do disposto no número anterior, é territorialmente competente o tribunal da última condenação.

ARTIGO 472º
Tramitação

1 – Para o efeito do disposto no nº 2 do artigo 78º do Código Penal, o tribunal designa dia para a realização da audiência ordenando, oficiosamente ou a requerimento, as diligências que se lhe afigurem necessárias para a decisão.

2 – É obrigatória a presença do defensor e do Ministério Público, a quem são concedidos quinze minutos para alegações finais. O tribunal determina os casos em que o arguido deve estar presente.

ARTIGO 473º
Suspensão da execução

1 – Logo que for proferido despacho de pronúncia ou que designe o dia para julgamento de magistrado, jurado, testemunha, perito ou funcionário de justiça por factos que possam ter determinado a condenação do arguido, o Procurador-Geral da República pode requerer ao Supremo Tribunal de Justiça que suspenda a execução da sentença até ser decidido o processo, juntando os documentos comprovativos.

2 – O Supremo Tribunal de Justiça decide, em pleno das secções criminais, se a execução da sentença deve ser suspensa e, em caso afirmativo, se deve ser aplicada medida de coacção ou de garantia patrimonial legalmente admissível no caso.

3 – É correspondentemente aplicável ao julgamento o disposto no artigo 455º

ARTIGO 474º
Competência para questões incidentais

1 – Cabe ao tribunal competente para a execução decidir as questões relativas à execução das penas e das medidas de segurança e à extinção da responsabilidade, bem como à prorrogação, pagamento em prestações ou substituição por trabalho da pena de multa e ao cumprimento da prisão subsidiária.

2 – A aplicação da amnistia e de outras medidas de clemência previstas na lei compete ao tribunal referido no número anterior ou ao tribunal de recurso ou de execução das penas onde o processo se encontrar.

ARTIGO 475º
Extinção da execução

O tribunal competente para a execução declara extinta a pena ou a medida de segurança, notificando o beneficiário com entrega de cópia e sendo caso disso remetendo cópias para os serviços prisionais, serviços de reinserção social e outras instituições que determinar.

ARTIGO 476º
Contumácia

(Revogado pela Lei nº 115/2009, de 12-10)

TÍTULO II
Da execução da pena de prisão

CAPÍTULO I
Da prisão

ARTIGO 477º
Comunicação da sentença a diversas entidades

1 – O Ministério Público envia ao Tribunal de Execução das Penas e aos serviços prisionais e de reinserção social, no prazo de cinco dias após o trânsito em julgado, cópia da sentença que aplicar pena privativa da liberdade.

2 – O Ministério Público indica as datas calculadas para o termo da pena e, nos casos de admissibilidade de liberdade condicional, para os efeitos previstos nos artigos 61º e 62º e no nº 1 do artigo 90º do Código Penal.

3 – Tratando-se de pena relativamente indeterminada, o Ministério Público indica ainda a data calculada para o efeito previsto no nº 3 do artigo 90º do Código Penal.

4 – O cômputo previsto nos nºs 2 e 3 é homologado pelo juiz e comunicado ao condenado e ao seu advogado.

5 – Em caso de recurso da decisão que aplicar pena privativa da liberdade e de o arguido se encontrar privado da liberdade, o Ministério Público envia aos serviços prisionais cópia da decisão, com a indicação de que dela foi interposto recurso.

(Redação dada pela Lei nº 115/2009, de 12-10)

ARTIGO 478º
Entrada no estabelecimento prisional

Os condenados em pena de prisão dão entrada no estabelecimento prisional por mandado do juiz competente.

ARTIGO 479º
Contagem do tempo de prisão

1 – Na contagem do tempo de prisão, os anos, meses e dias são computados segundo os critérios seguintes:

a) A prisão fixada em anos termina no dia correspondente, dentro do último ano, ao do início da contagem e, se não existir dia correspondente, no último dia do mês;

b) A prisão fixada em meses é contada considerando-se cada mês um período que termina no dia correspondente do mês seguinte ou, não o havendo, no último dia do mês;

c) A prisão fixada em dias é contada considerando-se cada dia um período de vinte e quatro horas, sem prejuízo do que no artigo 481º se dispõe quanto ao momento da libertação.

2 – Quando a prisão não for cumprida continuamente, ao dia encontrado segundo os critérios do número anterior acresce o tempo correspondente às interrupções.

ARTIGO 480º
Mandado de libertação

(Revogado pela Lei nº 115/2009, de 12-10)

ARTIGO 481º
Momento da libertação

(Revogado pela Lei nº 115/2009, de 12-10)

ARTIGO 482º
Comunicações

(Revogado pela Lei nº 115/2009, de 12-10)

ARTIGO 483º
Anomalia psíquica posterior

(Revogado pela Lei nº 115/2009, de 12-10)

CAPÍTULO II
Da liberdade condicional

ARTIGO 484º
Início do processo da liberdade condicional

(Revogado pela Lei nº 115/2009, de 12-10)

ARTIGO 485º
Decisão

(Revogado pela Lei nº 115/2009, de 12-10)

ARTIGO 486º
Renovação da instância

(Revogado pela Lei nº 115/2009, de 12-10)

CAPÍTULO III
Da execução da prisão por dias livres e em regime de semidetenção ou de permanência na habitação

ARTIGO 487º
Conteúdo da decisão e início do cumprimento

(Revogado pela Lei nº 94/2017, de 23-08)

ARTIGO 488º
Execução, faltas e termo do cumprimento

(Revogado pela Lei nº 115/2009, de 12-10)

TÍTULO III
Da execução das penas não privativas de liberdade

CAPÍTULO I
Da execução da pena de multa

ARTIGO 489º
Prazo de pagamento

1 – A multa é paga após o trânsito em julgado da decisão que a impôs e pelo quantitativo nesta fixado, não podendo ser acrescida de quaisquer adicionais.

2 – O prazo de pagamento é de 15 dias a contar da notificação para o efeito.

3 – O disposto no número anterior não se aplica no caso de o pagamento da multa ter sido diferido ou autorizado pelo sistema de prestações.

ARTIGO 490º
Substituição da multa por dias de trabalho

1 – O requerimento para substituição da multa por dias de trabalho é apresentado no prazo previsto nos nºs 2 e 3 do artigo anterior, devendo o condenado indicar as

habilitações profissionais e literárias, a situação profissional e familiar e o tempo disponível, bem como, se possível, mencionar alguma instituição em que pretenda prestar trabalho.

2 – O tribunal pode solicitar informações complementares aos serviços de reinserção social, nomeadamente sobre o local e horário de trabalho e a remuneração.

3 – A decisão de substituição indica o número de horas de trabalho e é comunicada ao condenado, aos serviços de reinserção social e à entidade a quem o trabalho deva ser prestado.

4 – Em caso de não substituição da multa por dias de trabalho, o prazo de pagamento é de 15 dias a contar da notificação da decisão.

ARTIGO 491º
Não pagamento da multa

1 – Findo o prazo de pagamento da multa ou de alguma das suas prestações sem que o pagamento esteja efectuado, procede-se à execução patrimonial.

2 – Tendo o condenado bens penhoráveis suficientes de que o tribunal tenha conhecimento ou que ele indique no prazo de pagamento, o Ministério Público promove logo a execução, que segue as disposições previstas no Código de Processo Civil para a execução por indemnizações.

3 – A decisão sobre a suspensão da execução da prisão subsidiária é precedida de parecer do Ministério Público, quando este não tenha sido o requerente.

(Redação dada pela Lei nº 27/2019, de 28-03)

ARTIGO 491º-A
Pagamento da multa a outras entidades

1 – Sempre que, no momento da detenção para cumprimento da prisão subsidiária, o condenado pretenda pagar a multa, mas não possa, sem grave inconveniente, efectuar o pagamento no tribunal, pode realizá-lo à entidade policial, contra entrega de recibo, aposto no triplicado do mandado.

2 – Fora do caso previsto no número anterior ou quando o tribunal se encontre encerrado, o pagamento da multa pode ainda ser efectuado, contra recibo, junto do estabelecimento prisional onde se encontre o condenado.

3 – Para o efeito previsto nos números anteriores, os mandados devem conter a indicação do montante da multa, bem como da importância a descontar por cada dia ou fracção em que o arguido esteve detido.

4 – Nos 10 dias imediatos, a entidade policial ou o estabelecimento prisional remetem ou entregam a quantia recebida ao tribunal da condenação.

(Aditado pela Lei nº 115/2009, de 12-10)

CAPÍTULO II
Da execução da pena suspensa

ARTIGO 492º
Modificação dos deveres, regras de conduta e outras obrigações impostos

1 – A modificação dos deveres, regras de conduta e outras obrigações impostos ao condenado na sentença que tiver decretado a suspensão da execução da prisão é decidida por despacho, depois de recolhida prova das circunstâncias relevantes supervenientes ou de que o tribunal só posteriormente tiver tido conhecimento.

2 – O despacho é precedido de parecer do Ministério Público e de audição do condenado, e ainda dos serviços de reinserção social no caso de a suspensão ter sido acompanhada de regime de prova.

ARTIGO 493º
Apresentação periódica e sujeição a tratamento médico ou a cura

1 – Sendo determinada apresentação periódica perante o tribunal, as apresentações são anotadas no processo.

2 – Se for determinada apresentação perante outra entidade, o tribunal faz a esta a necessária comunicação, devendo a entidade em causa informar o tribunal sobre a regularidade das apresentações e, sendo caso disso, do não cumprimento por parte do condenado, com indicação dos motivos que forem do seu conhecimento.

3 – A sujeição do condenado a tratamento médico ou a cura em instituição adequada durante o período da suspensão é executada mediante mandado emitido, para o efeito, pelo tribunal.

4 – Os responsáveis pela instituição informam o tribunal da evolução e termo do tratamento ou cura, podendo sugerir medidas que considerem adequadas ao êxito do mesmo.

ARTIGO 494º
Plano de reinserção social

1 – A decisão que suspender a execução da prisão com regime de prova deve conter o plano de reinserção social que o tribunal solicita aos serviços de reinserção social.

2 – A decisão, uma vez transitada em julgado, é comunicada aos serviços de reinserção social.

3 – Quando a decisão não contiver o plano de reinserção social ou este deva ser completado, os serviços de reinserção social procedem à sua elaboração ou reelaboração, ouvido o condenado, no prazo de 30 dias, e submetem-no à homologação do tribunal.

(Redação dada pela Lei nº 115/2009, de 12-10)

ARTIGO 495º
Falta de cumprimento das condições de suspensão

1 – Quaisquer autoridades e serviços aos quais seja pedido apoio ao condenado no cumprimento dos deveres, regras de conduta ou outras obrigações impostos comunicam ao tribunal a falta de cumprimento, por aquele, desses deveres, regras de conduta ou obrigações, para efeitos do disposto no nº 3 do artigo 51º, no nº 3 do artigo 52º e nos artigos 55º e 56º do Código Penal.

2 – O tribunal decide por despacho, depois de recolhida a prova, obtido parecer do Ministério Público e ouvido o condenado na presença do técnico que apoia e fiscaliza o cumprimento das condições da suspensão, bem como, sempre que necessário, ouvida a vítima, mesmo que não se tenha constituído assistente.

3 – A condenação pela prática de qualquer crime cometido durante o período de suspensão é imediatamente comunicada ao tribunal competente para a execução, sendo-lhe remetida cópia da decisão condenatória.

4 – Para os efeitos do disposto no nº 1, a decisão que decretar a imposição de deveres, regras de conduta ou outras obrigações é comunicada às autoridades e serviços aí referidos.

(Redação dada pela Lei nº 130/2015, de 04-09)

CAPÍTULO III
Da execução da prestação de trabalho a favor da comunidade e da admoestação

ARTIGO 496º
Prestação de trabalho a favor da comunidade

1 – Se o tribunal decidir aplicar a prestação de trabalho a favor da comunidade solicita aos serviços de reinserção social a elaboração de um plano de execução.

2 – Os serviços de reinserção social elaboram o plano de execução no prazo de 30 dias.

3 – Transitada em julgado, a condenação é comunicada aos serviços de reinserção social e à entidade a quem o trabalho deva ser prestado, devendo aqueles proceder à colocação do condenado no posto de trabalho no prazo máximo de três meses.

ARTIGO 497º
Admoestação

1 – A admoestação é proferida após trânsito em julgado da decisão que a aplicar.

2 – A admoestação é proferida de imediato se o Ministério Público, o arguido e o assistente declararem para a acta que renunciam à interposição de recurso.

3 – O tribunal executa a admoestação de forma que esta se não confunda com a alocução referida no nº 2 do artigo 375º.

ARTIGO 498º
Suspensão provisória, revogação, extinção, substituição e modificação da execução

1 – O tribunal pode solicitar informação aos serviços de reinserção social para o efeito do disposto no nº 1 do artigo 59º do Código Penal.

2 – Finda a prestação de trabalho, ou sempre que no seu decurso se verificarem anomalias graves, os serviços de reinserção social enviam ao tribunal o relatório respectivo.

3 – À suspensão provisória, revogação, extinção e substituição é correspondentemente aplicável o disposto nos nºs 2 e 3 do artigo 495º.

4 – Sempre que se verifiquem circunstâncias ou anomalias que possam justificar alterações à modalidade concreta da prestação de trabalho, os serviços de reinserção social comunicam esses factos ao tribunal, fornecendo-lhe, desde logo, sempre que possível, os indicadores necessários à modificação da prestação de trabalho.

5 – No caso previsto no número anterior, o tribunal pode dispensar a recolha de prova e a audição do condenado que tiver manifestado adesão à modificação indicada pelos serviços de reinserção social, decidindo imediatamente por despacho, depois de ouvido o Ministério Público.

CAPÍTULO IV
Da execução das penas acessórias

ARTIGO 499º
Decisão e trâmites

1 – A decisão que decretar a proibição ou a suspensão de exercício de função pública é comunicada ao dirigente do serviço ou organismo de que depende o condenado.

2 – A decisão que decretar a proibição ou a suspensão de exercício de profissão ou actividade que dependa de título público ou de autorização ou homologação de autoridade pública é comunicada, conforme os casos, ao organismo profissional em que o condenado esteja inscrito ou à entidade competente para a autorização ou homologação.

3 – O tribunal pode decretar a apreensão, pelo tempo que durar a proibição, dos documentos que titulem a profissão ou actividade.

4 – A incapacidade eleitoral é comunicada à comissão de recenseamento eleitoral em que o condenado se encontrar inscrito ou dever fazer a inscrição.

5 – A incapacidade para exercer o poder paternal, a tutela, a curatela, a administração de bens ou para ser jurado é comunicada à conservatória do registo civil onde estiver lavrado o registo de nascimento do condenado.

6 – Para além do disposto nos números anteriores, o tribunal ordena as providências necessárias para a execução da pena acessória.

ARTIGO 500º
Proibição de condução

1 – A decisão que decretar a proibição de conduzir veículos motorizados é comunicada à Direcção-Geral de Viação.

2 – No prazo de 10 dias a contar do trânsito em julgado da sentença, o condenado entrega na secretaria do tribunal, ou em qualquer posto policial, que a remete àquela, a licença de condução, se a mesma não se encontrar já apreendida no processo.

3 – Se o condenado na proibição de conduzir veículos motorizados não proceder de acordo com o disposto no número anterior, o tribunal ordena a apreensão da licença de condução.

4 – A licença de condução fica retida na secretaria do tribunal pelo período de tempo que durar a proibição. Decorrido esse período a licença é devolvida ao titular.

5 – O disposto nos nºs 2 e 3 é aplicável à licença de condução emitida em país estrangeiro.

6 – No caso previsto no número anterior, a secretaria do tribunal envia a licença à Direcção-Geral de Viação, a fim de nela ser anotada a proibição. Se não for viável a apreensão, a secretaria, por intermédio da Direcção-Geral de Viação, comunica a decisão ao organismo competente do país que tiver emitido a licença.

TÍTULO IV
Da execução das medidas de segurança

CAPÍTULO I
Execução das medidas de segurança privativas da liberdade

ARTIGO 501º
Decisões sobre o internamento

1 – A decisão que decretar o internamento especifica o tipo de instituição em que este deve ser cumprido e determina, se for caso disso, a duração máxima e mínima do internamento.

2 – O início e a cessação do internamento efectuam-se por mandado do tribunal.

ARTIGO 502º
Comunicação da sentença a diversas entidades

1 – O Ministério Público envia ao Tribunal de Execução das Penas, aos serviços prisionais e de reinserção social e à instituição onde o internamento se efectuar, no prazo de cinco dias após o trânsito em julgado, cópia de sentença que aplicar medida de segurança privativa da liberdade.

2 – O Ministério Público indica expressamente a data calculada para o efeito previsto nos nºs 2 e 3 do artigo 93º do Código Penal e comunicará futuramente eventuais alterações que se verificarem na execução da medida de segurança.

3 – Em caso de recurso da decisão que aplicar medida de segurança de internamento e de o arguido se encontrar privado da liberdade, o Ministério Público envia aos serviços prisionais cópia da decisão, com a indicação de que dela foi interposto recurso.

ARTIGO 503º
Processo individual

(Revogado pela Lei nº 115/2009, de 12-10)

ARTIGO 504º
Reexame do internamento

1 – Havendo lugar ao reexame previsto no artigo 96º do Código Penal, o tribunal ordena:

a) A realização de perícia psiquiátrica ou sobre a personalidade, devendo o respectivo relatório ser-lhe apresentado dentro de 30 dias;

b) Oficiosamente ou a requerimento do Ministério Público, do internado ou do defensor, as diligências que se afigurem com interesse para a decisão.

2 – Se, na sequência da apreciação da perícia psiquiátrica, se concluir que há condições favoráveis, o magistrado pode solicitar relatório social contendo análise do enquadramento familiar, social e profissional do recluso.

3 – O reexame tem lugar com audição do Ministério Público, do defensor e do condenado, só podendo a presença deste ser dispensada se o seu estado de saúde tornar a audição inútil ou inviável.

(Redação dada pela Lei nº 115/2009, de 12-10)

ARTIGO 505º
Revogação da liberdade para prova

(Revogado pela Lei nº 115/2009, de 12-10)

ARTIGO 506º
Disposições aplicáveis

É correspondentemente aplicável à medida de internamento o disposto no artigo 479º

(Redação dada pela Lei nº 115/2009, de 12-10)

CAPÍTULO II
Da execução da pena e da medida de segurança privativa da liberdade

(Revogado pela Lei nº 115/2009, de 12-10)

CAPÍTULO III
Da execução das medidas de segurança não privativas da liberdade

ARTIGO 508º
Medidas de segurança não privativas da liberdade

1 – À interdição de actividade é correspondentemente aplicável o disposto nos nºs 2 e 3 do artigo 499º

2 – A decisão que decretar a cassação da licença de condução e a interdição de concessão de licença é comunicada à Direcção-Geral de Viação, que a comunicará a quaisquer outras entidades legalmente habilitadas a emitir essa licença.

3 – À decisão prevista no número anterior é correspondentemente aplicável o disposto nos nºs 2 e 3 do artigo 500º

4 – É correspondentemente aplicável à licença de condução emitida em país estrangeiro o disposto nos nºs 2, 3, 5 e 6 do artigo 500º

5 – A prorrogação do período de interdição e o reexame da situação que fundamentou a aplicação da medida são decididos pelo tribunal precedendo audição do Ministério Público, do defensor e das pessoas a elas sujeitas, salvo se, quanto a estas, o seu estado tornar a audição inútil ou inviável.

6 – À aplicação de regras de conduta é correspondentemente aplicável o disposto no número anterior e no artigo 492º

TÍTULO V
Da execução da pena relativamente indeterminada

(Revogado pela Lei nº 115/2009, de 12-10)

TÍTULO VI
Da execução de bens e destino das multas

ARTIGO 510º
Lei aplicável

Em tudo o que não esteja especialmente previsto neste Código, a execução de bens rege-se pelo disposto no Código de Processo Civil e no Regulamento das Custas Processuais.

(Redação dada pelo Decreto-Lei nº 34/2008, de 26-02)

ARTIGO 511º
Ordem dos pagamentos

Com o produto dos bens executados efectuam-se os pagamentos pela ordem seguinte:

1º As multas penais e as coimas;

2º A taxa de justiça;

3º Os encargos liquidados a favor do Estado e do Instituto de Gestão Financeira e das Infra-Estruturas da Justiça, I.P.;

4º Os restantes encargos, proporcionalmente;

5º As indemnizações.

(Redação dada pelo Decreto-Lei nº 34/2008, de 26-02)

ARTIGO 512º
Destino das multas

Salvo disposição em contrário, as importâncias de multas e coimas cobradas em juízo têm o destino fixado no Regulamento das Custas Processuais.

(Redação dada pelo Decreto-Lei nº 34/2008, de 26-02)

LIVRO XI
DA RESPONSABILIDADE POR CUSTAS

ARTIGO 513º
Responsabilidade do arguido por custas

1 – Só há lugar ao pagamento da taxa quando ocorra condenação em 1ª instância e decaimento total em qualquer recurso.

2 – O arguido é condenado em uma só taxa de justiça, ainda que responda por vários crimes, desde que sejam julgados em um só processo.

3 – A condenação em taxa de justiça é sempre individual e o respectivo quantitativo é fixado pelo juiz, a final, nos termos previstos no Regulamento das Custas Processuais.

4 – A dispensa da pena não liberta o arguido da obrigação de pagar custas.

(Redação dada pelo Decreto-Lei nº 34/2008, de 26-02)

ARTIGO 514º
Responsabilidade do arguido por encargos

1 – Salvo quando haja apoio judiciário, o arguido condenado é responsável pelo pagamento, a final, dos encargos a que a sua actividade houver dado lugar.

2 – Se forem vários os arguidos condenados em taxa de justiça e não for possível individualizar a responsabilidade de cada um deles pelos encargos, esta é solidária quando os encargos resultarem de uma actividade comum e conjunta nos demais casos, salvo se outro critério for fixado na decisão.

3 – Se o assistente for também condenado no pagamento de taxa de justiça, a responsabilidade pelos encargos que não puderem ser imputados à simples actividade de um ou de outro é repartida por ambos de igual modo.

(Redação dada pelo Decreto-Lei nº 34/2008, de 26-02)

ARTIGO 515º
Responsabilidade do assistente por custas

1 – É devida taxa de justiça pelo assistente nos seguintes casos:

a) Se o arguido for absolvido ou não for pronunciado por todos ou por alguns crimes constantes da acusação que haja deduzido;

b) Se decair, total ou parcialmente, em recurso que houver interposto ou em que tenha feito oposição;

c) *(Revogada.)*

d) Se fizer terminar o processo por desistência ou abstenção injustificada de acusar;

e) *(Revogada.)*

f) Se for rejeitada, total ou parcialmente, acusação que houver deduzido.

2 – Havendo vários assistentes, cada um paga a respectiva taxa de justiça.

3 – *(Revogado.)*

(Redação dada pelo Decreto-Lei nº 34/2008, de 26-02)

ARTIGO 516º
Arquivamento ou suspensão do processo

Não é devida taxa de justiça quando o processo tiver sido arquivado ou suspenso nos termos dos artigos 280º e 281º

ARTIGO 517º
Casos de isenção do assistente

O assistente é isento do pagamento de taxa de justiça quando, por razões supervenientes à acusação que houver deduzido ou com que se tiver conformado e que lhe não sejam imputáveis, o arguido não for pronunciado ou for absolvido.

(Redação dada pelo Decreto-Lei nº 34/2008, de 26-02)

ARTIGO 518º
Responsabilidade do assistente por encargos

Quando o procedimento depender de acusação particular, o assistente condenado em taxa paga também os encargos a que a sua actividade tiver dado lugar.

ARTIGO 519º
Taxa devida pela constituição de assistente

1 - A constituição de assistente dá lugar ao pagamento de taxa de justiça, nos termos fixados no Regulamento das Custas Processuais.

2 - *(Revogado.)*

3 - No caso de morte ou incapacidade do assistente, o pagamento da taxa já efectuado aproveita àqueles que se apresentarem em seu lugar, a fim de continuarem a assistência.

(Redação dada pelo Decreto-Lei nº 34/2008, de 26-02)

ARTIGO 520º
Responsabilidade do denunciante

Paga também custas o denunciante, quando se mostrar que denunciou de má fé ou com negligência grave.

(Redação dada pelo Decreto-Lei nº 34/2008, de 26-02)

ARTIGO 521º
Regras especiais

1 - À pratica de quaisquer actos em processo penal é aplicável o disposto no Código de Processo Civil quando à condenação no pagamento de taxa sancionatória excepcional.

2 - Quando se trate de actos praticados por pessoa que não for sujeito processual penal e estejam em causa condutas que entorpeçam o andamento do processo ou impliquem a disposição substancial de tempo e meios, pode o juiz condenar o visado ao pagamento de uma taxa fixada entre 1 UC e 3 UC.

(Redação dada pelo Decreto-Lei nº 34/2008, de 26-02)

ARTIGO 522º
Isenções

1 – O Ministério Público está isento de custas.

2 – *(Revogado.)*

(Redação dada pelo Decreto-Lei nº 34/2008, de 26-02)

ARTIGO 523º
Custas no pedido cível

À responsabilidade por custas relativas ao pedido de indemnização civil são aplicáveis as normas do processo civil.

ARTIGO 524º
Disposições subsidiárias

É subsidiariamente aplicável o disposto no Regulamento das Custas Processuais.
(Redação dada pelo Decreto-Lei nº 34/2008, de 26-02)

Legislação Complementar

Código da Execução das Penas e Medidas Privativas da Liberdade

Lei nº 115/2009, de 12 de outubro

Aprova o Código da Execução das Penas e Medidas Privativas da Liberdade

A Assembleia da República decreta, nos termos da alínea *c*) do artigo 161º da Constituição, o seguinte:

ARTIGO 1º
Objecto

É aprovado o Código da Execução das Penas e Medidas Privativas da Liberdade, publicado em anexo à presente lei e que dela faz parte integrante.

ARTIGO 2º
Regime de permanência na habitação

(Revogado pela Lei nº 33/2010, de 02-09)

ARTIGOS 3º A 7º

Não se disponibilizam, uma vez que, procedendo a alterações a diversos diplomas, tais alterações foram inseridas no local próprio ou não se inserem no âmbito da presente publicação.

ARTIGO 8º
Norma revogatória

1 – São revogados:

a) O Decreto-Lei nº 265/79, de 1 de Agosto;
b) O Decreto-Lei nº 783/76, de 29 de Outubro;

c) A Lei nº 36/96, de 29 de Agosto.

2 – São igualmente revogadas as seguintes disposições legais:

a) Os artigos 476º, 480º a 486º, 488º, 503º, 505º, 507º e 509º, o capítulo II do título IV e o título V do livro X do Código de Processo Penal;

b) O nº 3 do artigo 16º da Lei nº 57/98, de 18 de Agosto.

ARTIGO 9º
Disposições transitórias

1 – As disposições do livro II do Código da Execução das Penas e Medidas Privativas da Liberdade não se aplicam aos processos iniciados anteriormente à sua vigência quando da sua aplicabilidade imediata possa resultar agravamento sensível e ainda evitável da situação processual do recluso ou quebra da harmonia e unidade dos vários actos do processo, continuando, nesses casos, os processos a reger-se, até final, pela legislação ora revogada.

2 – O disposto no número anterior não prejudica a aplicação imediata das normas sobre renovação da instância nos processos de liberdade condicional.

3 – Para os efeitos previstos no artigo 145º do Código, constituem-se em principais os primeiros autos registados e autuados após a data de entrada em vigor da presente lei.

ARTIGO 10º
Entrada em vigor

A presente lei entra em vigor 180 dias após a data da sua publicação.

Aprovada em 23 de Julho de 2009.

O Presidente da Assembleia da República, *Jaime Gama.*

Promulgada em 22 de Setembro de 2009.

Publique-se.

O Presidente da República, ANÍBAL CAVACO SILVA.

Referendada em 22 de Setembro de 2009.

O Primeiro-Ministro, *José Sócrates Carvalho Pinto de Sousa.*

Código da Execução das Penas e Medidas Privativas da Liberdade

LIVRO I
DA EXECUÇÃO DAS PENAS E MEDIDAS PRIVATIVAS DA LIBERDADE

TÍTULO I
Aplicação

ARTIGO 1º
Âmbito de aplicação

1 – O disposto no presente livro aplica-se à execução das penas e medidas privativas da liberdade nos estabelecimentos prisionais dependentes do Ministério da Justiça e nos estabelecimentos destinados ao internamento de inimputáveis.

2 – O presente livro é regulamentado pelo Regulamento Geral dos Estabelecimentos Prisionais, adiante designado Regulamento Geral, aprovado por decreto-lei.

TÍTULO II
Princípios gerais da execução e direitos e deveres do recluso

CAPÍTULO I
Princípios gerais

ARTIGO 2º
Finalidades da execução

1 – A execução das penas e medidas de segurança privativas da liberdade visa a reinserção do agente na sociedade, preparando-o para conduzir a sua vida de modo

socialmente responsável, sem cometer crimes, a protecção de bens jurídicos e a defesa da sociedade.

2 – A execução da prisão preventiva e do internamento preventivo visa assegurar a satisfação das exigências cautelares que justificaram a sua aplicação.

ARTIGO 3º
Princípios orientadores da execução

1 – A execução das penas e medidas privativas da liberdade assegura o respeito pela dignidade da pessoa humana e pelos demais princípios fundamentais consagrados na Constituição da República Portuguesa, nos instrumentos de direito internacional e nas leis.

2 – A execução respeita a personalidade do recluso e os seus direitos e interesses jurídicos não afectados pela sentença condenatória ou decisão de aplicação de medida privativa da liberdade.

3 – A execução é imparcial e não pode privilegiar, beneficiar, prejudicar, privar de qualquer direito ou isentar de qualquer dever nenhum recluso, nomeadamente em razão do sexo, raça, língua, território de origem, nacionalidade, origem étnica, religião, convicções políticas ou ideológicas, instrução, situação económica, condição social ou orientação sexual.

4 – A execução respeita os princípios da especialização e da individualização do tratamento prisional do recluso, sem prejuízo do disposto no número anterior.

5 – A execução, na medida do possível, evita as consequências nocivas da privação da liberdade e aproxima-se das condições benéficas da vida em comunidade.

6 – A execução promove o sentido de responsabilidade do recluso, estimulando-o a participar no planeamento e na execução do seu tratamento prisional e no seu processo de reinserção social, nomeadamente através de ensino, formação, trabalho e programas.

7 – A execução realiza-se, na medida do possível, em cooperação com a comunidade.

ARTIGO 4º
Princípios orientadores especiais

1 – A execução das penas e medidas privativas da liberdade aplicadas a jovens até aos 21 anos deve favorecer especialmente a reinserção social e fomentar o sentido de responsabilidade através do desenvolvimento de actividades e programas específicos nas áreas do ensino, orientação e formação profissional, aquisição de competências pessoais e sociais e prevenção e tratamento de comportamentos aditivos.

2 – A execução das penas e medidas privativas da liberdade aplicadas a maiores de 65 anos deve respeitar as suas necessidades específicas e o seu estado de saúde e de autonomia, nomeadamente garantindo-lhes o auxílio necessário nas actividades da vida diária e assegurando-lhe condições de alojamento, segurança, actividades e programas especialmente adequados.

3 – A execução das penas e medidas privativas da liberdade aplicadas a mulheres deve ter em consideração as suas necessidades específicas, nomeadamente em matéria de saúde, higiene, protecção da maternidade e educação parental.

4 – A execução das penas e medidas privativas da liberdade aplicadas a reclusos estrangeiros ou pertencentes a minorias étnicas ou linguísticas deve, na medida do possível, permitir a expressão dos seus valores culturais, atenuar as eventuais dificuldades de integração social ou de domínio da língua portuguesa, designadamente proporcionando contactos com entidades consulares ou diplomáticas ou organizações de apoio aos imigrantes, cursos de português, tradução de documentos ou intervenção de intérpretes.

ARTIGO 5º
Individualização da execução

1 – A execução das penas e medidas privativas da liberdade orienta-se pelo princípio da individualização do tratamento prisional e tem por base a avaliação das necessidades e riscos próprios de cada recluso.

2 – O tratamento prisional consiste no conjunto de actividades e programas de reinserção social que visam a preparação do recluso para a liberdade, através do desenvolvimento das suas responsabilidades, da aquisição de competências que lhe permitam optar por um modo de vida socialmente responsável, sem cometer crimes, e prover às suas necessidades após a libertação.

3 – O tratamento prisional é programado e faseado, favorecendo a aproximação progressiva à vida livre, através das necessárias alterações do regime de execução.

CAPÍTULO II
Direitos e deveres do recluso

ARTIGO 6º
Estatuto jurídico do recluso

O recluso mantém a titularidade dos direitos fundamentais, salvas as limitações inerentes ao sentido da sentença condenatória ou da decisão de aplicação de medida privativa da liberdade e as impostas, nos termos e limites do presente Código, por razões de ordem e de segurança do estabelecimento prisional.

ARTIGO 7º
Direitos do recluso

1 – A execução das penas e medidas privativas da liberdade garante ao recluso, nomeadamente, os direitos:

a) À protecção da sua vida, saúde, integridade pessoal e liberdade de consciência, não podendo ser submetido a tortura, nem a tratos ou penas cruéis, degradantes ou desumanos;

b) Ao exercício dos direitos civis, políticos, sociais, económicos e culturais, incluindo o direito de sufrágio, salvo quando aquele for incompatível com o sentido da sentença condenatória ou da decisão de aplicação da medida privativa da liberdade;

c) À liberdade de religião e de culto;

d) A ser tratado pelo nome e a que a situação de reclusão seja reservada, nos termos da lei, perante terceiros;

e) A manter contactos com o exterior, designadamente mediante visitas, comunicação à distância ou correspondência, sem prejuízo das limitações impostas por razões de ordem, segurança e disciplina ou resultantes do regime de execução da pena ou medida privativa da liberdade;

f) À protecção da vida privada e familiar e à inviolabilidade do sigilo da correspondência e outros meios de comunicação privada, sem prejuízo das limitações decorrentes de razões de ordem e segurança do estabelecimento prisional e de prevenção da prática de crimes;

g) A manter consigo filho até aos 3 anos de idade ou, excepcionalmente, até aos 5 anos, com autorização do outro titular da responsabilidade parental, desde que tal seja considerado do interesse do menor e existam as condições necessárias;

h) A participar nas actividades laborais, de educação e ensino, de formação, religiosas, sócio-culturais, cívicas e desportivas e em programas orientados para o tratamento de problemáticas específicas;

i) A ter acesso ao Serviço Nacional de Saúde em condições idênticas às que são asseguradas a todos os cidadãos;

j) A ser pessoalmente informado, no momento da entrada no estabelecimento prisional, e esclarecido, sempre que necessário, sobre os seus direitos e deveres e normas em vigor;

l) A ter acesso ao seu processo individual e a ser informado sobre a sua situação processual e sobre a evolução e avaliação da execução da pena ou medida privativa da liberdade;

m) A ser ouvido, a apresentar pedidos, reclamações, queixas e recursos e a impugnar perante o tribunal de execução das penas a legalidade de decisões dos serviços prisionais;

n) À informação, consulta e aconselhamento jurídico por parte de advogado.

2 – No caso previsto na alínea *g*) do número anterior, são asseguradas ao menor assistência médica e actividades formativas e lúdicas adequadas à sua idade e às suas necessidades de desenvolvimento.

3 – Aos serviços prisionais cabe, em articulação com os competentes serviços públicos das áreas da saúde, educação, formação e emprego e segurança e acção social, assegurar o efectivo exercício dos direitos referidos nos números anteriores, nos termos do presente Código e do Regulamento Geral.

ARTIGO 8º
Deveres do recluso

Durante a execução das penas e medidas privativas da liberdade, o recluso tem, nos termos do presente Código e do Regulamento Geral, os deveres de:

a) Permanecer ininterruptamente no estabelecimento prisional até ao momento da libertação, salvaguardados os casos de autorização de saída;

b) Apresentar-se pontualmente no estabelecimento prisional no termo de autorização de saída;

c) Cumprir as normas e disposições que regulam a vida no estabelecimento prisional e as ordens legítimas que receber dos funcionários prisionais no exercício das suas funções;

d) Observar conduta correcta, designadamente para com os funcionários prisionais, outras pessoas que desempenhem funções no estabelecimento prisional, autoridades judiciárias, entidades policiais e visitantes;

e) Observar conduta correcta para com os demais reclusos, não podendo, em caso algum, ocupar posição que lhe permita exercer qualquer tipo de poder ou coacção sobre estes;

f) Participar de imediato as circunstâncias que representem perigo considerável para a vida, integridade e saúde próprias ou de terceiro;

g) Sujeitar-se a testes para detecção de consumo de álcool e de substâncias estupefacientes, bem como a rastreios de doenças contagiosas, sempre que razões de saúde pública ou as finalidades da execução da pena ou medida o justifiquem;

h) Respeitar os bens do Estado, de funcionários prisionais, dos reclusos e de terceiros;

i) Apresentar-se limpo e cuidado;

j) Participar nas actividades de limpeza, arrumação e manutenção do seu alojamento, respectivo equipamento e das instalações e equipamentos do estabelecimento prisional.

TÍTULO III
Estabelecimentos prisionais

ARTIGO 9º
Organização

1 – Os estabelecimentos prisionais podem ser constituídos por uma ou várias unidades, diferenciadas em função dos seguintes factores:

a) Situação jurídico-penal, sexo, idade, saúde física e mental e outros factores tendentes à especialização ou individualização do tratamento prisional do recluso;

b) Exigências de segurança;

c) Programas disponíveis;

d) Regimes de execução.

2 – Sem prejuízo do disposto no número anterior, devem existir estabelecimentos prisionais ou unidades especialmente vocacionados para a execução das penas e medidas privativas da liberdade aplicadas:

a) A presos preventivos;
b) A reclusos que cumpram pena de prisão pela primeira vez;
c) A jovens até aos 21 anos ou, sempre que se revele benéfico para o seu tratamento prisional, até aos 25 anos;
d) A mulheres;
e) A reclusos que careçam de especial protecção.

3 – Podem ainda ser criadas nos estabelecimentos prisionais unidades mistas para execução das penas e medidas privativas da liberdade de reclusos casados entre si ou em união de facto, com vista a minorar os efeitos negativos da reclusão nos laços familiares e afectivos que os unem.

4 – Enquanto não vigorar o diploma previsto no nº 3 do artigo 32º, podem ainda existir estabelecimentos prisionais ou unidades de natureza hospitalar ou destinados à prestação de cuidados especiais de saúde, nomeadamente saúde mental, bem como destinados a inimputáveis ou a imputáveis internados, por decisão judicial, em estabelecimento destinado a inimputáveis, quando estes não devam ser internados em unidade de saúde mental não prisional, nos termos do nº 2 do artigo 126º

5 – Nos estabelecimentos prisionais ou unidades existem ainda sectores próprios destinados especificamente:

a) À colocação do recluso após o ingresso;
b) À colocação do recluso em cela de separação da restante população prisional;
c) À colocação do recluso em quarto de segurança junto do sector clínico;
d) À execução da medida disciplinar de internamento em cela disciplinar;
e) À colocação de recluso que se encontre em estado de particular vulnerabilidade.

ARTIGO 10º
Classificação

1 – Os estabelecimentos prisionais são classificados por portaria do Ministro da Justiça, em função do nível de segurança e do grau de complexidade de gestão.

2 – Em função do nível de segurança, existem:

a) Estabelecimentos de segurança especial;
b) Estabelecimentos de segurança alta;
c) Estabelecimentos de segurança média.

3 – Sem prejuízo da classificação atribuída nos termos do número anterior, os estabelecimentos prisionais podem incluir unidades de diferente nível de segurança criadas por despacho do director-geral dos Serviços Prisionais.

4 – A complexidade de gestão comporta um grau elevado e um grau médio e afere-se em função da classificação de segurança, da lotação, das características da população prisional, da diversidade de regimes, dos programas aplicados e da dimensão dos meios a gerir.

ARTIGO 11º
Estrutura e funcionamento dos estabelecimentos prisionais

1 – A estrutura orgânica, o regime de funcionamento e as competências dos órgãos e serviços dos estabelecimentos prisionais são definidos no Regulamento Geral.

2 – Os cargos de director e de subdirector de estabelecimento prisional são providos por escolha, por despacho do Ministro da Justiça, sob proposta do director-geral dos Serviços Prisionais, sendo equiparados, para todos os efeitos legais, a dirigentes intermédios dos 1º e 2º graus, respectivamente.

TÍTULO IV
Regimes de execução

ARTIGO 12º
Modalidades e características

1 – Tendo em conta a avaliação do recluso e a sua evolução ao longo da execução, as penas e medidas privativas da liberdade são executadas em regime comum, aberto ou de segurança, privilegiando-se o que mais favoreça a reinserção social, salvaguardados os riscos para o recluso e para a comunidade e as necessidades de ordem e segurança.

2 – A execução das penas e medidas privativas da liberdade em regime comum decorre em estabelecimento ou unidade de segurança alta e caracteriza-se pelo desenvolvimento de actividades em espaços de vida comum no interior do estabelecimento ou unidade prisional e dos contactos com o exterior permitidos nos termos da lei.

3 – A execução das penas e medidas privativas da liberdade em regime aberto decorre em estabelecimento ou unidade prisional de segurança média e favorece os contactos com o exterior e a aproximação à comunidade, admitindo duas modalidades:

a) O regime aberto no interior, que se caracteriza pelo desenvolvimento de actividades no perímetro do estabelecimento prisional ou imediações, com vigilância atenuada;

b) O regime aberto no exterior, que se caracteriza pelo desenvolvimento de actividades de ensino, formação profissional, trabalho ou programas em meio livre, sem vigilância directa.

4 – A execução das penas e medidas privativas da liberdade em regime de segurança decorre em estabelecimento ou unidade prisional de segurança especial e limita a vida em comum e os contactos com o exterior, admitindo a realização de actividades compatíveis com as particulares necessidades de manutenção da ordem e da segurança de bens jurídicos pessoais e patrimoniais.

ARTIGO 13º
Regime comum

O recluso é colocado em regime comum quando a execução da pena ou medida privativa da liberdade não possa decorrer em regime aberto nem deva realizar-se em regime de segurança, nos termos dos artigos seguintes.

ARTIGO 14º
Regime aberto

1 – O recluso condenado é colocado em regime aberto, com o seu consentimento, se:

a) Não for de recear que se subtraia à execução da pena ou medida privativa da liberdade ou que se aproveite das possibilidades que tal regime lhe proporciona para delinquir; e

b) O regime se mostrar adequado ao seu comportamento prisional, à salvaguarda da ordem, segurança e disciplina no estabelecimento prisional, à protecção da vítima e à defesa da ordem e da paz social.

2 – Verificados os pressupostos do número anterior, são colocados em regime aberto no interior os reclusos condenados em pena de prisão de duração igual ou inferior a um ano.

3 – Verificados os pressupostos do nº 1, podem ser colocados em regime aberto no interior os reclusos condenados em pena de prisão de duração superior a um ano desde que tenham cumprido um sexto da pena.

4 – A colocação em regime aberto no exterior depende ainda do cumprimento de um quarto da pena, do gozo prévio de uma licença de saída jurisdicional com êxito e de que não se verifique pendência de processo que implique a prisão preventiva.

5 – A colocação do recluso em regime aberto cessa se deixarem de verificar-se os pressupostos previstos nos números anteriores ou se o recluso deixar de cumprir as condições estabelecidas aquando da sua concessão.

6 – A colocação do recluso em regime aberto no interior e a sua cessação são da competência do director do estabelecimento prisional.

7 – As decisões de colocação em regime aberto no interior, bem como de cessação deste, são comunicadas ao director-geral dos Serviços Prisionais.

8 – A colocação do recluso em regime aberto no exterior e a sua cessação são da competência do director-geral dos Serviços Prisionais, sendo a decisão de colocação submetida a homologação prévia pelo tribunal de execução das penas, nos termos do artigo 172º-A.

9 – Os reclusos colocados em regime aberto estão sujeitos à realização periódica ou aleatória dos testes referidos na alínea *g*) do artigo 8º

(Redação dada pela Lei nº 40/2010, de 03-09)

ARTIGO 15º
Regime de segurança

1 – O recluso é colocado em regime de segurança quando a sua situação jurídico-penal ou o seu comportamento em meio prisional revelem, fundamentadamente, perigosidade incompatível com afectação a qualquer outro regime de execução.

2 – É susceptível de revelar a perigosidade referida no número anterior:

a) A indiciação ou condenação pela prática de facto que configure terrorismo, criminalidade violenta ou altamente organizada ou a existência de fortes suspeitas de envolvimento neste tipo de criminalidade, sustentadas em informação escrita prestada por tribunal, órgão de polícia criminal ou serviço de segurança;

b) A assunção de comportamentos continuados ou isolados que representem perigo sério para bens jurídicos pessoais ou patrimoniais ou para a ordem, disciplina e segurança do estabelecimento prisional, designadamente os que se traduzam em intimidação, exploração ou condicionamento de outros reclusos ou funcionários;

c) O perigo sério de evasão ou de tirada, sustentado em informação escrita prestada por órgãos de polícia criminal, serviço de segurança ou pelos serviços prisionais.

3 – O acesso aos documentos referidos nas alíneas *a*) e *c*) do número anterior pode ser negado ao recluso, por determinação do director-geral dos Serviços Prisionais, por se encontrarem classificados, nos termos da lei, ou por razões de ordem e segurança.

4 – As decisões de colocação, manutenção e cessação em regime de segurança são fundamentadas e competem ao director-geral dos Serviços Prisionais.

5 – A execução das penas e medidas privativas da liberdade em regime de segurança é obrigatoriamente reavaliada no prazo máximo de seis meses, ou de três meses no caso de recluso com idade até aos 21 anos, podendo sê-lo a todo o tempo se houver alteração de circunstâncias.

6 – As decisões de colocação e manutenção em regime de segurança, bem como as decisões de cessação, são comunicadas ao Ministério Público junto do tribunal de execução das penas para verificação da legalidade.

TÍTULO V
Ingresso, afectação, programação do tratamento prisional e libertação

ARTIGO 16º
Princípios de ingresso

1 – O ingresso do recluso deve ter lugar sem a presença de outros reclusos e com respeito pela sua privacidade.

2 – Ao recluso são de imediato comunicados os seus direitos e deveres, explicados e traduzidos, se necessário, e garantido o direito de contactar familiar, pessoa da sua confiança e advogado.

3 – Ao recluso estrangeiro ou apátrida é também garantido o direito de contactar a respectiva entidade diplomática ou consular ou outra representativa dos seus interesses.

4 – Ao recluso é entregue documento onde constem os seus direitos e deveres.

5 – O recluso é sujeito a revista pessoal, com respeito pela sua dignidade e integridade e pelo seu sentimento de pudor.

6 – Os objectos, valores e documentos do recluso são examinados, inventariados e devidamente guardados, sem prejuízo do disposto nos nºs 6 do artigo 26º e 2 do artigo 56º

7 – O ingresso do recluso é registado.

8 – O recluso é apresentado ao director do estabelecimento prisional com a brevidade possível.

9 – O Regulamento Geral concretiza os procedimentos de ingresso.

ARTIGO 17º
Ingresso

O ingresso de recluso em estabelecimento prisional só pode ter lugar nos seguintes casos:

a) Mandado do tribunal que determine a execução da pena ou medida privativa da liberdade;

b) Mandado de detenção;

c) Captura, em caso de evasão ou ausência não autorizada;

d) Apresentação voluntária, que é sujeita a confirmação junto do tribunal competente;

e) Decisão da autoridade competente no âmbito da cooperação judiciária internacional em matéria penal;

f) Transferência;

g) Em trânsito entre estabelecimentos prisionais.

ARTIGO 18º
Processo individual do recluso

1 – Para cada recluso é organizado um processo individual único relativo à sua situação processual e prisional, que é aberto ou reaberto no momento do ingresso e o acompanha durante o seu percurso prisional, mesmo em caso de transferência.

2 – O processo não é reaberto se se referir a factos já cancelados do registo criminal, caso em que é aberto um novo processo.

3 – O processo individual contém todos os elementos necessários para a realização das finalidades da execução, incluindo o plano individual de readaptação e as necessidades de segurança e ordem no estabelecimento.

4 – A consulta do processo individual é limitada ao recluso ou seu representante legal, ao seu advogado, à direcção do estabelecimento, aos técnicos responsáveis pelo acompanhamento do recluso, ao responsável pelos serviços de vigilância, aos

serviços de reinserção social, aos serviços de inspecção e ao Ministério Público e ao juiz do tribunal de execução das penas, ficando as pessoas que a ele acederem obrigadas a sigilo profissional, mesmo após o termo das suas funções.

5 – O acesso a documentos classificados e a documentos nominativos de terceiros que constem do processo individual rege-se pelo disposto na lei geral.

6 – Quando o director entenda que o conhecimento de determinados elementos constantes do processo individual pode pôr em causa a ordem e segurança no estabelecimento prisional, determina que o acesso a esses elementos é reservado a quem seja por si autorizado.

ARTIGO 19º
Avaliação do recluso

1 – Após o ingresso no estabelecimento prisional, o recluso é alojado em sector próprio destinado à admissão, onde permanece por período não superior a 15 dias, iniciando-se de imediato a sua avaliação através da recolha de elementos que, no prazo de 72 horas após o ingresso, permitam ao director do estabelecimento determinar:

a) Os cuidados de saúde a prestar ao recluso, mediante avaliação clínica;

b) As exigências de segurança, tendo em conta o eventual perigo de fuga, os riscos para a segurança de terceiros ou do próprio e a particular vulnerabilidade do recluso;

c) O apoio a prestar ao recluso na resolução de questões pessoais, familiares e profissionais urgentes.

2 – A avaliação do recluso condenado tem em conta, designadamente, a natureza do crime cometido, a duração da pena, o meio familiar e social, as habilitações, o estado de saúde, o eventual estado de vulnerabilidade, os riscos para a segurança do próprio e de terceiros e o perigo de fuga e os riscos resultantes para a comunidade e para a vítima.

3 – A informação actualizada sobre o meio familiar e social do recluso, bem como sobre a eventual execução anterior de penas, é recolhida e transmitida pelos serviços de reinserção social, podendo ser solicitados elementos adicionais junto de outras entidades.

4 – Se o recluso der entrada no estabelecimento prisional já condenado por sentença transitada em julgado, a avaliação e a programação do tratamento prisional adequado ou a elaboração do plano individual de readaptação, sempre que este seja obrigatório, são concluídas no prazo de 60 dias.

5 – A avaliação do recluso preventivo, tendo presente o princípio da presunção da inocência, é completada no prazo de 60 dias e visa a recolha de informação necessária à afectação adequada, à escolha do regime de execução e, com o seu consentimento, à inclusão em actividades e programas de tratamento.

6 – Para efeitos de reexame dos pressupostos ou de decisão sobre revogação ou substituição da prisão preventiva, nos termos do Código de Processo Penal, o juiz pode ter em conta a avaliação referida no número anterior.

7 – Se o recluso preventivo vier a ser condenado por sentença transitada em julgado, procede-se, no prazo de 60 dias, à actualização da respectiva avaliação e à programação do tratamento prisional adequado ou à elaboração do plano individual de readaptação, sempre que este seja obrigatório.

ARTIGO 20º
Afectação a estabelecimento prisional ou unidade

1 – A afectação tem em conta a organização dos estabelecimentos prisionais e a avaliação do recluso, ponderando-se também:

a) A situação jurídico-penal, o sexo, a idade e o estado de saúde do recluso, o cumprimento anterior de pena de prisão, a natureza do crime cometido e a duração da pena a cumprir;

b) As exigências de ordem e segurança;

c) O regime de execução da pena;

d) A proximidade ao seu meio familiar, social, escolar e profissional, as vantagens em promovê-la e as exigências de aproximação à vida livre;

e) A necessidade de participação em determinados programas e actividades, incluindo as educativas;

f) A necessidade de especial protecção ou de satisfação de necessidades específicas.

2 – Sempre que possível, o recluso condenado deve ser ouvido sobre a sua afectação.

3 – A afectação a estabelecimento prisional ou unidade é da competência do director-geral dos Serviços Prisionais, sendo comunicada aos tribunais competentes e demais entidades nos termos do Regulamento Geral.

ARTIGO 21º
Plano individual de readaptação

1 – Sempre que a pena, soma das penas ou parte da pena não cumprida exceda um ano, o tratamento prisional tem por base um plano individual de readaptação, o qual é periodicamente avaliado e actualizado, nos termos previstos no Regulamento Geral.

2 – Independentemente da duração da pena, o plano individual de readaptação é obrigatório nos casos de reclusos até aos 21 anos ou de condenação em pena relativamente indeterminada.

3 – O plano individual de readaptação visa a preparação para a liberdade, estabelecendo as medidas e actividades adequadas ao tratamento prisional do recluso, bem como a sua duração e faseamento, nomeadamente nas áreas de ensino, formação, trabalho, saúde, actividades sócio-culturais e contactos com o exterior.

4 – A elaboração do plano individual de readaptação sustenta-se na avaliação do recluso, efectuada nos termos do artigo 19º

5 – Na elaboração do plano individual de readaptação deve procurar-se obter a participação e adesão do recluso.

6 – No caso de recluso menor, o plano individual de readaptação é também elaborado com a participação dos pais, do representante legal ou de quem tenha a sua guarda, se houver benefício para a sua reinserção social.

7 – O plano individual de readaptação e as suas alterações são aprovados pelo director do estabelecimento prisional e homologados pelo tribunal de execução das penas.

8 – Um exemplar do plano individual de readaptação e das respectivas actualizações é entregue ao recluso.

ARTIGO 22º
Transferência

1 – O recluso pode ser transferido para estabelecimento prisional ou unidade diferente daquele a que está afecto, para favorecer o seu tratamento prisional, a aproximação ao meio familiar e social, a execução do plano individual de readaptação, o tratamento médico e por razões de ordem e segurança.

2 – Sempre que possível e salvo se se opuserem fundadas razões de ordem e segurança, o recluso é ouvido sobre a proposta de transferência e os seus fundamentos.

3 – A decisão de transferência é fundamentada e compete ao director-geral dos Serviços Prisionais, por sua iniciativa, sob proposta do estabelecimento ou a requerimento do recluso, sendo comunicada aos tribunais competentes e, salvo fundadas razões de ordem e segurança, ao próprio e a pessoa ou pessoas por ele indicadas.

4 – O transporte do recluso efectua-se em condições que assegurem a privacidade do recluso e o arejamento, iluminação e segurança adequados.

5 – O Regulamento Geral dispõe sobre os procedimentos organizativos e logísticos relativos à transferência e ao transporte de reclusos.

ARTIGO 23º
Mandado de libertação

1 – O recluso é libertado por mandado do tribunal competente.

2 – Em caso de urgência, a libertação pode ser ordenada por qualquer meio de comunicação devidamente autenticado, remetendo-se posteriormente o respectivo mandado.

3 – Quando considerar que a libertação do recluso pode criar perigo para o ofendido, o tribunal competente informa-o da data da libertação, reportando-o igualmente à entidade policial da área da residência do ofendido.

ARTIGO 24º
Momento da libertação

1 – A libertação tem lugar durante a manhã do último dia do cumprimento da pena.

2 – Se o último dia do cumprimento da pena for sábado, domingo ou feriado, a libertação pode ter lugar no dia útil imediatamente anterior se a duração da pena justificar e a tal se não opuserem razões de assistência.

3 – Quando as razões referidas no número anterior o permitirem e o feriado nacional for o 25 de Dezembro, a libertação deve ter lugar durante a manhã do dia 23.

4 – O momento da libertação pode ser antecipado de dois dias quando razões prementes de reinserção social o justificarem.

5 – O disposto nos números anteriores não é aplicável à prisão em regime de semidetenção nem à prisão subsidiária da multa quando não tenha duração superior a 15 dias.

6 – Compete ao director do estabelecimento prisional escolher o momento da libertação, dentro dos limites estabelecidos nos números anteriores.

ARTIGO 25º
Libertação

1 – Sempre que possível, o recluso é examinado pelo médico em momento anterior à libertação e, no caso de o médico considerar por escrito que a saída imediata representa perigo para a sua vida ou perigo grave para a sua saúde, o director do estabelecimento prisional, obtido o consentimento do recluso, pode autorizar a sua permanência neste pelo tempo estritamente indispensável à concretização do ingresso em estabelecimento de saúde adequado, no exterior, devendo solicitar a participação dos serviços de saúde e de apoio social competentes.

2 – O regime previsto no número anterior aplica-se à libertação de reclusa durante gravidez ou puerpério ou após interrupção de gravidez.

3 – A autorização prevista no nº 1 é comunicada ao director-geral dos Serviços Prisionais e ao tribunal que tiver emitido o mandado de libertação.

4 – No momento da libertação, são devolvidos ao recluso os objectos, valores e documentos que lhe pertençam.

5 – O Regulamento Geral concretiza os procedimentos a adoptar no momento da libertação.

TÍTULO VI
Instalações prisionais, vestuário e alimentação

CAPÍTULO I
Instalações prisionais

ARTIGO 26º
Alojamento

1 – Os reclusos são alojados em cela individual.

2 – Os reclusos podem ser alojados em comum, em função dos regimes de execução e por razões familiares, de tratamento, de prevenção de riscos físicos ou psíquicos, desde que motivos de ordem e segurança não o desaconselhem.

3 – Fora dos casos previstos no número anterior, os reclusos só podem ser alojados em comum em caso de insuficiência temporária de alojamento.

4 – Os espaços de alojamento respeitam a dignidade do recluso e satisfazem as exigências de segurança e de habitabilidade, designadamente quanto a higiene, luz natural e artificial, adequação às condições climatéricas, ventilação, cubicagem e mobiliário.

5 – O recluso que, nos termos do presente Código, mantenha consigo filho menor, é alojado em instalações adequadas à vida em comum de ambos.

6 – O recluso pode manter consigo objectos a que atribua particular valor afectivo, de uso pessoal e para a sua vida diária, devidamente registados, que pelo seu valor e utilização não comprometam a ordem, a segurança e a disciplina do estabelecimento prisional, devendo os serviços prisionais fornecer ao recluso meios que lhe permitam guardar esses objectos em segurança.

7 – É assegurada ao recluso a possibilidade de contactar permanentemente com pessoal dos serviços de vigilância e segurança.

8 – O Regulamento Geral regula os equipamentos existentes nos espaços de alojamento e as condições da sua utilização, a posse e uso de objectos pelo recluso e a permanência de filho menor em estabelecimento prisional.

ARTIGO 27º
Higiene

1 – É assegurado ao recluso o acesso a instalações sanitárias em condições de higiene e que garantam, na medida do possível, a sua privacidade.

2 – São assegurados ao recluso um banho diário, a uma temperatura adequada à estação do ano, e os artigos e utensílios necessários à manutenção da sua higiene pessoal e da do seu alojamento, nos termos e condições definidos pelo Regulamento Geral.

3 – O banho e o corte de cabelo ou de barba podem ser impostos por particulares razões de ordem sanitária.

ARTIGO 28º
Posse de objectos e valores

1 – O recluso apenas pode ter em seu poder os objectos e valores permitidos nos termos do nº 6 do artigo 26º

2 – Os objectos e valores proibidos por lei geral são apreendidos, dando-se-lhes o destino que esta determinar.

3 – Os objectos e valores proibidos nos termos do presente Código e do Regulamento Geral são igualmente apreendidos, procedendo-se do seguinte modo:

a) São destruídos aqueles que se mostrem irremediavelmente deteriorados e insusceptíveis de qualquer aplicação útil e os que possam pôr em causa a integridade física de terceiro ou do próprio, sem prejuízo da sua conservação pelo tempo necessário para efeitos probatórios ou de investigação criminal;

b) Os restantes têm o destino fixado no Regulamento Geral, podendo, conforme os casos, ser devolvidos a terceiro indicado pelo recluso, depositados e entregues no momento da libertação ou declarados perdidos pelo tribunal de execução das penas.

ARTIGO 29º
Instalações para actividades da vida diária

1 – Os estabelecimentos prisionais dispõem de instalações e de equipamentos com as características adequadas às necessidades da vida diária, designadamente de ensino, formação, trabalho, saúde, higiene, sócio-culturais, desportivas e de culto religioso.

2 – O Regulamento Geral dispõe sobre as condições de utilização das instalações para actividades da vida diária.

CAPÍTULO II
Vestuário e alimentação

ARTIGO 30º
Vestuário e roupa de cama

1 – O recluso pode usar vestuário próprio, desde que seja adequado e por ele mantido em boas condições de conservação e higiene.

2 – O Regulamento Geral pode prever que os reclusos colocados em regime de segurança utilizem o vestuário fornecido pelo estabelecimento prisional.

3 – O vestuário fornecido pelo estabelecimento prisional deve ser adaptado às condições climatéricas, não pode ter características degradantes ou humilhantes, é mantido em boas condições de conservação e higiene e substituído sempre que necessário.

4 – No decurso de licenças de saída, o recluso usa o vestuário próprio ou outro que não permita a sua identificação como recluso.

5 – O estabelecimento prisional fornece roupa de cama adequada à estação do ano, que mantém e substitui de modo a assegurar o seu bom estado de conservação e limpeza.

6 – O Regulamento Geral regula as quantidades, tipologias, conservação e destruição por razões de higiene do vestuário.

ARTIGO 31º
Alimentação

1 – O estabelecimento prisional assegura ao recluso refeições em quantidade, qualidade e apresentação que correspondam às exigências dietéticas, às especifici-

dades da idade, do estado de saúde, natureza do trabalho prestado, estação do ano e clima e às suas convicções filosóficas e religiosas.

2 – A Direcção-Geral dos Serviços Prisionais assegura, com regularidade, o controlo de qualidade, bem como da composição e valor nutricional das refeições ministradas nos estabelecimentos.

3 – O recluso deve ter permanentemente à sua disposição água potável.

4 – O recluso pode receber pequenas ofertas de alimentos do exterior, excepto se estiver colocado em regime de segurança, e adquirir a expensas suas, através do serviço de cantina do estabelecimento prisional, géneros alimentícios e produtos ou objectos úteis para a sua vida diária desde que razões de saúde, higiene e segurança não o desaconselhem.

5 – O Regulamento Geral dispõe sobre os alimentos que o recluso pode receber do exterior ou adquirir a expensas suas, designadamente o tipo, quantidade, acondicionamento e frequência.

TÍTULO VII
Saúde

ARTIGO 32º
Princípios gerais de protecção da saúde

1 – Após o ingresso no estabelecimento prisional e durante o cumprimento da pena ou medida privativa da liberdade, incluindo licença de saída, é garantido ao recluso o acesso a cuidados de saúde em condições de qualidade e de continuidade idênticas às que são asseguradas a todos os cidadãos.

2 – O recluso é, para todos os efeitos, utente do Serviço Nacional de Saúde.

3 – O acesso e a prestação de cuidados de saúde são assegurados nos termos de diploma próprio e do Regulamento Geral.

4 – O recluso pode, a expensas suas, ser assistido por médico da sua confiança, em articulação com os serviços clínicos do estabelecimento prisional.

5 – Aos reclusos vítimas de maus tratos físicos, psicológicos ou sexuais e que sofrem de doenças crónicas é garantido o acesso a cuidados específicos e continuados.

6 – A cada recluso corresponde um processo clínico individual, distinto e autónomo do processo individual previsto no artigo 18º, que o acompanha durante o seu percurso prisional, incluindo em caso de transferência, sendo a sua confidencialidade garantida nos termos gerais.

ARTIGO 33º
Defesa e promoção da saúde

1 – São assegurados ao recluso aconselhamento e informação que lhe permitam:

a) Manter a sua higiene pessoal, a do seu espaço de alojamento e a das demais instalações do estabelecimento prisional;

b) Adoptar estilos de vida saudável, evitando comportamentos de risco e abstendo-se de actos lesivos da sua integridade pessoal e da de terceiros;

c) Colaborar, nos termos da lei, com as acções de profilaxia promovidas pelo Serviço Nacional de Saúde e pelos serviços prisionais;

d) Seguir, nos termos da lei, as prescrições e procedimentos que lhe forem fixados pelo competente pessoal de saúde.

2 – Podem ser impostos ao recluso rastreios de doenças contagiosas, de acordo com as orientações dos serviços clínicos, sempre que razões de saúde pública ou as finalidades da execução da pena ou medida o justifiquem.

3 – Podem ser realizados, com consentimento do recluso, rastreios de doenças transmissíveis, de acordo com as orientações dos serviços clínicos.

ARTIGO 34º
Cuidados de saúde em ambulatório e internamento hospitalar não prisional

1 – O director do estabelecimento prisional pode, sob proposta dos serviços clínicos, autorizar a saída do recluso para receber cuidados de saúde ambulatórios.

2 – A reclusa grávida é autorizada a dar à luz em estabelecimento hospitalar.

3 – O internamento em unidade de saúde não prisional depende de autorização do director-geral dos Serviços Prisionais, salvo urgência médica, caso em que o director do estabelecimento prisional determina o internamento, comunicando-o de imediato ao director-geral.

4 – A vigilância do recluso internado é garantida pelos serviços prisionais.

5 – O recluso internado tem direito a receber visitas nos termos previstos no presente Código, sem prejuízo das limitações impostas por razões médicas ou de ordem e segurança e pelos regulamentos hospitalares.

ARTIGO 35º
Cuidados de saúde coactivamente impostos

1 – As intervenções e os tratamentos médico-cirúrgicos e a alimentação não podem ser coactivamente impostos, salvo nas situações previstas no presente artigo e nos termos da lei.

2 – As intervenções e os tratamentos médico-cirúrgicos podem ser coactivamente impostos ao recluso em caso de perigo para a vida ou de perigo grave para o corpo ou para a saúde de outras pessoas.

3 – As intervenções e os tratamentos médico-cirúrgicos e a alimentação podem ainda ser coactivamente impostos se existir perigo para a vida ou perigo grave para o corpo ou para a saúde do recluso e se o seu estado lhe retirar o discernimento necessário para avaliar o sentido e alcance da recusa.

4 – As intervenções e os tratamentos médico-cirúrgicos e a alimentação coactivos limitam-se ao necessário e não podem criar perigo para a vida ou perigo grave para o corpo ou para a saúde do recluso.

5 – As intervenções e os tratamentos médico-cirúrgicos e a alimentação coactivos são ordenados por despacho fundamentado do director do estabelecimento prisional e executados ou ministrados sob direcção médica, sem prejuízo da prestação dos primeiros socorros quando o médico não puder comparecer em tempo útil e o adiamento implicar perigo para a vida ou perigo grave para o corpo ou saúde do recluso.

6 – As intervenções, os tratamentos médico-cirúrgicos e a alimentação coactivamente impostos são imediatamente comunicados ao director-geral dos Serviços Prisionais.

ARTIGO 36º
Comunicação em caso de internamento, doença grave ou morte

1 – A doença grave ou o internamento hospitalar de recluso são comunicados, com o seu consentimento, a pessoa ou pessoas por ele indicadas.

2 – Se o estado de saúde do recluso o impedir de dar o seu consentimento e não havendo declaração sua em contrário anterior a esse estado, o internamento hospitalar é comunicado ao cônjuge ou a pessoa, de outro ou do mesmo sexo, com quem o recluso mantenha uma relação análoga à dos cônjuges e ao seu advogado.

3 – A morte do recluso é comunicada às pessoas referidas nos números anteriores, ao director-geral dos Serviços Prisionais, aos tribunais competentes, à Procuradoria-Geral da República, aos serviços de identificação civil, da segurança social e da administração fiscal e, tratando-se de estrangeiro, ao respectivo representante diplomático ou consular e ao Serviço de Estrangeiros e Fronteiras.

4 – Sem prejuízo do disposto nos números anteriores, havendo indício de morte violenta ou de causa desconhecida, preserva-se o local da ocorrência e informam-se imediatamente os órgãos de polícia criminal, o Ministério Público e as entidades de saúde competentes, nos termos do Regulamento Geral.

ARTIGO 37º
Deveres do pessoal clínico

1 – Compete ao médico ou a outra pessoa legalmente autorizada que exerçam funções no estabelecimento prisional acompanhar a evolução da saúde física e mental dos reclusos e, em especial:

a) Garantir a observação do recluso, nos casos e com a periodicidade exigidos no presente Código e no Regulamento Geral;

b) Manter actualizado o processo clínico individual do recluso, registando todas as queixas e resultados de exames e a descrição pormenorizada de lesões acidentais ou resultantes de acção directa do próprio ou de terceiro;

c) Criar, em articulação com os serviços de saúde do exterior, as condições necessárias à continuação de tratamento médico após a libertação do recluso.

2 – O pessoal clínico comunica imediatamente, por escrito, ao director do estabelecimento prisional:

a) A existência de doenças que requeiram medidas especiais de redução de riscos de transmissibilidade;

b) Sintomas de privação do consumo de estupefacientes, de medicamentos ou de álcool;

c) A pressão psicológica ou emocional relacionada com a privação da liberdade, particularmente no caso de reclusos em regime de segurança;

d) A existência de sinais indiciadores de violência física;

e) Problemas de saúde física ou mental que possam dificultar o processo de reinserção social;

f) A alteração da aptidão física e mental dos reclusos para o trabalho e demais actividades proporcionadas pelo estabelecimento prisional.

3 – O médico ou outra pessoa legalmente autorizada e tecnicamente habilitada efectuam inspecções regulares ao estabelecimento prisional e apresentam ao director recomendações em matéria de:

a) Quantidade, qualidade, preparação e distribuição de alimentos;

b) Higiene e limpeza do estabelecimento prisional e da pessoa dos reclusos;

c) Instalações sanitárias, aquecimento, iluminação e ventilação do estabelecimento prisional, incluindo as celas.

4 – O director do estabelecimento prisional toma em consideração as comunicações referidas no nº 2 e as recomendações referidas no número anterior e dá-lhes cumprimento adequado, ou, caso delas discorde, transmite-as, acompanhadas do seu parecer, ao director-geral dos Serviços Prisionais.

TÍTULO VIII
Ensino, formação profissional, trabalho, programas e actividades

CAPÍTULO I
Ensino e formação profissional

ARTIGO 38º
Ensino

1 – O ensino organiza-se em conexão com a formação profissional e o trabalho, de modo a promover condições de empregabilidade e de reinserção social, no quadro das políticas nacionais de educação e de emprego e formação de adultos.

2 – A escolaridade obrigatória é assegurada com carácter prioritário a reclusos jovens ou iletrados.

3 – Deve promover-se a frequência pelo recluso de outros níveis de escolaridade, designadamente através do recurso a meios de ensino à distância.

4 – Ao recluso com necessidades educativas especiais é garantido o apoio que lhe permita aceder ao ensino em condições idênticas às dos restantes reclusos.

5 – Ao recluso estrangeiro, de língua materna diferente da portuguesa, é garantido o acesso a programas de ensino da língua portuguesa, pelo menos quando o tempo de pena a cumprir exceda um ano.

6 – Dos certificados de habilitações ou diplomas não pode resultar a condição de recluso.

7 – Os ministérios responsáveis pelas áreas da educação e do ensino superior asseguram as actividades de ensino nos estabelecimentos prisionais, nos termos da lei.

ARTIGO 39º
Incentivos ao ensino

1 – A frequência assídua de cursos de ensino considera-se tempo de trabalho, sendo atribuído ao recluso um subsídio de montante fixado por portaria do membro do Governo responsável pela área da justiça.

2 – O aproveitamento escolar, a assiduidade e o comportamento no espaço educativo são tidos em conta para efeitos de flexibilização da execução da pena e para efeito de atribuição de prémios.

3 – O Regulamento Geral concretiza as matérias referidas nos números anteriores.

ARTIGO 40º
Formação profissional

1 – Nos estabelecimentos prisionais são desenvolvidas acções de formação e aperfeiçoamento profissionais que, considerando as necessidades e aptidões do recluso, privilegiem a sua empregabilidade.

2 – A organização da formação profissional enquadra-se nas políticas nacionais de educação e formação de adultos e tem em conta os recursos existentes nos estabelecimentos prisionais em matéria de trabalho e de desenvolvimento de actividades produtivas.

3 – Na organização da formação profissional atende-se especialmente às necessidades específicas dos reclusos jovens ou com necessidades educativas especiais.

4 – A frequência assídua de acções de formação e de aperfeiçoamento profissionais considera-se tempo de trabalho, sendo atribuída ao recluso uma bolsa de formação, nas condições e termos fixados na lei e no Regulamento Geral.

5 – O aproveitamento, a assiduidade e o comportamento nas acções de formação e de aperfeiçoamento profissionais são tidos em conta para efeitos de flexibilização da execução da pena.

6 – Dos certificados de frequência de acções de formação e aperfeiçoamento profissionais não pode resultar a condição de recluso.

CAPÍTULO II
Trabalho e actividade ocupacional

ARTIGO 41º
Princípios gerais do trabalho

1 – O trabalho visa criar, manter e desenvolver no recluso capacidades e competências para exercer uma actividade laboral após a libertação.

2 – Deve ser assegurado ao recluso, de acordo com as ofertas disponíveis, trabalho em unidades produtivas de natureza empresarial, tendo em conta as suas aptidões, capacidades, preparação e preferências, sem prejuízo do acesso ao ensino e à formação profissional e da participação nos programas referidos no capítulo seguinte.

3 – O trabalho deve respeitar a dignidade do recluso e as condições de higiene, de saúde e de segurança exigidas para trabalho análogo em liberdade, não podendo ser-lhe atribuídas, designadamente, tarefas perigosas ou insalubres nem ser prejudicado o seu direito ao descanso e ao lazer.

4 – O trabalho não se subordina exclusivamente a finalidades lucrativas ou a interesses económicos do estabelecimento prisional ou de terceiro.

5 – É devida remuneração equitativa pelo trabalho prestado.

6 – A assiduidade e o empenho do recluso nas actividades laborais são tidos em conta para efeitos de flexibilização da execução da pena.

ARTIGO 42º
Organização do trabalho

1 – O trabalho é realizado no interior ou no exterior dos estabelecimentos prisionais e pode também ser promovido com a colaboração de entidades públicas ou privadas, sob supervisão e coordenação dos serviços prisionais, compreendendo:

a) O trabalho em unidades produtivas de natureza empresarial;

b) O trabalho organizado pelos estabelecimentos prisionais nas suas próprias instalações, que não se enquadre na alínea *a*), e os serviços auxiliares e de manutenção das instalações e equipamentos.

2 – A organização e os métodos de trabalho aproximam-se dos que vigoram em liberdade, a fim de preparar o recluso para as condições normais de trabalho análogo da vida em sociedade.

3 – O recluso pode ser autorizado pelo director do estabelecimento prisional a trabalhar por conta própria, no âmbito do planeamento do seu tratamento prisional.

ARTIGO 43º
Trabalho em unidades produtivas de natureza empresarial

1 – O trabalho em unidades produtivas de natureza empresarial assenta numa relação jurídica especial de trabalho, cuja disciplina consta de diploma próprio.

2 – O trabalho em unidades produtivas de natureza empresarial pode ser organizado pelo estabelecimento prisional ou promovido com a colaboração de entidades públicas ou privadas.

3 – A relação jurídica especial de trabalho referida no nº 1 segue o regime geral das relações de trabalho em liberdade, ressalvadas as limitações decorrentes da execução das medidas privativas da liberdade.

4 – O diploma referido no nº 1 determina os sujeitos da relação jurídica especial de trabalho, os seus direitos e deveres, nomeadamente quanto à remuneração, horário, duração, descanso sem perda de remuneração, contribuições sociais, acesso ao subsídio de desemprego e a outros mecanismos de protecção social, protecção por acidentes de trabalho e doenças profissionais, suspensão e dissolução da relação laboral e as condições de desenvolvimento de actividades económicas por outras entidades nos estabelecimentos prisionais, incluindo apoios e incentivos a estas entidades.

5 – O diploma previsto no nº 1 regula também o trabalho de natureza empresarial realizado por conta própria.

ARTIGO 44º
Trabalho desenvolvido pelos estabelecimentos prisionais

1 – Pelo trabalho organizado pelos estabelecimentos prisionais nas suas próprias instalações que não se enquadre na alínea *a*) do nº 1 do artigo 42º e pela prestação de serviços auxiliares e de manutenção ou melhoria das instalações e equipamentos prisionais é devida remuneração fixada por portaria do membro do Governo responsável pela área da justiça, tendo em atenção a natureza da actividade ou do serviço e a sua duração.

2 – Os reclusos que prestem os serviços referidos no presente artigo beneficiam de protecção em matéria de acidentes de trabalho e doenças profissionais nos termos gerais.

ARTIGO 45º
Actividade ocupacional

1 – Aos reclusos é proporcionada a realização de actividades ocupacionais de natureza artesanal, intelectual ou artística, em função das disponibilidades existentes em cada estabelecimento prisional.

2 – A receita líquida proveniente da actividade ocupacional é atribuída ao recluso.

ARTIGO 46º
Destino e repartição da remuneração

1 – As remunerações e outras receitas são repartidas em quatro partes iguais, que são afectas à constituição de fundos com as seguintes finalidades:

a) Uso pessoal pelo recluso, designadamente em despesas da sua vida diária;
b) Apoio à reinserção social, a ser entregue ao recluso no momento da sua libertação e, excepcionalmente, apoio no gozo de licenças de saída;
c) Pagamento, por esta ordem, de indemnizações, multas, custas e outras obrigações emergentes da condenação;
d) Pagamento de obrigações de alimentos.

2 – No caso de o condenado não se encontrar sujeito às obrigações previstas nas alíneas *c*) ou *d*) do número anterior, o montante que lhes corresponde é repartido em partes iguais pelos restantes fundos.

3 – Atendendo a circunstâncias especiais, o director-geral dos Serviços Prisionais pode autorizar uma repartição diferente da prevista no presente artigo.

CAPÍTULO III
Programas

ARTIGO 47º
Princípios orientadores

1 – A execução das penas e medidas privativas da liberdade integra a frequência de programas específicos que permitam a aquisição ou o reforço de competências pessoais e sociais, de modo a promover a convivência ordenada no estabelecimento prisional e a favorecer a adopção de comportamentos socialmente responsáveis.

2 – Os programas são diferenciados, tendo em conta a idade, o sexo, a origem étnica e cultural, o estado de vulnerabilidade, os perfis e problemáticas criminais, as necessidades específicas de reinserção social do recluso e os factores criminógenos, designadamente os comportamentos aditivos.

3 – Os programas, atendendo à sua finalidade, podem prever a realização dos testes referidos na alínea *g*) do artigo 8º

4 – O recluso pode participar, com o seu consentimento, em programas de justiça restaurativa, nomeadamente através de sessões de mediação com o ofendido.

5 – A frequência de programas no âmbito do planeamento do tratamento prisional pode ser considerada tempo de trabalho, podendo ser atribuídos ao recluso subsídios de montante fixado por portaria do membro do Governo responsável pela área da justiça.

6 – A participação do recluso em programas é tida em conta para efeitos de flexibilização da execução da pena.

ARTIGO 48º
Concepção e execução dos programas

1 – Na concepção, execução e avaliação de programas, os serviços prisionais podem obter a colaboração de instituições universitárias e outras entidades especializadas.

2 – Os programas são aprovados pelo Ministro da Justiça, sob proposta do director-geral dos Serviços Prisionais.

CAPÍTULO IV
Actividades

ARTIGO 49º
Actividades sócio-culturais e desportivas

1 – São organizadas nos estabelecimentos prisionais actividades sócio-culturais e recreativas, designadamente através da existência de bibliotecas, de serviço de leitura, de videotecas e de programas diversificados de animação cultural, das quais os reclusos possam usufruir, tendo em vista o seu bem-estar e o desenvolvimento das suas aptidões.

2 – São organizadas nos estabelecimentos prisionais actividades desportivas, sob orientação técnica adequada, a fim de assegurar o bem-estar físico e psíquico do recluso e de favorecer o espírito de convivência social ordenada.

3 – O recluso deve ser incentivado a participar na programação e na organização das actividades referidas nos números anteriores, sem prejuízo da manutenção da ordem e segurança.

4 – O Regulamento Geral dispõe sobre as condições de organização e fruição destas actividades.

ARTIGO 50º
Tempo livre

1 – As actividades no estabelecimento prisional são organizadas de forma a garantir ao recluso tempos livres e de descanso, nos termos do Regulamento Geral.

2 – O recluso pode organizar o seu próprio tempo livre, com respeito pela disciplina, ordem e segurança do estabelecimento prisional.

ARTIGO 51º
Permanência a céu aberto

1 – Ao recluso é garantido o direito de permanecer a céu aberto, por um período de duração não inferior a duas horas diárias, em espaços que ofereçam protecção contra condições climatéricas adversas.

2 – Nos casos excepcionais expressamente previstos no presente Código, o período referido no número anterior pode ser reduzido, nunca podendo ser inferior a uma hora por dia.

TÍTULO IX
Apoio social e económico

ARTIGO 52º
Princípios gerais

1 – A situação de reclusão não afecta o direito aos benefícios de segurança social previstos na lei.

2 – No decurso da execução das penas e medidas privativas da liberdade é prestado apoio social e económico ao recluso e ao seu agregado familiar que dele careçam para promover e manter os vínculos sociais e familiares e reforçar as condições de reinserção social.

3 – A situação de reclusão não desobriga as entidades públicas competentes da prestação de apoio social e económico no âmbito das respectivas atribuições, designadamente em matéria de segurança e acção social, emprego, formação profissional, ensino e saúde.

ARTIGO 53º
Promoção do emprego

1 – Aos serviços prisionais, em articulação com os serviços públicos de emprego e formação profissional, compete realizar acções com vista à futura colocação laboral dos reclusos.

2 – A situação de reclusão não obsta à inscrição do recluso nos centros de emprego, devendo esta ser promovida pelos serviços prisionais até, pelo menos, aos três meses anteriores à data previsível da libertação.

3 – Os indivíduos que tenham cumprido pena ou medida privativa da liberdade e se encontrem desempregados podem beneficiar de medidas e programas especiais de promoção do emprego.

ARTIGO 54º
Apoio social e económico

1 – O apoio social e económico é prestado segundo critérios de necessidade, razoabilidade e adequação às finalidades da execução, tendo em conta os meios disponíveis e o dever de gestão responsável pelo recluso dos seus recursos próprios.

2 – O apoio social visa, designadamente, contribuir para a resolução de problemas pessoais ou familiares decorrentes da situação de reclusão e o atendimento, informação e encaminhamento para outras entidades públicas e particulares.

3 – O apoio económico consiste na atribuição de prestações pecuniárias ou em espécie, com a finalidade de:

a) Atenuar necessidades prementes da família do recluso que deste dependa economicamente, nomeadamente através da concessão do rendimento social de inserção;

b) Facilitar a concretização de contactos com o exterior, em especial de visitas pessoais;

c) Contribuir para as despesas com transportes e manutenção, quando sejam concedidas licenças de saída jurisdicionais e administrativas de curta duração e de preparação para a liberdade;

d) Contribuir para as despesas imediatas com transportes e manutenção logo após a libertação do recluso;

e) Apoiar o desenvolvimento de projectos profissionais do recluso após a sua libertação, designadamente de auto-emprego.

4 – O apoio social e económico previsto no presente artigo é prestado nos termos a definir pelos membros do Governo responsáveis pelas áreas da justiça, do trabalho e da segurança social.

ARTIGO 55º
Instituições particulares e organizações de voluntários

1 – Os serviços prisionais incentivam, em articulação com outras entidades, nos termos do Regulamento Geral, a participação de instituições particulares e de organizações de voluntários, nomeadamente:

a) No desenvolvimento de actividades de cariz cultural e de ocupação de tempos livres;

b) No apoio social e económico a reclusos e seus familiares;

c) Em actividades relevantes para o processo de reinserção social, designadamente apoio em matéria de emprego e alojamento.

2 – As instituições particulares e as organizações de voluntários colaboram, nos termos previstos no Regulamento Geral, na organização de actividades que contribuam para manter o recluso estrangeiro ligado à sua cultura de origem.

3 – Os serviços prisionais asseguram o adequado enquadramento da acção das instituições particulares e das organizações de voluntários, nomeadamente através da selecção, acreditação e formação específica dos voluntários.

4 – Os serviços prisionais devem manter a comunidade informada quanto aos objectivos e resultados do trabalho desenvolvido no sistema prisional de modo a favorecer a participação daquela na execução das penas e medidas privativas da liberdade.

TÍTULO X
Assistência religiosa

ARTIGO 56º
Liberdade de religião e de culto

1 – São garantidos ao recluso a liberdade de consciência, de religião e de culto e o direito à assistência religiosa e à prática de actos de culto, devendo ser criadas as condições adequadas ao seu exercício.

2 – A realização ou participação em actos de culto, a posse de objectos religiosos e a assistência de ministros do culto apenas podem ser restringidas por razões de ordem e segurança do estabelecimento prisional, ouvido, sempre que possível, o ministro do culto respectivo.

3 – O recluso não pode ser obrigado a participar em qualquer acto ou cerimónia religiosa ou a receber visitas de qualquer ministro de culto.

4 – A assistência religiosa decorre fora do horário normal de visitas, podendo, em caso de doença grave do recluso, ter lugar fora dos dias e horas regulamentares.

5 – O Regulamento Geral concretiza as condições em que são exercidos os direitos e liberdades referidos no nº 1.

ARTIGO 57º
Ministros do culto

1 – É permitida a assistência religiosa aos reclusos por ministros do respectivo culto, credenciados nos termos da Lei da Liberdade Religiosa.

2 – Podem colaborar na assistência religiosa aos reclusos, com autorização do director do estabelecimento prisional, outras pessoas credenciadas para esse fim pela respectiva igreja ou comunidade religiosa, devendo as credenciais ser autenticadas pelo registo das pessoas colectivas religiosas.

3 – Quando o número de reclusos que professam a mesma crença religiosa o justifique, é permitida a assistência religiosa regular.

TÍTULO XI
Contactos com o exterior

CAPÍTULO I
Visitas

ARTIGO 58º
Princípios gerais

1 – O recluso tem direito a receber visitas, nos termos do presente Código e do Regulamento Geral.

2 – As visitas visam manter e promover os laços familiares, afectivos e profissionais do recluso.

3 – O período de visitas não pode ter duração inferior a uma hora por semana, devendo as visitas realizar-se em local adequado ao respeito pela dignidade e privacidade do recluso e das pessoas que o visitam.

4 – Os menores de 16 anos só podem visitar o recluso se forem seus descendentes ou equiparados, irmãos ou pessoas com quem o recluso mantenha relações pessoais significativas.

5 – Aplica-se o regime das visitas aos contactos que o recluso seja autorizado pelo director a manter através do sistema de videoconferência do estabelecimento prisional.

ARTIGO 59º
Visitas pessoais

1 – O recluso tem direito a receber visitas regulares do cônjuge ou de pessoa, de outro ou do mesmo sexo, com quem mantenha uma relação análoga à dos cônjuges, de familiares e outras pessoas com quem mantenha relação pessoal significativa.

2 – O recluso pode receber visitas alargadas de familiares e de outras pessoas com quem mantenha relação pessoal significativa, em ocasiões especiais, por motivo de particular significado humano ou religioso.

3 – O recluso que não beneficie de licenças de saída pode receber visitas íntimas regulares do cônjuge ou de pessoa, de outro ou do mesmo sexo, com quem mantenha uma relação análoga à dos cônjuges ou uma relação afectiva estável.

4 – Aos reclusos colocados em regime de segurança não são autorizadas as visitas previstas no nº 2.

ARTIGO 60º
Visitas ocasionais e urgentes

Devem ser autorizadas ao recluso as visitas necessárias à resolução de assuntos pessoais, jurídicos, económicos ou profissionais, insusceptíveis de serem tratados por carta ou através de terceiro ou adiados até à data da libertação.

ARTIGO 61º
Visitas de advogados, notários, conservadores e solicitadores

1 – O recluso tem direito a receber a visita de advogado, notário, conservador ou solicitador, em horário próprio fixado em articulação com as respectivas entidades representativas da profissão e adequado à resolução de assuntos jurídicos a ele respeitantes, sem prejuízo da autorização de visitas urgentes.

2 – O controlo dos visitantes realiza-se através de equipamentos de detecção e por exibição do interior da pasta ou objecto similar de que se façam acompanhar.

3 – Durante a visita é assegurada a confidencialidade das conversas.

4 – Durante a visita apenas pode ser trocada com o recluso documentação necessária ao tratamento de assuntos jurídicos a ele respeitantes, não podendo o seu conteúdo ser controlado.

ARTIGO 62º
Visitas de entidades diplomáticas ou consulares

As entidades diplomáticas ou consulares podem visitar o recluso estrangeiro, nos termos da lei e das convenções internacionais aplicáveis, no horário e condições fixados para as visitas de advogados.

ARTIGO 63º
Vigilância e controlo

1 – As visitas pessoais previstas nos nºs 1 e 2 do artigo 59º são realizadas em local próprio, sob a vigilância necessária, proporcional e adequada à satisfação de exigências de ordem e segurança.

2 – O controlo auditivo das visitas só pode ter lugar na medida do estritamente necessário para garantir a ordem e segurança no estabelecimento prisional.

3 – As visitas pessoais previstas no nº 1 do artigo 59º aos reclusos colocados em regime de segurança decorrem em local que assegure a separação física integral entre recluso e visitante, salvo nos casos excepcionalmente autorizados pelo director, nos termos definidos pelo Regulamento Geral.

4 – O controlo dos visitantes realiza-se através de equipamentos de detecção, por palpação e por revista ao vestuário, calçado, mala pessoal ou objecto similar, com respeito pela sua dignidade e integridade e pelo seu sentimento de pudor.

5 – É proibida a revista dos visitantes por desnudamento.

6 – Durante a visita não é permitida a entrega directa de coisas e valores, com excepção do caso previsto no nº 4 do artigo 61º.

ARTIGO 64º
Interrupção da visita

1 – A visita pode ser interrompida se o recluso ou o visitante, depois de advertidos, persistirem na violação de normas legais ou regulamentares ou puserem em risco a ordem, a segurança e a disciplina do estabelecimento prisional.

2 – A interrupção da visita é imediatamente comunicada ao director do estabelecimento prisional.

ARTIGO 65º
Não autorização e proibição de visita

1 – O director do estabelecimento prisional pode não autorizar a visita quando não se verifiquem os pressupostos previstos no presente capítulo e pode proibir a

visita de pessoas que ponham em perigo a segurança e ordem do estabelecimento ou possam prejudicar a reinserção social do recluso.

2 – A proibição da visita não pode ter duração superior a seis meses.

3 – Decorrido o prazo de proibição fixado nos termos do número anterior e mantendo-se os pressupostos referidos no nº 1, o director pode propor ao director-geral dos Serviços Prisionais que determine a proibição de visita por novo período, de duração até seis meses, prorrogável por iguais períodos de tempo.

4 – As decisões de não autorização, de proibição e de prorrogação da proibição de visita são fundamentadas e comunicadas ao recluso.

5 – O recluso pode impugnar a legalidade das decisões de não autorização, de proibição e de prorrogação da proibição de visita perante o tribunal de execução das penas.

6 – O disposto no presente artigo não é aplicável às visitas previstas nos artigos 61º, 62º e 66º

ARTIGO 66º
Visitas aos estabelecimentos prisionais

1 – Sem prejuízo do previsto em outras disposições legais, podem visitar os estabelecimentos prisionais, no exercício das suas funções:

a) O Presidente da República, o Presidente da Assembleia da República, o Primeiro-Ministro, o Presidente do Supremo Tribunal de Justiça, o Presidente do Tribunal Constitucional, o Ministro da Justiça, o Procurador-Geral da República, o Provedor de Justiça e o bastonário da Ordem dos Advogados;

b) Os demais titulares dos órgãos de soberania e magistrados do Ministério Público;

c) Os representantes de organizações internacionais com atribuições em matérias relativas à promoção e protecção dos direitos dos reclusos, nos termos de convenções internacionais em vigor em Portugal;

d) As pessoas que acompanhem as entidades referidas nas alíneas anteriores.

2 – Podem ainda visitar os estabelecimentos prisionais situados nas respectivas Regiões Autónomas, no exercício das suas funções, os Presidentes dos Governos Regionais, os Representantes da República e os Presidentes das Assembleias Legislativas das Regiões Autónomas, bem como as pessoas que os acompanhem.

3 – Podem ser autorizadas pelo Ministro da Justiça ou pelo director-geral dos Serviços Prisionais outras visitas, designadamente de docentes, estudantes e investigadores, no âmbito de trabalhos e investigações de carácter científico ou académico, e de organizações que visem a promoção de direitos humanos.

CAPÍTULO II
Correspondência e outros meios de comunicação

ARTIGO 67º
Correspondência

1 – O recluso tem direito a receber e a enviar, a expensas suas, correspondência e encomendas, nos termos do presente Código e do Regulamento Geral, que pode estabelecer limites de recepção e expedição de encomendas, tendo em conta o regime de execução, a regularidade das visitas e o apoio sócio-familiar.

2 – Sempre que o solicite, o recluso é auxiliado na escrita e leitura da sua correspondência.

ARTIGO 68º
Controlo da correspondência

1 – A correspondência e encomendas do recluso são verificadas por razões de ordem e segurança do estabelecimento prisional e para detecção de objectos proibidos por lei ou pelo Regulamento Geral.

2 – A leitura pode ser ordenada, por despacho fundamentado do director do estabelecimento prisional, quando a correspondência possa pôr em perigo as finalidades da execução, quando exista fundada suspeita da prática de crime ou por justificadas razões de protecção da vítima do crime ou de ordem e segurança.

3 – A decisão referida no número anterior é comunicada ao recluso, salvo em caso de receio fundado de grave prejuízo para os valores que através dela se pretendem acautelar.

4 – Não é objecto de qualquer controlo a correspondência com as pessoas e entidades referidas nos artigos 61º e 62º e nos nºs 1 e 2 do artigo 66º nem a respeitante ao exercício do direito previsto nas alíneas *m*) e *n*) do nº 1 do artigo 7º

ARTIGO 69º
Retenção de correspondência

1 – A retenção de correspondência e de encomendas do recluso só pode ter lugar mediante despacho fundamentado do director do estabelecimento prisional e na sequência do controlo previsto no artigo anterior, sendo comunicada ao recluso, salvo em caso de receio fundado de grave prejuízo para os valores que através dela se pretendem acautelar.

2 – As decisões de retenção de correspondência e de não comunicação ao recluso são comunicadas ao Ministério Público junto do tribunal de execução das penas para verificação da legalidade.

3 – Cabe ao Ministério Público junto do tribunal de execução das penas promover sobre o destino da correspondência retida.

4 – Os objectos proibidos encontrados na correspondência e nas encomendas são retidos, aplicando-se correspondentemente o disposto no artigo 28º

ARTIGO 70º
Contactos telefónicos

1 – O recluso pode efectuar, a expensas suas, chamadas telefónicas, nos termos do Regulamento Geral, salvo restrições impostas por fundadas razões de ordem, segurança ou reinserção social.

2 – O recluso pode ser autorizado a receber chamadas telefónicas em situações pessoais ou profissionais particularmente relevantes.

3 – O Regulamento Geral pode prever limitações aos contactos telefónicos dos reclusos colocados em regime de segurança.

4 – As decisões de restrição ou autorização previstas no presente artigo competem ao director do estabelecimento prisional.

5 – O recluso pode impugnar a legalidade das decisões de restrição previstas no nº 1 perante o tribunal de execução das penas.

ARTIGO 71º
Controlo dos contactos telefónicos

1 – Os contactos telefónicos podem ser objecto de controlo presencial, por despacho fundamentado do director, quando coloquem em perigo as finalidades da execução, quando exista fundada suspeita da prática de crime ou por justificadas razões de protecção da vítima do crime ou de ordem e segurança.

2 – Não são objecto de controlo os contactos telefónicos com as pessoas e entidades referidas nos artigos 61º e 62º e nos nºs 1 e 2 do artigo 66º nem os respeitantes ao exercício do direito previsto nas alíneas *m*) e *n*) do nº 1 do artigo 7º

3 – A decisão de controlo dos contactos telefónicos é comunicada ao recluso, salvo em caso de receio fundado de grave prejuízo para os valores que através dela se pretendem acautelar.

ARTIGO 72º
Outros meios de comunicação

1 – O director do estabelecimento prisional pode, a título excepcional, autorizar o recluso a utilizar qualquer outro meio técnico de comunicação existente no estabelecimento prisional, nomeadamente correio electrónico e telecópia, em situações pessoais ou profissionais particularmente relevantes ou urgentes, sendo controlado o respectivo conteúdo.

2 – Não é objecto de controlo o conteúdo das comunicações com as pessoas e entidades referidas nos artigos 61º e 62º e nos nºs 1 e 2 do artigo 66º nem das respeitantes ao exercício do direito previsto nas alíneas *m*) e *n*) do nº 1 do artigo 7º

ARTIGO 73º
Dever de sigilo

Os funcionários que tomarem conhecimento do conteúdo das comunicações previstas no presente capítulo e no anterior estão obrigados a sigilo, que apenas pode ser quebrado na medida do absolutamente necessário para prevenir ou impedir a prática de crime, proteger a vítima do crime ou salvaguardar a ordem e segurança do estabelecimento prisional.

CAPÍTULO III
Comunicação social

ARTIGO 74º
Direito à informação

É assegurada ao recluso a possibilidade de se manter informado sobre os acontecimentos públicos relevantes, nomeadamente através de acesso a jornais, revistas, livros, emissões de rádio e de televisão.

ARTIGO 75º
Contactos com órgãos de comunicação social

1 – Os órgãos de comunicação social podem, com autorização do director-geral dos Serviços Prisionais, visitar os estabelecimentos prisionais para realização de reportagens sobre o seu funcionamento e actividades desde que tal não prejudique a reinserção social dos reclusos ou a ordem, segurança e disciplina no estabelecimento prisional.

2 – Os órgãos de comunicação social podem igualmente ser autorizados a realizar entrevistas a reclusos, com o consentimento esclarecido e expresso deste, quando tal não prejudique a sua reinserção social nem ponha em causa a disciplina, ordem ou segurança no estabelecimento prisional, as finalidades da prisão preventiva, a privacidade ou a segurança de terceiros.

3 – Na decisão prevista no número anterior são especialmente ponderados os riscos de estigmatização do recluso decorrente da sua excessiva exposição mediática, de impacte negativo sobre a vítima ou familiares desta, de violação da privacidade de terceiros e de desvalorização da conduta delituosa e das suas consequências.

4 – A decisão prevista no nº 2 é da competência do director-geral dos Serviços Prisionais, podendo ser impugnada pelo recluso perante o tribunal de execução das penas.

5 – Tratando-se de recluso preventivo, a autorização da entrevista depende ainda da não oposição do tribunal à ordem do qual o recluso cumpre prisão preventiva, com base na ponderação do prejuízo da entrevista para as finalidades da prisão preventiva.

6 – Em qualquer caso, não são permitidas:

a) A recolha e divulgação de imagens e sons que permitam a identificação de reclusos, salvo consentimento esclarecido e expresso dos mesmos;

b) A recolha e divulgação de imagens e sons que permitam a identificação de filhos que os reclusos mantenham consigo no estabelecimento;

c) Emissões de rádio ou televisão em directo do estabelecimento prisional;

d) Entrevistas a reclusos colocados em regime de segurança ou reportagens em estabelecimentos prisionais ou unidades de segurança especial;

e) A recolha e divulgação de imagens que possam pôr em risco a segurança do estabelecimento prisional.

CAPÍTULO IV
Licenças de saída do estabelecimento prisional

ARTIGO 76º
Tipos de licenças de saída

1 – Podem ser concedidas ao recluso, com o seu consentimento, licenças de saída jurisdicionais ou administrativas.

2 – As licenças de saída jurisdicionais visam a manutenção e promoção dos laços familiares e sociais e a preparação para a vida em liberdade.

3 – As licenças de saída administrativas compreendem:

a) Saídas de curta duração, para manter e promover os laços familiares e sociais;

b) Saídas para realização de actividades;

c) Saídas especiais, por motivos de particular significado humano ou para resolução de situações urgentes e inadiáveis;

d) Saídas de preparação para a liberdade.

4 – Independentemente do consentimento do recluso, é autorizada a sua saída custodiada para:

a) Comparência em acto judicial ou em acto de investigação criminal;

b) Receber cuidados de saúde não susceptíveis de serem prestados no estabelecimento prisional, nos termos da lei.

5 – O Regulamento Geral dispõe sobre os procedimentos relativos a licenças de saída.

ARTIGO 77º
Disposições comuns

1 – O período de saída é considerado tempo de execução da pena ou da medida privativa da liberdade, excepto se a respectiva licença for revogada.

2 – O recluso é informado sobre os motivos da não concessão de licença de saída, salvo se fundadas razões de ordem e segurança o impedirem.

3 – A não concessão de licenças de saída não pode, em caso algum, ser utilizada como medida disciplinar.

4 – Os reclusos em regime de segurança apenas beneficiam das licenças de saída administrativas previstas na alínea *c*) do nº 3 e no nº 4 do artigo anterior.

5 – Os reclusos preventivos apenas beneficiam das licenças de saída administrativas previstas nas alíneas *b*) e *c*) do nº 3 e no nº 4 do artigo anterior.

6 – Na programação das licenças de saída deve ter-se em conta o normal desenvolvimento das actividades do recluso.

7 – As licenças de saída jurisdicionais, de curta duração e de preparação para a liberdade não podem ser gozadas consecutivamente.

8 – É correspondentemente aplicável o disposto no nº 4 do artigo 22º

ARTIGO 78º
Requisitos e critérios gerais

1 – Podem ser concedidas licenças de saída quando se verifiquem os seguintes requisitos:

a) Fundada expectativa de que o recluso se comportará de modo socialmente responsável, sem cometer crimes;

b) Compatibilidade da saída com a defesa da ordem e da paz social; e

c) Fundada expectativa de que o recluso não se subtrairá à execução da pena ou medida privativa da liberdade.

2 – Tendo em conta as finalidades das licenças de saída, ponderam-se na sua concessão:

a) A evolução da execução da pena ou medida privativa da liberdade;

b) As necessidades de protecção da vítima;

c) O ambiente social ou familiar em que o recluso se vai integrar;

d) As circunstâncias do caso; e

e) Os antecedentes conhecidos da vida do recluso.

3 – Na concessão de licenças de saída podem ser fixadas condições, adequadas ao caso concreto, a observar pelo recluso.

ARTIGO 79º
Licenças de saída jurisdicionais

1 – As licenças de saída jurisdicionais são concedidas e revogadas pelo tribunal de execução das penas.

2 – As licenças de saída jurisdicionais podem ser concedidas quando cumulativamente se verifique:

a) O cumprimento de um sexto da pena e no mínimo seis meses, tratando-se de pena não superior a cinco anos, ou o cumprimento de um quarto da pena, tratando-se de pena superior a cinco anos;

b) A execução da pena em regime comum ou aberto;

c) A inexistência de outro processo pendente em que esteja determinada prisão preventiva;

d) A inexistência de evasão, ausência ilegítima ou revogação da liberdade condicional nos 12 meses que antecederem o pedido.

3 – Nos casos de execução sucessiva de penas de prisão ou de pena relativamente indeterminada, o sexto e o quarto da pena determinam-se, respectivamente, em função da soma das penas ou da pena que concretamente caberia ao crime.

4 – Cada licença de saída não pode ultrapassar o limite máximo de cinco ou sete dias seguidos, consoante a execução da pena decorra em regime comum ou aberto, a gozar de quatro em quatro meses.

5 – As licenças de saída jurisdicionais não são custodiadas.

ARTIGO 80º
Licenças de saída de curta duração

1 – O director do estabelecimento prisional pode conceder licenças de saída de curta duração desde que cumulativamente se verifique:

a) A execução da pena em regime aberto;

b) O gozo prévio com êxito de uma licença de saída jurisdicional;

c) A inexistência de evasão, ausência ilegítima ou revogação da liberdade condicional nos 12 meses que antecederem o pedido.

2 – As licenças de saída de curta duração podem ser concedidas de três em três meses, até ao máximo de três dias seguidos, abrangendo preferencialmente os fins-de-semana.

3 – As licenças de saída de curta duração não são custodiadas.

ARTIGO 81º
Licenças de saída para actividades

1 – O director-geral dos Serviços Prisionais pode conceder a reclusos que se encontrem em regime comum ou aberto:

a) Licenças de saída para actividades, com carácter ocasional, no âmbito laboral, do ensino, da formação profissional ou de outros programas;

b) Licenças de saída para visitas de estudo, de formação ou lúdicas, adequadas ao desenvolvimento de competências pessoais e sociais, organizadas pelo estabelecimento prisional.

2 – As licenças de saída previstas no número anterior são sempre custodiadas, excepto em situações excepcionais, devidamente fundamentadas.

3 – No caso de recluso em prisão preventiva, a concessão de licenças de saída previstas na alínea *a*) do nº 1 depende da não oposição do tribunal à ordem do qual cumpre a medida de coacção.

ARTIGO 82º
Licenças de saída especiais

1 – Podem ser concedidas pelo director do estabelecimento prisional licenças de saída custodiadas por motivos de particular significado humano ou para resolução de situações relevantes e inadiáveis, designadamente:

a) Em caso de doença grave ou falecimento de familiar próximo ou de pessoa com quem o recluso mantenha ligação afectiva análoga;

b) Por motivo de força maior ou de negócio ou acto jurídico que não possa ser resolvido no interior do estabelecimento prisional ou no exterior, por procurador ou gestor de negócios.

2 – As licenças de saída especiais decorrem pelo tempo estritamente necessário à concretização do fim a que se destinam, não podendo exceder doze horas.

3 – No caso de recluso em prisão preventiva, a concessão depende da não oposição do tribunal à ordem do qual cumpre a medida de coacção, salvo quando a demora possa tornar inútil a saída, caso em que esta é de imediato comunicada àquele tribunal, com indicação dos motivos e da urgência que a determinaram.

ARTIGO 83º
Licenças de saída de preparação para a liberdade

A fim de facilitar a preparação para a liberdade, o director-geral dos Serviços Prisionais pode autorizar o recluso a sair do estabelecimento prisional, até ao máximo de oito dias, nos últimos três meses de cumprimento da pena ou nos últimos três meses que antecedem os cinco sextos de pena superior a seis anos de prisão.

ARTIGO 84º
Renovação do pedido

Em caso de não concessão de licença de saída jurisdicional ou de curta duração, o recluso não pode apresentar novo pedido antes de decorridos quatro ou três meses, respectivamente, a contar da data daquela decisão, salvo se prazo inferior for fixado nesta.

ARTIGO 85º
Incumprimento das condições

1 – Se, durante a licença de saída, o recluso deixar de cumprir injustificadamente qualquer das condições impostas, pode a entidade que a concedeu fazer-lhe solene advertência, determinar a impossibilidade de apresentação de novo pedido durante seis meses ou revogar a licença de saída.

2 – Tratando-se de licença de saída administrativa, o recluso pode impugnar perante o tribunal de execução das penas a legalidade da decisão de revogação.

3 – Tratando-se de licença de saída administrativa, o director comunica a revogação ao Ministério Público junto do tribunal de execução das penas para os efeitos previstos na alínea *h*) do artigo 141º

4 – A revogação da licença de saída determina o desconto, pelo tribunal de execução das penas, no cumprimento da pena, do tempo em que o recluso esteve em liberdade.

5 – Ao revogar a licença de saída, a entidade que a concedeu determina a fixação de um prazo, entre 6 e 12 meses a contar do regresso ao estabelecimento prisional, durante o qual o recluso não pode apresentar novo pedido.

TÍTULO XII
Ordem, segurança e disciplina

CAPÍTULO I
Princípios gerais

ARTIGO 86º
Finalidades

1 – A ordem e a disciplina no estabelecimento prisional são mantidas como condição indispensável para a realização das finalidades da execução das penas e medidas privativas da liberdade e no interesse de uma vida em comum organizada e segura.

2 – A segurança no estabelecimento prisional é mantida para protecção de bens jurídicos fundamentais, pessoais e patrimoniais, para defesa da sociedade e para que o recluso não se subtraia à execução da pena ou da medida privativa da liberdade.

3 – O sentido de responsabilidade do recluso é fomentado como factor determinante da ordem, da segurança e da disciplina no estabelecimento prisional.

4 – A ordem, a segurança e a disciplina são mantidas com subordinação aos princípios da necessidade, da adequação e da proporcionalidade.

ARTIGO 87º
Manutenção da ordem e da segurança

1 – A manutenção da ordem e da segurança no estabelecimento prisional compete aos serviços prisionais, nomeadamente através do corpo da guarda prisional, sem prejuízo do recurso excepcional à intervenção de outras forças e serviços de segurança em caso de alteração grave ou nos casos previstos na Lei de Segurança Interna.

2 – A intervenção de outras forças e serviços de segurança processa-se em estreita articulação com os serviços prisionais, respeita o princípio da proporcionalidade e limita-se, nomeadamente quanto às suas extensão e duração e aos meios utilizados, ao estritamente necessário ao pronto restabelecimento da ordem e da segurança no estabelecimento prisional e à salvaguarda das finalidades legais que a determinaram.

CAPÍTULO II
Meios de ordem e segurança

ARTIGO 88º
Tipos, finalidades e utilização

1 – Para assegurar a ordem e a segurança no estabelecimento prisional são utilizados meios comuns e especiais de segurança, nos termos do presente Código e do Regulamento Geral.

2 – São meios comuns de segurança, designadamente, a observação, a revista pessoal, a busca, o controlo periódico de presenças e o controlo através de instrumentos de detecção, de meios cinotécnicos ou de sistemas electrónicos de vigilância ou biométricos.

3 – Admitem-se exclusivamente os seguintes meios especiais de segurança:

a) Proibição do uso ou apreensão temporária de determinados bens ou objectos;

b) Observação do recluso durante o período nocturno;

c) Privação ou restrição do convívio com determinados reclusos ou do acesso a espaços comuns do estabelecimento prisional;

d) Utilização de algemas;

e) Colocação em cela de separação da restante população prisional;

f) Colocação em quarto de segurança.

4 – Os meios especiais de segurança apenas são utilizados quando haja perigo sério de evasão ou tirada ou quando, em virtude do seu comportamento ou estado psíco-emocional, haja perigo sério de prática pelo recluso de actos de violência contra si próprio ou contra bens jurídicos pessoais ou patrimoniais.

5 – Os meios especiais de segurança têm natureza cautelar, mantêm-se apenas enquanto durar a situação de perigo que determinou a sua aplicação e nunca são utilizados a título disciplinar.

6 – As decisões de utilização e de cessação dos meios especiais de segurança são fundamentadas e competem ao director do estabelecimento prisional ou a quem o substitua, devendo neste caso ser imediatamente comunicadas àquele.

7 – O recluso é informado dos motivos da utilização dos meios especiais de segurança, salvo se fundadas razões de ordem e segurança o impedirem.

ARTIGO 89º
Revista pessoal e busca

1 – A revista pessoal é realizada quando não possam utilizar-se com êxito instrumentos de detecção, sendo efectuada por pessoa do mesmo sexo do recluso, com respeito pela sua dignidade e integridade e pelo seu sentimento de pudor.

2 – A revista pessoal por desnudamento pode ser efectuada, mediante autorização do director do estabelecimento prisional, quando existam suspeitas de que o recluso traz consigo objectos não permitidos e decorre em local reservado, de forma a respeitar a privacidade do recluso.

3 – O Regulamento Geral pode estabelecer situações em que as revistas previstas nos nºs 1 e 2 são obrigatórias.

4 – A intrusão corporal para extracção de objectos é realizada sob orientação médica e autorizada pelo tribunal de execução das penas.

5 – A busca ao espaço de alojamento do recluso é efectuada com respeito pelos objectos que lhe pertencem e, sempre que possível, na sua presença.

ARTIGO 90º
Sistemas de vigilância

Nos estabelecimentos prisionais podem ser utilizados sistemas de vigilância electrónica, nomeadamente de videovigilância nos espaços comuns e de controlo biométrico, com salvaguarda da intimidade da vida privada, nos termos da lei e do Regulamento Geral.

ARTIGO 91º
Utilização de algemas

1 – As algemas podem ser utilizadas, sempre que possível sob vigilância médica, pelo tempo estritamente indispensável, sempre que de outro modo não seja possível evitar que o recluso pratique actos de violência contra bens jurídicos pessoais, do próprio ou de terceiro, ou patrimoniais.

2 – As algemas podem ainda ser usadas nas deslocações ao exterior para prevenir perigo de evasão ou tirada ou de prática dos actos referidos no número anterior.

3 – As algemas apenas podem ser aplicadas nos pulsos, devendo ser retiradas quando o recluso compareça perante autoridade judicial ou administrativa e durante a realização de acto médico, excepto quando aquela autoridade ou quem realizar o acto médico determinar o contrário.

ARTIGO 92º
Cela de separação

1 – A colocação do recluso em cela de separação da restante população prisional só pode ter lugar quando exista perigo sério de evasão ou tirada ou quando, devido ao seu comportamento, exista perigo sério da prática de actos de violência contra bens jurídicos pessoais, do próprio ou de terceiro, ou patrimoniais, se os meios especiais menos gravosos se revelarem ineficazes ou inadequados.

2 – A colocação do recluso em cela de separação exclui a vida em comum e a comunicação com os demais reclusos e limita os contactos com o exterior, podendo ser reduzido o período de permanência a céu aberto, com salvaguarda do limite previsto no nº 2 do artigo 51º

3 – É obrigatória a observação por médico ou enfermeiro num prazo máximo de vinte e quatro horas após o início da execução desta medida.

4 – Se o recluso se encontrar sob especial observação ou tratamento médico ou revelar ideação suicida ou no caso de gravidez, puerpério ou após interrupção de gravidez, é obrigatória a realização de exame médico prévio, salvo se se tratar de situação de perigo iminente e não for possível recorrer a outro meio de segurança, caso em que se procede posteriormente a exame médico urgente.

5 – Sem prejuízo do disposto no nº 5 do artigo 88º, a colocação do recluso em cela de separação é obrigatoriamente reapreciada pelo director do estabelecimento prisional de 72 em 72 horas.

6 – A decisão de manutenção do recluso em cela de separação, na primeira reapreciação realizada em cumprimento do número anterior, é comunicada ao Ministério Público junto do tribunal de execução das penas, para verificação da legalidade.

7 – O director do estabelecimento prisional informa o Ministério Público da cessação deste meio especial de segurança.

8 – Se, decorridos 30 dias, se mantiverem os motivos que justificaram a aplicação deste meio especial de segurança, o director do estabelecimento prisional propõe a colocação do recluso em regime de segurança, nos termos do artigo 15º

ARTIGO 93º
Quarto de segurança

1 – A colocação do recluso em quarto de segurança só pode ter lugar em situação de grave alteração do seu estado psíco-emocional que represente sério perigo de actos de violência contra bens jurídicos pessoais, do próprio ou de terceiro, ou patrimoniais, se os outros meios especiais se revelarem ineficazes ou inadequados, podendo ser reduzido o período de permanência a céu aberto, com salvaguarda do limite previsto no nº 2 do artigo 51º

2 – O recluso colocado em quarto de segurança é imediatamente examinado pelo médico, devendo ser sujeito a acompanhamento clínico diário enquanto este meio especial de segurança se mantiver.

3 – O médico informa por escrito o director do estabelecimento prisional, após cada exame clínico, sobre o estado de saúde do recluso e sobre a eventual necessidade de fazer cessar este meio especial de segurança.

4 – Decorridos 10 dias e mantendo-se os pressupostos que conduziram à colocação em quarto de segurança, o recluso é transferido para estabelecimento ou unidade hospitalar adequada.

5 – A colocação do recluso em quarto de segurança é comunicada ao Ministério Público junto do tribunal de execução das penas para verificação da legalidade.

CAPÍTULO III
Meios coercivos

ARTIGO 94º
Princípios gerais

1 – É permitida a utilização de meios coercivos para afastar um perigo actual para a ordem e segurança do estabelecimento prisional que não possa ser eliminado de outro modo, designadamente:

a) Para impedir actos individuais ou colectivos de insubordinação, rebelião, amotinação ou evasão;

b) Para evitar a prática pelo recluso de actos de violência contra bens jurídicos pessoais, do próprio ou de terceiro, ou patrimoniais;

c) Para vencer a resistência activa ou passiva do recluso a uma ordem legítima;

d) Para impedir a tirada de reclusos ou a entrada ou permanência ilegais de pessoas no estabelecimento prisional.

2 – Os meios coercivos só podem ser utilizados pelo tempo estritamente indispensável à realização do objectivo que visam alcançar, de acordo com os princípios da necessidade, da adequação e da proporcionalidade.

3 – Os meios coercivos, quer pela sua natureza quer pela forma de utilização, não podem afectar a dignidade do recluso nem podem ser utilizados a título disciplinar.

4 – Os serviços prisionais asseguram ao seu pessoal formação permanente para uma correcta utilização dos meios coercivos.

ARTIGO 95º
Tipos e condições de utilização dos meios coercivos

1 – São meios coercivos a coacção física, a coacção com meios auxiliares e as armas.

2 – Considera-se coacção física a que é exercida sobre pessoas através da utilização de força corporal.

3 – As algemas constituem meios auxiliares da coacção física.

4 – A utilização de meios coercivos é, sempre que possível, precedida de advertência.

5 – A utilização de meios coercivos é obrigatoriamente seguida de exame médico e de inquérito às circunstâncias que a determinaram.

6 – No interior da zona prisional, à excepção do bastão de serviço, não é admitido o porte de meios auxiliares ou armas por parte dos funcionários prisionais ou de outras pessoas que tenham contacto com os reclusos.

7 – A utilização de meios auxiliares ou armas por parte do pessoal do corpo da guarda prisional só é admitida quando seja estritamente necessária à salvaguarda ou reposição da ordem e da disciplina ou em caso de legítima defesa ou estado de necessidade.

8 – A utilização de armas de fogo por parte do pessoal do corpo da guarda prisional obedece aos requisitos e segue o regime das situações de recurso a arma de fogo em acção policial.

9 – Os tipos e as condições de utilização de meios coercivos são concretizados pelo Regulamento de Utilização dos Meios Coercivos nos Serviços Prisionais.

ARTIGO 96º
Decisão e comunicação

1 – A utilização de meios coercivos é decidida pelo director do estabelecimento prisional e, no caso de recurso a armas, determina a abertura de processo de averiguações e é comunicada imediatamente ao director-geral dos Serviços Prisionais.

2 – Em caso de urgência ou perigo iminente, na ausência do director a decisão é tomada por quem o substitua ou pelo funcionário que tenha a responsabilidade de prevenir a situação, devendo neste caso ser comunicada imediatamente ao director.

ARTIGO 97º
Evasão ou ausência não autorizada

1 – O director do estabelecimento prisional comunica de imediato a evasão ou ausência não autorizada do recluso às forças e serviços de segurança, ao director-geral dos Serviços Prisionais, ao tribunal à ordem do qual cumpre medida privativa de liberdade e ao tribunal de execução das penas, comunicando igualmente a captura.

2 – Ao condenado que dolosamente se tiver eximido, total ou parcialmente, à execução de pena de prisão ou de medida de internamento é correspondentemente aplicável o disposto nos artigos 335º, 336º e 337º do Código de Processo Penal, relativos à declaração de contumácia, com as modificações seguintes:

a) Os editais e anúncios contêm, em lugar da indicação do crime e das disposições legais que o punem, a indicação da sentença condenatória e da pena ou medida de segurança a executar;

b) O despacho de declaração da contumácia e o decretamento do arresto são da competência do tribunal de execução das penas.

3 – Quando considerar que a evasão ou a ausência do recluso pode criar perigo para o ofendido, o tribunal competente informa-o da ocorrência, reportando-o igualmente à entidade policial da área da residência do ofendido.

4 – Qualquer autoridade judiciária ou agente de serviço ou força de segurança tem o dever de capturar e conduzir a estabelecimento prisional qualquer recluso evadido ou que se encontre fora do estabelecimento sem autorização.

TÍTULO XIII
Regime disciplinar

CAPÍTULO I
Disposições gerais

ARTIGO 98º
Princípios

1 – Só pode ser punida disciplinarmente a prática de facto que constitua infracção disciplinar nos termos do presente Código.

2 – Não é permitido o recurso à analogia para qualificar um facto como infracção disciplinar nem para determinar a medida disciplinar que lhe corresponda, aplicando-se unicamente as medidas disciplinares previstas no presente Código.

3 – A medida disciplinar, quer pela sua natureza quer pelo modo de execução, não pode ofender a dignidade do recluso nem comprometer a sua saúde ou integridade física.

4 – É proibida a aplicação colectiva ou por tempo indeterminado de medida disciplinar.

5 – Quando se mostre suficiente a mera advertência ou a mediação, não há lugar a procedimento para a aplicação de medida disciplinar.

6 – O recluso não pode ser punido disciplinarmente mais de uma vez pela prática da mesma infracção.

7 – O Regulamento Geral concretiza os procedimentos necessários à execução do disposto no presente título.

ARTIGO 99º
Reincidência disciplinar

1 – Considera-se reincidência disciplinar o cometimento de nova infracção, da mesma ou de outra espécie, antes de decorridos três meses sobre a data da prática de anterior infracção disciplinar.

2 – Em caso de reincidência disciplinar, o limite temporal máximo da medida disciplinar é elevado de um terço.

ARTIGO 100º
Concurso de infracções disciplinares

Quando o recluso tiver efectivamente praticado mais de uma infracção disciplinar, são-lhe aplicáveis as medidas disciplinares correspondentes a cada uma das infracções.

ARTIGO 101º
Infracção disciplinar continuada

1 – Constitui uma só infracção disciplinar continuada a realização plúrima da mesma infracção disciplinar ou de várias infracções disciplinares semelhantes, executadas de forma essencialmente homogénea e no quadro da solicitação de uma mesma situação exterior que diminua consideravelmente a culpa do recluso.

2 – A infracção disciplinar continuada é sancionada com a medida disciplinar aplicável ao facto mais grave que integra a continuação.

CAPÍTULO II
Infracções e medidas disciplinares

ARTIGO 102º
Classificação das infracções disciplinares

As infracções disciplinares classificam-se em:

a) Infracções disciplinares simples;

b) Infracções disciplinares graves.

ARTIGO 103º
Infracções disciplinares simples

Considera-se infracção disciplinar simples:

a) Não se apresentar, reiteradamente, limpo e arranjado;

b) Não proceder, reiteradamente, à limpeza e arrumação do alojamento e respectivo equipamento;

c) Não proceder, reiteradamente, à limpeza, arrumação e manutenção dos equipamentos e instalações do estabelecimento prisional;

d) Organizar e participar em jogos de fortuna ou azar no estabelecimento prisional;

e) Estabelecer comunicação não permitida ou por meios fraudulentos com o exterior ou, violando proibição expressa, com outros reclusos no estabelecimento prisional;

f) Divulgar dolosamente notícias ou dados falsos relativos ao estabelecimento prisional;

g) Simular doença ou situação de perigo para a sua saúde ou de terceiro;

h) Efectuar negócio não autorizado com outros reclusos;

i) Introduzir, produzir, fabricar, fazer sair, distribuir, transaccionar, ter em seu poder ou guardar no estabelecimento prisional objectos proibidos ou organizar essas actividades;

j) Destruir, danificar, desfigurar ou tornar não utilizáveis dolosamente bens de reduzido valor do estabelecimento prisional, de funcionários prisionais, dos demais reclusos ou de terceiros;

l) Insultar, ofender ou difamar outro recluso ou terceiro no estabelecimento prisional ou durante saída custodiada;

m) Insultar, ofender ou difamar funcionário prisional no exercício das suas funções ou por causa destas;

n) Resistir a ordens legítimas dos funcionários no exercício das suas funções;

o) Praticar, no estabelecimento prisional ou durante saída custodiada, qualquer outro facto previsto na lei como crime cujo procedimento dependa de queixa ou de acusação particular; ou

p) Não cumprir, ou cumprir com injustificado atraso, os deveres impostos, nos termos legais ou regulamentares, ou as ordens legítimas dos funcionários, no exercício das suas funções, no estabelecimento prisional ou durante saída autorizada.

ARTIGO 104º
Infracções disciplinares graves

Considera-se infracção disciplinar grave:

a) Estabelecer comunicação não permitida ou por meios fraudulentos com o exterior ou, violando proibição expressa, com outros reclusos no interior do estabelecimento prisional e criar deste modo perigo para a ordem e segurança do estabelecimento prisional;

b) Divulgar dolosamente notícias ou dados falsos relativos ao estabelecimento prisional e criar deste modo perigo para a ordem e segurança deste;

c) Simular doença ou situação de perigo para a sua saúde ou de terceiro, que implique deslocação ao exterior ou uma excepcional afectação de meios do estabelecimento prisional;

d) Efectuar negócio não autorizado de valor económico elevado com outros reclusos ou, independentemente do seu valor, com funcionários do estabelecimento prisional ou terceiros;

e) Insultar, ofender ou difamar, de forma pública e notória, outro recluso ou terceiro no interior do estabelecimento prisional ou fora deste durante saída custodiada;

f) Insultar, ofender ou difamar, de forma pública e notória, funcionário do estabelecimento prisional no exercício das suas funções ou por causa destas;

g) Destruir, danificar, desfigurar ou tornar não utilizáveis, dolosamente ou com negligência grosseira, bens do estabelecimento prisional, de funcionários prisionais, dos demais reclusos e de terceiros, de valor económico significativo, ou, independentemente do prejuízo causado, criando perigo para a ordem e segurança do estabelecimento prisional;

h) Resistir com violência ou desobedecer, de forma pública e notória, a ordens legítimas dos funcionários no exercício das suas funções;

i) Introduzir, produzir, fabricar, fazer sair, distribuir, transaccionar, ter em seu poder ou guardar no estabelecimento prisional objectos proibidos ou organizar essas actividades e criar deste modo perigo para a ordem e segurança do estabelecimento prisional;

j) Deter, possuir, introduzir, produzir, fabricar, distribuir ou transaccionar no estabelecimento prisional estupefacientes ou qualquer outra substância tóxica, fármacos não prescritos ou bebidas alcoólicas não autorizadas ou organizar essas actividades;

l) Intimidar ou estabelecer relação de poder ou de autoridade sobre outros reclusos;

m) Ameaçar, coagir, agredir ou constranger a acto sexual outro recluso, funcionário prisional ou terceiro, no estabelecimento prisional ou durante saída custodiada;

n) Tentar evadir-se, evadir-se, promover ou participar em tirada de recluso;

o) Promover ou participar em motim ou acto colectivo de insubordinação ou de desobediência às ordens legítimas dos funcionários no exercício das suas funções;

p) Praticar, no estabelecimento prisional ou durante saída custodiada, qualquer outro facto previsto na lei como crime cujo procedimento não dependa de queixa; ou

q) Não cumprir, ou cumprir com injustificado atraso, os deveres impostos, nos termos legais ou regulamentares, ou as ordens legítimas dos funcionários, no exercício das suas funções, no estabelecimento prisional ou durante saída autorizada, e criar deste modo perigo para a ordem e segurança do estabelecimento prisional.

ARTIGO 105º
Medidas disciplinares

1 – São aplicáveis ao recluso as seguintes medidas disciplinares:

a) Repreensão escrita;

b) Privação do uso e posse de objectos pessoais não indispensáveis por período não superior a 60 dias;

c) Proibição de utilização do fundo previsto na alínea *a*) do nº 1 do artigo 46º por período não superior a 60 dias;

d) Restrição ou privação de actividades sócio-culturais, desportivas ou de ocupação de tempo livre por período não superior a 60 dias;

e) Diminuição do tempo livre diário de permanência a céu aberto, por período não superior a 30 dias, salvaguardado o limite mínimo estabelecido no presente Código;

f) Permanência obrigatória no alojamento até 30 dias;

g) Internamento em cela disciplinar até 21 dias.

2 – A medida prevista na alínea *g*) do número anterior só é aplicável às infracções graves.

3 – A escolha e a determinação da duração da medida disciplinar são feitas em função da natureza da infracção, da gravidade da conduta e das suas consequências, do grau de culpa do recluso, dos seus antecedentes disciplinares, das exigências de prevenção da prática de outras infracções disciplinares e da vontade de reparar o dano causado.

4 – Em caso de concurso de infracções disciplinares, ainda que a soma das medidas disciplinares aplicadas exceda 120 dias, no caso das alíneas *c*), *d*) e *e*), ou 60 dias, no caso das alíneas *f*) e *g*) do nº 1, a medida disciplinar executada não pode exceder aquelas durações, sem prejuízo do disposto no artigo 113º

ARTIGO 106º
Suspensão da execução da medida disciplinar

1 – A execução de medida disciplinar aplicada a infracções disciplinares simples pode ser suspensa pelo período máximo de três meses, mediante decisão funda-

mentada, sempre que seja de concluir que a simples censura do facto e a ameaça da sanção realizam de forma adequada e suficiente as suas finalidades.

2 – A suspensão da execução de medida disciplinar é subordinada ao cumprimento de deveres razoavelmente exigíveis destinados a reparar as consequências da infracção, nomeadamente:

a) Dar ao lesado imediata satisfação moral adequada;

b) Indemnizar o lesado, no todo ou em parte, dentro do prazo fixado;

c) Entregar a instituições de solidariedade social, nomeadamente associações de apoio à vítima e organizações de voluntariado, uma contribuição monetária ou prestação em espécie de valor equivalente;

d) Realizar, no prazo da suspensão, tarefas de interesse comum, não remuneradas, com consentimento, por período não inferior a 20 nem superior a 120 horas, sem prejuízo do normal desenvolvimento das suas actividades formativas e laborais.

3 – Se, durante o período de suspensão, o recluso, culposamente, deixar de cumprir qualquer dos deveres impostos ou praticar nova infracção disciplinar, é revogada a suspensão.

4 – Durante o período de suspensão não corre o prazo de prescrição da medida.

ARTIGO 107º
Permanência obrigatória no alojamento

1 – A permanência no alojamento consiste na presença contínua do recluso naquele, podendo ser reduzido o período de permanência a céu aberto, com salvaguarda do limite previsto no nº 2 do artigo 51º

2 – O recluso mantém o direito à correspondência e a contactos com o seu advogado e com o assistente religioso.

3 – O director do estabelecimento prisional pode autorizar visitas regulares de familiares próximos com a duração máxima de uma hora por semana.

4 – Para não prejudicar a formação profissional ou escolar do recluso, o director do estabelecimento prisional pode autorizar o cumprimento desta medida em períodos interpolados.

ARTIGO 108º
Internamento em cela disciplinar

1 – O internamento em cela disciplinar consiste na presença contínua do recluso em cela que assegure a sua separação da restante população prisional, podendo ser reduzido o período de permanência a céu aberto, com salvaguarda do limite previsto no nº 2 do artigo 51º

2 – Durante a execução da medida, o recluso é privado de actividades e de comunicações com o exterior, sem prejuízo dos contactos com o advogado ou o assistente religioso e do acesso a correspondência, jornais, livros e revistas.

3 – O director do estabelecimento prisional apenas pode autorizar visitas quando circunstâncias ponderosas o justifiquem.

4 – Durante a execução da medida de internamento em cela disciplinar aplicada a recluso que mantenha consigo filho menor, é garantido a este acompanhamento e apoio e um tempo de convívio diário entre ambos.

5 – A cela disciplinar reúne as indispensáveis condições de habitabilidade, as características e o equipamento especificados no Regulamento Geral, que concretiza as demais matérias previstas no presente artigo.

ARTIGO 109º
Assistência médica

1 – O recluso que se encontre a cumprir as medidas disciplinares previstas nas alíneas *f)* e *g)* do nº 1 do artigo 105º fica sob vigilância clínica, sendo observado com a frequência necessária pelo médico, que se pronuncia por escrito sempre que considere necessário interromper ou alterar a execução da medida disciplinar.

2 – O médico do estabelecimento prisional é ouvido antes da aplicação de medida disciplinar a recluso que se encontre em tratamento médico psiquiátrico ou que revele ideação suicida ou, no caso de gravidez, puerpério ou após interrupção de gravidez, quando se trate das medidas disciplinares previstas nas alíneas *f)* e *g)* do nº 1 do artigo 105º e, nos restantes casos, quando circunstâncias excepcionais o justifiquem.

CAPÍTULO III
Procedimento disciplinar

ARTIGO 110º
Princípios gerais

1 – A aplicação de medida disciplinar é precedida de procedimento escrito ou gravado, salvo tratando-se de repreensão escrita.

2 – Iniciado o procedimento, o recluso é informado dos factos que lhe são imputados, sendo-lhe garantidos os direitos de ser assistido por advogado, ser ouvido e de apresentar provas para sua defesa.

3 – O procedimento disciplinar é considerado urgente, devendo ser concluído no prazo máximo de 10 dias úteis.

4 – A decisão final e a sua fundamentação são notificadas ao recluso e ao seu defensor, quando o tenha, e registadas no processo individual daquele.

5 – A tramitação do procedimento disciplinar é concretizada no Regulamento Geral.

ARTIGO 111º
Medidas cautelares na pendência do processo disciplinar

1 – O director do estabelecimento prisional pode determinar, em qualquer fase do processo disciplinar, a aplicação das medidas cautelares necessárias para impedir a continuação da infracção disciplinar ou a perturbação da convivência ordenada e segura no estabelecimento prisional ou garantir a protecção de pessoa ou a preservação de meios de prova.

2 – As medidas cautelares devem ser proporcionais à gravidade da infracção e adequadas aos efeitos cautelares a atingir, podendo consistir em proibições de contactos ou de actividades ou, nos casos mais graves, em confinamento, no todo ou em parte do dia, em alojamento individual.

3 – A aplicação de medidas cautelares não pode exceder 60 dias ou, no caso de confinamento, 30 dias.

4 – Sendo aplicada medida cautelar de confinamento por todo o dia, é aplicável o nº 1 do artigo 109º

5 – Se o recluso vier a ser sancionado com a medida de permanência obrigatória no alojamento ou internamento em cela disciplinar, o tempo da medida cautelar cumprida é ponderado, para efeitos de atenuação, na sanção que vier a ser aplicada.

ARTIGO 112º
Competência

1 – A aplicação de medida disciplinar compete ao director do estabelecimento prisional.

2 – Se a infracção disciplinar tiver sido praticada contra o director, a aplicação de medida disciplinar compete ao director-geral dos Serviços Prisionais.

3 – A decisão de aplicação de medida disciplinar pode ser precedida de audição do conselho técnico do estabelecimento prisional.

ARTIGO 113º
Execução das medidas disciplinares

1 – A execução da medida disciplinar é imediata, sem prejuízo do disposto no artigo seguinte.

2 – Quando o recluso tiver de cumprir duas ou mais medidas disciplinares, a sua execução é simultânea sempre que as medidas forem concretamente compatíveis.

3 – A execução sucessiva de medida disciplinar de internamento em cela disciplinar não pode exceder 30 dias.

4 – Mostrando-se necessária a interrupção da execução da medida, nos termos do número anterior, esta é retomada decorridos oito dias.

5 – Em ocasiões de particular significado humano ou religioso, o director do estabelecimento prisional pode interromper o cumprimento das medidas disciplinares previstas nas alíneas *f)* e *g)* do nº 1 do artigo 105º pelo período máximo de vinte e quatro horas.

ARTIGO 114º
Impugnação

1 – O recluso pode impugnar, perante o tribunal de execução das penas, as decisões de aplicação das medidas disciplinares de permanência obrigatória no alojamento e de internamento em cela disciplinar.

2 – A impugnação tem efeito suspensivo, sem prejuízo do disposto no artigo 111º

ARTIGO 115º
Prescrição

1 – O procedimento disciplinar extingue-se, por efeito de prescrição, quando tiverem decorrido quatro ou seis meses a contar da data do cometimento da infracção, conforme se trate de infracções simples ou graves, respectivamente.

2 – A prescrição referida no número anterior interrompe-se com a comunicação ao recluso da instauração do procedimento disciplinar.

3 – A medida disciplinar prescreve nos prazos de quatro ou seis meses a contar do dia seguinte ao da decisão que a aplicou, conforme se trate, respectivamente, de infracções simples ou graves.

4 – A prescrição referida no número anterior interrompe-se com o início de execução da medida.

TÍTULO XIV
Salvaguarda de direitos e meios de tutela

ARTIGO 116º
Direito de reclamação, petição, queixa e exposição

1 – O recluso tem direito a apresentar, por escrito, individual ou colectivamente, reclamações, petições, queixas e exposições relativas à execução das medidas privativas da liberdade para defesa dos seus direitos.

2 – As reclamações, petições, queixas e exposições podem ser dirigidas ao director do estabelecimento prisional, que:

a) Recorre à mediação, para alcançar soluções consensuais;

b) Se pronuncia sobre as reclamações, petições, queixas e exposições que lhe são dirigidas, no prazo máximo de 30 dias; ou

c) As envia de imediato às entidades ou organismos competentes, dando conhecimento ao recluso.

3 – As reclamações, petições, queixas e exposições podem também ser dirigidas ao director-geral dos Serviços Prisionais e ao Serviço de Auditoria e Inspecção da Direcção-Geral dos Serviços Prisionais.

4 – Sem prejuízo do disposto nos números anteriores, o recluso pode igualmente apresentar petições, queixas e exposições aos órgãos de soberania e a outras entidades, designadamente à Inspecção-Geral dos Serviços de Justiça, ao Provedor de Justiça, à Ordem dos Advogados, ao Tribunal Europeu dos Direitos do Homem, ao Comité Europeu para a Prevenção da Tortura e ao Comité contra a Tortura da Organização das Nações Unidas.

5 – O Regulamento Geral concretiza as condições de exercício dos direitos referidos nos números anteriores.

ARTIGO 117º
Direito à informação jurídica

1 – O estabelecimento prisional disponibiliza ao recluso informação jurídica escrita, designadamente legislação e doutrina penais e penitenciárias, o Regulamento Geral e convenções internacionais aplicáveis.

2 – Em especial ao recluso estrangeiro é disponibilizada informação, em língua que ele compreenda, sobre as possibilidades de execução no estrangeiro da sentença penal portuguesa e da sua transferência para o estrangeiro e sobre os termos da execução da pena acessória de expulsão.

TÍTULO XV
Modificação da execução da pena de prisão de reclusos portadores de doença grave, evolutiva e irreversível ou de deficiência grave e permanente ou de idade avançada

ARTIGO 118º
Beneficiários

Pode beneficiar de modificação da execução da pena, quando a tal se não oponham fortes exigências de prevenção ou de ordem e paz social, o recluso condenado que:

a) Se encontre gravemente doente com patologia evolutiva e irreversível e já não responda às terapêuticas disponíveis;

b) Seja portador de grave deficiência ou doença irreversível que, de modo permanente, obrigue à dependência de terceira pessoa e se mostre incompatível com a normal manutenção em meio prisional; ou

c) Tenha idade igual ou superior a 70 anos e o seu estado de saúde, física ou psíquica, ou de autonomia se mostre incompatível com a normal manutenção em meio prisional ou afecte a sua capacidade para entender o sentido da execução da pena.

ARTIGO 119º
Consentimento

1 – A modificação da execução da pena depende sempre do consentimento do condenado, ainda que presumido.

2 – Há consentimento presumido quando a situação física ou psicológica do condenado permitir razoavelmente supor que teria eficazmente consentido na modificação se tivesse podido conhecer ou pronunciar-se sobre os respectivos pressupostos.

ARTIGO 120º
Modalidades de modificação da execução da pena

1 – A modificação da execução da pena reveste as seguintes modalidades:

a) Internamento do condenado em estabelecimentos de saúde ou de acolhimento adequados; ou

b) Regime de permanência na habitação.

2 – O tribunal pode, se entender necessário, decidir-se pela fiscalização por meios técnicos de controlo à distância, com base em parecer médico e dos serviços de reinserção social.

3 – O tempo de duração do internamento ou do regime de permanência em habitação é considerado tempo de execução da pena, nomeadamente para efeitos de liberdade condicional.

4 – As modalidades referidas no nº 1 podem ser:

a) Substituídas uma pela outra;

b) Revogadas, quando o condenado infrinja grosseira ou repetidamente deveres resultantes da modificação da execução da pena, cometa crime pelo qual venha a ser condenado ou se verifique uma alteração substancial dos pressupostos da sua aplicação, e se revele inadequada ou impossível a medida prevista na alínea anterior.

5 – Para os efeitos previstos no número anterior, o tribunal solicita anualmente às entidades de saúde competentes a actualização do parecer previsto na alínea aplicável do nº 2 do artigo 217º

ARTIGO 121º
Deveres do condenado

Recaem em especial sobre o condenado os deveres de permanecer no estabelecimento ou na habitação nos períodos de tempo fixados e de aceitar as medidas de apoio e vigilância dos serviços de reinserção social, cumprir as suas orientações e responder aos contactos, nomeadamente por via telefónica, que por este forem feitos durante os períodos em que deva permanecer no estabelecimento ou na habitação.

ARTIGO 122º
Extensão do regime

1 – Quando, no momento da condenação, se encontrem preenchidos os respectivos pressupostos materiais, pode o tribunal que condena em pena de prisão decidir-se pela imediata aplicação, com as devidas adaptações, da modificação da execução da pena.

2 – No caso previsto no número anterior, aplica-se o disposto no artigo 477º do Código de Processo Penal.

TÍTULO XVI
Regras especiais

CAPÍTULO I
Prisão preventiva e detenção

ARTIGO 123º
Prisão preventiva

1 – A prisão preventiva, em conformidade com o princípio da presunção de inocência, é executada de forma a excluir qualquer restrição da liberdade não estritamente indispensável à realização da finalidade cautelar que determinou a sua aplicação e à manutenção da ordem, segurança e disciplina no estabelecimento prisional.

2 – A prisão preventiva executa-se de acordo com o disposto na decisão judicial que determinou a sua aplicação.

3 – O recluso preventivo pode, querendo, frequentar cursos de ensino e formação profissional, trabalhar e participar nas outras actividades organizadas pelo estabelecimento prisional.

4 – O recluso preventivo tem o dever de proceder à limpeza, arrumação e manutenção do seu alojamento e de participar nas actividades de limpeza, arrumação e manutenção dos equipamentos e instalações do estabelecimento prisional.

5 – O recluso preventivo pode receber visitas, sempre que possível todos os dias.

6 – Na medida do possível e desde que razões de saúde, higiene e segurança não o desaconselhem, o recluso preventivo pode receber alimentos do exterior, nos termos do Regulamento Geral.

7 – O recluso preventivo colocado em regime de segurança está sujeito às limitações decorrentes deste regime impostas pelo presente Código.

ARTIGO 124º
Detenção

1 – O detido apenas pode permanecer em estabelecimentos ou unidades prisionais destinados, por despacho do director-geral dos Serviços Prisionais, à guarda de detidos.

2 – Ao detido é aplicável o disposto no presente Código e no Regulamento Geral, com as necessárias adaptações.

3 – O detido tem direito a contactar com o seu advogado a qualquer hora do dia ou da noite.

4 – Quando fundadas razões de saúde o justifiquem, o detido é observado por médico do estabelecimento prisional ou, a expensas suas, por médico da sua confiança.

CAPÍTULO II
Prisão por dias livres e em regime de semidetenção

ARTIGO 125º
Execução, faltas e termo do cumprimento

(O Capítulo II e o artigo 125º foram revogados pela Lei nº 94/2017, de 23-08)

CAPÍTULO III
Medida de segurança de internamento e internamento de imputável portador de anomalia psíquica

ARTIGO 126º
Princípios gerais

1 – A execução da medida privativa da liberdade aplicada a inimputável ou a imputável internado, por decisão judicial, em estabelecimento destinado a inimputáveis orienta-se para a reabilitação do internado e a sua reinserção no meio familiar e social, prevenindo a prática de outros factos criminosos e servindo a defesa da sociedade e da vítima em especial.

2 – As medidas referidas no número anterior e o internamento preventivo são executados preferencialmente em unidade de saúde mental não prisional e, sempre que se justificar, em estabelecimentos prisionais ou unidades especialmente vocacionados, tendo em conta o determinado na decisão judicial e os critérios previstos no artigo 20º, com as necessárias adaptações.

3 – A decisão de afectação a estabelecimento ou unidade prisional especialmente vocacionado, nos termos do número anterior, compete ao director-geral dos Serviços Prisionais e é comunicada ao tribunal de execução das penas.

4 – A execução de medida privativa da liberdade aplicada a inimputável ou a imputável internado em estabelecimento destinado a inimputáveis, bem como do internamento preventivo, obedece ao disposto no presente Código, com as adaptações justificadas pela diferente natureza e finalidades destas medidas e com as especificações fixadas neste capítulo, e no Regulamento Geral.

5 – Quando a execução decorra em unidade de saúde mental não prisional, obedece ao disposto no presente Código, com as adaptações que vierem a ser fixadas por diploma próprio.

ARTIGO 127º
Regimes de execução

1 – Os regimes de execução previstos no presente Código aplicam-se, com as necessárias adaptações, ao inimputável e ao imputável internado em estabelecimento destinado a inimputáveis.

2 - A escolha e a alteração do regime de execução são efectuadas sob orientação médica.

ARTIGO 128º
Plano terapêutico e de reabilitação

1 - No caso de aplicação de medida de segurança privativa da liberdade ou de internamento de imputável em estabelecimento destinado a inimputáveis, é obrigatória a elaboração de plano terapêutico e de reabilitação, estruturado em função das necessidades, aptidões individuais e avaliação de risco.

2 - O plano terapêutico e de reabilitação do internado:

a) Respeita a sua individualidade e dignidade;

b) Promove o seu envolvimento e o dos seus familiares;

c) Compreende actividades ocupacionais e terapias individuais ou de grupo;

d) Privilegia a sua integração em programas de reabilitação e, sempre que a situação pessoal e processual o permita, em estruturas comunitárias;

e) Cria as condições necessárias para a continuidade do tratamento após a libertação.

3 - O plano é elaborado com a participação de especialistas em saúde mental, sendo remetido ao tribunal de execução das penas para homologação.

4 - Na elaboração do plano deve procurar-se obter a participação e adesão do internado, salvo se o seu estado de saúde tornar a participação inútil ou inviável.

5 - O plano é periodicamente avaliado e actualizado, em função das necessidades de tratamento do internado e das suas condições de inserção familiar e social.

6 - Ao inimputável e ao imputável internado em estabelecimento destinado a inimputáveis é aplicável o disposto nas alíneas *a*) a *d*) do nº 1 e nos nºs 2 e 3 do artigo 5º da Lei nº 36/98, de 24 de Julho.

ARTIGO 129º
Processo individual

1 - No processo individual do internado são integradas as comunicações recebidas do tribunal e registados os elementos a este fornecidos, bem como os relatórios de avaliação periódica dos efeitos do tratamento sobre a perigosidade do internado.

2 - Anualmente e sempre que as condições o justificarem ou o tribunal de execução das penas o solicitar, o director do estabelecimento remete para o processo organizado naquele tribunal o relatório de avaliação periódica.

ARTIGO 130º
Licenças de saída

1 - Se não houver prejuízo para as finalidades terapêuticas, podem ser concedidas aos internados as licenças de saída previstas no presente Código, verificados os respectivos pressupostos, sob orientação médica.

2 – Durante o período mínimo de internamento aplicado nos termos do nº 2 do artigo 91º do Código Penal, apenas podem ser concedidas saídas jurisdicionais compatíveis com o plano terapêutico e de reabilitação.

ARTIGO 131º
Meios especiais de segurança

A aplicação de meio especial de segurança relativamente a inimputável ou a imputável internado em estabelecimento destinado a inimputáveis é ordenada pelo director, sob proposta e orientação do médico, salvo se se tratar de situação de perigo iminente.

ARTIGO 132º
Reclamação, petição, queixa, exposição e impugnação

1 – O inimputável e o imputável internado em estabelecimento destinado a inimputáveis são auxiliados no exercício dos seus direitos de reclamação, petição, queixa e exposição.

2 – O inimputável e o imputável internado em estabelecimento destinado a inimputáveis são assistidos por advogado, constituído ou nomeado, no exercício do direito de impugnação previsto no artigo 114º

LIVRO II
Do processo perante o tribunal de execução das penas

TÍTULO I
Disposições gerais

ARTIGO 133º
Jurisdicionalização da execução

Compete aos tribunais judiciais administrar a justiça penal em matéria de execução das penas e medidas privativas da liberdade, nos termos da lei.

ARTIGO 134º
Intervenção do Ministério Público

Ao Ministério Público cabe acompanhar e verificar a legalidade da execução das penas e medidas privativas da liberdade, nos termos do respectivo Estatuto e do presente Código.

ARTIGO 135º
Serviços prisionais

1 – Os serviços prisionais garantem, nos termos da lei:

a) A execução das penas e medidas privativas da liberdade, de acordo com as respectivas finalidades; e

b) A ordem, segurança e disciplina nos estabelecimentos prisionais.

2 – Os serviços prisionais efectuam as comunicações previstas no livro i aos tribunais competentes e promovem junto destes todas as diligências legalmente previstas.

ARTIGO 136º
Serviços de reinserção social

1 – Os serviços de reinserção social intervêm na execução das penas e medidas privativas da liberdade prestando assessoria técnica aos tribunais de execução das penas e garantindo o acompanhamento da liberdade condicional e da liberdade para prova, nos termos previstos na lei.

2 – Os serviços de reinserção social colaboram com os serviços prisionais na preparação da liberdade condicional, promovendo a reinserção social e a prevenção criminal, nomeadamente através de mecanismos de natureza social, educativa e laboral.

TÍTULO II
Tribunais de execução das penas

CAPÍTULO I
Competência

ARTIGO 137º
Competência territorial

1 – A competência territorial do tribunal de execução das penas determina-se em função da localização do estabelecimento a que se encontre afecto o recluso.

2 – Quanto a arguido ou condenado residente no estrangeiro, é competente o Tribunal de Execução das Penas de Lisboa.

3 – Nos demais casos, é competente o tribunal de execução das penas com sede na área da residência do arguido ou do condenado.

4 – Se, por efeito das regras que determinam a competência territorial, o processo vier a ser transmitido a outro tribunal de execução das penas, a transmissão é notificada ao arguido, ao seu advogado, ao tribunal da condenação, aos serviços de reinserção social e, se o arguido estiver privado da liberdade, à Direcção-Geral dos Serviços Prisionais e aos directores dos estabelecimentos prisionais envolvidos.

ARTIGO 138º
Competência material

1 – Compete ao tribunal de execução das penas garantir os direitos dos reclusos, pronunciando-se sobre a legalidade das decisões dos serviços prisionais nos casos e termos previstos na lei.

2 – Após o trânsito em julgado da sentença que determinou a aplicação de pena ou medida privativa da liberdade, compete ao tribunal de execução das penas acompanhar e fiscalizar a respectiva execução e decidir da sua modificação, substituição e extinção, sem prejuízo do disposto no artigo 371º-A do Código de Processo Penal.

3 – Compete ainda ao tribunal de execução das penas acompanhar e fiscalizar a execução da prisão e do internamento preventivos, devendo as respectivas decisões ser comunicadas ao tribunal à ordem do qual o arguido cumpre a medida de coacção.

4 – Sem prejuízo de outras disposições legais, compete aos tribunais de execução das penas, em razão da matéria:

a) Homologar os planos individuais de readaptação, bem como os planos terapêuticos e de reabilitação de inimputável e de imputável portador de anomalia psíquica internado em estabelecimento destinado a inimputáveis, e as respectivas alterações;

b) Conceder e revogar licenças de saída jurisdicionais;

c) Conceder e revogar a liberdade condicional, a adaptação à liberdade condicional e a liberdade para prova;

d) Homologar a decisão do director-geral dos Serviços Prisionais de colocação do recluso em regime aberto no exterior, antes da respectiva execução;

e) Determinar a execução da pena acessória de expulsão, declarando extinta a pena de prisão, e determinar a execução antecipada da pena acessória de expulsão;

f) Convocar o conselho técnico sempre que o entenda necessário ou quando a lei o preveja;

g) Decidir processos de impugnação de decisões dos serviços prisionais;

h) Definir o destino a dar à correspondência retida;

i) Declarar perdidos e dar destino aos objectos ou valores apreendidos aos reclusos;

j) Decidir sobre a modificação da execução da pena de prisão relativamente a reclusos portadores de doença grave, evolutiva e irreversível ou de deficiência grave e permanente ou de idade avançada, bem como da substituição ou da revogação das respectivas modalidades;

l) Decidir sobre a homologação do plano de reinserção social e das respetivas alterações, as autorizações de ausência, a modificação das regras de conduta e a revogação do regime, quando a pena de prisão seja executada em regime de permanência na habitação;

m) Rever e prorrogar a medida de segurança de internamento de inimputáveis;

n) Decidir sobre a prestação de trabalho a favor da comunidade e sobre a sua revogação, nos casos de execução sucessiva de medida de segurança e de pena privativas da liberdade;

o) Determinar o internamento ou a suspensão da execução da pena de prisão em virtude de anomalia psíquica sobrevinda ao agente durante a execução da pena de prisão e proceder à sua revisão;

p) Determinar o cumprimento do resto da pena ou a continuação do internamento pelo mesmo tempo, no caso de revogação da prestação de trabalho a favor da comunidade ou da liberdade condicional de indivíduo sujeito a execução sucessiva de medida de segurança e de pena privativas da liberdade;

q) Declarar a caducidade das alterações ao regime normal de execução da pena, em caso de simulação de anomalia psíquica;

r) Declarar cumprida a pena de prisão efectiva que concretamente caberia ao crime cometido por condenado em pena relativamente indeterminada, tendo sido recusada ou revogada a liberdade condicional;

s) Declarar extinta a pena de prisão efectiva, a pena relativamente indeterminada e a medida de segurança de internamento;

t) Emitir mandados de detenção, de captura e de libertação;

u) Informar o ofendido da libertação ou da evasão do recluso, nos casos previstos nos artigos 23º e 97º;

v) Instruir o processo de concessão e revogação do indulto e proceder à respectiva aplicação;

x) Proferir a declaração de contumácia e decretar o arresto de bens, quanto a condenado que dolosamente se tiver eximido, total ou parcialmente, à execução de pena de prisão ou de medida de internamento;

z) Decidir sobre o cancelamento provisório de factos ou decisões inscritos no registo criminal;

aa) Julgar o recurso sobre a legalidade da transcrição nos certificados do registo criminal.

(Redação dada pela Lei nº 94/2017, de 23-08)

CAPÍTULO II
Incompetência e conflitos de competência

ARTIGO 139º
Declaração de incompetência e efeitos

1 – A incompetência do tribunal é por este conhecida e declarada oficiosamente e pode ser deduzida pelo Ministério Público e pelo condenado até ao trânsito da decisão que ponha termo ao processo.

2 – Declarada a incompetência, o processo é remetido ao tribunal competente, sem prejuízo da prática dos actos processuais urgentes.

ARTIGO 140º
Conflitos de competência

À definição, denúncia e resolução do conflito de competência aplicam-se, com as necessárias adaptações, as normas correspondentes do Código de Processo Penal.

CAPÍTULO III
Ministério Público

ARTIGO 141º
Competência

Sem prejuízo de outras disposições legais, ao representante do Ministério Público junto do tribunal de execução das penas compete:

a) Visitar os estabelecimentos prisionais regularmente e sempre que necessário ou conveniente para o exercício das competências previstas no presente Código;

b) Verificar a legalidade das decisões dos serviços prisionais que, nos termos do presente Código, lhe devam ser obrigatoriamente comunicadas para esse efeito e impugnar as que considere ilegais;

c) Recorrer das decisões do tribunal de execução das penas, nos termos previstos na lei;

d) Participar no conselho técnico;

e) Impulsionar a transferência, para o país da nacionalidade ou da residência, de pessoa sujeita a medida privativa da liberdade por tribunal português ou dar seguimento ao pedido;

f) Promover a detenção provisória, a extradição activa e a entrega de pessoa contra a qual exista processo pendente no tribunal de execução das penas;

g) Diligenciar, junto do tribunal competente, pela promoção da realização do cúmulo jurídico de penas logo que, por qualquer forma, tome conhecimento da verificação dos respectivos pressupostos;

h) Promover o desconto, no cumprimento da pena, do tempo em que o recluso andou em liberdade, na hipótese de revogação de licença de saída administrativa ou jurisdicional;

i) Em caso de execução sucessiva de penas, proceder ao respectivo cômputo, para efeitos de concessão de liberdade condicional;

j) Em caso de revogação de licença de saída ou da liberdade condicional, calcular as datas para o termo de pena e, nos casos de admissibilidade de liberdade condicional, para os efeitos previstos nos artigos 61º e 62º do Código Penal e submeter o cômputo à homologação do juiz;

l) Dar parecer sobre a concessão do indulto e promover a respectiva revogação;

m) Suscitar a resolução do conflito de competência;

n) *(Revogada)*

o) Instaurar os procedimentos, promover e realizar as demais diligências previstas no presente Código.

(Redação dada pela Lei nº 27/2019, de 28-03)

TÍTULO III
Conselho técnico

ARTIGO 142º
Competência

1 – O conselho técnico é um órgão auxiliar do tribunal de execução das penas com funções consultivas.

2 – Ao conselho técnico compete, designadamente:

a) Emitir parecer sobre a concessão de liberdade condicional, de liberdade para prova e de licenças de saída jurisdicionais e sobre as condições a que devem ser sujeitas;

b) Dar parecer sobre os assuntos que, nos termos da lei, sejam submetidos à sua apreciação pelo juiz do tribunal de execução das penas;

c) Dar parecer, quando solicitado, nos termos do nº 4 do artigo 172º-A, sobre a colocação de reclusos em regime aberto no exterior.

(Redação dada pela Lei nº 40/2010, de 03-09)

ARTIGO 143º
Presidência e composição

1 – O conselho técnico é presidido pelo juiz do tribunal de execução das penas com jurisdição sobre a área de localização do estabelecimento prisional e nele pode participar o representante do Ministério Público junto do mesmo tribunal.

2 – Quando participe no conselho técnico, o representante do Ministério Público pode intervir para solicitar a prestação de esclarecimentos ou a obtenção de elementos que entenda necessários para o exercício das suas competências.

3 – São membros do conselho técnico o director do estabelecimento prisional, que tem voto de qualidade, o responsável para a área do tratamento penitenciário, o chefe do serviço de vigilância e segurança e o responsável da competente equipa dos serviços de reinserção social.

4 – O juiz do tribunal de execução das penas pode chamar a participar na reunião do conselho técnico qualquer funcionário, sem direito de voto, se for considerada útil a sua colaboração para os assuntos em discussão.

5 – O conselho técnico reúne no estabelecimento prisional.

TÍTULO IV
Processo

CAPÍTULO I
Disposições gerais

ARTIGO 144º
Natureza individual do processo

1 – O processo no tribunal de execução das penas tem natureza individual.

2 – Quando o processo tenha por base a comunicação a que se refere o artigo 477º do Código de Processo Penal e a sentença abranja vários arguidos, extrair-se-ão, oficiosamente, tantas certidões quantos os arguidos.

ARTIGO 145º
Carácter único do processo

1 – No tribunal de execução das penas é organizado, relativamente a cada indivíduo, um único processo.

2 – Constituem-se em principais os autos que derem origem à abertura do processo.

3 – São autuados e correm por apenso aos autos principais todos os demais processos e incidentes.

4 – Na eventualidade de os autos a que se referem os dois números anteriores se encontrarem já findos, são requisitados ao arquivo, ainda que de outro tribunal, seguindo-se o disposto no número anterior, salvo se se referirem a factos já cancelados do registo criminal.

ARTIGO 146º
Fundamentação dos actos e publicidade do processo

1 – Os actos decisórios do juiz de execução das penas são sempre fundamentados, devendo ser especificados os motivos de facto e de direito da decisão.

2 – O processo no tribunal de execução das penas é, desde o seu início, acessível aos sujeitos que nele intervêm, ficando estes, porém, vinculados ao segredo de justiça.

3 – Relativamente a outras entidades, não judiciais, o processo torna-se público a partir da audição do arguido ou condenado, se a ela houver lugar.

4 – Se não houver lugar à referida audição, o processo é público depois de proferida a decisão em primeira instância.

5 – A publicidade do processo respeita sempre os dados relativos à reserva da vida privada do arguido ou condenado, mesmo que constituam meio de prova, preserva o seu processo de reinserção social e a dignidade, o bom nome e a reputação da vítima.

6 – A consulta do auto, a obtenção de cópias, extractos e certidões de partes dele e a reprodução, pelos órgãos de comunicação social, de peças processuais ou de documentos incorporados no processo dependem de requerimento dirigido ao juiz com indicação dos fins a que se destinam e limitam-se ao estritamente indispensável e adequado à realização da finalidade em causa.

7 – Constitui crime de desobediência simples a utilização da consulta do processo ou das cópias, extractos ou certidões para fins diversos dos expressamente indicados nos termos do número anterior.

ARTIGO 147º
Intervenção de advogado

1 – É permitida a intervenção de advogado nos termos gerais de direito.

2 – É obrigatória a assistência de advogado nos casos especialmente previstos na lei ou quando estejam em causa questões de direito.

ARTIGO 148º
Rejeição e aperfeiçoamento

Recebido o requerimento inicial, o juiz do tribunal de execução das penas, ouvido o Ministério Público, pode:

a) Rejeitá-lo, se manifestamente infundado ou quando contenha pretensão já antes rejeitada e baseada nos mesmos elementos;

b) Convidar ao aperfeiçoamento.

ARTIGO 149º
Comunicações, convocações e notificações

São correspondentemente aplicáveis ao processo no tribunal de execução das penas as disposições do Código de Processo Penal relativas à comunicação de actos processuais, convocações e notificações.

ARTIGO 150º
Utilização da informática

1 – A tramitação dos processos é efectuada electronicamente em termos a definir por portaria do membro do Governo responsável pela área da justiça, devendo as disposições processuais relativas a actos dos magistrados e das secretarias ser objecto das adaptações práticas que se revelem necessárias.

2 – A portaria referida no número anterior regula, designadamente:

a) A apresentação de peças processuais e documentos;

b) A distribuição de processos;

c) A prática, necessariamente por meios electrónicos, dos actos processuais dos magistrados e dos funcionários;

d) Os actos, peças, autos e termos do processo que não podem constar do processo em suporte físico;

e) A comunicação com os serviços prisionais e de reinserção social.

ARTIGO 151º
Processos urgentes

1 – Correm em férias os processos de concessão de adaptação à liberdade condicional, de liberdade condicional e de liberdade para prova, de modificação da execução da pena de prisão por motivo de doença grave, evolutiva e irreversível, de verificação da legalidade e de impugnação de decisões dos serviços prisionais com efeito suspensivo.

2 – São também considerados urgentes e correm em férias os processos cuja demora possa causar prejuízo, quando o juiz, oficiosamente ou a requerimento, assim o decida por despacho fundamentado.

ARTIGO 152º
Prazos

1 – Salvo disposição legal em contrário, é de 10 dias o prazo para a prática de qualquer acto processual.

2 – À contagem dos prazos para a prática de actos processuais são aplicáveis as disposições da lei do processo civil.

ARTIGO 153º
Custas

1 – Sem prejuízo do disposto na lei em matéria de apoio judiciário, nos processos que corram termos pelo tribunal de execução das penas são devidas custas, em conformidade com o Regulamento das Custas Processuais.

2 – O processo de indulto não está sujeito ao pagamento de quaisquer custas.

3 – A liquidação das custas é efectuada a final pela secção de processos, no prazo de cinco dias.

4 – Em caso de recurso, a liquidação é realizada após o trânsito em julgado da decisão final, no tribunal de execução das penas que tiver decidido em 1.ª instância.

5 – Sobre as quantias contadas ou liquidadas incidem juros de mora a partir do prazo estabelecido na lei para o respectivo pagamento.

6 – Em tudo o que não estiver previsto nos números anteriores é aplicável subsidiariamente o disposto no Regulamento das Custas Processuais.

ARTIGO 154º
Direito subsidiário

Sempre que o contrário não resulte da presente lei, são correspondentemente aplicáveis as disposições do Código de Processo Penal.

CAPÍTULO II
Formas de processo

ARTIGO 155º
Formas de processo

1 – Para além dos previstos em lei avulsa, existem as seguintes formas de processo: internamento, homologação, liberdade condicional, licença de saída jurisdicional, verificação da legalidade, impugnação, modificação da execução da pena de prisão, regime de permanência na habitação, indulto e cancelamento provisório do registo criminal.

2 – A todos os casos a que não corresponda uma forma de processo referida no número anterior aplica-se o processo supletivo.

(Redação dada pela Lei nº 94/2017, de 23-08)

CAPÍTULO III
Internamento

SECÇÃO I
Internamento anteriormente decretado

ARTIGO 156º
Início do processo

1 – Salvo nos casos previstos na subsecção ii da presente secção, o processo no tribunal de execução das penas inicia-se com a autuação de certidão:

a) Da sentença que declare a inimputabilidade, determine o internamento do arguido e fixe o prazo máximo e, quando for caso disso, o prazo mínimo de duração deste;

b) Da sentença condenatória que determine o internamento de arguido imputável em estabelecimento destinado a inimputáveis pelo tempo correspondente à duração da pena;

c) Da decisão que revogue a suspensão da medida de internamento e determine a respectiva execução.

2 – No caso de o arguido se encontrar privado de liberdade, a certidão referida no número anterior deve fazer menção da sua localização.

3 – A instauração do processo é, independentemente de despacho, notificada ao arguido, comunicada ao tribunal da condenação e aos serviços de reinserção social e, verificando-se a hipótese prevista no número anterior, também à Direcção-Geral dos Serviços Prisionais e ao director do estabelecimento a que o condenado esteja afecto.

ARTIGO 157º
Defensor

1 – Quando o condenado não tenha defensor constituído, o tribunal solicita à Ordem dos Advogados a nomeação de defensor.

2 – À nomeação do defensor e sua substituição aplicam-se as regras relativas à protecção jurídica e ao patrocínio judiciário em processo penal.

ARTIGO 158º
Revisão obrigatória

1 – A revisão obrigatória da situação do internado tem lugar nos termos e prazos definidos no Código Penal.

2 – Para o efeito, o juiz, até dois meses antes da data calculada para a revisão, oficiosamente ou a requerimento do Ministério Público, do internado ou do seu defensor:

a) Ordena, consoante os casos, a realização de perícia psiquiátrica ou sobre a personalidade e fixa prazo para a apresentação do respectivo relatório, o qual deve também conter juízo sobre a capacidade do internado para prestar declarações;

b) Determina a realização das demais diligências que se afigurem com interesse para a decisão.

3 – Com a antecedência mínima estipulada no número anterior:

a) Os serviços de reinserção social enviam relatório contendo a análise do enquadramento sócio-familiar e profissional do internado e a avaliação das suas perspectivas e necessidades de reinserção social;

b) O estabelecimento remete relatório de avaliação sobre a evolução clínica e comportamental do internado.

4 – O juiz ouve o internado, se para tal este for considerado capaz, fazendo extractar em auto as suas declarações.

5 – São notificados do despacho que designa data para a audição o Ministério Público e o defensor, que podem estar presentes.

ARTIGO 159º
Revisão a requerimento

1 – Se for invocada a existência de causa justificativa da cessação do internamento, o tribunal aprecia a questão a todo o tempo.

2 – Têm legitimidade para requerer a revisão o internado, o seu representante legal, o Ministério Público e o director do estabelecimento a que aquele se encontre afecto.

3 – São correspondentemente aplicáveis as alíneas *a*) e *b*) do nº 2 e os nºs 4 e 5 do artigo anterior, podendo ainda o tribunal solicitar os relatórios referidos no nº 3 do mesmo preceito.

ARTIGO 160º
Alegações e vista ao Ministério Público

Antes de ser proferida a decisão, é notificado o defensor para, em cinco dias, alegar o que tiver por conveniente, após o que são os autos continuados com vista ao Ministério Público para, no mesmo prazo, emitir parecer.

ARTIGO 161º
Decisão

A decisão é:

a) Notificada ao Ministério Público, ao internado, ao respectivo mandatário ou defensor e ao seu representante legal, se tiver sido este a requerer a revisão;

b) Comunicada ao tribunal da condenação, ao director do estabelecimento onde o internado se encontre, à Direcção-Geral dos Serviços Prisionais e aos serviços de reinserção social.

ARTIGO 162º
Prorrogação do internamento

O disposto no artigo 158º é correspondentemente aplicável à decisão sobre a prorrogação do internamento, nos termos do nº 3 do artigo 92º do Código Penal.

ARTIGO 163º
Execução e incumprimento da liberdade para prova

À execução e incumprimento da liberdade para prova são correspondentemente aplicáveis as normas correspondentes estabelecidas para a liberdade condicional, sendo ouvido obrigatoriamente o defensor.

SECÇÃO II
Internamento determinado pelo tribunal de execução das penas

ARTIGO 164º
Outros casos de aplicação do processo

1 – O processo de internamento é também aplicável:

a) Às situações de anomalia psíquica manifestada durante a execução da pena privativa da liberdade, nos casos previstos nos nºs 1 dos artigos 104º, 105º e 106º do Código Penal;

b) À decisão a que se refere a parte final do nº 6 do artigo 99º do Código Penal.

2 – O processo de internamento é ainda aplicável, tratando-se de pena relativamente indeterminada, a partir do momento em que se mostre cumprida a pena

que concretamente caberia ao crime cometido, tendo sido recusada ou revogada a liberdade condicional, nos termos do nº 3 do artigo 90º do Código Penal.

ARTIGO 165º
Início do processo

1 – No caso previsto na alínea *a*) do nº 1 do artigo anterior, o processo inicia-se com o requerimento do condenado ou do seu representante legal, do Ministério Público ou do director do estabelecimento prisional a que aquele está afecto.

2 – O requerimento é fundamentado, devendo logo o requerente fornecer todas as provas e indicar os demais meios de prova a produzir.

3 – No caso previsto na alínea *b*) do nº 1 do artigo anterior, o processo tem início com a autuação de certidão da sentença que revogue a prestação de trabalho a favor da comunidade ou a liberdade condicional.

4 – Na hipótese prevista no nº 2 do artigo anterior, o processo inicia-se com a autuação de certidão da decisão que, não tendo sido concedida ou tendo sido revogada a liberdade condicional, declare cumprida a pena que concretamente caberia ao condenado em pena relativamente indeterminada.

5 – É correspondentemente aplicável o disposto no nº 3 do artigo 156º

ARTIGO 166º
Instrução

1 – Recebido o requerimento ou autuada a certidão, o juiz declara aberta a instrução, ordenando:

a) Quando for o caso, a realização de perícia psiquiátrica ou sobre a personalidade e avaliação da capacidade do agente para prestar declarações;

b) Aos serviços de reinserção social, a elaboração de relatório contendo análise do enquadramento sócio-familiar e profissional do condenado e a avaliação das suas perspectivas e necessidades de reinserção social;

c) Oficiosamente ou a requerimento, a realização de outras diligências necessárias à decisão.

2 – No mesmo despacho, o juiz fixa os prazos em que devem ser apresentados os documentos e relatórios e realizadas as diligências a que se refere o número anterior.

3 – Aplica-se, com as necessárias adaptações, o disposto no artigo 159º e nos nºs 4 e 5 do artigo 158º

ARTIGO 167º
Tramitação subsequente

1 – Proferido o despacho que declara encerrada a instrução, é o defensor notificado para, em cinco dias, alegar o que tiver por conveniente, após o que são os autos continuados com vista ao Ministério Público para, no mesmo prazo, emitir parecer.

2 – À notificação e comunicação da decisão aplica-se o disposto no artigo 161º

ARTIGO 168º
Remissão

1 – É correspondentemente aplicável o preceituado na subsecção anterior quanto à revisão, obrigatória e a requerimento, da situação do internado.

2 – Nos casos referidos na alínea *b*) do nº 1 e no nº 2 do artigo 164º, aplica-se ainda o disposto no artigo 163º, relativo à execução e incumprimento da liberdade para prova.

SECÇÃO III
Disposições comuns

ARTIGO 169º
Substituição da prisão por prestação de trabalho a favor da comunidade

1 – Nos casos previstos no artigo 99º e nos nºs 3 dos artigos 105º e 106º do Código Penal, o requerimento para a substituição do tempo de prisão por prestação de trabalho a favor da comunidade é apresentado até dois meses antes da data calculada para a revisão obrigatória ou no requerimento de revisão, devendo o condenado indicar as suas habilitações literárias e profissionais, a sua situação profissional e familiar e, se possível, a entidade na qual pretenda prestar trabalho.

2 – O tribunal pode solicitar informações complementares aos serviços de reinserção social, nomeadamente sobre o local e horário de trabalho.

3 – O Ministério Público emite parecer nos próprios autos.

4 – A decisão de substituição indica, designadamente, o número de horas de trabalho e respectivo horário e a entidade a quem é prestado, sendo:

a) Notificada ao recluso e ao Ministério Público;

b) Comunicada aos serviços de reinserção social e à entidade a quem o trabalho deva ser prestado.

ARTIGO 170º
Revogação da prestação de trabalho a favor da comunidade

Ao incumprimento da prestação de trabalho a favor da comunidade é correspondentemente aplicável o disposto quanto ao incidente de incumprimento da liberdade condicional, sendo ouvido obrigatoriamente o defensor.

ARTIGO 171º
Recursos e seu efeito

1 – Cabe recurso da decisão que determine, recuse, mantenha ou prorrogue o internamento e da que decrete a respectiva cessação.

2 – São também recorríveis as decisões de substituição da pena de prisão ainda não cumprida por prestação de trabalho a favor da comunidade e a revogação desta.

3 – São ainda recorríveis as decisões de concessão, recusa ou revogação da liberdade para prova.

4 – Têm efeito suspensivo os recursos interpostos da decisão que:

a) Determine o internamento;

b) Substitua a pena de prisão ainda não cumprida por prestação de trabalho a favor da comunidade ou que revogue esta;

c) Revogue a liberdade para prova.

CAPÍTULO IV
Homologação dos planos

ARTIGO 172º
Tramitação

1 – Recebido e autuado o plano individual de readaptação ou o plano terapêutico e de reabilitação, a secretaria, independentemente de despacho, abre vista ao Ministério Público para que se pronuncie.

2 – De seguida, vão os autos conclusos ao juiz, o qual despacha no sentido de:

a) Homologar o plano;

b) Não homologar o plano, indicando as razões da sua decisão.

3 – O despacho de homologação é notificado ao Ministério Público e ao recluso e comunicado, acompanhado de certidão integral do plano homologado, ao respectivo estabelecimento e aos serviços de reinserção social.

4 – No caso de não homologação, o despacho é notificado ao Ministério Público e comunicado ao estabelecimento para que, no prazo de 15 dias e com observância das formalidades legalmente exigidas, se proceda à reformulação do plano.

5 – À homologação das alterações do plano aplica-se o disposto nos números anteriores.

ARTIGO 172º-A
Processo de homologação

1 – A decisão de colocação de recluso em regime aberto no exterior é submetida pelo director-geral dos Serviços Prisionais ao tribunal de execução das penas, para efeitos de homologação.

2 – O director-geral dos Serviços Prisionais envia ao tribunal de execução das penas a decisão para homologação, acompanhada dos elementos que a fundamentaram, nos termos do artigo 14º

3 – O processo de homologação é da competência do juízo que tenha decidido a concessão da licença de saída jurisdicional do recluso em causa.

4 – O juiz pode, se o entender, solicitar parecer ao conselho técnico e proceder à audição do recluso.

5 – A decisão de homologação é notificada ao Ministério Público e comunicada ao director-geral dos Serviços Prisionais.

(Aditado pela Lei nº 40/2010, de 03-09)

CAPÍTULO V
Liberdade condicional e execução da pena acessória de expulsão

SECÇÃO I
Concessão

ARTIGO 173º
Instrução

1 – Até 90 dias antes da data admissível para a concessão de liberdade condicional, o juiz solicita, fixando prazo:

a) Relatório dos serviços prisionais contendo avaliação da evolução da personalidade do recluso durante a execução da pena, das competências adquiridas nesse período, do seu comportamento prisional e da sua relação com o crime cometido;

b) Relatório dos serviços de reinserção social contendo avaliação das necessidades subsistentes de reinserção social, das perspectivas de enquadramento familiar, social e profissional do recluso e das condições a que deve estar sujeita a concessão de liberdade condicional, ponderando ainda, para este efeito, a necessidade de protecção da vítima;

c) Oficiosamente ou a requerimento do Ministério Público ou do condenado, outros elementos que se afigurem relevantes para a decisão.

2 – A instrução deve estar concluída até 60 dias antes da data admissível para a concessão da liberdade condicional.

ARTIGO 174º
Tramitação subsequente

1 – Encerrada a instrução, o juiz, por despacho, convoca o conselho técnico para um dos 20 dias seguintes e designa hora para a audição do recluso, a qual tem lugar em acto seguido à reunião daquele órgão.

2 – O despacho é notificado ao Ministério Público, ao recluso, ao defensor, quando o tenha, e comunicado ao estabelecimento prisional e aos serviços de reinserção social.

ARTIGO 175º
Conselho técnico

1 – Os membros do conselho técnico prestam os esclarecimentos que lhes forem solicitados, designadamente quanto aos relatórios que os respectivos serviços hajam produzido.

2 – O conselho técnico emite parecer, apurado através da votação de cada um dos seus membros, quanto à concessão da liberdade condicional e às condições a que a mesma deve ser sujeita.

3 – Se o considerar oportuno, tendo em vista a eventual subordinação da liberdade condicional a regime de prova, o juiz solicita aos serviços de reinserção social a elaboração, no prazo de 15 dias, do plano de reinserção social.

4 – Da reunião do conselho técnico é lavrada acta.

ARTIGO 176º
Audição do recluso

1 – O juiz questiona o recluso sobre todos os aspectos que considerar pertinentes para a decisão em causa, incluindo o seu consentimento para a aplicação da liberdade condicional, após o que dá a palavra ao Ministério Público e ao defensor, caso estejam presentes, os quais podem requerer que o juiz formule as perguntas que entenderem relevantes.

2 – O recluso pode oferecer as provas que julgar convenientes.

3 – O juiz decide, por despacho irrecorrível, sobre a relevância das perguntas e a admissão das provas.

4 – Caso perspective como necessária a sujeição do recluso a tratamento médico ou a cura em instituição adequada, o juiz recolhe, desde logo, o seu consentimento.

5 – A audição do recluso é reduzida a auto.

ARTIGO 177º
Parecer do Ministério Público e decisão

1 – O Ministério Público, nos cinco dias seguintes à audição do recluso, emite, nos próprios autos, parecer quanto à concessão da liberdade condicional e às condições a que esta deva ser sujeita.

2 – Quando conceder a liberdade condicional, o juiz:

a) Determina a data do seu termo;

b) Determina a data em que se cumprem os cinco anos, no caso e para os efeitos previstos nos nºs 5 do artigo 61º e 2 do artigo 90º do Código Penal;

c) Fixa as condições a que a mesma fica sujeita; e

d) Aprova o plano de reinserção social, se impuser regime de prova.

3 – A decisão do juiz é notificada ao recluso, ao defensor e ao Ministério Público e, após trânsito em julgado, comunicada aos serviços prisionais e de reinserção social e, em caso de concessão, aos demais serviços ou entidades que devam intervir na execução da liberdade condicional e aos serviços de identificação criminal, através de boletim do registo criminal.

ARTIGO 178º
Suspensão da decisão

O juiz pode suspender a decisão, por um período não superior a três meses, tendo em vista a verificação de determinadas circunstâncias ou condições ou a elaboração e aprovação do plano de reinserção social.

ARTIGO 179º
Recurso

1 – O recurso é limitado à questão da concessão ou recusa da liberdade condicional.

2 – Têm legitimidade para recorrer o Ministério Público e o recluso, este apenas quanto à decisão de recusa da liberdade condicional.

3 – O recurso da decisão de concessão tem efeito suspensivo quando os pareceres do conselho técnico e do Ministério Público tiverem sido contrários à concessão da liberdade condicional e reveste natureza urgente, nos termos do artigo 151º

ARTIGO 180º
Renovação da instância

1 – Sem prejuízo do disposto no artigo 61º do Código Penal, nos casos em que a liberdade condicional não tenha sido concedida e a prisão haja de prosseguir por mais de um ano, a instância renova-se de 12 em 12 meses a contar da data em que foi proferida a anterior decisão.

2 – Tratando-se de pena relativamente indeterminada, até se mostrar cumprida a pena que concretamente caberia ao crime cometido, a instância renova-se:

a) Decorrido um ano sobre a não concessão da liberdade condicional;

b) Decorridos dois anos sobre o início da continuação do cumprimento da pena quando a liberdade condicional for revogada. Se a liberdade condicional não for concedida, a instância renova-se decorrido cada período ulterior de um ano.

3 – São aplicáveis à renovação da instância, com as devidas adaptações, as regras previstas nos artigos anteriores.

ARTIGO 181º
Prazos especiais

Se a sentença condenatória transitar em julgado após o 90º dia anterior à data admissível para a concessão da liberdade condicional:

a) O prazo para a conclusão da instrução é de 30 dias a contar da recepção dos elementos a que se refere o artigo 477º do Código de Processo Penal;

b) Os prazos previstos nos nºs 1 do artigo 174º, 3 do artigo 175º e 1 do artigo 177º são reduzidos a metade.

ARTIGO 182º
Substituição da liberdade condicional pela execução da pena de expulsão

(Revogado pela Lei nº 21/2013, de 21-02)

SECÇÃO II
Execução e incumprimento

ARTIGO 183º
Relatórios de execução

Os serviços de reinserção social e os outros serviços ou entidades que devam intervir na execução da liberdade condicional, para apoio e vigilância do cumprimento das regras de conduta fixadas, remetem ao tribunal relatórios com a periodicidade ou no prazo por este fixados e sempre que ocorra uma alteração relevante no comportamento estipulado no plano fixado para o condenado.

ARTIGO 184º
Comunicação de incumprimento

1 – O incumprimento do plano de reinserção social ou das regras de conduta impostas é imediatamente comunicado ao tribunal de execução das penas pelos serviços de reinserção social e pelos demais serviços ou entidades que intervenham na execução da liberdade condicional.

2 – A condenação por crime cometido durante o período de liberdade condicional é imediatamente comunicada ao tribunal de execução das penas, sendo-lhe remetida cópia da decisão condenatória.

ARTIGO 185º
Incidente de incumprimento

1 – O incidente de incumprimento inicia-se com a autuação de comunicação referida no artigo anterior.

2 – O tribunal notifica a abertura do incidente ao Ministério Público, aos serviços de reinserção social e aos demais serviços ou entidades que intervenham na execução da liberdade condicional, ao condenado e seu defensor, com indicação dos factos em causa e da data e local designados para a audição, a qual ocorre num dos 10 dias posteriores.

3 – À audição referida no número anterior aplicam-se, com as necessárias adaptações, as regras previstas para a audição de recluso no processo de concessão da liberdade condicional.

4 – A falta injustificada do condenado vale como efectiva audição para todos os efeitos legais.

5 – Após a audição, o juiz ordena as diligências complementares que repute necessárias, designadamente junto dos serviços de reinserção social e dos demais serviços ou entidades que intervenham na execução da liberdade condicional.

6 – O Ministério Público emite parecer nos próprios autos quanto às consequências do incumprimento.

7 – A decisão do juiz é notificada ao recluso, ao defensor e ao Ministério Público e, após trânsito em julgado, comunicada aos serviços prisionais e de reinserção social, aos demais serviços ou entidades que estivessem a intervir na execução da liberdade condicional e, em caso de revogação, aos serviços de identificação criminal, através de boletim do registo criminal.

8 – Em caso de revogação, o Ministério Público junto do tribunal de execução das penas efectua o cômputo da pena de prisão que vier a ser cumprida, para efeitos do nº 3 do artigo 64º do Código Penal, sendo o cômputo, depois de homologado pelo juiz, comunicado ao condenado.

ARTIGO 186º
Recurso

1 – Podem recorrer o condenado e o Ministério Público.

2 – O recurso é limitado à questão da revogação ou não revogação da liberdade condicional.

3 – Em caso de revogação, o recurso tem efeito suspensivo e reveste natureza urgente, nos termos do artigo 151º

ARTIGO 187º
Extinção da pena

Após o termo da liberdade condicional, o juiz declara extinta a pena se não houver motivos que possam conduzir à sua revogação, aplicando-se correspondentemente o nº 2 do artigo 57º do Código Penal.

SECÇÃO III
Período de adaptação à liberdade condicional

ARTIGO 188º
Adaptação à liberdade condicional

1 – O condenado pode requerer ao tribunal de execução das penas a concessão de adaptação à liberdade condicional em regime de permanência na habitação com fiscalização por meios técnicos de controlo à distância, a partir de dois meses antes do período máximo previsto para esse efeito no artigo 62º do Código Penal.

2 – O requerimento é apresentado no estabelecimento prisional e contém indicação sobre o local onde o recluso pretende residir e declaração de consentimento das pessoas que ali residam.

3 – O director remete ao tribunal de execução das penas, no prazo de oito dias, o requerimento acompanhado de nota biográfica.

4 – Em caso de não rejeição, o juiz solicita que sejam elaborados, em 30 dias:

a) Relatório dos serviços prisionais contendo avaliação da evolução da personalidade do recluso durante a execução da pena, das competências adquiridas nesse período, do seu comportamento prisional e da sua relação com o crime cometido;

b) Relatório dos serviços de reinserção social contendo informação relativa à existência das condições legalmente exigíveis para a permanência na habitação com fiscalização por meios técnicos de controlo à distância e avaliação das necessidades subsistentes de reinserção social, das perspectivas de enquadramento familiar, social e profissional do recluso, das condições a que deve estar sujeita a antecipação da liberdade condicional, ponderando ainda, para este efeito, a necessidade de protecção da vítima.

5 – O juiz pode solicitar outros elementos que considere relevantes, determinando um prazo para a sua apresentação.

6 – São aplicáveis à tramitação subsequente os artigos 174º a 178º e a alínea *b*) do artigo 181º

7 – A execução da adaptação à liberdade condicional em regime de permanência na habitação, com fiscalização por meios técnicos de controlo à distância, é efectuada de acordo com os artigos 183º a 186º e nos demais termos previstos na lei, devendo os serviços de reinserção social:

a) Imediatamente após a libertação do recluso, proceder à instalação dos meios técnicos de controlo à distância, comunicando-a ao tribunal de execução das penas;

b) No termo do período de adaptação à liberdade condicional, retirar os meios técnicos de controlo à distância, comunicando-o ao tribunal de execução das penas.

SECÇÃO IV
Execução da pena acessória de expulsão

ARTIGO 188º-A
Execução da pena de expulsão

1 – Tendo sido aplicada pena acessória de expulsão, o juiz ordena a sua execução logo que:

a) Cumprida metade da pena, nos casos de condenação em pena igual ou inferior a 5 anos de prisão, ou, em caso de execução sucessiva de penas, logo que se encontre cumprida metade das penas;

b) Cumpridos dois terços da pena, nos casos de condenação em pena superior a 5 anos de prisão, ou, em caso de execução sucessiva de penas, logo que se encontrem cumpridos dois terços das penas.

2 – O juiz pode, sob proposta e parecer fundamentado do diretor do estabelecimento prisional, e obtida a concordância do condenado, decidir a antecipação da execução da pena acessória de expulsão, logo que:

a) Cumprido um terço da pena, nos casos de condenação em pena igual ou inferior a 5 anos de prisão, ou, em caso de execução sucessiva de penas, logo que se encontre cumprido um terço das penas;

b) Cumprida metade da pena, nos casos de condenação em pena superior a 5 anos de prisão, ou, em caso de execução sucessiva de penas, logo que se encontre cumprida metade das penas.

3 – Independentemente de iniciativa do diretor do estabelecimento prisional, o juiz, oficiosamente ou a requerimento do Ministério Público ou do condenado, solicita o parecer fundamentado ao diretor do estabelecimento.

(Aditado pela Lei nº 21/2013, de 21-02)

ARTIGO 188º-B
Audição do recluso e decisão

1 – Recebida a proposta ou parecer do diretor do estabelecimento prisional, o juiz designa data para audição do condenado, em que devem estar presentes o defensor e o Ministério Público.

2 – O juiz questiona o condenado sobre todos os aspetos relevantes para a decisão em causa, incluindo o consentimento para a execução antecipada da pena acessória de expulsão, após o que dá a palavra ao Ministério Público e ao defensor para, querendo, requererem ao juiz a formulação de perguntas ou oferecerem as provas que julgarem convenientes, decidindo o juiz, por despacho irrecorrível, sobre a relevância das perguntas e admissão das provas.

3 – Não havendo provas a produzir, ou finda a sua produção, o juiz dá a palavra ao Ministério Público e ao defensor para se pronunciarem sobre a antecipação da execução da pena acessória de expulsão, após o que profere decisão verbal, decidindo a expulsão quando esta se revelar compatível com a defesa da ordem e da paz social e for de prever que o condenado conduzirá a sua vida de modo socialmente responsável, sem cometer crimes.

4 – A audição do condenado, as provas produzidas oralmente e a decisão são documentadas mediante registo audiovisual ou áudio, ou consignadas no auto quando aqueles meios técnicos não estiverem disponíveis.

5 – O dispositivo é sempre ditado para a ata.

(Aditado pela Lei nº 21/2013, de 21-02)

ARTIGO 188º-C
Notificação da decisão e recurso

1 – A decisão que determine ou recuse a execução da pena de expulsão é notificada ao condenado, ao defensor e ao Ministério Público.

2 – A decisão que determine a execução da pena acessória de expulsão, após trânsito em julgado, é comunicada aos serviços prisionais, aos serviços de identificação criminal, através de boletim de registo criminal, ao Serviço de Estrangeiros e Fronteiras e demais serviços ou entidades que devam intervir na execução da medida.

3 – A requerimento do condenado ou do Ministério Público, é sempre entregue cópia da gravação ou do auto no prazo máximo de 48 horas.

4 – O recurso interposto da decisão que decrete ou rejeite a execução da pena acessória de expulsão é limitado à questão da concessão ou recusa da execução da pena acessória de expulsão.

5 – Têm legitimidade para recorrer o Ministério Público e o condenado.

6 – O recurso tem efeito suspensivo e reveste natureza urgente, nos termos do artigo 151º

(Aditado pela Lei nº 21/2013, de 21-02)

CAPÍTULO VI
Licença de saída jurisdicional

SECÇÃO I
Concessão

ARTIGO 189º
Apresentação e instrução do requerimento

1 – A concessão de licença de saída jurisdicional é requerida pelo recluso.

2 – O requerimento é dirigido ao juiz do tribunal de execução das penas territorialmente competente e apresentado na secretaria do respectivo estabelecimento prisional, contra recibo.

3 – Registado o requerimento, remete-se ao tribunal de execução das penas, instruído com os seguintes elementos:

a) Registo disciplinar;

b) Informação sobre o regime de execução da pena ou medida privativa da liberdade, data do início da privação da liberdade, processos pendentes, se os houver, medidas de coacção impostas e eventual evasão.

ARTIGO 190º
Tramitação subsequente

1 – Autuado o processo, é concluso ao juiz, que, não sendo caso de indeferimento liminar, designa dia e hora para a reunião do conselho técnico.

2 – O juiz indefere liminarmente o requerimento quando dos elementos que instruem o processo resulte a não verificação dos requisitos previstos no artigo 79º

3 – O despacho é notificado ao Ministério Público e comunicado ao estabelecimento prisional e aos serviços de reinserção social.

ARTIGO 191º
Conselho técnico

1 – O conselho técnico emite parecer, apurado através da votação de cada um dos seus membros, quanto à concessão da licença de saída jurisdicional e às condições a que a mesma deve ser sujeita.

2 – Sempre que o entender necessário, o juiz interrompe a reunião do conselho técnico e procede à audição do recluso, na presença do Ministério Público.

3 – Da reunião do conselho técnico é lavrada acta, da qual consta súmula das declarações do recluso.

ARTIGO 192º
Decisão

1 – O Ministério Público, querendo, emite parecer, após o que o juiz profere decisão ditada para a acta.

2 – Quando conceder a licença de saída jurisdicional, o juiz fixa a sua duração e condições.

3 – Quando não a conceder, pode o juiz, fundamentadamente, fixar prazo inferior ao previsto na lei para a renovação do pedido.

4 – A decisão é notificada ao Ministério Público e, nos termos do artigo seguinte, ao recluso e ainda comunicada aos serviços de reinserção social e demais serviços ou entidades que devam acompanhar o cumprimento das condições eventualmente impostas.

ARTIGO 193º
Mandado de saída e certidão

O funcionário do estabelecimento prisional que cumprir o mandado de saída entrega ao recluso um duplicado do mandado e uma cópia da decisão e informa-o das condições da concessão e das sanções a que fica sujeito em caso de incumprimento, de tudo lavrando certidão.

SECÇÃO II
Incumprimento

ARTIGO 194º
Comunicação de incumprimento

O incumprimento de qualquer das condições impostas na concessão de licença de saída jurisdicional é imediatamente comunicado ao tribunal de execução das penas pelo director do estabelecimento prisional e por quaisquer outras entidades ou serviços que devam acompanhar a sua execução.

ARTIGO 195º
Incidente de incumprimento

1 – O incidente de incumprimento inicia-se com a autuação da comunicação referida no número anterior e, se tiver como fundamento o não regresso do recluso ao estabelecimento prisional dentro do prazo determinado, o juiz ordena, de imediato, a passagem de mandado de captura.

2 – É correspondentemente aplicável o disposto nos nºs 2 a 6 do artigo 185º

3 – A decisão do juiz é notificada ao recluso, ao defensor e ao Ministério Público e, após trânsito em julgado, comunicada aos serviços prisionais e de reinserção social.

4 – Em caso de revogação, o Ministério Público junto do tribunal de execução das penas efectua o cômputo da pena de prisão que vier a ser cumprida, indicando as datas calculadas para o termo da pena e para os efeitos previstos nos artigos 61º e 62º do Código Penal, sendo o cômputo, depois de homologado pelo juiz, comunicado ao condenado.

SECÇÃO III
Recursos

ARTIGO 196º
Recurso

1 – O Ministério Público pode recorrer da decisão que conceda, recuse ou revogue a licença de saída jurisdicional.

2 – O recluso apenas pode recorrer da decisão que revogue a licença de saída jurisdicional.

3 – O recurso interposto da decisão que conceda ou revogue a licença de saída jurisdicional tem efeito suspensivo.

CAPÍTULO VII
Verificação da legalidade

ARTIGO 197º
Objecto

O processo de verificação da legalidade tem por objecto a apreciação, pelo Ministério Público, da legalidade das decisões dos serviços prisionais que, nos termos do presente Código, lhe devam ser obrigatoriamente comunicadas para esse efeito.

ARTIGO 198º
Comunicação das decisões

Os serviços prisionais comunicam ao Ministério Público imediatamente, sem exceder vinte e quatro horas, as decisões sujeitas a verificação da legalidade, acompanhadas dos elementos que serviram de base à decisão.

ARTIGO 199º
Tramitação

Recebida a comunicação, o Ministério Público:

a) Profere despacho liminar de arquivamento quando conclua pela legalidade da decisão; ou

b) Impugna, nos próprios autos, a decisão, requerendo a respectiva anulação.

CAPÍTULO VIII
Impugnação

SECÇÃO I
Princípios gerais e tramitação

ARTIGO 200º
Impugnabilidade

As decisões dos serviços prisionais são impugnáveis, nos casos previstos no presente Código, perante o tribunal de execução das penas.

ARTIGO 201º
Objecto do processo

1 – O objecto do processo determina-se por referência à decisão impugnada e pode conduzir:

a) À anulação de decisão impugnada pelo Ministério Público em sequência do processo de verificação da legalidade;

b) À alteração ou anulação de decisão impugnada pelo recluso, nos restantes casos.

2 – Sem prejuízo do princípio do contraditório, o tribunal de execução das penas deve pronunciar-se sobre todas as causas de invalidade da decisão, sejam ou não expressamente invocadas.

ARTIGO 202º
Efeito da impugnação

1 – Salvo quando o presente Código disponha diferentemente, a impugnação não tem efeito suspensivo.

2 – As impugnações com efeito suspensivo revestem natureza urgente, são tramitadas imediatamente e com preferência sobre qualquer outra diligência.

ARTIGO 203º
Prazo e forma

1 – É de oito dias o prazo para a impugnação a contar da comunicação ou da notificação da decisão, salvo se se tratar de impugnação de decisão disciplinar, caso em que o prazo passa a ser de cinco dias.

2 – A impugnação não obedece a formalidades especiais, mas deve conter súmula das razões de facto ou de direito que fundamentem o pedido e ser rematada por conclusão, na qual o impugnante identifique concisamente a sua pretensão.

3 – Versando matéria de facto, o impugnante indica, a final, os meios de prova que pretende ver produzidos.

4 – Versando matéria de direito, o impugnante deve especificar, na conclusão, as normas jurídicas que entende terem sido violadas pela decisão.

ARTIGO 204º
Despacho liminar

1 – Recebida a impugnação, o juiz despacha, no prazo de cinco dias, no sentido de a rejeitar, quando inadmissível ou manifestamente improcedente, ou de a admitir.

2 – O juiz pode convidar o impugnante a aperfeiçoá-la, nomeadamente quando seja omissa, deficiente, obscura ou quando seja ininteligível a conclusão.

ARTIGO 205º
Instrução

1 – Admitida a impugnação, o juiz notifica o autor da decisão impugnada, bem como o Ministério Público quando não seja o impugnante, para, querendo, se pronunciarem, no prazo de cinco dias.

2 – Oficiosamente ou a requerimento, o juiz determina a realização das diligências de prova que entender necessárias.

3 – No caso de impugnação de decisão disciplinar, a secretaria, independentemente de despacho, solicita, pelo meio mais expedito, aos serviços prisionais a remessa de cópia do procedimento disciplinar e de relatório médico, se o houver.

4 – O juiz indefere, por despacho irrecorrível, a produção de meios de prova que se afigurem dilatórios ou sem interesse para a decisão a proferir.

ARTIGO 206º
Decisão

1 – Produzida a prova, quando a ela houver lugar, o juiz profere decisão, que é notificada ao Ministério Público, ao recluso, ao autor do acto impugnado e às demais entidades que por ela possam ser afectadas.

2 – Se se tratar de impugnação de decisão disciplinar, o prazo para decisão é de cinco dias.

ARTIGO 207º
Revogação da decisão impugnada com efeitos retroactivos

1 – Se, na pendência do processo ou anteriormente, sem que, neste caso, o Ministério Público ou o recluso disso tivessem ou devessem ter tido conhecimento:

a) For revogada, com efeitos retroactivos, a decisão impugnada e diferentemente regulada a situação; ou

b) For, de qualquer modo, alterada ou substituída, no todo ou em parte, a decisão impugnada por outra com idênticos efeitos:

podem o Ministério Público ou o recluso requerer que o processo prossiga contra o novo acto, se o tiverem por ilegal, e, se assim entenderem, alegar novos fundamentos e oferecer diferentes meios de prova.

2 – O requerimento é apresentado no prazo de impugnação do acto revogatório e antes do trânsito em julgado da decisão que julgue extinta a instância.

ARTIGO 208º
Revogação sem efeitos retroactivos ou cessação da eficácia

1 – Se, na pendência do processo ou anteriormente, sem que, neste caso, o Ministério Público ou o recluso disso tivessem ou devessem ter tido conhecimento, for revogada, sem efeitos retroactivos, a decisão impugnada, o processo prossegue em relação aos efeitos produzidos.

2 – O disposto no número anterior aplica-se também aos casos em que, por forma diversa da revogação, cesse ou se esgote a produção de efeitos da decisão impugnada.

3 – Se a cessação de efeitos da decisão impugnada for acompanhada de nova regulação da situação, o Ministério Público ou o recluso beneficiam da faculdade prevista no nº 1 do artigo anterior.

ARTIGO 209º
Obrigação de executar a decisão

1 – O autor da decisão impugnada, consoante os casos:

a) Toma nova decisão se assim o exigirem as circunstâncias do caso, no prazo máximo de cinco dias, respeitando os fundamentos da anulação;

b) Executa a sentença proferida pelo tribunal de execução das penas, no prazo nela fixado.

2 – Em qualquer caso, o autor da decisão impugnada deve reconstituir a situação que existiria se a decisão anulada não tivesse sido proferida, designadamente removendo no plano dos factos as consequências por ela produzidas.

ARTIGO 210º
Proibição de *reformatio in pejus*

O tribunal não pode modificar, em prejuízo do recluso, as medidas disciplinares constantes da decisão impugnada, na sua espécie ou medida.

ARTIGO 211º
Independência de julgados

A decisão do tribunal de execução das penas quanto à legalidade ou ilegalidade da resolução dos serviços prisionais não pode ser afectada nos seus efeitos por sentença proferida em tribunal de outra ordem.

SECÇÃO II
Execução das sentenças

ARTIGO 212º
Petição

1 – Quando os serviços prisionais não executem a sentença nos prazos definidos no artigo 209º, o impugnante pode apresentar, nos 15 dias subsequentes, petição de execução no tribunal que a proferiu.

2 – Na petição, o exequente especifica os actos e operações que devam realizar-se para integral execução da sentença.

3 – O incumprimento do disposto no número anterior não conduz à rejeição da petição, podendo o juiz convidar o exequente ao aperfeiçoamento, no prazo de cinco dias.

ARTIGO 213º
Tramitação subsequente

1 – Aceite a petição, a secretaria procede à notificação:

a) Da entidade obrigada à execução, para responder no prazo de oito dias;
b) Do Ministério Público, se não tiver sido ele a apresentar a petição de execução.

2 – Recebida a resposta ou esgotado o respectivo prazo, o juiz ordena as diligências instrutórias que considere necessárias, aplicando-se correspondentemente o disposto nos nºs 3 e 4 do artigo 205º, após o que profere decisão.

ARTIGO 214º
Decisão

Quando julgue procedente a pretensão do autor, o tribunal:

a) Especifica os actos e operações a realizar para dar execução à sentença; e
b) Fixa o prazo para a prática dos mesmos.

ARTIGO 215º
Substituição na execução

Se, terminado o prazo a que se refere o artigo anterior, a entidade requerida não tiver dado execução à sentença, o tribunal, oficiosamente ou a requerimento do exequente, manda notificar o titular de poderes hierárquicos ou de superintendência sobre aquela entidade para que execute a sentença em sua substituição.

CAPÍTULO IX
Modificação da execução da pena de prisão de reclusos portadores de doença grave, evolutiva e irreversível ou de deficiência grave e permanente ou de idade avançada

ARTIGO 216º
Legitimidade

Têm legitimidade para requerer a modificação da execução da pena de prisão prevista no título xvi do livro i:

a) O condenado;

b) O cônjuge ou a pessoa, de outro ou do mesmo sexo, com quem o condenado mantenha uma relação análoga à dos cônjuges, ou familiar;

c) O Ministério Público, oficiosamente ou mediante proposta fundamentada, nomeadamente do director do estabelecimento prisional.

ARTIGO 217º
Apresentação e instrução do requerimento

1 – O requerimento é dirigido ao juiz do tribunal de execução das penas, que, fora dos casos de consentimento presumido, providencia pela imediata notificação do condenado, quando não seja o requerente, para que preste o seu consentimento, aplicando-se correspondentemente o disposto quanto ao consentimento para a liberdade condicional.

2 – Obtido o consentimento expresso ou havendo ainda que comprovar-se o consentimento presumido, o tribunal de execução das penas promove a instrução do processo com os seguintes elementos, consoante se trate de recluso com doença grave e irreversível, com deficiência ou doença grave e permanente ou de idade avançada:

a) Parecer clínico dos serviços competentes do estabelecimento prisional contendo a caracterização, história e prognose clínica da irreversibilidade da doença, da fase em que se encontra e da não resposta às terapêuticas disponíveis, a indicação do acompanhamento médico e psicológico prestado ao condenado e a modalidade adequada de modificação da execução da pena;

b) Parecer clínico dos serviços competentes do estabelecimento prisional contendo a caracterização do grau de deficiência ou da doença, sua irreversibilidade, grau de autonomia e de mobilidade, a indicação do acompanhamento médico e psicológico prestado ao condenado e a modalidade adequada de modificação de execução da pena; ou

c) Certidão de nascimento e parecer clínico dos serviços competentes do estabelecimento prisional contendo a caracterização do grau de autonomia e de mobilidade, a indicação do acompanhamento médico e psicológico prestado ao condenado e a modalidade adequada de modificação de execução da pena.

3 – Em todos os casos o requerimento é ainda instruído com:

a) Relatório do director do estabelecimento relativo ao cumprimento da pena e à situação prisional do condenado;

b) Relatório dos serviços de reinserção social que contenha avaliação do enquadramento familiar e social do condenado e, tendo por base o parecer previsto no número anterior, das concretas possibilidades de internamento ou de permanência em habitação e da compatibilidade da modificação da execução da pena com as exigências de defesa da ordem e da paz social;

c) Parecer de médico do estabelecimento prisional quanto à impossibilidade de o condenado conhecer os pressupostos de modificação da execução da pena ou de se pronunciar sobre eles, sempre que haja de comprovar-se o seu consentimento presumido.

ARTIGO 218º
Tramitação subsequente

1 – Finda a instrução, o processo é continuado com vista ao Ministério Público, se não for este o requerente, para, no prazo máximo de dois dias, emitir parecer ou requerer o que tiver por conveniente.

2 – Havendo o processo de prosseguir, o juiz pode ordenar a realização de perícias e demais diligências necessárias, após o que decide no prazo máximo de dois dias.

ARTIGO 219º
Decisão

A decisão determina a modalidade de modificação da execução da pena e as condições a que esta fica sujeita, sendo notificada ao Ministério Público, ao condenado e ao requerente que não seja o condenado e comunicada ao estabelecimento prisional, aos serviços de reinserção social e demais entidades que devam intervir na execução da modificação.

ARTIGO 220º
Execução da decisão

Compete aos serviços de reinserção social acompanhar a execução da decisão de modificação e, designadamente:

a) Elaborar relatórios contendo avaliação da execução, trimestralmente ou com a periodicidade determinada pelo tribunal;

b) Prestar ou diligenciar para que seja prestado adequado apoio psicossocial ao condenado e respectiva família, em coordenação com os serviços públicos competentes, nomeadamente nas áreas da saúde e segurança social, e com a colaboração das entidades, públicas ou privadas, cuja intervenção se justificar;

c) Comunicar de imediato ao tribunal de execução das penas a verificação das circunstâncias susceptíveis de conduzir à substituição da modalidade de execução determinada ou à sua revogação;

d) Comunicar ao tribunal de execução das penas o falecimento do condenado quando por outra razão não tenha sido declarada extinta a pena.

ARTIGO 221º
Alteração da decisão

À substituição da modalidade de execução e à revogação da modificação da execução aplica-se, com as necessárias adaptações, o disposto quanto ao incidente de incumprimento da liberdade condicional.

ARTIGO 222º
Recurso

1 – Cabe recurso das decisões de concessão, recusa ou revogação da modificação da execução da pena.

2 – Tem efeito suspensivo o recurso interposto da decisão de revogação da modificação da execução da pena.

CAPÍTULO X
Regime de permanência na habitação

ARTIGO 222º-A
Homologação do plano de reinserção social

À homologação do plano de reinserção social e das respetivas alterações é correspondentemente aplicável a tramitação prevista no artigo 172º

(Aditado pela Lei nº 94/2017, de 23-08)

ARTIGO 222º-B
Autorizações de ausência

1 – As autorizações de ausência da habitação da competência do juiz são decididas por despacho, mediante parecer do Ministério Público.

2 – O juiz pode solicitar aos serviços de reinserção social a informação adicional que entender necessária para a decisão.

3 – A tramitação do pedido de autorização tem natureza urgente, nos termos do artigo 151º

4 – O despacho é notificado ao condenado e comunicado aos serviços de reinserção social.

(Aditado pela Lei nº 94/2017, de 23-08)

ARTIGO 222º-C
Modificação das autorizações de ausência e das regras de conduta

1 – A modificação das autorizações de ausência e das regras de conduta determinadas na sentença que tiver decretado a execução da pena de prisão em regime de permanência na habitação é decidida por despacho do juiz, depois de recolhida prova das circunstâncias relevantes supervenientes ou de que o tribunal só posteriormente tiver tido conhecimento.

2 – O despacho é precedido de parecer do Ministério Público, de audição do condenado e de informação dos serviços de reinserção social.

3 – O despacho é notificado ao Ministério Público e ao condenado e comunicado aos serviços de reinserção social.

(Aditado pela Lei nº 94/2017, de 23-08)

ARTIGO 222º-D
Incidentes

1 – A infração grosseira ou repetida das regras de conduta, do disposto no plano de reinserção social ou dos deveres decorrentes do regime de permanência na habitação é imediatamente comunicada ao tribunal de execução das penas pelos serviços de reinserção social, através de relatório de incidentes.

2 – A condenação por crime cometido durante a execução da pena de prisão em regime de permanência na habitação é imediatamente comunicada ao tribunal de execução das penas, sendo-lhe remetida cópia da decisão condenatória.

3 – O incidente de incumprimento inicia-se com a autuação da comunicação referida nos números anteriores, aplicando-se correspondentemente o disposto no artigo 185º

4 – O despacho que aplique a medida de coação de prisão preventiva ao condenado em cumprimento de pena de prisão em regime de permanência na habitação é imediatamente comunicado ao tribunal de execução das penas.

5 – A decisão que mantenha ou revogue a execução da pena de prisão em regime de permanência na habitação é recorrível, aplicando-se correspondentemente o disposto no artigo 186º, exceto quanto ao efeito suspensivo do recurso.

(Aditado pela Lei nº 94/2017, de 23-08)

CAPÍTULO XI
Indulto

ARTIGO 223º
Legitimidade

O indulto, total ou parcial, de pena ou medida de segurança pode ser:

a) Pedido pelo condenado, pelo representante legal, pelo cônjuge ou por pessoa, de outro ou do mesmo sexo, com quem o condenado mantenha uma relação análoga à dos cônjuges, ou por familiar;
b) Proposto pelo director do estabelecimento a que está afecto o recluso.

ARTIGO 224º
Apresentação do pedido

O pedido ou a proposta é dirigido ao Presidente da República e pode ser apresentado até ao dia 30 de Junho de cada ano.

ARTIGO 225º
Instrução

1 – O pedido ou a proposta é remetido pelo Ministério da Justiça ao tribunal de execução das penas para instrução.
2 – Autuado o pedido ou a proposta, a secretaria, independentemente de despacho, solicita, em cinco dias, os seguintes elementos:

a) Se o condenado estiver privado de liberdade:
i) Informações constantes do processo individual do recluso;
ii) Relatório dos serviços prisionais contendo avaliação da evolução da personalidade do recluso durante a execução da pena, das competências adquiridas nesse período, do seu comportamento prisional e da sua relação com o crime cometido;
iii) Parecer do director do estabelecimento prisional;
b) Relatório dos serviços de reinserção social, contendo avaliação das necessidades subsistentes de reinserção social, das perspectivas de enquadramento familiar, social e profissional do condenado e da necessidade de protecção da vítima;
c) Sempre que o pedido ou proposta se baseie em razões de saúde, informação sobre o estado de saúde e o modo como este se compatibiliza com a execução da pena;
d) Registo criminal actualizado do condenado;
e) Cópia da sentença ou acórdão condenatório;
f) Cômputo da pena, homologado pela autoridade judiciária competente.

3 – Obtidos os elementos referidos no número anterior, são os autos continuados com vista ao Ministério Público para promover outros actos instrutórios que entender necessários ou para proceder de acordo com o disposto no artigo seguinte.

4 – A instrução do processo deve estar concluída no prazo de 90 dias a contar da data de autuação no tribunal de execução das penas.

5 – O prazo referido no número anterior pode, excepcionalmente, ser prorrogado até ao limite de 120 dias se o juiz, oficiosamente ou a requerimento, assim o decidir fundamentadamente.

ARTIGO 226º
Pareceres e remessa dos autos

1 – Finda a instrução, o Ministério Público emite parecer no prazo de cinco dias.

2 – Emitido o parecer, o juiz pronuncia-se no prazo de oito dias e ordena a remessa dos autos ao Ministro da Justiça, que os leva à decisão do Presidente da República.

ARTIGO 227º
Decreto presidencial e libertação imediata do recluso

1 – O dia da concessão anual do indulto é o dia 22 de Dezembro.

2 – O decreto presidencial que conceda o indulto ou o despacho que o negue é, após baixa dos autos ao tribunal de execução das penas:

a) Comunicado ao condenado, ao requerente que não seja o condenado e ao Ministério Público;

b) Em caso de concessão, comunicado aos tribunais onde correram os respectivos processos de condenação e aos serviços de identificação criminal através de boletim do registo criminal.

3 – Quando a concessão do indulto implicar a imediata libertação do indultado, o decreto presidencial é logo comunicado, pelo Ministério da Justiça, ao tribunal de execução das penas com vista à emissão do correspondente mandado.

ARTIGO 228º
Revogação

1 – O indulto pode ser revogado, até ao momento em que ocorreria o termo da pena, nos seguintes casos:

a) Se vierem a revelar-se falsos os factos que fundamentaram a sua concessão; ou

b) Se houver incumprimento de condições a que tenha sido subordinado.

2 – A revogação é promovida pelo Ministério Público, oficiosamente ou a solicitação do Ministro da Justiça.

3 – Realizadas as diligências instrutórias pertinentes, o juiz pronuncia-se e ordena a remessa dos autos ao Ministro da Justiça, que os fará presentes ao Presidente da República para decisão.

4 – O decreto presidencial que revogue o indulto é, após baixa dos autos ao tribunal de execução das penas:

a) Comunicado ao condenado e ao Ministério Público;

b) Comunicado aos respectivos processos de condenação e aos serviços de identificação criminal através de boletim do registo criminal.

CAPÍTULO XII
Cancelamento provisório do registo criminal

ARTIGO 229º
Finalidade do cancelamento e legitimidade

1 – Para fins de emprego, público ou privado, de exercício de profissão ou actividade cujo exercício dependa de título público, de autorização ou homologação da autoridade pública, ou para quaisquer outros fins legalmente permitidos, pode ser requerido o cancelamento, total ou parcial, de decisões que devessem constar de certificados de registo criminal emitidos para aqueles fins.

2 – O cancelamento pode ser pedido pelo interessado, pelo representante legal, pelo cônjuge ou por pessoa, de outro ou do mesmo sexo, com quem o condenado mantenha uma relação análoga à dos cônjuges, ou por familiar em requerimento fundamentado, que especifique a finalidade a que se destina o cancelamento, instruído com documento comprovativo do pagamento das indemnizações em que tenha sido condenado.

3 – Na impossibilidade de juntar o documento a que se refere o número anterior, pode ser feita por qualquer outro meio a prova do cumprimento das obrigações de indemnizar, da sua extinção por qualquer meio legal ou da impossibilidade do seu cumprimento.

4 – Com o requerimento podem ser oferecidas testemunhas, até ao máximo de cinco, bem como outros meios de prova da verificação dos pressupostos do cancelamento provisório, previstos na Lei de Identificação Criminal.

ARTIGO 230º
Despacho liminar

1 – Recebido e autuado o requerimento, vai o processo concluso ao juiz para despacho liminar.

2 – Se for caso de indeferimento, por se mostrar, logo em face do requerimento inicial, suficientemente comprovada a falta dos pressupostos do cancelamento provisório, o juiz manda arquivar o processo e notificar o requerente.

3 – Do despacho de indeferimento proferido nos termos do número anterior cabe recurso para o tribunal da Relação.

4 – Havendo o processo de prosseguir, o juiz despacha no sentido de:

a) Notificar o requerente para, em prazo a fixar, completar o pedido ou juntar documentos em falta;

b) Ordenar a produção dos meios de prova oferecidos pelo requerente e os demais que tenha por convenientes para a boa decisão da causa.

ARTIGO 231º
Vista e parecer do Ministério Público

Produzida a prova, o processo é continuado com vista ao Ministério Público para, em cinco dias, emitir parecer.

ARTIGO 232º
Notificação e comunicação da sentença

1 – A sentença é notificada ao requerente, ao interessado que não seja o requerente e ao Ministério Público.

2 – Sendo procedente o pedido, a sentença é ainda comunicada aos serviços de identificação criminal através de boletim do registo criminal.

ARTIGO 233º
Revogação

1 – O cancelamento provisório é revogado se o interessado incorrer em nova condenação por crime doloso e se se verificarem os pressupostos da pena relativamente indeterminada ou da reincidência.

2 – A revogação é declarada a requerimento do Ministério Público.

3 – Para efeito do disposto neste artigo, os serviços de identificação criminal informam o Ministério Público junto do tribunal de execução das penas da prolação de sentenças condenatórias contra arguidos relativamente aos quais vigore cancelamento provisório do registo criminal.

4 – A revogação do cancelamento provisório é comunicada aos serviços de identificação criminal através de boletim do registo criminal.

CAPÍTULO XIII
Processo supletivo

ARTIGO 234º
Tramitação

O processo supletivo segue, com as devidas adaptações, os trâmites do processo de concessão da liberdade condicional.

TÍTULO V
Recursos

CAPÍTULO I
Recurso para o tribunal da Relação

ARTIGO 235º
Decisões recorríveis

1 – Das decisões do tribunal de execução das penas cabe recurso para a Relação nos casos expressamente previstos na lei.

2 – São ainda recorríveis as seguintes decisões do tribunal de execução das penas:

a) Extinção da pena e da medida de segurança privativas da liberdade;

b) Concessão, recusa e revogação do cancelamento provisório do registo criminal;

c) As proferidas em processo supletivo.

ARTIGO 236º
Legitimidade

1 – Salvo quando a lei dispuser diferentemente, têm legitimidade para recorrer:

a) O Ministério Público;

b) O condenado ou quem legalmente o represente, das decisões contra si proferidas;

c) O requerente, quando não seja o Ministério Público nem o condenado, relativamente às decisões que lhe sejam desfavoráveis.

2 – Não pode recorrer quem não tiver interesse em agir.

ARTIGO 237º
Âmbito do recurso

1 – Salvo o disposto no número seguinte ou quando a lei dispuser diferentemente, o recurso abrange toda a decisão.

2 – O recurso pode ser limitado à questão de facto ou à questão de direito.

3 – A limitação do recurso não prejudica o dever do tribunal de recurso de retirar da procedência respectiva as consequências legalmente impostas relativamente a toda a decisão recorrida.

ARTIGO 238º
Regime de subida

1 – Sobem nos próprios autos os recursos interpostos da decisão que ponha termo ao processo.

2 – Sobem em separado os demais recursos.

3 – Os recursos sobem todos imediatamente e apenas têm efeito suspensivo da decisão nos casos expressamente previstos no presente Código.

ARTIGO 239º
Remissão

Em tudo o que não for contrariado pelas disposições do presente Código, os recursos são interpostos, tramitados e julgados como os recursos em processo penal.

CAPÍTULO II
Recursos especiais para uniformização de jurisprudência

ARTIGO 240º
Oposição de acórdãos da Relação

1 – Quando, no domínio da mesma legislação, um tribunal da Relação proferir acórdão que, relativamente à mesma questão de direito em matéria de execução das penas e medidas privativas da liberdade, esteja em oposição com outro da mesma ou de diferente Relação, é permitido recorrer do acórdão proferido em último lugar.

2 – Os acórdãos consideram-se proferidos no domínio da mesma legislação quando, durante o intervalo da sua prolação, não tiver ocorrido modificação legislativa que interfira, directa ou indirectamente, na resolução da questão de direito controvertida.

3 – Como fundamento do recurso só pode invocar-se acórdão anterior transitado em julgado.

ARTIGO 241º
Legitimidade

Têm legitimidade para recorrer:

a) O Ministério Público;

b) O sujeito contra o qual foi proferido o acórdão.

ARTIGO 242º
Recurso obrigatório

1 – O Ministério Público recorre obrigatoriamente, sendo o recurso sempre admissível:

a) De quaisquer decisões proferidas contra jurisprudência fixada pelo Supremo Tribunal de Justiça;

b) De decisão proferida em processo especial de impugnação que, no domínio da mesma legislação e quanto a idêntica questão de direito, esteja em oposição com outra proferida por tribunal da mesma espécie;

2 – Para o efeito previsto no nº 1, o sujeito contra o qual foi proferida a decisão recorrida pode requerer ao Ministério Público a interposição do recurso.

3 – Para o efeito previsto no nº 1, os serviços prisionais e os serviços de reinserção social comunicam ao Ministério Público a oposição de decisões, logo que dela tomem conhecimento.

4 – O recurso é interposto nos 30 dias subsequentes à prolação da decisão em causa, pelo Ministério Público junto do tribunal que a tenha proferido, ao qual são dirigidas as comunicações a que se refere o número anterior e o requerimento previsto no nº 2.

5 – O recurso interposto de decisão ainda não transitada em julgado suspende, até ao respectivo julgamento:

a) O prazo para interposição de recurso para a Relação;

b) Os termos subsequentes de recurso já instaurado, no que concerne à questão jurídica controvertida.

6 – Na hipótese prevista no número anterior, o recurso só tem efeito suspensivo da decisão recorrida se esse for em concreto o efeito legalmente atribuído à interposição de recurso para a Relação.

ARTIGO 243º
Interposição

O recurso para fixação de jurisprudência é interposto para o pleno das secções criminais do Supremo Tribunal de Justiça.

ARTIGO 244º
Remissão

À interposição, tramitação e julgamento dos recursos anteriormente previstos e à publicação e eficácia da respectiva decisão aplicam-se, com as necessárias adaptações, os artigos 438º a 446º do Código de Processo Penal.

ARTIGO 245º
Recursos no interesse da unidade do direito

1 – O Procurador-Geral da República pode determinar, oficiosamente ou a requerimento de qualquer interessado, que sejam interpostos recursos no interesse da unidade do direito.

2 – À interposição, à tramitação do recurso e à eficácia da respectiva decisão aplica-se o artigo 447º do Código de Processo Penal.

ARTIGO 246º
Legislação subsidiária

Aplicam-se, subsidiariamente e com as necessárias adaptações, as disposições do Código de Processo Penal que regulam os recursos ordinários.

Regime Geral das Contraordenações

Decreto-Lei nº 433/82, de 27 de outubro

1 – Após a publicação do Decreto-Lei nº 411-A/79, de 1 de Outubro, o regime das contra-ordenações, introduzido pelo Decreto-Lei nº 232/79, de 24 de Julho, ficou desprovido de qualquer eficácia directa e própria.

As transformações entretanto operadas tanto no plano da realidade político-social e económica como no ordenamento jurídico português vieram tornar mais instante a necessidade de reafirmar a vigência do direito de ordenação social, introduzindo, do mesmo passo, algumas alterações.

São conhecidas as necessidades de índole político-criminal a que este específico ramo do direito procura dar resposta. Elas foram, aliás, apresentadas com algum desenvolvimento no relatório que precedia o Decreto-Lei nº 232/79 em termos que conservam plenamente a sua pertinência. Resumidamente, o aparecimento do direito das contra-ordenações ficou a dever-se ao pendor crescentemente intervencionista do Estado contemporâneo, que vem progressivamente alargando a sua acção conformadora aos domínios da economia, saúde, educação, cultura, equilíbrios ecológicos, etc. Tal característica, comum à generalidade dos Estados das modernas sociedades técnicas, ganha entre nós uma acentuação particular por força das profundas e conhecidas transformações dos últimos anos, que encontraram eco na Lei Fundamental de 1976. A necessidade de dar consistência prática às injunções normativas decorrentes deste novo e crescente intervencionismo do Estado, convertendo-as em regras efectivas de conduta, postula naturalmente o recurso a um quadro específico de sanções. Só que tal não pode fazer-se, como unanimemente reconhecem os cultores mais qualificados das ciências criminológicas e penais, alargando a intervenção do direito criminal. Isto significaria, para além de uma manifesta degradação do direito penal, com a consequente e irreparável perda da sua força de persuasão e prevenção, a impossibilidade de mobilizar preferencialmente os recursos disponíveis para as tarefas da prevenção e repressão da criminalidade mais grave. Ora é esta que de forma mais drástica põe em causa a segurança dos cidadãos, a integridade das suas vidas e bens e, de um modo geral, a sua qualidade de vida.

2 – No mesmo sentido, ou seja, no da urgência de conferir efectividade ao direito de ordenação social, distinto e autónomo do direito penal, apontam as transformações operadas ou em vias de concretização no ordenamento jurídico português, a começar pelas transformações do quadro jurídico-constitucional.

Por um lado, com a revisão constitucional aprovada pela Assembleia da República o direito das contra-ordenações virá a receber expresso reconhecimento constitucional (cf. v.g. os textos aprovados para os novos artigos 168º, nº 1, alínea *d*), e 282º, nº 3). Por outro lado, o texto aprovado para o artigo 18º, nº 2, consagra expressamente o princípio em nome do qual a doutrina penal vem sustentando o princípio da subsidiariedade do direito criminal. Segundo ele, o direito criminal deve apenas ser utilizado como a ultima ratio da política criminal, destinado a punir as ofensas intoleráveis aos valores ou interesses fundamentais à conveniência humana, não sendo lícito recorrer a ele para sancionar infracções de não comprovada dignidade penal.

Também o novo Código Penal, ao optar por uma política equilibrada da descriminalização, deixa aberto um vasto campo ao direito de ordenação social naquelas áreas em que as condutas, apesar de socialmente intoleráveis, não atingem a dignidade penal. Mas são, sobretudo, as necessárias reformas em domínios como as práticas restritivas da concorrência, as infracções contra a economia nacional e o ambiente, bem como a protecção dos consumidores, que tornam o regime das contra-ordenações verdadeiramente imprescindível.

Só ele, com efeito, viabilizará uma política criminal racional, permitindo diferenciar entre os tipos de infracções e os respectivos arsenais de reacções.

3 – Para atingir estes objectivos, importava introduzir algumas alterações no regime geral das contra-ordenações. Tratava-se, fundamentalmente, de colmatar uma importante lacuna, estabelecendo as normas necessárias à regulamentação substantiva e processual do concurso de crime e contra-ordenação, bem como das vicissitudes processuais impostas pela alteração da qualificação, no decurso do processo, de uma infracção como crime ou contra-ordenação.

Para além disso e das alterações introduzidas quanto às autoridades competentes para aplicar em primeira instância as coimas (retirando-se tal competência aos secretários das câmaras municipais), manteve-se, no essencial, inalterada a lei das contra-ordenações. Apesar de se tratar de um diploma de enquadramento, manifesta-se a vontade de progressivamente se caminhar no sentido de constituir efectivamente um ilícito de mera ordenação social.

Manteve-se, outrossim, a fidelidade à ideia de fundo que preside à distinção entre crime e contra-ordenação. Uma distinção que não esquece que aquelas duas categorias de ilícito tendem a extremar-se, quer pela natureza dos respectivos bens jurídicos quer pela desigual ressonância ética. Mas uma distinção que terá, em última instância, de ser jurídico-pragmática e, por isso, também necessariamente formal.

Assim, usando da faculdade conferida pela Lei nº 24/82, de 23 de Agosto, o Governo decreta, nos termos da alínea *b*) do nº 1 do artigo 201º da Constituição, o seguinte:

....

Visto e aprovado em Conselho de Ministros, 26 de Agosto de 1982. – *Diogo Pinto de Freitas do Amaral – José Manuel Meneres Sampaio Pimentel.*

Promulgado em 18 de Outubro de 1982

Publique-se.

O Presidente da República, ANTÓNIO RAMALHO EANES.

Regime Geral das Contraordenações*

I PARTE
DA CONTRA-ORDENAÇÃO E DA COIMA EM GERAL

CAPÍTULO I
Âmbito de vigência

ARTIGO 1º
Definição

Constitui contra-ordenação todo o facto ilícito e censurável que preencha um tipo legal no qual se comine uma coima.

ARTIGO 2º
Princípio da legalidade

Só será punido como contra-ordenação o facto descrito e declarado passível de coima por lei anterior ao momento da sua prática.

ARTIGO 3º
Aplicação no tempo

1 – A punição da contra-ordenação é determinada pela lei vigente no momento da prática do facto ou do preenchimento dos pressupostos de que depende.

2 – Se a lei vigente ao tempo da prática do facto for posteriormente modificada, aplicar-se-á a lei mais favorável ao arguido, salvo se este já tiver sido condenado por decisão definitiva ou transitada em julgado e já executada.

3 – Quando a lei vale para um determinado período de tempo, continua a ser punida a contra-ordenação praticada durante esse período.

* Texto de acordo com a republicação do Decreto-Lei nº 244/95, de 14 de setembro.

ARTIGO 4º
Aplicação no espaço

Salvo tratado ou convenção internacional em contrário, são puníveis as contra-ordenações:

a) Praticadas em território português, seja qual for a nacionalidade do agente;
b) Praticadas a bordo de aeronaves ou navios portugueses.

ARTIGO 5º
Momento da prática do facto

O facto considera-se praticado no momento em que o agente actuou ou, no caso de omissão, deveria ter actuado, independentemente do momento em que o resultado típico se tenha produzido.

ARTIGO 6º
Lugar da prática do facto

O facto considera-se praticado no lugar em que, total ou parcialmente e sob qualquer forma de comparticipação, o agente actuou ou, no caso de omissão, devia ter actuado, bem como naquele em que o resultado típico se tenha produzido.

CAPÍTULO II
Da contra-ordenação

ARTIGO 7º
Responsabilidade das pessoas colectivas ou equiparadas

1 – As coimas podem aplicar-se tanto às pessoas singulares como às pessoas colectivas, bem como às associações sem personalidade jurídica.

2 – As pessoas colectivas ou equiparadas serão responsáveis pelas contra-ordenações praticadas pelos seus órgãos no exercício das suas funções.

ARTIGO 8º
Dolo e negligência

1 – Só é punível o facto praticado com dolo ou, nos casos especialmente previstos na lei, com negligência.

2 – O erro sobre elementos do tipo, sobre a proibição ou sobre um estado de coisas que, a existir, afastaria a ilicitude do facto ou a culpa do agente exclui o dolo.

3 – Fica ressalvada a punibilidade da negligência nos termos gerais.

ARTIGO 9º
Erro sobre a ilicitude

1 – Age sem culpa quem actua sem consciência da ilicitude do facto, se o erro lhe não for censurável.

2 – Se o erro lhe for censurável, a coima pode ser especialmente atenuada.

ARTIGO 10º
Inimputabilidade em razão da idade

Para os efeitos desta lei, consideram-se inimputáveis os menores de 16 anos.

ARTIGO 11º
Inimputabilidade em razão de anomalia psíquica

1 – É inimputável quem, por força de uma anomalia psíquica, é incapaz, no momento da prática do facto, de avaliar a ilicitude deste ou de se determinar de acordo com essa avaliação.

2 – Pode ser declarado inimputável quem, por força de uma anomalia psíquica grave não acidental e cujos efeitos não domina, sem que por isso possa ser censurado, tem no momento da prática do facto a capacidade para avaliar a ilicitude deste ou para se determinar de acordo com essa avaliação sensivelmente diminuída.

3 – A imputabilidade não é excluída quando a anomalia psíquica tiver sido provocada pelo próprio agente com intenção de cometer o facto.

ARTIGO 12º
Tentativa

1 – Há tentativa quando o agente pratica actos de execução de uma contra-ordenação que decidiu cometer sem que esta chegue a consumar-se.

2 – São actos de execução:

a) Os que preenchem um elemento constitutivo de um tipo de contra-ordenação;

b) Os que são idóneos a produzir o resultado típico;

c) Os que, segundo a experiência comum e salvo circunstâncias imprevisíveis, são de natureza a fazer esperar que se lhes sigam actos das espécies indicadas nas alíneas anteriores.

ARTIGO 13º
Punibilidade da tentativa

1 – A tentativa só pode ser punida quando a lei expressamente o determinar.

2 – A tentativa é punível com a coima aplicável à contra-ordenação consumada, especialmente atenuada.

ARTIGO 14º
Desistência

1 – A tentativa não é punível quando o agente voluntariamente desiste de prosseguir na execução da contra-ordenação, ou impede a consumação, ou, não obstante a consumação, impede a verificação do resultado não compreendido no tipo da contra-ordenação.

2 – Quando a consumação ou a verificação do resultado são impedidas por facto independente da conduta do desistente, a tentativa não é punível se este se esforça por evitar uma ou outra.

ARTIGO 15º
Desistência em caso de comparticipação

Em caso de comparticipação, não é punível a tentativa daquele que voluntariamente impede a consumação ou a verificação do resultado, nem daquele que se esforça seriamente por impedir uma ou outra, ainda que os comparticipantes prossigam na execução da contra-ordenação ou a consumem.

ARTIGO 16º
Comparticipação

1 – Se vários agentes comparticipam no facto, qualquer deles incorre em responsabilidade por contra-ordenação mesmo que a ilicitude ou o grau de ilicitude do facto dependam de certas qualidades ou relações especiais do agente e estas só existam num dos comparticipantes.

2 – Cada comparticipante é punido segundo a sua culpa, independentemente da punição ou do grau de culpa dos outros comparticipantes.

3 – É aplicável ao cúmplice a coima fixada para o autor, especialmente atenuada.

CAPÍTULO III
Da coima e das sanções acessórias

ARTIGO 17º
Montante da coima

1 – Se o contrário não resultar de lei, o montante mínimo da coima aplicável às pessoas singulares é de € 3,74 e o máximo de € 3 740,98.

2 – Se o contrário não resultar de lei, o montante máximo da coima aplicável às pessoas colectivas é de € 44 891,81.

3 – Em caso de negligência, se o contrário não resultar de lei, os montantes máximos previstos nos números anteriores são, respectivamente, de € 1 870,49 e de € 22 445,91.

4 – Em qualquer caso, se a lei, relativamente ao montante máximo, não distinguir o comportamento doloso do negligente, este só pode ser sancionado até metade daquele montante.

(Redação dada pelo Decreto-Lei nº 323/2001, de 17-12)

ARTIGO 18º
Determinação da medida da coima

1 – A determinação da medida da coima faz-se em função da gravidade da contra-ordenação, da culpa, da situação económica do agente e do benefício económico que este retirou da prática da contra-ordenação.

2 – Se o agente retirou da infracção um benefício económico calculável superior ao limite máximo da coima, e não existirem outros meios de o eliminar, pode este elevar-se até ao montante do benefício, não devendo todavia a elevação exceder um terço do limite máximo legalmente estabelecido.

3 – Quando houver lugar à atenuação especial da punição por contra-ordenação, os limites máximo e mínimo da coima são reduzidos para metade.

ARTIGO 19º
Concurso de contra-ordenações

1 – Quem tiver praticado várias contra-ordenações é punido com uma coima cujo limite máximo resulta da soma das coimas concretamente aplicadas às infracções em concurso.

2 – A coima aplicável não pode exceder o dobro do limite máximo mais elevado das contra-ordenações em concurso.

3 – A coima a aplicar não pode ser inferior à mais elevada das coimas concretamente aplicadas às várias contra-ordenações.

ARTIGO 20º
Concurso de infracções

Se o mesmo facto constituir simultaneamente crime e contra-ordenação, será o agente sempre punido a título de crime, sem prejuízo da aplicação das sanções acessórias previstas para a contra-ordenação.

ARTIGO 21º
Sanções acessórias

1 – A lei pode, simultaneamente com a coima, determinar as seguintes sanções acessórias, em função da gravidade da infracção e da culpa do agente:

a) Perda de objectos pertencentes ao agente;

b) Interdição do exercício de profissões ou actividades cujo exercício dependa de título público ou de autorização ou homologação de autoridade pública;

c) Privação do direito a subsídio ou benefício outorgado por entidades ou serviços públicos;

d) Privação do direito de participar em feiras ou mercados;

e) Privação do direito de participar em arrematações ou concursos públicos que tenham por objecto a empreitada ou a concessão de obras públicas, o fornecimento de bens e serviços, a concessão de serviços públicos e a atribuição de licenças ou alvarás;

f) Encerramento de estabelecimento cujo funcionamento esteja sujeito a autorização ou licença de autoridade administrativa;

g) Suspensão de autorizações, licenças e alvarás.

2 – As sanções referidas nas alíneas *b*) a *g*) do número anterior têm a duração máxima de dois anos, contados a partir da decisão condenatória definitiva.

3 – A lei pode ainda determinar os casos em que deva dar-se publicidade à punição por contra-ordenação.

ARTIGO 21º-A
Pressupostos da aplicação das sanções acessórias

1 – A sanção referida na alínea *a*) do nº 1 do artigo anterior só pode ser decretada quando os objectos serviram ou estavam destinados a servir para a prática de uma contra-ordenação, ou por esta foram produzidos.

2 – A sanção referida na alínea *b*) do nº 1 do artigo anterior só pode ser decretada se o agente praticou a contra-ordenação com flagrante e grave abuso da função que exerce ou com manifesta e grave violação dos deveres que lhe são inerentes.

3 – A sanção referida na alínea *c*) do nº 1 do artigo anterior só pode ser decretada quando a contra-ordenação tiver sido praticada no exercício ou por causa da actividade a favor da qual é atribuído o subsídio.

4 – A sanção referida na alínea *d*) do nº 1 do artigo anterior só pode ser decretada quando a contra-ordenação tiver sido praticada durante ou por causa da participação em feira ou mercado.

5 – A sanção referida na alínea *e*) do nº 1 do artigo anterior só pode ser decretada quando a contra-ordenação tiver sido praticada durante ou por causa dos actos públicos ou no exercício ou por causa das actividades mencionadas nessa alínea.

6 – As sanções referidas nas alíneas *f*) e *g*) do nº 1 do artigo anterior só podem ser decretadas quando a contra-ordenação tenha sido praticada no exercício ou por causa da actividade a que se referem as autorizações, licenças e alvarás ou por causa do funcionamento do estabelecimento.

ARTIGO 22º
Perda de objectos perigosos

1 – Podem ser declarados perdidos os objectos que serviram ou estavam destinados a servir para a prática de uma contra-ordenação, ou que por esta foram produzidos, quando tais objectos representem, pela sua natureza ou pelas circunstâncias do caso,

grave perigo para a comunidade ou exista sério risco da sua utilização para a prática de um crime ou de outra contra-ordenação.

2 – Salvo se o contrário resultar do presente diploma, são aplicáveis à perda de objectos perigosos as regras relativas à sanção acessória de perda de objectos.

ARTIGO 23º
Perda do valor

Quando, devido a actuação dolosa do agente, se tiver tornado total ou parcialmente inexequível a perda de objectos que, no momento da prática do facto, lhe pertenciam, pode ser declarada perdida uma quantia em dinheiro correspondente ao valor daqueles.

ARTIGO 24º
Efeitos da perda

O carácter definitivo ou o trânsito em julgado da decisão de perda determina a transferência da propriedade para o Estado ou outra entidade pública, instituição particular de solidariedade social ou pessoa colectiva de utilidade pública que a lei preveja.

ARTIGO 25º
Perda independente de coima

A perda de objectos perigosos ou do respectivo valor pode ter lugar ainda que não possa haver procedimento contra o agente ou a este não seja aplicada uma coima.

ARTIGO 26º
Objectos pertencentes a terceiro

A perda de objectos perigosos pertencentes a terceiro só pode ter lugar:

a) Quando os seus titulares tiverem concorrido, com culpa, para a sua utilização ou produção, ou do facto tiverem tirado vantagens; ou

b) Quando os objectos forem, por qualquer título, adquiridos após a prática do facto, conhecendo os adquirentes a proveniência.

CAPÍTULO IV
Prescrição

ARTIGO 27º
Prescrição do procedimento

O procedimento por contra-ordenação extingue-se por efeito da prescrição logo que sobre a prática da contra-ordenação hajam decorrido os seguintes prazos:

a) Cinco anos, quando se trate de contra-ordenação a que seja aplicável uma coima de montante máximo igual ou superior a € 49 879,79;

b) Três anos, quando se trate de contra-ordenação a que seja aplicável uma coima de montante igual ou superior a € 2 493,99 e inferior a € 49 879,79;

c) Um ano, nos restantes casos.

(Redação dada pela Lei nº 109/2001, de 24-12)

ARTIGO 27º-A
Suspensão da prescrição

1 – A prescrição do procedimento por contra-ordenação suspende-se, para além dos casos especialmente previstos na lei, durante o tempo em que o procedimento:

a) Não puder legalmente iniciar-se ou continuar por falta de autorização legal;

b) Estiver pendente a partir do envio do processo ao Ministério Público até à sua devolução à autoridade administrativa nos termos do artigo 40º

c) Estiver pendente a partir da notificação do despacho que procede ao exame preliminar do recurso da decisão da autoridade administrativa que aplica a coima, até à decisão final do recurso.

2 – Nos casos previstos nas alíneas *b*) e *c*) do número anterior, a suspensão não pode ultrapassar seis meses.

(Redação dada pela Lei nº 109/2001, de 24-12)

ARTIGO 28º
Interrupção da prescrição

1 – A prescrição do procedimento por contra-ordenação interrompe-se:

a) Com a comunicação ao arguido dos despachos, decisões ou medidas contra ele tomados ou com qualquer notificação;

b) Com a realização de quaisquer diligências de prova, designadamente exames e buscas, ou com o pedido de auxílio às autoridades policiais ou a qualquer autoridade administrativa;

c) Com a notificação ao arguido para exercício do direito de audição ou com as declarações por ele prestadas no exercício desse direito.

d) Com a decisão da autoridade administrativa que procede à aplicação da coima.

2 – Nos casos de concurso de infracções, a interrupção da prescrição do procedimento criminal determina a interrupção da prescrição do procedimento por contra-ordenação.

3 A prescrição do procedimento tem sempre lugar quando, desde o seu início e ressalvado o tempo de suspensão, tiver decorrido o prazo da prescrição acrescido de metade.

(Redação dada pela Lei nº 109/2001, de 24-12)

ARTIGO 29º
Prescrição da coima

1 – As coimas prescrevem nos prazos seguintes:

a) Três anos, no caso de uma coima superior ao montante máximo previsto no nº 1 do artigo 17º;
b) Um ano, nos restantes casos.

2 – O prazo conta-se a partir do carácter definitivo ou do trânsito em julgado da decisão condenatória.

ARTIGO 30º
Suspensão da prescrição da coima

A prescrição da coima suspende-se durante o tempo em que:

a) Por força da lei a execução não pode começar ou não pode continuar a ter lugar;
b) A execução foi interrompida;
c) Foram concedidas facilidades de pagamento.

ARTIGO 30º-A
Interrupção da prescrição da coima

1 – A prescrição da coima interrompe-se com a sua execução.
2 – A prescrição da coima ocorre quando, desde o seu início e ressalvado o tempo de suspensão, tiver decorrido o prazo normal da prescrição acrescido de metade.

ARTIGO 31º
Prescrição das sanções acessórias

Aplica-se às sanções acessórias o regime previsto nos artigos anteriores para a prescrição da coima.

CAPÍTULO V
Do direito subsidiário

ARTIGO 32º
Do direito subsidiário

Em tudo o que não for contrário à presente lei aplicar-se-ão subsidiariamente, no que respeita à fixação do regime substantivo das contra-ordenações, as normas do Código Penal.

II PARTE
DO PROCESSO DE CONTRA-ORDENAÇÃO

CAPÍTULO I
Da competência

ARTIGO 33º
Regra da competência das autoridades administrativas

O processamento das contra-ordenações e a aplicação das coimas e das sanções acessórias competem às autoridades administrativas, ressalvadas as especialidades previstas no presente diploma.

ARTIGO 34º
Competência em razão da matéria

1 – A competência em razão da matéria pertencerá às autoridades determinadas pela lei que prevê e sanciona as contra-ordenações.

2 – No silêncio da lei serão competentes os serviços designados pelo membro do Governo responsável pela tutela dos interesses que a contra-ordenação visa defender ou promover.

3 – Os dirigentes dos serviços aos quais tenha sido atribuída a competência a que se refere o número anterior podem delegá-la, nos termos gerais, nos dirigentes de grau hierarquicamente inferior.

ARTIGO 35º
Competência territorial

1 – É territorialmente competente a autoridade administrativa concelhia em cuja circunscrição:

a) Se tiver consumado a infracção ou, caso a infracção não tenha chegado a consumar-se, se tiver praticado o último acto de execução ou, em caso de punibilidade dos actos preparatórios, se tiver praticado o último acto de preparação;

b) O arguido tem o seu domicílio ao tempo do início ou durante qualquer fase do processo.

2 – Se a infracção for cometida a bordo de aeronave ou navio português, fora do território nacional, será competente a autoridade em cuja circunscrição se situe o aeroporto ou porto português que primeiro for escalado depois do cometimento da infracção.

ARTIGO 36º
Competência por conexão

1 – Em caso de concurso de contra-ordenações será competente a autoridade a quem, segundo os preceitos anteriores, incumba processar qualquer das contra-ordenações.

2 – O disposto no número anterior aplica-se também aos casos em que um mesmo facto torna várias pessoas passíveis de sofrerem uma coima.

ARTIGO 37º
Conflitos de competência

1 – Se das disposições anteriores resultar a competência cumulativa de várias autoridades, o conflito será resolvido a favor da autoridade que, por ordem de prioridades:

a) Tiver primeiro ouvido o arguido pela prática da contra-ordenação;

b) Tiver primeiro requerido a sua audição pelas autoridades policiais;

c) Tiver primeiro recebido das autoridades policiais os autos de que conste a audição do arguido.

2 – As autoridades competentes poderão, todavia, por razões de economia, celeridade ou eficácia processuais, acordar em atribuir a competência a autoridade diversa da que resultaria da aplicação do nº 1.

ARTIGO 38º
Autoridades competentes em processo criminal

1 – Quando se verifique concurso de crime e contra-ordenação, ou quando, pelo mesmo facto, uma pessoa deva responder a título de crime e outra a título de contra-ordenação, o processamento da contra-ordenação cabe às autoridades competentes para o processo criminal.

2 – Se estiver pendente um processo na autoridade administrativa, devem os autos ser remetidos à autoridade competente nos termos do número anterior.

3 – Quando, nos casos previstos nos nºs 1 e 2, o Ministério Público arquivar o processo criminal mas entender que subsiste a responsabilidade pela contra-ordenação, remeterá o processo à autoridade administrativa competente.

4 – A decisão do Ministério Público sobre se um facto deve ou não ser processado como crime vincula as autoridades administrativas.

ARTIGO 39º
Competência do tribunal

No caso referido no nº 1 do artigo anterior, a aplicação da coima e das sanções acessórias cabe ao juiz competente para o julgamento do crime.

ARTIGO 40º
Envio do processo ao Ministério Público

1 – A autoridade administrativa competente remeterá o processo ao Ministério Público sempre que considere que a infracção constitui um crime.

2 – Se o agente do Ministério Público considerar que não há lugar para a responsabilidade criminal, devolverá o processo à mesma autoridade.

CAPÍTULO II
Princípios e disposições gerais

ARTIGO 41º
Direito subsidiário

1 – Sempre que o contrário não resulte deste diploma, são aplicáveis, devidamente adaptados, os preceitos reguladores do processo criminal.

2 – No processo de aplicação da coima e das sanções acessórias, as autoridades administrativas gozam dos mesmos direitos e estão submetidas aos mesmos deveres das entidades competentes para o processo criminal, sempre que o contrário não resulte do presente diploma.

ARTIGO 42º
Meios de coacção

1 – Não é permitida a prisão preventiva, a intromissão na correspondência ou nos meios de telecomunicação nem a utilização de provas que impliquem a violação do segredo profissional.

2 – As provas que colidam com a reserva da vida privada, bem como os exames corporais e a prova de sangue, só serão admissíveis mediante o consentimento de quem de direito.

ARTIGO 43º
Princípio da legalidade

O processo das contra-ordenações obedecerá ao princípio da legalidade.

ARTIGO 44º
Testemunhas

As testemunhas não serão ajuramentadas.

ARTIGO 45º
Consulta dos autos

1 – Se o processo couber às autoridades competentes para o processo criminal, podem as autoridades administrativas normalmente competentes consultar os autos, bem como examinar os objectos apreendidos.

2 – Os autos serão, a seu pedido, enviados para exame às autoridades administrativas.

ARTIGO 46º
Comunicação de decisões

1 – Todas as decisões, despachos e demais medidas tomadas pelas autoridades administrativas serão comunicadas às pessoas a quem se dirigem.

2 – Tratando-se de medida que admita impugnação sujeita a prazo, a comunicação revestirá a forma de notificação, que deverá conter os esclarecimentos necessários sobre admissibilidade, prazo e forma de impugnação.

ARTIGO 47º
Da notificação

1 – A notificação será dirigida ao arguido e comunicada ao seu representante legal, quando este exista.

2 – A notificação será dirigida ao defensor escolhido cuja procuração conste do processo ou ao defensor nomeado.

3 – No caso referido no número anterior, o arguido será informado através de uma cópia da decisão ou despacho.

4 – Se a notificação tiver de ser feita a várias pessoas, o prazo de impugnação só começa a correr depois de notificada a última pessoa.

CAPÍTULO III
Da aplicação da coima pelas autoridades administrativas

ARTIGO 48º
Da polícia e dos agentes de fiscalização

1 – As autoridades policiais e fiscalizadoras deverão tomar conta de todos os eventos ou circunstâncias susceptíveis de implicar responsabilidade por contra-ordenação e tomar as medidas necessárias para impedir o desaparecimento de provas.

2 – Na medida em que o contrário não resulte desta lei, as autoridades policiais têm direitos e deveres equivalentes aos que têm em matéria criminal.

3 – As autoridades policiais e agentes de fiscalização remeterão imediatamente às autoridades administrativas a participação e as provas recolhidas.

ARTIGO 48º-A
Apreensão de objectos

1 – Podem ser provisoriamente apreendidos pelas autoridades administrativas competentes os objectos que serviram ou estavam destinados a servir para a prática de uma contra-ordenação, ou que por esta foram produzidos, e bem assim quaisquer outros que forem susceptíveis de servir de prova.

2 – Os objectos são restituídos logo que se tornar desnecessário manter a apreensão para efeitos de prova, a menos que a autoridade administrativa pretenda declará-los perdidos.

3 – Em qualquer caso, os objectos são restituídos logo que a decisão condenatória se torne definitiva, salvo se tiverem sido declarados perdidos.

ARTIGO 49º
Identificação pelas autoridades administrativas e policiais

As autoridades administrativas competentes e as autoridades policiais podem exigir ao agente de uma contra-ordenação a respectiva identificação.

ARTIGO 50º
Direito de audição e defesa do arguido

Não é permitida a aplicação de uma coima ou de uma sanção acessória sem antes se ter assegurado ao arguido a possibilidade de, num prazo razoável, se pronunciar sobre a contra-ordenação que lhe é imputada e sobre a sanção ou sanções em que incorre.

ARTIGO 50º-A
Pagamento voluntário

1 – Nos casos de contra-ordenação sancionável com coima de valor não superior a metade dos montantes máximos previstos nos nºs 1 e 2 do artigo 17º, é admissível em qualquer altura do processo, mas sempre antes da decisão, o pagamento voluntário da coima, a qual, se o contrário não resultar da lei, será liquidada pelo mínimo, sem prejuízo das custas que forem devidas.

2 – O pagamento voluntário da coima não exclui a possibilidade de aplicação de sanções acessórias.

ARTIGO 51º
Admoestação

1 – Quando a reduzida gravidade da infracção e da culpa do agente o justifique, pode a entidade competente limitar-se a proferir uma admoestação.

2 – A admoestação é proferida por escrito, não podendo o facto voltar a ser apreciado como contra-ordenação.

ARTIGO 52º
Deveres das testemunhas e peritos

1 – As testemunhas e os peritos são obrigados a obedecer às autoridades administrativas quando forem solicitados a comparecer e a pronunciar-se sobre a matéria do processo.

2 – Em caso de recusa injustificada, poderão as autoridades administrativas aplicar sanções pecuniárias até € 49,88 e exigir a reparação dos danos causados com a sua recusa.

(Redação dada pelo Decreto-Lei nº 323/2001, de 17-12)

ARTIGO 53º
Do defensor

1 – O arguido da prática de uma contra-ordenação tem o direito de se fazer acompanhar de advogado, escolhido em qualquer fase do processo.

2 – A autoridade administrativa nomeia defensor ao arguido, oficiosamente ou a requerimento deste, nos termos previstos na legislação sobre apoio judiciário, sempre que as circunstâncias do caso revelarem a necessidade ou a conveniência de o arguido ser assistido.

3 – Da decisão da autoridade administrativa que indefira o requerimento de nomeação de defensor cabe recurso para o tribunal.

ARTIGO 54º
Da iniciativa e da instrução

1 – O processo iniciar-se-á oficiosamente, mediante participação das autoridades policiais ou fiscalizadoras ou ainda mediante denúncia particular.

2 – A autoridade administrativa procederá à sua investigação e instrução, finda a qual arquivará o processo ou aplicará uma coima.

3 – As autoridades administrativas poderão confiar a investigação e instrução, no todo ou em parte, às autoridades policiais, bem como solicitar o auxílio de outras autoridades ou serviços públicos.

ARTIGO 55º
Recurso das medidas das autoridades administrativas

1 – As decisões, despachos e demais medidas tomadas pelas autoridades administrativas no decurso do processo são susceptíveis de impugnação judicial por parte do arguido ou da pessoa contra as quais se dirigem.

2 – O disposto no número anterior não se aplica às medidas que se destinem apenas a preparar a decisão final de arquivamento ou aplicação da coima, não colidindo com os direitos ou interesses das pessoas.

3 – É competente para decidir do recurso o tribunal previsto no artigo 61º, que decidirá em última instância.

ARTIGO 56º
Processo realizado pelas autoridades competentes para o processo criminal

1 – Quando o processo é realizado pelas autoridades competentes para o processo criminal, as autoridades administrativas são obrigadas a dar-lhes toda a colaboração.

2 – Sempre que a acusação diga respeito à contra-ordenação, esta deve ser comunicada às autoridades administrativas.

3 – As mesmas autoridades serão ouvidas pelo Ministério Público se este arquivar o processo.

ARTIGO 57º
Extensão da acusação à contra-ordenação

Quando, nos casos previstos no artigo 38º, o Ministério Público acusar pelo crime, a acusação abrangerá também a contra-ordenação.

ARTIGO 58º
Decisão condenatória

1 – A decisão que aplica a coima ou as sanções acessórias deve conter:

a) A identificação dos arguidos;

b) A descrição dos factos imputados, com indicação das provas obtidas;

c) A indicação das normas segundo as quais se pune e a fundamentação da decisão;

d) A coima e as sanções acessórias.

2 – Da decisão deve ainda constar a informação de que:

a) A condenação se torna definitiva e exequível se não for judicialmente impugnada nos termos do artigo 59º;

b) Em caso de impugnação judicial, o tribunal pode decidir mediante audiência ou, caso o arguido e o Ministério Público não se oponham, mediante simples despacho.

3 – A decisão conterá ainda:

a) A ordem de pagamento da coima no prazo máximo de 10 dias após o carácter definitivo ou o trânsito em julgado da decisão;

b) A indicação de que em caso de impossibilidade de pagamento tempestivo deve comunicar o facto por escrito à autoridade que aplicou a coima.

CAPÍTULO IV
Recurso e processo judiciais

ARTIGO 59º
Forma e prazo

1 – A decisão da autoridade administrativa que aplica uma coima é susceptível de impugnação judicial.

2 – O recurso de impugnação poderá ser interposto pelo arguido ou pelo seu defensor.

3 – O recurso é feito por escrito e apresentado à autoridade administrativa que aplicou a coima, no prazo de 20 dias após o seu conhecimento pelo arguido, devendo constar de alegações e conclusões.

ARTIGO 60º
Contagem do prazo para impugnação

1 – O prazo para a impugnação da decisão da autoridade administrativa suspende-se aos sábados, domingos e feriados.

2 – O termo do prazo que caia em dia durante o qual não for possível, durante o período normal, a apresentação do recurso, transfere-se para o primeiro dia útil seguinte.

ARTIGO 61º
Tribunal competente

1 – É competente para conhecer do recurso o tribunal em cuja área territorial se tiver consumado a infracção.

2 – Se a infracção não tiver chegado a consumar-se, é competente o tribunal em cuja área se tiver praticado o último acto de execução ou, em caso de punibilidade dos actos preparatórios, o último acto de preparação.

ARTIGO 62º
Envio dos autos ao Ministério Público

1 – Recebido o recurso, e no prazo de cinco dias, deve a autoridade administrativa enviar os autos ao Ministério Público, que os tornará presentes ao juiz, valendo este acto como acusação.

2 – Até ao envio dos autos, pode a autoridade administrativa revogar a decisão de aplicação da coima.

ARTIGO 63º
Não aceitação do recurso

1 – O juiz rejeitará, por meio de despacho, o recurso feito fora do prazo ou sem respeito pelas exigências de forma.

2 – Deste despacho há recurso, que sobe imediatamente.

ARTIGO 64º
Decisão por despacho judicial

1 – O juiz decidirá do caso mediante audiência de julgamento ou através de simples despacho.

2 – O juiz decide por despacho quando não considere necessária a audiência de julgamento e o arguido ou o Ministério Público não se oponham.

3 – O despacho pode ordenar o arquivamento do processo, absolver o arguido ou manter ou alterar a condenação.

4 – Em caso de manutenção ou alteração da condenação deve o juiz fundamentar a sua decisão, tanto no que concerne aos factos como ao direito aplicado e às circunstâncias que determinaram a medida da sanção.

5 – Em caso de absolvição deverá o juiz indicar porque não considera provados os factos ou porque não constituem uma contra-ordenação.

ARTIGO 65º
Marcação da audiência

Ao aceitar o recurso o juiz marca a audiência, salvo o caso referido no nº 2 do artigo anterior.

ARTIGO 65º-A
Retirada da acusação

1 – A todo o tempo, e até à sentença em 1ª instância ou até ser proferido o despacho previsto no nº 2 do artigo 64º, pode o Ministério Público, com o acordo do arguido, retirar a acusação.

2 – Antes de retirar a acusação, deve o Ministério Público ouvir as autoridades administrativas competentes, salvo se entender que tal não é indispensável para uma adequada decisão.

ARTIGO 66º
Direito aplicável

Salvo disposição em contrário, a audiência em 1ª instância obedece às normas relativas ao processamento das transgressões e contravenções, não havendo lugar à redução da prova a escrito.

ARTIGO 67º
Participação do arguido na audiência

1 – O arguido não é obrigado a comparecer à audiência, salvo se o juiz considerar a sua presença como necessária ao esclarecimento dos factos.

2 – Nos casos em que o juiz não ordenou a presença do arguido este poderá fazer-se representar por advogado com procuração escrita.

3 – O tribunal pode solicitar a audição do arguido por outro tribunal, devendo a realização desta diligência ser comunicada ao Ministério Público e ao defensor e sendo o respectivo auto lido na audiência.

ARTIGO 68º
Ausência do arguido

1 – Nos casos em que o arguido não comparece nem se faz representar por advogado, tomar-se-ão em conta as declarações que lhe tenham sido colhidas no processo ou registar-se-á que ele nunca se pronunciou sobre a matéria dos autos, não obstante lhe ter sido concedida a oportunidade para o fazer, e julgar-se-á.

2 – Se, porém, o tribunal o considerar necessário, pode marcar uma nova audiência.

ARTIGO 69º
Participação do Ministério Público

O Ministério Público deve estar presente na audiência de julgamento.

ARTIGO 70º
Participação das autoridades administrativas

1 – O tribunal concederá às autoridades administrativas a oportunidade de trazerem à audiência os elementos que reputem convenientes para uma correcta decisão do caso, podendo um representante daquelas autoridades participar na audiência.

2 – O mesmo regime se aplicará, com as necessárias adaptações, aos casos em que, nos termos do nº 3 do artigo 64º, o juiz decidir arquivar o processo.

3 – Em conformidade com o disposto no nº 1, o juiz comunicará às autoridades administrativas a data da audiência.

4 – O tribunal comunicará às mesmas autoridades a sentença, bem como as demais decisões finais.

ARTIGO 71º
Retirada do recurso

1 – O recurso pode ser retirado até à sentença em 1ª instância ou até ser proferido o despacho previsto no nº 2 do artigo 64º

2 – Depois do início da audiência de julgamento, o recurso só pode ser retirado mediante o acordo do Ministério Público.

ARTIGO 72º
Prova

1 – Compete ao Ministério Público promover a prova de todos os factos que considere relevantes para a decisão.

2 – Compete ao juiz determinar o âmbito da prova a produzir.

ARTIGO 72º-A
Proibição da *reformatio in pejus*

1 – Impugnada a decisão da autoridade administrativa ou interposto recurso da decisão judicial somente pelo arguido, ou no seu exclusivo interesse, não pode a sanção aplicada ser modificada em prejuízo de qualquer dos arguidos, ainda que não recorrentes.

2 – O disposto no número anterior não prejudica a possibilidade de agravamento do montante da coima, se a situação económica e financeira do arguido tiver entretanto melhorado de forma sensível.

ARTIGO 73º
Decisões judiciais que admitem recurso

1 – Pode recorrer-se para a relação da sentença ou do despacho judicial proferidos nos termos do artigo 64º quando:

a) For aplicada ao arguido uma coima superior a € 249,40;

b) A condenação do arguido abranger sanções acessórias;

c) O arguido for absolvido ou o processo for arquivado em casos em que a autoridade administrativa tenha aplicado uma coima superior a € 249,40 ou em que tal coima tenha sido reclamada pelo Ministério Público;

d) A impugnação judicial for rejeitada;

e) O tribunal decidir através de despacho não obstante o recorrente se ter oposto a tal.

2 – Para além dos casos enunciados no número anterior, poderá a relação, a requerimento do arguido ou do Ministério Público, aceitar o recurso da sentença quando tal se afigure manifestamente necessário à melhoria da aplicação do direito ou à promoção da uniformidade da jurisprudência.

3 – Se a sentença ou o despacho recorrido são relativos a várias infracções ou a vários arguidos e se apenas quanto a alguma das infracções ou a algum dos arguidos se verificam os pressupostos necessários, o recurso subirá com esses limites.

(Redação dada pelo Decreto-Lei nº 323/2001, de 17-12)

ARTIGO 74º
Regime do recurso

1 – O recurso deve ser interposto no prazo de 10 dias a partir da sentença ou do despacho, ou da sua notificação ao arguido, caso a decisão tenha sido proferida sem a presença deste.

2 – Nos casos previstos no nº 2 do artigo 73º, o requerimento deve seguir junto ao recurso, antecedendo-o.

3 – Neste casos, a decisão sobre o requerimento constitui questão prévia, que será resolvida por despacho fundamentado do tribunal, equivalendo o seu indeferimento à retirada do recurso.

4 – O recurso seguirá a tramitação do recurso em processo penal, tendo em conta as especialidades que resultam deste diploma.

ARTIGO 75º
Âmbito e efeitos do recurso

1 – Se o contrário não resultar deste diploma, a 2ª instância apenas conhecerá da matéria de direito, não cabendo recurso das suas decisões.

2 – A decisão do recurso poderá:

a) Alterar a decisão do tribunal recorrido sem qualquer vinculação aos termos e ao sentido da decisão recorrida, salvo o disposto no artigo 72º-A;

b) Anulá-la e devolver o processo ao tribunal recorrido.

CAPÍTULO V
Processo de contra-ordenação e processo criminal

ARTIGO 76º
Conversão em processo criminal

1 – O tribunal não está vinculado à apreciação do facto como contra-ordenação, podendo, oficiosamente ou a requerimento do Ministério Público, converter o processo em processo criminal.

2 – A conversão do processo determina a interrupção da instância e a instauração de inquérito, aproveitando-se, na medida do possível, as provas já produzidas.

ARTIGO 77º
Conhecimento da contra-ordenação no processo criminal

1 – O tribunal poderá apreciar como contra-ordenação uma infracção que foi acusada como crime.

2 – Se o tribunal só aceitar a acusação a título de contra-ordenação, o processo passará a obedecer aos preceitos desta lei.

ARTIGO 78º
Processo relativo a crimes e contra-ordenações

1 – Se o mesmo processo versar sobre crimes e contra-ordenações, havendo infracções que devam apenas considerar-se como contra-ordenações, aplicam-se, quanto a elas, os artigos 42º, 43º, 45º, 58º, nºs 1 e 3, 70º e 83º.

2 – Quando, nos casos previstos no número anterior, se interpuser simultaneamente recurso em relação a contra-ordenação e a crime, os recursos subirão juntos.

3 – O recurso subirá nos termos do Código de Processo Penal, não se aplicando o disposto no artigo 66º nem dependendo o recurso relativo à contra-ordenação dos pressupostos do artigo 73º

CAPÍTULO VI
Decisão definitiva, caso julgado e revisão

ARTIGO 79º
Alcance da decisão definitiva e do caso julgado

1 – O carácter definitivo da decisão da autoridade administrativa ou o trânsito em julgado da decisão judicial que aprecie o facto como contra-ordenação ou como crime precludem a possibilidade de reapreciação de tal facto como contra-ordenação.

2 – O trânsito em julgado da sentença ou despacho judicial que aprecie o facto como contra-ordenação preclude igualmente o seu novo conhecimento como crime.

ARTIGO 80º
Admissibilidade da revisão

1 – A revisão de decisões definitivas ou transitadas em julgado em matéria contra-ordenacional obedece ao disposto nos artigos 449º e seguintes do Código de Processo Penal, sempre que o contrário não resulte do presente diploma.

2 – A revisão do processo a favor do arguido, com base em novos factos ou em novos meios de prova não será admissível quando:

a) O arguido apenas foi condenado em coima inferior a € 37,41;

b) Já decorreram cinco anos após o trânsito em julgado ou carácter definitivo da decisão a rever.

3 – A revisão contra o arguido só será admissível quando vise a sua condenação pela prática de um crime.

(Redação dada pelo Decreto-Lei nº 323/2001, de 17-12)

ARTIGO 81º
Regime do processo de revisão

1 – A revisão de decisão da autoridade administrativa cabe ao tribunal competente para a impugnação judicial.

2 – Tem legitimidade para requerer a revisão o arguido, a autoridade administrativa e o Ministério Público.

3 – A autoridade administrativa deve remeter os autos ao representante do Ministério Público junto do tribunal competente.

4 – A revisão de decisão judicial será da competência do tribunal da relação, aplicando-se o disposto no artigo 451º do Código de Processo Penal.

ARTIGO 82º
Caducidade da aplicação da coima por efeito de decisão no processo criminal

1 – A decisão da autoridade administrativa que aplicou uma coima ou uma sanção acessória caduca quando o arguido venha a ser condenado em processo criminal pelo mesmo facto.

2 – O mesmo efeito tem a decisão final do processo criminal que, não consistindo numa condenação, seja incompatível com a aplicação da coima ou da sanção acessória.

3 – As importâncias pecuniárias que tiverem sido pagas a título de coima serão, por ordem de prioridade, levadas à conta da multa e das custas processuais ou, sendo caso disso, restituídas.

4 – Da sentença ou das demais decisões do processo criminal referidas nos nºs 1 e 2 deverá constar a referência aos efeitos previstos nos nºs 1, 2 e 3.

CAPÍTULO VII
Processos especiais

ARTIGO 83º
Processo de apreensão

Quando, no decurso do processo, a autoridade administrativa decidir apreender qualquer objecto, nos termos do artigo 48º-A, deve notificar a decisão às pessoas que sejam titulares de direitos afectados pela apreensão.

ARTIGO 84º

(Revogado.)

ARTIGO 85º
Impugnação judicial da apreensão

A decisão de apreensão pode ser impugnada judicialmente, sendo aplicáveis as regras relativas à impugnação da decisão de perda de objectos.

ARTIGO 86º

(Revogado.)

ARTIGO 87º
Processo relativo a pessoas colectivas ou equiparadas

1 – As pessoas colectivas e as associações sem personalidade jurídica são representadas no processo por quem legal ou estatutariamente as deva representar.

2 – Nos processos relativos a pessoas colectivas ou a associações sem personalidade jurídica é também competente para a aplicação da coima e das sanções acessórias a autoridade administrativa em cuja área a pessoa colectiva ou a associação tenha a sua sede.

CAPÍTULO VIII
Da execução

ARTIGO 88º
Pagamento da coima

1 – A coima é paga no prazo de 10 dias a partir da data em que a decisão se tornar definitiva ou transitar em julgado, não podendo ser acrescida de quaisquer adicionais.

2 – O pagamento deve ser feito contra recibo, cujo duplicado será entregue à autoridade administrativa ou tribunal que tiver proferido a decisão.

3 – Em caso de pagamento parcial, e salvo indicação em contrário do arguido, o pagamento será, por ordem de prioridades, levado à conta da coima e das custas.

4 – Sempre que a situação económica o justifique, poderá a autoridade administrativa ou o tribunal autorizar o pagamento da coima dentro de prazo que não exceda um ano.

5 – Pode ainda a autoridade administrativa ou o tribunal autorizar o pagamento em prestações, não podendo a última delas ir além dos dois anos subsequentes ao carácter definitivo ou ao trânsito em julgado da decisão e implicando a falta de pagamento de uma prestação o vencimento de todas as outras.

6 – Dentro dos limites referidos nos nºs 4 e 5 e quando motivos supervenientes o justifiquem, os prazos e os planos de pagamento inicialmente estabelecidos podem ser alterados.

ARTIGO 89º
Da execução

1 – O não pagamento em conformidade com o disposto no artigo anterior dará lugar à execução, que será promovida, perante o tribunal competente, segundo o artigo 61º, salvo quando a decisão que dá lugar à execução tiver sido proferida pela relação, caso em que a execução poderá também promover-se perante o tribunal da comarca do domicílio do executado.

2 – A execução é promovida pelo representante do Ministério Público junto do tribunal competente, aplicando-se, com as necessárias adaptações, o disposto no Código de Processo Penal sobre a execução da multa.

3 – Quando a execução tiver por base uma decisão da autoridade administrativa, esta remeterá os autos ao representante do Ministério Público competente para promover a execução.

4 – O disposto neste artigo aplica-se, com as necessárias adaptações, às sanções acessórias, salvo quanto aos termos da execução, aos quais é aplicável o disposto sobre a execução de penas acessórias em processo criminal.

ARTIGO 89º-A
Prestação de trabalho a favor da comunidade

1 – A lei pode prever que, a requerimento do condenado, possa o tribunal competente para a execução ordenar que a coima aplicada seja total ou parcialmente substituída por dias de trabalho em estabelecimentos, oficinas ou obras do Estado ou de outras pessoas colectivas de direito público, ou de instituições particulares de solidariedade social, quando concluir que esta forma de cumprimento se adequa à gravidade da contra-ordenação e às circunstâncias do caso.

2 – A correspondência entre o montante da coima aplicada e a duração da prestação de trabalho, bem como as formas da sua execução, são reguladas por legislação especial.

ARTIGO 90º
Extinção e suspensão da execução

1 – A execução da coima e das sanções acessórias extingue-se com a morte do arguido.

2 – Deve suspender-se a execução da decisão da autoridade administrativa quando tenha sido proferida acusação em processo criminal pelo mesmo facto.

3 – Quando, nos termos dos nºs 1 e 2 do artigo 82º, exista decisão em processo criminal incompatível com a aplicação administrativa de coima ou de sanção acessória, deve o tribunal da execução declarar a caducidade desta, oficiosamente ou a requerimento do Ministério Público ou do arguido.

ARTIGO 91º
Tramitação

1 – O tribunal perante o qual se promove a execução será competente para decidir sobre todos os incidentes e questões suscitados na execução, nomeadamente:

a) A admissibilidade da execução;

b) As decisões tomadas pelas autoridades administrativas em matéria de facilidades de pagamento;

c) A suspensão da execução segundo o artigo 90º

2 – As decisões referidas no nº 1 são tomadas sem necessidade de audiência oral, assegurando-se ao arguido ou ao Ministério Público a possibilidade de justificarem, por requerimento escrito, as suas pretensões.

CAPÍTULO IX
Das custas

ARTIGO 92º
Princípios gerais

1 – Se o contrário não resultar desta lei, as custas em processo de contra-ordenação regular-se-ão pelos preceitos reguladores das custas em processo criminal.

2 – As decisões das autoridades administrativas que decidam sobre a matéria do processo deverão fixar o montante das custas e determinar quem as deve suportar.

3 – As custas abrangem, nos termos gerais, a taxa de justiça, os honorários dos defensores oficiosos, os emolumentos a pagar aos peritos e os demais encargos resultantes do processo.

ARTIGO 93º
Da taxa de justiça

1 – O processo de contra-ordenação que corra perante as autoridades administrativas não dá lugar ao pagamento de taxa de justiça.

2 – Está também isenta de taxa de justiça a impugnação judicial de qualquer decisão das autoridades administrativas.

3 – Dão lugar ao pagamento de taxa de justiça todas as decisões judiciais desfavoráveis ao arguido.

4 – A taxa de justiça não será inferior a € 0,75 nem superior a € 374,10, devendo o seu montante ser fixado em razão da situação económica do infractor, bem como da complexidade do processo.

(Redação dada pelo Decreto-Lei nº 323/2001, de 17-12)

ARTIGO 94º
Das custas

1 – Os honorários dos defensores oficiosos e os emolumentos devidos aos peritos obedecerão às tabelas do Código das Custas Judiciais.

2 – As custas deverão, entre outras, cobrir as despesas efectuadas com:

a) O transporte dos defensores e peritos;

b) As comunicações telefónicas, telegráficas ou postais, nomeadamente as que se relacionam com as notificações;

c) O transporte de bens apreendidos;

d) A indemnização das testemunhas.

3 – As custas são suportadas pelo arguido em caso de aplicação de uma coima ou de uma sanção acessória, de desistência ou rejeição da impugnação judicial ou dos recursos de despacho ou sentença condenatória.

4 – Nos demais casos, as custas serão suportadas pelo erário público.

ARTIGO 95º
Impugnação das custas

1 – O arguido pode, nos termos gerais, impugnar judicialmente a decisão da autoridade administrativa relativa às custas, devendo a impugnação ser apresentada no prazo de 10 dias a partir do conhecimento da decisão a impugnar.

2 – Da decisão do tribunal da comarca só há recurso para a relação quando o montante exceda a alçada daquele tribunal.

CAPÍTULO X
Disposição final

ARTIGO 96º
Revogação

Fica revogado o Decreto-Lei nº 232/79, de 24 de Julho.

Regime de Júri em Processo Penal

Decreto-Lei nº 387-A/87, de 29 de dezembro

Visa o presente diploma regular o processo de selecção dos jurados, pondo termo às dificuldades decorrentes do sistema vigente; estas estão na origem da sucessiva prorrogação da validade das pautas de jurados elaboradas pelas câmaras municipais com base no Decreto-Lei nº 679/75, de 9 de Dezembro.

Várias eram, em teoria, as soluções disponíveis para tal efeito: ou a electividade dos jurados, o que se rejeitou pela inelutável politização que introduziria no funcionamento da justiça, ou a sua designação através de uma comissão de homens de confiança, como acontece na República Federal da Alemanha, o que não foi aceite pelo burocratismo e subjectivismo que naturalmente implicaria, ou o puro sorteio com base no recenseamento eleitoral, como sucede em França desde 1977 e está vigente no nosso país, solução já demonstradamente inoperacional, por arrastar um dispêndio funcional virtualmente inútil, dado que em inúmeras comarcas o júri nunca ou raramente é requerido.

Assenta o mecanismo encontrado numa relativa originalidade em termos comparados: o da selecção no próprio processo, através de um sistema de duplo sorteio, presidido pelo juiz presidente do tribunal do júri.

Trata-se, portanto, de um sistema de sorteio adstrito a uma intervenção do júri já asseguradamente efectiva – dado o carácter irretractável do requerimento respectivo – e não, como até hoje, de uma escolha de jurados disponíveis para julgamentos eventualmente realizáveis, mas que, na prática, nunca chegarão a ocorrer, com a consequente depreciação da lista apurada.

Houve, além disso, a preocupação de revestir o processo de selecção dos jurados da indispensável imparcialidade e isenção, pelo que se confiou ao contraditório a susceptibilidade de fazer emergir as causas de incapacidade dos eventuais jurados: a escolha dos membros do júri efectiva-se em audiência pública, onde são largamente concedidos aos intervenientes processuais os meios de arguição das razões que impediriam, a serem aceites, a designação dos membros leigos do tribunal.

Consideração expressa revestiu igualmente a eventualidade, que se quis cercear, de o funcionamento do júri implicar, como seu efeito perverso, adiamentos das audiências, nomeadamente por via da falta de qualquer jurado, ou, mais grave ainda, o retorno da audiência ao seu ponto de início em ordem a cumprirem-se – como se têm de cumprir – os princípios da íntima convicção, oralidade e imediação.

Para obviar a tanto, previu-se, por um lado, o mecanismo da necessária assistência pelos jurados suplentes às audiências de julgamento, em ordem a ser-lhes possível substituir os efectivos faltosos, sem quebra da continuidade do julgamento. E estabeleceu-se em alguns pontos nevrálgicos da tramitação processual que a falta de qualquer dos intervenientes no processo de selecção dos jurados não será causa de adiamento do acto.

Cuidou-se finalmente de enunciar o estatuto do jurado, configurando direitos e deveres funcionais, por ser certo que a simples remissão para o disposto nas disposições reguladoras do estatuto da magistratura judicial não bastaria para oferecer o quadro normativo adequado.

Assim:

No uso da autorização concedida pela Lei nº 39/87, o Governo decreta, nos termos da alínea *b*) do nº 1 do artigo 201º da Constituição, o seguinte:

CAPÍTULO I
Da Constituição do Tribunal

ARTIGO 1º
Composição do tribunal do júri

1 – O tribunal do júri é composto pelos três juízes que constituem o tribunal colectivo e por quatro jurados efectivos e quatro suplentes.

2 – O tribunal é presidido pelo presidente do tribunal colectivo.

3 – Os jurados suplentes intervêm quando, durante o julgamento ou antes do seu início, algum dos efectivos se impossibilitar, nos termos do nº 2 do artigo 16º

4 – Para os efeitos previstos no número anterior, os jurados suplentes devem assistir às audiências de julgamento para as quais tiverem sido seleccionados, só sendo permitida a sua intervenção em regime de substituição caso tenham comparecido a todas as sessões de julgamento antecedentes àquela em que a respectiva intervenção se tiver de efectuar.

ARTIGO 2º
Competência do tribunal do júri

1 – Compete ao tribunal do júri julgar os processos que, tendo a intervenção do júri sido requerida pelo Ministério Público, pelo assistente ou pelo arguido, respeitarem a crimes previstos no título II e no capítulo I do título V do livro II do Código Penal.

2 – Compete ainda ao tribunal do júri julgar os processos que, não devendo ser julgados pelo tribunal singular, e tendo a intervenção do júri sido requerida pelo Ministério Público, pelo assistente ou pelo arguido, respeitarem a crimes cuja pena máxima, abstractamente aplicável, for superior a oito anos de prisão.

3 – O júri intervém na decisão das questões da culpabilidade e da determinação da sanção.

CAPÍTULO II
Da capacidade para ser jurado

ARTIGO 3º
Capacidade genérica para ser jurado

1 – Podem ser jurados os cidadãos portugueses inscritos no recenseamento eleitoral que satisfaçam as seguintes condições:

a) Idade inferior a 65 anos;

b) Escolaridade obrigatória;

c) Ausência de doença ou anomalia física ou psíquica que torne impossível o bom desempenho do cargo;

d) Pleno gozo dos direitos civis e políticos;

e) Não estarem presos ou detidos, nem em estado de contumácia, nem haverem sofrido, nos termos do nº 2 do artigo 69º do Código Penal, condenação definitiva em pena de prisão efectiva.

2 – As condições previstas no número anterior devem verificar-se à data do início das funções. Ocorrendo posteriormente, a sua falta só é causa de incapacidade tratando-se das condições previstas nas alíneas *c*), *d*) e *e*).

ARTIGO 4º
Incompatibilidades

Não pode ser jurado quem, à data do início da função respectiva no processo penal, seja:

a) Presidente da República;

b) Membro do Conselho de Estado;

c) Deputado à Assembleia da República, às assembleias regionais e à Assembleia Legislativa de Macau;

d) Membro do Governo, do governo regional ou dos órgãos próprios do governo do território de Macau;

e) Ministro da República para as regiões autónomas;

f) Chefe ou vice-chefe do Estado-Maior-General das Forças Armadas e chefe ou vice-chefe do Estado-Maior dos três ramos das Forças Armadas;

g) Juiz, juiz social, magistrado do Ministério Público ou auditor de justiça;

h) Membro dos Conselhos Superiores da Magistratura, do Ministério Público e dos tribunais administrativos e fiscais;

i) Advogado, advogado estagiário ou solicitador;

j) Funcionário de justiça;

l) Autoridade, órgão ou agente de polícia criminal, civil ou militar;

m) Funcionário ou agente dos serviços prisionais ou de reinserção social;

n) Funcionário ou agente, civil ou militar, dos serviços de informações, da Alta Autoridade contra a Corrupção ou de qualquer organismo público com funções de inspecção;

o) Governador civil;

p) Presidente da câmara municipal;

q) Membro do corpo docente das faculdades de Direito.

ARTIGO 5º
Impedimentos

1 – Nenhuma pessoa pode exercer a função de jurado:

a) Quando for, ou tiver sido, cônjuge ou representante legal do arguido, do ofendido, ou de pessoa com a faculdade de se constituir assistente ou parte civil;

b) Quando ela ou o seu cônjuge forem ascendente, descendente, parente até ao 3º grau, tutor ou curador, adoptante ou adoptado do arguido, do ofendido, da pessoa com a faculdade de se constituir assistente ou parte civil, ou for afim destes até àquele grau;

c) Quando tiver intervindo no processo como juiz, representante do Ministério Público, órgão de polícia criminal, defensor ou perito, ou

d) Quando, no processo, tiver sido ouvido ou dever sê-lo como testemunha.

2 – Não podem exercer funções no mesmo processo jurados que sejam entre si cônjuges, parentes ou afins até ao 3º grau ou que se encontrem ligados por vínculo hierárquico de natureza profissional.

ARTIGO 6º
Escusa e recusa

1 – Podem pedir escusa de intervenção como jurados as pessoas que:

a) Se encontrem à data do início da sua função de jurado na situação de militar no activo;

b) Se encontrem numa situação que ponha objectivamente em risco a respectiva imparcialidade;

c) Tenham desempenhado nos últimos dois anos, por mais de uma vez, funções de jurados efectivos ou suplentes;

d) Tenham encargos gravosos e inadiáveis de assistência familiar que seriam seriamente postos em perigo com a intervenção como jurados;

e) Tenham sofrido há menos de um mês a morte de cônjuge, ascendente, descendente, irmão ou afim nos mesmos graus;

f) Sejam ministros de qualquer religião ou membros de ordem religiosa.

2 – O Ministério Público, o assistente e o arguido podem requerer a exclusão da intervenção como jurado de pessoa relativamente à qual se verifique a situação referida na alínea *b*) do número anterior.

ARTIGO 7º
Arguição das incapacidades, incompatibilidades, impedimentos, escusas e recusas e seu regime

1 – As causas de incapacidade, incompatibilidade, impedimento, escusa ou recusa que não sejam arguidas e conhecidas até ao despacho de designação de jurados, nos termos do nº 4 do artigo 10º e dos nºs 2 e 3 do artigo 12º, estão sujeitas ao regime previsto nos números seguintes.

2 – As causas referidas no número anterior podem ser arguidas, até ao encerramento da discussão em 1ª instância, no prazo de cinco dias contados do conhecimento, pelo Ministério Público, pelo advogado do assistente, pelo defensor do arguido ou pelo jurado a que respeitem, os quais oferecem, juntamente com a arguição, todos os meios de prova, não podendo o número de testemunhas a notificar ser superior a três.

3 – As causas de incapacidade e incompatibilidade, bem como os impedimentos, podem ser conhecidas oficiosamente pelo tribunal.

4 – Suscitada a questão, em requerimento escrito ou deduzido oralmente na audiência de julgamento, e produzida a prova, o presidente profere decisão no prazo de cinco dias.

5 – A produção de prova a que se refere o número anterior efectua-se em audiência de julgamento, cujos actos e termos são reduzidos ao mínimo indispensável para a boa decisão, e que não pode ser adiada por falta de comparência de pessoas que nela devam estar presentes.

6 – A decisão sobre causa de incapacidade, incompatibilidade e impedimento, escusa ou recusa é insusceptível de impugnação, salvo o disposto no número seguinte.

7 – No caso de ser negada procedência a impedimento ou a recusa ou a escusa fundada na alínea *b*) do nº 1 do artigo 6º do presente diploma, cabe recurso, a subir imediatamente, em separado e com efeito meramente devolutivo.

CAPÍTULO III
Da selecção dos jurados

ARTIGO 8º
Processo de selecção

1 – A selecção dos jurados efectua-se através de duplo sorteio, o qual se processa a partir dos cadernos de recenseamento eleitoral e compreende as seguintes fases:

a) Sorteio de pré-selecção dos jurados;

b) Inquérito para determinação dos requisitos de capacidade;

c) Sorteio de selecção dos jurados;
d) Audiência de apuramento;
e) Despacho de designação.

2 – O processo de selecção é autuado por apenso aos autos a que respeitar.

3 – A lista de jurados vale unicamente para o processo para o qual tiver sido obtida.

ARTIGO 9º
Sorteio de pré-selecção dos jurados

1 – Deferido o requerimento de intervenção do júri, o presidente procede ao sorteio dos jurados que poderão vir a constar da pauta de julgamento, apurando para tal efeito 100 cidadãos.

2 – O sorteio a que se refere o número anterior obedece aos seguintes termos:

a) Efectua-se em audiência pública, na qual estão presentes o Ministério Público, o advogado do assistente e o defensor do arguido, os quais são para o efeito notificados, sem que a sua falta seja motivo de adiamento;

b) São utilizados os cadernos de recenseamento eleitoral correspondentes às freguesias integradas no âmbito da circunscrição judicial, os quais são numerados, incluindo os supletivos, respeitando-se a ordem alfabética das freguesias;

c) O sorteio visa obter 100 séries de números, com tantos dígitos quantos os que compuserem o mais alto número utilizado na numeração dos inscritos nesses cadernos, as quais são obtidas mediante a extracção de dez bolas ou cartões introduzidos numa urna, numerados de zero a nove.

3 – A fim de proceder ao sorteio previsto no número anterior, o presidente, no despacho em que deferir o requerimento de intervenção do júri, requisita ao presidente da câmara municipal cópia dos cadernos eleitorais, os quais lhe serão facultados no prazo de cinco dias, sob pena de desobediência.

4 – Das operações de sorteio lavra-se acta, na qual se consignam as presenças e a lista obtida.

ARTIGO 10º
Inquérito para determinação dos requisitos de capacidade

1 – Apurado, em resultado de sorteio a que se refere o número anterior, o número de 100 pessoas, o juiz manda-as notificar para, no prazo de cinco dias, responderem a inquérito, constante de modelo aprovado por portaria do Ministro da Justiça, destinado a saber se as mesmas preenchem os requisitos de capacidade indispensáveis para o desempenho da função, previstos no capítulo II do presente diploma.

2 – As falsas declarações prestadas na resposta ao inquérito a que alude o número anterior são punidas com prisão até dois anos ou multa até 200 dias.

3 – Na pena referida no número anterior incorre quem, sem justa causa, se recusar a responder ao inquérito.

4 – Terminado o prazo para a recepção das respostas, o presidente, mediante despacho irrecorrível, elimina aqueles dos respondentes que não reúnam os requisitos de capacidade previstos nos artigos 3º e 4º

ARTIGO 11º
Sorteio de selecção de jurados

1 – Seguidamente, o presidente procede a um sorteio destinado a apurar os jurados.

2 – O sorteio efectua-se com obediência ao disposto na alínea *a*) do nº 2 do artigo 9º, tomando como base o número de respostas não rejeitadas, que para o efeito são encerradas em sobrescritos iguais, dos quais se tiram dezoito.

3 – Aplica-se a este sorteio o disposto no nº 4 do artigo 9º

ARTIGO 12º
Audiência de apuramento

1 – O presidente ordena seguidamente a notificação das pessoas seleccionadas, bem como do Ministério Público, do advogado do assistente e do defensor do arguido para, no prazo de cinco dias, comparecerem, as primeiras obrigatoriamente, com a cominação da segunda parte do nº 2 do artigo 15º, numa audiência pública de apuramento, a todos comunicando o elenco dos seleccionados, bem como a respectiva profissão e morada.

2 – Nessa audiência o presidente inquire individualmente os seleccionados quanto à existência de impedimentos e causas de escusa que pretendam invocar, esclarecendo-os quanto ao regime legal aplicável, sendo seguidamente a palavra concedida às entidades referidas no número anterior para que suscitem perguntas adicionais e procedam à eventual arguição de fundamentos de recusa.

3 – O Ministério Público e o defensor do arguido podem recusar, cada qual, dois jurados sem explicitação de motivação. Se houver assistente, este pode recusar um jurado e o Ministério Público outro. Havendo pluralidade de assistentes representados por mais de um advogado e se divergirem na escolha, procede-se a sorteio para determinar a quem cabe a faculdade de recusa. O mesmo regime vale para a eventualidade de vários arguidos assistidos por mais de um defensor.

4 – Das razões de impedimento, escusas ou recusas oferecem-se logo os meios de prova, não podendo o número de testemunhas ser superior a três.

5 – Na acta da audiência consignam-se a lista de presenças, a identificação dos excluídos e o elenco final dos apurados.

ARTIGO 13º
Despacho de designação

1 – O presidente profere seguidamente na própria audiência, e ditando-o para a acta, despacho em que considera ou não procedentes os motivos de impedimento, escusa ou recusa invocados e designa os jurados efectivos e suplentes, os quais são imediatamente notificados do dia e hora da realização da audiência, recebendo, simultaneamente ou logo que possível, cópia dos documentos referidos no nº 2 do artigo 314º do Código de Processo Penal.

2 – Seguidamente, os jurados efectivos e suplentes prestam perante o presidente o seguinte compromisso: «Comprometo-me por minha honra a desempenhar fielmente as funções que me são confiadas.»

3 – Se o despacho referido no nº 1 deste artigo considerar impossibilitada pessoa que haja sido seleccionada como jurado, o lugar respectivo é preenchido pelo primeiro do elenco dos restantes cidadãos seleccionados e assim sucessivamente até haver sido designado o número legal de efectivos e suplentes.

4 – Aos jurados suplentes é atribuído um número de ordem, o qual determina a precedência na substituição dos efectivos que vierem ulteriormente a impossibilitar-se.

5 – Os seleccionados que não hajam sido designados para o preenchimento dos lugares de efectivos ou suplentes, nos termos do número anterior, são dispensados.

CAPÍTULO IV
Estatuto de Jurado

ARTIGO 14º
Jurados

1 – Os jurados decidem apenas segundo a lei e o direito e não estão sujeitos a ordens ou instruções.

2 – Os jurados não podem abster-se de julgar com fundamento na falta, obscuridade ou ambiguidade da lei ou em dúvida insanável sobre a matéria de facto.

3 – Os jurados são irresponsáveis pelos julgamentos e decisões e só em casos especialmente previstos na lei podem ser sujeitos, em razão do exercício das suas funções, a responsabilidade civil ou criminal.

ARTIGO 15º
Direitos dos jurados

1 – Os jurados não podem, durante o exercício da respectiva função, ser privados da liberdade sem culpa formada, salvo no caso de detenção em flagrante delito por crime punível com prisão superior a três anos.

2 – Durante o mesmo período têm direito a uso, porte e manifesto gratuito de arma de defesa, independentemente de licença ou participação.

3 – Os jurados têm direito a receber como compensação pelas funções exercidas um subsídio diário igual a 1 UC, e não poderão ser prejudicados na sua profissão ou emprego pelas faltas inerentes ao desempenho do cargo. Após a leitura da sentença em 1ª instância a compensação é atribuída por cada dia de efectivo exercício da função.

4 – É aplicável, ainda, aos jurados o regime introduzido pelos Decretos-Leis nºs 324/85, de 6 de Agosto, e 48/87, de 29 de Janeiro, sempre que no exercício das suas funções, ou por causa delas, sejam vítimas de actos criminosos, promovidos, nomeadamente, por associações criminosas e organizações terroristas, com fins de intimidação ou retaliação.

ARTIGO 16º
Deveres dos jurados

1 – O desempenho da função de jurado constitui serviço público obrigatório, sendo a sua recusa injustificada punida como crime de desobediência qualificada.

2 – A falta de um jurado a audiência de julgamento a que deva estar presente é punida, se o jurado não apresentar, no prazo de cinco dias, justificação que o presidente considere procedente, como crime de desobediência simples.

3 – Os jurados que fizerem declarações públicas relativas a processos nos quais tenham intervindo ou hajam de intervir, ou revelarem opiniões a tal respeito, são punidos com prisão até seis meses ou multa até 200 dias.

ARTIGO 17º
Continuidade da função e regime de substituição

1 – O exercício da função de jurado é contínuo, tendo início com o despacho judicial de designação e terminando com o transito em julgado da sentença proferida em 1ª instância, com a subida de recurso dela interposto ou ainda com a respectiva substituição, nos termos do número seguinte.

2 – Constitui causa de substituição de jurado efectivo por um suplente, em virtude de impossibilidade do desempenho do respectivo mandato, nos termos do nº 3 do artigo 1º, a verificação, antes da audiência de julgamento em 1ª instância ou durante ela, de qualquer dos seguintes factos:

a) Causa de incapacidade, incompatibilidade, impedimento, escusa ou recusa que o juiz tenha considerado procedente;

b) Morte ou qualquer circunstância que torne impossível a continuidade da audiência, nos termos do artigo 328º do Código de Processo Penal.

ARTIGO 18º
Entrada em vigor

O presente decreto-lei entra em vigor na mesma data em que entrar em vigor o Código de Processo Penal.

Visto e aprovado em Conselho de Ministros de 29 de Dezembro de 1987. – *Aníbal António Cavaco Silva – Joaquim Fernando Nogueira.*

Promulgado em 29 de Dezembro de 1987.

Publique-se.

O Presidente da República, MÁRIO SOARES.

Referendado em 29 de Dezembro de 1987.

O Primeiro-Ministro, *Aníbal António Cavaco Silva.*

Sistema de Queixa Eletrónica

Portaria nº 1593/2007, de 17 de dezembro

1 – Simplificar a relação dos cidadãos com a Administração Pública, recorrendo às novas tecnologias de informação, é um dos aspectos fundamentais do programa SIMPLEX 2007, no qual se preconiza a facilitação da apresentação de participações às forças de segurança. O processo de simplificação assenta numa plataforma digital, que abre, assim, um novo canal de comunicação, eficiente e diverso dos tradicionalmente existentes, entre as forças de segurança e os cidadãos, até agora extremamente centrado no atendimento presencial nos postos e esquadras.

2 – O Sistema de Queixa Electrónica, alojado na Rede Nacional de Segurança Interna e partilhado pela Guarda Nacional Republicana (GNR), pela Polícia de Segurança Pública (PSP) e pelo Serviço de Estrangeiros e Fronteiras (SEF), disponibilizará um significativo conjunto de serviços aos cidadãos, nacionais ou estrangeiros, que sejam vítimas de crime, público ou semipúblico.

Como recomendam a prudência e as práticas adoptadas por outros Estados, o elenco de crimes abrangidos pelo sistema reporta-se a situações de maior incidência criminógena e de vitimização de certo público alvo, capazes de erodir o sentimento de segurança ou de explorar a vulnerabilidade de certos estratos populacionais mais sujeitos à prática criminal, bem como de afectar a protecção ambiental e a inclusão social de estrangeiros, que escolheram Portugal para viver e trabalhar.

Desenvolvimentos complementares vão, decerto, permitir a inclusão de mais informação útil e o alargamento do catálogo de crimes, bem como a adição de novas funcionalidades na óptica do utilizador.

3 – O Sistema de Queixa Electrónica inspira-se nos princípios potenciados pela modernização da Administração Pública e pelo plano tecnológico, onde se integra,

fomentando a convergência de sinergias institucionais, a partilha de serviços e a difusão da inovação útil ao cidadão no seu quotidiano e à melhoria da sua qualidade de vida. Trata-se de mais uma via de promoção da qualidade de prestação do serviço policial ao cidadão, uma vertente *e-policing*, inserida no projecto do governo electrónico em curso, e de vasto horizonte no futuro, cuja produção da plataforma digital ocorre em Portugal, fruto do saber tecnológico nacional já consolidado nesse sector. Ademais, a admissão do uso da certificação electrónica para assinatura da queixa valoriza a utilização do cartão do cidadão, em crescente difusão. De forma realista, não deixa de prever-se, contudo, um sistema de autenticação presencial junto de uma rede alargada de entidades que, além das forças de segurança, incluem as lojas do cidadão e a vasta rede nacional de estações dos CTT.

4 – No Sistema de Queixa Electrónica combinam-se diversas funcionalidades. Tal permite, por exemplo, ao cidadão esclarecer as suas dúvidas em relação aos procedimentos associados ao registo de uma denúncia, especialmente se for necessário formular uma queixa para haver prossecução da acção penal, mesmo que o interessado opte por não dar início ao registo da mesma.

O português, nos termos legais, será a língua de apresentação da notícia de crime no Sistema de Queixa Electrónica, sem prejuízo da adopção crescente da tradução e da disponibilização de informação noutras línguas.

5 – A revisão operada ao Código do Processo Penal pelo artigo 1º da Lei nº 48/2007, de 29 de Agosto, veio dar uma nova redacção ao artigo 94º, nº 3, daquele Código, facultando, agora, o uso de formulários em suporte electrónico, a completar com o texto respectivo, com recurso à assinatura electrónica certificada, o que constitui uma inovação de relevo, a acrescer à tradicional assinatura feita pelo próprio de forma tradicional. Deste modo, abre-se caminho para a desmaterialização completa do acto de denúncia, que continua à mesma a ser assinada pelo denunciante e este devidamente identificado, procedimento essencial, nos crimes dependentes de queixa, para que a acção penal prossiga o seu curso.

6 – No elenco dos crimes passíveis de denunciar constam – na fase inicial de disponibilização do Sistema – aqueles que podem contribuir para a diminuição do sentimento de insegurança (como o roubo ou o dano) ou que constituem afronta grave à dignidade humana (como o tráfico de pessoas).

Do catálogo de crimes denunciáveis através do Sistema de Queixa Electrónica consta, pois, um elenco cuja prevenção é considerada prioritária, ao abrigo da Lei nº 51/2007, de 31 de Agosto, que define os objectivos, prioridades e orientações de política criminal para o biénio de 2007-2009, tais como: a violência doméstica, os maus tratos, a ofensa à integridade física, especialmente de docentes e outros membros da comunidade escolar.

De igual modo, integram esse elenco vários crimes cuja investigação é tida por prioritária pela mesma lei, como sejam o roubo e os danos contra a natureza.

E para prevenir é necessário o envolvimento da comunidade, especialmente dos ofendidos.

Alguns crimes constantes da lista são também prioritários tanto na prevenção como na investigação – são os casos dos crimes de tráfico de pessoas, de poluição e de violência doméstica.

Importa ainda sublinhar que na fixação do rol dos crimes denunciáveis houve a preocupação de privilegiar a protecção de vítimas especialmente indefesas e o controlo de fontes de perigo comum para certos bens jurídicos. Ainda que de modo indirecto, o combate a certo tipo de criminalidade, como a violência doméstica e os maus tratos, contribui para a prevenção de crimes mais graves contra as pessoas, como o homicídio e a ofensa à integridade física grave.

Ademais, no elenco de crimes estabelecido procura-se ter em devida conta a competência genérica das forças de segurança na qualidade de órgãos de polícia criminal, como seja no caso de furto, roubo e dano não qualificados, além da competência especial do SEF, como órgão de polícia criminal, por força do disposto na Lei nº 21/2000, de 10 de Agosto, que regula a organização da investigação criminal e na recente lei de estrangeiros.

7 – Os crimes constantes do anexo correspondem também, de acordo com o relatório anual de segurança interna para 2006, a número significativo de participações, sendo certo que isso deve ser interpretado como uma redução efectiva das cifras negras e não como um acréscimo real do fenómeno, decorrente da maior consciência dos direitos da vítima e de uma maior capacidade de resposta das autoridades policiais.

Assim:

Manda o Governo, através do Ministro da Administração Interna, ao abrigo do disposto na alínea *c*) do artigo 199º da Constituição da República Portuguesa, atento ao constante nas alíneas *a*) e *b*) do artigo 4º da Lei Orgânica do Ministério da Administração Interna, aprovada pelo Decreto-Lei nº 203/2006, de 27 de Outubro, e o disposto no nº 3 do artigo 94º do Código de Processo Penal, na redacção decorrente da Lei nº 48/2007, de 29 de Agosto, o seguinte:

ARTIGO 1º
Objecto

A presente portaria cria o Sistema de Queixa Electrónica, adiante designado por SQE, e define os termos, procedimentos e demais trâmites a adoptar pela Guarda Nacional Republicana (GNR), pela Polícia de Segurança Pública (PSP) e pelo Serviço de Estrangeiros e Fronteiras (SEF) aquando da apresentação por parte de cidadão de queixa através de formulário em suporte electrónico.

ARTIGO 2º
Natureza e finalidade

1 – O SQE constitui um serviço público da sociedade de informação prestado, por via electrónica, no âmbito da prevenção e investigação criminal e apoio às vítimas de crimes.

2 – O SQE constitui um balcão único virtual, que faculta:

a) A apresentação por via electrónica de denúncias de natureza criminal, incluindo queixas-crime, pelos cidadãos que tenham sido ofendidos ou tomaram conhecimento da prática de um crime contra terceiros;

b) O esclarecimento e direccionamento do cidadão para os procedimentos a adoptar na apresentação da sua denúncia ou queixa por forma a agilizar o processo de recepção e tratamento das mesmas;

c) A consulta sobre o estado do processo até que este transite para a entidade competente.

3 – A partir de sítio próprio e no canal Internet, o SQE disponibiliza o conjunto de serviços previstos na presente portaria, no domínio http://queixaselectronicas.mai.gov.pt.

4 – O registo bem como os procedimentos e demais comunicações decorrem nos termos da legislação aplicável à queixa ou denúncia apresentada directamente nas forças de segurança.

5 – Sem prejuízo da adopção complementar da opção multilingue, o SQE utiliza sempre a língua portuguesa.

ARTIGO 3º
Gestão do SQE

O SQE constitui um serviço partilhado pela GNR, pela PSP e pelo SEF, alojado na Rede Nacional de Segurança Interna (RNSI), responsável pela sua gestão.

ARTIGO 4º
Crimes abrangidos

O SQE recebe os formulários em suporte electrónico de que conste a denúncia de crimes praticados em Portugal e constantes do anexo I da presente portaria, que dela faz parte integrante, apresentados por pessoas singulares, devidamente identificadas, nacionais ou estrangeiras, residentes em Portugal ou presentes em território nacional.

ARTIGO 5º
Termos e procedimentos

1 – O SQE faculta o preenchimento e envio de formulários em suporte electrónico, nos termos e de acordo os procedimentos e parâmetros técnicos descritos no anexo II da presente portaria, que dela faz parte integrante.

2 – As fases de tramitação electrónica da denúncia e demais especificações do Sistema constam do anexo II da presente portaria, dela fazendo parte integrante.

3 – Através de uma funcionalidade de «Ajuda» o SQE oferece aos cidadãos informação sobre a forma adequada de preenchimento e envio das suas queixas.

ARTIGO 6º
Confirmação e certificação da queixa

1 – O sistema produz automaticamente um documento confirmativo da recepção da queixa pelo SQE, identificado por um número, pelo registo do tipo da queixa e pela data e hora da submissão electrónica.

2 – O cidadão deve autenticar a submissão da queixa electrónica por um dos seguintes meios:

a) Assinatura digital com recurso ao cartão do cidadão;

b) Confirmação a partir de uma conta VIACTT;

c) Confirmação presencial junto de qualquer posto da GNR, esquadra da PSP, balcões do SEF em loja do cidadão, bem como nas estações dos CTT.

ARTIGO 7º
Confirmação e remessa

O SQE regista a autenticação, posto o que as participações confirmadas são enviadas à entidade competente.

ARTIGO 8º
Providências organizativas e regulamentares internas

1 – O comandante-geral da GNR, o director nacional da PSP e o director nacional do SEF promovem as providências organizativas e a publicação de normas regulamentares internas, nas respectivas instituições, com vista à boa execução do disposto na presente portaria e ao normal funcionamento do SQE, por forma a assegurar a tramitação interna célere das queixas e a remessa atempada da notícia do crime aos serviços do Ministério Público territorialmente competente.

2 – Os sítios institucionais da GNR, da PSP e do SEF devem conter informação circunstanciada e remeter os interessados para os serviços electrónicos prestados através da SQE.

O Ministro da Administração Interna, *Rui Carlos Pereira*, em 3 de Dezembro de 2007.

ANEXO I
(a que se refere o artigo 4º)

I) Do Código Penal:

Ofensa à integridade física simples (artigo 143º, nº 1);
Violência doméstica (artigo 152º, nºs 1 e 2);
Maus tratos (artigo 152º-A, nº 1);
Tráfico de pessoas (artigo 160º, nºs 1, 2, 5 e 6);
Lenocínio (artigo 169º);

Furto (artigo 203º, nº 1);
Roubo (artigo 210º, nº 1);
Dano (artigo 212º, nº 1);
Burla (artigo 217º, nº 1);
Burla relativa a trabalho ou emprego (artigo 222º, nºs 1 e 2);
Extorsão (artigo 223º, nº 1);
Danificação ou subtracção de documento e notação técnica (artigo 259º, nº 1);
Danos contra a natureza (artigo 278º, nºs 1 e 2);
Uso de documentação de identificação ou de viagem alheio (artigo 261º);
Poluição (artigo 279º, nº 1).

II) Lei nº 23/2007, de 4 de Julho:

Auxílio à imigração ilegal (artigo 183º, nºs 1 a 3);
Angariação de mão-de-obra ilegal (artigo 185º, nºs 1 e 2);
Casamento de conveniência (artigo 186º, nºs 1 e 2).

ANEXO II
(a que se refere o nº 1 do artigo 5º)

Descrição do sistema e dos procedimentos

1 – Descrição geral do sistema. – O Sistema de Queixa Electrónica (SQE) constitui um serviço partilhado pela Guarda Nacional Republicana (GNR), pela Polícia de Segurança Pública (PSP) e pelo Serviço de Estrangeiros e Fronteiras (SEF). Alojado na Rede Nacional de Segurança Interna, o SQE disponibilizará: *a*) informação jurídica de utilidade geral sobre o quadro penal e processual penal português, com valor especial para a resolução de situações que afectem cidadãos, nacionais ou estrangeiros, vítimas de crimes, públicos ou semipúblicos; *b*) um canal que permite apresentar, por via electrónica e de forma segura, uma denúncia.

Na sua componente informativa, o portal do SQE disponibiliza a descrição dos crimes passíveis de denúncia, por formulário electrónico, permite a inserção de avisos temporários e de certos números telefónicos, úteis em caso urgente ou de emergência social, e incentiva os utilizadores a apresentar sugestões, facultando-lhes também a possibilidade de requerer e obter esclarecimentos adicionais.

No tocante ao registo de denúncias, o SQE orienta o utilizador e, em especial, o queixoso de forma a pormenorizar adequadamente os factos ocorridos. Prevê-se um campo próprio para informações adicionais e a possibilidade de anexar fotografias ou qualquer outro ficheiro que considere necessário (*v. g.* para descrever o sucedido ou identificar o bem subtraído ou danificado), entre outras opções. As denúncias podem ser apresentadas por pessoas singulares, devidamente identificadas, nacionais ou estrangeiras, residentes em Portugal ou presentes em território nacional no acto da denúncia. Uma função «Ajuda» oferecerá indicações úteis para esclarecer dúvidas, facultar o correcto preenchimento dos diversos campos e cumprir as regras sobre envio electrónico da queixa.

2 – Fluxo de tratamento de uma queixa electrónica. – O fluxo de tratamento de uma queixa electrónica passa por três etapas distintas, em que a primeira etapa será da responsabilidade do cidadão, a segunda da responsabilidade do SQE e a terceira da responsabilidade das forças ou do serviço de segurança, consoante os casos.

O fluxo de informação inicia-se com a submissão da queixa por parte do cidadão. Para tal deve seguir os procedimentos assinalados, podendo, em qualquer momento, recorrer à funcionalidade «Ajuda». Ao mesmo tempo, os diferentes ecrãs contêm vários avisos e indicações legais que permitem uma melhor percepção do enquadramento da queixa.

Os passos são simples: o tipo de queixa, a identificação do queixoso, o local da ocorrência, a identificação dos suspeitos e testemunhas e a submissão final da queixa, à qual é atribuído um número único do SQE.

Assim que a queixa tenha sido submetida, o SQE irá enviar automaticamente um *e-mail* para a caixa de correio do queixoso identificada durante o processo de registo da queixa. Este *e-mail* contem um *link* para uma página de validação em que o cidadão terá de inserir o número de registo da queixa que apresentou. Em seguida, caso o cidadão não tenha utilizado o cartão do cidadão para se autenticar, ou o sistema VIACTT, deverá confirmar/validar a queixa junto de qualquer posto da GNR, esquadra da PSP, balcão do SEF em loja do cidadão ou estação dos CTT. Com a concretização deste passo a queixa reunirá as condições de autenticidade que são condição necessária do posterior tratamento pelas forças e serviço de segurança.

Caso o queixoso apresente um endereço VIACTT para as suas notificações, a confirmação do registo da queixa a partir da leitura e acesso ao *link* apresentado no *e-mail* enviado permite garantir que o cidadão que procede à confirmação da queixa é identificado pela caixa de correio VIACTT utilizada.

A apresentação sucessiva de queixas autenticadas gera uma listagem de queixas a tratar, à qual têm acesso a GNR, a PSP e o SEF. O SQE assegura a transferência das queixas que dizem respeito a cada entidade para o sistema de informação designado e procede à emissão do respectivo auto de notícia.

Caso o cidadão opte por se deslocar a um posto, esquadra ou direcção regional do SEF para proceder à sua identificação, a queixa passa a ser tratada por esta entidade, bastando para isso a sua selecção a partir do número de registo da queixa que o cidadão apresenta no seu comprovativo.

3 – Termos, condições e procedimentos. – O SQE presta serviços nos termos e condições e de acordo com os procedimentos seguidamente descritos:

Acesso ao SQE – disponibilização e utilização do SQE não presencial via Internet;

Submissão da queixa – o cidadão é encaminhado por um sistema de filtragem para tipificação da queixa, acções aconselhadas, identificação e posterior preenchimento dos pormenores da queixa, para efeitos de aceitação e registo pelo SQE.

O registo só se considera efectivado, para efeitos legais, quando o cidadão, após recepção de uma hiperligação no seu endereço de correio electrónico, proceda à sua confirmação;

Tratamento da queixa – o SQE encaminha a queixa para uma das forças ou serviço de segurança, de acordo com a parametrização de distribuição configurada. As queixas são distribuídas em função do tipo e localização da ocorrência, para posterior tramitação de acordo com as competências e normas aplicáveis a cada entidade, incluindo também um mecanismo de integração/sincronização com os sistemas de *backoffice* existentes;

Disponibilização do SQE – o SQE assenta numa plataforma computacional com níveis de serviço adequados aos requisitos em disponibilidade e fiabilidade do serviço SQE;

Consumo do SQE – o cidadão é sempre informado sobre os requisitos mínimos que deve possuir ou a que deve ter acesso para usar cada tipo de serviço disponibilizado pelo SQE;

Plataforma de portal Internet – validação ou implementação da plataforma computacional capaz de suportar a aplicação SQE, cumprindo os requisitos impostos de níveis de serviço e de segurança;

Manutenção da plataforma portal Internet – validação ou implementação do serviço e procedimentos de manutenção da plataforma de portal de suporte ao SQE, que deve incluir a sua administração, bem como a monitorização de eventos e desempenho dos sistemas com tomada de decisão correctivas e de melhoria da plataforma;

Publicação do SQE – serviço de implementação do SQE com todos os módulos que o compõem;

Manutenção do SQE – serviço e procedimentos de manutenção da aplicação SQE, que inclui a sua administração e monitorização para tomada de decisões de correcção ou de melhoria;

Acesso Internet – o cidadão deve utilizar um computador pessoal com ligação Internet, capaz de fazer navegação *web* HTTP/S.

Para os tipos de queixa que exijam identificação autenticada do queixoso perante o SQE, o cidadão deve possuir antecipadamente um meio electrónico para o fazer. O SQE contempla dois mecanismos alternativos:

Endereço de correio electrónico viaCTT;
Cartão do cidadão.

No caso da caixa de correio «viaCTT», o cidadão deve previamente fazer-se registar de modo a poder usar este meio como forma de se identificar no SQE.

Caso o cidadão opte pelo uso do seu cartão do cidadão (CC), deve adquirir também um leitor de cartões inteligentes (*smartcards*) compatível com o CC de modo a poder usar o seu certificado de autenticação/assinatura digitais perante o SQE;

Cidadão usa motor de busca – para aceder ao endereço electrónico do portal SQE o cidadão poderá simplesmente digitar a expressão «queixas electrónicas» num motor de busca à sua escolha;

Cidadão acede a partir de *link* ou digita o endereço HTTP do SQE – o cidadão pode também aceder ao URL do SQE a partir do sítio do MAI na Internet ou a partir dos sítios das forças de segurança e do SEF;

Página principal em HTTP do SQE – uma vez introduzido o endereço HTTP do portal SQE, o cidadão recebe no seu programa de navegação *web* a página principal do SQE.

A página principal do SQE bem como todas as páginas seguintes, formulários e caixas de diálogo estão desenhados em função dos requisitos definidos pelas entidades envolvidas.

O *site* SQE permite que o cidadão esclareça dúvidas, identifique procedimentos ou mesmo insira sugestões;

Tipificação da queixa – o SQE apresenta uma lista dos possíveis tipos de queixa a apresentar como forma de seleccionar as acções seguintes do seu tratamento. Na primeira fase do SQE, todas as queixas apresentadas devem ter identificação presencial, com excepção dos cidadãos titulares de CC ou de conta «Via CTT»;

Local da ocorrência – uma vez o cidadão validado a nível da sua identidade, neste formulário vai poder descrever os detalhes da queixa a submeter, nomeadamente o local e data/hora onde ocorreu a alegada ocorrência originadora de queixa;

Elementos probatórios – depois de identificar o local da ocorrência, o queixoso deve descrever por texto livre a ocorrência que pretende reportar e, caso existam, os suspeitos, as testemunhas e demais elementos que considere relevantes;

Submissão da queixa – uma vez a queixa validada nos termos definidos nas subcategorias anteriores, pode ser registada no SQE. O cidadão é informado com uma simples mensagem informativa apresentada no seu programa de navegação web confirmando a aceitação da queixa no SQE;

Envio do *link* de confirmação da queixa – após a submissão da queixa efectuada pelo cidadão, o SQE envia uma hiperligação de confirmação da queixa para o endereço de correio electrónico que este indicou no registo;

Confirmação da queixa a partir do *e-mail* enviado pelo SQE – o cidadão recebe na sua caixa de correio identificada a partir do endereço de correio electrónico fornecido ou a partir do sistema «ViaCTT» uma mensagem com uma hiperligação para o SQE. Esta mensagem vai permitir ao cidadão confirmar que pretende efectivamente apresentar a queixa.

Sem esta acção a queixa não pode considerar-se efectivada;

Queixa submetida e pronta para ser tratada – assim que a confirmação seja efectuada com sucesso, a queixa encontra-se disponível para tratamento pelas forças ou serviço de segurança;

Queixa necessita que o cidadão se identifique pessoalmente – caso o cidadão não tenha usado o CC ou o sistema «ViaCTT», deve deslocar-se com a maior brevidade a qualquer estação dos CTT, posto ou esquadra para confirmar a entrega. Só depois dessa confirmação/autenticação a queixa fica disponível para tratamento pelas forças ou serviço de segurança;

Selecção a partir do ID da queixa – caso o cidadão se desloque a um posto ou esquadra para confirmar a sua queixa, o SQE permite que a queixa seja tratada independentemente de esta ter sido encaminhada para outro local;

Encaminhamento – o encaminhamento da queixa é assegurado de forma automatizada na máxima medida possível, sendo a filtragem feita em função do tipo de queixa e da área geográfica (a área geográfica é determinada pelo local onde é cometido o crime), de acordo com as competências das forças de segurança e do SEF.

No diagrama seguinte encontram-se esquematizados os passos descritos:

Fluxos de Informação – SQE

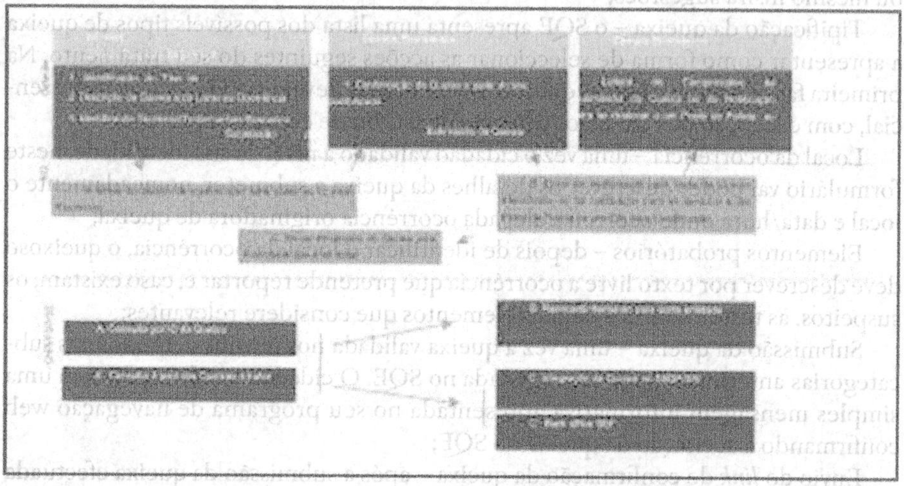

Lei da Identificação Criminal

Lei nº 37/2015, de 5 de maio

Estabelece os princípios gerais que regem a organização e o funcionamento da identificação criminal, transpondo para a ordem jurídica interna a Decisão-Quadro 2009/315/JAI, do Conselho, de 26 de fevereiro de 2009, relativa à organização e ao conteúdo do intercâmbio de informações extraídas do registo criminal entre os Estados membros, e revoga a Lei nº 57/98, de 18 de agosto.

A Assembleia da República decreta, nos termos da alínea *c*) do artigo 161º da Constituição, o seguinte:

CAPÍTULO I
Disposições gerais

ARTIGO 1º
Objeto

A presente lei estabelece o regime jurídico da identificação criminal e transpõe para a ordem jurídica interna a Decisão-Quadro 2009/315/JAI, do Conselho, de 26 de fevereiro de 2009, relativa à organização e ao conteúdo do intercâmbio de informações extraídas do registo criminal entre os Estados membros.

ARTIGO 2º
Identificação criminal

1 – A identificação criminal tem por objeto a recolha, o tratamento e a conservação de extratos de decisões judiciais e dos demais elementos a elas respeitantes sujeitos a inscrição no registo criminal e no registo de contumazes, promovendo a identificação dos titulares dessa informação, a fim de permitir o conhecimento dos antecedentes criminais das pessoas condenadas e das decisões de contumácia vigentes.

2 – São também objeto de recolha, como meio complementar de identificação, as impressões digitais das pessoas singulares condenadas.

ARTIGO 3º
Serviços de identificação criminal

1 – A organização e o funcionamento dos registos referidos no nº 1 do artigo anterior são da competência dos serviços de identificação criminal.

2 – São, também, da competência dos serviços de identificação criminal a organização e o funcionamento dos seguintes registos:

a) Do ficheiro dactiloscópico de arguidos condenados;

b) Do registo especial de decisões comunicadas nos termos da Decisão-Quadro 2009/315/JAI, do Conselho, de 26 de fevereiro de 2009.

3 – É ainda da competência dos serviços de identificação criminal a organização e o funcionamento do registo de medidas tutelares educativas, nos termos constantes do título VI da Lei Tutelar Educativa, aprovada pela Lei nº 166/99, de 14 de setembro, e alterada pela Lei nº 4/2015, de 1 de janeiro.

ARTIGO 4º
Princípios

1 – A identificação criminal deve processar-se no estrito respeito pelo princípio da legalidade e, bem assim, pelos princípios da autenticidade, veracidade, univocidade e segurança dos elementos identificativos.

2 – Os princípios referidos no número anterior aplicam-se, com as devidas adaptações, a todos os registos previstos no nº 2 do artigo anterior.

CAPÍTULO II
Registo criminal

ARTIGO 5º
Organização e constituição

1 – O registo criminal organiza-se em ficheiro central informatizado, constituído por elementos de identificação dos arguidos, comunicados pelos tribunais e pelas demais entidades remetentes da informação ou recolhidos pelos serviços de identificação criminal, e por extratos das decisões criminais sujeitas a inscrição no registo criminal àqueles respeitantes.

2 – A identificação do arguido abrange:

a) Tratando-se de pessoa singular, nome, sexo, filiação, naturalidade, data de nascimento, nacionalidade, estado civil, residência, número de identificação civil ou, na sua falta, do passaporte ou de outro documento de identificação idóneo e, quando se trate de decisão condenatória, estando presente o arguido no julgamento, as suas impressões digitais e assinatura;

b) Tratando-se de pessoa coletiva ou entidade equiparada, denominação, sede e número de identificação de pessoa coletiva e, quando aquela tenha resultado da fusão ou cisão de outra pessoa coletiva ou equiparada, os dados correspetivos a esta atinentes.

3 – Os extratos das decisões a inscrever no registo criminal contêm a indicação:

a) Do tribunal que proferiu a decisão e do número do processo;

b) Da data e forma da decisão, e da data do respetivo trânsito em julgado;

c) Do conteúdo da decisão e das disposições legais aplicadas;

d) Tratando-se de decisão condenatória, da designação, data e local da prática do crime, das disposições legais violadas e das penas principais, de substituição e acessórias ou das medidas de segurança aplicadas.

ARTIGO 6º
Âmbito do registo criminal

Estão sujeitas a inscrição no registo criminal as seguintes decisões:

a) Que apliquem penas e medidas de segurança, determinem o seu reexame, substituição, suspensão, prorrogação da suspensão, revogação e declarem a sua extinção;

b) Que concedam, prorroguem ou revoguem a liberdade condicional ou a liberdade para prova;

c) De dispensa de pena;

d) Que determinem a reabilitação de pessoa coletiva ou entidade equiparada;

e) Que determinem ou revoguem o cancelamento provisório no registo;

f) Que apliquem perdões ou amnistias, ou que concedam indultos;

g) Que determinem a não transcrição em certificados do registo criminal de condenações que tenham aplicado;

h) Os acórdãos proferidos em recurso extraordinário de revisão;

i) Os acórdãos de revisão e confirmação de decisões condenatórias estrangeiras.

ARTIGO 7º
Elementos inscritos

1 – São inscritos no registo criminal:

a) Extratos das decisões criminais proferidas por tribunais portugueses que apliquem penas e medidas de segurança, determinem o seu reexame, substituição, suspensão, prorrogação da suspensão, revogação e declarem a sua extinção;

b) Extratos das condenações proferidas por tribunais de Estados membros da União Europeia relativamente a portugueses maiores de 16 anos, desde que se refiram a factos previstos como crime na lei portuguesa e permitam a identificação da pessoa a que se referem, bem como das demais decisões subsequentes, comunicadas a Portugal nos termos da Decisão-Quadro 2009/315/JAI, do Conselho, de 26 de fevereiro de 2009;

c) Extratos das condenações proferidas por outros tribunais estrangeiros relativamente a portugueses e a estrangeiros residentes em Portugal, maiores de 16 anos e a pessoas coletivas ou entidades equiparadas que tenham em Portugal a sua sede, administração efetiva ou representação permanente, que sejam comunicadas a Portugal nos termos de convenção ou acordo internacional vigente, desde que se refiram a factos previstos como crime na lei portuguesa e permitam a identificação da pessoa a que se referem.

2 – Apenas são inscritos no registo criminal extratos de decisões transitadas em julgado.

ARTIGO 8º
Acesso à informação

1 – Tem acesso à informação do registo criminal o titular da informação ou quem prove efetuar o pedido em nome ou no interesse daquele.

2 – Podem ainda aceder à informação do registo criminal, exclusivamente para as finalidades previstas para cada uma delas, as seguintes entidades:

a) Os magistrados judiciais e do Ministério Público, para fins de investigação criminal, de instrução de processos criminais e de execução de penas, de decisão sobre adoção, tutela, curatela, acolhimento familiar, apadrinhamento civil, entrega, guarda ou confiança de crianças ou regulação do exercício de responsabilidades parentais e de decisão do incidente de exoneração do passivo restante do devedor no processo de insolvência de pessoas singulares;

b) As entidades que, nos termos da lei processual penal, recebam delegação para a prática de atos de inquérito ou a quem incumba cooperar internacionalmente na prevenção e repressão da criminalidade, no âmbito dessas competências;

c) As entidades com competência legal para a instrução dos processos individuais dos reclusos, para este fim;

d) Os serviços de reinserção social, no âmbito da prossecução dos seus fins;

e) As entidades com competência legal para garantir a segurança interna e prevenir a sabotagem, o terrorismo, a espionagem e a prática de atos que, pela sua natureza, possam alterar ou destruir o Estado de direito constitucionalmente estabelecido, exclusivamente no âmbito da prossecução dos seus fins;

f) As entidades oficiais não abrangidas pelas alíneas anteriores, para a prossecução de fins públicos a seu cargo quando os certificados não possam ser obtidos dos titulares, mediante autorização do membro do Governo responsável pela área da justiça e, tratando-se de informação relativa a pessoa coletiva ou equiparada, entidades públicas encarregadas da supervisão da atividade económica por aquela desenvolvida, na medida do estritamente necessário para o exercício dessa supervisão e mediante autorização do membro do Governo responsável pela área da justiça;

g) As autoridades centrais de Estados membros da União Europeia designadas nos termos e para os efeitos da Decisão-Quadro 2009/315/JAI, do Conselho, de 26 de fevereiro de 2009, no âmbito do exercício das suas competências conferidas por esta Decisão-Quadro;

h) Autoridades ou entidades estrangeiras, mediante autorização do membro do Governo responsável pela área da justiça e nas mesmas condições das correspondentes autoridades nacionais, para a instrução de processos criminais;

i) As entidades oficiais de Estados membros da União Europeia, nas mesmas condições das correspondentes entidades nacionais, para os fins constantes do nº 5 do artigo 22º da Lei nº 37/2006, de 9 de agosto, bem como as entidades de outro Estado, nos termos estabelecidos em convenção ou acordo internacional vigente, assegurado que seja tratamento recíproco às entidades nacionais;

j) As entidades autorizadas pelo membro do Governo responsável pela área da justiça para a prossecução de fins de investigação científica ou estatísticos.

3 – As entidades públicas competentes para a instrução de procedimentos administrativos dos quais dependa a concessão de emprego ou a obtenção de licença, autorização ou registo de carácter público, ou de procedimentos administrativos de contratação pública de empreitadas, ou de locação ou aquisição de bens e serviços, de concessão ou do estabelecimento de parcerias público-privadas, podem aceder à informação necessária ao cumprimento de exigência legal de apresentação de certificado do registo criminal aplicável ao procedimento administrativo em causa desde que o titular da informação, no caso de pessoas singulares, ou um representante legal, no caso de pessoas coletivas ou entidades equiparadas, autorize previamente esse acesso no âmbito do procedimento administrativo.

ARTIGO 9º
Forma de acesso à informação

1 – O conhecimento da informação constante do registo criminal, ou da sua ausência, concretiza-se com a emissão de um certificado do registo criminal.

2 – O certificado do registo criminal é emitido eletronicamente pelos serviços de identificação criminal.

ARTIGO 10º
Conteúdo dos certificados

1 – O certificado do registo criminal identifica a pessoa a quem se refere e certifica os antecedentes criminais vigentes no registo dessa pessoa, ou a sua ausência, de acordo com a finalidade a que se destina o certificado, a qual também é expressamente mencionada.

2 – Não pode constar do certificado do registo criminal qualquer indicação ou referência donde se possa depreender a existência no registo de outros elementos para além dos que devam ser expressamente certificados nos termos da lei, nem qualquer outra menção não contida nos ficheiros centrais do registo criminal e de contumazes.

3 – Os certificados do registo criminal requisitados pelas entidades referidas nas alíneas *a*) a *f*), *h*) e *i*) do nº 2 do artigo 8º para as finalidades aí previstas contêm a transcrição integral do registo criminal vigente.

4 – Os certificados do registo criminal pedidos por autoridades centrais estrangeiras têm o conteúdo previsto no artigo 30º

5 – Sem prejuízo do disposto no número seguinte, os certificados do registo criminal requeridos por pessoas singulares para fins de emprego, público ou privado, ou para o exercício de profissão ou atividade em Portugal, devem conter apenas:

a) As decisões de tribunais portugueses que decretem a demissão da função pública, proíbam o exercício de função pública, profissão ou atividade ou interditem esse exercício;

b) As decisões que sejam consequência, complemento ou execução das indicadas na alínea anterior e não tenham como efeito o cancelamento do registo;

c) As decisões com o conteúdo aludido nas alíneas *a*) e *b*) proferidas por tribunais de outro Estado membro ou de Estados terceiros, comunicadas pelas respetivas autoridades centrais, sem as reservas legalmente admissíveis.

6 – Os certificados do registo criminal requeridos por pessoas singulares para o exercício de qualquer profissão ou atividade para cujo exercício seja legalmente exigida a ausência, total ou parcial, de antecedentes criminais ou a avaliação da idoneidade da pessoa, ou que sejam requeridos para qualquer outra finalidade, contêm todas as decisões de tribunais portugueses vigentes, com exceção das decisões canceladas provisoriamente nos termos do artigo 12º ou que não devam ser transcritas nos termos do artigo 13º, bem como a revogação, a anulação ou a extinção da decisão de cancelamento, e ainda as decisões proferidas por tribunais de outro Estado membro ou de Estados terceiros, nas mesmas condições, devendo o requerente especificar a profissão ou atividade a exercer ou a outra finalidade para que o certificado é requerido.

7 – Os certificados do registo criminal requeridos por pessoas coletivas ou entidades equiparadas contêm todas as decisões de tribunais portugueses vigentes.

8 – Aos certificados do registo criminal pedidos por entidades públicas nos termos do nº 3 do artigo 8º é aplicável o disposto nos nºs 5 a 7.

9 – O acesso à informação para a prossecução de fins de investigação científica ou estatísticos processa-se e tem o conteúdo determinado no despacho de autorização, não podendo abranger elementos que permitam identificar qualquer registo individual.

ARTIGO 11º
Cancelamento definitivo

1 – As decisões inscritas cessam a sua vigência no registo criminal nos seguintes prazos:

a) Decisões que tenham aplicado pena de prisão ou medida de segurança, com ressalva dos prazos de cancelamento previstos na Lei nº 113/2009, de 17 de setembro, com respeito aos crimes previstos no capítulo V do título I do livro II do Código Penal, decorridos 5, 7 ou 10 anos sobre a extinção da pena ou medida de segurança, se a sua duração tiver sido inferior a 5 anos, entre 5 e 8 anos ou superior a 8 anos, respetivamente, e desde que, entretanto, não tenha ocorrido nova condenação por crime de qualquer natureza;

b) Decisões que tenham aplicado pena de multa principal a pessoa singular, com ressalva dos prazos de cancelamento previstos na Lei nº 113/2009, de 17 de setembro, com respeito aos crimes previstos no capítulo V do título I do livro II do Código Penal, decorridos 5 anos sobre a extinção da pena e desde que, entretanto, não tenha ocorrido nova condenação por crime de qualquer natureza;

c) Decisões que tenham aplicado pena de multa a pessoa coletiva ou entidade equiparada, com ressalva dos prazos de cancelamento previstos na Lei nº 113/2009, de 17 de setembro, com respeito aos crimes previstos no capítulo V do título I do livro II do Código Penal, decorridos 5, 7 ou 10 anos sobre a extinção da pena, consoante a multa tenha sido fixada em menos de 600 dias, entre 600 e 900 dias ou em mais de 900 dias, respetivamente, e desde que, entretanto, não tenha ocorrido nova condenação por crime de qualquer natureza;

d) Decisões que tenham aplicado pena de dissolução a pessoa coletiva ou entidade equiparada, decorridos 10 anos sobre o trânsito em julgado;

e) Decisões que tenham aplicado pena substitutiva da pena principal, com ressalva daquelas que respeitem aos crimes previstos no capítulo V do título I do livro II do Código Penal, decorridos 5 anos sobre a extinção da pena e desde que, entretanto, não tenha ocorrido nova condenação por crime de qualquer natureza;

f) Decisões de dispensa de pena ou que apliquem pena de admoestação, decorridos 5 anos sobre o trânsito em julgado ou sobre a execução, respetivamente;

g) Decisões que tenham aplicado pena acessória, após o decurso do prazo para esta fixado na respetiva sentença condenatória ou, tratando-se de pena acessória sem prazo, após a decisão de reabilitação.

2 – Quando a decisão tenha aplicado pena principal e pena acessória, os prazos previstos no número anterior contam-se a partir da extinção da pena de maior duração.

3 – Tratando-se de decisões que tenham aplicado pena de prisão suspensa na sua execução os prazos previstos na alínea *e*) do nº 1 contam-se, uma vez ocorrida a respetiva extinção, do termo do período da suspensão.

4 – Cessam também a sua vigência no registo criminal:

a) As decisões que sejam consequência, complemento ou execução de decisões cuja vigência haja cessado nos termos do nº 1;

b) As decisões respeitantes a pessoa singular, após o seu falecimento;

c) As decisões respeitantes a pessoa coletiva ou entidade equiparada, após a sua extinção, exceto quando esta tenha resultado de fusão ou cisão, caso em que as decisões passam a integrar o registo criminal das pessoas coletivas ou equiparadas que tiverem resultado da cisão ou em que a fusão se tiver efetivado;

d) As decisões consideradas sem efeito por disposição legal.

5 – A cessação da vigência das decisões não aproveita ao condenado quanto às perdas definitivas que lhe resultarem da condenação, não prejudica os direitos que desta advierem para o ofendido ou para terceiros nem sana, por si só, a nulidade dos atos praticados pelo condenado durante a incapacidade.

6 – As decisões cuja vigência haja cessado são mantidas em ficheiro informático próprio durante um período máximo de 3 anos, o qual apenas pode ser acedido pelos serviços de identificação criminal para efeito de reposição de registo indevidamente cancelado ou retirado, e findo aquele prazo máximo são canceladas de forma irrevogável.

ARTIGO 12º
Cancelamento provisório

Sem prejuízo do disposto na Lei nº 113/2009, de 17 de setembro, estando em causa qualquer dos fins a que se destina o certificado requerido nos termos dos nºs 5 e 6 do artigo 10º pode o tribunal de execução das penas determinar o cancelamento, total ou parcial, das decisões que dele deveriam constar, desde que:

a) Já tenham sido extintas as penas aplicadas;

b) O interessado se tiver comportado de forma que seja razoável supor encontrar-se readaptado; e

c) O interessado haja cumprido a obrigação de indemnizar o ofendido, justificado a sua extinção por qualquer meio legal ou provado a impossibilidade do seu cumprimento.

ARTIGO 13º
Decisões de não transcrição

1 – Sem prejuízo do disposto na Lei nº 113/2009, de 17 de setembro, com respeito aos crimes previstos no artigo 152º, no artigo 152º-A e no capítulo V do título I do livro II do Código Penal, os tribunais que condenem pessoa singular em pena de prisão até 1 ano ou em pena não privativa da liberdade podem determinar na sentença ou em despacho posterior, se o arguido não tiver sofrido condenação anterior por crime da mesma natureza e sempre que das circunstâncias que acompanharam o crime não se puder induzir perigo de prática de novos crimes, a não transcrição da respetiva sentença nos certificados a que se referem os nºs 5 e 6 do artigo 10º

2 – No caso de ter sido aplicada qualquer interdição, apenas é observado o disposto no número anterior findo o prazo da mesma.

3 – O cancelamento previsto no nº 1 é revogado automaticamente, ou não produz efeitos, no caso de o interessado incorrer, ou já houver incorrido, em nova condenação por crime doloso posterior à condenação onde haja sido proferida a decisão.

CAPÍTULO III
Registo de contumazes

ARTIGO 14º
Organização e constituição

1 – O registo de contumazes organiza-se em ficheiro central informatizado, constituído por elementos de identificação dos arguidos, comunicados pelos tribunais ou recolhidos pelos serviços de identificação criminal, e por extratos das decisões criminais que, nos termos da lei de processo penal, declarem a contumácia, alterem essa declaração ou a façam cessar.

2 – A identificação do arguido abrange:

a) Tratando-se de pessoa singular, nome, sexo, filiação, naturalidade, data de nascimento, nacionalidade, estado civil, residência, número de identificação civil ou, na sua falta, do passaporte ou de outro documento de identificação idóneo e, quando se trate de decisão condenatória, estando presente o arguido no julgamento, as suas impressões digitais e assinatura;

b) Tratando-se de pessoa coletiva ou entidade equiparada, denominação, sede e número de identificação de pessoa coletiva e, quando aquela tenha resultado da fusão ou cisão de outra pessoa coletiva ou equiparada, os dados correspetivos a esta atinentes;

c) Do crime que é imputado ao arguido;

d) Do conteúdo da decisão e das disposições legais aplicadas;

e) Dos efeitos especiais da declaração de contumácia.

3 – Os extratos das decisões a inscrever no registo de contumazes contêm a indicação:

a) Do tribunal que proferiu a decisão e do número do processo;

b) Da data da decisão, e da data do respetivo trânsito em julgado;

c) Do crime que é imputado ao arguido;

d) Do conteúdo da decisão e das disposições legais aplicadas;

e) Dos efeitos especiais da declaração de contumácia.

ARTIGO 15º
Acesso à informação

1 – Tem acesso à informação do registo de contumazes o titular da informação ou quem prove efetuar o pedido em nome ou no interesse daquele.

2 – Podem ainda aceder à informação do registo de contumazes:

a) As entidades referidas nas alíneas *a*) a *f*) do nº 2 do artigo 8º;

b) As entidades públicas a quem incumba assegurar a execução dos efeitos da contumácia;

c) Os terceiros que provem efetuar o pedido com a finalidade de acautelarem interesses ligados à celebração de negócio jurídico com contumaz ou para instruir processo da sua anulação, sendo, neste caso, a informação restrita ao despacho que declarar a contumácia.

ARTIGO 16º
Forma de acesso à informação

1 – O conhecimento da informação constante do registo de contumazes, ou da sua ausência, concretiza-se com a emissão de um certificado de contumácia.

2 – O certificado de contumácia é emitido eletronicamente pelos serviços de identificação criminal.

3 – A emissão de certificados do registo criminal requisitados nos termos das alíneas *a*) a *f*) do nº 2 do artigo 8º é acompanhada da emissão de certificado de contumácia sempre que exista informação vigente neste registo relativamente ao mesmo titular.

ARTIGO 17º
Conteúdo do certificado

O certificado de contumácia identifica a pessoa a quem se refere e certifica as declarações de contumácia dessa pessoa vigentes no registo, bem como os respetivos efeitos, ou a ausência de declarações vigentes.

ARTIGO 18º
Vigência

1 – Cessam a vigência no registo de contumazes as declarações e alterações de contumácia sobre as quais seja registada decisão de cessação.

2 – O registo de contumaz cessa a sua vigência quando forem cessadas todas as declarações de contumácia respeitantes ao mesmo titular.

3 – Os registos cuja vigência tenha cessado são mantidos em ficheiro informático próprio durante um período máximo de 3 anos, o qual apenas pode ser acedido pelos serviços de identificação criminal para efeito de reposição de registo indevidamente cancelado ou retirado.

CAPÍTULO IV
Ficheiro dactiloscópico de arguidos condenados

ARTIGO 19º
Organização e constituição

As impressões digitais de arguidos condenados remetidas aos serviços de identificação criminal são arquivadas com referência ao registo criminal da pessoa a que respeitam, constituindo o ficheiro dactiloscópico de arguidos condenados.

ARTIGO 20º
Acesso à informação

Têm acesso à informação do ficheiro dactiloscópico de arguidos condenados as entidades referidas nas alíneas *a*) a *e*) do nº 2 do artigo 8º no âmbito da prossecução das finalidades referidas a cada uma delas.

ARTIGO 21º
Forma de acesso à informação

1 – O acesso à informação do ficheiro dactiloscópico de arguidos condenados concretiza-se com a emissão de uma informação dactiloscópica.

2 – A informação dactiloscópica é emitida eletronicamente pelos serviços de identificação criminal.

3 – Por exigências técnicas relativas ao processo de comparação dactiloscópica a informação dactiloscópica pode ser emitida em suporte papel.

ARTIGO 22º
Conteúdo da informação

A informação dactiloscópica contém a identificação da pessoa a cujo registo está associada e a imagem das impressões digitais arquivadas, com indicação do processo em que as mesmas hajam sido recolhidas.

ARTIGO 23º
Vigência

1 – A informação contida no ficheiro dactiloscópico de arguidos condenados mantém-se em registo durante a vigência do registo criminal a que está associada.

2 – Cessada a vigência do registo criminal a que está associada a informação dactiloscópica, esta mantém-se em ficheiro informático próprio durante um período máximo de cinco anos, podendo ser acedida pelos serviços de identificação criminal para efeito de reposição de registo indevidamente cancelado ou retirado, ou por autoridade judicial ou policial no âmbito de investigação criminal ou de instrução de processo criminal.

ARTIGO 24º
Transmissão ao sistema de informação criminal da Polícia Judiciária

As impressões digitais recolhidas aos arguidos condenados e inscritas no ficheiro dactiloscópico podem ser integradas no sistema de informação criminal da Polícia Judiciária em termos a regular em diploma próprio.

CAPÍTULO V
Troca de informação sobre condenações proferidas por tribunais de Estados membros da União Europeia

ARTIGO 25º
Autoridade central portuguesa

Os serviços de identificação criminal são a autoridade central portuguesa para efeitos do cumprimento das obrigações previstas na Decisão-Quadro 2009/315/JAI, do Conselho, de 26 de fevereiro de 2009.

ARTIGO 26º
Registo especial de decisões comunicadas nos termos da Decisão-Quadro 2009/315/JAI, do Conselho, de 26 de fevereiro de 2009

1 – As condenações e demais decisões subsequentes proferidas por tribunais de Estados membros da União Europeia comunicadas a Portugal nos termos da Decisão-Quadro 2009/315/JAI, do Conselho, de 26 de fevereiro de 2009, são registadas num registo especial de decisões proferidas por Tribunais de outros Estados membros da União Europeia, abreviadamente designado como registo especial de decisões estrangeiras, com o objetivo exclusivo de garantir a possibilidade da sua retransmissão aos Estados membros que solicitem informação nos termos da mesma Decisão-Quadro.

2 – Compete aos serviços de identificação criminal organizar e manter atualizado o registo especial de decisões estrangeiras, por forma a assegurar o cumprimento das obrigações decorrentes da Decisão-Quadro 2009/315/JAI, do Conselho, de 26 de fevereiro de 2009.

ARTIGO 27º
Tratamento das decisões estrangeiras

1 – As decisões que constem do registo especial de decisões estrangeiras mantêm-se vigentes neste registo em conformidade com as comunicações recebidas do Estado membro da condenação e até ser recebida a informação da respetiva supressão ou cancelamento no registo criminal desse Estado membro.

2 – As decisões registadas no registo especial de decisões estrangeiras que respeitem a maiores de 16 anos são igualmente registadas no registo criminal, desde que se refiram a factos previstos como crime na lei portuguesa e permitam a identificação da pessoa a que se referem, ficando sujeitas às regras e aos prazos de conservação estabelecidos para o registo criminal, sem prejuízo do disposto nos números seguintes.

3 – Os prazos de conservação das decisões estrangeiras inscritas no registo criminal português contam-se nos termos do artigo 11º

4 – Se até ao termo dos prazos previstos no artigo 11º não for transmitida informação sobre a extinção da pena, esses prazos contam-se nos seguintes termos:

a) No caso de decisões que apliquem penas de multa ou outras penas não privativas de liberdade, o prazo para cancelamento da decisão no registo criminal conta-se a partir da data do trânsito em julgado da decisão condenatória;

b) No caso de decisões que apliquem penas privativas de liberdade, o prazo para cancelamento da decisão no registo criminal conta-se a partir da data do trânsito em julgado da decisão condenatória acrescido do período de tempo correspondente à pena aplicada ou, sendo suspensa a execução da pena, a partir do termo do prazo da suspensão;

c) Em qualquer caso, sendo recebida uma decisão subsequente alterando a pena ou os termos do cumprimento da pena, os prazos referidos nas alíneas anteriores contam-se em conformidade com a alteração efetuada.

5 – Nos casos em que o Estado membro da condenação comunique a supressão ou cancelamento no seu registo criminal de decisão anteriormente remetida antes de decorrido o prazo de conservação estabelecido para o registo criminal português, essa decisão deve ser imediatamente cancelada neste registo.

ARTIGO 28º
Comunicação de condenações ao Estado membro da nacionalidade

1 – São comunicadas pelos serviços de identificação criminal às autoridades centrais do Estado membro da nacionalidade do arguido todas as decisões proferidas por tribunais portugueses e inscritas no registo criminal português que apliquem penas e medidas de segurança a cidadãos nacionais de Estados membros da União Europeia, bem como as decisões subsequentes relevantes que se reportem àquelas decisões e, ainda, o respetivo cancelamento no registo criminal.

2 – A comunicação a que se refere o número anterior é acompanhada da informação de não poder ser retransmitida para outros fins que não sejam relativos a processo penal.

ARTIGO 29º
Dos pedidos de informação a dirigir às autoridades centrais estrangeiras

1 – Sempre que for dirigido aos serviços de identificação criminal, por uma autoridade portuguesa, um pedido de emissão de certificado do registo criminal para instrução de processo criminal em que seja arguido um nacional de um Estado membro da União Europeia, aqueles serviços devem dirigir à autoridade central do Estado membro da nacionalidade do arguido um pedido de emissão de certificado do registo criminal, a fim de facultarem as informações recebidas juntamente com o certificado do registo criminal português.

2 – As entidades públicas portuguesas a quem a lei atribua legitimidade para pedirem a emissão de certificados do registo criminal para finalidades diferentes da instrução de processo criminal, quando solicitem a emissão de um certificado do registo criminal relativa a um nacional de um Estado membro da União Europeia, podem requerer aos serviços de identificação criminal que seja igualmente pedida

a emissão do certificado do registo criminal à autoridade central do Estado membro da nacionalidade, a fim de que sejam facultadas as informações recebidas juntamente com o certificado do registo criminal português.

3 – Sempre que um cidadão nacional de outro Estado membro da União Europeia apresente em Portugal um pedido de emissão do seu certificado do registo criminal, os serviços de identificação criminal devem dirigir à autoridade central do Estado membro da nacionalidade do requerente um pedido de emissão de certificado do registo criminal, a fim de facultarem as informações recebidas juntamente com o certificado do registo criminal português.

4 – Os portugueses que são ou foram residentes noutro Estado membro da União Europeia e os cidadãos não nacionais de Estados membros que são ou foram residentes noutro Estado membro, quando solicitem a emissão de um certificado do registo criminal português, podem requerer aos serviços de identificação criminal que seja igualmente pedida a emissão do certificado do registo criminal à autoridade central do Estado membro onde sejam ou hajam sido residentes, a fim de que sejam facultadas as informações recebidas juntamente com o certificado do registo criminal português.

5 – O disposto nos nºs 3 e 4 aplica-se aos pedidos de emissão de certificados apresentados por entidades públicas no âmbito da instrução de procedimentos administrativos precedendo autorização do titular da informação.

ARTIGO 30º
Certificados emitidos com informação pedida a autoridades centrais estrangeiras

Os certificados do registo criminal português emitidos nas condições referidas no artigo anterior contêm o certificado do registo criminal do Estado membro a quem haja sido solicitada essa emissão, ou a informação da data em que foi solicitada essa emissão.

ARTIGO 31º
Dos pedidos de informação apresentados por autoridades centrais estrangeiras

1 – As autoridades centrais dos Estados membros da União Europeia podem dirigir aos serviços de identificação criminal pedidos de emissão de certificados de antecedentes criminais nos seguintes casos:

a) Para a instrução de processos criminais;

b) Para complemento de pedido de emissão de certificado do registo criminal apresentado nessa autoridade central por um português, por um cidadão que haja sido nacional português, ou por um cidadão que seja ou haja sido residente em Portugal;

c) Para satisfação de pedido dirigido a essa autoridade central por uma autoridade pública em nome e no interesse de cidadão português ou que tenha sido nacional português, ou por um cidadão que seja ou tenha sido residente em Portugal, precedendo autorização do próprio.

2 – A emissão a que se refere a alínea *b*) do número anterior só pode ocorrer se o pedido tiver sido apresentado à autoridade central pelo titular da informação, ou por um terceiro expressamente mandatado para o efeito pelo titular, e se os elementos de identificação declarados tiverem sido verificados através de documento de identificação idóneo.

3 – A emissão a que se refere a alínea *c*) do nº 1 só pode ocorrer se a autoridade central requerente confirmar ter existido prévia autorização do titular e se os elementos de identificação declarados tiverem sido verificados através de documento de identificação idóneo.

4 – Os pedidos de emissão de certificados de antecedentes criminais apresentados pelas autoridades centrais dos Estados membros da União Europeia para outras finalidades ou em outras condições não podem ser satisfeitos.

ARTIGO 32º
Conteúdo das respostas aos pedidos de informação das autoridades centrais estrangeiras

1 – Os certificados do registo criminal emitidos em resposta a pedidos apresentados por autoridades centrais de outros Estados membros para a instrução de processos criminais devem conter:

a) As decisões vigentes no registo criminal;

b) Outras decisões comunicadas pelos Estados membros ou por países terceiros que constem vigentes no registo especial de decisões estrangeiras.

2 – Os certificados emitidos em resposta a pedidos apresentados por autoridades centrais de outros Estados membros para complemento de pedido de emissão de certificado do registo criminal aí apresentado por um particular ou àquelas dirigido por autoridade pública, são emitidos de acordo com as normas legais aplicáveis à emissão de certificados do registo criminal requeridos por particulares, com referência:

a) Às decisões de tribunais portugueses vigentes no registo criminal;

b) Às decisões de tribunais estrangeiros vigentes no registo criminal que apliquem penas ou medidas de segurança por crimes equivalentes aos crimes de violência doméstica, de maus tratos ou contra a liberdade e autodeterminação sexual, nos casos em que a finalidade a que se destina o certificado envolva contacto regular com menores.

ARTIGO 33º
Pedido de cópia de decisões nacionais

Os serviços de identificação criminal podem solicitar aos tribunais cópia de decisões judiciais por estes transmitidas e registadas no registo criminal, nomeadamente para efeitos de remessa às autoridades centrais de outros Estados membros.

ARTIGO 34º
Suporte da transmissão de informações

A transmissão de informações entre os serviços de identificação criminal e as autoridades centrais dos restantes Estados membros da União Europeia é efetuada por via eletrónica, através do sistema de informação de suporte ao funcionamento do registo criminal ou através do sistema de informação disponibilizado para o efeito pelas instituições europeias competentes, sem prejuízo da possibilidade de ser efetuada por qualquer meio suscetível de deixar registo escrito nas situações de ausência de meios técnicos aptos à transmissão eletrónica.

ARTIGO 35º
Relação com outros instrumentos jurídicos

1 – Nas relações entre Estados membros da União Europeia as disposições legais que concretizam a transposição da Decisão-Quadro 2009/315/JAI, do Conselho, de 26 de fevereiro de 2009, completam o disposto no artigo 13º da Convenção Europeia de Auxílio Judiciário Mútuo em Matéria Penal e seus Protocolos Adicionais, bem como a Convenção Relativa ao Auxílio Judiciário Mútuo em Matéria Penal entre os Estados membros da União Europeia e seu Protocolo, renunciando Portugal a invocar nessas relações as reservas que haja formulado relativamente àquela norma.

2 – Nas relações entre Estados membros da União Europeia as disposições que concretizam a transposição da Decisão-Quadro 2009/315/JAI, do Conselho, de 26 de fevereiro de 2009, substituem o disposto no artigo 22º da Convenção Europeia de Auxílio Judiciário Mútuo em Matéria Penal.

CAPÍTULO VI
Troca de informações com Estados que não sejam membros da União Europeia

ARTIGO 36º
Comunicação de condenações

1 – As decisões condenatórias de cidadãos estrangeiros nacionais de Estados que não sejam membros da União Europeia proferidas por tribunais portugueses podem ser comunicadas pelos serviços de identificação criminal às autoridades centrais desses Estados nos termos estabelecidos em convenção ou acordo internacional vigente, assegurado que seja tratamento recíproco relativamente à comunicação de condenações de portugueses nesse Estado.

2 – As decisões condenatórias de cidadãos portugueses maiores de 16 anos proferidas por tribunais de Estados que não sejam membros da União Europeia que sejam comunicadas a Portugal nos termos estabelecidos em convenção ou acordo internacional vigente, são inscritas no registo criminal desde que se refiram a factos previstos como crime na lei portuguesa e permitam a identificação da pessoa a que se referem, aplicando-se-lhes o disposto nos nºs 3 e 4 do artigo 27º

ARTIGO 37º
Troca de informações sobre antecedentes criminais

1 – Os pedidos de informação sobre antecedentes criminais dirigidos aos serviços de identificação criminal por entidades de Estado que não seja membro da União Europeia são satisfeitos nos termos estabelecidos em convenção ou acordo internacional vigente que o preveja, ou de acordo com o determinado no despacho de autorização do membro do Governo responsável pela área da justiça, assegurado que seja tratamento recíproco às entidades nacionais, aplicando-se-lhes subsidiariamente as disposições da presente lei que regulam a satisfação dos pedidos de entidades nacionais para fins de instrução de processos criminais.

2 – Os serviços de identificação criminal podem dirigir pedidos de informação sobre antecedentes criminais a Estados que não sejam membros da União Europeia, nos termos estabelecidos em convenção ou acordo internacional vigente que o preveja, sempre que tal seja solicitado por uma das entidades referidas nas alíneas *a*) a *f*) do nº 2 do artigo 8º

CAPÍTULO VII
Proteção de dados pessoais

ARTIGO 38º
Entidade responsável pelas bases de dados

1 – O diretor-geral da Administração da Justiça é o responsável pelas bases de dados de identificação criminal, nos termos e para os efeitos definidos na Lei nº 67/ /98, de 26 de outubro.

2 – Cabe ao diretor-geral da Administração da Justiça assegurar o direito de informação e de acesso aos dados pelos respetivos titulares, a correção de inexatidões, o completamento de omissões, a supressão de dados indevidamente registados, bem como velar pela legalidade da consulta ou da comunicação da informação.

ARTIGO 39º
Condições de utilização dos dados

1 – Os dados pessoais recebidos das autoridades centrais de outros Estados membros em respostas a pedidos dos serviços de identificação criminal para fins relativos a processos penais apenas podem ser utilizados para os fins para que foram solicitados, exceto em situações de ameaça iminente e grave para a segurança pública.

2 – Os dados pessoais recebidos das autoridades centrais de outros Estados membros em respostas a pedidos dos serviços de identificação criminal para fins que não sejam relativos a processos penais apenas podem ser utilizados para os fins para que foram solicitados, exceto em situações de ameaça iminente e grave para a segurança pública.

3 – Na transmissão de informação a países terceiros os serviços de identificação criminal devem tomar as medidas necessárias para assegurar que os dados pessoais recebidos de outros Estados membros são submetidos a limites de utilização idênticos aos aplicáveis à transmissão de dados a Estados membros da União Europeia.

ARTIGO 40º
Acesso à informação pelo titular

1 – O titular da informação, ou quem prove efetuar o pedido em seu nome, tem o direito de tomar conhecimento dos dados que ao mesmo disserem respeito constantes dos registos da competência dos serviços de identificação criminal, podendo exigir a sua retificação e atualização ou a supressão de dados indevidamente registados.

2 – O conhecimento da informação constante de qualquer dos registos da competência dos serviços de identificação criminal concretiza-se com a emissão de um certificado de acesso ao registo, o qual certifica o conteúdo integral do registo dessa pessoa, ou a ausência de informação em registo sobre esse pessoa, não podendo ser utilizado para nenhum outro efeito.

ARTIGO 41º
Dados incorreta ou indevidamente registados

1 – São dados incorreta ou indevidamente registados os que se não mostrem conformes com o teor da comunicação efetuada pelos tribunais ou pelas autoridades centrais aos serviços de identificação criminal.

2 – Sendo invocada desconformidade entre o teor da comunicação efetuada pelos tribunais ou pelas autoridades centrais aos serviços de identificação criminal e a situação processual, os serviços de identificação criminal comunicam a situação à entidade remetente da informação para que esta promova as alterações que entenda necessárias.

ARTIGO 42º
Reclamações e recursos

1 – Compete ao diretor-geral da Administração da Justiça decidir sobre as reclamações respeitantes ao acesso à informação em matéria de identificação criminal e seu conteúdo, cabendo recurso da sua decisão.

2 – O recurso sobre a legalidade do conteúdo dos certificados do registo criminal é interposto para o tribunal de execução das penas.

ARTIGO 43º
Violação de normas relativas a ficheiros e impressos

1 – A violação das normas relativas a ficheiros informatizados de identificação criminal ou de contumazes é punida nos termos do disposto na secção III do capítulo VI da Lei nº 67/98, de 26 de outubro.

2 – A falsificação dos modelos oficiais de certificados do registo criminal e de contumácia, o uso destes documentos falsificados e a falsificação de outros impressos de modelo oficial da identificação criminal constituem crime punível nos termos do artigo 256º do Código Penal.

CAPÍTULO VIII
Disposições finais

ARTIGO 44º
Parecer prévio

A elaboração de diplomas legais em que se preveja a ausência de antecedentes criminais para o exercício de determinada profissão ou atividade por pessoa singular é precedida, necessariamente, de parecer da Direção-Geral de Reinserção e Serviços Prisionais.

ARTIGO 45º
Regulamentação

A presente lei é regulamentada no prazo de 90 dias a contar da sua publicação.

ARTIGO 46º
Norma revogatória

1 – É revogada a Lei nº 57/98, de 18 de agosto, alterada pelo Decreto-Lei nº 323/ /2001, de 17 de dezembro, e pelas Leis nºs 113/2009, de 17 de setembro, 114/2009, de 22 de setembro, e 115/2009, de 12 de outubro.

2 – O Decreto-Lei nº 381/98, de 27 de novembro, alterado pelos Decretos-Leis nºs 20/2007, de 23 de janeiro, e 288/2009, de 8 de outubro, mantém-se em vigor até à publicação da regulamentação referida no artigo anterior.

Aprovada em 20 de março de 2015.

A Presidente da Assembleia da República, *Maria da Assunção A. Esteves.*

Promulgada em 22 de abril de 2015.

Publique-se.

O Presidente da República, ANÍBAL CAVACO SILVA.

Referendada em 23 de abril de 2015.

O Primeiro-Ministro, Pedro Passos Coelho.

Lei da Identificação Criminal – Regulamentação

Decreto-Lei nº 171/2015, de 25 de agosto*

A Lei nº 37/2015, de 5 de maio, estabelece o regime jurídico da identificação criminal e transpõe para a ordem jurídica interna a Decisão-Quadro nº 2009/315/JAI, do Conselho, de 26 de fevereiro de 2009, relativa à organização e ao conteúdo do intercâmbio de informações extraídas do registo criminal entre os Estados-Membros, revogando o anterior diploma legislativo enquadrador da matéria, a Lei nº 57/98, de 18 de agosto.

Tendo por objeto regulamentar e desenvolver os referidos princípios gerais da organização e do funcionamento da identificação criminal, pretende-se, com o presente decreto-lei, concentrar num único diploma todas as normas necessárias a uma tal regulamentação, estabelecendo as regras relativas à transmissão da informação aos serviços de identificação criminal, à organização do sistema de informação de suporte ao registo dessa informação e à concretização do acesso à mesma por quem possua legitimidade para tal.

Do mesmo modo elencam-se no presente decreto-lei todos os dados que devem constar em registo para a adequada prossecução das atribuições definidas, consagrando-se claramente o direito de acesso pelas pessoas singulares ou coletivas aos dados que lhes respeitem e estabelecendo-se a lista de medidas a adotar com o propósito de garantir a segurança da informação em registo.

Consagra-se no presente decreto-lei o Sistema de Informação de Identificação Criminal (SICRIM) como o sistema informatizado de suporte ao funcionamento dos serviços, nele se concretizando as regras de organização dos diversos registos que a lei estabelece.

É dado um particular ênfase à necessidade de que os dados de identificação dos titulares de registo sejam sempre os mais corretos e atuais, visando-se alcançar o mais elevado grau de fidedignidade possível desta informação, para que a informação recebida sobre uma mesma pessoa possa ser sempre registada como tal, ainda que obtida sob identificações diversas.

* Texto de acordo com a republicação do Decreto-Lei nº 115/2019, de 20 de agosto.

Quanto mais rigorosa for esta atividade de identificação dos titulares da informação registada, mais fiável é a informação prestada aos diversos operadores e melhor garantidos ficam os direitos individuais dos cidadãos.

Assim, consagra-se no presente decreto-lei a necessidade de validação dos dados de identificação transmitidos aos serviços de identificação criminal em ficheiros informáticos de outras entidades públicas com atribuições nesta matéria, estabelecendo-se que os serviços de identificação criminal devem promover o permanente esclarecimento dos elementos relevantes na matéria junto dos próprios titulares da informação, de autoridades judiciárias ou policiais, ou de outros serviços responsáveis pela identificação de cidadãos e determinando-se que a informação transmitida aos diversos registos pelas entidades competentes não seja recebida se não permitir a identificação inequívoca da pessoa a que respeita.

A transmissão da informação sobre antecedentes criminais entre Estados-Membros da União Europeia, regulada pela Decisão-Quadro nº 2009/315/JAI, do Conselho, de 26 de fevereiro de 2009, fica agora pormenorizadamente regulada no ordenamento jurídico português, viabilizando não só o acesso à informação sobre as condenações criminais de cidadãos nacionais proferidas por qualquer Tribunal de um Estado-Membro da União Europeia, como também à informação sobre os antecedentes criminais dos cidadãos nacionais de outros Estados-Membros que sejam arguidos em processos criminais instaurados em Portugal.

O acesso à informação concretiza-se no presente decreto-lei mediante a obtenção de um certificado, em regra por via eletrónica, através de portal ou plataforma eletrónica, ou mediante utilização de *webservices* especificamente implementados para esse efeito por entidades públicas com legitimidade para acederem à informação, precedendo autorização do diretor-geral da Administração da Justiça.

Garante-se, desta forma, a facilidade e a celeridade na resposta aos pedidos de informação por parte das entidades públicas e dos particulares que dela necessitam, sem prejuízo de se acautelar a emissão de certificados em certas situações específicas em que aquelas soluções se não revelem adequadas.

Foram ouvidos a Comissão Nacional de Proteção de Dados, a Câmara dos Solicitadores, o Conselho Superior do Ministério Público, o Conselho Superior da Magistratura e a Ordem dos Advogados.

Foi promovida a audição do Sindicato dos Magistrados do Ministério Público, do Conselho Superior dos Tribunais Administrativos e Fiscais, do Conselho dos Oficiais de Justiça, do Sindicato dos Funcionários Judiciais, do Sindicato dos Oficiais de Justiça, da Associação Sindical dos Juízes Portugueses, do Conselho Distrital de Lisboa da Ordem dos Advogados, do Conselho Distrital dos Açores da Ordem dos Advogados, do Conselho Distrital de Coimbra da Ordem dos Advogados, do Conselho Distrital de Évora da Ordem dos Advogados, do Conselho Distrital de Faro da Ordem dos Advogados, do Conselho Distrital da Madeira da Ordem dos Advogados e do Conselho Distrital do Porto da Ordem dos Advogados.

Assim:

Ao abrigo do disposto no artigo 45º da Lei nº 37/2015, de 5 de maio, e nos termos da alínea *c*) do nº 1 do artigo 198º da Constituição, o Governo decreta o seguinte:

CAPÍTULO I
Disposições gerais

ARTIGO 1º
Objeto

O presente decreto-lei regulamenta e desenvolve o regime jurídico da identificação criminal, aprovado pela Lei nº 37/2015, de 5 de maio, e o regime jurídico do registo das medidas tutelares educativas, previsto na Lei Tutelar Educativa, aprovada pela Lei nº 166/99, de 14 de setembro, alterada pela Lei nº 4/2015, de 15 de janeiro.

ARTIGO 2º
Sistema de Informação de Identificação Criminal

1 – O Sistema de Informação de Identificação Criminal (SICRIM) é o ficheiro central informatizado que reúne a informação relativa aos registos a cargo dos serviços de identificação criminal, com a finalidade de organizar e manter atualizada a identificação dos titulares de registos e toda a informação registal a estes respeitante que deva permanecer em registo nos termos da lei da identificação criminal, da Lei Tutelar Educativa, aprovada pela Lei nº 166/99, de 14 de setembro, alterada pela Lei nº 4/2015, de 15 de janeiro, e do presente decreto-lei.

2 – O SICRIM contém os dados de identificação dos titulares de registos mantidos no sistema nos termos da lei e a informação dos registos respeitantes a cada um deles, organizada separadamente por registo.

3 – Os ficheiros informáticos do SICRIM estão localizados no Instituto de Gestão Financeira e Equipamentos da Justiça, I.P., a quem compete prestar todo o apoio técnico necessário ao funcionamento do sistema de informação.

ARTIGO 3º
Organização dos ficheiros informáticos

1 – A organização e o funcionamento do SICRIM são da responsabilidade da Direção-Geral da Administração da Justiça, através dos serviços de identificação criminal.

2 – São serviços de identificação criminal os serviços da Direção-Geral da Administração da Justiça a quem, na respetiva estrutura nuclear, estejam cometidas as competências necessárias à prossecução da atribuição de assegurar a identificação criminal.

3 – Compete aos serviços de identificação criminal:

a) Assegurar a recolha, o tratamento e a conservação dos elementos de informação sujeitos a inscrição nos registos que a lei comete a seu cargo, promovendo a identificação dos titulares da informação registada;

b) Assegurar a concretização das formas de acesso à informação previstas na lei;

c) Assegurar a eliminação da informação cancelada dos registos que não possam ser mantidos em ficheiro nos termos da lei, bem como a seleção da informação que deva ser preservada;

d) Coordenar funcionalmente a ação dos serviços autorizados a intervir no processo de emissão de certificados nos termos do presente decreto-lei, transmitindo as instruções de ordem interna relativas à receção e verificação de documentos, ao controlo de dados, à cobrança das taxas devidas e aos demais procedimentos necessários;

e) Exercer as competências inerentes à qualidade de autoridade central portuguesa para efeitos do cumprimento das obrigações previstas na Decisão-Quadro nº 2009/315/JAI, do Conselho, de 26 de fevereiro de 2009;

f) Exercer as demais competências que a legislação reguladora da identificação criminal lhes comete.

CAPÍTULO II
Identificação dos titulares de registos

ARTIGO 4º
Identificação dos titulares de registos

1 – A cada titular de informação em registo é atribuído um registo onomástico, comum a todos os registos que existam no sistema relativamente ao mesmo titular, no qual são registados os elementos de identificação comunicados pelos tribunais e pelas demais entidades remetentes da informação ou recolhidos pelos serviços de identificação criminal relativamente a esse titular.

2 – Os dados de identificação comunicados são validados, sempre que possível, através de consulta em linha:

a) À base de dados de identificação civil do Instituto dos Registos e do Notariado, I.P.;

b) Ao Sistema Integrado de Informação do Serviço de Estrangeiros e Fronteiras, na medida estritamente necessária à validação em causa;

c) Ao ficheiro central de pessoas coletivas do Registo Nacional de Pessoas Coletivas, tratando-se de pessoas coletivas ou entidades equiparadas.

3 – Os serviços de identificação criminal promovem a recolha dos elementos de identificação necessários ao esclarecimento inequívoco e permanente da identificação dos titulares de registo, nomeadamente junto dos próprios, de autoridades judiciárias ou policiais, de outros serviços responsáveis pela identificação de cidadãos ou de autoridades centrais de outros Estados-Membros.

4 – Sem prejuízo do disposto no número anterior, compete ao Ministério Público e às demais autoridades judiciárias competentes no processo diligenciar no sentido de fazer constar dos autos os elementos necessários à identificação do arguido.

ARTIGO 5º
Dados de identificação objeto de registo

1 – São registados os seguintes dados de identificação comunicados ou recolhidos relativamente a cada pessoa singular titular de registo:

a) Nome completo;
b) Filiação;
c) Naturalidade;
d) Data de nascimento;
e) Nacionalidade;
f) Sexo;
g) Estado civil;
h) Número de identificação civil;
i) Moradas.

2 – Tratando-se de pessoa coletiva, ou entidade equiparada, são registados os seguintes dados de identificação comunicados ou recolhidos relativamente a cada titular:

a) Denominação;
b) Sede;
c) Data da constituição;
d) Número de identificação de pessoa coletiva;
e) Natureza jurídica;
f) Situação jurídica;
g) Códigos de atividade.

3 – Além dos dados referidos nos números anteriores, constam do registo onomástico de cada titular os seguintes dados, quando aplicáveis:

a) Todos os dados previstos nos números anteriores, comunicados ou recolhidos relativamente ao mesmo titular, diferentes dos que constam no registo onomástico como identificação principal do arguido;
b) Número, tipo e imagens digitalizadas dos documentos de identificação;
c) Número de registo onomástico;
d) Número de identificação onomástico, na ausência de número de identificação civil;
e) Indicador da existência de impressões digitais;
f) Indicador de falecimento, respetiva data de ocorrência e referência ao número do assento de óbito;
g) Indicador de extinção de pessoa coletiva ou entidade equiparada e, resultando a extinção de fusão ou cisão, dados de identificação das pessoas coletivas ou entidades equiparadas que tiverem resultado da cisão ou em que a fusão se tiver efetivado;
h) Data de criação do registo onomástico;
i) Estado do registo onomástico;
j) Data de cancelamento do registo onomástico;

k) Data estimada de eliminação do registo onomástico;

l) Data da criação de cada registo relativo ao titular mantido no SICRIM;

m) Estado de cada registo relativo ao titular mantido no SICRIM;

n) Data estimada de cancelamento de cada registo relativo ao titular mantido no SICRIM;

o) Data de cancelamento de cada registo relativo ao titular mantido no SICRIM;

p) Data de unificação ou separação de registo onomástico;

q) Data estimada de eliminação de cada registo relativo ao titular mantido no SICRIM;

r) Data de eliminação de cada registo relativo ao titular mantido no SICRIM.

CAPÍTULO III
Informação sujeita a inscrição nos registos

ARTIGO 6º
Dados sujeitos a comunicação aos serviços de identificação criminal

1 – Os dados a comunicar pelos tribunais portugueses relativamente às decisões sujeitas a inscrição no registo criminal, no registo de contumazes, no registo de medidas tutelares educativas e no ficheiro dactiloscópico de arguidos condenados, bem como à identificação da pessoa a que respeitam, são os que, constando dos autos, estejam abrangidos pelo elenco de dados registáveis definido na Lei nº 37/2015, de 5 de maio, ou na Lei Tutelar Educativa, aprovada pela Lei nº 166/99, de 14 de setembro, alterada pela Lei nº 4/2015, de 15 de janeiro, e no presente decreto-lei.

2 – Os elementos a comunicar pelas autoridades centrais estrangeiras relativamente às decisões condenatórias e demais decisões subsequentes proferidas por tribunais de Estados-Membros da União Europeia que devam ser comunicadas a Portugal nos termos da Decisão-Quadro nº 2009/315/JAI, do Conselho, de 26 de fevereiro de 2009, são os que como tal são referidos nesta Decisão-Quadro.

ARTIGO 7º
Informação sujeita a inscrição no registo criminal

1 – Está sujeita a inscrição no registo criminal a seguinte informação comunicada pelos tribunais portugueses e pelas autoridades centrais ou entidades competentes dos Estados a que se referem os capítulos V e VI da Lei nº 37/2015, de 5 de maio, e o presente decreto-lei:

a) Identificação do tribunal que proferiu a decisão, ou onde corre os seus termos o processo a que se reporta a informação transmitida;

b) Número do processo;

c) Números anteriores do processo;

d) Forma do processo;

e) Conteúdo da decisão;

f) Data e forma da decisão;

g) Tipo de crime e disposições legais aplicadas;

h) Números de identificação de processos abrangidos por decisão que aplique a pena em caso de concurso de crimes;

i) Penas ou medidas de segurança aplicadas;

j) Data e local da prática do crime;

k) Data do trânsito em julgado da decisão;

l) Data da extinção da pena ou da medida de segurança;

m) Causa da extinção da pena ou da medida de segurança;

n) Data de extinção da pessoa coletiva arguida;

o) Data da transmissão da informação aos serviços de identificação criminal;

p) Identificação do responsável pela transmissão da informação.

2 – Além da informação referida no número anterior, constam do registo criminal os seguintes dados relativos ao registo criminal do titular, ou a cada comunicação constante deste registo, quando aplicáveis:

a) Data de criação do registo criminal;

b) Estado do registo criminal e de cada comunicação constante deste registo;

c) Data de inserção no SICRIM da informação recebida;

d) Data de devolução de informação recebida;

e) Data de registo da informação recebida no registo criminal;

f) Data estimada de cancelamento do registo criminal;

g) Data estimada de extinção das penas ou das medidas de segurança aplicadas;

h) Data de cancelamento do registo criminal e de cada comunicação constante deste registo;

i) Data estimada de eliminação do registo criminal;

j) Indicação do país e autoridade central remetente da informação recebida do estrangeiro;

k) Indicador da inibição de obtenção de certificado do registo criminal por contumácia.

ARTIGO 8º
Informação sujeita a inscrição no registo de contumazes

1 – Está sujeita a inscrição no registo de contumazes a seguinte informação comunicada pelos tribunais:

a) Identificação do tribunal que proferiu as decisões de declaração e cessação da contumácia;

b) Número do processo;

c) Números anteriores do processo;

d) Data das decisões e fase processual em que foram proferidas;

e) Efeitos especiais da declaração de contumácia;

f) Motivo da cessação da contumácia;

g) Data do trânsito em julgado das decisões;
h) Data da transmissão da informação aos serviços de identificação criminal;
i) Identificação do responsável pela transmissão da informação.

2 – Além da informação referida no número anterior constam do registo de contumazes os seguintes dados relativos ao registo de contumaz do titular ou a cada comunicação constante deste registo, quando aplicáveis:

a) Data de criação do registo de contumaz;
b) Estado do registo de contumaz e de cada comunicação constante deste registo;
c) Data de inserção no SICRIM da informação recebida;
d) Data de devolução de informação recebida;
e) Data de registo da informação recebida no registo de contumaz;
f) Data de cancelamento do registo de contumaz e de cada comunicação constante deste registo;
g) Data estimada de eliminação do registo de contumaz.

ARTIGO 9º
Informação sujeita a inscrição no registo de medidas tutelares educativas

1 – Está sujeita a inscrição no registo de medidas tutelares educativas a seguinte informação comunicada pelos tribunais:

a) Identificação do tribunal que proferiu a decisão, ou onde corre os seus termos o processo a que se reporta a informação transmitida;
b) Número do processo;
c) Números anteriores do processo;
d) Conteúdo da decisão;
e) Data e forma da decisão;
f) Factos imputados ao jovem e disposições legais aplicadas;
g) Medidas tutelares educativas aplicadas;
h) Data do trânsito em julgado da decisão;
i) Data da extinção da medida tutelar educativa aplicada;
j) Causa da extinção da medida tutelar educativa aplicada;
k) Data da transmissão da informação aos serviços de identificação criminal;
l) Identificação do responsável pela transmissão da informação.

2 – Além da informação referida no número anterior constam do registo de medidas tutelares educativas os seguintes dados relativos ao registo do titular ou a cada comunicação constante deste registo, quando aplicáveis:

a) Data de criação do registo de medidas tutelares educativas;
b) Estado do registo de medidas tutelares educativas e de cada comunicação constante deste registo;
c) Data de inserção no SICRIM da informação recebida;
d) Data de devolução de informação recebida;

e) Data de registo da informação recebida no registo de medidas tutelares educativas;

f) Data estimada de cancelamento do registo de medidas tutelares educativas;

g) Data estimada de extinção da medida tutelar educativa aplicada;

h) Data de cancelamento do registo de medidas tutelares educativas;

i) Data estimada de eliminação do registo de medidas tutelares educativas;

j) Indicador da inibição de obtenção de certificado do registo de medidas tutelares educativas por contumácia.

ARTIGO 10º
Informação sujeita a inscrição no registo especial de decisões estrangeiras

1 – Está sujeita a inscrição no registo especial de decisões estrangeiras toda a informação mencionada no nº 1 do artigo 7º que seja comunicada pelas autoridades centrais de Estados-Membros da União Europeia nos termos da Decisão-Quadro nº 2009/315/JAI, do Conselho, de 26 de fevereiro de 2009.

2 – Está ainda sujeita a inscrição no registo especial de decisões estrangeiras a seguinte informação comunicada pelas autoridades centrais referidas no número anterior:

a) Impressões digitais do arguido;

b) Pseudónimos ou alcunhas do arguido;

c) Outras informações sobre a condenação inscritas no registo criminal do Estado-Membro remetente;

d) Comunicação de que as informações sobre as condenações pronunciadas não podem ser retransmitidas a outros Estados-Membros para outros fins que não um processo penal.

3 – Além da informação referida nos números anteriores, constam do registo especial de decisões estrangeiras os seguintes dados relativos ao registo do titular ou a cada comunicação constante deste registo, quando aplicáveis:

a) Data de criação do registo especial de decisões estrangeiras;

b) Estado do registo especial de decisões estrangeiras e de cada comunicação constante deste registo;

c) Indicação do país e autoridade central remetentes da informação;

d) Data de inserção no SICRIM da informação recebida;

e) Data de devolução de informação recebida;

f) Data do registo da informação recebida no registo especial de decisões estrangeiras;

g) Data estimada de cancelamento do registo especial de decisões estrangeiras e de cada comunicação constante deste registo;

h) Data estimada de eliminação do registo especial de decisões estrangeiras.

ARTIGO 11º
Informação sujeita a inscrição no ficheiro dactiloscópico de arguidos condenados

1 – Está sujeita a inscrição no ficheiro dactiloscópico de arguidos condenados a seguinte informação comunicada pelos tribunais portugueses e pelas autoridades centrais ou entidades competentes dos Estados a que se referem os capítulos V e VI da Lei nº 37/2015, de 5 de maio, e o presente decreto-lei:

a) Impressões digitais recolhidas aos arguidos condenados;
b) Assinatura recolhida ao arguido condenado;
c) Indicação do tribunal e do processo em que hajam sido recolhidas.

2 – Além da informação referida no número anterior, constam do ficheiro dactiloscópico de cada titular os seguintes dados relativos ao seu registo ou a cada comunicação constante do registo, quando aplicáveis:

a) Data de criação do registo;
b) Estado do registo e de cada comunicação constante deste registo;
c) Data de inserção no SICRIM da informação recebida;
d) Data de devolução de informação recebida;
e) Data do registo no SICRIM da informação recebida;
f) Data estimada de cancelamento do registo;
g) Data de cancelamento do registo;
h) Data estimada de eliminação do registo.

CAPÍTULO IV
Transmissão da informação aos serviços de identificação criminal

ARTIGO 12º
Transmissão de informação aos serviços de identificação criminal pelos tribunais portugueses

1 – Os tribunais portugueses comunicam aos serviços de identificação criminal os elementos relativos às decisões sujeitas, nos termos da lei, a inscrição no registo criminal, no registo de contumazes, no registo de medidas tutelares educativas e no ficheiro dactiloscópico de arguidos condenados, por ligação eletrónica direta entre o sistema de gestão processual dos tribunais e o SICRIM, mediante formatos eletrónicos normalizados, disponibilizados pelos serviços de identificação criminal e pelo Instituto de Gestão Financeira e Equipamentos da Justiça, I.P..

2 – A comunicação prevista no número anterior deve efetuar-se logo após o trânsito em julgado da decisão, sem prejuízo da oportuna recolha das impressões digitais e da assinatura do arguido imediatamente após o encerramento da audiência de julgamento.

3 – Na eventualidade de vir a ser proferida, em sede de recurso, uma decisão transitada em julgado que absolva o arguido de todas as acusações contra si formuladas

no processo, o documento no qual tenham sido oportunamente recolhidas as impressões digitais e a assinatura do arguido é destruído de imediato.

4 – As comunicações eletrónicas efetuadas pelos tribunais aos serviços de identificação criminal são por estes devolvidas se não permitirem a identificação inequívoca da pessoa a que respeitam, se não incluírem todos os elementos necessários ao registo da decisão em causa ou se contiverem elementos incorretos ou contraditórios, devendo o fundamento da devolução ser comunicado aos tribunais.

5 – As comunicações eletrónicas aceites pelos serviços de identificação criminal são registadas no SICRIM e este registo é objeto de confirmação ao tribunal remetente.

6 – Compete aos responsáveis pelas unidades de processo garantir a oportuna efetivação das comunicações a que se referem os nºs 1 e 2, bem como a verificação regular da inexistência no processo de comunicações ao SICRIM cujo registo não haja sido confirmado pelos serviços de identificação criminal, ou que hajam sido devolvidas, devendo ser promovida a regularização das situações detetadas.

ARTIGO 13º
Transmissão de informação aos serviços de identificação criminal pelas autoridades centrais de outros Estados-Membros

1 – As decisões condenatórias e demais decisões subsequentes proferidas por tribunais de Estados-Membros da União Europeia que devam ser comunicadas a Portugal nos termos da Decisão-Quadro nº 2009/315/JAI, do Conselho, de 26 de fevereiro de 2009, são comunicadas aos serviços de identificação criminal pelas autoridades centrais desses Estados-Membros por via eletrónica, através do Sistema Europeu de Informação sobre Registos Criminais ou, não sendo tal possível, por qualquer meio suscetível de deixar registo escrito e em condições que permitam aos serviços de identificação criminal comprovar a sua autenticidade.

2 – São devolvidas pelos serviços de identificação criminal as comunicações que não permitam a identificação inequívoca da pessoa a que respeitam, que não incluam todos os elementos necessários ao registo da decisão em causa ou que contenham elementos incorretos ou contraditórios.

3 – As comunicações eletrónicas aceites pelos serviços de identificação criminal são objeto de confirmação à autoridade remetente logo após o respetivo registo no SICRIM.

ARTIGO 14º
Transmissão de informação aos serviços de identificação criminal nos termos de convenção ou acordo internacional

1 – As decisões condenatórias e demais decisões proferidas por tribunais de Estados que não sejam membros da União Europeia são comunicadas aos serviços de identificação criminal nos termos estabelecidos em convenção ou acordo internacional.

2 – São devolvidas pelos serviços de identificação criminal as comunicações que não permitam a identificação inequívoca da pessoa a que respeitam, que não possuam os requisitos impostos pela lei de identificação criminal para a respetiva inscrição no registo criminal, que não incluam todos os elementos necessários a essa inscrição no registo criminal ou que contenham elementos incorretos ou contraditórios.

3 – As comunicações aceites pelos serviços de identificação criminal são registadas no SICRIM.

CAPÍTULO V
Acesso à informação em registo

ARTIGO 15º
Concretização do acesso à informação

1 – O acesso à informação em registo concretiza-se com a emissão de um certificado do registo a que o pedido respeite.

2 – A emissão de um certificado ocorre:

a) Quando é solicitada por entidade habilitada a aceder à informação nos termos da lei de identificação criminal;

b) Quando seja pedido um código de acesso ao registo criminal ou ao registo de contumazes pelo próprio titular, ou por um seu representante com legitimidade nos termos da lei de identificação criminal;

c) Em cada acesso à informação por quem detenha um código de acesso ao registo criminal ou ao registo de contumazes e o utilize no decurso do respetivo período de vigência;

d) Sempre que seja solicitada por quem possua legitimidade para tal nos termos da lei de identificação criminal.

3 – Os certificados cuja emissão não resulte da utilização de um código de acesso têm um prazo de validade de três meses a contar da data da sua emissão.

4 – (*Revogado.*)

5 – (*Revogado.*)

ARTIGO 16º
Acesso à informação por entidades legalmente habilitadas

1 – As entidades legalmente habilitadas a acederem à informação em registo solicitam a emissão de um certificado e obtêm-no através de portal ou de plataforma eletrónica disponibilizados para o efeito pelos serviços de identificação criminal, ou mediante consulta em linha com utilização de webservices especificamente implementados para esse efeito, precedendo autorização do diretor-geral da Administração da Justiça.

2 – O acesso ao portal, ou a utilização do webservice, apenas pode ser efetuado por utilizador vinculado à entidade legalmente habilitada a quem haja sido atribuído um nome de utilizador e uma palavra-chave.

3 – O acesso a que se refere a alínea *a*) do nº 1 do artigo 8º da Lei nº 37/2015, de 5 de maio, salvo indicação em contrário, pode também ser exercido pelos oficiais de justiça das unidades orgânicas onde sejam tramitados os processos que se visam instruir.

4 – As autoridades centrais de Estados-Membros da União Europeia solicitam a emissão de certificados utilizando o Sistema Europeu de Informação sobre Registos Criminais, através da rede de comunicações segura definida pela Comissão Europeia.

5 – Em casos excecionais, designadamente de inoperacionalidade temporária de sistema informático de suporte, pode ser autorizada pelos serviços de identificação criminal a emissão de certificados solicitada por entidades legalmente habilitadas por qualquer outra via suscetível de deixar registo escrito e que permita comprovar a respetiva autenticidade.

6 – O certificado emitido nos termos dos números anteriores certifica o conteúdo, ou a ausência de conteúdo, do registo em causa relativamente à pessoa nele identificada, de acordo com o que a lei de identificação criminal dispõe para a finalidade a que o certificado se destine, com referência à data e hora da emissão.

7 – O acesso à informação do registo criminal pelo Instituto dos Mercados Públicos, do Imobiliário e da Construção, I.P., é efetuado mediante consulta em linha, através de webservice, nos termos do nº 1, relativamente a todos os inscritos no Portal dos Fornecedores do Estado de que seja necessária informação, apenas sendo emitido certificado do registo criminal no caso de dever ser certificada informação vigente neste registo.

ARTIGO 17º
Termos do acesso à informação por entidades legalmente habilitadas

1 – Os pedidos de emissão de certificado a que se refere o artigo anterior devem mencionar:

a) A identificação da entidade que formula o pedido;
b) O tipo de certificado pedido;
c) Os dados de identificação da pessoa de quem é pedido o certificado;
d) A finalidade a que se destina o certificado;
e) O tipo e, se for o caso, o número do processo que se visa instruir.

2 – Tratando-se de pedido de emissão de certificado formulado por entidade pública para cumprimento de exigência legal de apresentação de certificado do registo criminal em procedimento administrativo é, ainda, obrigatória a declaração de que a pessoa de quem é pedida informação autorizou previamente o acesso, podendo os serviços de identificação criminal exigir cópia da autorização.

3 – O pedido de emissão de certificado é fundamentadamente devolvido pelos serviços de identificação criminal se faltar algum dos elementos referidos nos

números anteriores, ou se os dados de identificação comunicados não permitirem a identificação inequívoca da pessoa de quem é pedida informação.

ARTIGO 18º
Informação sobre contumácia

Estando em causa a necessidade de conhecimento da informação constante do registo de contumazes por entidades públicas a quem incumba assegurar a execução dos efeitos da contumácia, pode ser autorizado pelos serviços de identificação criminal o estabelecimento de uma ligação em linha que permita sinalizar automaticamente àquela entidade a existência de um registo de contumaz vigente, para efeitos de impedimento da prática de quaisquer atos relativos a cidadão contumaz.

ARTIGO 19º
Acesso à informação pelo titular da informação ou por seu representante

1 – O pedido de um código de acesso ao registo criminal ou ao registo de contumazes de pessoa singular é efetuado pessoalmente pelo próprio titular da informação, ou por um seu representante com legitimidade para o efeito nos termos da lei de identificação criminal.

2 – O pedido de um código de acesso ao registo criminal ou ao registo de contumazes de pessoa coletiva ou entidade equiparada é efetuado pessoalmente por um seu representante legal, ou por um terceiro autorizado por escrito por um representante legal.

3 – Os pedidos referidos nos números anteriores podem, também, ser formulados pelo próprio titular da informação ou por um representante legal de pessoa coletiva ou entidade equiparada através de plataforma eletrónica, gerida pelo Ministério da Justiça, acessível nomeadamente através do Portal ePortugal.

4 – O código de acesso ao registo criminal ou ao registo de contumazes é facultado em certificado do registo emitido quando do pedido, identifica o respetivo titular e a finalidade a que o acesso se destina e permite o acesso à informação em registo para essa finalidade durante o respetivo período de vigência, escolhido pelo requerente, até ao limite máximo de um ano.

5 – Os certificados emitidos nos termos dos números anteriores certificam o conteúdo, ou a ausência de conteúdo do registo em causa relativamente ao seu titular, de acordo com o que a lei de identificação criminal dispõe para a finalidade a que se destine o acesso, com referência à data e hora dessa emissão.

6 – Para efeitos do disposto nos nºs 3 e 4 do artigo 29º da Lei nº 37/2015, de 5 de maio, a emissão de um certificado do registo criminal por utilização do código de acesso apenas determina que seja dirigido um pedido de emissão de certificado do registo criminal à autoridade central do Estado-Membro da nacionalidade do titular decorridos que sejam 60 dias contados da data da receção do último certificado desse titular emitido por aquela autoridade central ou, não tendo sido recebido certificado, do termo do prazo legal de que aquela autoridade central dispunha para o efeito.

7 – O código de acesso ao registo criminal ou ao registo de contumazes pode ser facultado pelo seu titular à entidade que haja solicitado a apresentação de certificado do registo em causa, o que preenche, para todos os efeitos legais, a exigência legal de apresentação de certificado.

8 – Os titulares da informação residentes no estrangeiro podem pedir um código de acesso ao registo criminal ou ao registo de contumazes através da remessa aos serviços de identificação criminal de formulário disponibilizado na página na Internet destes serviços.

ARTIGO 19º-A
Acesso à informação do registo de medidas tutelares educativas

O pedido de emissão de um certificado do registo de medidas tutelares educativas é efetuado pessoalmente por quem para tal possua legitimidade nos termos da lei de identificação criminal ou da lei tutelar educativa, aplicando-se o disposto nos artigos 20º a 22º, com as necessárias adaptações.

ARTIGO 20º
Apresentação pessoal do pedido de código de acesso

1 – A apresentação pessoal do pedido de um código de acesso ao registo criminal ou ao registo de contumazes pode ser efetuada:

a) Nos serviços de identificação criminal;

b) Nas unidades centrais ou secções de proximidade de secretarias judiciais de tribunais de comarca sediadas em localidades onde não existam serviços de identificação criminal;

c) Nos demais postos de atendimento que hajam sido autorizados pelo diretor-geral da Administração da Justiça a submeterem pedidos de obtenção de códigos de acesso ao registo criminal ou ao registo de contumazes, ou de emissão de certificados, no sistema informático disponibilizado pelos serviços de identificação criminal.

2 – O código de acesso ao registo criminal ou ao registo de contumazes e o certificado onde o mesmo consta são transmitidos eletronicamente ao posto onde o pedido de emissão foi submetido, para entrega ao requerente.

ARTIGO 21º
Requisitos do pedido de código de acesso apresentado pelo próprio

1 – O titular da informação que solicite um código de acesso ao registo criminal ou ao registo de contumazes deve provar ser o próprio titular, comprovar os seus dados de identificação mediante a apresentação do seu cartão do cidadão ou bilhete de identidade, ou de outro documento de identificação idóneo para esse efeito, indicar a finalidade a que se destina o acesso ao registo e o prazo escolhido para a vigência do código de acesso.

2 – Sendo o pedido efetuado através de plataforma eletrónica, a comprovação da legitimidade do titular e dos seus dados de identificação é efetuada por autenticação com o cartão de cidadão ou chave móvel digital.

3 – (*Revogado.*)

ARTIGO 22º
Pedido de código de acesso apresentado por representante

1 – Podem pedir um código de acesso ao registo criminal ou ao registo de contumazes em nome ou no interesse do próprio titular da informação:

a) Os ascendentes de titular menor;

b) O tutor ou curador de titular incapaz;

c) Qualquer terceiro expressamente autorizado por escrito para esse ato pelo titular.

2 – Os requerentes mencionados nas alíneas *a*) e *b*) do número anterior devem provar a qualidade em que efetuam o pedido, comprovar os dados de identificação do titular da informação através da apresentação do seu cartão do cidadão ou bilhete de identidade, ou de outro documento de identificação idóneo para esse efeito, indicar a finalidade a que se destina o acesso ao registo e o prazo escolhido para a vigência do código de acesso.

3 – Um terceiro autorizado pelo titular da informação a efetuar o pedido de código de acesso ao registo criminal ou ao registo de contumazes deve apresentar declaração deste, assinada em conformidade com o documento que for apresentado, onde conste:

a) O nome completo do titular da informação e o número do seu cartão do cidadão ou bilhete de identidade, ou de outro documento de identificação idóneo;

b) O nome completo e o número do cartão do cidadão ou bilhete de identidade, ou de outro documento de identificação idóneo, da pessoa autorizada;

c) A declaração de que autoriza o pedido de um código de acesso ao seu registo criminal ou ao seu registo de contumazes, com menção da finalidade a que se destina o acesso e do prazo de vigência do código de acesso.

4 – Além da declaração mencionada no número anterior, o terceiro autorizado deve apresentar o seu documento de identificação mencionado na declaração de autorização, bem como o documento de identificação do titular da informação comprovativo do teor da sua assinatura e dos respetivos dados de identificação, ou a sua cópia certificada.

ARTIGO 23º
Residentes do estrangeiro

1 – Os titulares da informação que sejam residentes no estrangeiro podem apresentar o pedido de um código de acesso ao registo criminal ou ao registo de contumazes pela remessa aos serviços de identificação criminal de formulário

disponibilizado no sítio destes serviços na Internet, devidamente preenchido e assinado e acompanhado de cópias dos documentos necessários para provar a legitimidade do requerente, os dados de identificação declarados e a realização do pagamento devido pela emissão solicitada.

2 – O código de acesso ao registo criminal ou ao registo de contumazes pedido nos termos do número anterior, bem como o certificado onde o mesmo consta, são remetidos ao requerente para o endereço eletrónico que por este for indicado para o efeito ou, se o requerente assim o solicitar, por correio, simples ou registado, para a morada que for indicada, mediante prévio pagamento das despesas de remessa nos termos fixados por despacho do diretor-geral da Administração da Justiça.

ARTIGO 24º
Requisitos do pedido de código de acesso de pessoa coletiva ou entidade equiparada

1 – O representante legal de pessoa coletiva ou entidade equiparada que solicite um código de acesso ao registo criminal ou ao registo de contumazes desta deve:

a) Apresentar documento comprovativo da denominação e do número de identificação da pessoa coletiva ou entidade equiparada;

b) Comprovar os seus poderes de representação através da exibição de documento comprovativo dos mesmos, ou por outros meios legalmente admissíveis para o efeito;

c) Comprovar os seus dados de identificação civil mediante a apresentação do cartão do cidadão ou bilhete de identidade, ou de outro documento de identificação idóneo para esse efeito;

d) Indicar a finalidade a que se destina o acesso;

e) Indicar o prazo escolhido para a vigência do código de acesso.

2 – Sendo o pedido efetuado através de plataforma eletrónica a comprovação referida nas alíneas *a*) e *b*) do número anterior é efetuada por consulta em linha ao ficheiro central de pessoas coletivas do Registo Nacional de Pessoas Coletivas ou ao Registo Comercial, tratando-se de entidade a ele sujeita, ou, ainda, não sendo esta possível, mediante apresentação de certidão permanente, e a comprovação referida na alínea *c*) é efetuada por autenticação com o cartão de cidadão ou chave móvel digital.

3 – (*Revogado.*)

ARTIGO 25º
Requisitos do pedido de código de acesso apresentado por um terceiro autorizado

1 – O terceiro autorizado pelo representante legal de pessoa coletiva ou entidade equiparada a pedir um código de acesso ao registo criminal ou ao registo de contumazes desta deve apresentar declaração escrita e assinada por um representante legal, onde conste:

a) A denominação e o número de identificação da pessoa coletiva ou entidade equiparada;

b) O nome completo e o número do cartão do cidadão ou bilhete de identidade, ou de outro documento de identificação idóneo, do representante legal, bem como a qualidade em que atua;

c) O nome completo e o número do cartão do cidadão ou bilhete de identidade, ou de outro documento de identificação idóneo, da pessoa autorizada;

d) A declaração de que autoriza o pedido de um código de acesso ao registo criminal ou ao registo de contumazes da pessoa coletiva ou entidade equiparada com menção da finalidade a que se destina o acesso ao registo e o prazo escolhido para a vigência do código de acesso.

2 – Além da declaração mencionada no número anterior, o terceiro autorizado deve:

a) Apresentar documento comprovativo da denominação e do número de identificação da pessoa coletiva ou entidade equiparada;

b) Apresentar o seu documento de identificação mencionado na declaração de autorização;

c) Apresentar o documento de identificação do representante legal da pessoa coletiva ou entidade equiparada comprovativo do teor da sua assinatura e dos respetivos dados de identificação, ou a sua cópia certificada;

d) Comprovar os poderes de representação do representante legal, através da exibição de documento comprovativo dos mesmos, ou por outros meios legalmente admissíveis para o efeito.

3 – O terceiro autorizado está dispensado da apresentação de documentos em posse de qualquer serviço ou organismo da Administração Pública quando o seu titular dê consentimento para a entidade responsável pela emissão do certificado proceder à sua obtenção, nos termos do artigo 28º-A do Decreto-Lei nº 135/99, de 22 de abril, alterado pelos Decretos-Leis nºs 29/2000, de 13 de março, 72-A/2010, de 18 de junho, e 73/2014, de 13 de maio.

ARTIGO 25º-A
Cancelamento do código de acesso ao registo criminal ou ao registo de contumazes

1 – O código de acesso ao registo criminal ou ao registo de contumazes pode ser cancelado, a todo o tempo, a pedido do próprio titular da informação, ou de um seu representante, bem como do representante legal de pessoa coletiva ou entidade equiparada, ou de um terceiro por este autorizado.

2 – O pedido de cancelamento do código de acesso ao registo criminal ou ao registo de contumazes é efetuado pessoalmente, nos termos e nas condições em que pode ser pedida a obtenção do mesmo, com as devidas adaptações.

3 – O pedido de cancelamento do código de acesso ao registo criminal ou ao registo de contumazes pode, também, ser efetuado através da plataforma eletrónica a que se refere o nº 3 do artigo 19º, nos termos e nas condições em que pode ser pedida a obtenção do mesmo por essa via.

4 – O código de acesso ao registo criminal ou ao registo de contumazes pode, ainda, ser cancelado a todo o tempo pelos serviços de identificação criminal, se existirem alterações nos dados de identificação do titular ou se surgirem dúvidas supervenientes sobre esses dados que o justifiquem.

ARTIGO 26º
Acesso à informação do registo de contumazes por terceiros

1 – Quem pretenda aceder ao registo de contumazes de terceiro sem autorização do próprio deve provar que efetua o pedido com a finalidade de acautelar interesses ligados à celebração de negócio jurídico com contumaz ou para instruir processo da sua anulação, e fornecer os dados de identificação necessários à identificação inequívoca da pessoa a cujo registo pretende aceder.

2 – O acesso ao registo de contumazes nos termos do número anterior concretiza-se na emissão de um certificado de contumácia cujo conteúdo se restringe ao despacho que declarar a contumácia, se existir, ou à certificação da respetiva inexistência.

ARTIGO 27º
Indeferimento do pedido

O pedido de obtenção de um código de acesso ao registo criminal ou ao registo de contumazes, ou de emissão de certificado, é fundamentadamente indeferido pelos serviços de identificação criminal:

a) Se não for efetuada a prova da legitimidade da entidade que o solicita, ou do requerente, nos termos previstos nos artigos anteriores;

b) Se os dados de identificação da pessoa de quem é pedido um código de acesso ao registo criminal ou ao registo de contumazes, ou um certificado, transmitidos aos serviços de identificação criminal, ou os documentos de identificação dela apresentados, não permitirem a sua identificação inequívoca;

c) Se não forem observados quaisquer outros requisitos de que a lei de identificação criminal ou o presente decreto-lei façam depender o acesso ao registo.

ARTIGO 28º
Acesso à informação para fins de investigação científica ou estatísticos

1 – O acesso à informação para fins de investigação científica ou estatísticos é solicitado ao membro do Governo responsável pela área da justiça, com descrição detalhada dos objetivos prosseguidos e dos fundamentos que justificam a necessidade do pedido.

2 – O pedido é submetido ao parecer dos serviços de identificação criminal quanto aos fundamentos apresentados e à viabilidade técnica da respetiva concretização, no respeito pelos requisitos legais estabelecidos no nº 9 do artigo 10º da Lei nº 37/2015, de 5 de maio.

CAPÍTULO VI
Direito de acesso aos dados em registo

ARTIGO 29º
Certificado de acesso aos dados em registo

1 – As pessoas singulares ou coletivas que pretendam tomar conhecimento dos dados que lhes digam respeito constantes dos registos da competência dos serviços de identificação criminal devem solicitar a emissão de um certificado de acesso aos dados no registo em causa.

2 – A emissão do certificado de acesso aos dados no registo é pedida nos termos previstos no presente decreto-lei para as situações de acesso pelo próprio à informação em registo.

3 – O certificado de acesso aos dados no registo certifica os dados de identificação comunicados aos serviços de identificação criminal ou por estes recolhidos relativamente ao titular do registo e a sua situação registal, com referência à data da emissão do certificado, não podendo ser utilizado para qualquer outro efeito que não seja o mero conhecimento pelo titular dos dados no registo a si respeitantes.

4 – A utilização de um certificado de acesso aos dados no registo por terceiros para finalidade diversa daquela para que foi emitido constitui utilização indevida de informação em registo.

CAPÍTULO VII
Outras disposições reguladoras do sistema de informação

ARTIGO 30º
Dados relativos à emissão de certificados

1 – Os dados relativos à emissão de certificados de titulares de registo são conservados no SICRIM durante o período de manutenção dos respetivos registos no sistema informático, com a finalidade de salvaguardar a informação relativa ao acesso ao registo.

2 – Os dados relativos à emissão de certificados de pessoas não titulares de registo são conservados no SICRIM pelo prazo máximo de seis meses contados do termo de vigência do código de acesso que permitiu a emissão, ou da data da respetiva emissão nos casos em que não exista código de acesso, com a finalidade de possibilitar a apreciação de reclamações relativas a essas emissões, bem como a sua correção ou retificação.

3 – Sem prejuízo do disposto no número seguinte, são conservados os dados de identificação que constaram do certificado emitido, o conteúdo do registo que constou do mesmo, se for o caso, a finalidade a que se destinou e outras indicações que hajam constado do certificado nos termos legais, bem como os dados relativos à data e hora da emissão e à origem do pedido.

4 – Nas situações de emissão de sucessivos certificados iguais no âmbito de acesso à informação por quem detenha um código de acesso ao registo criminal ou ao registo de contumazes durante a respetiva vigência, apenas são conservados os dados da primeira dessas emissões e os dados relativos à data e hora dos acessos e à origem dos mesmos.

5 – Excetua-se do disposto nos números anteriores a manutenção em registo dos dados não nominativos necessários ao cumprimento das obrigações de prestação de contas nos termos das normas do regime de administração financeira do Estado.

ARTIGO 31º
Recolha e atualização dos dados

1 – Os dados de identificação registados no SICRIM são recolhidos das comunicações efetuadas pelos tribunais e pelas demais entidades remetentes da informação, da validação efetuada nas bases de dados referidas no nº 2 do artigo 4º, ou recolhidos pelos serviços de identificação criminal no exercício das suas competências.

2 – O número do registo onomástico é um número sequencial, atribuído automaticamente pelo sistema informático aquando da criação do registo.

3 – O número de identificação onomástico é um número sequencial, atribuído automaticamente pelo sistema informático na ausência de número de identificação civil, ou de outra referência documental suscetível de validação automática em linha, com o objetivo de operacionalizar as regras de negócio aplicáveis a essa situação de ausência.

4 – Os dados referidos no nº 1 do artigo 7º, no nº 1 do artigo 8º, no nº 1 do artigo 9º, nos nºs 1 e 2 do artigo 10º e no nº 1 do artigo 11º são recolhidos das comunicações efetuadas pelos tribunais e pelas demais entidades remetentes da informação.

5 – Os dados referidos no nº 2 do artigo 7º, no nº 2 do artigo 8º, no nº 2 do artigo 9º, no nº 3 do artigo 10º e no nº 2 do artigo 11º são automaticamente fixados pelo sistema informático com base na informação registada.

6 – Os dados relativos à emissão de certificados são recolhidos do certificado emitido e do sistema automático de emissão de certificados.

ARTIGO 32º
Módulo de contabilidade

1 – O SICRIM contém um módulo de contabilidade com a finalidade de garantir o controlo da receita cobrada pela emissão de códigos de acesso ao registo criminal ou ao registo de contumazes e de certificados.

2 – No módulo de contabilidade são utilizados os dados relativos à emissão de certificados necessários à respetiva individualização, contabilização da receita devida e verificação do respetivo pagamento, bem como à identificação do posto e utilizador responsáveis pela inserção do pedido, quando for o caso.

ARTIGO 33º
Acesso à informação pelos trabalhadores dos serviços de identificação criminal

1 – O acesso à informação em registo pelos trabalhadores afetos aos serviços de identificação criminal depende da utilização de nome de utilizador e de palavra-chave.

2 – Os trabalhadores afetos aos serviços de identificação criminal têm acesso à informação em registo de acordo com níveis de acesso adequados às funções que lhe estão cometidas, os quais são definidos pelo diretor-geral da Administração da Justiça.

3 – Os trabalhadores afetos aos serviços de identificação criminal estão obrigados a sigilo profissional relativamente à informação em registo de que tenham conhecimento, mesmo após o termo das suas funções.

ARTIGO 34º
Segurança da informação

1 – Compete ao diretor-geral da Administração da Justiça promover a adoção das medidas previstas no nº 1 do artigo 15º da Lei nº 67/98, de 26 de outubro, a fim de:

a) Impedir o acesso de pessoa não autorizada às instalações utilizadas para o tratamento dos dados;

b) Impedir que suportes de dados possam ser lidos, copiados, alterados ou retirados por pessoa não autorizada;

c) Impedir a introdução não autorizada, bem como a tomada de conhecimento, a alteração ou a eliminação não autorizadas de dados pessoais inseridos;

d) Impedir que sistemas de tratamento automatizados de dados possam ser utilizados por pessoas não autorizadas através de instalações de transmissão de dados;

e) Garantir que as pessoas autorizadas só possam ter acesso aos dados abrangidos pela autorização;

f) Garantir a verificação das entidades a quem possam ser transmitidos os dados pessoais através das instalações de transmissão de dados;

g) Garantir que possa verificar-se, sempre que necessário, quais os dados pessoais introduzidos, quando e por quem;

h) Impedir que, na transmissão de dados pessoais, bem como no transporte do seu suporte, os dados possam ser lidos, copiados, alterados ou eliminados de forma não autorizada.

2 – Qualquer pessoa que, no exercício de funções desempenhadas sob a autoridade dos serviços de identificação criminal, nomeadamente de apoio ou assessoria técnica, ou de fornecimento de equipamentos ou de serviços, tenha acesso a informação em registo, está obrigada a sigilo profissional relativamente à informação de que tenha conhecimento, mesmo após o termo das respetivas funções.

3 – O acesso ou utilização indevidos de informação em registo, bem como a violação do dever de sigilo, são punidos nos termos previstos na Lei nº 67/98, de 26 de outubro.

CAPÍTULO VIII
Disposições complementares e finais

ARTIGO 35º
Taxas

1 – Pela emissão de códigos de acesso ao registo criminal ou ao registo de contumazes, bem como pela emissão de certificados da sua competência que não resultem da utilização de um código de acesso durante o respetivo período de vigência, os serviços de identificação criminal cobram taxas, cujos montantes são fixados por portaria dos membros do Governo responsáveis pelas áreas das finanças e da justiça, constituindo receita da Direção-Geral da Administração da Justiça.

2 – O montante da taxa devida pela emissão de um código de acesso ao registo criminal ou ao registo de contumazes depende do período de vigência do mesmo, escolhido pelo requerente no ato do respetivo pedido.

3 – O pagamento da taxa devida é efetuado no ato da apresentação do pedido, por qualquer via, não dando lugar à sua restituição o indeferimento do mesmo, fundamentado nos termos do presente decreto-lei, ou o cancelamento de código de acesso nos termos do disposto no artigo 25º-A.

4 – Nos casos em que não seja possível a emissão imediata de um código de acesso ao registo criminal ou ao registo de contumazes pedido pessoalmente, por razões de natureza identificativa ou de conteúdo registal, o requerente pode solicitar a sua emissão prioritária, sendo devido o pagamento de uma taxa de urgência.

5 – Há lugar a emissão gratuita de código de acesso ao registo criminal ou ao registo de contumazes, ou de certificado, se for deferida reclamação do interessado com fundamento em erro dos serviços relativamente a pedido anterior.

6 – Beneficiam da isenção de taxa na emissão de código de acesso ou de certificado:

a) As entidades previstas no nº 2 do artigo 8º da Lei nº 37/2015, de 5 de maio, e nas alíneas *d*) e *e*) do artigo 215º da Lei Tutelar Educativa, aprovada pela Lei nº 166/99, de 14 de setembro, alterada pela Lei nº 4/2015, de 15 de janeiro;

b) As entidades públicas competentes para a instrução de procedimentos administrativos, identificados em portaria do membro do Governo responsável pela área da justiça, dos quais dependa a concessão de emprego ou a obtenção de licença, autorização ou registo de caráter público, quando seja legalmente exigida a apresentação de certificado do registo criminal e o obtenham nos termos do disposto no nº 1 do artigo 16º;

c) As pessoas singulares ou coletivas quando no exercício do direito de acesso ao conteúdo integral dos registos que lhes respeitem;

d) As pessoas singulares ou coletivas que, previamente ao pedido de código de acesso ao registo criminal ou ao registo de contumazes, ou de emissão de certificado, demonstrem insuficiência económica para suportar a taxa devida, nos termos da lei sobre apoio judiciário, com as devidas adaptações.

ARTIGO 36º
Reclamações e recursos

1 – As reclamações respeitantes ao acesso à informação em matéria de identificação criminal e seu conteúdo devem ser apresentadas no prazo de 60 dias contados da prática do ato de que se reclama, devendo o diretor-geral da Administração da Justiça decidi-las no prazo máximo de 30 dias.

2 – O recurso sobre a legalidade do conteúdo dos certificados do registo criminal a que se refere o nº 2 do artigo 42º da Lei nº 37/2015, de 5 de maio, é interposto pelo interessado no prazo de 30 dias contados da data de emissão do certificado.

ARTIGO 37º
Conservação e destruição de informação e de documentos

1 – A informação cancelada dos registos que não possa ser mantida em ficheiro, nos termos da Lei nº 37/2015, de 5 de maio, e da Lei Tutelar Educativa, aprovada pela Lei nº 166/99, de 14 de setembro, alterada pela Lei nº 4/2015, de 15 de janeiro, é eliminada, de forma segura e com impossibilidade de reconstituição.

2 – Excetuam-se do disposto no número anterior as amostras históricas representativas do universo da informação e ainda as que, pela sua dimensão, complexidade e valor técnico-científico ou sociológico, devam ser preservadas.

3 – A documentação recebida nos serviços de identificação criminal e nos demais postos de atendimento no âmbito do processo de emissão de códigos de acesso ao registo criminal ou ao registo de contumazes, ou de certificados, solicitada por pessoas singulares ou coletivas, ou precedendo a sua autorização, pode ser destruída após o decurso do prazo dos períodos de vigência dos códigos de acesso ou de validade dos certificados a que se refere, com dispensa de qualquer formalidade.

4 – A documentação recebida nos serviços de identificação criminal no âmbito do exercício das suas competências que contenha informação de identificação criminal comprovativa de alterações da informação em registo, ou da respetiva veracidade, é arquivada com referência ao titular da informação a que se reporte e mantida durante o prazo de manutenção do respetivo registo, sendo destruída após a sua eliminação.

5 – A restante documentação recebida nos serviços de identificação criminal pode ser destruída decorridos três anos após a respetiva receção.

ARTIGO 38º
Norma revogatória

São revogados:

a) O Decreto-Lei nº 381/98, de 27 de novembro, alterado pelos Decretos-Leis nºs 20/2007, de 23 de janeiro, e 288/2009, de 8 de outubro, com exceção do artigo

33º e do artigo 38º, que se mantêm em vigor até à entrada em vigor do despacho e da portaria previstos, respetivamente, no nº 2 do artigo 23º e no nº 1 do artigo 35º do presente decreto-lei;

b) O Decreto-Lei nº 62/99, de 29 de março, alterado pelo Decreto-Lei nº 288/2009, de 8 de outubro;

c) O Decreto-Lei nº 323-E/2000, de 20 de dezembro.

Regime da Utilização de Meios Técnicos de Controlo à Distância

Lei nº 33/2010, de 2 de setembro

Regula a utilização de meios técnicos de controlo à distância (vigilância electrónica) e revoga a Lei nº 122/99, de 20 de Agosto, que regula a vigilância electrónica prevista no artigo 201º do Código de Processo Penal.

A Assembleia da República decreta, nos termos da alínea *c*) do artigo 161º da Constituição, o seguinte:

CAPÍTULO I
Parte geral

ARTIGO 1º
Âmbito

A presente lei regula a utilização de meios técnicos de controlo à distância, adiante designados por vigilância electrónica, para fiscalização:

a) Do cumprimento da medida de coacção de obrigação de permanência na habitação, prevista no artigo 201º do Código de Processo Penal;

b) Da execução da pena de prisão em regime de permanência na habitação, prevista nos artigos 43º e 44º do Código Penal;

c) Da execução da adaptação à liberdade condicional, prevista no artigo 62º do Código Penal;

d) Da modificação da execução da pena de prisão, prevista no artigo 120º do Código da Execução das Penas e Medidas Privativas da Liberdade;

e) Da aplicação das medidas e penas previstas no artigo 35º da Lei nº 112/2009, de 16 de Setembro;

f) Da obrigação de permanência na habitação prevista nos nºs 1 e 3 do artigo 274º-A do Código Penal.

(Redação dada pela Lei nº 94/2017, de 23-08)

ARTIGO 2º
Sistemas tecnológicos

1 – A vigilância electrónica pode ser efectuada por:

a) Monitorização telemática posicional;

b) Verificação de voz;

c) Outros meios tecnológicos que venham a ser reconhecidos como idóneos.

2 – O reconhecimento de idoneidade e as características dos equipamentos a utilizar na vigilância electrónica são determinados por portaria do membro do Governo responsável pela área da justiça.

ARTIGO 3º
Princípios orientadores da execução

1 – A execução da vigilância electrónica assegura o respeito pela dignidade da pessoa humana e os direitos e interesses jurídicos não afectados pela decisão que a aplicou.

2 – A vigilância electrónica não acarreta qualquer encargo financeiro para o arguido ou condenado.

ARTIGO 4º
Consentimento

1 – A vigilância electrónica depende do consentimento do arguido ou condenado.

2 – O consentimento é prestado pessoalmente perante o juiz, na presença do defensor, e reduzido a auto.

3 – Sempre que a vigilância electrónica for requerida pelo arguido ou condenado, o consentimento considera-se prestado por simples declaração pessoal deste no requerimento.

4 – A utilização da vigilância electrónica depende ainda do consentimento das pessoas, maiores de 16 anos, que coabitem com o arguido ou condenado.

5 – As pessoas referidas no número anterior prestam o seu consentimento aos serviços de reinserção social, por simples declaração escrita, a qual deve acompanhar a informação referida no nº 2 do artigo 7º, ou ser enviada, posteriormente, ao juiz.

6 – O consentimento do arguido ou condenado é revogável a todo o tempo.

7 – Não se aplica o disposto no nº 1 se o condenado ou o arguido não possuírem o discernimento necessário para avaliar o sentido e o alcance do consentimento.

(Redação dada pela Lei nº 94/2017, de 23-08)

ARTIGO 5º
Direitos do arguido ou condenado

O arguido ou condenado tem, em especial, os seguintes direitos:

a) Participar na elaboração e conhecer o plano de reinserção social delineado pelos serviços de reinserção social em função das suas necessidades;

b) Receber dos serviços de reinserção social um documento onde constem os seus direitos e deveres, informação sobre os períodos de vigilância electrónica, bem como um guia dos procedimentos a observar durante a respectiva execução;

c) Aceder a um número de telefone de acesso livre, de ligação aos serviços de reinserção social que executam a decisão judicial.

ARTIGO 6º
Deveres do arguido ou condenado

Recaem sobre o arguido ou condenado os deveres de:

a) Permanecer nos locais onde é exercida vigilância electrónica durante os períodos de tempo fixados;

b) Cumprir o definido no plano de reinserção social;

c) Cumprir as indicações que forem dadas pelos serviços de reinserção social para a verificação de voz;

d) Receber os serviços de reinserção social e cumprir as suas orientações, bem como responder aos contactos, nomeadamente por via telefónica, que por estes forem feitos durante os períodos de vigilância electrónica;

e) Contactar os serviços de reinserção social, com pelo menos três dias úteis de antecedência, sempre que pretenda obter autorização judicial para se ausentar excepcionalmente durante o período de vigilância electrónica, fornecendo para o efeito as informações necessárias;

f) Solicitar aos serviços de reinserção social autorização para se ausentar do local de vigilância electrónica quando estejam em causa motivos imprevistos e urgentes;

g) Apresentar justificação das ausências que ocorram durante os períodos de vigilância electrónica;

h) Abster-se de qualquer acto que possa afectar o normal funcionamento dos equipamentos de vigilância electrónica;

i) Contactar de imediato os serviços de reinserção social se ocorrerem anomalias que possam afectar o normal funcionamento do equipamento de vigilância electrónica, nomeadamente interrupções do fornecimento de electricidade ou das ligações telefónicas;

j) Permitir a remoção dos equipamentos pelos serviços de reinserção social após o termo da medida ou da pena.

ARTIGO 7º
Decisão

1 – Sem prejuízo do disposto no artigo 213º do Código de Processo Penal, a utilização de meios de vigilância electrónica é decidida por despacho do juiz, a requerimento do Ministério Público ou do arguido, durante a fase do inquérito, e oficiosamente ou a requerimento do arguido ou condenado, depois do inquérito.

2 – O juiz solicita prévia informação aos serviços de reinserção social sobre a situação pessoal, familiar, laboral e social do arguido ou condenado, e da sua compatibilidade com as exigências da vigilância eletrónica e os sistemas tecnológicos a utilizar.

3 – A decisão prevista no nº 1 é sempre precedida de audição do Ministério Público, do arguido ou condenado.

4 – A decisão especifica os locais e os períodos de tempo em que a vigilância eletrónica é exercida e o modo como é efetuada, levando em conta, nomeadamente, o tempo de permanência na habitação e as autorizações de ausência estabelecidas na decisão de aplicação da medida ou da pena.

5 – A decisão que fixa a vigilância electrónica pode determinar que os serviços de reinserção social, quando suspeitem que uma ocorrência anómala seja passível de colocar em risco a vítima ou o queixoso do procedimento criminal, os informem de imediato.

6 – A decisão é comunicada ao arguido ou condenado e seu defensor, aos serviços de reinserção social e, quando aplicável, ao estabelecimento prisional onde aqueles se encontrem, bem como aos órgãos de polícia criminal competentes, para os efeitos previstos no nº 3 do artigo 8º e nos nºs 1 e 2 do artigo 12º

(Redação dada pela Lei nº 94/2017, de 23-08)

ARTIGO 8º
Início da execução

1 – A vigilância electrónica inicia-se no prazo máximo de quarenta e oito horas após a recepção da decisão do tribunal por parte dos serviços de reinserção social, com a instalação dos meios técnicos de vigilância electrónica, em presença do arguido ou condenado.

2 – O início da vigilância electrónica é comunicado pelos serviços de reinserção social ao tribunal.

3 – No caso de reclusos, os serviços de reinserção social acordam com os serviços prisionais o momento em que aqueles são conduzidos ao local de vigilância electrónica.

ARTIGO 9º
Entidade encarregada da execução

1 – Cabe à Direcção-Geral de Reinserção Social, adiante designada por DGRS, proceder à execução da vigilância electrónica.

2 – A DGRS pode recorrer aos serviços de outras entidades para adquirir, instalar, assegurar e manter o funcionamento dos meios técnicos utilizados na vigilância electrónica.

3 – Nas respostas a alertas e alarmes, no âmbito da execução da vigilância electrónica, as viaturas da DGRS podem utilizar os sinais sonoros e luminosos previstos no Código da Estrada para os serviços urgentes de interesse público.

ARTIGO 10º
Relatórios

1 – Os serviços de reinserção social informam o tribunal sobre a execução da medida ou da pena, através da elaboração de relatórios periódicos.

2 – Os serviços de reinserção social informam o tribunal, através do envio de um relatório de incidentes, sempre que ocorram circunstâncias susceptíveis de comprometer a execução da medida ou da pena.

3 – O relatório referido no número anterior tem carácter de urgência, devendo ser presente ao juiz de imediato, que decide as providências que se afigurarem necessárias ao caso, nomeadamente a revogação da vigilância electrónica.

ARTIGO 11º
Ausências do local de vigilância electrónica

1 – As ausências do local determinado para a vigilância eletrónica são autorizadas pelo juiz, mediante informação prévia dos serviços de reinserção social quanto ao sistema tecnológico a utilizar, podendo o despacho ter natureza genérica.

2 – Excepcionalmente, podem os serviços de reinserção social autorizar que o arguido ou condenado se ausente do local de vigilância electrónica quando estejam em causa motivos imprevistos e urgentes.

3 – As ausências previstas no número anterior dependem de solicitação prévia aos serviços de reinserção social, nos termos do disposto na alínea *f)* do artigo 6º, que decidem tendo em conta os fundamentos invocados, a segurança da comunidade e o controlo de execução da medida ou da pena.

4 – Os serviços de reinserção social fiscalizam as ausências, conforme as finalidades e horários autorizados, podendo para o efeito recorrer a meios móveis de monitorização electrónica.

5 – Os serviços de reinserção social informam o tribunal de todas as ausências concedidas nos termos dos números anteriores, em sede de relatório de execução a enviar periodicamente, conforme definido no artigo anterior, e com as especificidades definidas na parte especial da presente lei.

(Redação dada pela Lei nº 94/2017, de 23-08)

ARTIGO 12º
Ausências ilegítimas do local de vigilância electrónica

1 – Sem prejuízo do nº 2 do artigo 10º, em caso de ausência ilegítima do local de vigilância electrónica por parte do arguido ou condenado, os serviços de reinserção social comunicam este facto ao tribunal competente, ao Ministério Público e às forças e serviços de segurança, comunicando igualmente a captura.

2 – Qualquer autoridade judiciária ou agente de serviço ou força de segurança tem o dever de capturar e conduzir ao local de vigilância electrónica qualquer arguido ou condenado que se ausente, sem autorização, deste local, sem prejuízo da decisão do juiz ao abrigo do disposto do nº 3 do artigo 10º

3 – Quando considerarem que a ausência ilegítima do local de vigilância electrónica por parte do arguido ou condenado pode criar perigo para o ofendido, os serviços de reinserção social informam-no da ocorrência, reportando-o igualmente à entidade policial da área de residência do ofendido.

4 – Ao condenado que dolosamente se tiver eximido, total ou parcialmente, à execução de pena de prisão com vigilância electrónica é aplicável o disposto no nº 2 do artigo 97º do Código de Execução das Penas e Medidas Privativas da Liberdade.

ARTIGO 13º
Aviso por incumprimento

1 – Sem prejuízo do disposto no nº 2 do artigo 10º, os serviços de reinserção social podem emitir avisos escritos ao arguido ou condenado quando ocorram incumprimentos pouco graves no âmbito da execução da medida ou da pena.

2 – Ao terceiro aviso corresponde necessariamente a elaboração de relatório de incidentes para os autos, nos termos dos nºs 2 e 3 do artigo 10º

ARTIGO 14º
Revogação da vigilância electrónica

Sem prejuízo do disposto no Código Penal, no Código de Processo Penal e no Código da Execução das Penas e Medidas Privativas da Liberdade, a decisão que fixa a vigilância electrónica é revogada quando:

a) O arguido ou condenado revogar o consentimento;

b) O arguido ou condenado danificar o equipamento de monitorização, com intenção de impedir ou dificultar a vigilância, ou, por qualquer forma, iludir os serviços de vigilância ou se eximir a esta;

c) O arguido ou condenado violar gravemente os deveres a que está sujeito.

ARTIGO 15º
Termo da vigilância electrónica

1 – A decisão que determine o termo da vigilância electrónica da medida prevista na alínea *a*) do artigo 1º, e que não implique condução ao estabelecimento prisional, deve ser cumprida até às 24 horas do dia em que é recebida pelos serviços de reinserção social.

2 – A desinstalação dos equipamentos nos casos previstos nas alíneas *b*), *c*) e *d*) do artigo 1º, e que não implique condução ao estabelecimento prisional, ocorre durante a manhã do dia fixado na decisão para o seu termo.

3 – A decisão que, determinando o termo da vigilância electrónica, implique condução ao estabelecimento prisional, é comunicada em simultâneo aos serviços de reinserção social e ao órgão de polícia criminal competente.

4 – As entidades previstas no número anterior cooperam para que a diligência de condução do arguido ou condenado ao estabelecimento prisional seja cumprida no prazo de vinte e quatro horas, sendo imediatamente precedida pela desinstalação dos equipamentos de vigilância electrónica.

CAPÍTULO II
Parte especial

SECÇÃO I
Medida de coacção de obrigação de permanência na habitação

ARTIGO 16º
Execução

1 – A execução da medida prevista na alínea *a*) do artigo 1º, inicia-se após a instalação dos meios de vigilância electrónica, podendo o juiz, até ao início da execução, aplicar ao arguido as medidas de coacção que, entretanto, se mostrarem necessárias.

2 – O juiz pode associar à medida de coacção a obrigação de o arguido não contactar, por qualquer meio, com determinadas pessoas.

ARTIGO 17º
Relatórios periódicos

Os relatórios periódicos sobre a execução da medida de coacção referidos no nº 1 do artigo 10º têm periodicidade trimestral, devendo ser apresentados até cinco dias úteis antes do prazo para o respectivo reexame.

ARTIGO 18º
Reexame da decisão

1 – Oficiosamente, de três em três meses, o juiz procede ao reexame das condições em que foi decidida a utilização da vigilância electrónica e à avaliação da sua execução, mantendo, alterando ou revogando a decisão.

2 – Para efeitos do número anterior, o juiz ouve o Ministério Público e o arguido e considera o teor do relatório de execução trimestral elaborado pelos serviços de reinserção social.

SECÇÃO II
Pena de prisão em regime de permanência na habitação

ARTIGO 19º
Execução

1 – Se do processo não resultar a informação necessária para a execução da pena de prisão em regime de permanência na habitação, referida na alínea *b*) do artigo 1º, o tribunal solícita aos serviços de reinserção social a informação prévia prevista no nº 2 do artigo 7º, a elaborar no prazo de sete dias úteis.

2 – O tribunal notifica os serviços de reinserção social da sentença transitada em julgado que decida a execução da pena de prisão em regime de permanência na habitação, devendo estes serviços proceder à instalação dos equipamentos de vigilância eletrónica no prazo máximo de quarenta e oito horas.

(Redação dada pela Lei nº 94/2017, de 23-08)

ARTIGO 20º
Individualização da execução

1 – A execução da pena de prisão em regime de permanência na habitação orienta-se pelo princípio da individualização e tem por base a avaliação das necessidades de ressocialização do condenado.

2 – Sempre que a duração da pena for superior a seis meses ou sempre que o condenado não tiver ainda completado 21 anos de idade, os serviços de reinserção social elaboram um plano de reinserção social, que planifica as atividades e programas que visem a preparação do condenado para conduzir a sua vida de modo socialmente responsável, sem cometer crimes.

3 – O plano de reinserção social, a elaborar no prazo de 30 dias, é homologado pelo tribunal, bem como as alterações relevantes que venham a justificar-se no decurso da execução.

4 – (*Revogado.*)

(Redação dada pela Lei nº 94/2017, de 23-08)

ARTIGO 20º-A
Apoio social e económico

1 – A execução da pena de prisão em regime de permanência na habitação não afeta o direito aos benefícios de segurança social previstos na lei.

2 – No decurso da execução da pena de prisão em regime de permanência na habitação é prestado apoio social e económico ao condenado e ao seu agregado familiar que dele careçam para reforçar as condições de reinserção social.

3 – A execução da pena de prisão em regime de permanência na habitação não desobriga as entidades públicas competentes da prestação de apoio social e económico no âmbito das respetivas atribuições, designadamente em matéria de segurança e ação social, emprego, formação profissional, ensino e saúde.

(Aditado pela Lei nº 94/2017, de 23-08)

ARTIGO 21º
Relatórios periódicos

Os relatórios periódicos de execução previstos no nº 1 do artigo 10º são elaborados a meio da pena, quando esta for superior a seis meses, e cinco dias úteis antes do seu termo, salvo se o juiz tiver estabelecido outra periodicidade.

SECÇÃO III
Modificação da execução da pena de prisão de reclusos portadores de doença grave, evolutiva e irreversível ou de deficiência grave e permanente ou de idade avançada

ARTIGO 22º
Ausências do local de vigilância electrónica

Sem prejuízo do disposto no artigo 7º, a decisão que determine a modificação da execução da pena de prisão referida na alínea *d*) do artigo 1º especifica as autorizações de ausência necessárias à prestação de cuidados de saúde ao condenado portador de doença grave, evolutiva e irreversível ou de deficiência grave e permanente ou de idade avançada.

SECÇÃO IV
Adaptação à liberdade condicional com vigilância electrónica

ARTIGO 23º
Execução

1 – Tendo em vista o cumprimento do disposto no artigo 62º do Código Penal, o tribunal de execução das penas solicita aos serviços de reinserção social, para além do relatório previsto na alínea *b*) do nº 4 do artigo 188º do Código de Execução das Penas e Medidas Privativas da Liberdade, a informação prévia prevista no nº 2 do artigo 7º da presente lei, a qual pode ser acompanhada do plano de reinserção social para homologação.

2 – Para além do disposto no nº 2 do artigo 177º do Código da Execução das Penas e Medidas Privativas da Liberdade, o despacho que concede o período de adaptação à liberdade condicional determina ainda a data do seu termo, bem como a data de apreciação da liberdade condicional.

3 – O tribunal notifica os serviços de reinserção social da decisão, para os efeitos previstos no disposto no nº 7 do artigo 188º do Código de Execução das Penas e Medidas Privativas da Liberdade.

4 – A decisão de concessão da adaptação à liberdade condicional com vigilância electrónica pode determinar que o condenado mantenha as condições decorrentes do regime aberto voltado para o exterior a que estava sujeito.

ARTIGO 24º
Regime de progressividade da execução

1 – Sem prejuízo do disposto no nº 4 do artigo anterior, o tribunal pode determinar a execução da adaptação à liberdade condicional em regime de progressividade, com base nos relatórios previstos no nº 4 do artigo 188º do Código da Execução das Penas e das Medidas Privativas da Liberdade e em outros elementos que o tribunal solicite aos serviços de reinserção social, nos termos do nº 5 do artigo 188º do mesmo Código.

2 – O regime de progressividade consiste no faseamento da execução, de modo a que o confinamento inicial do condenado à habitação possa ser progressivamente reduzido, através da concessão de períodos de ausência destinados à prossecução de atividades úteis ao processo de ressocialização.

3 – O período diário de confinamento nunca pode ser inferior a doze horas, salvo situações excecionais a autorizar pelo juiz.

4 – O tribunal pode autorizar os serviços de reinserção social a administrar o regime de progressividade, sem prejuízo de ser informado, nos relatórios periódicos, da sua execução.

(Redação dada pela Lei nº 94/2017, de 23-08)

ARTIGO 25º
Relatórios periódicos

Os relatórios periódicos de execução previstos no nº 1 do artigo 10º são elaborados a meio do período de adaptação à liberdade condicional e cinco dias úteis antes da data prevista para apreciação da transição para liberdade condicional, salvo se o juiz tiver estabelecido outra periodicidade.

SECÇÃO V
Das medidas e penas de afastamento do arguido ou condenado em contexto de violência doméstica

ARTIGO 26º
Execução

1 – Para aplicação das medidas e penas referidas na alínea *e*) do artigo 1º, a informação mencionada no nº 2 do artigo 7º da presente lei e no nº 4 do artigo 35º da Lei nº 112/2009, de 16 de Setembro, deve ainda atender à compatibilidade da condição pessoal, familiar, laboral ou social da vítima com as exigências da vigilância electrónica.

2 – À utilização de meios técnicos de controlo à distância para fiscalização das medidas de afastamento é aplicável o regime previsto no artigo 36º da Lei nº 112/2009, de 16 de Setembro.

3 – A execução da medida ou pena inicia-se quando instalados todos os meios de vigilância electrónica junto da vítima e do arguido ou condenado.

ARTIGO 27º
Comunicações

1 – Para os efeitos previstos no nº 3 do artigo 35º da Lei nº 112/2009, de 16 de Setembro, os serviços de reinserção social comunicam aos serviços de apoio à vítima o início da execução da pena ou medida e as respectivas condições de aplicação.

2 – Durante a execução da medida, os serviços de reinserção social e os serviços de apoio à vítima comunicam reciprocamente qualquer circunstância susceptível de pôr em causa a protecção da vítima.

ARTIGO 28º
Relatórios periódicos

Os serviços de reinserção social remetem à autoridade judiciária competente relatórios trimestrais sobre a execução das medidas e penas, salvo se na decisão constar outra periodicidade.

SECÇÃO VI
Obrigação de permanência na habitação por crime de incêndio florestal

ARTIGO 28º-A
Execução

1 – Se do processo não resultar a informação necessária para a imposição da obrigação de permanência na habitação referida na alínea *f)* do artigo 1º, o tribunal solicita aos serviços de reinserção social a informação prévia prevista no nº 2 do artigo 7º, a elaborar no prazo de sete dias úteis.

2 – O tribunal notifica os serviços de reinserção social da decisão transitada em julgado que imponha a obrigação de permanência na habitação referida no número anterior, tendo em vista a instalação dos equipamentos de vigilância eletrónica para o período coincidente com os meses de maior risco de ocorrência de fogos.

(Aditado pela Lei nº 94/2017, de 23-08)

ARTIGO 28º-B
Ausências do local de vigilância eletrónica

Sem prejuízo do disposto no artigo 7º, a decisão que imponha a agente inimputável a obrigação de permanência na habitação referida na alínea *f)* do artigo 1º especifica as autorizações de ausência necessárias à submissão do condenado a tratamentos e regimes de cura ambulatórios apropriados.

(Aditado pela Lei nº 94/2017, de 23-08)

CAPÍTULO III
Do tratamento dos dados da vigilância electrónica

ARTIGO 29º
Base de dados

1 – Para efeitos da presente lei é criada e mantida pela DGRS uma base de dados constituída por:

a) Nome completo, data de nascimento, filiação, estado civil, sexo, naturalidade, nacionalidade, residência actual conhecida e número de identificação civil e fiscal dos arguidos ou condenados sujeitos a vigilância electrónica;

b) Indicação da medida ou pena aplicada;

c) Data de início, suspensão e fim da vigilância electrónica;

d) Tribunal e número de processo à ordem do qual foi decretada;

e) Tipos de crimes imputados;

f) Tipo de relação existente entre o arguido ou condenado e a vítima, em caso de prática de crimes de violência doméstica e conexos;

g) Data da prática dos factos;

h) Local de instalação da vigilância;
i) Registos da monitorização da vigilância electrónica.

2 – A DGRS é a entidade responsável pelo tratamento da base de dados referida no número anterior.

3 – A DGRS pode recolher imagens de rosto dos arguidos ou condenados para inserção no sistema informático de monitorização electrónica, apenas para acesso dos agentes intervenientes nas operações de vigilância electrónica, com a finalidade de reconhecimento do vigiado, não as podendo utilizar para outro efeito.

4 – A DGRS pode recolher e registar amostras de voz para verificação da permanência do vigiado em determinado local.

ARTIGO 30º
Acesso e rectificação dos dados

1 – Para além do titular, têm acesso à base de dados os técnicos dos serviços de reinserção social afectos aos serviços de vigilância electrónica e os das entidades referidas no nº 2 do artigo 9º, devidamente credenciados por aqueles para administrar o sistema informático, ficando todos obrigados ao sigilo profissional, mesmo após o termo das suas funções.

2 – Ao arguido ou condenado é reconhecido o direito de conhecer o conteúdo dos registos dos dados que lhe respeitem, bem como o direito a obter a sua actualização ou a correcção dos dados inexactos, o preenchimento dos total ou parcialmente omissos e a eliminação dos indevidamente registados, nos termos da alínea *d*) do nº 1 do artigo 11º da Lei da Protecção de Dados Pessoais, aprovada pela Lei nº 67/98, de 26 de Outubro.

ARTIGO 31º
Transmissão dos dados

As autoridades judiciárias e os órgãos de polícia criminal podem solicitar aos serviços de reinserção social informação da base de dados de vigilância electrónica para fins de investigação criminal.

ARTIGO 32º
Conservação de dados

1 – Os dados referidos no artigo 29º são conservados durante a execução das penas e medidas com vigilância electrónica e até 18 meses após o seu termo.

2 – Findo o prazo referido no número anterior, os dados são retirados do sistema informático e conservados em suporte adequado em arquivo próprio dos serviços de reinserção social.

3 – Exceptuam-se do disposto nos números anteriores os dados relativos à fiscalização do cumprimento de medida de coação que são imediatamente eliminados quando a decisão de arquivamento do inquérito se torne definitiva ou o despacho de não pronúncia ou a sentença absolutória transitem em julgado.

ARTIGO 33º
Destruição de dados

Os dados referentes aos vigiados sujeitos a vigilância electrónica conservados em suporte fora do sistema informático são destruídos três anos após a extinção da pena ou o fim da medida com vigilância electrónica.

ARTIGO 34º
Segurança da informação

1 – À base de dados devem ser conferidas as garantias de segurança necessárias a impedir a consulta, a modificação, a supressão, o adicionamento, a destruição ou a comunicação de dados por forma não consentida pela presente lei.

2 – São objecto de controlo, tendo em vista a segurança da informação:

a) Os suportes de dados e o respectivo transporte, a fim de impedir que possam ser lidos, divulgados, copiados, alterados ou eliminados por pessoa não autorizada;

b) A inserção de dados, a fim de impedir a introdução, bem como qualquer tomada de conhecimento, divulgação, alteração ou eliminação não autorizada de dados pessoais;

c) Os sistemas de tratamento de dados, para impedir que possam ser utilizados por pessoas não autorizadas, através de instalações de transmissão de dados;

d) O acesso aos dados, para que só as pessoas autorizadas possam ter acesso aos dados;

e) A transmissão dos dados, para garantir que a sua utilização seja limitada às entidades autorizadas;

f) A introdução de dados pessoais nos sistemas de tratamento, de forma a verificar-se que dados foram introduzidos, quando e por quem.

ARTIGO 35º
Norma subsidiária

As disposições do presente capítulo são interpretadas e complementadas nos termos da Lei da Protecção de Dados Pessoais, aprovada pela Lei nº 67/98, de 26 de Outubro.

CAPÍTULO IV
Disposições finais

ARTIGO 36º
Comunicações

As comunicações efectuadas entre o tribunal e os serviços de reinserção social são realizadas preferencialmente por via electrónica, devendo, neste caso, ser tomadas as medidas adequadas para assegurar a segurança da informação, de modo a impedir o risco de esta ser vista e utilizada por terceiros não autorizados.

ARTIGO 37º
Norma revogatória

É revogada a Lei nº 122/99, de 20 de Agosto, e o artigo 2º da Lei nº 115/2009, de 12 de Outubro.

ARTIGO 38º
Entrada em vigor

A presente lei entra em vigor 30 dias após a sua publicação.

Aprovada em 22 de Julho de 2010.

O Presidente da Assembleia da República, *Jaime Gama*.

Promulgada em 20 de Agosto de 2010.

Publique-se.

O Presidente da República, ANÍBAL CAVACO SILVA.

Referendada em 23 de Agosto de 2010.

O Primeiro-Ministro, *José Sócrates Carvalho Pinto de Sousa*.

Lei do Cibercrime

Lei nº 109/2009, de 15 de setembro

Aprova a Lei do Cibercrime, transpondo para a ordem jurídica interna a Decisão Quadro nº 2005/222/JAI, do Conselho, de 24 de Fevereiro, relativa a ataques contra sistemas de informação, e adapta o direito interno à Convenção sobre Cibercrime do Conselho da Europa

A Assembleia da República decreta, nos termos da alínea *c*) do artigo 161º da Constituição, o seguinte:

CAPÍTULO I
Objecto e definições

ARTIGO 1º
Objecto

A presente lei estabelece as disposições penais materiais e processuais, bem como as disposições relativas à cooperação internacional em matéria penal, relativas ao domínio do cibercrime e da recolha de prova em suporte electrónico, transpondo para a ordem jurídica interna a Decisão Quadro nº 2005/222/JAI, do Conselho, de 24 de Fevereiro, relativa a ataques contra sistemas de informação, e adaptando o direito interno à Convenção sobre Cibercrime do Conselho da Europa.

ARTIGO 2º
Definições

Para efeitos da presente lei, considera-se:

a) «Sistema informático», qualquer dispositivo ou conjunto de dispositivos interligados ou associados, em que um ou mais de entre eles desenvolve, em execução de um programa, o tratamento automatizado de dados informáticos, bem como a rede que suporta a comunicação entre eles e o conjunto de dados informáticos armazenados, tratados, recuperados ou transmitidos por aquele ou aqueles dispositivos, tendo em vista o seu funcionamento, utilização, protecção e manutenção;

b) «Dados informáticos», qualquer representação de factos, informações ou conceitos sob uma forma susceptível de processamento num sistema informático, incluindo os programas aptos a fazerem um sistema informático executar uma função;

c) «Dados de tráfego», os dados informáticos relacionados com uma comunicação efectuada por meio de um sistema informático, gerados por este sistema como elemento de uma cadeia de comunicação, indicando a origem da comunicação, o destino, o trajecto, a hora, a data, o tamanho, a duração ou o tipo do serviço subjacente;

d) «Fornecedor de serviço», qualquer entidade, pública ou privada, que faculte aos utilizadores dos seus serviços a possibilidade de comunicar por meio de um sistema informático, bem como qualquer outra entidade que trate ou armazene dados informáticos em nome e por conta daquela entidade fornecedora de serviço ou dos respectivos utilizadores;

e) «Intercepção», o acto destinado a captar informações contidas num sistema informático, através de dispositivos electromagnéticos, acústicos, mecânicos ou outros;

f) «Topografia», uma série de imagens ligadas entre si, independentemente do modo como são fixadas ou codificadas, que representam a configuração tridimensional das camadas que compõem um produto semicondutor e na qual cada imagem reproduz o desenho, ou parte dele, de uma superfície do produto semicondutor, independentemente da fase do respectivo fabrico;

g) «Produto semicondutor», a forma final ou intermédia de qualquer produto, composto por um substrato que inclua uma camada de material semicondutor e constituído por uma ou várias camadas de matérias condutoras, isolantes ou semicondutoras, segundo uma disposição conforme a uma configuração tridimensional e destinada a cumprir, exclusivamente ou não, uma função electrónica.

CAPÍTULO II
Disposições penais materiais

ARTIGO 3º
Falsidade informática

1 – Quem, com intenção de provocar engano nas relações jurídicas, introduzir, modificar, apagar ou suprimir dados informáticos ou por qualquer outra forma interferir num tratamento informático de dados, produzindo dados ou documentos não genuínos, com a intenção de que estes sejam considerados ou utilizados para finalidades juridicamente relevantes como se o fossem, é punido com pena de prisão até 5 anos ou multa de 120 a 600 dias.

2 – Quando as acções descritas no número anterior incidirem sobre os dados registados ou incorporados em cartão bancário de pagamento ou em qualquer outro dispositivo que permita o acesso a sistema ou meio de pagamento, a sistema de comunicações ou a serviço de acesso condicionado, a pena é de 1 a 5 anos de prisão.

3 – Quem, actuando com intenção de causar prejuízo a outrem ou de obter um benefício ilegítimo, para si ou para terceiro, usar documento produzido a partir de dados informáticos que foram objecto dos actos referidos no nº 1 ou cartão ou outro dispositivo no qual se encontrem registados ou incorporados os dados objecto dos actos referidos no número anterior, é punido com as penas previstas num e noutro número, respectivamente.

4 – Quem importar, distribuir, vender ou detiver para fins comerciais qualquer dispositivo que permita o acesso a sistema ou meio de pagamento, a sistema de comunicações ou a serviço de acesso condicionado, sobre o qual tenha sido praticada qualquer das acções prevista no nº 2, é punido com pena de prisão de 1 a 5 anos.

5 – Se os factos referidos nos números anteriores forem praticados por funcionário no exercício das suas funções, a pena é de prisão de 2 a 5 anos.

ARTIGO 4º
Dano relativo a programas ou outros dados informáticos

1 – Quem, sem permissão legal ou sem para tanto estar autorizado pelo proprietário, por outro titular do direito do sistema ou de parte dele, apagar, alterar, destruir, no todo ou em parte, danificar, suprimir ou tornar não utilizáveis ou não acessíveis programas ou outros dados informáticos alheios ou por qualquer forma lhes afectar a capacidade de uso, é punido com pena de prisão até 3 anos ou pena de multa.

2 – A tentativa é punível.

3 – Incorre na mesma pena do nº 1 quem ilegitimamente produzir, vender, distribuir ou por qualquer outra forma disseminar ou introduzir num ou mais sistemas informáticos dispositivos, programas ou outros dados informáticos destinados a produzir as acções não autorizadas descritas nesse número.

4 – Se o dano causado for de valor elevado, a pena é de prisão até 5 anos ou de multa até 600 dias.

5 – Se o dano causado for de valor consideravelmente elevado, a pena é de prisão de 1 a 10 anos.

6 – Nos casos previstos nos nºs 1, 2 e 4 o procedimento penal depende de queixa.

ARTIGO 5º
Sabotagem informática

1 – Quem, sem permissão legal ou sem para tanto estar autorizado pelo proprietário, por outro titular do direito do sistema ou de parte dele, entravar, impedir, interromper ou perturbar gravemente o funcionamento de um sistema informático, através da introdução, transmissão, deterioração, danificação, alteração, apagamento, impedimento do acesso ou supressão de programas ou outros dados informáticos

ou de qualquer outra forma de interferência em sistema informático, é punido com pena de prisão até 5 anos ou com pena de multa até 600 dias.

2 – Na mesma pena incorre quem ilegitimamente produzir, vender, distribuir ou por qualquer outra forma disseminar ou introduzir num ou mais sistemas informáticos dispositivos, programas ou outros dados informáticos destinados a produzir as acções não autorizadas descritas no número anterior.

3 – Nos casos previstos no número anterior, a tentativa não é punível.

4 – A pena é de prisão de 1 a 5 anos se o dano emergente da perturbação for de valor elevado.

5 – A pena é de prisão de 1 a 10 anos se:

a) O dano emergente da perturbação for de valor consideravelmente elevado;

b) A perturbação causada atingir de forma grave ou duradoura um sistema informático que apoie uma actividade destinada a assegurar funções sociais críticas, nomeadamente as cadeias de abastecimento, a saúde, a segurança e o bem-estar económico das pessoas, ou o funcionamento regular dos serviços públicos.

ARTIGO 6º
Acesso ilegítimo

1 – Quem, sem permissão legal ou sem para tanto estar autorizado pelo proprietário, por outro titular do direito do sistema ou de parte dele, de qualquer modo aceder a um sistema informático, é punido com pena de prisão até 1 ano ou com pena de multa até 120 dias.

2 – Na mesma pena incorre quem ilegitimamente produzir, vender, distribuir ou por qualquer outra forma disseminar ou introduzir num ou mais sistemas informáticos dispositivos, programas, um conjunto executável de instruções, um código ou outros dados informáticos destinados a produzir as acções não autorizadas descritas no número anterior.

3 – A pena é de prisão até 3 anos ou multa se o acesso for conseguido através de violação de regras de segurança.

4 – A pena é de prisão de 1 a 5 anos quando:

a) Através do acesso, o agente tiver tomado conhecimento de segredo comercial ou industrial ou de dados confidenciais, protegidos por lei; ou

b) O benefício ou vantagem patrimonial obtidos forem de valor consideravelmente elevado.

5 – A tentativa é punível, salvo nos casos previstos no nº 2.

6 – Nos casos previstos nos nºs 1, 3 e 5 o procedimento penal depende de queixa.

ARTIGO 7º
Intercepção ilegítima

1 – Quem, sem permissão legal ou sem para tanto estar autorizado pelo proprietário, por outro titular do direito do sistema ou de parte dele, e através de meios técnicos, interceptar transmissões de dados informáticos que se processam no interior

de um sistema informático, a ele destinadas ou dele provenientes, é punido com pena de prisão até 3 anos ou com pena de multa.

2 – A tentativa é punível.

3 – Incorre na mesma pena prevista no nº 1 quem ilegitimamente produzir, vender, distribuir ou por qualquer outra forma disseminar ou introduzir num ou mais sistemas informáticos dispositivos, programas ou outros dados informáticos destinados a produzir as acções não autorizadas descritas no mesmo número.

ARTIGO 8º
Reprodução ilegítima de programa protegido

1 – Quem ilegitimamente reproduzir, divulgar ou comunicar ao público um programa informático protegido por lei é punido com pena de prisão até 3 anos ou com pena de multa.

2 – Na mesma pena incorre quem ilegitimamente reproduzir topografia de um produto semicondutor ou a explorar comercialmente ou importar, para estes fins, uma topografia ou um produto semicondutor fabricado a partir dessa topografia.

3 – A tentativa é punível.

ARTIGO 9º
Responsabilidade penal das pessoas colectivas e entidades equiparadas

As pessoas colectivas e entidades equiparadas são penalmente responsáveis pelos crimes previstos na presente lei nos termos e limites do regime de responsabilização previsto no Código Penal.

ARTIGO 10º
Perda de bens

1 – O tribunal pode decretar a perda a favor do Estado dos objectos, materiais, equipamentos ou dispositivos que tiverem servido para a prática dos crimes previstos na presente lei e pertencerem a pessoa que tenha sido condenada pela sua prática.

2 – À avaliação, utilização, alienação e indemnização de bens apreendidos pelos órgãos de polícia criminal que sejam susceptíveis de vir a ser declarados perdidos a favor do Estado é aplicável o disposto no Decreto-Lei nº 11/2007, de 19 de Janeiro.

CAPÍTULO III
Disposições processuais

ARTIGO 11º
Âmbito de aplicação das disposições processuais

1 – Com excepção do disposto nos artigos 18º e 19º, as disposições processuais previstas no presente capítulo aplicam-se a processos relativos a crimes:

a) Previstos na presente lei;

b) Cometidos por meio de um sistema informático; ou

c) Em relação aos quais seja necessário proceder à recolha de prova em suporte electrónico.

2 – As disposições processuais previstas no presente capítulo não prejudicam o regime da Lei nº 32/2008, de 17 de Julho.

ARTIGO 12º
Preservação expedita de dados

1 – Se no decurso do processo for necessário à produção de prova, tendo em vista a descoberta da verdade, obter dados informáticos específicos armazenados num sistema informático, incluindo dados de tráfego, em relação aos quais haja receio de que possam perder-se, alterar-se ou deixar de estar disponíveis, a autoridade judiciária competente ordena a quem tenha disponibilidade ou controlo desses dados, designadamente a fornecedor de serviço, que preserve os dados em causa.

2 – A preservação pode também ser ordenada pelo órgão de polícia criminal mediante autorização da autoridade judiciária competente ou quando haja urgência ou perigo na demora, devendo aquele, neste último caso, dar notícia imediata do facto à autoridade judiciária e transmitir-lhe o relatório previsto no artigo 253º do Código de Processo Penal.

3 – A ordem de preservação discrimina, sob pena de nulidade:

a) A natureza dos dados;

b) A sua origem e destino, se forem conhecidos; e

c) O período de tempo pelo qual deverão ser preservados, até um máximo de três meses.

4 – Em cumprimento de ordem de preservação que lhe seja dirigida, quem tenha disponibilidade ou controlo sobre esses dados, designadamente o fornecedor de serviço, preserva de imediato os dados em causa, protegendo e conservando a sua integridade pelo tempo fixado, de modo a permitir à autoridade judiciária competente a sua obtenção, e fica obrigado a assegurar a confidencialidade da aplicação da medida processual.

5 – A autoridade judiciária competente pode ordenar a renovação da medida por períodos sujeitos ao limite previsto na alínea *c*) do nº 3, desde que se verifiquem os respectivos requisitos de admissibilidade, até ao limite máximo de um ano.

ARTIGO 13º
Revelação expedita de dados de tráfego

Tendo em vista assegurar a preservação dos dados de tráfego relativos a uma determinada comunicação, independentemente do número de fornecedores de serviço que nela participaram, o fornecedor de serviço a quem essa preservação tenha sido ordenada nos termos do artigo anterior indica à autoridade judiciária ou ao órgão de polícia criminal, logo que o souber, outros fornecedores de serviço através dos quais aquela comunicação tenha sido efectuada, tendo em vista permitir identificar todos os fornecedores de serviço e a via através da qual aquela comunicação foi efectuada.

ARTIGO 14º
Injunção para apresentação ou concessão do acesso a dados

1 – Se no decurso do processo se tornar necessário à produção de prova, tendo em vista a descoberta da verdade, obter dados informáticos específicos e determinados, armazenados num determinado sistema informático, a autoridade judiciária competente ordena a quem tenha disponibilidade ou controlo desses dados que os comunique ao processo ou que permita o acesso aos mesmos, sob pena de punição por desobediência.

2 – A ordem referida no número anterior identifica os dados em causa.

3 – Em cumprimento da ordem descrita nos nºs 1 e 2, quem tenha disponibilidade ou controlo desses dados comunica esses dados à autoridade judiciária competente ou permite, sob pena de punição por desobediência, o acesso ao sistema informático onde os mesmos estão armazenados.

4 – O disposto no presente artigo é aplicável a fornecedores de serviço, a quem pode ser ordenado que comuniquem ao processo dados relativos aos seus clientes ou assinantes, neles se incluindo qualquer informação diferente dos dados relativos ao tráfego ou ao conteúdo, contida sob a forma de dados informáticos ou sob qualquer outra forma, detida pelo fornecedor de serviços, e que permita determinar:

a) O tipo de serviço de comunicação utilizado, as medidas técnicas tomadas a esse respeito e o período de serviço;

b) A identidade, a morada postal ou geográfica e o número de telefone do assinante, e qualquer outro número de acesso, os dados respeitantes à facturação e ao pagamento, disponíveis com base num contrato ou acordo de serviços; ou

c) Qualquer outra informação sobre a localização do equipamento de comunicação, disponível com base num contrato ou acordo de serviços.

5 – A injunção prevista no presente artigo não pode ser dirigida a suspeito ou arguido nesse processo.

6 – Não pode igualmente fazer-se uso da injunção prevista neste artigo quanto a sistemas informáticos utilizados para o exercício da advocacia, das actividades médica e bancária e da profissão de jornalista.

7 – O regime de segredo profissional ou de funcionário e de segredo de Estado previsto no artigo 182º do Código de Processo Penal é aplicável com as necessárias adaptações.

ARTIGO 15º
Pesquisa de dados informáticos

1 – Quando no decurso do processo se tornar necessário à produção de prova, tendo em vista a descoberta da verdade, obter dados informáticos específicos e determinados, armazenados num determinado sistema informático, a autoridade judiciária competente autoriza ou ordena por despacho que se proceda a uma pesquisa nesse sistema informático, devendo, sempre que possível, presidir à diligência.

2 – O despacho previsto no número anterior tem um prazo de validade máximo de 30 dias, sob pena de nulidade.

3 – O órgão de polícia criminal pode proceder à pesquisa, sem prévia autorização da autoridade judiciária, quando:

a) A mesma for voluntariamente consentida por quem tiver a disponibilidade ou controlo desses dados, desde que o consentimento prestado fique, por qualquer forma, documentado;

b) Nos casos de terrorismo, criminalidade violenta ou altamente organizada, quando haja fundados indícios da prática iminente de crime que ponha em grave risco a vida ou a integridade de qualquer pessoa.

4 – Quando o órgão de polícia criminal proceder à pesquisa nos termos do número anterior:

a) No caso previsto na alínea *b*), a realização da diligência é, sob pena de nulidade, imediatamente comunicada à autoridade judiciária competente e por esta apreciada em ordem à sua validação;

b) Em qualquer caso, é elaborado e remetido à autoridade judiciária competente o relatório previsto no artigo 253º do Código de Processo Penal.

5 – Quando, no decurso de pesquisa, surgirem razões para crer que os dados procurados se encontram noutro sistema informático, ou numa parte diferente do sistema pesquisado, mas que tais dados são legitimamente acessíveis a partir do sistema inicial, a pesquisa pode ser estendida mediante autorização ou ordem da autoridade competente, nos termos dos nºs 1 e 2.

6 – À pesquisa a que se refere este artigo são aplicáveis, com as necessárias adaptações, as regras de execução das buscas previstas no Código de Processo Penal e no Estatuto do Jornalista.

ARTIGO 16º
Apreensão de dados informáticos

1 – Quando, no decurso de uma pesquisa informática ou de outro acesso legítimo a um sistema informático, forem encontrados dados ou documentos informáticos necessários à produção de prova, tendo em vista a descoberta da verdade, a autoridade judiciária competente autoriza ou ordena por despacho a apreensão dos mesmos.

2 – O órgão de polícia criminal pode efectuar apreensões, sem prévia autorização da autoridade judiciária, no decurso de pesquisa informática legitimamente ordenada e executada nos termos do artigo anterior, bem como quando haja urgência ou perigo na demora.

3 – Caso sejam apreendidos dados ou documentos informáticos cujo conteúdo seja susceptível de revelar dados pessoais ou íntimos, que possam pôr em causa a privacidade do respectivo titular ou de terceiro, sob pena de nulidade esses dados ou documentos são apresentados ao juiz, que ponderará a sua junção aos autos tendo em conta os interesses do caso concreto.

4 – As apreensões efectuadas por órgão de polícia criminal são sempre sujeitas a validação pela autoridade judiciária, no prazo máximo de 72 horas.

5 – As apreensões relativas a sistemas informáticos utilizados para o exercício da advocacia e das actividades médica e bancária estão sujeitas, com as necessárias adaptações, às regras e formalidades previstas no Código de Processo Penal e as relativas a sistemas informáticos utilizados para o exercício da profissão de jornalista estão sujeitas, com as necessárias adaptações, às regras e formalidades previstas no Estatuto do Jornalista.

6 – O regime de segredo profissional ou de funcionário e de segredo de Estado previsto no artigo 182º do Código de Processo Penal é aplicável com as necessárias adaptações.

7 – A apreensão de dados informáticos, consoante seja mais adequado e proporcional, tendo em conta os interesses do caso concreto, pode, nomeadamente, revestir as formas seguintes:

a) Apreensão do suporte onde está instalado o sistema ou apreensão do suporte onde estão armazenados os dados informáticos, bem como dos dispositivos necessários à respectiva leitura;

b) Realização de uma cópia dos dados, em suporte autónomo, que será junto ao processo;

c) Preservação, por meios tecnológicos, da integridade dos dados, sem realização de cópia nem remoção dos mesmos; ou

d) Eliminação não reversível ou bloqueio do acesso aos dados.

8 – No caso da apreensão efectuada nos termos da alínea *b*) do número anterior, a cópia é efectuada em duplicado, sendo uma das cópias selada e confiada ao secretário judicial dos serviços onde o processo correr os seus termos e, se tal for tecnicamente possível, os dados apreendidos são certificados por meio de assinatura digital.

ARTIGO 17º
Apreensão de correio electrónico e registos de comunicações de natureza semelhante

Quando, no decurso de uma pesquisa informática ou outro acesso legítimo a um sistema informático, forem encontrados, armazenados nesse sistema informático ou noutro a que seja permitido o acesso legítimo a partir do primeiro, mensagens de correio electrónico ou registos de comunicações de natureza semelhante, o juiz pode autorizar ou ordenar, por despacho, a apreensão daqueles que se afigurem ser de grande interesse para a descoberta da verdade ou para a prova, aplicando-se correspondentemente o regime da apreensão de correspondência previsto no Código de Processo Penal.

ARTIGO 18º
Intercepção de comunicações

1 – É admissível o recurso à intercepção de comunicações em processos relativos a crimes:

a) Previstos na presente lei; ou

b) Cometidos por meio de um sistema informático ou em relação aos quais seja necessário proceder à recolha de prova em suporte electrónico, quando tais crimes se encontrem previstos no artigo 187º do Código de Processo Penal.

2 – A intercepção e o registo de transmissões de dados informáticos só podem ser autorizados durante o inquérito, se houver razões para crer que a diligência é indispensável para a descoberta da verdade ou que a prova seria, de outra forma, impossível ou muito difícil de obter, por despacho fundamentado do juiz de instrução e mediante requerimento do Ministério Público.

3 – A intercepção pode destinar-se ao registo de dados relativos ao conteúdo das comunicações ou visar apenas a recolha e registo de dados de tráfego, devendo o despacho referido no número anterior especificar o respectivo âmbito, de acordo com as necessidades concretas da investigação.

4 – Em tudo o que não for contrariado pelo presente artigo, à intercepção e registo de transmissões de dados informáticos é aplicável o regime da intercepção e gravação de conversações ou comunicações telefónicas constante dos artigos 187º, 188º e 190º do Código de Processo Penal.

ARTIGO 19º
Acções encobertas

1 – É admissível o recurso às acções encobertas previstas na Lei nº 101/2001, de 25 de Agosto, nos termos aí previstos, no decurso de inquérito relativo aos seguintes crimes:

a) Os previstos na presente lei;

b) Os cometidos por meio de um sistema informático, quando lhes corresponda, em abstracto, pena de prisão de máximo superior a 5 anos ou, ainda que a pena seja inferior, e sendo dolosos, os crimes contra a liberdade e autodeterminação sexual nos casos em que os ofendidos sejam menores ou incapazes, a burla qualificada, a burla informática e nas comunicações, a discriminação racial, religiosa ou sexual, as infracções económico-financeiras, bem como os crimes consagrados no título IV do Código do Direito de Autor e dos Direitos Conexos.

2 – Sendo necessário o recurso a meios e dispositivos informáticos observam-se, naquilo que for aplicável, as regras previstas para a intercepção de comunicações.

CAPÍTULO IV
Cooperação internacional

ARTIGO 20º
Âmbito da cooperação internacional

As autoridades nacionais competentes cooperam com as autoridades estrangeiras competentes para efeitos de investigações ou procedimentos respeitantes a crimes relacionados com sistemas ou dados informáticos, bem como para efeitos de recolha de prova, em suporte electrónico, de um crime, de acordo com as normas sobre transferência de dados pessoais previstas na Lei nº 67/98, de 26 de Outubro.

ARTIGO 21º
Ponto de contacto permanente para a cooperação internacional

1 – Para fins de cooperação internacional, tendo em vista a prestação de assistência imediata para os efeitos referidos no artigo anterior, a Polícia Judiciária assegura a manutenção de uma estrutura que garante um ponto de contacto disponível em permanência, vinte e quatro horas por dia, sete dias por semana.

2 – Este ponto de contacto pode ser contactado por outros pontos de contacto, nos termos de acordos, tratados ou convenções a que Portugal se encontre vinculado, ou em cumprimento de protocolos de cooperação internacional com organismos judiciários ou policiais.

3 – A assistência imediata prestada por este ponto de contacto permanente inclui:

a) A prestação de aconselhamento técnico a outros pontos de contacto;

b) A preservação expedita de dados nos casos de urgência ou perigo na demora, em conformidade com o disposto no artigo seguinte;

c) A recolha de prova para a qual seja competente nos casos de urgência ou perigo na demora;

d) A localização de suspeitos e a prestação de informações de carácter jurídico, nos casos de urgência ou perigo na demora;

e) A transmissão imediata ao Ministério Público de pedidos relativos às medidas referidas nas alíneas *b*) a *d*), fora dos casos aí previstos, tendo em vista a sua rápida execução.

4 – Sempre que actue ao abrigo das alíneas *b*) a *d*) do número anterior, a Polícia Judiciária dá notícia imediata do facto ao Ministério Público e remete-lhe o relatório previsto no artigo 253º do Código de Processo Penal.

ARTIGO 22º
Preservação e revelação expeditas de dados informáticos em cooperação internacional

1 – Pode ser solicitada a Portugal a preservação expedita de dados informáticos armazenados em sistema informático aqui localizado, relativos a crimes previstos no artigo 11º, com vista à apresentação de um pedido de auxílio judiciário para fins de pesquisa, apreensão e divulgação dos mesmos.

2 – A solicitação especifica:

a) A autoridade que pede a preservação;

b) A infracção que é objecto de investigação ou procedimento criminal, bem como uma breve exposição dos factos relacionados;

c) Os dados informáticos a conservar e a sua relação com a infracção;

d) Todas as informações disponíveis que permitam identificar o responsável pelos dados informáticos ou a localização do sistema informático;

e) A necessidade da medida de preservação; e

f) A intenção de apresentação de um pedido de auxílio judiciário para fins de pesquisa, apreensão e divulgação dos dados.

3 – Em execução de solicitação de autoridade estrangeira competente nos termos dos números anteriores, a autoridade judiciária competente ordena a quem tenha disponibilidade ou controlo desses dados, designadamente a fornecedor de serviço, que os preserve.

4 – A preservação pode também ser ordenada pela Polícia Judiciária mediante autorização da autoridade judiciária competente ou quando haja urgência ou perigo na demora, sendo aplicável, neste último caso, o disposto no nº 4 do artigo anterior.

5 – A ordem de preservação especifica, sob pena de nulidade:

a) A natureza dos dados;

b) Se forem conhecidos, a origem e o destino dos mesmos; e

c) O período de tempo pelo qual os dados devem ser preservados, até um máximo de três meses.

6 – Em cumprimento de ordem de preservação que lhe seja dirigida, quem tem disponibilidade ou controlo desses dados, designadamente o fornecedor de serviço, preserva de imediato os dados em causa pelo período de tempo especificado, protegendo e conservando a sua integridade.

7 – A autoridade judiciária competente, ou a Polícia Judiciária mediante autorização daquela autoridade, podem ordenar a renovação da medida por períodos sujeitos ao limite previsto na alínea *c*) do nº 5, desde que se verifiquem os respectivos requisitos de admissibilidade, até ao limite máximo de um ano.

8 – Quando seja apresentado o pedido de auxílio referido no nº 1, a autoridade judiciária competente para dele decidir determina a preservação dos dados até à adopção de uma decisão final sobre o pedido.

9 – Os dados preservados ao abrigo do presente artigo apenas podem ser fornecidos:

a) À autoridade judiciária competente, em execução do pedido de auxílio referido no nº 1, nos mesmos termos em que poderiam sê-lo, em caso nacional semelhante, ao abrigo dos artigos 13º a 17º;

b) À autoridade nacional que emitiu a ordem de preservação, nos mesmos termos em que poderiam sê-lo, em caso nacional semelhante, ao abrigo do artigo 13º

10 – A autoridade nacional à qual, nos termos do número anterior, sejam comunicados dados de tráfego identificadores de fornecedor de serviço e da via através dos quais a comunicação foi efectuada, comunica-os rapidamente à autoridade requerente, por forma a permitir a essa autoridade a apresentação de nova solicitação de preservação expedita de dados informáticos.

11 – O disposto nos nºs 1 e 2 aplica-se, com as devidas adaptações, aos pedidos formulados pelas autoridades portuguesas.

ARTIGO 23º
Motivos de recusa

1 – A solicitação de preservação ou revelação expeditas de dados informáticos é recusada quando:

a) Os dados informáticos em causa respeitarem a infracção de natureza política ou infracção conexa segundo as concepções do direito português;

b) Atentar contra a soberania, segurança, ordem pública ou outros interesses da República Portuguesa, constitucionalmente definidos;

c) O Estado terceiro requisitante não oferecer garantias adequadas de protecção dos dados pessoais.

2 – A solicitação de preservação expedita de dados informáticos pode ainda ser recusada quando houver fundadas razões para crer que a execução de pedido de auxílio judiciário subsequente para fins de pesquisa, apreensão e divulgação de tais dados será recusado por ausência de verificação do requisito da dupla incriminação.

ARTIGO 24º
Acesso a dados informáticos em cooperação internacional

1 – Em execução de pedido de autoridade estrangeira competente, a autoridade judiciária competente pode proceder à pesquisa, apreensão e divulgação de dados informáticos armazenados em sistema informático localizado em Portugal, relativos a crimes previstos no artigo 11º, quando se trata de situação em que a pesquisa e apreensão são admissíveis em caso nacional semelhante.

2 – A autoridade judiciária competente procede com a maior rapidez possível quando existam razões para crer que os dados informáticos em causa são especialmente vulneráveis à perda ou modificação ou quando a cooperação rápida se encontre prevista em instrumento internacional aplicável.

3 – O disposto no nº 1 aplica-se, com as devidas adaptações, aos pedidos formulados pelas autoridades judiciárias portuguesas.

ARTIGO 25º
Acesso transfronteiriço a dados informáticos armazenados quando publicamente disponíveis ou com consentimento

As autoridades estrangeiras competentes, sem necessidade de pedido prévio às autoridades portuguesas, de acordo com as normas sobre transferência de dados pessoais previstas na Lei nº 67/98, de 26 de Outubro, podem:

a) Aceder a dados informáticos armazenados em sistema informático localizado em Portugal, quando publicamente disponíveis;

b) Receber ou aceder, através de sistema informático localizado no seu território, a dados informáticos armazenados em Portugal, mediante consentimento legal e voluntário de pessoa legalmente autorizada a divulgá-los.

ARTIGO 26º
Intercepção de comunicações em cooperação internacional

1 – Em execução de pedido da autoridade estrangeira competente, pode ser autorizada pelo juiz a intercepção de transmissões de dados informáticos realizadas por via de um sistema informático localizado em Portugal, desde que tal esteja previsto em acordo, tratado ou convenção internacional e se trate de situação em que tal intercepção seja admissível, nos termos do artigo 18º, em caso nacional semelhante.

2 – É competente para a recepção dos pedidos de intercepção a Polícia Judiciária, que os apresentará ao Ministério Público, para que os apresente ao juiz de instrução criminal da comarca de Lisboa para autorização.

3 – O despacho de autorização referido no artigo anterior permite também a transmissão imediata da comunicação para o Estado requerente, se tal procedimento estiver previsto no acordo, tratado ou convenção internacional com base no qual é feito o pedido.

4 – O disposto no nº 1 aplica-se, com as devidas adaptações, aos pedidos formulados pelas autoridades judiciárias portuguesas.

CAPÍTULO V
Disposições finais e transitórias

ARTIGO 27º
Aplicação no espaço da lei penal portuguesa e competência dos tribunais portugueses

1 – Para além do disposto no Código Penal em matéria de aplicação no espaço da lei penal portuguesa, e salvo tratado ou convenção internacional em contrário, para efeitos da presente lei, a lei penal portuguesa é ainda aplicável a factos:

a) Praticados por Portugueses, se aos mesmos não for aplicável a lei penal de nenhum outro Estado;

b) Cometidos em benefício de pessoas colectivas com sede em território português;

c) Fisicamente praticados em território português, ainda que visem sistemas informáticos localizados fora desse território; ou

d) Que visem sistemas informáticos localizados em território português, independentemente do local onde esses factos forem fisicamente praticados.

2 – Se, em função da aplicabilidade da lei penal portuguesa, forem simultaneamente competentes para conhecer de um dos crimes previstos na presente lei os tribunais portugueses e os tribunais de outro Estado membro da União Europeia, podendo em qualquer um deles ser validamente instaurado ou prosseguido o procedimento penal com base nos mesmos factos, a autoridade judiciária competente recorre aos órgãos e mecanismos instituídos no seio da União Europeia para facilitar

a cooperação entre as autoridades judiciárias dos Estados membros e a coordenação das respectivas acções, por forma a decidir qual dos dois Estados instaura ou prossegue o procedimento contra os agentes da infracção, tendo em vista centralizá-lo num só deles.

3 – A decisão de aceitação ou transmissão do procedimento é tomada pela autoridade judiciária competente, tendo em conta, sucessivamente, os seguintes elementos:

a) O local onde foi praticada a infracção;
b) A nacionalidade do autor dos factos; e
c) O local onde o autor dos factos foi encontrado.

4 – São aplicáveis aos crimes previstos na presente lei as regras gerais de competência dos tribunais previstas no Código de Processo Penal.

5 – Em caso de dúvida quanto ao tribunal territorialmente competente, designadamente por não coincidirem o local onde fisicamente o agente actuou e o local onde está fisicamente instalado o sistema informático visado com a sua actuação, a competência cabe ao tribunal onde primeiro tiver havido notícia dos factos.

ARTIGO 28º
Regime geral aplicável

Em tudo o que não contrarie o disposto na presente lei, aplicam-se aos crimes, às medidas processuais e à cooperação internacional em matéria penal nela previstos, respectivamente, as disposições do Código Penal, do Código de Processo Penal e da Lei nº 144/99, de 31 de Agosto.

ARTIGO 29º
Competência da Polícia Judiciária para a cooperação internacional

A competência atribuída pela presente lei à Polícia Judiciária para efeitos de cooperação internacional é desempenhada pela unidade orgânica a quem se encontra cometida a investigação dos crimes previstos na presente lei.

ARTIGO 30º
Protecção de dados pessoais

O tratamento de dados pessoais ao abrigo da presente lei efectua-se de acordo com o disposto na Lei nº 67/98, de 26 de Outubro, sendo aplicável, em caso de violação, o disposto no respectivo capítulo VI.

ARTIGO 31º
Norma revogatória

É revogada a Lei nº 109/91, de 17 de Agosto.

ARTIGO 32º
Entrada em vigor

A presente lei entra em vigor 30 dias após a sua publicação.

Aprovada em 23 de Julho de 2009.

O Presidente da Assembleia da República, *Jaime Gama.*

Promulgada em 29 de Agosto de 2009.

Publique-se.

O Presidente da República, ANÍBAL CAVACO SILVA.

Referendada em 31 de Agosto de 2009.

O Primeiro-Ministro, *José Sócrates Carvalho Pinto de Sousa.*

Lei de Saúde Mental

Lei nº 36/98, de 24 de julho

A Assembleia da República decreta, nos termos da alínea *c*) do artigo 161º, das alíneas *a*) e *b*) do nº 1 do artigo 165º e do nº 3 do artigo 166º da Constituição, para valer como lei geral da República, o seguinte:

CAPÍTULO I
Disposições gerais

ARTIGO 1º
Objectivos

A presente lei estabelece os princípios gerais da política de saúde mental e regula o internamento compulsivo dos portadores de anomalia psíquica, designadamente das pessoas com doença mental.

ARTIGO 2º
Protecção e promoção da saúde mental

1 – A protecção da saúde mental efectiva-se através de medidas que contribuam para assegurar ou restabelecer o equilíbrio psíquico dos indivíduos, para favorecer o desenvolvimento das capacidades envolvidas na construção da personalidade e para promover a sua integração crítica no meio social em que vive.

2 – As medidas referidas no número anterior incluem acções de prevenção primária, secundária e terciária da doença mental, bem como as que contribuam para a promoção da saúde mental das populações.

ARTIGO 3º
Princípios gerais de política de saúde mental

1 – Sem prejuízo do disposto na Lei de Bases da Saúde, devem observar-se os seguintes princípios gerais:

a) A prestação de cuidados de saúde mental é promovida prioritariamente a nível da comunidade, por forma a evitar o afastamento dos doentes do seu meio habitual e a facilitar a sua reabilitação e inserção social;

b) Os cuidados de saúde mental são prestados no meio menos restritivo possível;

c) O tratamento de doentes mentais em regime de internamento ocorre, tendencialmente, em hospitais gerais;

d) No caso de doentes que fundamentalmente careçam de reabilitação psicossocial, a prestação de cuidados é assegurada, de preferência, em estruturas residenciais, centros de dia e unidades de treino e reinserção profissional, inseridos na comunidade e adaptados ao grau específico de autonomia dos doentes.

2 – Nos casos previstos na alínea *d*) do número anterior, os encargos com os serviços prestados no âmbito da reabilitação e inserção social, apoio residencial e reinserção profissional são comparticipados em termos a definir pelos membros do Governo responsáveis pelas áreas da saúde, segurança social e emprego.

3 – A prestação de cuidados de saúde mental é assegurada por equipas multidisciplinares habilitadas a responder, de forma coordenada, aos aspectos médicos, psicológicos, sociais, de enfermagem e de reabilitação.

ARTIGO 4º
Conselho Nacional de Saúde Mental

1 – O Conselho Nacional de Saúde Mental é o órgão de consulta do Governo em matéria de política de saúde mental, nele estando representadas as entidades interessadas no funcionamento do sistema de saúde mental, designadamente as associações de familiares e de utentes, os subsistemas de saúde, os profissionais de saúde mental e os departamentos governamentais com áreas de actuação conexas.

2 – A composição, as competências e o funcionamento do Conselho Nacional de Saúde Mental constam de decreto-lei.

ARTIGO 5º
Direitos e deveres do utente

1 – Sem prejuízo do previsto na Lei de Bases da Saúde, o utente dos serviços de saúde mental tem ainda o direito de:

a) Ser informado, por forma adequada, dos seus direitos, bem como do plano terapêutico proposto e seus efeitos previsíveis;

b) Receber tratamento e protecção, no respeito pela sua individualidade e dignidade;

c) Decidir receber ou recusar as intervenções diagnósticas e terapêuticas propostas, salvo quando for caso de internamento compulsivo ou em situações de urgência em que a não intervenção criaria riscos comprovados para o próprio ou para terceiros;

d) Não ser submetido a electroconvulsivoterapia sem o seu prévio consentimento escrito;

e) Aceitar ou recusar, nos termos da legislação em vigor, a participação em investigações, ensaios clínicos ou actividades de formação;

f) Usufruir de condições dignas de habitabilidade, higiene, alimentação, segurança, respeito e privacidade em serviços de internamento e estruturas residenciais;

g) Comunicar com o exterior e ser visitado por familiares, amigos e representantes legais, com as limitações decorrentes do funcionamento dos serviços e da natureza da doença;

h) Receber justa remuneração pelas actividades e pelos serviços por ele prestados;

i) Receber apoio no exercício dos direitos de reclamação e queixa.

2 – A realização de intervenção psicocirúrgica exige, além do prévio consentimento escrito, o parecer escrito favorável de dois médicos psiquiatras designados pelo Conselho Nacional de Saúde Mental.

3 – Os direitos referidos nas alíneas *c*), *d*) e *e*) do nº 1 são exercidos pelos representantes legais quando os doentes sejam menores de 14 anos ou maiores acompanhados e a sentença de acompanhamento não faculte o exercício direto de direitos pessoais.

(Redação dada pela Lei nº 49/2018, de 14-08)

CAPÍTULO II
Do internamento compulsivo

SECÇÃO I
Disposições gerais

ARTIGO 6º
Âmbito de aplicação

1 – O presente capítulo regula o internamento compulsivo dos portadores de anomalia psíquica.

2 – O internamento voluntário não fica sujeito ao disposto neste capítulo, salvo quando um internado voluntariamente num estabelecimento se encontre na situação prevista nos artigos 12º e 22º

ARTIGO 7º
Definições

Para efeitos do disposto no presente capítulo, considera-se:

a) Internamento compulsivo: internamento por decisão judicial do portador de anomalia psíquica grave;

b) Internamento voluntário: internamento a solicitação do portador de anomalia psíquica ou a solicitação do representante legal de menor de 14 anos;

c) Internando: portador de anomalia psíquica submetido ao processo conducente às decisões previstas nos artigos 20º e 27º;

d) Estabelecimento: hospital ou instituição análoga que permita o tratamento de portador de anomalia psíquica;

e) Autoridades de saúde pública: as como tal qualificadas pela lei;

f) Autoridades de polícia: os directores, oficiais, inspectores e subinspectores de polícia e todos os funcionários policiais a quem as leis respectivas reconhecerem aquela qualificação.

ARTIGO 8º
Princípios gerais

1 – O internamento compulsivo só pode ser determinado quando for a única forma de garantir a submissão a tratamento do internado e finda logo que cessem os fundamentos que lhe deram causa.

2 – O internamento compulsivo só pode ser determinado se for proporcionado ao grau de perigo e ao bem jurídico em causa.

3 – Sempre que possível o internamento é substituído por tratamento em regime ambulatório.

4 – As restrições aos direitos fundamentais decorrentes do internamento compulsivo são as estritamente necessárias e adequadas à efectividade do tratamento e à segurança e normalidade do funcionamento do estabelecimento, nos termos do respectivo regulamento interno.

ARTIGO 9º
Legislação subsidiária

Nos casos omissos aplica-se, devidamente adaptado, o disposto no Código de Processo Penal.

SECÇÃO II
Dos direitos e deveres

ARTIGO 10º
Direitos e deveres processuais do internando

1 – O internando goza, em especial, do direito de:

a) Ser informado dos direitos que lhe assistem;

b) Estar presente aos actos processuais que directamente lhe disserem respeito, excepto se o seu estado de saúde o impedir;

c) Ser ouvido pelo juiz sempre que possa ser tomada uma decisão que pessoalmente o afecte, excepto se o seu estado de saúde tornar a audição inútil ou inviável;

d) Ser assistido por defensor, constituído ou nomeado, em todos os actos processuais em que participar e ainda nos actos processuais que directamente lhe disserem respeito e em que não esteja presente;

e) Oferecer provas e requerer as diligências que se lhe afigurem necessárias.

2 – Recai sobre o internando o especial dever de se submeter às medidas e diligências previstas nos artigos 17º, 21º, 23º, 24º e 27º

ARTIGO 11º
Direitos e deveres do internado

1 – O internado mantém os direitos reconhecidos aos internados nos hospitais gerais.

2 – O internado goza, em especial, do direito de:

a) Ser informado e, sempre que necessário, esclarecido sobre os direitos que lhe assistem;

b) Ser esclarecido sobre os motivos da privação da liberdade;

c) Ser assistido por defensor constituído ou nomeado, podendo comunicar em privado com este;

d) Recorrer da decisão de internamento e da decisão que o mantenha;

e) Votar, nos termos da lei;

f) Enviar e receber correspondência;

g) Comunicar com a comissão prevista no artigo 38º

3 – O internado tem o especial dever de se submeter aos tratamentos medicamente indicados, sem prejuízo do disposto no nº 2 do artigo 5º

SECÇÃO III
Internamento

ARTIGO 12º
Pressupostos

1 – O portador de anomalia psíquica grave que crie, por força dela, uma situação de perigo para bens jurídicos, de relevante valor, próprios ou alheios, de natureza pessoal ou patrimonial, e recuse submeter-se ao necessário tratamento médico pode ser internado em estabelecimento adequado.

2 – Pode ainda ser internado o portador de anomalia psíquica grave que não possua o discernimento necessário para avaliar o sentido e alcance do consentimento, quando a ausência de tratamento deteriore de forma acentuada o seu estado.

ARTIGO 13º
Legitimidade

1 – Tem legitimidade para requerer o internamento compulsivo o representante legal do menor, o acompanhante de maior quando o próprio não possa, pela sentença, exercer direitos pessoais, qualquer pessoa com legitimidade para requerer a instauração do acompanhamento, as autoridades de saúde pública e o Ministério Público.

2 – Sempre que algum médico verifique no exercício das suas funções uma anomalia psíquica com os efeitos previstos no artigo 12º pode comunicá-la à autoridade de saúde pública competente para os efeitos do disposto no número anterior.

3 – Se a verificação ocorrer no decurso de um internamento voluntário, tem também legitimidade para requerer o internamento compulsivo o director clínico do estabelecimento.

(Redação dada pela Lei nº 49/2018, de 14-08)

ARTIGO 14º
Requerimento

1 – O requerimento, dirigido ao tribunal competente, é formulado por escrito, sem quaisquer formalidades especiais, devendo conter a descrição dos factos que fundamentam a pretensão do requerente.

2 – Sempre que possível, o requerimento deve ser instruído com elementos que possam contribuir para a decisão do juiz, nomeadamente relatórios clínico-psiquiátricos e psicossociais.

ARTIGO 15º
Termos subsequentes

1 – Recebido o requerimento, o juiz notifica o internando, informando-o dos direitos e deveres processuais que lhe assistem, e nomeia-lhe um defensor, cuja intervenção cessa se ele constituir mandatário.

2 – O defensor e o familiar mais próximo do internando que com ele conviva ou a pessoa que com o internando viva em condições análogas às dos cônjuges são notificados para requerer o que tiverem por conveniente no prazo de cinco dias.

3 – Para os mesmos efeitos, e em igual prazo, o processo vai com vista ao Ministério Público.

ARTIGO 16º
Actos instrutórios

1 – O juiz, oficiosamente ou a requerimento, determina a realização das diligências que se lhe afigurem necessárias e, obrigatoriamente, a avaliação clínico-psiquiátrica do internando, sendo este para o efeito notificado.

2 – No caso previsto no nº 3 do artigo 13º, o juiz pode prescindir da avaliação referida no número anterior, designando de imediato data para a sessão conjunta nos termos do artigo 18º

ARTIGO 17º
Avaliação clínico-psiquiátrica

1 – A avaliação clínico-psiquiátrica é deferida aos serviços oficiais de assistência psiquiátrica da área de residência do internando, devendo ser realizada por dois psiquiatras, no prazo de 15 dias, com a eventual colaboração de outros profissionais de saúde mental.

2 – A avaliação referida no número anterior pode, excepcionalmente, ser deferida ao serviço de psiquiatria forense do instituto de medicina legal da respectiva circunscrição.

3 – Sempre que seja previsível a não comparência do internando na data designada, o juiz ordena a emissão de mandado de condução para assegurar a presença daquele.

4 – Os serviços remetem o relatório ao tribunal no prazo máximo de sete dias.

5 – O juízo técnico-científico inerente à avaliação clínico-psiquiátrica está subtraído à livre apreciação do juiz.

ARTIGO 18º
Actos preparatórios da sessão conjunta

1 – Recebido o relatório da avaliação clínico-psiquiátrica, o juiz designa data para a sessão conjunta, sendo notificados o internando, o defensor, o requerente e o Ministério Público.

2 – O juiz pode convocar para a sessão quaisquer outras pessoas cuja audição reputar oportuna, designadamente o médico assistente, e determinar, oficiosamente ou a requerimento, que os psiquiatras prestem esclarecimentos complementares, devendo ser-lhes comunicado o dia, a hora e o local da realização da sessão conjunta.

3 – Se houver discordância entre os psiquiatras, apresenta cada um o seu relatório, podendo o juiz determinar que seja renovada a avaliação clínico-psiquiátrica a cargo de outros psiquiatras, nos termos do artigo 17º

ARTIGO 19º
Sessão conjunta

1 – Na sessão conjunta é obrigatória a presença do defensor do internando e do Ministério Público.

2 – Ouvidas as pessoas convocadas, o juiz dá a palavra para alegações sumárias ao mandatário do requerente, se tiver sido constituído, ao Ministério Público e ao defensor e profere decisão de imediato ou no prazo máximo de cinco dias se o procedimento revestir complexidade.

3 – Se o internando aceitar o internamento e não houver razões para duvidar da aceitação, o juiz providencia a apresentação deste no serviço oficial de saúde mental mais próximo e determina o arquivamento do processo.

ARTIGO 20º
Decisão

1 – A decisão sobre o internamento é sempre fundamentada.

2 – A decisão de internamento identifica a pessoa a internar e especifica as razões clínicas, o diagnóstico clínico, quando existir, e a justificação do internamento.

3 – A decisão é notificada ao Ministério Público, ao internando, ao defensor e ao requerente. A leitura da decisão equivale à notificação dos presentes.

ARTIGO 21º
Cumprimento da decisão de internamento

1 – Na decisão de internamento o juiz determina a apresentação do internado no serviço oficial de saúde mental mais próximo, o qual providencia o internamento imediato.

2 – O juiz emite mandado de condução com identificação da pessoa a internar, o qual é cumprido, sempre que possível, pelo serviço referido no número anterior, que, quando necessário, solicita a coadjuvação das forças policiais.

3 – Não sendo possível o cumprimento nos termos do número anterior, o mandado de condução pode ser cumprido pelas forças policiais, que, quando necessário, solicitam o apoio dos serviços de saúde mental ou dos serviços locais de saúde.

4 – Logo que determinado o local definitivo do internamento, que deverá situar-se o mais próximo possível da residência do internado, aquele é comunicado ao defensor do internado e ao familiar mais próximo que com ele conviva, à pessoa que com ele viva em condições análogas às dos cônjuges ou a pessoa de confiança do internado.

SECÇÃO IV
Internamento de urgência

ARTIGO 22º
Pressupostos

O portador da anomalia psíquica pode ser internado compulsivamente de urgência, nos termos dos artigos seguintes, sempre que, verificando-se os pressupostos do artigo 12º, nº 1, exista perigo iminente para os bens jurídicos aí referidos, nomeadamente por deterioração aguda do seu estado.

ARTIGO 23º
Condução do internando

1 – Verificados os pressupostos do artigo anterior, as autoridades de polícia ou de saúde pública podem determinar, oficiosamente ou a requerimento, através de mandado, que o portador de anomalia psíquica seja conduzido ao estabelecimento referido no artigo seguinte.

2 – O mandado é cumprido pelas forças policiais, com o acompanhamento, sempre que possível, dos serviços do estabelecimento referido no artigo seguinte. O mandado contém a assinatura da autoridade competente, a identificação da pessoa a conduzir e a indicação das razões que o fundamentam.

3 – Quando, pela situação de urgência e de perigo na demora, não seja possível a emissão prévia de mandado, qualquer agente policial procede à condução imediata do internando.

4 – Na situação descrita no número anterior o agente policial lavra auto em que discrimina os factos, bem como as circunstâncias de tempo e de lugar em que a mesma foi efectuada.

5 – A condução é comunicada de imediato ao Ministério Público com competência na área em que aquela se iniciou.

ARTIGO 24º
Apresentação do internando

O internando é apresentado de imediato no estabelecimento com urgência psiquiátrica mais próximo do local em que se iniciou a condução, onde é submetido a avaliação clínico-psiquiátrica com registo clínico e lhe é prestada a assistência médica necessária.

ARTIGO 25º
Termos subsequentes

1 – Quando da avaliação clínico-psiquiátrica se concluir pela necessidade de internamento e o internando a ele se opuser, o estabelecimento comunica, de imediato, ao tribunal judicial com competência na área a admissão daquele, com cópia do mandado e do relatório da avaliação.

2 – Quando a avaliação clínico-psiquiátrica não confirmar a necessidade de internamento, a entidade que tiver apresentado o portador de anomalia psíquica restitui-o de imediato à liberdade, remetendo o expediente ao Ministério Público com competência na área em que se iniciou a condução.

3 – O disposto no nº 1 é aplicável quando na urgência psiquiátrica ou no decurso de internamento voluntário se verifique a existência da situação descrita no artigo 22º

ARTIGO 26º
Confirmação judicial

1 – Recebida a comunicação referida no nº 1 do artigo anterior, o juiz nomeia defensor ao internando e dá vista nos autos ao Ministério Público.

2 – Realizadas as diligências que reputar necessárias, o juiz profere decisão de manutenção ou não do internamento, no prazo máximo de quarenta e oito horas a contar da privação da liberdade nos termos dos artigos 23º e 25º, nº 3.

3 – A decisão de manutenção do internamento é comunicada, com todos os elementos que a fundamentam, ao tribunal competente.

4 – A decisão é comunicada ao internando e ao familiar mais próximo que com ele conviva ou à pessoa que com o internando viva em condições análogas às dos cônjuges, bem como ao médico assistente, sendo aquele informado, sempre que possível, dos direitos e deveres processuais que lhe assistem.

ARTIGO 27º
Decisão final

1 – Recebida a comunicação a que se refere o nº 3 do artigo anterior, o juiz dá início ao processo de internamento compulsivo com os fundamentos previstos no artigo 12º, ordenando para o efeito que, no prazo de cinco dias, tenha lugar nova avaliação clínico-psiquiátrica, a cargo de dois psiquiatras que não tenham procedido à anterior, com a eventual colaboração de outros profissionais de saúde mental.

2 – É ainda correspondentemente aplicável o disposto no artigo 15º

3 – Recebido o relatório da avaliação clínico-psiquiátrica e realizadas as demais diligências necessárias, é designada data para a sessão conjunta, à qual é correspondentemente aplicável o disposto nos artigos 18º, 19º, 20º e 21º, nº 4.

SECÇÃO V
Casos especiais

ARTIGO 28º
Pendência de processo penal

1 – A pendência de processo penal em que seja arguido portador de anomalia psíquica não obsta a que o tribunal competente decida sobre o internamento nos termos deste diploma.

2 – Em caso de internamento, o estabelecimento remete ao tribunal onde pende o processo penal, de dois em dois meses, informação sobre a evolução do estado do portador de anomalia psíquica.

ARTIGO 29º
Internamento compulsivo de inimputável

1 – O tribunal que não aplicar a medida de segurança prevista no artigo 91º do Código Penal pode decidir o internamento compulsivo do inimputável.

2 – Sempre que seja imposto o internamento é remetida certidão da decisão ao tribunal competente para os efeitos do disposto nos artigos 33º, 34º e 35º

SECÇÃO VI
Disposições comuns

ARTIGO 30º
Regras de competência

1 – Para efeitos do disposto no presente capítulo, tribunal competente é o tribunal judicial de competência genérica da área de residência do internando.

2 – Se na comarca da área de residência do internando o tribunal judicial for desdobrado em juízos criminais ou, na falta destes, em juízes de competência especializada criminal, a competência caberá a estes.

(Redação dada pela Lei nº 101/99, de 26-07)

ARTIGO 31º
Habeas corpus em virtude de privação da liberdade ilegal

1 – O portador de anomalia psíquica privado da liberdade, ou qualquer cidadão no gozo dos seus direitos políticos, pode requerer ao tribunal da área onde o portador se encontrar a imediata libertação com algum dos seguintes fundamentos:

a) Estar excedido o prazo previsto no artigo 26º, nº 2;

b) Ter sido a privação da liberdade efectuada ou ordenada por entidade incompetente;

c) Ser a privação da liberdade motivada fora dos casos ou condições previstas nesta lei.

2 – Recebido o requerimento, o juiz, se o não considerar manifestamente infundado, ordena, se necessário por via telefónica, a apresentação imediata do portador da anomalia psíquica.

3 – Juntamente com a ordem referida no número anterior, o juiz manda notificar a entidade que tiver o portador da anomalia psíquica à sua guarda, ou quem puder representá-la, para se apresentar no mesmo acto munida das informações e esclarecimentos necessários à decisão sobre o requerimento.

4 – O juiz decide, ouvidos o Ministério Público e o defensor constituído ou nomeado para o efeito.

ARTIGO 32º
Recorribilidade da decisão

1 – Sem prejuízo do disposto no artigo anterior, da decisão tomada nos termos dos artigos 20º, 26º, nº 2, 27º, nº 3, e 35º cabe recurso para o Tribunal da Relação competente.

2 – Tem legitimidade para recorrer o internado, o seu defensor, quem requerer o internamento nos termos do artigo 13º, nº 1, e o Ministério Público.

3 – Todos os recursos previstos no presente capítulo têm efeito meramente devolutivo.

ARTIGO 33º
Substituição do internamento

1 – O internamento é substituído por tratamento compulsivo em regime ambulatório sempre que seja possível manter esse tratamento em liberdade, sem prejuízo do disposto nos artigos 34º e 35º.

2 – A substituição depende de expressa aceitação, por parte do internado, das condições fixadas pelo psiquiatra assistente para o tratamento em regime ambulatório.

3 – A substituição é comunicada ao tribunal competente.

4 – Sempre que o portador da anomalia psíquica deixe de cumprir as condições estabelecidas, o psiquiatra assistente comunica o incumprimento ao tribunal competente, retomando-se o internamento.

5 – Sempre que necessário, o estabelecimento solicita ao tribunal competente a emissão de mandados de condução a cumprir pelas forças policiais.

ARTIGO 34º
Cessação do internamento

1 – O internamento finda quando cessarem os pressupostos que lhe deram origem.

2 – A cessação ocorre por alta dada pelo director clínico do estabelecimento, fundamentada em relatório de avaliação clínico-psiquiátrica do serviço de saúde onde decorreu o internamento, ou por decisão judicial.

3 – A alta é imediatamente comunicada ao tribunal competente.

ARTIGO 35º
Revisão da situação do internado

1 – Se for invocada a existência de causa justificativa da cessação do internamento, o tribunal competente aprecia a questão a todo o tempo.

2 – A revisão é obrigatória, independentemente de requerimento, decorridos dois meses sobre o início do internamento ou sobre a decisão que o tiver mantido.

3 – Tem legitimidade para requerer a revisão o internado, o seu defensor e as pessoas referidas no artigo 13º, nº 1.

4 – Para o efeito do disposto no nº 2 o estabelecimento envia, até 10 dias antes da data calculada para a revisão, um relatório de avaliação clínico-psiquiátrica elaborado por dois psiquiatras, com a eventual colaboração de outros profissionais de saúde mental.

5 – A revisão obrigatória tem lugar com audição do Ministério Público, do defensor e do internado, excepto se o estado de saúde deste tornar a audição inútil ou inviável.

SECÇÃO VII
Da natureza e das custas do processo

ARTIGO 36º
Natureza do processo

Os processos previstos no presente capítulo têm natureza secreta e urgente.

ARTIGO 37º
Custas

Os processos previstos neste capítulo são isentos de custas.

SECÇÃO VIII
Comissão de acompanhamento

ARTIGO 38º
Criação e atribuições

É criada uma comissão para acompanhamento da execução do disposto no presente capítulo, seguidamente designada por «comissão».

ARTIGO 39º
Sede e serviços administrativos

Por despacho conjunto dos Ministros da Justiça e da Saúde são definidos os serviços de apoio técnico e administrativo à actividade da comissão, bem como a respectiva sede.

ARTIGO 40º
Composição

A comissão é constituída por psiquiatras, juristas, por um representante das associações de familiares e utentes de saúde mental e outros técnicos de saúde mental, nomeados por despacho conjunto dos Ministros da Justiça e da Saúde.

ARTIGO 41º
Competências

Incumbe especialmente à comissão:

a) Visitar os estabelecimentos e comunicar directamente com os internados;
b) Solicitar ou remeter a quaisquer entidades administrativas ou judiciárias informações sobre a situação dos internados;
c) Receber e apreciar as reclamações dos internados ou das pessoas com legitimidade para requerer o internamento sobre as condições do mesmo;

d) Solicitar ao Ministério Público junto do tribunal competente os procedimentos judiciais julgados adequados à correcção de quaisquer situações de violação da lei que verifique no exercício das suas funções;

e) Recolher e tratar a informação relativa à aplicação do presente capítulo;

f) Propor ao Governo as medidas que julgue necessárias à execução da presente lei.

ARTIGO 42º
Cooperação

1 – Para os fins previstos na alínea *e*) do artigo anterior, os tribunais remetem à comissão cópia das decisões previstas no presente capítulo.

2 – É dever das entidades públicas e privadas dispensar à comissão toda a colaboração necessária ao exercício da sua competência.

ARTIGO 43º
Base de dados

A comissão promoverá, nos termos e condições previstos na legislação sobre protecção de dados pessoais e sobre o sigilo médico, a organização de uma base de dados informática relativa à aplicação do presente capítulo, a que terão acesso entidades públicas ou privadas que nisso tenham interesse legítimo.

ARTIGO 44º
Relatório

A comissão apresenta todos os anos ao Governo, até 31 de Março do ano seguinte, um relatório sobre o exercício das suas atribuições e a execução do disposto no presente capítulo.

CAPÍTULO III
Disposições transitórias e finais

SECÇÃO I
Disposições transitórias

ARTIGO 45º
Disposições transitórias

1 – Os processos instaurados à data da entrada em vigor do presente diploma continuam a ser regulados pela Lei nº 2118, de 3 de Abril de 1963, até à decisão que aplique o internamento.

2 – Os estabelecimentos hospitalares que tenham doentes internados compulsivamente ao abrigo da lei referida no número anterior, no prazo de dois meses após

a entrada em vigor da presente lei, comunicam ao tribunal competente a situação clínica desses doentes e os fundamentos do respectivo internamento e identificam o processo onde tenha sido proferida a decisão que o determinou.

3 – Quando a decisão de internamento seja proferida após a entrada em vigor da presente lei, o prazo referido no número anterior conta-se após o início da execução da decisão que tenha determinado o internamento.

4 – O tribunal solicita à entidade que determinou o internamento o processo em que a decisão foi proferida e, uma vez recebido, dá cumprimento ao disposto no artigo 35º da presente lei.

SECÇÃO II
Disposições finais

ARTIGO 46º
Gestão do património dos doentes

A gestão do património de doentes mentais não acompanhados é regulada por decreto-lei.

(Redação dada pela Lei nº 49/2018, de 14-08)

ARTIGO 47º
Serviços de saúde mental

A organização dos serviços de saúde mental é regulada por decreto-lei.

ARTIGO 48º
Entrada em vigor

A presente lei entra em vigor seis meses após a sua publicação.

ARTIGO 49º
Revogação

É revogada a Lei nº 2118, de 3 de Abril de 1963.

Aprovada em 18 de Junho de 1998.

O Presidente da Assembleia da República, *António de Almeida Santos.*

Promulgada em 8 de Julho de 1998.

Publique-se.

O Presidente da República, JORGE SAMPAIO.

Referendada em 14 de Julho de 1998.

O Primeiro-Ministro, *António Manuel de Oliveira Guterres.*

Regime Jurídico da Avaliação, Utilização e Alienação de Bens Apreendidos pelos Órgãos de Polícia Criminal

Decreto-Lei nº 11/2007, de 19 de janeiro

Através do artigo 102º da Lei nº 60-A/2005, de 30 de Dezembro, foi o Governo autorizado «a aprovar, mediante decreto-lei, um novo regime de avaliação, utilização e indemnização de bens apreendidos pelos órgãos de polícia criminal, no âmbito de processos crime e contra-ordenacionais, que sejam susceptíveis de vir a ser declarados perdidos a favor do Estado, por forma a assegurar a célere determinação do valor do bem para todos os efeitos».

A norma em causa deu expressão a uma necessidade muito sentida de criar um regime que preserve devidamente os bens apreendidos e, ao mesmo tempo, garanta a todos os órgãos de polícia criminal a possibilidade de lhes dar utilização operacional, afectando-os, de forma célere, proporcionada e justa, a finalidade de relevante interesse social.

Tal via começou a ser percorrida na década de 80 através da Lei nº 25/81, de 21 de Agosto e do Decreto-Lei nº 31/85, de 25 de Janeiro, através dos quais se pretendeu precisamente «evitar que os veículos automóveis apreendidos no decurso de processo crime permanecessem longos períodos sem utilização, ficando reduzidos pelo tempo e, muitas vezes, pela intempérie, a destroços sem utilidade».

Não se trata nesta sede de rever o quadro legal e regulamentar vigente, sucessivamente completado, nem de modernizar, de forma global e integrada, a gestão do património do Estado. Visa-se tão-só criar um regime especial que permita simplificar os procedimentos através dos quais pode ser declarada a utilidade operacional para órgãos de polícia criminal de certos bens apreendidos no âmbito de processos crime e contra-ordenacionais, desde que susceptíveis de ser declarados perdidos a favor do Estado.

O regime especial para além de abranger veículos automóveis, abarca outros bens, na linha decorrente do artigo 98º da Lei nº 5/99, de 27 de Janeiro, do artigo 18º do Decreto-Lei nº 275-A/2000, de 9 de Novembro, e do artigo 137º-A aditado pelo Decreto-Lei nº 34/2003, de 25 de Fevereiro.

Inova-se, garantindo-se que todos os órgãos de polícia criminal possam recorrer ao regime de utilização provisória e participem no processo de conservação de bens.

Esta só pode ocorrer uma vez cumpridas as disposições aplicáveis do Código de Processo Penal e da legislação que define o regime das contra-ordenações, designadamente as respeitantes ao exercício dos direitos dos titulares dos bens e demais interessados.

Assim:

No uso da autorização legislativa concedida pelo artigo 102º da Lei nº 60-A/2005, de 30 de Dezembro, e nos termos da alínea *b*) do nº 1 do artigo 198º da Constituição, o Governo decreta o seguinte:

ARTIGO 1º
Objecto

1 – O presente decreto-lei define o regime jurídico da avaliação, utilização, alienação e indemnização de bens apreendidos pelos órgãos de polícia criminal, no âmbito de processos crime e contra-ordenacionais, que sejam susceptíveis de vir a ser declarados perdidos a favor do Estado e regula os respectivos procedimentos.

2 – A avaliação, venda ou afectação de bens perecíveis, perigosos ou deterioráveis efectuam-se nos termos previstos no Código de Processo Penal.

ARTIGO 2º
Utilização operacional de bens apreendidos

1 – Os bens apreendidos pelos órgãos de polícia criminal, no âmbito de processos crime e contra-ordenacionais, que venham a ser declarados perdidos a favor do Estado são-lhes afectos quando:

a) Possuam interesse criminalístico, histórico, documental ou museológico;

b) Se trate de armas, munições, veículos, aeronaves, embarcações, equipamentos de telecomunicações e de informática ou outros bens fungíveis com interesse para o exercício das respectivas competências legais.

2 – Os objectos referidos no nº 1 podem ser utilizados provisoriamente pelos órgãos de polícia criminal, através de declaração de utilidade operacional, desde a sua apreensão e até à declaração de perda ou de restituição, mediante despacho fundamentado do responsável máximo da respectiva instituição quando sejam susceptíveis de, a final, virem a ser declarados perdidos a favor do Estado.

3 – A utilização provisória nos termos do presente diploma só pode iniciar-se uma vez notificados os interessados nos termos do artigo 4º e cumpridas as dispo-

sições aplicáveis do Código de Processo Penal e do regime das contra-ordenações, designadamente as respeitantes ao exercício dos direitos dos titulares dos bens e demais interessados.

ARTIGO 3º
Registo de bens a utilizar

1 – Efectuada apreensão de bem ao qual seja aplicável o disposto no artigo anterior, o responsável pela investigação deve desencadear o procedimento de declaração de utilidade operacional do mesmo, se para tal reunir as condições adequadas.

2 – Cada bem seleccionado deve ser objecto de registo, em suporte informático, do qual constem a descrição das características do mesmo e as correspondentes fotos digitais bem como, quando aplicável, a respectiva marca, modelo, matrícula ou outro número identificador, estado de conservação e local onde se encontra.

3 – O acto a que se refere o nº 2 do artigo 2º é averbado no registo informático referido no número anterior e comunicado, por via electrónica, à autoridade judiciária ou administrativa competente em função da natureza criminal ou contra-ordenacional do processo e ao Ministério das Finanças e da Administração Pública que, para tal efeito, têm acesso ao sistema de informação de que o registo faça parte.

4 – Dos bens que não sejam declarados de utilidade operacional é feita comunicação, no prazo máximo de 15 dias, à entidade competente do Ministério das Finanças e da Administração Pública, ou por este tutelada, para efeitos de eventual classificação do interesse dos mesmos para o património do Estado.

ARTIGO 4º
Notificação de interessados

1 – O proprietário ou legítimo possuidor do bem é notificado do despacho a que se refere o nº 2 do artigo 2º e de que pode requerer à autoridade que superintende no processo que profira despacho em que aprecie, provisoriamente, a susceptibilidade ou não de perda do bem, a final, a favor do Estado.

2 – A decisão a que se refere o número anterior reveste-se de carácter urgente.

3 – Se a decisão provisória for no sentido da insusceptibilidade de perda a favor do Estado, o bem é restituído ao seu proprietário ou legítimo possuidor logo que tal se torne possível sem prejuízo da investigação ou da marcha do processo, devendo ser averbada no registo informático a que se refere o artigo anterior e comunicada ao Ministério das Finanças e da Administração Pública.

ARTIGO 5º
Avaliação

1 – O bem apreendido é avaliado para efeitos de fixação do valor de indemnização a pagar ao proprietário caso o bem não venha, a final, ser declarado perdido a favor do Estado.

2 – A avaliação do bem é efectuada por peritos nomeados, nos termos fixados por portaria do Ministro da Justiça, tendo em consideração a honorabilidade, a experiência e os conhecimentos sobre a natureza e as características dos bens a avaliar, podendo ser solicitada a colaboração de entidades públicas com reconhecida competência quando a perícia se revelar de especial complexidade.

3 – Os peritos nomeados prestam compromisso de cumprimento consciencioso da função que lhes é cometida e são ajuramentados pela autoridade judiciária.

4 – O valor apurado é inscrito provisoriamente no pertinente registo informático e comunicado, por via electrónica, ao Ministério das Finanças e da Administração Pública.

5 – Uma vez homologado pelo Ministério das Finanças e da Administração Pública, o valor definitivo é registado e comunicado à autoridade competente em função da natureza do processo e ao dono ou legítimo possuidor do bem, quando conhecido, sem prejuízo do exercício pelo interessado, do direito de impugnação, nos termos legais, caso discorde do valor atribuído.

ARTIGO 6º
Cumprimento de requisitos legais

1 – Quando necessário, o órgão de polícia criminal a quem a utilização do bem foi autorizada solicita às autoridades competentes as medidas apropriadas com vista ao cumprimento de requisitos legais atinentes ao uso do bem, designadamente quando não possua elementos de identificação ou careça de cumprir qualquer outro requisito legal.

2 – Os processos em causa são de natureza urgente.

ARTIGO 7º
Cessação da utilidade operacional

1 – À declaração de cessação da utilidade operacional dos bens apreendidos aplica-se, com as devidas adaptações, o disposto no artigo 3º

2 – A cessação é averbada no pertinente registo informático e comunicada, por via electrónica, à autoridade competente em função da natureza do processo e ao Ministério das Finanças e da Administração Pública, dando-se cumprimento ao disposto no Decreto-Lei nº 31/85, de 25 de Janeiro.

ARTIGO 8º
Propriedade definitiva

Caso sejam declarados perdidos a favor do Estado, os bens a que se refere o presente decreto-lei são definitivamente integrados no património do Estado e afectos aos órgãos de polícia criminal, que detiveram a utilização operacional, se outra não for a decisão do membro do Governo que os tutela.

ARTIGO 9º
Direito subsidiário

É subsidiariamente aplicável à utilização operacional de bens apreendidos prevista no presente decreto-lei o regime jurídico do Decreto-Lei nº 31/85, de 25 de Janeiro, relativo à utilização de veículos automóveis apreendidos em processo crime ou de contra-ordenação.

Visto e aprovado em Conselho de Ministros de 23 de Novembro de 2006. – *José Sócrates Carvalho Pinto de Sousa – Eduardo Arménio do Nascimento Cabrita – Fernando Teixeira dos Santos – Alberto Bernardes Costa.*

Promulgado em 6 de Janeiro de 2007.

Publique-se.

O Presidente da República, ANÍBAL CAVACO SILVA.

Referendado em 8 de Janeiro de 2007.

O Primeiro-Ministro, *José Sócrates Carvalho Pinto de Sousa.*

Lei da Cooperação Judiciária Internacional em Matéria Penal

Lei nº 144/99, de 31 de agosto

Aprova a lei da cooperação judiciária internacional em matéria penal

A Assembleia da República decreta, nos termos da alínea *c*) do artigo 161º da Constituição, para valer como lei geral da República, o seguinte:

TÍTULO I
Disposições gerais

CAPÍTULO I
Objecto, âmbito de aplicação e princípios gerais de cooperação judiciária internacional em matéria penal

ARTIGO 1º
Objecto

1 – O presente diploma aplica-se às seguintes formas de cooperação judiciária internacional em matéria penal:

a) Extradição;
b) Transmissão de processos penais;
c) Execução de sentenças penais;
d) Transferência de pessoas condenadas a penas e medidas de segurança privativas da liberdade;
e) Vigilância de pessoas condenadas ou libertadas condicionalmente;
f) Auxílio judiciário mútuo em matéria penal.

2 – O disposto no número anterior aplica-se, com as devidas adaptações, à cooperação de Portugal com as entidades judiciárias internacionais estabelecidas no âmbito de tratados ou convenções que vinculem o Estado Português.

3 – O presente diploma é subsidiariamente aplicável à cooperação em matéria de infracções de natureza penal, na fase em que tramitem perante autoridades administrativas, bem como de infracções que constituam ilícito de mera ordenação social, cujos processos admitam recurso judicial.

ARTIGO 2º
Âmbito da cooperação

1 – A aplicação do presente diploma subordina-se à protecção dos interesses da soberania, da segurança, da ordem pública e de outros interesses da República Portuguesa, constitucionalmente definidos.

2 – O presente diploma não confere o direito de exigir qualquer forma de cooperação internacional em matéria penal.

ARTIGO 3º
Prevalência dos tratados, convenções e acordos internacionais

1 – As formas de cooperação a que se refere o artigo 1º regem-se pelas normas dos tratados, convenções e acordos internacionais que vinculem o Estado Português e, na sua falta ou insuficiência, pelas disposições deste diploma.

2 – São subsidiariamente aplicáveis as disposições do Código de Processo Penal.

ARTIGO 4º
Princípio da reciprocidade

1 – A cooperação internacional em matéria penal regulada no presente diploma releva do princípio da reciprocidade.

2 – O Ministério da Justiça solicita uma garantia de reciprocidade se as circunstâncias o exigirem e pode prestá-la a outros Estados, nos limites deste diploma.

3 – A falta de reciprocidade não impede a satisfação de um pedido de cooperação desde que essa cooperação:

a) Se mostre aconselhável em razão da natureza do facto ou da necessidade de lutar contra certas formas graves de criminalidade;

b) Possa contribuir para melhorar a situação do arguido ou para a sua reinserção social;

c) Sirva para esclarecer factos imputados a um cidadão português.

ARTIGO 5º
Definições

Para os efeitos do presente diploma, considera-se:

a) Suspeito: toda a pessoa relativamente à qual existem indícios de que cometeu uma infracção ou nela participou;

b) Arguido: toda a pessoa contra quem correr processo ou contra quem for deduzida acusação ou requerida instrução;

c) Condenado: pessoa contra quem foi proferida sentença que imponha uma reacção criminal ou relativamente à qual foi proferida decisão judicial que reconheça a sua culpabilidade, ainda que suspendendo condicionalmente a aplicação da pena ou impondo sanção criminal privativa da liberdade cuja execução é declarada suspensa, no todo ou em parte, na data da sentença ou posteriormente, ou substituída por medida não detentiva;

d) Reacção criminal: qualquer pena ou medida de segurança privativas da liberdade, pena pecuniária ou outra sanção não detentiva, incluindo sanções acessórias.

ARTIGO 6º
Requisitos gerais negativos da cooperação internacional

O pedido de cooperação é recusado quando:

a) O processo não satisfizer ou não respeitar as exigências da Convenção Europeia para a Protecção dos Direitos do Homem e das Liberdades Fundamentais, de 4 de Novembro de 1950, ou de outros instrumentos internacionais relevantes na matéria, ratificados por Portugal;

b) Houver fundadas razões para crer que a cooperação é solicitada com o fim de perseguir ou punir uma pessoa em virtude da sua raça, religião, sexo, nacionalidade, língua, das suas convicções políticas ou ideológicas ou da sua pertença a um grupo social determinado;

c) Existir risco de agravamento da situação processual de uma pessoa por qualquer das razões indicadas na alínea anterior;

d) Puder conduzir a julgamento por um tribunal de excepção ou respeitar a execução de sentença proferida por um tribunal dessa natureza;

e) O facto a que respeita for punível com pena de morte ou outra de que possa resultar lesão irreversível da integridade da pessoa;

f) Respeitar a infracção a que corresponda pena de prisão ou medida de segurança com carácter perpétuo ou de duração indefinida.

2 – O disposto nas alíneas *e*) e *f*) do número anterior não obsta à cooperação:

a) Se o Estado que formula o pedido, por acto irrevogável e vinculativo para os seus tribunais ou outras entidades competentes para a execução da pena, tiver previamente comutado a pena de morte ou outra de que possa resultar lesão irreversível da integridade da pessoa ou tiver retirado carácter perpétuo ou duração indefinida à pena ou medida de segurança;

b) Se, com respeito a extradição por crimes a que corresponda, segundo o direito do Estado requerente, pena ou medida de segurança privativa ou restritiva da liberdade com carácter perpétuo ou de duração indefinida, o Estado requerente oferecer garantias de que tal pena ou medida de segurança não será aplicada ou executada;

c) Se o Estado que formula o pedido aceitar a conversão das mesmas penas ou medidas por um tribunal português segundo as disposições da lei portuguesa aplicáveis ao crime que motivou a condenação; ou *d*) Se o pedido respeitar ao auxílio previsto na alínea *f*) do nº 1 do artigo 1º, solicitado com fundamento na relevância do acto para presumível não aplicação dessas penas ou medidas.

3 – Para efeitos de apreciação da suficiência das garantias a que se refere a alínea *b*) do número anterior, ter-se-á em conta, nomeadamente, nos termos da legislação e da prática do Estado requerente, a possibilidade de não aplicação da pena, de reapreciação da situação da pessoa reclamada e de concessão da liberdade condicional, bem como a possibilidade de indulto, perdão, comutação de pena ou medida análoga, previstos na legislação do Estado requerente.

4 – O pedido de cooperação é ainda recusado quando não estiver garantida a reciprocidade, salvo o disposto no nº 3 do artigo 4º

5 – Quando for negada a extradição com base nas alíneas *d*), *e*) e *f*) do nº 1, aplica-se o mecanismo de cooperação previsto no nº 5 do artigo 32º

ARTIGO 7º
Recusa relativa à natureza da infracção

1 – O pedido é também recusado quando o processo respeitar a facto que constituir:

a) Infracção de natureza política ou infracção conexa a infracção política segundo as concepções do direito português;

b) Crime militar que não seja simultaneamente previsto na lei penal comum.

2 – Não se consideram de natureza política:

a) O genocídio, os crimes contra a Humanidade, os crimes de guerra e infracções graves segundo as Convenções de Genebra de 1949;

b) As infracções referidas no artigo 1º da Convenção Europeia para a Repressão do Terrorismo, aberta para assinatura a 27 de Janeiro de 1977;

c) Os actos referidos na Convenção contra a Tortura e Outras Penas ou Tratamentos Cruéis, Desumanos ou Degradantes, adoptada pela Assembleia das Nações Unidas em 17 de Dezembro de 1984;

d) Quaisquer outros crimes a que seja retirada natureza política por tratado, convenção ou acordo internacional de que Portugal seja parte.

ARTIGO 8º
Extinção do procedimento penal

1 – A cooperação não é admissível se, em Portugal ou noutro Estado em que tenha sido instaurado procedimento pelo mesmo facto:

a) O processo tiver terminado com sentença absolutória transitada em julgado ou com decisão de arquivamento;

b) A sentença condenatória se encontrar cumprida ou não puder ser cumprida segundo o direito do Estado em que foi proferida;

c) O procedimento se encontrar extinto por qualquer outro motivo, salvo se este se encontrar previsto, em convenção internacional, como não obstando à cooperação por parte do Estado requerido.

2 – O disposto nas alíneas *a*) e *b*) do número anterior não se aplica se a autoridade estrangeira que formula o pedido o justificar para fins de revisão da sentença e os fundamentos desta forem idênticos aos admitidos no direito português.

3 – O disposto na alínea *a*) do nº 1 não obsta à cooperação com fundamento na reabertura de processo arquivado previsto na lei.

ARTIGO 9º
Concurso de casos de admissibilidade e de inadmissibilidade da cooperação

1 – Se o facto imputado à pessoa contra a qual é instaurado procedimento estiver previsto em várias disposições do direito penal português, o pedido de cooperação só é atendido na parte que respeita a infracção ou infracções relativamente às quais seja admissível o pedido e desde que o Estado que o formula dê garantias de que observará as condições fixadas para a cooperação.

2 – A cooperação é, porém, excluída se o facto estiver previsto em várias disposições do direito penal português ou estrangeiro e o pedido não possa ser satisfeito em virtude de uma disposição legal que o abranja na sua totalidade e que constitua motivo de recusa da cooperação.

ARTIGO 10º
Reduzida importância da infracção

A cooperação pode ser recusada se a reduzida importância da infracção não a justificar.

ARTIGO 11º
Protecção do segredo

1 – Na execução de um pedido de cooperação formulado a Portugal observam-se as disposições do Código de Processo Penal e legislação complementar relativas à recusa de testemunhar, às apreensões, às escutas telefónicas e ao segredo profissional ou de Estado e em todos os outros casos em que o segredo seja protegido.

2 – O disposto no número anterior aplica-se a informações que, segundo o pedido, devam ser prestadas por pessoas não implicadas no procedimento penal estrangeiro.

ARTIGO 12º
Direito aplicável

1 – Produzem efeitos em Portugal:

a) Os motivos de interrupção ou de suspensão da prescrição segundo o direito do Estado que formula o pedido;

b) A queixa apresentada em tempo útil a uma autoridade estrangeira, quando for igualmente exigida pelo direito português.

2 – Se apenas o direito português exigir queixa, nenhuma reacção criminal pode ser imposta ou executada em Portugal no caso de oposição do respectivo titular.

ARTIGO 13º
Imputação da detenção

1 – A prisão preventiva sofrida no estrangeiro ou a detenção decretada no estrangeiro em consequência de uma das formas de cooperação previstas no presente diploma são levadas em conta no âmbito do processo português ou imputadas na pena, nos termos do Código Penal, como se a privação da liberdade tivesse ocorrido em Portugal.

2 – Com vista a possibilitar a tomada em consideração da prisão preventiva ou da pena já cumpridas em Portugal, são prestadas as informações necessárias.

ARTIGO 14º
Indemnização

A lei portuguesa aplica-se à indemnização devida por detenção ou prisão ilegal ou injustificada ou por outros danos sofridos pelo suspeito e pelo arguido:

a) No decurso de procedimento instaurado em Portugal para efectivação de um pedido de cooperação formulado a Portugal;

b) No decurso de procedimento instaurado no estrangeiro para efectivação de um pedido de cooperação formulado por uma autoridade portuguesa.

ARTIGO 15º
Concurso de pedidos

1 – Se a cooperação for solicitada por vários Estados, relativamente ao mesmo ou a diferentes factos, esta é concedida em favor do Estado que, tendo em conta as circunstâncias do caso, assegure melhor os interesses da realização da justiça e da reinserção social do suspeito, do arguido ou do condenado.

2 – O disposto no número anterior:

a) Cede perante a regra de prevalência da jurisdição internacional, nos casos a que se refere o nº 2 do artigo 1º;

b) Não se aplica à forma de cooperação referida na alínea *f*) do nº 1 do artigo 1º

ARTIGO 16º
Regra da especialidade

1 – A pessoa que, em consequência de um acto de cooperação, comparecer em Portugal para intervir em processo penal como suspeito, arguido ou condenado não pode ser perseguida, julgada, detida ou sujeita a qualquer outra restrição da liberdade

por facto anterior à sua presença em território nacional, diferente do que origina o pedido de cooperação formulado por autoridade portuguesa.

2 – A pessoa que, nos termos do número anterior, comparecer perante uma autoridade estrangeira não pode ser perseguida, detida, julgada ou sujeita a qualquer outra restrição da liberdade por facto ou condenação anteriores à sua saída do território português diferentes dos determinados no pedido de cooperação.

3 – Antes de autorizada a transferência a que se refere o número anterior, o Estado que formula o pedido deve prestar as garantias necessárias ao cumprimento da regra da especialidade.

4 – A imunidade a que se refere este artigo cessa quando:

a) A pessoa em causa, tendo a possibilidade de abandonar o território português ou estrangeiro, o não faz dentro de 45 dias ou regressa voluntariamente a um desses territórios;

b) O Estado que autoriza a transferência, ouvido previamente o suspeito, o arguido ou o condenado, consentir na derrogação da regra da especialidade.

5 – O disposto nos nºs 1 e 2 não exclui a possibilidade de solicitar a extensão da cooperação a factos diferentes dos que fundamentaram o pedido, mediante novo pedido apresentado e instruído nos termos do presente diploma.

6 – No caso referido no número anterior, é obrigatória a apresentação de auto donde constem as declarações da pessoa que beneficia da regra da especialidade.

7 – No caso de o pedido ser apresentado a um Estado estrangeiro, o auto a que se refere o número anterior é lavrado perante o tribunal da Relação da área onde residir ou se encontrar a pessoa que beneficia da regra da especialidade.

ARTIGO 17º
Casos particulares de não aplicação da regra da especialidade

1 – A imunidade referida nos nºs 1 e 2 do artigo anterior cessa também nos casos em que, por tratado, convenção ou acordo internacional de que Portugal seja parte, não haja lugar ao benefício da regra da especialidade.

2 – Quando a cessação da imunidade decorra de renúncia da pessoa que beneficia da regra da especialidade, deve essa renúncia resultar de declaração pessoal, prestada perante o juiz, que demonstre que a pessoa a exprimiu voluntariamente e em plena consciência das consequências do seu acto, com assistência de defensor, que lhe deve ser nomeado caso não tenha advogado constituído.

3 – Quando a pessoa em causa deva prestar declarações em Portugal, no seguimento de pedido apresentado a Portugal ou formulado por uma autoridade portuguesa, as declarações são prestadas perante o tribunal da Relação da área onde residir ou se encontrar a referida pessoa.

4 – Sem prejuízo do disposto no número anterior, a renúncia de pessoa que compareça em Portugal em consequência de um acto de cooperação solicitado pela autoridade portuguesa é prestada no processo em que deva produzir efeito, quando as autoridades portuguesas, após a entrega da pessoa, tiverem conhecimento superveniente de factos por ela praticados anteriormente a essa entrega.

ARTIGO 18º
Denegação facultativa da cooperação internacional

1 – Pode ser negada a cooperação quando o facto que a motiva for objecto de processo pendente ou quando esse facto deva ou possa ser também objecto de procedimento da competência de uma autoridade judiciária portuguesa.

2 – Pode ainda ser negada a cooperação quando, tendo em conta as circunstâncias do facto, o deferimento do pedido possa implicar consequências graves para a pessoa visada, em razão da idade, estado de saúde ou de outros motivos de carácter pessoal.

ARTIGO 19º
Non bis in idem

Quando for aceite um pedido de cooperação que implique a delegação do procedimento em favor de uma autoridade judiciária estrangeira, não pode instaurar-se nem continuar em Portugal procedimento pelo mesmo facto que determinou o pedido nem executar-se sentença cuja execução é delegada numa autoridade estrangeira.

CAPÍTULO II
Disposições gerais do processo de cooperação

ARTIGO 20º
Língua aplicável

1 – O pedido de cooperação é acompanhado de tradução na língua oficial do Estado a quem é dirigido, salvo convenção ou acordo em contrário ou se aquele Estado a dispensar.

2 – O disposto no número anterior aplica-se ao pedido de cooperação dirigido a Portugal.

3 – As decisões de admissibilidade ou recusa do pedido de cooperação são notificadas à autoridade do Estado que o formulou, acompanhadas de uma tradução na respectiva língua oficial, salvo nos casos previstos na parte final do nº 1.

4 – O disposto neste artigo aplica-se aos documentos que devam acompanhar o pedido.

ARTIGO 21º
Tramitação do pedido

1 – Para efeitos de recepção e de transmissão dos pedidos de cooperação abrangidos pelo presente diploma, bem como para todas as comunicações que aos mesmos digam respeito, é designada, como Autoridade Central, a Procuradoria-Geral da República.

2 – O Procurador-Geral da República submete o pedido de cooperação formulado a Portugal ao Ministro da Justiça com vista a decisão sobre a sua admissibilidade.

3 – O pedido de cooperação formulado por uma autoridade portuguesa é remetido ao Ministro da Justiça pelo Procurador-Geral da República.

4 – O disposto no nº 1 não prejudica os contactos directos relativos a pedidos de cooperação a que se reporta a alínea *f*) do nº 1 do artigo 1º

ARTIGO 22º
Formas de transmissão do pedido

1 – Quando disponíveis, e mediante acordo entre os Estados requerente e requerido, podem utilizar-se na transmissão dos pedidos os meios telemáticos adequados, nomeadamente a telecópia, desde que estejam garantidas a autenticidade e confidencialidade do pedido e a fiabilidade dos dados transmitidos.

2 – O disposto no número anterior não prejudica o recurso às vias urgentes previstas no nº 2 do artigo 29º

ARTIGO 23º
Requisitos do pedido

1 – O pedido de cooperação deve indicar:

a) A autoridade de que emana e a autoridade a quem se dirige, podendo fazer esta designação em termos gerais;

b) O objecto e motivos do pedido;

c) A qualificação jurídica dos factos que motivam o procedimento;

d) A identificação do suspeito, arguido ou condenado, da pessoa cuja extradição ou transferência se requer e a da testemunha ou perito a quem devam pedir-se declarações;

e) A narração dos factos, incluindo o lugar e o tempo da sua prática, proporcional à importância do acto de cooperação que se pretende;

f) O texto das disposições legais aplicáveis no Estado que o formula;

g) Quaisquer documentos relativos ao facto.

2 – Os documentos não carecem de legalização.

3 – A autoridade competente pode exigir que um pedido formalmente irregular ou incompleto seja modificado ou completado, sem prejuízo da adopção de medidas provisórias quando estas não possam esperar pela regularização.

4 – O requisito a que se refere a alínea *f*) do nº 1 pode ser dispensado quando se tratar da forma de cooperação referida na alínea *f*) do nº 1 do artigo 1º

ARTIGO 24º
Decisão sobre admissibilidade

1 – A decisão do Ministro da Justiça que declara admissível o pedido não vincula a autoridade judiciária.

2 – A decisão que declara inadmissível o pedido de cooperação internacional é fundamentada e não admite recurso.

3 – A decisão a que se refere o número anterior e que recusa o pedido de cooperação é comunicada pela Autoridade Central à autoridade nacional ou estrangeira que o formulou.

ARTIGO 25º
Competência interna em matéria de cooperação internacional

1 – A competência das autoridades portuguesas para a formulação de um pedido de cooperação ou para a execução de um pedido formulado a Portugal determina-se pelas disposições dos títulos seguintes.

2 – São subsidiariamente aplicáveis o Código de Processo Penal e respectiva legislação complementar, bem como a legislação relativa ao ilícito de mera ordenação social.

ARTIGO 26º
Despesas

1 – A execução de um pedido de cooperação é, em regra, gratuita.

2 – Constituem, porém, encargo do Estado ou da entidade judiciária internacional que o formula:

a) As indemnizações e remunerações de testemunhas e peritos, bem como as despesas de viagem e estada;

b) As despesas decorrentes do envio ou entrega de coisas;

c) As despesas decorrentes da transferência de pessoas para o território do Estado requerente ou para a sede da entidade judiciária internacional;

d) As despesas com o trânsito de uma pessoa do território de um Estado estrangeiro ou da sede da entidade judiciária internacional para terceiro Estado ou para a sede dessa entidade;

e) As despesas efectuadas com o recurso à teleconferência, em cumprimento de um pedido de cooperação;

f) Outras despesas consideradas relevantes pelo Estado requerido, em função dos meios humanos e tecnológicos envolvidos no cumprimento do pedido.

3 – Para os efeitos da alínea *a*) do número anterior, pode ser abonado um adiantamento à testemunha ou ao perito, a mencionar na notificação e a reembolsar finda a diligência.

4 – Mediante acordo entre Portugal e o Estado estrangeiro ou a entidade judiciária internacional interessados no pedido, pode derrogar-se o disposto no nº 2.

ARTIGO 27º
Transferência de pessoas

1 – A transferência de pessoas detidas ou condenadas a penas ou medidas de segurança privativas da liberdade que deva realizar-se em cumprimento das decisões

previstas neste diploma efectua-se pelos serviços do Ministério da Justiça, de acordo com a autoridade do Estado estrangeiro em que se encontra a pessoa visada ou para onde a mesma deve ser transferida, relativamente ao meio de transporte, data, local e hora de entrega.

2 – A transferência efectua-se no mais curto prazo possível após a data da decisão que a determina.

3 – O disposto nos números anteriores aplica-se, com as necessárias adaptações, à transferência respeitante a pedido formulado por uma entidade judiciária internacional.

ARTIGO 28º
Entrega de objectos e valores

1 – Se o pedido de cooperação respeitar a entrega de objectos ou valores, exclusivamente ou como complemento de outro pedido, podem estes ser remetidos quando não sejam indispensáveis à prova de factos constitutivos de infracção, cujo conhecimento for da competência das autoridades portuguesas.

2 – É ressalvada a possibilidade de remessa diferida ou sob condição de restituição.

3 – São ressalvados os direitos de terceiros de boa fé, bem como os dos legítimos proprietários ou possuidores e os do Estado quando os objectos e valores possam ser declarados perdidos a seu favor.

4 – Em caso de oposição, os objectos e valores só serão remetidos após decisão favorável da autoridade competente transitada em julgado.

5 – Tratando-se de pedido de extradição, a entrega de coisas referidas no nº 1 pode efectuar-se mesmo que a extradição não se efective, nomeadamente por fuga ou morte do extraditando.

ARTIGO 29º
Medidas provisórias urgentes

1 – Em caso de urgência, as autoridades judiciárias estrangeiras podem comunicar directamente com as autoridades judiciárias portuguesas, ou por intermédio da Organização Internacional de Polícia Criminal – INTERPOL ou de órgãos centrais competentes para a cooperação policial internacional designados para o efeito, para solicitarem a adopção de uma medida cautelar ou para a prática de um acto que não admita demora, expondo os motivos da urgência e observando os requisitos referidos no artigo 23º

2 – O pedido é transmitido por via postal, electrónica ou telegráfica ou por qualquer outro meio que permita o seu registo por escrito e que seja admitido pela lei portuguesa.

3 – As autoridades judiciárias portuguesas, se considerarem o pedido admissível, dão-lhe satisfação, sem prejuízo de submeterem à decisão do Ministro da Justiça, através da Autoridade Central, as matérias que este diploma faça depender da sua prévia apreciação ou, não sendo isso possível, ratificação.

4 – Quando, nos termos deste artigo, a cooperação envolver autoridades portuguesas e estrangeiras de diferente natureza, o pedido é efectuado através da Autoridade Central.

ARTIGO 30º
Destino do pedido

1 – A decisão definitiva da autoridade judiciária que não atender o pedido de cooperação é comunicada à autoridade estrangeira que o formulou, pelas vias referidas no artigo 21º

2 – Satisfeito um pedido de cooperação, a autoridade judiciária envia, quando for caso disso, os respectivos autos à autoridade estrangeira, nos termos previstos no artigo 160º

TÍTULO II
Extradição

CAPÍTULO I
Extradição passiva

SECÇÃO I
Condições da extradição

ARTIGO 31º
Fim e fundamento da extradição

1 – A extradição pode ter lugar para efeitos de procedimento penal ou para cumprimento de pena ou medida de segurança privativas da liberdade por crime cujo julgamento seja da competência dos tribunais do Estado requerente.

2 – Para qualquer desses efeitos, só é admissível a entrega da pessoa reclamada no caso de crime, ainda que tentado, punível pela lei portuguesa e pela lei do Estado requerente com pena ou medida privativas da liberdade de duração máxima não inferior a um ano.

3 – Se a extradição tiver por fundamento vários factos distintos, cada um deles punível pela lei do Estado requerente e pela lei portuguesa com uma pena privativa de liberdade e se algum ou alguns deles não preencherem a condição referida no número anterior, pode também conceder-se a extradição por estes últimos.

4 – Quando for pedida para cumprimento de pena ou medida de segurança privativas da liberdade, a extradição pode ser concedida se o tempo por cumprir não for inferior a quatro meses.

5 – O disposto nos números anteriores é aplicável, com as devidas adaptações, à cooperação que implique a extradição ou a entrega de pessoas às entidades judiciárias internacionais a que se refere o nº 2 do artigo 1º deste diploma.

6 – O disposto no presente artigo não obsta à extradição quando sejam inferiores os limites mínimos estabelecidos em tratado, convenção ou acordo de que Portugal seja parte.

ARTIGO 32º
Casos em que é excluída a extradição

1 – Para além dos casos referidos nos artigos 6º a 8º, a extradição é excluída quando:

a) O crime tiver sido cometido em território português;

b) A pessoa reclamada tiver nacionalidade portuguesa, salvo o disposto no número seguinte.

2 – É admissível a extradição de cidadãos portugueses do território nacional desde que:

a) A extradição de nacionais esteja estabelecida em tratado, convenção ou acordo de que Portugal seja parte;

b) Os factos configurem casos de terrorismo ou criminalidade internacional organizada; e

c) A ordem jurídica do Estado requerente consagre garantias de um processo justo e equitativo.

3 – No caso previsto no número anterior, a extradição apenas terá lugar para fins de procedimento penal e desde que o Estado requerente garanta a devolução da pessoa extraditada a Portugal, para cumprimento da pena ou medida que lhe venha a ser aplicada, após revisão e confirmação nos termos do direito português, salvo se essa pessoa se opuser à devolução por declaração expressa.

4 – Para efeitos de apreciação das garantias a que se refere a alínea *c*) do nº 2, ter-se-á em conta o respeito das exigências da Convenção Europeia para a Protecção dos Direitos do Homem e das Liberdades Fundamentais e de outros instrumentos internacionais relevantes na matéria ratificados por Portugal, bem como as condições de protecção contra as situações a que se referem as alíneas *b*) e *c*) do nº 1 do artigo 6º.

5 – Quando for negada a extradição com fundamento nas alíneas do nº 1 do presente artigo ou nas alíneas *d*), *e*) e *f*) do nº 1 do artigo 6º, é instaurado procedimento penal pelos factos que fundamentam o pedido, sendo solicitados ao Estado requerente os elementos necessários. O juiz pode impor as medidas cautelares que se afigurem adequadas.

6 – A qualidade de nacional é apreciada no momento em que seja tomada a decisão sobre a extradição.

7 – Acordos especiais, no âmbito de alianças militares ou de outra natureza, poderão admitir crimes militares como fundamento de extradição.

ARTIGO 33º
Crimes cometidos em terceiro Estado

No caso de crimes cometidos em território de outro Estado que não o requerente, pode ser concedida a extradição quando a lei portuguesa der competência à sua jurisdição em identidade de circunstâncias ou quando o Estado requerente comprovar que aquele Estado não reclama o agente da infracção.

ARTIGO 34º
Reextradição

1 – O Estado requerente não pode reextraditar para terceiro Estado a pessoa que lhe foi entregue por efeito de extradição.

2 – Cessa a proibição constante do número anterior quando:

a) Nos termos estabelecidos para o pedido de extradição, for solicitada e prestada a correspondente autorização, ouvido previamente o extraditado; ou

b) O extraditado, tendo a possibilidade de abandonar o território do Estado requerente, não o faz dentro de 45 dias ou, tendo-o abandonado, aí voluntariamente regressar.

3 – Para o efeito da alínea *a*) do número anterior, pode solicitar-se o envio de declaração da pessoa reclamada relativa à sua reextradição.

4 – A proibição de reextradição cessa também nos casos em que, por tratado, convenção ou acordo internacional de que Portugal seja parte, não seja necessário o consentimento do Estado requerido. Quando este efeito decorra do consentimento da pessoa em causa, aplica-se o disposto no número seguinte.

5 – As declarações da pessoa reclamada, a que haja lugar por força dos nºs 3 e 4, são prestadas perante o tribunal da Relação da área onde residir ou se encontrar a referida pessoa, observando-se, quanto ao nº 4, as formalidades previstas no artigo 17º

ARTIGO 35º
Extradição diferida

1 – Não obsta à concessão da extradição a existência, em tribunais portugueses, de processo penal contra a pessoa reclamada ou a circunstância de esta se encontrar a cumprir pena privativa da liberdade por infracções diversas das que fundamentaram o pedido.

2 – Nos casos do número anterior, pode diferir-se a entrega do extraditado para quando o processo ou o cumprimento da pena terminarem.

3 – É também causa de adiamento da entrega a verificação, por perito médico, de enfermidade que ponha em perigo a vida do extraditado.

ARTIGO 36º
Entrega temporária

1 – No caso do nº 1 do artigo anterior, a pessoa reclamada pode ser entregue temporariamente para a prática de actos processuais, designadamente o julgamento, que

o Estado requerente demonstre não poderem ser adiados sem grave prejuízo, desde que isso não prejudique o andamento do processo pendente em Portugal e o Estado requerente se comprometa a que, terminados esses actos, a pessoa reclamada seja restituída sem quaisquer condições.

2 – Se a pessoa entregue temporariamente estava a cumprir pena, a execução desta fica suspensa desde a data em que essa pessoa foi entregue ao representante do Estado requerente até à data da sua restituição às autoridades portuguesas.

3 – É, todavia, descontada na pena a detenção que não venha a ser computada no processo estrangeiro.

4 – No caso de ter sido diferida a entrega nos termos do artigo anterior, a autorização para a entrega temporária é tramitada como incidente do pedido de extradição, exclusivamente com vista à apreciação, pelo tribunal da Relação, dos critérios enunciados no nº 1. O tribunal da Relação ouve o tribunal à ordem do qual a pessoa se encontra e o Ministro da Justiça.

ARTIGO 37º
Pedidos de extradição concorrentes

1 – No caso de diversos pedidos de extradição da mesma pessoa, a decisão sobre o pedido a que deva ser dada preferência tem em conta:

a) Se os pedidos respeitarem aos mesmos factos, o local onde a infracção se consumou ou onde foi praticado o facto principal;

b) Se os pedidos respeitarem a factos diferentes, a gravidade da infracção, segundo a lei portuguesa, a data do pedido, a nacionalidade ou residência do extraditando, bem como outras circunstâncias concretas, designadamente a existência de um tratado ou a possibilidade de reextradição entre os Estados requerentes.

2 – O disposto no número anterior entende-se sem prejuízo da prevalência da jurisdição internacional nos casos a que se reporta o nº 2 do artigo 1º

3 – O disposto nos números anteriores é aplicável, com as devidas adaptações, para efeitos de manutenção da detenção antecipada.

ARTIGO 38º
Detenção provisória

1 – Em caso de urgência, e como acto prévio de um pedido formal de extradição, pode solicitar-se a detenção provisória da pessoa a extraditar.

2 – A decisão sobre a detenção e a sua manutenção é tomada em conformidade com a lei portuguesa.

3 – O pedido indica a existência do mandado de detenção ou decisão condenatória contra a pessoa reclamada, contém um resumo dos factos constitutivos da infracção, com indicação do momento e do lugar da sua prática, e refere os preceitos legais aplicáveis e os dados disponíveis acerca da identidade, nacionalidade e localização daquela pessoa.

4 – Na transmissão do pedido observa-se o disposto no artigo 29º

5 – A detenção provisória cessa se o pedido de extradição não for recebido no prazo de 18 dias a contar da mesma, podendo, no entanto, prolongar-se até 40 dias se razões atendíveis, invocadas pelo Estado requerente, o justificarem.

6 – A detenção pode ser substituída por outras medidas de coacção, nos termos previstos no Código de Processo Penal.

7 – O disposto no nº 5 não prejudica nova detenção e a extradição, se o pedido for ulteriormente recebido.

8 – O pedido de detenção provisória só pode ser atendido quando não se suscitarem dúvidas sobre a competência da autoridade requerente e contiver os elementos referidos no nº 3.

ARTIGO 39º
Detenção não directamente solicitada

É lícito às autoridades de polícia criminal efectuar a detenção de indivíduos que, segundo informações oficiais, designadamente da INTERPOL, sejam procurados por autoridades competentes estrangeiras para efeito de procedimento ou de cumprimento de pena por factos que notoriamente justifiquem a extradição.

ARTIGO 40º
Extradição com consentimento do extraditando

1 – A pessoa detida para efeito de extradição pode declarar que consente na sua entrega ao Estado requerente ou à entidade judiciária internacional e que renuncia ao processo de extradição regulado nos artigos 51º a 62º, depois de advertida de que tem direito a este processo.

2 – A declaração é assinada pelo extraditando e pelo seu defensor ou advogado constituído.

3 – O juiz verifica se estão preenchidas as condições para que a extradição possa ser concedida, ouve o declarante para se certificar se a declaração resulta da sua livre determinação e, em caso afirmativo, homologa-a, ordenando a sua entrega ao Estado requerente, de tudo se lavrando auto.

4 – A declaração, homologada nos termos do número anterior, é irrevogável.

5 – O acto judicial de homologação equivale, para todos os efeitos, à decisão final do processo de extradição.

6 – Salvo tratado, convenção ou acordo que dispense a apresentação do pedido de extradição, o acto de homologação tem lugar após a decisão do Ministro da Justiça favorável ao seguimento do pedido, caso em que o processo prossegue para efeitos daquela homologação judicial.

ARTIGO 41º
Medidas de coacção não detentivas

Na pendência do processo e até ao trânsito em julgado da decisão final, é correspondentemente aplicável o disposto no nº 6 do artigo 38º

ARTIGO 42º
Fuga do extraditado

O extraditado que, depois de entregue ao Estado requerente ou à entidade judiciária internacional, se evadir antes de extinto o procedimento penal ou de cumprida a pena e voltar ou for encontrado em Portugal será de novo detido e entregue ao mesmo Estado ou entidade, mediante mandado de detenção emanado da autoridade estrangeira competente, salvo no caso de ter havido violação das condições em que a extradição foi concedida.

ARTIGO 43º
Trânsito

1 – Pode ser facultado o trânsito, pelo território ou pelo espaço aéreo nacional, de uma pessoa extraditada de um Estado estrangeiro para outro, desde que não se oponham motivos de ordem pública e se trate de infracção justificativa de extradição, segundo a lei portuguesa.

2 – Se a pessoa extraditada tiver a nacionalidade portuguesa, o trânsito só será concedido nas situações em que o seria a extradição.

3 – O trânsito é autorizado mediante pedido do Estado que nele estiver interessado.

4 – Se for utilizado transporte aéreo e não estiver prevista uma aterragem em território nacional, é suficiente uma comunicação do Estado interessado na extradição.

5 – Em caso de aterragem imprevista, observa-se o disposto no nº 3.

6 – É mantida a detenção do extraditado em trânsito enquanto permanecer em território português.

7 – O pedido identifica devidamente o extraditado em trânsito, contém, com as necessárias adaptações, os elementos referidos no nº 3 do artigo 38º e é dirigido ao Ministro da Justiça pelas vias previstas no presente diploma.

8 – A decisão sobre o pedido deve ser tomada no mais curto prazo e comunicada de imediato ao Estado requerente pela mesma via por que o pedido tenha sido feito.

9 – As condições em que o trânsito se processará e a autoridade que nele superintenderá devem constar da decisão que o autorize.

SECÇÃO II
Processo de extradição

ARTIGO 44º
Conteúdo e instrução do pedido de extradição

1 – Além dos elementos referidos no artigo 23º, o pedido de extradição deve incluir:

a) Demonstração de que, no caso concreto, a pessoa a extraditar está sujeita à jurisdição penal do Estado requerente;

b) Prova, no caso de infracção cometida em terceiro Estado, de que este não reclama o extraditando por causa dessa infracção;

c) Garantia formal de que a pessoa reclamada não será extraditada para terceiro Estado, nem detida para procedimento penal, para cumprimento de pena ou para outro fim, por factos diversos dos que fundamentarem o pedido e lhe sejam anteriores ou contemporâneos.

2 – Ao pedido de extradição devem ser juntos os elementos seguintes:

a) Mandado de detenção da pessoa reclamada, emitido pela autoridade competente;

b) Certidão ou cópia autenticada da decisão que ordenou a expedição do mandado de detenção, no caso de extradição para procedimento penal;

c) Certidão ou cópia autenticada da decisão condenatória, no caso de extradição para cumprimento da pena, bem como documento comprovativo da pena a cumprir, se esta não corresponder à duração da pena imposta na decisão condenatória;

d) Cópia dos textos legais relativos à prescrição do procedimento penal ou da pena, conforme o caso;

e) Declaração da autoridade competente relativa a motivos de suspensão ou interrupção do prazo da prescrição, segundo a lei do Estado requerente, se for caso disso;

f) Cópia dos textos legais relativos à possibilidade de recurso da decisão ou de efectivação do novo julgamento, no caso de condenação em processo cuja audiência de julgamento tenha decorrido na ausência da pessoa reclamada.

ARTIGO 45º
Elementos complementares

1 – Quando o pedido estiver incompleto ou não vier acompanhado de elementos suficientes para sobre ele se decidir, observa-se o disposto no nº 3 do artigo 23º, fixando-se prazo para o seu envio, o qual poderá ser prorrogado mediante razões atendíveis invocadas pelo Estado requerente.

2 – A falta dos elementos solicitados nos termos do número anterior poderá determinar o arquivamento do processo no fim do prazo fixado, sem embargo de poder prosseguir quando esses elementos forem apresentados.

3 – Se o pedido se referir a pessoa que já se encontre detida para fins de extradição, o arquivamento previsto no número anterior determina a imediata restituição à liberdade, sendo correspondentemente aplicável o disposto no nº 7 do artigo 38º

ARTIGO 46º
Natureza do processo de extradição

1 – O processo de extradição tem carácter urgente e compreende a fase administrativa e a fase judicial.

2 – A fase administrativa é destinada à apreciação do pedido de extradição pelo Ministro da Justiça para o efeito de decidir, tendo, nomeadamente, em conta as

garantias a que haja lugar, se ele pode ter seguimento ou se deve ser liminarmente indeferido por razões de ordem política ou de oportunidade ou conveniência.

3 – A fase judicial é da exclusiva competência do tribunal da Relação e destina-se a decidir, com audiência do interessado, sobre a concessão da extradição por procedência das suas condições de forma e de fundo, não sendo admitida prova alguma sobre os factos imputados ao extraditando.

ARTIGO 47º
Representação do Estado requerente no processo de extradição

1 – O Estado estrangeiro que o solicite a Portugal pode ser admitido a participar na fase judicial do processo de extradição, através de representante designado para o efeito.

2 – Se não acompanhar o pedido de extradição, o pedido de participação é dirigido ao tribunal da Relação através da Autoridade Central.

3 – O pedido de participação é submetido a decisão do Ministro da Justiça sobre a sua admissibilidade, precedendo informação da Procuradoria-Geral da República, podendo ser indeferido se não estiver garantida a reciprocidade.

4 – A participação a que se refere o nº 1 tem em vista possibilitar ao Estado requerente o contacto directo com o processo, com observância das regras relativas ao segredo de justiça, bem como fornecer ao tribunal os elementos que este entenda solicitar.

ARTIGO 48º
Processo administrativo

1 – Logo que receba o pedido de extradição, e verificada a sua regularidade formal, a Procuradoria-Geral da República, quando o considere devidamente instruído, elabora informação no prazo máximo de 20 dias e submete-o à apreciação do Ministro da Justiça.

2 – Nos 10 dias subsequentes, o Ministro da Justiça decide do pedido.

3 – Em caso de indeferimento do pedido, o processo é arquivado, procedendo-se à comunicação a que se refere o nº 3 do artigo 24º

4 – A Procuradoria-Geral da República adopta as medidas necessárias para a vigilância da pessoa reclamada.

ARTIGO 49º
Processo judicial, competência e recurso

1 – É competente para o processo judicial de extradição o tribunal da Relação em cujo distrito judicial residir ou se encontrar a pessoa reclamada ao tempo do pedido.

2 – O julgamento é da competência da secção criminal.

3 – Só cabe recurso da decisão final, competindo o seu julgamento à secção criminal do Supremo Tribunal de Justiça.

4 – Tem efeito suspensivo o recurso da decisão que conceder a extradição.

ARTIGO 50º
Início do processo judicial

1 – O pedido de extradição que deva prosseguir é remetido, conjuntamente com os elementos que o instruírem e respectiva decisão, ao Ministério Público no tribunal da Relação competente.

2 – Dentro das quarenta e oito horas subsequentes, o Ministério Público promove o cumprimento do pedido.

ARTIGO 51º
Despacho liminar e detenção do extraditando

1 – Efectuada a distribuição, o processo é imediatamente concluso ao juiz relator para, no prazo de 10 dias, proferir despacho liminar sobre a suficiência dos elementos que instruírem o pedido e a viabilidade deste.

2 – Se entender que o processo deve ser logo arquivado, o relator faz submeter os autos, com o seu parecer escrito, a visto de cada um dos juízes-adjuntos por cinco dias, a fim de se decidir na primeira sessão.

3 – Quando o processo deva prosseguir, é ordenada a entrega, ao Ministério Público, do mandado de detenção do extraditando, a fim de providenciar pela sua execução.

4 – No caso de serem necessárias informações complementares, é ordenada apenas a vigilância do extraditando pelas autoridades competentes, podendo, porém, efectuar-se desde logo a sua detenção se se mostrar necessária e houver sérios indícios de que o pedido de extradição deverá proceder.

ARTIGO 52º
Prazo de detenção

1 – A detenção do extraditando deve cessar e ser substituída por outra medida de coacção processual se a decisão final do tribunal da Relação não for proferida dentro dos 65 dias posteriores à data em que foi efectivada.

2 – Se não for admissível medida de coacção não detentiva, o prazo referido no número anterior é prorrogado até ao limite máximo de 25 dias, dentro do qual deve ser obrigatoriamente proferida a decisão da Relação.

3 – Sem prejuízo do disposto no artigo 40º, a detenção subsiste no caso de recurso do acórdão da Relação que conceder a extradição, mas não pode manter-se, sem decisão do recurso, por mais de 80 dias, contados da data da interposição deste.

4 – Se tiver havido recurso para o Tribunal Constitucional, a detenção não pode prolongar-se por mais de três meses contados da data da interposição daquele.

ARTIGO 53º
Apresentação do detido

1 – A autoridade que efectuar a detenção do extraditando comunica-a de imediato, pela via mais expedita e que permita o registo por escrito, ao Ministério Público junto do tribunal da Relação competente.

2 – O extraditando é apresentado ao Ministério Público, juntamente com as coisas que lhe forem apreendidas, para audição pessoal no prazo máximo de quarenta e oito horas após a detenção.

3 – O juiz relator procede à audição, nomeando previamente defensor ao extraditando, se não tiver advogado constituído.

4 – A notificação do extraditando para este acto deve ser pessoal e com advertência de que poderá fazer-se acompanhar de advogado constituído e de intérprete.

5 – Sempre que a detenção não possa, por qualquer motivo, ser apreciada pelo tribunal da Relação, o detido é apresentado ao Ministério Público junto do tribunal de 1.ª instância da sede do tribunal da Relação competente.

6 – No caso previsto no número anterior, a audição tem lugar, exclusivamente, para efeitos de validação e manutenção da detenção pelo juiz do tribunal de 1ª instância, devendo o Ministério Público tomar as providências adequadas à apresentação do extraditando no primeiro dia útil subsequente.

ARTIGO 54º
Audição do extraditando

1 – Na presença do Ministério Público e do defensor ou do advogado do extraditando, e com intervenção do intérprete, quando necessário, o juiz relator procede à identificação do detido, elucidando-o depois sobre o direito de se opor à extradição ou de consentir nela e nos termos em que o pode fazer, bem como sobre a faculdade de renunciar ao benefício da regra da especialidade nos termos do direito convencional aplicável ao caso.

2 – No caso de o extraditando declarar que consente na sua entrega ao Estado requerente, é correspondentemente aplicável o disposto nos nºs 2 a 5 do artigo 40º Se se opuser à extradição, o juiz aprecia os fundamentos da oposição se ele os quiser expor, tudo exarando em auto.

3 – Existindo no caso a faculdade de renúncia ao benefício da regra da especialidade referida no nº 1, é exarado em auto o teor da informação prestada sobre aquela regra da especialidade, bem como a declaração do extraditando, sendo correspondentemente aplicável o disposto nos nºs 2 a 5 do artigo 40º

4 – É igualmente exarada em auto a informação a que se refere o número anterior sempre que, nos termos do direito convencional aplicável, a renúncia ao benefício da especialidade possa ainda ser prestada perante a autoridade judiciária requerente, após a entrega da pessoa extraditada.

5 – O Ministério Público e o defensor ou advogado do extraditando podem sugerir perguntas ao detido, que o juiz relator formulará se as considerar pertinentes.

6 – O disposto nos nºs 3 e 4 é igualmente aplicável à reextradição.

ARTIGO 55º
Oposição do extraditando

1 – Após a audição do extraditando, o processo é facultado ao seu defensor ou advogado constituído para, em oito dias, deduzir por escrito oposição fundamentada

ao pedido de extradição e indicar meios de prova admitidos pela lei portuguesa, sendo, porém, o número de testemunhas limitado a 10.

2 – A oposição só pode fundamentar-se em não ser o detido a pessoa reclamada ou em não se verificarem os pressupostos da extradição.

3 – Apresentada a oposição ou findo o prazo em que o devia ser, o processo segue com vista por cinco dias ao Ministério Público para requerer o que tiver por conveniente, com o limite referido no número anterior quanto à indicação de testemunhas.

4 – Havendo coisas apreendidas, tanto o extraditando como o Ministério Público podem pronunciar-se sobre o seu destino.

5 – Os meios de prova oferecidos podem ser substituídos até ao dia anterior àquele em que devam produzir-se, desde que a substituição não envolva adiamento.

ARTIGO 56º
Produção da prova

1 – As diligências que tiverem sido requeridas e as que o juiz relator entender necessárias, designadamente para decidir sobre o destino de coisas apreendidas, devem ser efectivadas no prazo máximo de 15 dias, com a presença do extraditando, do defensor ou advogado constituído e do intérprete, se necessário, bem como do Ministério Público.

2 – Terminada a produção da prova, o Ministério Público, o defensor ou o advogado do extraditando têm, sucessivamente, vista do processo por cinco dias, para alegações.

ARTIGO 57º
Decisão final

1 – Se o extraditando não tiver apresentado oposição escrita, ou depois de produzidas as alegações nos termos do nº 2 do artigo anterior, o juiz relator procede, em 10 dias, ao exame do processo e manda dar vista a cada um dos dois juízes-adjuntos por 5 dias.

2 – Após o último visto, o processo é apresentado na sessão imediata, independentemente de inscrição em tabela e com preferência sobre os outros, para decisão final, sendo o acórdão elaborado nos termos da lei de processo penal.

ARTIGO 58º
Interposição e instrução do recurso

1 – O Ministério Público e o extraditando podem recorrer da decisão final no prazo de 10 dias.

2 – A petição de recurso inclui as alegações do recorrente, sendo o recurso julgado deserto se as não contiver.

3 – A parte contrária pode responder no prazo de 10 dias.

4 – O processo é remetido ao Supremo Tribunal de Justiça logo que junta a última alegação ou findo o prazo referido no número anterior.

ARTIGO 59º
Vista do processo e julgamento

1 – Feita a distribuição na secção criminal do Supremo Tribunal de Justiça, o processo é feito concluso ao juiz relator, por 10 dias, para elaborar o projecto de acórdão, e em seguida é remetido, juntamente com este, a visto simultâneo dos restantes juízes da secção, por 8 dias.

2 – O processo é submetido a julgamento na primeira sessão após o último visto, independentemente de inscrição em tabela e com preferência sobre os outros e baixa no prazo de três dias após o trânsito.

ARTIGO 60º
Entrega do extraditado

1 – É título necessário e suficiente para a entrega do extraditado certidão da decisão, transitada em julgado, que ordenar a extradição.

2 – Após o trânsito em julgado da decisão, o Ministério Público procede à respectiva comunicação aos serviços competentes do Ministério da Justiça para os efeitos do artigo 27º, disso dando conhecimento à Procuradoria-Geral da República. A data da entrega é estabelecida até ao limite de 20 dias a contar do trânsito.

ARTIGO 61º
Prazo para remoção do extraditado

1 – O extraditado deve ser removido do território português na data que for acordada nos termos do artigo 60º

2 – Se ninguém aparecer a receber o extraditado na data referida no número anterior, será o mesmo restituído à liberdade decorridos 20 dias sobre aquela data.

3 – O prazo referido no número anterior é prorrogável na medida exigida pelo caso concreto, até ao limite máximo de 20 dias, quando razões de força maior, designadamente doença verificada nos termos do nº 3 do artigo 35º, impedirem a remoção dentro desse prazo.

4 – Pode deixar de ser atendido novo pedido de extradição da pessoa que tenha deixado de ser removida no prazo referido no nº 2 ou, havendo prorrogação, decorrido o prazo desta.

5 – Após a entrega da pessoa são efectuadas as necessárias comunicações ao tribunal e à Procuradoria-Geral da República.

SECÇÃO III
Regras especiais do processo em caso de detenção antecipada

ARTIGO 62º
Competência e forma da detenção provisória

1 – A detenção provisória é ordenada pelo juiz relator a que se refere o artigo 51º, quando se certificar da autenticidade, da regularidade e da admissibilidade do pedido, sendo, para o efeito, entregue mandado ao Ministério Público.

2 – A entidade que proceder à detenção apresenta o detido ao Ministério Público junto do tribunal da Relação competente para audição judicial e decisão de validação e manutenção, no prazo máximo de quarenta e oito horas após a detenção.

3 – A detenção é imediatamente comunicada à Procuradoria-Geral da República, sendo emitido mandado de libertação quando deva cessar nos termos do nº 5 do artigo 38º

4 – É correspondentemente aplicável o disposto nos nºs 5 e 6 do artigo 53º

ARTIGO 63º
Prazos

1 – Recebido o pedido de extradição de pessoa detida, o processo regulado no artigo 48º é ultimado no prazo máximo de 15 dias.

2 – No caso de a decisão do Ministro da Justiça ser favorável ao prosseguimento, o pedido é imediatamente remetido, por intermédio do Procurador-Geral da República, ao Ministério Público para promover imediatamente o seu cumprimento.

3 – A detenção do extraditando deve cessar e ser substituída por outra medida de coacção processual se a apresentação do pedido em juízo não ocorrer dentro dos 60 dias posteriores à data em que foi efectivada.

4 – A distribuição do processo na Relação é imediata, são reduzidos a três dias os prazos dos nºs 1 e 2 do artigo 51º e o prazo referido no nº 1 do artigo 52º conta-se a partir da data da apresentação do pedido em juízo.

5 – A decisão do Ministro da Justiça que indefere o pedido é imediatamente comunicada nos termos do nº 2 do presente artigo, para os efeitos de libertação do detido.

ARTIGO 64º
Competência e forma da detenção não directamente solicitada

1 – A autoridade que efectuar uma detenção nos termos do artigo 39º apresenta o detido ao Ministério Público junto do tribunal da Relação em cuja área a detenção foi efectuada, para aí promover a audição judicial daquele, nos termos do nº 2 do artigo 62º

2 – No caso de ser confirmada, a detenção é comunicada imediatamente à Procuradoria-Geral da República e, pela via mais rápida, à autoridade estrangeira a quem ela interessar, para que informe, urgentemente e pela mesma via, se irá ser formulado o pedido de extradição, solicitando-se-lhe ainda a observância dos prazos previstos no nº 5 do artigo 38º

3 – O detido será posto em liberdade 18 dias após a data da detenção se, entretanto, não chegar a informação referida no número anterior, ou 40 dias após a data da detenção se, tendo havido informação positiva, o pedido de extradição não for recebido nesse prazo.

4 – É correspondentemente aplicável o disposto nos nºs 5 e 6 do artigo 53º e no artigo 63º

ARTIGO 65º
Medidas de coacção não detentivas e competência

As medidas de coacção não detentivas, quando admitidas nos casos previstos nos artigos 38º e 64º, são da competência do tribunal da Relação.

SECÇÃO IV
Reentrega do extraditado

ARTIGO 66º
Detenção posterior à fuga do extraditado

1 – O mandado de detenção a que se refere o artigo 42º é recebido pela Autoridade Central, através das vias referidas neste diploma, e deve conter ou ser acompanhado dos elementos necessários para se saber que se trata de pessoa anteriormente extraditada por Portugal, que se evadiu antes de extinto o procedimento penal ou a pena.

2 – O mandado de detenção é remetido ao Ministério Público junto do tribunal da Relação onde correu o processo de extradição para, neste mesmo processo, requerer o seu cumprimento.

ARTIGO 67º
Execução do pedido

1 – Requerido o cumprimento do mandado de detenção, o juiz relator ordena a respectiva execução depois de verificar a sua regularidade e que se refere à pessoa já extraditada.

2 – Nos oito dias posteriores à detenção, o extraditado pode deduzir oposição escrita à sua reentrega ao Estado requerente, com fundamento em que este violou as condições em que a extradição foi concedida, oferecendo logo as provas mas limitando a cinco o número de testemunhas.

3 – Deduzida a oposição, seguem-se, na parte aplicável, os termos dos nºs 3 e 5 do artigo 55º e dos artigos 56º e 57º

4 – O recurso da decisão final é interposto, instruído e julgado nos termos prescritos nos artigos 58º e 59º

ARTIGO 68º
Reentrega do extraditado

1 – O Ministério Público promove a reentrega do extraditado nos termos aplicáveis do artigo 60º quando não tiver sido deduzida oposição ou decidida a sua improcedência.

2 – A certidão a que se refere o artigo 60º é substituída pelo mandado de detenção devidamente cumprido.

CAPÍTULO II
Extradição activa

ARTIGO 69º
Competência e processo

1 – Compete ao Ministro da Justiça formular o pedido de extradição de pessoa contra a qual exista processo pendente em tribunal português, ao Estado estrangeiro em cujo território ela se encontra.

2 – O pedido, depois de devidamente instruído, deve ser transmitido pelas vias previstas neste diploma.

3 – Compete à Procuradoria-Geral da República organizar o processo, com base em requerimento do Ministério Público junto do tribunal respectivo.

4 – O Ministro da Justiça pode solicitar ao Estado estrangeiro ao qual tenha apresentado um pedido de extradição a participação do Estado Português no processo de extradição, através de representante designado para o efeito.

ARTIGO 70º
Reextradição

À reextradição pedida por Portugal é correspondentemente aplicável o disposto nos nºs 4 e 5 do artigo 34º

ARTIGO 71º
Difusão internacional do pedido de detenção provisória

1 – O mandado judicial de detenção provisória com vista à extradição é remetido à Procuradoria-Geral da República pelo Ministério Público junto do tribunal competente.

2 – A Procuradoria-Geral da República remete o mandado ao Gabinete Nacional da INTERPOL, dando disso conhecimento ao tribunal.

ARTIGO 72º
Comunicação

Concedida a extradição, a Procuradoria-Geral da República comunica o facto à autoridade judiciária que a pediu.

CAPÍTULO III
Disposição final

ARTIGO 73º
Gratuitidade e férias

1 – Os processos de extradição são gratuitos, sem prejuízo do disposto nas alíneas *b*) a *d*) do nº 2 e no nº 4 do artigo 26º

2 – Os processos de extradição têm natureza urgente e correm mesmo em férias.

CAPÍTULO IV
Regras especiais relativas ao processo simplificado de extradição

ARTIGO 74º
Âmbito e finalidades

As disposições do presente capítulo regulamentam o processo de extradição, nos casos em que a pessoa reclamada dá o seu consentimento a esta, em conformidade com o previsto na Convenção Relativa ao Processo Simplificado de Extradição entre os Estados Membros da União Europeia, de 10 de Março de 1995.

ARTIGO 75º
Autoridade competente e prazos

1 – A declaração de consentimento na extradição é comunicada directamente pelo juiz competente à autoridade requerente que solicitou a detenção provisória, no prazo máximo de 10 dias após a detenção.

2 – No caso de o extraditando declarar que consente na sua entrega ao Estado requerente, o juiz informa-o do sentido da renúncia à regra da especialidade, nos casos em que esta for admissível, e dos efeitos do consentimento na reextradição, bem como do momento e dos termos em que o pode fazer, tudo se exarando no auto.

3 – O juiz profere decisão homologatória do consentimento e procede à respectiva comunicação no prazo máximo de 20 dias após a data em que foi prestado o consentimento referido no nº 1.

4 – Se o considerar necessário, o juiz solicita à autoridade requerente informações complementares, ouvindo novamente a pessoa detida após a obtenção dessas informações, antes de proferir decisão.

5 – Os prazos previstos nos nºs 1 e 3 contam-se a partir do momento da prestação do consentimento, se este for dado após o decurso do prazo referido no nº 1.

6 – Sem prejuízo do estabelecido no número anterior, quando tiver sido recebido um pedido de extradição, o consentimento é prestado de acordo com o disposto no artigo 54º

7 – É correspondentemente aplicável o disposto no artigo 40º

8 – O disposto nos números anteriores, no que se refere aos prazos e às comunicações, é aplicável aos casos em que Portugal seja o Estado requerente.

CAPÍTULO V
Aplicação interna da Convenção de Aplicação do Acordo de Schengen

ARTIGO 76º
Objecto

O presente capítulo destina-se a regulamentar as disposições da Convenção de Aplicação do Acordo de Schengen relevantes em matéria de extradição, nas relações de Portugal com os outros Estados que também apliquem a Convenção.

ARTIGO 77º
Extradição passiva

1 – A entidade policial que proceder à detenção com base nas indicações introduzidas no Sistema de Informação de Schengen (SIS) apresenta a pessoa detida ao Ministério Público junto do tribunal da Relação competente, nos termos do artigo 53º

2 – A apresentação da pessoa detida é acompanhada dos elementos disponíveis que lhe digam respeito, referidos no nº 2 do artigo 95º da Convenção de Aplicação do Acordo de Schengen, nomeadamente: a indicação da autoridade donde provém o pedido de detenção; a existência de mandado de detenção ou acto de carácter análogo, ou de sentença condenatória; a natureza e qualificação legal da infracção; a descrição das circunstâncias em que a infracção foi cometida, e as consequências jurídicas da infracção.

3 – A decisão judicial que aprecie a validade da detenção e a decisão homologatória do consentimento de extradição são comunicadas imediatamente à Procuradoria-Geral da República e ao Gabinete Nacional SIRENE.

4 – Não havendo declaração da pessoa reclamada de que consente na extradição, a situação é igualmente comunicada à Procuradoria-Geral da República, com vista à formalização do pedido de extradição por parte da autoridade requerente.

ARTIGO 78º
Extradição activa

1 – Para os efeitos do disposto no artigo 95º da Convenção, a autoridade judiciária providencia junto do Gabinete Nacional SIRENE pela imediata inserção dos dados relativos à pessoa procurada no Sistema de Informação de Schengen (SIS).

2 – A comunicação de um Estado parte da Convenção de que a pessoa reclamada foi localizada e detida no seu território é de imediato transmitida pelo Gabinete Nacional SIRENE ao tribunal que emitiu o mandado e à Procuradoria-Geral da República, com vista à formalização do pedido de extradição.

TÍTULO III
Transmissão de processos penais

CAPÍTULO I
Delegação do procedimento penal nas autoridades judiciárias portuguesas

ARTIGO 79º
Princípio

A pedido de um Estado estrangeiro, pode ser instaurado, ou continuar em Portugal, procedimento penal por um facto praticado fora do território português nas condições e com os efeitos referidos nos artigos seguintes.

ARTIGO 80º
Condições especiais

1 – Para que possa ser instaurado, ou continuar em Portugal, procedimento penal por facto praticado fora do território português é necessária a verificação das seguintes condições, para além das condições gerais previstas neste diploma:

a) O recurso à extradição esteja excluído;

b) O Estado estrangeiro dê garantias de que não procederá penalmente, pelo mesmo facto, contra o suspeito ou arguido, no caso de o mesmo vir a ser definitivamente julgado por sentença de um tribunal português;

c) O procedimento penal tenha por objecto um facto que constitua crime segundo a lei do Estado estrangeiro e segundo a lei portuguesa;

d) A pena ou a medida de segurança privativas da liberdade correspondentes ao facto sejam de duração máxima não inferior a um ano ou, tratando-se de uma pena pecuniária, o seu montante máximo não seja inferior a quantia equivalente a 30 unidades de conta processual;

e) O suspeito ou o arguido tenham nacionalidade portuguesa ou, tratando-se de estrangeiros ou apátridas, tenham a sua residência habitual em território português;

f) A aceitação do pedido se justifique pelo interesse da boa administração da justiça ou pela melhor reinserção social do suspeito ou do arguido, no caso de virem a ser condenados.

2 – Pode ainda aceitar-se a instauração ou a continuação de procedimento penal em Portugal, verificadas as condições do número anterior:

a) Quando o suspeito ou arguido se encontrarem processados penalmente em Portugal por outro facto a que corresponda pena ou medida de segurança de gravidade igual ou superior às referidas na alínea *d*) do número anterior e seja garantida a sua presença em juízo;

b) Quando seja negada a extradição do suspeito ou arguido estrangeiro ou apátrida que residam habitualmente em Portugal;

c) Se o Estado requerente considerar que a presença do suspeito ou do arguido não pode ser assegurada perante os seus tribunais, podendo sê-lo em Portugal;

d) Se o Estado estrangeiro considerar que não existem condições para executar uma eventual condenação, mesmo recorrendo à extradição, e que tais condições se verificam em Portugal.

3 – As disposições dos números anteriores não se aplicam se a reacção criminal que motiva o pedido relevar da competência dos tribunais portugueses por virtude de outra disposição relativa à aplicação da lei penal portuguesa no espaço.

4 – A condição referida na alínea *e*) do nº 1 pode ser dispensada nas situações previstas no nº 4 do artigo 32º, quando as circunstâncias do caso o aconselharem, designadamente para evitar que o julgamento não pudesse efectivar-se quer em Portugal quer no estrangeiro.

ARTIGO 81º
Direito aplicável

Ao facto que é objecto do procedimento penal instaurado ou continuado em Portugal, nas condições referidas no artigo anterior, é aplicada a reacção criminal prevista na lei portuguesa, excepto se a lei do Estado estrangeiro que formula o pedido for mais favorável.

ARTIGO 82º
Efeitos da aceitação do pedido relativamente ao Estado que o formula

1 – A aceitação, por Portugal, do pedido formulado pelo Estado estrangeiro implica a renúncia, por este, ao procedimento relativo ao facto.

2 – Instaurado, ou continuado, em Portugal, procedimento penal pelo facto, o Estado estrangeiro recupera o direito de proceder penalmente pelo mesmo facto, após a devida comunicação, logo que Portugal certifique que o arguido se ausentou do território nacional.

ARTIGO 83º
Tramitação do pedido

1 – O pedido formulado pelo Estado estrangeiro é acompanhado do original ou cópia autenticada do processo a transmitir, caso exista, e é submetido pelo Procurador-Geral da República a apreciação do Ministro da Justiça.

2 – Se o Ministro da Justiça decidir que o pedido é admissível, o expediente é remetido ao tribunal competente, que ordena imediatamente notificação para comparência do suspeito ou do arguido, bem como a do advogado constituído, se o houver.

3 – Se o suspeito ou o arguido não comparecerem, o tribunal verifica se a notificação foi feita pela forma legal e nomeia defensor oficioso, na falta de advogado constituído ou se este também não aparecer, de tudo se lavrando auto.

4 – O juiz, oficiosamente ou a requerimento do Ministério Público, do suspeito, do arguido ou do seu defensor, pode ordenar a repetição da notificação a que se refere o nº 2.

5 – O suspeito, o arguido ou seu defensor são convidados a exporem as suas razões contra ou a favor da aceitação do pedido, de igual faculdade gozando o Ministério Público.

6 – Se necessário, o juiz procede ou manda proceder às diligências de prova que repute indispensáveis, por sua iniciativa ou a requerimento do Ministério Público, do suspeito, do arguido ou do seu defensor, fixando, para o efeito, um prazo não superior a 30 dias.

7 – Efectuadas as diligências ou esgotado o prazo a que se refere o número anterior, o Ministério Público e o suspeito ou arguido podem pronunciar-se no prazo de 10 dias, alegando o que tiverem por conveniente.

8 – O juiz decide sobre o pedido no prazo de oito dias, cabendo recurso da decisão nos termos gerais.

9 – Na pendência do pedido, o juiz sujeita o arguido à prestação de termo de identidade e residência, sem prejuízo da possibilidade de adopção de outras medidas de coacção e garantia patrimonial previstas no Código de Processo Penal.

ARTIGO 84º
Efeitos da decisão sobre o pedido

Em caso de aceitação do pedido, o juiz, conforme os casos:

a) Ordena a remessa dos autos à autoridade judiciária competente para instauração ou continuação do procedimento penal;

b) Pratica os actos necessários à continuação do processo, se este relevar da sua competência.

ARTIGO 85º
Convalidação dos actos praticados no estrangeiro

A decisão judicial que ordena a continuação do processo penal deve declarar a convalidação dos actos praticados no processo transmitido, como se tivessem sido praticados perante as autoridades judiciárias portuguesas, salvo se se tratar de actos inadmissíveis face à legislação processual penal portuguesa, que especificará.

ARTIGO 86º
Revogação da decisão

1 – A autoridade judiciária pode revogar a decisão, a requerimento do Ministério Público, do suspeito, do arguido ou do defensor, quando, na pendência do processo:

a) Houver conhecimento superveniente de qualquer uma das causas de inadmissibilidade da cooperação previstas neste diploma;

b) Não possa assegurar-se a comparência do arguido em julgamento ou para execução da sentença que imponha reacção criminal privativa da liberdade nos casos em que o arguido se ausentou do território nacional, previstos no nº 2 do artigo 82º

2 – Da decisão há recurso.

3 – O trânsito da decisão põe termo à jurisdição da autoridade judiciária portuguesa e implica a remessa do processo ao Estado estrangeiro que formulou o pedido.

ARTIGO 87º
Comunicações

1 – São comunicadas à Autoridade Central, para notificação ao Estado estrangeiro que formulou o pedido:

a) A decisão sobre a admissibilidade deste;

b) A decisão que revoga a anterior;

c) A sentença proferida no processo;

d) Qualquer outra decisão que lhe ponha termo.

2 – A notificação é acompanhada de certidão ou cópia autenticada das decisões referidas no número anterior.

ARTIGO 88º
Competência territorial

Salvo no caso de se encontrar já definida a competência territorial, aplica-se aos actos de cooperação internacional previstos no presente capítulo o disposto no artigo 22º do Código de Processo Penal.

CAPÍTULO II
Delegação num Estado estrangeiro da instauração ou continuação de procedimento penal

ARTIGO 89º
Princípio

A instauração de procedimento penal ou a continuação de procedimento instaurado em Portugal por facto que constitua crime segundo o direito português podem ser delegadas num Estado estrangeiro que as aceite, nas condições referidas nos artigos seguintes.

ARTIGO 90º
Condições especiais

1 – A delegação da instauração de procedimento penal ou a sua continuação num Estado estrangeiro dependem da verificação das condições gerais previstas no presente diploma e ainda das seguintes condições especiais:

a) Que o facto integre crime segundo a legislação portuguesa e segundo a legislação daquele Estado;

b) Que a reacção criminal privativa da liberdade seja de duração máxima não inferior a um ano ou, tratando-se de pena pecuniária, o seu montante máximo não seja inferior a quantia equivalente a 30 unidades de conta processual;

c) Que o suspeito ou o arguido tenham a nacionalidade do Estado estrangeiro ou, sendo nacionais de um terceiro Estado ou apátridas, ali tenham a residência habitual;

d) Quando a delegação se justificar pelo interesse da boa administração da justiça ou pela melhor reinserção social em caso de condenação.

2 – Verificadas as condições a que se refere o número anterior, pode ainda ter lugar a delegação:

a) Quando o suspeito ou o arguido estiverem a cumprir sentença no Estado estrangeiro por crime mais grave do que o cometido em Portugal;

b) Quando, em conformidade com a lei do Estado estrangeiro, não possa ser obtida a extradição do suspeito ou do arguido ou, quando solicitada, ela for negada e estes tenham residência habitual nesse Estado;

c) Quando o suspeito ou o arguido forem extraditados para o Estado estrangeiro por outros factos e seja previsível que a delegação do processo criminal permite assegurar melhor reinserção social.

3 - A delegação pode ainda efectuar-se, independentemente da nacionalidade do agente, quando Portugal considerar que a presença do arguido em audiência de julgamento não pode ser assegurada, podendo todavia sê-lo no Estado estrangeiro.

4 - Excepcionalmente, a delegação pode efectuar-se independentemente do requisito da residência habitual, quando as circunstâncias do caso o aconselharem, designadamente para evitar que o julgamento não pudesse efectivar-se quer em Portugal quer no estrangeiro.

ARTIGO 91º
Processo de delegação

1 - O tribunal competente para conhecer do facto aprecia a necessidade da delegação, a requerimento do Ministério Público, do suspeito ou do arguido, com audiência contraditória, na qual se expõem as razões para solicitar ou denegar esta forma de cooperação internacional.

2 - O Ministério Público bem como o suspeito ou o arguido podem responder ao requerimento a que se refere o nº 1 no prazo de 10 dias, quando não sejam os requerentes.

3 - Após a resposta ou decorrido o prazo para a mesma, o juiz decide, no prazo de oito dias, da procedência ou improcedência do pedido.

4 - Se o suspeito ou o arguido estiverem no estrangeiro, podem, por si ou pelo seu representante legal ou advogado, pedir a delegação do procedimento penal directamente ou através de uma autoridade do Estado estrangeiro ou de autoridade consular portuguesa, que o encaminharão para a Autoridade Central.

5 - A decisão judicial que aprecia o pedido é susceptível de recurso.

6 - A decisão transitada favorável ao pedido determina a suspensão do prazo de prescrição, bem como da continuação do processo penal instaurado, sem prejuízo dos actos e diligências de carácter urgente, e é transmitida através do Procurador-Geral da República para apreciação do Ministro da Justiça, remetendo-se cópia autenticada de todo o processado.

ARTIGO 92º
Transmissão do pedido

O pedido do Ministro da Justiça ao Estado estrangeiro é apresentado pelas vias previstas no presente diploma.

ARTIGO 93º
Efeitos da delegação

1 - Aceite, pelo Estado estrangeiro, a delegação para a instauração ou continuação do procedimento penal, não pode instaurar-se novo processo em Portugal pelo mesmo facto.

2 – A suspensão da prescrição do procedimento penal mantém-se até que o Estado estrangeiro ponha termo ao processo, incluindo a execução da sentença.

3 – Portugal recupera, porém, o direito de proceder penalmente pelo facto se:

a) O Estado estrangeiro comunicar que não pode levar até ao fim o procedimento delegado;

b) Houver conhecimento superveniente de qualquer causa que impediria o pedido de delegação, nos termos do presente diploma.

4 – A sentença proferida no processo instaurado ou continuado no Estado estrangeiro que aplique pena ou medida de segurança é inscrita no registo criminal e produz efeitos como se tivesse sido proferida por um tribunal português.

5 – O disposto no número anterior aplica-se a qualquer decisão que, no processo estrangeiro, lhe ponha termo.

CAPÍTULO III
Disposição comum

ARTIGO 94º
Custas

1 – As custas eventualmente devidas no processo estrangeiro, anteriormente à aceitação do pedido de delegação em Portugal, acrescem às devidas no processo português e são neste cobradas, sem reembolso àquele Estado.

2 – Portugal informa o Estado estrangeiro das custas devidas no processo, anteriormente à aceitação, por aquele, do pedido de delegação do procedimento, não se exigindo o seu reembolso.

TÍTULO IV
Execução de sentenças penais

CAPÍTULO I
Execução de sentenças penais estrangeiras

ARTIGO 95º
Princípio

1 – As sentenças penais estrangeiras, transitadas em julgado, podem ser executadas em Portugal nas condições previstas neste diploma.

2 – O pedido de delegação é formulado pelo Estado da condenação.

ARTIGO 96º
Condições especiais de admissibilidade

1 – O pedido de execução, em Portugal, de uma sentença penal estrangeira só é admissível quando, para além das condições gerais estabelecidas neste diploma, se verificarem as seguintes:

a) A sentença condenar em reacção criminal por facto constitutivo de crime para conhecer do qual são competentes os tribunais do Estado estrangeiro;

b) Se a condenação resultar de julgamento na ausência do condenado, desde que o mesmo tenha tido a possibilidade legal de requerer novo julgamento ou de interpor recurso da sentença;

c) Não contenha disposições contrárias aos princípios fundamentais do ordenamento jurídico português;

d) O facto não seja objecto de procedimento penal em Portugal;

e) O facto seja também previsto como crime pela legislação penal portuguesa;

f) O condenado seja português, ou estrangeiro ou apátrida que residam habitualmente em Portugal;

g) A execução da sentença em Portugal se justifique pelo interesse da melhor reinserção social do condenado ou da reparação do dano causado pelo crime;

h) O Estado estrangeiro dê garantias de que, cumprida a sentença em Portugal, considerará extinta a responsabilidade penal do condenado;

i) A duração das penas ou medidas de segurança impostas na sentença não seja inferior a um ano ou, tratando-se de pena pecuniária, o seu montante não seja inferior a quantia equivalente a 30 unidades de conta processual;

j) O condenado der o seu consentimento, tratando-se de reacção criminal privativa de liberdade.

2 – Sem prejuízo do disposto no número anterior, pode ainda executar-se uma sentença estrangeira se o condenado cumprir, em Portugal, condenação por facto distinto do estabelecido na sentença cuja execução é pedida.

3 – A execução de sentença estrangeira que impõe reacção criminal privativa de liberdade é também admissível, ainda que não se verifiquem as condições das alíneas *g*) e *j*) do nº 1, quando, em caso de evasão para Portugal ou noutra situação em que a pessoa aí se encontre, tiver sido negada a extradição do condenado pelos factos constantes da sentença.

4 – O disposto no número anterior é também aplicável, mediante acordo entre Portugal e o Estado interessado, ouvida previamente a pessoa em causa, aos casos em que houver lugar à aplicação de uma medida de expulsão posterior ao cumprimento da pena.

5 – A condição referida na alínea *i*) do nº 1 pode ser dispensada em casos especiais, designadamente se o estado de saúde do condenado ou razões de ordem familiar ou profissional assim aconselharem.

6 – A execução da sentença tem ainda lugar, independentemente da verificação das condições do nº 1, quando Portugal, nos termos do nº 2 do artigo 32º, tiver previamente concedido a extradição de cidadão português.

ARTIGO 97º
Execução de decisões proferidas por autoridades administrativas

1 – É também possível a execução de decisões finais proferidas em processos por infracções a que se refere o nº 3 do artigo 1º, desde que o interessado tenha tido a possibilidade de recorrer a uma instância jurisdicional.

2 – A transmissão do pedido de execução efectua-se conforme o disposto nos tratados, convenções ou acordos de que Portugal seja parte ou, na sua falta, através da Autoridade Central, nos termos previstos neste diploma.

ARTIGO 98º
Limites da execução

1 – A execução da sentença estrangeira limita-se:

a) À pena ou medida de segurança que impliquem privação da liberdade, ou pena pecuniária se, neste caso, forem encontrados em Portugal bens do condenado suficientes para garantir, no todo ou em parte, essa execução;

b) À perda de produtos, objectos e instrumentos do crime;

c) À indemnização civil, constante da mesma, se o interessado a requerer.

2 – A execução das custas do processo limita-se às que forem devidas ao Estado requerente.

3 – A execução da pena pecuniária importa a sua conversão em escudos, segundo o câmbio oficial do dia em que for proferida a decisão de revisão e confirmação.

4 – As sanções acessórias e as medidas de segurança de interdição de profissões, actividades e direitos só se executam se puderem ter eficácia prática em Portugal.

ARTIGO 99º
Documentos e tramitação do pedido

1 – O pedido é submetido, pela Autoridade Central, a apreciação do Ministro da Justiça.

2 – O pedido é acompanhado de certidão ou cópia autenticada da sentença a executar e, se for caso disso, de declaração de consentimento do condenado, a que se refere a alínea *j*) do nº 1 do artigo 96º, bem como de informação relativa à duração da prisão preventiva ou ao tempo de cumprimento da sanção criminal até à apresentação do pedido.

3 – Quando a sentença respeitar a várias pessoas ou impuser diferentes reacções criminais, o pedido é acompanhado de certidão ou cópia autenticada da parte da sentença a que concretamente se refere a execução.

4 – Se o Ministro da Justiça considerar o pedido admissível, o expediente é remetido, por intermédio do Procurador-Geral da República, ao Ministério Público junto do tribunal da Relação competente, nos termos do artigo 235º do Código de Processo Penal, para promover o procedimento de revisão e confirmação da sentença.

5 – O Ministério Público requer a audição do condenado ou do seu defensor para que se pronunciem sobre o pedido, salvo se o consentimento já tiver sido prestado

nos termos do nº 1, ou se tiver sido ele a requerer a delegação da execução ao Estado da condenação.

ARTIGO 100º
Revisão e confirmação da sentença estrangeira

1 – A força executiva da sentença estrangeira depende de prévia revisão e confirmação, segundo o disposto no Código de Processo Penal e o previsto nas alíneas *a*) e *c*) do nº 2 do artigo 6º do presente diploma.

2 – Quando se pronunciar pela revisão e confirmação, o tribunal:

a) Está vinculado à matéria de facto considerada provada na sentença estrangeira;

b) Não pode converter uma pena privativa de liberdade em pena pecuniária;

c) Não pode agravar, em caso algum, a reacção estabelecida na sentença estrangeira.

3 – Em caso de omissão, obscuridade ou insuficiência da matéria de facto, o tribunal pede as informações necessárias, sendo a confirmação negada quando não for possível obtê-las.

4 – O procedimento de cooperação regulado no presente capítulo tem carácter urgente e corre mesmo em férias.

5 – Se respeitar a pessoa que se encontre detida, o pedido é decidido no prazo de seis meses, contados da data em que tiver dado entrada no tribunal.

6 – Se o pedido respeitar a execução de sentença que impõe reacção privativa de liberdade nos casos do nº 5 do artigo 96º, o prazo referido no número anterior é de dois meses.

7 – Havendo recurso, os prazos referidos nos nºs 5 e 6 são acrescidos, respectivamente, de três e de um mês.

ARTIGO 101º
Direito aplicável e efeitos da execução

1 – A execução de uma sentença estrangeira faz-se em conformidade com a legislação portuguesa.

2 – As sentenças estrangeiras executadas em Portugal produzem os efeitos que a lei portuguesa confere às sentenças proferidas pelos tribunais portugueses.

3 – O Estado estrangeiro que solicita a execução é o único competente para decidir do recurso de revisão da sentença exequenda.

4 – A amnistia, o perdão genérico e o indulto podem ser concedidos tanto pelo Estado estrangeiro como por Portugal.

5 – O tribunal competente para a execução põe termo a esta quando:

a) Tiver conhecimento de que o condenado foi beneficiado com amnistia, perdão ou indulto que tenham extinguido a pena e as sanções acessórias;

b) Tiver conhecimento de que foi interposto recurso de revisão da sentença exequenda ou de outra decisão que tenha por efeito retirar-lhe força executiva;

c) A execução respeitar a pena pecuniária e o condenado a tiver pago no Estado requerente.

6 – O indulto e o perdão genérico parciais ou a substituição da pena por outra são levados em conta na execução.

7 – O Estado estrangeiro deve informar o tribunal da execução de qualquer decisão que implique a cessação desta, nos termos do nº 5.

8 – O início da execução em Portugal implica renúncia do Estado estrangeiro à execução da sentença, salvo se o condenado se evadir, caso em que recupera o seu direito de execução ou, tratando-se de pena pecuniária, a partir do momento em que for informado da não execução, total ou parcial, dessa pena.

ARTIGO 102º
Estabelecimento prisional para execução da sentença

1 – Transitada em julgado a decisão que confirma a sentença estrangeira e que implique cumprimento de reacção criminal privativa da liberdade, o Ministério Público providencia pela execução de mandado de condução ao estabelecimento prisional mais próximo do local da residência ou da última residência em Portugal do condenado.

2 – Não sendo possível determinar o local da residência ou da última residência da pessoa condenada, esta dará entrada em estabelecimento prisional situado na área do distrito judicial de Lisboa.

ARTIGO 103º
Tribunal competente para a execução

1 – É competente para a execução da sentença revista e confirmada o tribunal de 1ª instância da comarca da residência ou da última residência em Portugal do condenado ou, se não for possível determiná-las, o da comarca de Lisboa.

2 – O disposto no número anterior não prejudica a competência do tribunal de execução das penas.

3 – Para os efeitos do nº 1, o tribunal da Relação manda baixar o processo ao tribunal da execução.

CAPÍTULO II
Execução no estrangeiro de sentenças penais portuguesas

ARTIGO 104º
Condições da delegação

1 – Pode ser delegada num Estado estrangeiro a execução de uma sentença penal portuguesa quando, para além das condições gerais previstas neste diploma:

a) O condenado for nacional desse Estado, ou de um terceiro Estado ou apátrida e tenha residência habitual naquele Estado;

b) O condenado for português, desde que resida habitualmente no Estado estrangeiro;

c) Não for possível ou não se julgar aconselhável obter a extradição para cumprimento da sentença portuguesa;

d) Existirem razões para crer que a delegação permitirá melhor reinserção social do condenado;

e) O condenado, tratando-se de reacção criminal privativa da liberdade, informado das consequências da execução no estrangeiro, der o seu consentimento;

f) A duração da pena ou medida de segurança impostas na sentença não for inferior a um ano ou, tratando-se de pena pecuniária, o seu montante não for inferior a quantia equivalente a 30 unidades de conta processual, podendo, no entanto, mediante acordo com o Estado estrangeiro, dispensar-se esta condição em casos especiais, designadamente em função do estado de saúde do condenado ou de outras razões de ordem familiar ou profissional.

2 – Verificadas as condições do número anterior, a delegação é ainda admissível se o condenado estiver a cumprir reacção criminal privativa da liberdade no Estado estrangeiro por facto distinto dos que motivaram a condenação em Portugal.

3 – A execução no estrangeiro de sentença portuguesa que impõe reacção criminal privativa de liberdade é também admissível, ainda que não se verifiquem as condições das alíneas *d*) e *e*) do nº 1, quando o condenado se encontrar no território do Estado estrangeiro e a extradição não for possível ou for negada, pelos factos constantes da sentença.

4 – O disposto no número anterior pode também aplicar-se, sempre que as circunstâncias do caso o aconselhem, mediante acordo com o Estado estrangeiro, quando houver lugar à aplicação de pena acessória de expulsão.

5 – A delegação está subordinada à condição de não agravação, no Estado estrangeiro, da reacção imposta na sentença portuguesa.

ARTIGO 105º
Aplicação recíproca

1 – Aplicam-se reciprocamente as disposições dos nºs 1, 2 e 4 do artigo 98º, relativas aos limites da execução, e dos nºs 2 a 7 do artigo 101º, relativas aos efeitos da execução.

2 – Não existindo em Portugal bens suficientes para garantirem a execução de pena pecuniária na sua totalidade, é admitida a delegação relativamente à parte que faltar.

ARTIGO 106º
Efeitos da delegação

1 – A aceitação, pelo Estado estrangeiro, da delegação da execução implica renúncia de Portugal à execução da sentença.

2 – Aceite a delegação da execução, o tribunal suspende-a desde a data do seu início naquele Estado até ao integral cumprimento ou até que ele comunique não poder assegurar o cumprimento.

3 – No acto da entrega da pessoa condenada, o Estado estrangeiro é informado do tempo de privação de liberdade já cumprido em Portugal, bem como do tempo ainda por cumprir.

4 – O disposto no nº 1 não obsta a que Portugal recupere o seu direito de execução da sentença, nos casos em que o condenado se evadir ou, tratando-se de pena pecuniária, a partir do momento em que for informado da não execução, total ou parcial, dessa pena.

ARTIGO 107º
Processo da delegação

1 – O pedido de delegação da execução de sentença num Estado estrangeiro é formulado ao Ministro da Justiça pelo Procurador-Geral da República, a pedido daquele Estado, por iniciativa do Ministério Público, ou a requerimento do condenado, do assistente ou da parte civil, neste último caso circunscrito à execução da indemnização civil constante da sentença.

2 – O Ministro da Justiça decide no prazo de 15 dias.

3 – Se o Ministro da Justiça o considerar admissível, o pedido é transmitido de imediato, pela Procuradoria-Geral da República, ao Ministério Público junto do tribunal da Relação, para que promova o respectivo procedimento.

4 – Quando for necessário o consentimento do condenado, deve o mesmo ser prestado perante aquele tribunal, salvo se ele se encontrar no estrangeiro, caso em que pode ser prestado perante uma autoridade consular portuguesa ou perante uma autoridade judiciária estrangeira.

5 – Se o condenado se encontrar em Portugal, o Ministério Público requer a sua notificação para, em 10 dias, dizer o que tiver por conveniente, quando não for ele a deduzir o pedido.

6 – A falta de resposta do condenado equivale a concordância com o pedido, disso devendo ser advertido no acto da notificação.

7 – Para os efeitos dos nºs 4 e 6, é expedida carta rogatória à autoridade estrangeira ou enviado ofício à autoridade consular portuguesa, fixando-se, em ambos os casos, prazo para o seu cumprimento.

8 – O tribunal da Relação procede às diligências que reputar necessárias para a decisão, incluindo, para o efeito, a apresentação do processo da condenação, se este não lhe tiver sido já remetido.

ARTIGO 108º
Prazos

1 – O procedimento de cooperação regulado no presente capítulo tem carácter urgente e corre mesmo em férias.

2 – Se o pedido respeitar a execução de sentença que impõe reacção privativa de liberdade, é o mesmo decidido no prazo de seis meses, contados da data em que tiver dado entrada no tribunal, salvo nos casos referidos na segunda parte da alínea *f*) do nº 1 do artigo 104º, em que o prazo é de dois meses.

ARTIGO 109º
Apresentação do pedido

1 – A decisão favorável à delegação determina a apresentação de pedido do Ministro da Justiça ao Estado estrangeiro, através da Autoridade Central, acompanhado dos seguintes documentos:

a) Certidão ou cópia autenticada da sentença portuguesa, com menção do trânsito em julgado;

b) Declaração relativa à duração da privação de liberdade já decorrida, até ao momento da apresentação do pedido;

c) Declaração do consentimento do condenado, quando exigida.

2 – Se a autoridade estrangeira competente para a execução comunicar que o pedido é aceite, a Autoridade Central solicita ser informada daquela execução até total cumprimento.

3 – A informação recebida nos termos do número anterior é enviada ao tribunal da condenação.

CAPÍTULO III
Destino de multas e coisas apreendidas e medidas cautelares

ARTIGO 110º
Destino das multas e das coisas apreendidas

1 – A importância das penas pecuniárias resultante da execução da sentença estrangeira reverte para o Estado Português.

2 – Se o Estado da condenação o solicitar, pode aquela importância ser-lhe entregue se, nas mesmas circunstâncias, igual procedimento fosse adoptado em relação a Portugal.

3 – O disposto nos números anteriores aplica-se reciprocamente ao caso de delegação, no Estado estrangeiro, da execução de sentença portuguesa.

4 – As coisas apreendidas em resultado de decisão que decrete a sua perda revertem para o Estado da execução, mas podem ser entregues ao Estado da condenação, a seu pedido, se para este revestirem particular interesse e estiver garantida a reciprocidade.

ARTIGO 111º
Medidas de coacção

1 – A requerimento do Ministério Público, o tribunal da Relação, no processo de revisão e confirmação de sentença estrangeira para fins de execução de reacção criminal privativa da liberdade, pode sujeitar o condenado que se encontre em Portugal a medida de coacção que considere adequada.

2 – Se tiver sido aplicada prisão preventiva, esta é revogada decorridos os prazos a que se referem os nºs 4 e 5 do artigo 100º, sem que tenha sido proferida decisão confirmativa.

3 – A prisão preventiva pode ser substituída por outra medida de coacção, nos termos da lei processual penal.

4 – A decisão relativa a medidas de coacção é susceptível de recurso, nos termos gerais.

ARTIGO 112º
Medidas cautelares

1 – A requerimento do Ministério Público, o juiz pode ordenar as medidas cautelares necessárias à conservação e manutenção de coisas apreendidas, de forma a assegurar a execução da sentença relativa à perda.

2 – A decisão é susceptível de recurso, não tendo efeito suspensivo o que for interposto da que ordenar as medidas.

ARTIGO 113º
Medidas cautelares no estrangeiro

1 – Com o pedido de delegação de execução de sentença portuguesa num Estado estrangeiro pode ser solicitada a aplicação de medidas de coacção relativamente a condenado que se encontre nesse Estado.

2 – O disposto no número anterior aplica-se a medidas cautelares destinadas a assegurar a execução da decisão de perda de coisas.

CAPÍTULO IV
Transferência de pessoas condenadas

SECÇÃO I
Disposições comuns

ARTIGO 114º
Âmbito

O presente capítulo regula a execução de sentenças penais que implique a transferência de pessoa condenada a pena ou medida privativas de liberdade, quando a transferência se efectue a pedido dessa pessoa ou mediante o seu consentimento.

ARTIGO 115º
Princípios

1 – Observadas as condições gerais estabelecidas neste diploma e nos artigos seguintes, uma pessoa condenada em pena ou sujeita a medida de segurança pri-

vativas da liberdade por um tribunal estrangeiro pode ser transferida para Portugal para cumprimento das mesmas.

2 – Do mesmo modo e para os mesmos fins, pode ser transferida para o estrangeiro uma pessoa condenada ou sujeita a medida de segurança privativa da liberdade por um tribunal português.

3 – A transferência pode ser pedida pelo Estado estrangeiro ou por Portugal, em qualquer dos casos a requerimento ou com consentimento expresso da pessoa interessada.

4 – A transferência depende ainda de acordo entre o Estado em que foi proferida a decisão que aplicou a pena ou a medida de segurança e o Estado a quem é solicitada a execução.

ARTIGO 116º
Informação às pessoas condenadas

Os serviços prisionais informam as pessoas condenadas que possam beneficiar da medida da faculdade de solicitarem a sua transferência nos termos do presente diploma.

SECÇÃO II
Transferência para o estrangeiro

ARTIGO 117º
Informações e documentos de apoio

1 – Se a pessoa interessada exprimir o desejo de ser transferida para um Estado estrangeiro, a Autoridade Central comunica-o a esse Estado, com vista à obtenção do seu acordo, com as seguintes informações:

a) Nome, data de nascimento, naturalidade e nacionalidade dessa pessoa;

b) Sendo caso disso, a sua residência naquele Estado;

c) Uma exposição dos factos que fundamentam a sentença;

d) A natureza, a duração e a data de início do cumprimento da pena ou da medida.

2 – São também enviados ao Estado estrangeiro os seguintes elementos:

a) Certidão ou cópia autenticada da sentença e do texto das disposições legais aplicadas;

b) Declaração relativa ao tempo da pena ou medida já cumpridos, incluindo informações sobre prisão preventiva, redução da pena ou medida e sobre qualquer outro acto relativo à execução da sentença, bem como informação relativa à duração da pena por cumprir;

c) Requerimento ou declaração relativa ao consentimento da pessoa interessada para efeitos de transferência;

d) Sendo caso disso, qualquer relatório médico ou social sobre a pessoa interessada, sobre o tratamento de que foi objecto em Portugal e quaisquer recomendações relativas ao prosseguimento desse tratamento no Estado estrangeiro.

ARTIGO 118º
Competência interna para formular o pedido

1 – Compete ao Ministério Público junto do tribunal de execução das penas competente, por sua iniciativa ou a requerimento da pessoa interessada, dar seguimento ao pedido de transferência.

2 – O pedido é apresentado no mais curto prazo possível após o trânsito da sentença, obtido o consentimento da pessoa interessada.

3 – O pedido, devidamente informado, é enviado pela Procuradoria-Geral da República ao Ministro da Justiça para apreciação.

4 – Se as circunstâncias do caso o aconselharem, o Ministro da Justiça pode pedir informação, a apresentar no prazo de 10 dias, à Procuradoria-Geral da República, aos serviços prisionais e ao Instituto de Reinserção Social.

5 – A pessoa interessada na transferência é informada, por escrito, das decisões tomadas a seu respeito.

(Redação dada pela Lei nº 115/2009, de 12-10)

ARTIGO 119º
Pedido apresentado pelo Estado estrangeiro e documentos de apoio

1 – Se a pessoa exprimiu o desejo de ser transferida junto de um Estado estrangeiro, deve esse Estado, com o pedido, enviar os seguintes documentos:

a) Declaração indicando que o condenado é nacional desse Estado ou aí tem a sua residência habitual;

b) Cópia das disposições legais de que resulte que os factos provados na sentença portuguesa constituem uma infracção igualmente punível segundo o direito desse Estado;

c) Quaisquer outros documentos com interesse para a apreciação do pedido.

2 – Salvo no caso de rejeição liminar do pedido, são enviados ao Estado estrangeiro os elementos referidos no nº 2 do artigo 117º

ARTIGO 120º
Decisão sobre o pedido

1 – Se o Ministro da Justiça o considerar admissível, o pedido é transmitido, pela Procuradoria-Geral da República, ao Ministério Público junto do tribunal da Relação da área do estabelecimento prisional onde se encontra a pessoa a transferir.

2 – O Ministério Público promove a audição pelo juiz da pessoa a transferir, observando-se, para o efeito, o disposto no Código de Processo Penal quanto ao interrogatório de arguido detido.

3 – O tribunal decide sobre o pedido, depois de se assegurar de que o consentimento da pessoa visada, para fins de transferência, foi dado voluntariamente e com plena consciência das consequências jurídicas que dele decorrem.

4 – É assegurada a possibilidade de verificação, por agente consular ou outro funcionário designado de acordo com o Estado estrangeiro, da prestação do consentimento em conformidade com o disposto no número anterior.

ARTIGO 121º
Efeitos de transferência para um Estado estrangeiro

1 – A transferência de uma pessoa para um Estado estrangeiro suspende a execução da sentença em Portugal.

2 – É excluída a possibilidade da execução da sentença em Portugal, após a transferência da pessoa interessada, se o Estado estrangeiro comunicar que a mesma sentença foi considerada cumprida por decisão judicial.

3 – Sempre que o tribunal aplicar amnistia, perdão ou indulto, o Estado estrangeiro é disso informado através da Autoridade Central.

SECÇÃO III
Transferência para Portugal

ARTIGO 122º
Pedido de transferência para Portugal

1 – Se uma pessoa condenada ou sujeita a medida de segurança num Estado estrangeiro exprimiu o desejo de ser transferida para Portugal, o Procurador-Geral da República comunica ao Ministro da Justiça os elementos a que se refere o artigo 117º, que lhe tenham sido enviados por aquele Estado, com vista à apreciação da admissibilidade do pedido.

2 – O disposto no número anterior aplica-se também ao caso em que o pedido foi apresentado pelo Estado estrangeiro.

3 – O Ministro da Justiça pode pedir informação, a apresentar no prazo de 10 dias, à Procuradoria-Geral da República, aos serviços prisionais e ao Instituto de Reinserção Social.

4 – É correspondentemente aplicável o disposto no nº 5 do artigo 118º

ARTIGO 123º
Requisitos especiais da transferência para Portugal

1 – Aceite o pedido de transferência para Portugal, o expediente é enviado, pela Procuradoria-Geral da República, ao Ministério Público junto do tribunal da Relação da área da residência indicada pelo interessado, para revisão e confirmação de sentença estrangeira.

2 – Transitada em julgado a decisão que revê e confirma a sentença estrangeira, a Autoridade Central comunica-a ao Estado que formulou o pedido, para efectivação da transferência.

SECÇÃO IV
Informações sobre a execução e trânsito

ARTIGO 124º
Informações relativas à execução

1 – São fornecidas ao Estado que pediu a transferência todas as informações relativas à execução da sentença, nomeadamente:

a) Quando esta se considere cumprida, por decisão judicial;

b) Se a pessoa transferida se evadir antes de terminada a mesma execução.

2 – A pedido do Estado que solicitou a transferência, é-lhe fornecido um relatório especial sobre o modo e os resultados da execução.

ARTIGO 125º
Trânsito

Pode ser autorizado o trânsito, por território português, de pessoa transferida de um Estado estrangeiro para outro, a pedido de qualquer desses Estados, aplicando-se correspondentemente o disposto no artigo 43º

TÍTULO V
Vigilância de pessoas condenadas ou libertadas condicionalmente

CAPÍTULO I
Disposições gerais

ARTIGO 126º
Princípios

1 – É admitida, nos termos dos artigos seguintes, a cooperação para vigilância de pessoas condenadas ou libertadas condicionalmente que residam habitualmente em território do Estado a quem essa cooperação é pedida.

2 – A cooperação a que se refere o número anterior tem por objectivos:

a) Favorecer a reinserção social do condenado através da adopção de medidas adequadas;

b) Vigiar o seu comportamento com vista a eventual aplicação de uma reacção criminal ou à execução desta.

ARTIGO 127º
Objecto

1 – A cooperação regulada no presente título pode consistir numa das seguintes modalidades:

a) Vigilância da pessoa condenada;

b) Vigilância e eventual execução de sentença; ou
c) Execução integral da sentença.

2 – Formulado pedido relativo a uma das modalidades referidas no número anterior, este pode ser recusado em favor de outra modalidade que, no caso concreto, seja considerada preferível, se a proposta for aceite pelo Estado que formulou o pedido.

ARTIGO 128º
Legitimidade

A cooperação depende de pedido do Estado em que for proferida a decisão.

ARTIGO 129º
Dupla incriminação

A infracção que motiva o pedido de cooperação deve ser punível pela lei do Estado que o formula e pela do Estado a quem o pedido é formulado.

ARTIGO 130º
Recusa facultativa

No caso de o pedido ser apresentado a Portugal, a cooperação pode ser recusada quando, para além das condições gerais estabelecidas no presente diploma:

a) A decisão que motiva o pedido resultar de julgamento na ausência do arguido em que não lhe tenha sido garantida a possibilidade legal de requerer novo julgamento ou de interpor recurso da sentença;
b) A decisão for incompatível com os princípios que presidem à aplicação do direito penal português, nomeadamente se o agente da infracção, dada a sua idade, não puder ser sujeito a procedimento penal.

ARTIGO 131º
Apresentação de pedido a Portugal

1 – O pedido formulado a Portugal é submetido, através da Autoridade Central, a apreciação do Ministro da Justiça.
2 – O Ministro da Justiça pode solicitar informações aos serviços competentes para acompanhamento das medidas impostas na sentença.
3 – Se o Ministro da Justiça aceitar o pedido, a Procuradoria-Geral da República transmite-o ao Ministério Público junto do tribunal da Relação da área da residência da pessoa visada, para decisão judicial sobre a sua admissibilidade.

ARTIGO 132º
Informações

1 – A decisão relativa ao pedido de cooperação é imediatamente comunicada pela Autoridade Central ao Estado requerente, com indicação, em caso de recusa, total ou parcial, dos motivos que a fundamentam.

2 – Em caso de aceitação do pedido, a Autoridade Central informa o Estado requerente de qualquer circunstância susceptível de afectar o cumprimento das medidas de vigilância ou a execução da sentença.

CAPÍTULO II
Vigilância

ARTIGO 133º
Medidas de vigilância

1 – O Estado estrangeiro que solicitar apenas a vigilância dá conhecimento das condições impostas ao condenado e, sendo caso disso, das medidas com que este deve conformar-se durante o período de prova.

2 – Aceite o pedido, o tribunal adapta, se necessário, as medidas prescritas às previstas na lei portuguesa.

3 – Em nenhum caso as medidas aplicadas em Portugal podem agravar, quer pela sua natureza, quer pela sua duração, as prescritas na decisão proferida no Estado estrangeiro.

ARTIGO 134º
Consequências da aceitação do pedido

A aceitação do pedido de vigilância implica os seguintes deveres:

a) De assegurar a colaboração das autoridades e organismos que, em território português, têm por função vigiar e assistir as pessoas condenadas;

b) De informar o Estado requerente de todas as medidas tomadas e sua aplicação.

ARTIGO 135º
Revogação e cessação

1 – No caso de o interessado ficar sujeito à revogação de suspensão condicional, por motivo de novo procedimento penal ou de condenação por nova infracção, ou por falta de observância das obrigações impostas, são fornecidas, oficiosamente, e sem demora, ao Estado requerente as informações necessárias.

2 – Após a cessação do período de vigilância, são fornecidas ao Estado requerente as informações necessárias.

ARTIGO 136º
Competência do Estado que formula o pedido

O Estado estrangeiro que formula o pedido é o único competente para apreciar, em face das informações e pareceres fornecidos, se a pessoa condenada satisfez ou não as condições que lhe foram impostas e para delas extrair as consequências previstas na sua própria legislação, informando da decisão que a esse respeito tomar.

CAPÍTULO III
Vigilância e execução de sentença

ARTIGO 137º
Consequência da revogação da suspensão condicional

1 – Decidida a revogação da suspensão condicional no Estado estrangeiro, Portugal adquire competência para executar a sentença, se aquele Estado lho pedir.

2 – A execução processa-se de acordo com a lei portuguesa, após verificação da autenticidade do pedido e da sua conformidade com as condições fixadas neste diploma para revisão e confirmação de sentença estrangeira.

3 – Portugal deve enviar um documento certificativo da execução.

4 – O tribunal substitui, sendo caso disso, a reacção criminal imposta no Estado requerente pela pena ou medida previstas na lei portuguesa para uma infracção idêntica.

5 – No caso referido no número anterior, a pena ou medida corresponderá, tanto quanto possível, pela sua natureza, à imposta na decisão exequenda, não podendo, porém, exceder o máximo previsto pela lei portuguesa nem agravar, pela sua natureza ou pela sua duração, a reacção criminal imposta na sentença do Estado estrangeiro.

ARTIGO 138º
Competência para a liberdade condicional

O tribunal português é o único competente em matéria de liberdade condicional.

ARTIGO 139º
Medidas de graça

A amnistia, o perdão genérico e o indulto podem ser concedidos tanto pelo Estado estrangeiro como por Portugal.

CAPÍTULO IV
Execução integral da sentença

ARTIGO 140º
Disposição remissiva

Se o Estado estrangeiro pedir a integral execução da sentença, é correspondentemente aplicável o disposto nos nºs 2 a 5 do artigo 137º e nos artigos 138º e 139º

CAPÍTULO V
Cooperação solicitada por Portugal

ARTIGO 141º
Regime

1 – Aceite o pedido formulado por Portugal, a Autoridade Central dá conhecimento do facto aos serviços competentes, para acompanhamento das medidas impostas na sentença, com vista ao estabelecimento de contactos directos com os congéneres estrangeiros.

2 – Ao pedido de cooperação formulado por Portugal são aplicáveis, com as necessárias adaptações, as disposições dos capítulos anteriores.

CAPÍTULO VI
Disposições comuns

ARTIGO 142º
Conteúdo do pedido

1 – O pedido de cooperação é instruído nos termos do artigo 23º, com as especialidades constantes dos números seguintes.

2 – O pedido de vigilância deve conter:

a) Menção das razões que motivam a vigilância;

b) Especificação das medidas de vigilância decretadas;

c) Informações sobre a natureza e a duração das medidas de vigilância cuja aplicação é requerida;

d) Informações sobre a personalidade do condenado e o seu comportamento no Estado requerente, antes e depois de proferida decisão relativa à vigilância.

3 – O pedido de vigilância e execução é acompanhado da decisão que impôs a reacção criminal e da decisão que determinar a revogação da condição suspensiva da condenação ou da sua execução.

4 – O carácter executório das duas decisões é certificado segundo as formas prescritas pela lei do Estado requerente.

5 – Quando a decisão de executar substituir uma outra sem reproduzir a exposição dos factos, deve ser junta a que contenha essa exposição.

6 – No caso de se entender que as informações fornecidas pelo Estado requerente são insuficientes para dar satisfação ao pedido, são solicitadas informações complementares, podendo fixar-se um prazo para o efeito.

ARTIGO 143º
Tramitação e decisão do pedido

1 – Aos pedidos de cooperação regulados no presente título, e em tudo o que nele não estiver especialmente previsto, são aplicáveis, com as devidas adaptações,

as disposições do título IV relativas à execução de sentenças penais, em particular no que respeita à apreciação do Ministro da Justiça, à competência dos tribunais portugueses e respectivo processo e aos efeitos da execução.

2 – As disposições relativas ao consentimento não têm aplicação quando estiver em causa unicamente um pedido de vigilância.

3 – O Ministro da Justiça pode pedir informação à Procuradoria-Geral da República e ao Instituto de Reinserção Social, com vista à decisão sobre o pedido.

ARTIGO 144º
Custas e despesas

1 – A pedido do Estado requerente, serão cobradas as custas e despesas do processo nesse Estado produzidas, as quais devem ser devidamente indicadas.

2 – Em caso de cobrança, não é obrigatório o reembolso ao Estado requerente, com excepção dos honorários devidos a peritos.

3 – As despesas com a vigilância e a execução não são reembolsadas pelo Estado requerente.

TÍTULO VI
Auxílio judiciário mútuo em matéria penal

CAPÍTULO I
Disposições comuns às diferentes modalidades de auxílio

ARTIGO 145º
Princípio e âmbito

1 – O auxílio compreende a comunicação de informações, de actos processuais e de outros actos públicos admitidos pelo direito português, quando se afigurarem necessários à realização das finalidades do processo, bem como os actos necessários à apreensão ou à recuperação de instrumentos, objectos ou produtos da infracção.

2 – O auxílio compreende, nomeadamente:

a) A notificação de actos e entrega de documentos;
b) A obtenção de meios de prova;
c) As revistas, buscas, apreensões, exames e perícias;
d) A notificação e audição de suspeitos, arguidos, testemunhas ou peritos;
e) O trânsito de pessoas;
f) As informações sobre o direito português ou estrangeiro e as relativas aos antecedentes penais de suspeitos, arguidos e condenados.

3 – Quando as circunstâncias do caso o aconselharem, mediante acordo entre Portugal e o Estado estrangeiro ou entidade judiciária internacional, a audição prevista na alínea *d*) do nº 2 pode efectuar-se com recurso a meios de telecomunicação

em tempo real, nos termos da legislação processual penal portuguesa, sem prejuízo do disposto no nº 10.

4 – No âmbito do auxílio, mediante autorização do Ministro da Justiça ou em conformidade com o previsto em acordo, tratado ou convenção de que Portugal seja parte, pode haver comunicação directa de simples informações relativas a assuntos de carácter penal entre autoridades portuguesas e estrangeiras que actuem como auxiliares das autoridades judiciárias.

5 – O Ministro da Justiça pode autorizar a deslocação de autoridades judiciárias e de órgãos de polícia criminal estrangeiros, com vista à participação em actos de investigação criminal que devam realizar-se em território português, inclusivamente no âmbito da formação de equipas de investigação criminal conjuntas, compostas por elementos nacionais e estrangeiros.

6 – Dependente de autorização do Ministro da Justiça a constituição de equipas de investigação criminal conjuntas quando esta constituição não for já regulada pelas disposições de acordos, tratados ou convenções internacionais.

7 – A participação referida no nº 5 é admitida a título de coadjuvação das autoridades judiciárias ou de polícia criminal portuguesas ou estrangeiras competentes para o acto, sendo a presença e direcção das autoridades portuguesas sempre obrigatória, observando-se as disposições da lei processual penal, e, sob condição de reciprocidade, de tudo se fazendo referência nos autos.

8 – O disposto no artigo 29º é extensivo às diligências da competência das autoridades de polícia criminal, realizadas nas condições e dentro dos limites definidos pelo Código de Processo Penal.

9 – A competência a que se refere o nº 5 pode ser delegada na autoridade central ou, quando a deslocação respeitar exclusivamente a autoridade ou órgão de polícia criminal, no director-geral da Polícia Judiciária.

10 – O disposto no nº 5 é correspondentemente aplicável aos pedidos de auxílio formulados por Portugal.

11 – O disposto neste artigo não prejudica a aplicação de disposições mais favoráveis de acordos, tratados ou convenções de que Portugal seja parte.

(Redação dada pela Lei nº 104/2001, de 25-08)

ARTIGO 145º-A
Equipas de investigação criminal conjuntas

1 – As equipas de investigação criminal conjuntas são criadas por acordo entre o Estado Português e o Estado estrangeiro, nomeadamente quando:

a) No âmbito de investigação criminal de um Estado estrangeiro houver necessidade de realizar investigações de especial complexidade com implicações em Portugal ou noutro Estado;

b) Vários Estados realizem investigações criminais que, por força das circunstâncias, tornem indispensável uma acção coordenada e concertada nos Estados envolvidos.

2 – O pedido de criação de equipas de investigação criminal conjuntas inclui, para além dos elementos referidos nas disposições pertinentes do artigo 14º da Convenção Europeia de Auxílio Judiciário Mútuo em Matéria Penal e do artigo 37º do Tratado do Benelux de 27 de Junho de 1962, alterada pelo Protocolo de 11 Maio de 1974, propostas relativas à composição da equipa.

3 – Os elementos destacados pelo Estado estrangeiro para a equipa de investigação conjunta podem estar presentes em actos de investigação criminal que se realizem em território português, salvo decisão em contrário, devidamente fundamentada, em conformidade com a legislação portuguesa, da autoridade nacional que dirigir a equipa.

4 – Os actos de investigação criminal que se realizem em território nacional podem ser praticados pelos elementos destacados pelo Estado estrangeiro para a equipa de investigação conjunta, por decisão da autoridade nacional que dirigir a equipa e mediante aprovação do Ministro da Justiça e da autoridade competente do Estado estrangeiro.

5 – Se a equipa de investigação conjunta necessitar de auxílio de um Estado que não participou na sua criação, o pedido respectivo pode ser apresentado pelo Ministro da Justiça às autoridades competentes do Estado em questão, em conformidade com os instrumentos e as disposições pertinentes.

6 – Os membros das equipas de investigação conjuntas destacados pelo Estado Português podem transmitir àquelas informações disponíveis em Portugal, para efeitos das investigações conduzidas pelas mesmas.

7 – As informações legitimamente obtidas pelos membros das equipas de investigação conjuntas durante o exercício da sua actividade, que não sejam acessíveis por outra forma às autoridades competentes dos Estados que os destacaram, podem ser utilizadas:

a) Para os efeitos para os quais foi criada a equipa;

b) Mediante autorização prévia do Ministro da Justiça, para efeitos de detecção, investigação e instauração de procedimento judicial por outras infracções penais, desde que tal utilização não comprometa investigações em curso em Portugal, ou quando estejam em causa factos relativamente aos quais pode ser recusado pelo Estado em causa o auxílio mútuo;

c) Para evitar uma ameaça grave e imediata à segurança pública, e sem prejuízo do disposto na alínea *b*), caso seja posteriormente instaurado procedimento penal;

d) Para outros efeitos, desde que exista acordo dos Estados que criaram a equipa.

8 – Pode ser permitida, por acordo, a participação nas equipas de investigação conjuntas de pessoas que não sejam representantes dos Estados que as criaram, de acordo com a legislação nacional ou outro instrumento jurídico aplicável, não gozando estas pessoas dos direitos conferidos aos membros destacados pelos Estados, salvo acordo expresso em contrário.

(Aditado pela Lei nº 48/2003, de 22-08)

ARTIGO 145º-B
Responsabilidade civil dos membros das equipas de investigação criminal conjuntas

1 – O Estado estrangeiro responde pelos danos que os elementos por si designados para a equipa de investigação conjunta causarem a terceiros no desempenho das suas funções, de acordo com a legislação do Estado onde os danos são provocados.

2 – O Estado Português assegura a reparação dos danos causados em território nacional por elementos destacados por Estado estrangeiro, devendo exercer o seu direito de regresso relativamente a tudo o que tenha pago.

3 – O Estado Português procede ao reembolso das quantias pagas a terceiros pelo Estado estrangeiro por danos causados pelos membros das equipas de investigação conjuntas por si designados.

4 – O Estado Português renuncia a solicitar ao Estado estrangeiro a reparação dos danos por si sofridos, provocados pelos membros das equipas de investigação conjuntas designados pelo Estado estrangeiro, sem prejuízo do exercício dos seus direitos contra terceiros.

(Aditado pela Lei nº 48/2003, de 22-08)

ARTIGO 146º
Direito aplicável

1 – O pedido de auxílio solicitado a Portugal é cumprido em conformidade com a lei portuguesa.

2 – Quando o Estado estrangeiro o solicite expressamente ou na decorrência de acordo, tratado ou convenção internacional, o auxílio pode ser prestado em conformidade com a legislação desse Estado, desde que não contrarie os princípios fundamentais do direito português e não cause graves prejuízos aos intervenientes no processo.

3 – O auxílio é recusado se respeitar a acto não permitido pela legislação portuguesa ou susceptível de implicar sanções de carácter penal ou disciplinar.

(Redação dada pela Lei nº 104/2001, de 25-08)

ARTIGO 147º
Medidas de coacção

1 – Quando os actos visados no artigo 145º implicarem recurso a medidas de coacção, apenas podem ser praticados se os factos expostos no pedido constituírem infracção também prevista no direito português e são cumpridos em conformidade com este.

2 – As medidas de coacção são ainda admitidas em caso de não punibilidade do facto em Portugal, se se destinarem à prova de uma causa de exclusão de culpa da pessoa contra a qual o procedimento foi instaurado.

ARTIGO 148º
Proibição de utilizar as informações obtidas

1 – As informações obtidas para utilização no processo indicado no pedido do Estado estrangeiro não podem ser utilizadas fora dele.

2 – Excepcionalmente, e a pedido do Estado estrangeiro, ou de entidade judiciária internacional, o Ministro da Justiça, mediante parecer do Procurador-Geral da República, pode consentir na utilização das informações noutros processos penais.

3 – A autorização de consultar um processo português, conferida a um Estado estrangeiro que nele intervém como lesado, está sujeita às condições referidas nos números anteriores.

ARTIGO 149º
Confidencialidade

1 – Se um Estado estrangeiro ou uma entidade judiciária internacional o solicitar, é mantida a confidencialidade do pedido de auxílio, do seu conteúdo e dos documentos que o instruam, bem como da concessão desse auxílio.

2 – Se o pedido não puder ser cumprido sem quebra da confidencialidade, a autoridade portuguesa informa a autoridade interessada para que decida se o pedido deve, mesmo assim, ser executado.

CAPÍTULO II
Pedido de auxílio

ARTIGO 150º
Legitimidade

Podem solicitar auxílio as autoridades ou entidades estrangeiras competentes para o procedimento segundo o direito do respectivo Estado ou da respectiva organização internacional.

ARTIGO 151º
Conteúdo e documentos de apoio

Além das indicações e documentos a que se refere o artigo 23º, o pedido é acompanhado:

a) No caso de notificação, de menção do nome e residência do destinatário ou de outro local em que possa ser notificado, da sua qualidade processual e da natureza do documento a notificar;

b) Nos casos de revista, busca, apreensão, entrega de objectos ou valores, exames e perícias, de uma declaração certificando que são admitidos pela lei do Estado requerente ou pelo estatuto da entidade judiciária internacional;

c) Da menção de determinadas particularidades do processo ou de requisitos que o Estado estrangeiro ou entidade judiciária deseje que sejam observados, incluindo a confidencialidade e prazos de cumprimento.

ARTIGO 152º
Processo

1 – Os pedidos de auxílio que revistam a forma de carta rogatória podem ser transmitidos directamente entre autoridades judiciárias competentes, sem prejuízo da possibilidade de recurso às vias previstas no artigo 29º

2 – A decisão de cumprimento das cartas rogatórias dirigidas a autoridades portuguesas é da competência do juiz ou do Ministério Público, nos termos da legislação processual penal.

3 – Recebida carta rogatória que não deva ser cumprida pelo Ministério Público, é-lhe dada vista para opor ao cumprimento o que julgar conveniente.

4 – O cumprimento das cartas rogatórias é recusado nos casos seguintes:

a) Quando a autoridade rogada não tiver competência para a prática do acto, sem prejuízo da transmissão da carta rogatória à autoridade judiciária competente, se esta for portuguesa;

b) Quando a solicitação se dirigir a acto que a lei proíba ou que seja contrário à ordem pública portuguesa;

c) Quando a execução da carta rogatória for atentatória da soberania ou da segurança do Estado;

d) Quando o acto implicar execução de decisão de tribunal estrangeiro sujeita a revisão e confirmação e a decisão se não mostrar revista e confirmada.

5 – Os restantes pedidos, nomeadamente os relativos ao envio de certificado de registo criminal, à verificação de identidade ou à simples obtenção de informações, podem ser directamente transmitidos às autoridades e entidades competentes e, uma vez satisfeitos, comunicados pela mesma forma.

6 – O disposto no nº 4 é aplicável, com as devidas adaptações, aos pedidos que não revistam a forma de carta rogatória.

7 – O disposto no nº 3 é correspondentemente aplicável às rogatórias dirigidas às autoridades estrangeiras, emitidas pelas autoridades judiciárias portuguesas competentes, sendo passadas sempre que estas entidades entenderem que são necessárias à prova de algum facto essencial para a acusação ou para a defesa.

CAPÍTULO III
Actos particulares de auxílio internacional

ARTIGO 153º
Notificação de actos e entrega de documentos

1 – A autoridade portuguesa competente procede à notificação de actos processuais e de decisões que lhe forem enviadas, para o efeito, pela autoridade estrangeira.

2 – A notificação pode fazer-se por simples comunicação ao destinatário por via postal ou, se a autoridade estrangeira o solicitar expressamente, por qualquer outra forma compatível com a legislação portuguesa.

3 – A prova da notificação faz-se através de documento datado e assinado pelo destinatário ou por declaração da autoridade portuguesa que certifique o facto, a forma e a data da notificação.

4 – Considera-se efectuada a notificação se a aceitação ou recusa do acto forem confirmadas por escrito.

5 – Se a notificação não puder ser efectuada, a autoridade estrangeira é disso informada, indicando-se as razões.

6 – O disposto nos números anteriores não obsta à notificação directa de pessoa que se encontre no território do Estado estrangeiro, nos termos previstos em acordo, tratado ou convenção de que Portugal seja parte.

ARTIGO 154º
Notificação para comparência

1 – O pedido de notificação destinado a comparência de uma pessoa para intervir em processo estrangeiro na qualidade de suspeito, arguido, testemunha ou perito não obriga o destinatário da notificação.

2 – A pessoa notificada é advertida, no acto da notificação, do direito de recusar a comparência.

3 – A autoridade portuguesa recusa a notificação se esta contiver cominação de sanções ou quando não estiverem asseguradas as medidas necessárias à segurança da pessoa.

4 – O consentimento para a comparência deve ser dado por declaração livremente prestada e reduzida a escrito.

5 – O pedido de notificação indica as remunerações e indemnizações, bem como as despesas de viagem e estada a conceder, e deve ser transmitido com antecedência razoável, de forma a ser recebido até 50 dias antes da data em que a pessoa deve comparecer.

6 – Em caso de urgência, pode admitir-se o encurtamento do prazo referido no número anterior.

7 – As remunerações, indemnizações e despesas a que se refere o nº 5 são calculadas em função do lugar da residência da pessoa que aceita comparecer e conforme as tarifas previstas pela lei do Estado em cujo território a diligência deve efectuar-se.

ARTIGO 154º-A
Transmissão e recepção de denúncias e queixas

1 – Os órgãos de polícia criminal e as autoridades judiciárias recebem denúncias e queixas pela prática de crimes contra residentes em Portugal que tenham sido cometidos no território de outro Estado membro da União Europeia.

2 – As denúncias e queixas recebidas nos termos do número anterior são transmitidas pelo Ministério Público, no mais curto prazo, à autoridade competente do Estado membro em cujo território foi praticado o crime, salvo se os tribunais portugueses forem competentes para o conhecimento da infracção.

3 – O Ministério Público recebe das autoridades competentes de estados membros da União Europeia denúncias e queixas por crimes praticados em território português contra residentes noutro Estado membro, para efeitos de instauração de procedimento criminal.

(Aditado pela Lei nº 48/2007, de 29-08)

ARTIGO 155º
Entrega temporária de detidos ou presos

1 – Uma pessoa detida ou presa em Portugal pode ser entregue temporariamente a uma autoridade estrangeira para os fins do artigo anterior, desde que dê o seu consentimento e estejam garantidas a manutenção da detenção e a sua restituição às autoridades portuguesas na data por estas estabelecida ou quando a comparência da pessoa já não for necessária.

2 – Sem prejuízo do disposto no número anterior, a entrega não é admitida quando:

a) A presença da pessoa detida ou presa for necessária num processo penal português;

b) A entrega puder implicar o prolongamento da prisão preventiva;

c) Atentas as circunstâncias do caso, a autoridade judiciária portuguesa considere inconveniente a entrega.

3 – Ao pedido a que se refere o presente artigo aplica-se o disposto nos nºs 1 e 2 do artigo 21º

4 – O tempo em que a pessoa estiver fora de Portugal é computado para efeitos de prisão preventiva ou de cumprimento de reacção criminal imposta no processo penal português.

5 – Se a pena imposta à pessoa entregue nos termos deste artigo expirar enquanto ela se encontrar no território de um Estado estrangeiro, será a mesma restituída à liberdade, passando, a partir de então, a gozar do estatuto de pessoa não detida.

6 – O Ministro da Justiça pode subordinar a concessão de auxílio a determinadas condições, que especificará.

ARTIGO 156º
Transferência temporária de detidos ou presos para efeitos de investigação

1 – O disposto no artigo anterior é ainda aplicável aos casos em que, mediante acordo, uma pessoa detida ou presa em Portugal seja transferida para o território de outro Estado, para fins de realização de acto de investigação em processo português.

2 – O consentimento previsto no nº 1 do artigo anterior é dispensado sempre que se esteja perante uma transferência efectuada nos termos de acordo, tratado ou convenção internacional que não o exija.

3 – Ao pedido de auxílio formulado a Portugal é correspondentemente aplicável o disposto no número anterior.

(Redação dada pela Lei nº 104/2001, de 25-08)

ARTIGO 157º
Salvo-conduto

1 – A pessoa que comparecer no território de um Estado estrangeiro nos termos e para os fins dos artigos 154º, 155º e 156º não pode ser:

a) Detida, perseguida ou punida, nem sujeita a qualquer outra restrição da sua liberdade individual, por factos anteriores à sua partida do território português diferentes dos determinados no pedido de cooperação;

b) Obrigada, sem o seu consentimento, a prestar depoimento ou declaração em processo diferente daquele a que se refere o pedido.

2 – A imunidade prevista no número anterior cessa quando a pessoa permanecer voluntariamente no território do Estado estrangeiro por mais de 45 dias após a data em que a sua presença já não for necessária, ou, tendo-o abandonado, a ele regressar voluntariamente.

3 – O disposto nos números anteriores é correspondentemente aplicável à pessoa que resida habitualmente no estrangeiro e que entre em Portugal em consequência de uma notificação para acto de processo penal.

ARTIGO 158º
Trânsito

1 – Ao trânsito de pessoa detida num Estado estrangeiro que deva comparecer num terceiro Estado para participar em acto ou diligência processual é correspondentemente aplicável o disposto no artigo 43º

2 – A detenção da pessoa em trânsito não se mantém se o Estado que autorizou a transferência pedir, entretanto, a sua restituição à liberdade.

ARTIGO 159º
Envio de objectos, valor, documentos ou processos

1 – A pedido das autoridades estrangeiras competentes, os objectos, em especial os documentos e valores susceptíveis de apreensão segundo o direito português, podem ser colocados à disposição daquelas se se revelarem de interesse para decisão.

2 – Os objectos e valores provenientes de uma infracção podem ser restituídos aos seus proprietários, mesmo sem dependência de procedimento instaurado no Estado requerente.

3 – Pode ser autorizado o envio de processos penais ou outros, com fundado interesse para um processo estrangeiro, invocado no pedido de auxílio, com a condição de serem restituídos no prazo que for estabelecido pela autoridade portuguesa competente.

4 – O envio de objectos, valores, processos ou documentos pode ser adiado se estes forem necessários para as finalidades de um processo em curso.

5 – Em substituição dos processos e documentos pedidos podem ser enviadas cópias autenticadas; no entanto, se a autoridade estrangeira pedir expressamente o envio dos originais, o pedido é satisfeito na medida do possível, observada a condição de restituição a que se refere o nº 3.

ARTIGO 160º
Produtos, objectos e instrumentos do crime

1 – A pedido de autoridade estrangeira competente, podem ser efectuadas diligências destinadas a averiguar se quaisquer produtos do crime alegadamente praticado se encontram em Portugal, comunicando-se os resultados dessas diligências.

2 – Na formulação do pedido, a autoridade estrangeira informa das razões pelas quais entende que esses produtos podem encontrar-se em Portugal.

3 – A autoridade portuguesa providencia pelo cumprimento de decisão que decrete a perda de produtos do crime, proferida pelo tribunal estrangeiro, observando-se correspondentemente o disposto no título IV, na parte aplicável.

4 – Quando a autoridade estrangeira comunicar a sua intenção de pretender a execução da decisão a que se refere o número anterior, a autoridade portuguesa pode tomar as medidas permitidas pelo direito português para prevenir qualquer transacção, transmissão ou disposição dos bens que sejam ou possam ser afectados por essa decisão.

5 – As disposições do presente artigo são aplicáveis aos objectos e instrumentos do crime.

ARTIGO 160º-A
Entregas controladas ou vigiadas

1 – Pode ser autorizada caso a caso, pelo Ministério Público, perante o pedido de um ou mais Estados estrangeiros, nomeadamente se previsto em instrumento convencional, a não actuação dos órgãos de polícia criminal, no ambito de investigações criminais transfronteiriças relativas a infracções que admitam extradição, com a finalidade de proporcionar, em colaboração com o Estado ou Estados estrangeiros, a identificação e responsabilização criminal do maior número de agentes da infracção.

2 – O direito de agir e a direcção e controlo das operações de investigação criminal conduzidas no âmbito do número anterior cabem às autoridades portuguesas, sem prejuízo da devida colaboração com as autoridades estrangeiras competentes.

3 – A autorização concedida nos termos do nº 1 não prejudica o exercício da acção penal pelos factos aos quais a lei portuguesa é aplicável e só é concedida quando:

a) Seja assegurado pelas autoridades estrangeiras competentes que a sua legislação prevê as sanções penais adequadas contra os agentes e que a acção penal será exercida;

b) Seja garantida pelas autoridades estrangeiras competentes a segurança de substâncias ou bens em causa contra riscos de fuga ou extravio; e

c) As autoridades estrangeiras competentes se comprometam a comunicar, com urgência, informação pormenorizada sobre os resultados da operação e os pormenores da acção desenvolvida por cada um dos agentes da prática das infracções, especialmente dos que agiram em Portugal.

4 – Ainda que concedida a autorização mencionada anteriormente, os órgãos de polícia criminal intervêm se as margens de segurança tiverem diminuído sensi-

velmente ou se se verificar qualquer circunstância que dificulte a futura detenção dos agentes ou apreensão de substâncias ou bens; se esta intervenção não tiver sido comunicada previamente à entidade que concedeu a autorização, é-o nas vinte e quatro horas seguintes, mediante relato escrito.

5 – Por acordo com o país de destino, quando se estiver perante substâncias proibidas ou perigosas em trânsito, estas podem ser substituídas parcialmente por outras inócuas, de tal se lavrando o respectivo auto.

6 – O não cumprimento das obrigações assumidas pelas autoridades estrangeiras pode constituir fundamento de recusa de autorização em pedidos futuros.

7 – Os contactos internacionais são efectuados através da Polícia Judiciária, pelo Gabinete Nacional da INTERPOL.

8 – Qualquer outra entidade que receba pedidos de entregas controladas, nomeadamente a Direcção-Geral de Alfândegas, através do Conselho de Cooperação Aduaneira ou das suas congéneres estrangeiras, e sem prejuízo do tratamento da informação de índole aduaneira, deve dirigir imediatamente esses pedidos para a Polícia Judiciária, para efeito de execução.

9 – É competente para decidir do pedido de entregas controladas o magistrado do Ministério Público na comarca de Lisboa.

(Aditado pela Lei nº 104/2001, de 25-08)

ARTIGO 160º-B
Acções encobertas

1 – Os funcionários de investigação criminal de outros Estados podem desenvolver acções encobertas em Portugal, com estatuto idêntico ao dos funcionários de investigação criminal portugueses e nos demais termos da legislação aplicável.

2 – A actuação referida no número anterior depende de pedido baseado em acordo, tratado ou convenção internacional e da observância do princípio da reciprocidade.

3 – A autoridade judicial competente para a autorização é o juiz do Tribunal Central de Instrução Criminal, sob proposta do magistrado do Ministério Público junto do Departamento Central de Investigação e Acção Penal (DCIAP).

(Aditado pela Lei nº 104/2001, de 25-08)

ARTIGO 160º-C
Intercepção de telecomunicações

1 – Pode ser autorizada a intercepção de telecomunicações realizadas em Portugal, a pedido das autoridades competentes de Estado estrangeiro, desde que tal esteja previsto em acordo, tratado ou convenção internacional e se trate de situação em que tal intercepção seria admissível, nos termos da lei de processo penal, em caso nacional semelhante.

2 – É competente para a recepção dos pedidos de intercepção a Polícia Judiciária, que os apresentará ao juiz de instrução criminal da comarca de Lisboa, para autorização.

3 – O despacho referido no número anterior inclui autorização para a transmissão imediata da comunicação para o Estado requerente, se tal procedimento estiver previsto no acordo, tratado ou convenção internacional com base no qual é feito o pedido.

(Aditado pela Lei nº 104/2001, de 25-08)

ARTIGO 161º
Informações sobre o direito aplicável

1 – A informação sobre o direito português aplicável em determinado processo penal solicitada por uma autoridade judiciária estrangeira é prestada pelo Gabinete de Documentação e Direito Comparado da Procuradoria-Geral da República.

2 – Tratando-se de informação sobre direito estrangeiro, a autoridade judiciária portuguesa solicita, para o efeito, a colaboração do Gabinete referido no número anterior.

ARTIGO 162º
Informações constantes do registo criminal

A comunicação directa de pedidos de registo criminal, a que se refere o nº 5 do artigo 152º, é efectuada aos serviços de identificação criminal.

ARTIGO 163º
Informações sobre sentenças

1 – Podem também ser solicitadas informações ou cópias de sentenças ou medidas posteriores, bem como de qualquer outra informação relevante com as mesmas relacionadas, relativamente a nacionais do Estado requerente.

2 – Os pedidos efectuados nos termos do número anterior são comunicados através da Autoridade Central.

ARTIGO 164º
Encerramento do processo de cooperação

1 – Quando a autoridade encarregada da execução do pedido a considerar finda, envia os autos e outros documentos à autoridade estrangeira que o formulou.

2 – Se a autoridade estrangeira considerar incompleta a execução do pedido, pode devolvê-lo para ser completado, especificando as razões da devolução.

3 – O pedido é completado se a autoridade portuguesa considerar procedentes as razões indicadas para a devolução.

TÍTULO VII
Disposição final

ARTIGO 165º
Delegação de competências

O Ministro da Justiça pode delegar no Procurador-Geral da República a competência para a prática dos actos previstos no nº 1 do artigo 69º, no nº 6 do artigo 91º, no artigo 92º, nos nºs 1, 2 e 3 do artigo 107º, nos nºs 3 e 4 do artigo 118º e no nº 2 do artigo 141º

ARTIGO 166º
Norma revogatória

É revogado o Decreto-Lei nº 43/91, de 22 de Janeiro.

ARTIGO 167º
Entrada em vigor

O presente diploma entra em vigor no dia 1 de Outubro de 1999.

Aprovada em 24 de Junho de 1999.

O Presidente da Assembleia da República, *António de Almeida Santos.*

Promulgada em 13 de Agosto de 1999.

Publique-se.

O Presidente da República, JORGE SAMPAIO.

Referendada em 18 de Agosto de 1999.

O Primeiro-Ministro, *António Manuel de Oliveira Guterres.*

Regime Jurídico da Emissão, do Reconhecimento e da Fiscalização da Execução de Decisões sobre Medidas de Coação em Alternativa à Prisão Preventiva

Lei nº 36/2015, de 4 de maio

Estabelece o regime jurídico da emissão, do reconhecimento e da fiscalização da execução de decisões sobre medidas de coação em alternativa à prisão preventiva, bem como da entrega de uma pessoa singular entre Estados membros no caso de incumprimento das medidas impostas, transpondo a Decisão-Quadro 2009/829/JAI do Conselho, de 23 de outubro de 2009.

A Assembleia da República decreta, nos termos da alínea *c*) do artigo 161º da Constituição, o seguinte:

CAPÍTULO I
Disposições gerais

ARTIGO 1º
Objeto

A presente lei estabelece o regime jurídico da emissão, do reconhecimento e da fiscalização da execução de decisões sobre medidas de coação em alternativa à prisão preventiva, bem como da entrega de uma pessoa singular entre Estados membros no caso de incumprimento das medidas impostas, transpondo para a ordem jurídica interna a Decisão-Quadro 2009/829/JAI, do Conselho, de 23 de outubro de 2009, relativa à aplicação, entre os Estados membros da União Europeia, do princípio do reconhecimento mútuo às decisões sobre medidas de controlo, em alternativa à prisão preventiva.

ARTIGO 2º
Definições

Para efeitos da presente lei, entende-se por:

a) «Decisão sobre medidas de coação», uma decisão executória tomada no decurso de um processo penal por uma autoridade competente do Estado de emissão, em conformidade com o respetivo direito e procedimentos internos, que impõe a uma pessoa singular, em alternativa à prisão preventiva, uma ou mais medidas de coação;

b) «Estado de emissão», o Estado membro onde foi pronunciada a decisão sobre medidas de coação;

c) «Estado de execução», o Estado membro onde são fiscalizadas as medidas de coação;

d) «Medidas de coação», as obrigações e regras de conduta impostas a uma pessoa singular, em conformidade com o direito e com os procedimentos internos do Estado de emissão.

ARTIGO 3º
Âmbito de aplicação

1 – São reconhecidas, sem controlo da dupla incriminação do facto, as decisões sobre medidas de coação que respeitem às seguintes infrações, desde que, de acordo com a lei do Estado de emissão, estas sejam puníveis com pena privativa de liberdade de duração máxima não inferior a três anos:

a) Participação numa organização criminosa;

b) Terrorismo;

c) Tráfico de seres humanos;

d) Exploração sexual de crianças e pedopornografia;

e) Tráfico ilícito de estupefacientes e substâncias psicotrópicas;

f) Tráfico ilícito de armas, munições e explosivos;

g) Corrupção;

h) Fraude, incluindo a fraude lesiva dos interesses financeiros das Comunidades Europeias na aceção da Convenção, de 26 de julho de 1995, relativa à Proteção dos Interesses Financeiros das Comunidades Europeias;

i) Branqueamento dos produtos do crime;

j) Falsificação de moeda, incluindo a contrafação do euro;

k) Cibercriminalidade;

l) Crimes contra o ambiente, incluindo o tráfico ilícito de espécies animais ameaçadas e de espécies e variedades vegetais ameaçadas;

m) Auxílio à entrada e à permanência irregulares;

n) Homicídio voluntário, bem como ofensas corporais graves;

o) Tráfico de órgãos e tecidos humanos;

p) Rapto, sequestro e tomada de reféns;

q) Racismo e xenofobia;

r) Roubo organizado ou à mão armada;

s) Tráfico de bens culturais incluindo antiguidades e obras de arte;

t) Burla;

u) Extorsão de proteção e extorsão;

v) Contrafação e piratagem de produtos;
w) Falsificação de documentos administrativos e respetivo tráfico;
x) Falsificação de meios de pagamento;
y) Tráfico ilícito de substâncias hormonais e de outros estimuladores de crescimento;
z) Tráfico ilícito de materiais nucleares e radioativos;
aa) Tráfico de veículos furtados ou roubados;
bb) Violação;
cc) Fogo-posto;
dd) Crimes abrangidos pela jurisdição do Tribunal Penal Internacional;
ee) Desvio de avião ou navio;
ff) Sabotagem.

2 – No caso de infrações não referidas no número anterior, o reconhecimento da decisão de aplicação da medida de coação fica sujeito à condição de a mesma se referir a factos que também constituam uma infração punível pela lei portuguesa, independentemente dos seus elementos constitutivos ou da sua qualificação na legislação do Estado de emissão.

ARTIGO 4º
Tipos de medidas de coação

1 – A presente lei aplica-se às seguintes medidas de coação:

a) Obrigação de comunicar às autoridades competentes qualquer mudança de residência, especialmente para receber a notificação para comparecer em audiência ou julgamento durante o processo penal;
b) Interdição de entrar em determinados locais, sítios ou zonas definidas do Estado de emissão ou de execução;
c) Obrigação de permanecer num lugar determinado durante períodos especificados;
d) Obrigação de respeitar certas restrições no que se refere à saída do território do Estado de execução;
e) Obrigação de comparecer em determinadas datas perante uma autoridade especificada;
f) Obrigação de evitar o contacto com determinadas pessoas relacionadas com a ou as infrações alegadamente cometidas;
g) Suspensão do exercício de profissão, de função, de atividade e de direitos;
h) Caução;
i) Sujeição, mediante prévio consentimento, a tratamento de dependência de que padeça e haja favorecido a prática do crime, em instituição adequada;
j) A obrigação de evitar o contacto com determinados objetos relacionados com as infrações alegadamente cometidas.

2 – Se for adequado, pode ser utilizada a monitorização eletrónica para fiscalizar o cumprimento das medidas de coação, em conformidade com o direito e os procedimentos internos do Estado de execução.

ARTIGO 5º
Autoridade competente e autoridade central

1 – É designada como autoridade competente para efeitos de receção de pedidos de reconhecimento e acompanhamento da execução de medidas de coação provenientes de outros Estados membros da União Europeia, a secção central de instrução criminal, ou, nas áreas não abrangidas por secções ou juízes de instrução criminal, a secção de competência genérica da instância local ou, em caso de desdobramento, a secção criminal da instância local, por referência ao tribunal de 1ª instância da comarca da residência ou da última residência conhecida do arguido ou, se não for possível determiná-las, à secção criminal da instância local do tribunal judicial da comarca de Lisboa.

2 – Nos casos previstos no artigo 8º, a autoridade competente é a indicada no artigo 15º da Lei nº 65/2003, de 23 de agosto, que aprova o regime jurídico do mandado de detenção europeu.

3 – É competente para emitir um pedido de reconhecimento e acompanhamento da execução de medidas de coação noutro Estado membro da União Europeia o tribunal do processo.

4 – É designada como autoridade central para assistir a autoridade competente, a Direção-Geral de Reinserção e Serviços Prisionais.

ARTIGO 6º
Consultas e comunicações entre as autoridades competentes

1 – A menos que não seja viável, as autoridades competentes do Estado de emissão e do Estado de execução consultam-se mutuamente:

a) Durante a preparação ou, pelo menos, antes de enviar a decisão sobre medidas de coação, acompanhada da certidão a que se refere o nº 1 do artigo 13º;

b) Para facilitar a correta e eficiente fiscalização das medidas de coação;

c) Quando por parte da pessoa em causa tenha havido um grave incumprimento das medidas de coação impostas.

2 – As informações comunicadas pela autoridade competente do Estado de emissão sobre o eventual risco que a pessoa em causa possa constituir para as vítimas e o público em geral são tidas em devida conta.

3 – Nas consultas referidas no nº 1, as autoridades competentes trocam todas as informações úteis, incluindo as informações que permitam verificar a identidade e o local de residência da pessoa em questão, bem como as informações pertinentes extraídas dos registos criminais, em conformidade com a legislação interna relativa aos registos criminais.

4 – A qualquer momento durante a fiscalização das medidas de coação, a autoridade competente do Estado de execução pode convidar a autoridade competente do Estado de emissão a dar informações sobre se a fiscalização das medidas de coação ainda é necessária nas circunstâncias do caso específico em apreço.

5 – Nas circunstâncias referidas no número anterior, a autoridade competente do Estado de emissão responde de imediato a esse convite, tomando, se for caso disso, uma decisão subsequente, mantendo ou revogando as medidas de coação ou modificando as mesmas.

ARTIGO 7º
Audição do arguido

Sempre que durante o processo de fiscalização das medidas de coação seja necessária a audição do arguido, pode ser utilizado *mutatis mutandis* o procedimento e as condições estabelecidos nos instrumentos de direito internacional e da União Europeia que preveem a possibilidade de utilizar a teleconferência e a videoconferência para as audições, em especial quando a legislação do Estado de emissão estipular que a pessoa terá de ser ouvida pelas autoridades judiciárias antes de ser tomada a decisão relativa:

a) À manutenção e a revogação das medidas de coação;

b) À modificação das medidas de coação;

c) À emissão de um mandado de detenção ou de qualquer outra decisão judicial executória com os mesmos efeitos.

ARTIGO 8º
Entrega do arguido

1 – Em caso de incumprimento da medida de coação, se a autoridade competente do Estado de emissão tiver emitido um mandado de detenção ou qualquer outra decisão judicial executória com os mesmos efeitos, a pessoa em causa pode ser entregue de acordo com a Lei nº 65/2003, de 23 de agosto.

2 – Para efeitos do disposto no número anterior, a autoridade competente do Estado de execução não pode invocar o nº 1 do artigo 2º da Decisão-Quadro 2002/ /584/JAI do Conselho, de 13 de junho de 2002, para recusar a entrega dessa pessoa, a não ser que tenha sido notificado ao Secretariado-Geral do Conselho que a autoridade competente do Estado de execução também aplicará aquela disposição legal ao decidir a entrega da pessoa em causa ao Estado de emissão.

(Cfr. Declaração de Retificação nº 23/2015, de 09-06)

ARTIGO 9º
Línguas

As certidões são traduzidas para a língua oficial, ou para uma das línguas oficiais do Estado de execução, ou ainda para outras, de entre as línguas oficiais da União Europeia, que esse Estado tenha declarado aceitar.

ARTIGO 10º
Encargos

As despesas decorrentes da aplicação da presente lei são suportadas pelo Estado de execução, com exceção dos encargos incorridos exclusivamente no território do Estado de emissão.

ARTIGO 11º
Legislação aplicável

A fiscalização das medidas de coação emitidas por outro Estado membro da União Europeia, bem como a entrega em caso de incumprimento, são reguladas pela lei portuguesa.

CAPÍTULO II
Emissão e transmissão de decisões em matéria penal que imponham medidas de coação

ARTIGO 12º
Envio de decisão sobre medidas de coação para fiscalização noutro Estado membro

1 – Quando o arguido tenha a sua residência legal e habitual noutro Estado membro da União Europeia, o tribunal onde decorre o processo pode enviar para o Estado de residência uma decisão que aplique uma medida de coação visando a sua fiscalização nesse Estado, caso o arguido, depois de ter sido informado das medidas em questão, aceite regressar a esse Estado.

2 – O tribunal pode, a pedido do arguido, enviar a decisão à autoridade competente de um terceiro Estado membro que não seja aquele em cujo território este tenha a sua residência legal e habitual, desde que esta última autoridade consinta no seu envio.

3 – A decisão que aplique medidas de coação só pode ser enviada a um Estado de execução de cada vez.

ARTIGO 13º
Procedimento de envio

1 – O envio a outro Estado membro de uma decisão que aplique medidas de coação, nos termos do artigo anterior, deve ser acompanhada da certidão cujo modelo consta do anexo I à presente lei, da qual faz parte integrante.

2 – A decisão que aplique medidas de coação ou uma cópia autenticada da mesma deve ser enviada pelo tribunal competente diretamente à autoridade competente do Estado de execução, por qualquer meio que permita conservar registo escrito, a fim de poder ser verificada a sua autenticidade.

3 – A certidão é assinada pelo tribunal competente, o qual certifica a exatidão do seu conteúdo.

4 – O tribunal específica:

a) O período de tempo pelo qual a decisão tem aplicação e se é possível uma renovação desta decisão; e *b*) A título indicativo, o período provisório durante o qual é provável que seja necessário fiscalizar as medidas de coação, tendo em conta todas as circunstâncias do caso conhecidas à data do envio da decisão.

5 – Se a autoridade competente do Estado de execução não for conhecida das autoridades nacionais, podem estas últimas proceder às inquirições necessárias, inclusive através dos pontos de contacto da Rede Judiciária Europeia, a fim de obter a informação do Estado de execução.

ARTIGO 14º
Competência em matéria de fiscalização das medidas de coação

1 – Enquanto a autoridade competente do Estado de execução não tiver reconhecido a decisão sobre aplicação de medidas de coação que lhe foi enviada, nem tiver informado o tribunal do processo desse reconhecimento, as autoridades nacionais continuam a ser competentes para a fiscalização das medidas de coação impostas.

2 – Caso tenha sido transferida para a autoridade competente do Estado de execução, a competência para a fiscalização das medidas de controlo é devolvida às autoridades nacionais:

a) Se a pessoa em causa tiver estabelecido a sua residência legal e habitual no território de um Estado que não seja o Estado de execução;

b) Logo que as autoridades nacionais notifiquem a retirada da certidão, após a receção da informação prevista no nº 1 do artigo 16º;

c) Caso o tribunal tenha modificado as medidas de coação aplicadas e a autoridade competente do Estado de execução as tenha recusado controlar por não estarem incluídas nos tipos de medidas de coação que admite;

d) Uma vez terminado o período o período máximo durante o qual as medidas de coação podem ser fiscalizadas no Estado de execução, caso a lei desse Estado preveja um período máximo;

e) Caso a autoridade competente do Estado de execução tenha decidido cessar a fiscalização das medidas de coação e tenha informado desse facto a autoridade nacional competente, por falta de adoção de medidas subsequentes.

3 – Nos casos referidos no número anterior, as autoridades competentes dos Estados de emissão e de execução consultam-se entre si, a fim de evitar tanto quanto possível que seja interrompida a fiscalização das medidas de coação.

ARTIGO 15º
Competência para tomar decisões subsequentes

1 – Sem prejuízo da proteção da ordem pública e garantia da segurança interna, o tribunal do processo tem competência para tomar todas as decisões subsequentes relacionadas com a decisão que aplica medidas de coação, nomeadamente:

a) A manutenção e a revogação da aplicação das medidas de coação;

b) A modificação das medidas de coação;

c) A emissão de um mandado de detenção ou de qualquer outra decisão judicial executória com os mesmos efeitos.

2 – A lei interna é aplicável às decisões tomadas nos termos do número anterior.

ARTIGO 16º
Retirada da certidão

1 – A certidão pode ser retirada, desde que a fiscalização não tenha sido ainda iniciada, após receção de informação:

a) Do período máximo durante o qual as medidas de coação podem ser fiscalizadas no Estado de execução, caso a lei desse Estado preveja tal período máximo;

b) De qualquer decisão de adaptação das medidas de coação, nos termos do direito interno do Estado de execução.

2 – A decisão de retirada da certidão deve ser comunicada ao Estado de execução no prazo máximo de 10 dias.

3 – A decisão pode ainda ser retirada caso o Estado de execução informe existir motivo de não reconhecimento nos termos da alínea *h*) do nº 1 do artigo 20º

ARTIGO 17º
Prolongamento da decisão

1 – No caso de estar a expirar o período máximo durante o qual as medidas de coação podem ser fiscalizadas no Estado de execução e ainda ser necessária a fiscalização destas, o tribunal do processo pode pedir às autoridades do Estado de execução que prolonguem a fiscalização das medidas de coação, tendo em conta as circunstâncias do caso em apreço e as previsíveis consequências para a pessoa em causa se a competência para a fiscalização regressar a Portugal.

2 – Nos casos previstos no número anterior deve ser indicado o período de prolongamento que é provavelmente necessário.

CAPÍTULO III
Reconhecimento e execução de decisões em matéria penal que imponham medidas de coação

ARTIGO 18º
Reconhecimento de decisão que aplique medidas de coação emitida por outro Estado membro

1 – No prazo de 20 dias úteis após a receção de uma decisão que aplique medidas de coação e da respetiva certidão, a autoridade nacional competente reconhece a decisão e toma imediatamente todas as medidas necessárias à fiscalização das medidas de coação, a menos que decida invocar um motivo de recusa de reconhecimento previsto no artigo 20º

2 – Se for, no Estado de emissão, interposto recurso contra a decisão que aplique medidas de coação, o prazo para reconhecimento será prorrogado por mais 20 dias úteis.

3 – Quando, em circunstâncias excecionais, os prazos previstos nos números anteriores não puderem ser cumpridos, a autoridade nacional deve informar imediatamente e por qualquer meio a autoridade competente do Estado de emissão, indicando os motivos do atraso e o prazo que considera necessário para tomar uma decisão definitiva.

4 – Quando a certidão que acompanha o pedido de reconhecimento estiver incompleta ou não corresponder manifestamente à decisão, pode ser adiada a decisão relativa ao reconhecimento, por um prazo razoável, entre 30 a 60 dias, para que a certidão seja corrigida.

5 – Sempre que as medidas de coação já reconhecidas e aplicadas a um determinado arguido sejam objeto de manutenção ou modificação, pode ter início um novo processo de reconhecimento, ainda que este não deva conduzir a uma nova análise dos motivos de não reconhecimento.

6 – Se a autoridade do Estado de emissão modificar as medidas de coação, as autoridades nacionais podem:

a) Adaptar essas medidas modificadas, nos termos do artigo seguinte, se a natureza das medidas de coação modificadas for incompatível com a lei interna; ou

b) Recusar a fiscalização das medidas de coação modificadas, se tais medidas não estiverem incluídas nos tipos de medidas de coação referidas no nº 1 do artigo 4º e ou nas que Portugal notificou o Secretariado-Geral do Conselho da União Europeia estar apto a aplicar, nos termos do nº 2 do artigo 8º da Decisão-Quadro 2009/829/JAI, do Conselho, de 23 de outubro de 2009.

7 – Se for recebida por uma autoridade nacional uma decisão de aplicação de medidas de coação, acompanhada da respetiva certidão, para a qual não tenha competência, deve transmitir oficiosamente a decisão e a certidão à autoridade competente.

8 – Nos casos previstos no número anterior deve ser prestada informação à autoridade do Estado de emissão sobre a autoridade nacional à qual foi remetida a decisão.

ARTIGO 19º
Adaptação das medidas de coação

1 – Se a natureza das medidas de coação for incompatível com a lei interna, estas podem ser adaptadas aos tipos de medidas de coação previstas para infrações equivalentes, devendo corresponder, tanto quanto possível, às que são impostas no Estado de emissão.

2 – As medidas de coação adaptadas não devem ser mais graves do que as medidas de coação inicialmente impostas.

ARTIGO 20º
Motivos de não reconhecimento

1 – A autoridade nacional competente pode recusar o reconhecimento da decisão que aplica uma medida de coação se:

a) A certidão a que se refere o artigo 13º estiver incompleta ou não corresponder manifestamente à decisão e não tiver sido completada ou corrigida dentro de um prazo razoável, entre 30 a 60 dias, a fixar pela autoridade nacional competente;

b) Não estiverem preenchidos os critérios definidos nos nºs 1 e 2 do artigo 12º;

c) A execução da decisão que aplica uma medida de coação for contrária ao princípio *ne bis in idem*;

d) No caso do nº 2 do artigo 3º, a decisão disser respeito a factos que não constituam uma infração, nos termos da lei interna;

e) O processo penal tiver prescrito nos termos da lei interna e Portugal tiver jurisdição sobre os factos que estão na origem da decisão de aplicação da medida de coação;

f) Existir uma imunidade que, segundo a lei portuguesa, impeça a execução da decisão que aplica uma medida de coação;

g) A decisão tiver sido proferida contra pessoa que, nos termos da lei interna, é inimputável em razão da idade, relativamente aos factos pelos quais foi proferida;

h) Em caso de incumprimento das medidas de coação, tiver de recusar a entrega da pessoa em causa em conformidade com a Lei nº 65/2003, de 23 de agosto.

2 – Em matéria de contribuições e impostos, de alfândegas e de câmbios, a execução de uma decisão não deve ser recusada pelo facto de a lei interna não impor o mesmo tipo de contribuições e impostos ou não prever o mesmo tipo de regulamentação em matéria de contribuições e impostos, de alfândegas e de câmbios que a legislação do Estado de emissão.

3 – Nos casos a que se referem as alíneas *a*), *b*) e *c*) do nº 1, antes de decidir recusar o reconhecimento da sentença e executar a decisão que aplica uma medida de coação, a autoridade nacional competente deve consultar a autoridade competente do Estado de emissão, por qualquer meio adequado, solicitando-lhe, se for oportuno, que faculte sem demora todas as informações suplementares.

4 – Quando a autoridade nacional competente entende que o reconhecimento de uma decisão sobre medidas de coação pode ser recusado com base na alínea *h*) do nº 1, mas está todavia disposta a reconhecer a decisão e a fiscalizar as medidas de coação nela prescritas, informa do facto a autoridade competente do Estado de emissão.

5 – Nos casos previstos no número anterior, se a autoridade do Estado de emissão decidir não retirar a decisão, a autoridade nacional pode reconhecer a decisão e fiscalizar as medidas de coação nela prescritas, no entendimento de que a pessoa em causa pode não ser entregue com base num mandado de detenção europeu.

ARTIGO 21º
Informações a prestar ao Estado de emissão

A autoridade nacional competente deve informar a autoridade competente do Estado de emissão, por qualquer meio que permita conservar registo escrito:

a) De qualquer mudança de residência do arguido da qual tenha conhecimento;

b) Do período máximo durante o qual as medidas de coação podem ser fiscalizadas, nos termos da lei interna;

c) Da impossibilidade prática de fiscalizar as medidas de coação porque a pessoa em causa não pode ser encontrada no seu território, devolvendo-se a competência para fiscalização ao Estado de emissão;

d) Do facto de ter sido interposto recurso contra uma decisão de reconhecimento de uma decisão de medidas de coação;

e) Da decisão definitiva de reconhecer a decisão sobre medidas de coação e de tomar todas as medidas necessárias à fiscalização;

f) De qualquer decisão de adaptar as medidas de coação, nos termos do artigo 19º;

g) De qualquer decisão de não reconhecer a decisão sobre medidas de coação, nos termos do artigo anterior, acompanhada da respetiva fundamentação.

ARTIGO 22º
Continuação da fiscalização das medidas de coação

1 – No caso de estar a expirar o período provisório durante o qual foi indicado que seria necessário fiscalizar as medidas de coação, tendo em conta todas as circunstâncias do caso conhecidas à data do envio da decisão, e ainda serem necessárias medidas de controlo, a autoridade competente do Estado de emissão pode pedir às autoridades nacionais que prolonguem a fiscalização das medidas de coação, tendo em conta as circunstâncias do caso em apreço e as previsíveis consequências para a pessoa em causa se a competência para a fiscalização regressar ao Estado de emissão, indicando o período de prolongamento que é provavelmente necessário.

2 – A autoridade nacional decide sobre este pedido em conformidade com a lei interna, indicando, se for caso disso, a duração máxima do prolongamento, podendo ter lugar novo procedimento de reconhecimento sem poderem ser, contudo, novamente analisados os motivos de não reconhecimento previstos no artigo 20º

3 – Se a certidão relativa à decisão sobre medidas de coação tiver sido retirada, a autoridade nacional competente põe fim às medidas impostas logo que tenha sido devidamente notificada do facto pela autoridade competente do Estado de emissão.

4 – Sempre que, de acordo com a lei processual penal, seja exigido o reexame da medida de coação, as autoridades nacionais podem solicitar às autoridades competentes do Estado de emissão que confirme que foi efetuado esse reexame, dando-lhes um prazo razoável, entre 30 a 60 dias, para resposta, renovável por uma única vez, e indicando que poderá decidir fazer cessar a fiscalização.

5 – Se, nas circunstâncias previstas no número anterior, esgotado o prazo concedido às autoridades competentes do Estado de emissão, não for recebida qualquer resposta, a autoridade nacional competente pode decidir cessar a fiscalização das medidas de controlo, informando o Estado de emissão de que a competência para fiscalização lhe é devolvida.

ARTIGO 23º
Decisões subsequentes

Sempre que a lei interna o exija, a autoridade nacional competente pode decidir utilizar o procedimento de reconhecimento a fim de tornar executórias as decisões que determinem a manutenção e a revogação das medidas de coação ou a modificação das mesmas, não podendo, contudo, tal conduzir a uma nova análise dos motivos de não reconhecimento.

ARTIGO 24º
Obrigações das autoridades envolvidas

1 – A qualquer momento durante a fiscalização das medidas de controlo, a autoridade nacional competente pode convidar a autoridade competente do Estado de emissão a dar informações sobre se a fiscalização das medidas de coação ainda é necessária nas circunstâncias do caso específico em apreço.

2 – Antes de expirar o período máximo durante o qual as medidas de coação podem ser fiscalizadas, nos termos da lei interna, a autoridade nacional competente pode solicitar informação à autoridade do Estado de emissão sobre o período suplementar que esta considere eventualmente necessário para a fiscalização das medidas.

3 – A autoridade nacional competente informa imediatamente a autoridade competente do Estado de emissão de qualquer incumprimento de uma medida de coação, bem como de quaisquer outros elementos que possam implicar a tomada de uma decisão subsequente.

4 – A notificação é feita por meio do formulário constante do anexo II à presente lei, da qual faz parte integrante.

5 – Nos casos previstos no nº 3, se não for tomada pelo Estado de emissão uma decisão subsequente, a autoridade nacional competente pode solicitar que a mesma seja tomada com imposição de um prazo razoável, entre 30 a 60 dias, para o efeito.

6 – Se no prazo referido no número anterior não for tomada qualquer decisão, a autoridade nacional competente pode decidir cessar a fiscalização das medidas de coação, informando o Estado de emissão de que a competência para fiscalização lhe é devolvida.

CAPÍTULO IV
Disposições transitórias e finais

ARTIGO 25º
Disposição transitória

A presente lei é aplicável às decisões tomadas após a sua entrada em vigor, ainda que as mesmas tenham sido proferidas relativamente a processos iniciados anteriormente a esta data.

ARTIGO 26º
Entrada em vigor

A presente lei entra em vigor 90 dias após a sua publicação.

Aprovada em 20 de março de 2015.

A Presidente da Assembleia da República, *Maria da Assunção A. Esteves.*

Promulgada em 22 de abril de 2015.

Publique-se.

O Presidente da República, ANÍBAL CAVACO SILVA.

Referendada em 23 de abril de 2015.

O Primeiro-Ministro, *Pedro Passos Coelho.*

ANEXO I
(a que se refere o nº 1 do artigo 13º)
Certidão

a) Estado de execução:

b) Autoridade que emitiu a decisão sobre medidas de controlo:

Designação oficial:

Autoridade a contactar se tiverem de ser recolhidas informações complementares relacionadas com a decisão sobre medidas de controlo:

☐ A autoridade acima indicada;

☐ A autoridade central; se for assinalada esta quadrícula, indicar a designação oficial desta autoridade central:

☐ Outra autoridade competente; se for assinalada esta quadrícula, indicar a designação oficial desta autoridade:

Contactos da autoridade de emissão/autoridade central/outra autoridade competente

Endereço:

N.º tel.: (prefixo nacional) (prefixo local):

N.º fax: (prefixo nacional) (prefixo local):

Dados da(s) pessoa(s) a contactar :

Apelido:

Nome(s) próprio(s):

Funções (título/grau):

N.º tel.: (prefixo nacional) (prefixo local)

N.º fax: (prefixo nacional) (prefixo local)

Endereço eletrónico (event.):

c) Autoridade a contactar, se tiverem de ser recolhidas informações complementares para efeitos de fiscalização das medidas de controlo:

☐ A autoridade referida na alínea b).

☐ Outra autoridade; se for assinalada esta quadrícula, indicar a designação oficial desta autoridade:

Contactos da autoridade, caso não tenham já sido indicados na alínea *b*):

Endereço:

N.º tel.: (prefixo nacional) (prefixo local)

N.º fax: (prefixo nacional) (prefixo local)

Dados da(s) pessoa(s) a contactar

Apelido:

Nome(s) próprio(s):

Funções (título/grau):

N.º tel.: (prefixo nacional) (prefixo local)

N.º fax: (prefixo nacional) (prefixo local)

Endereço eletrónico (event.):

Línguas que podem ser usadas na comunicação:

d) Dados da pessoa singular relativamente à qual foi emitida a decisão sobre medidas de controlo:

Apelido:

Nome(s) próprio(s):

(event.) Nome de solteira:

(event.) Alcunhas ou pseudónimos:

Sexo:

Nacionalidade:

Número de identificação ou número da segurança social (se existirem):

Data de nascimento:

Local de nascimento:

Endereços/residências:

— no Estado de execução:

— noutro local:

Língua ou línguas que a pessoa em questão compreende (se forem conhecidas):

Indicar os seguintes dados, se disponíveis:

— Tipo e número do(s) documento(s) de identidade da pessoa (bilhete de identidade, passaporte):

— Tipo e número do título de residência da pessoa, no Estado de execução:

e) Informações relativas ao Estado membro ao qual é transmitida a decisão sobre medidas de controlo, acompanhada da certidão

A decisão sobre medidas de controlo, acompanhada da certidão, é transmitida ao Estado de execução indicado em a) pelo seguinte motivo:

☐ A pessoa em causa tem a sua residência legal e habitual no Estado de execução e, tendo sido informada das medidas em causa, aceita regressar a esse Estado;

☐ A pessoa em causa solicitou a transmissão da decisão sobre medidas de controlo a outro Estado membro que não aquele em cujo território tem a sua residência legal e habitual, pelo(s) seguinte(s) motivos(s):

f) Informações relativas à decisão sobre medidas de controlo:

A decisão foi proferida em (data: DD-MM-AAAA):

A decisão adquiriu força executória em (data: DD-MM-AAAA):

Se, no momento da transmissão da certidão tiver sido introduzido um recurso contra a decisão sobre medidas de controlo, assinalar esta quadrícula .... ☐

N.º do processo a que se refere a decisão (se existir):

A pessoa em causa encontrava-se em prisão preventiva durante o seguinte período (se for o caso):

---

1. A decisão abrange um total de: .... alegadas infrações.

Síntese dos factos e descrição das circunstâncias em que a(s) alegada(s) infração(ões) foi(foram) cometida(s), incluindo o momento, o local e o grau de participação da pessoa em causa:

Natureza e qualificação jurídica da(s) alegada(s) infração(ões) e disposições legais aplicáveis em que assenta a decisão:

2. Caso a(s) infração(ões) referida(s) no ponto 1 constitua(m), nos termos da legislação nacional do Estado de emissão, uma ou mais das infrações a seguir indicadas, e seja(m) puníveis nesse Estado com pena de prisão ou medida privativa de liberdade de duração máxima não inferior a três anos, confirmar assinalando a(s) quadrícula(s) adequada(s):

□ Participação numa organização criminosa;

□ Terrorismo;

□ Tráfico de seres humanos;

□ Exploração sexual de crianças e pedopornografia;

□ Tráfico ilícito de estupefacientes e substâncias psicotrópicas;

□ Tráfico ilícito de armas, munições e explosivos;

□ Corrupção;

□ Fraude, incluindo a fraude lesiva dos interesses financeiros das Comunidades Europeias na aceção da Convenção de 26 de julho de 1995 relativa à proteção dos interesses financeiros das Comunidades Europeias;

□ Branqueamento dos produtos do crime;

□ Falsificação de moeda, incluindo a contrafação do euro;

□ Cibercriminalidade;

□ Crimes contra o ambiente, incluindo o tráfico ilícito de espécies animais ameaçadas e de espécies e variedades vegetais ameaçadas;

□ Auxílio à entrada e à permanência irregulares;

□ Homicídio voluntário, ofensas corporais graves;

□ Tráfico ilícito de órgãos e tecidos humanos;

□ Rapto, sequestro e tomada de reféns;

□ Racismo e xenofobia;

□ Roubo organizado ou à mão armada;

□ Tráfico de bens culturais, incluindo antiguidades e obras de arte;

□ Burla;

□ Extorsão de proteção e extorsão;

□ Contrafação e piratagem de produtos;

☐ Falsificação de documentos administrativos e respetivo tráfico;

☐ Falsificação de meios de pagamento;

☐ Tráfico ilícito de substâncias hormonais e de outros estimuladores de crescimento;

☐ Tráfico ilícito de materiais nucleares e radioativos;

☐ Tráfico de veículos furtados ou roubados;

☐ Violação;

☐ Fogo-posto;

☐ Crimes abrangidos pela jurisdição do Tribunal Penal Internacional;

☐ Desvio de avião ou navio;

☐ Sabotagem.

3. Se a(s) alegada(s) infração(ões) identificada(s) no ponto 1 não estiver(em) abrangida(s) pelo ponto 2, ou a decisão bem como a certidão forem transmitidas a um Estado membro que tenha declarado que irá verificar a dupla criminalização (n.º 4 do artigo 14.º da Decisão-Quadro), apresentar uma descrição completa da(s) infração(ões) em causa:

g) Informações relativas à duração e natureza da(s) medida(s) de controlo:

1. O período de tempo ao qual se aplica a decisão sobre medidas de controlo e se é possível uma renovação desta decisão (se for caso disso):

2. O período provisório durante o qual é provável que seja necessário fiscalizar as medidas de controlo, tendo em conta todas as circunstâncias do caso conhecidas à data da transmissão da decisão sobre medidas de controlo (informações indicativas):

3. Natureza da(s) medida(s) de controlo (podem ser assinaladas várias quadrículas):

☐ Obrigação de comunicar à autoridade competente do Estado de execução qualquer mudança de residência, especialmente para receber uma intimação para comparecer em audiência ou julgamento durante o processo penal;

☐ Interdição de entrar em determinados locais, sítios ou zonas definidas do Estado de emissão ou de execução;

☐ Obrigação de permanecer num lugar determinado durante períodos especificados;

☐ Obrigação de respeitar certas restrições no que se refere à saída do território do Estado de execução;

☐ Obrigação de comparecer em determinadas datas perante uma autoridade especificada;

☐ Obrigação de evitar o contacto com determinadas pessoas relacionadas com a ou as infrações alegadamente cometidas;

☐ Outras medidas de que o Estado de execução está disposto a assegurar a fiscalização nos termos de uma notificação ao abrigo do n.º 2 do artigo 8.º da Decisão-Quadro:

Caso tenha sido assinalada a quadrícula «outras medidas», especificar quais são essas medidas assinalando a(s) quadrícula(s) correspondente(s):

☐ A interdição de exercer determinadas atividades relacionadas com a ou as infrações alegadamente cometidas, o que poderá abranger uma determinada profissão ou sector profissional;

☐ A inibição de conduzir um veículo;

☐ A obrigação de depositar uma determinada quantia ou prestar outro tipo de garantia, o que pode ser efetuado num número especificado de prestações ou imediatamente de uma só vez;

☐ A obrigação de se submeter a tratamento médico-terapêutico ou cura de desintoxicação;

☐ A obrigação de evitar o contacto com determinados objetos relacionados com a ou as infrações alegadamente cometidas;

☐ Outra medida (especificar):

4. Descrição circunstanciada da(s) medida(s) de controlo indicadas em 3:

h) Outras circunstâncias pertinentes, incluindo motivos específicos para a imposição da(s) medida(s) de controlo (informações facultativas):

O texto da decisão é apenso à certidão.

Assinatura da autoridade que emite a certidão e/ou do seu representante, confirmando a exatidão do seu conteúdo:

Nome:

Funções (título/grau):

Data:

N.º de processo (se existir):

(event.) Carimbo oficial:

ANEXO II
(a que se refere o nº 4 do artigo 24º)
Formulário
Comunicação de incumprimento de medidas de coação e/ou de quaisquer outros elementos que possam implicar a tomada de uma decisão subsequente

a) Dados sobre a identidade da pessoa sujeita a controlo:

Apelido:

Nome(s) próprio(s):

(event.) Nome de solteira:

(event.) Alcunhas ou pseudónimos:

Sexo:

Nacionalidade:

Número de identificação ou número da segurança social (se existirem):

Data de nascimento:

Local de nascimento:

Morada:

Língua ou línguas que a pessoa em questão compreende (se forem conhecidas):

b) Informações relativas à(s) medida(s) de controlo:

Decisão proferida em:

N.º de processo (se existir):

Autoridade que proferiu a decisão:

Designação oficial:

Endereço:

A certidão foi emitida em (data):

Autoridade que emitiu a certidão:

N.º de processo (se existir):

c) Informações sobre a autoridade responsável pela fiscalização da(s) medida(s) de controlo:

Designação oficial da autoridade:

Nome da pessoa a contactar:

Funções (título/grau):

Endereço:

N.º tel.: (prefixo nacional) (prefixo local)

Fax: (prefixo nacional) (prefixo local)

Endereço eletrónico:

Línguas que podem ser usadas na comunicação:

d) Incumprimento da(s) medida(s) de controlo e/ou quaisquer outros elementos que possam implicar a tomada de uma decisão subsequente:

A pessoa designada em a) infringiu a(s) seguinte(s) medida(s) de controlo:

☐ Obrigação de comunicar à autoridade competente do Estado de execução qualquer mudança de residência, especialmente para receber uma intimação para comparecer em audiência ou julgamento durante o processo penal;

☐ Interdição de entrar em determinados locais, sítios ou zonas definidas do Estado de emissão ou de execução;

☐ Obrigação de permanecer num lugar determinado durante períodos especificados;

☐ Obrigação de respeitar certas restrições no que se refere à saída do território do Estado de execução;

☐ Obrigação de comparecer em determinadas datas perante uma autoridade especificada;

☐ Obrigação de evitar o contacto com determinadas pessoas relacionadas com a ou as infrações alegadamente cometidas.

☐ Outra(s) medida(s) (especificar):

Descrição do(s) incumprimento(s) (local, data e circunstâncias específicas):

— Outros elementos que possam implicar a tomada de uma decisão subsequente

Descrição dos factos:

e) Dados da pessoa a contactar, se tiverem de ser recolhidas informações complementares relacionadas com o incumprimento:

Apelido:

Nome(s) próprio(s):

Morada:

N.º tel.: (prefixo nacional) (prefixo local)

N.º fax: (prefixo nacional) (prefixo local)

Endereço eletrónico:

Línguas que podem ser usadas na comunicação:

Assinatura da autoridade que emite o formulário e/ou do seu representante, confirmando a exatidão do seu conteúdo:

Nome:

Funções (título/grau):

Data:

(event.) Carimbo oficial:

Regime Jurídico do Mandado de Detenção Europeu

Lei nº 65/2003, de 23 de agosto

Aprova o regime jurídico do mandado de detenção europeu (em cumprimento da Decisão Quadro nº 2002/584/JAI, do Conselho, de 13 de Junho)

A Assembleia da República decreta, nos termos da alínea *c*) do artigo 161º da Constituição, para valer como lei geral da República, o seguinte:

CAPÍTULO I
Disposições gerais

SECÇÃO I
Noção, âmbito, conteúdo e transmissão

ARTIGO 1º
Noção e efeitos

1 – O mandado de detenção europeu é uma decisão judiciária emitida por um Estado membro com vista à detenção e entrega por outro Estado membro de uma pessoa procurada para efeitos de procedimento criminal ou para cumprimento de uma pena ou medida de segurança privativas da liberdade.

2 – O mandado de detenção europeu é executado com base no princípio do reconhecimento mútuo e em conformidade com o disposto na presente lei e na Decisão Quadro nº 2002/584/JAI, do Conselho, de 13 de Junho.

ARTIGO 2º
Âmbito de aplicação

1 – O mandado de detenção europeu pode ser emitido por factos puníveis, pela lei do Estado membro de emissão, com pena ou medida de segurança privativas da

liberdade de duração máxima não inferior a 12 meses ou, quando tiver por finalidade o cumprimento de pena ou de medida de segurança, desde que a sanção aplicada tenha duração não inferior a 4 meses.

2 – Será concedida a entrega da pessoa procurada com base num mandado de detenção europeu, sem controlo da dupla incriminação do facto, sempre que os factos, de acordo com a legislação do Estado membro de emissão, constituam as seguintes infrações, puníveis no Estado membro de emissão com pena ou medida de segurança privativas de liberdade de duração máxima não inferior a três anos:

a) Participação numa organização criminosa;
b) Terrorismo;
c) Tráfico de seres humanos;
d) Exploração sexual de crianças e pedopornografia;
e) Tráfico ilícito de estupefacientes e de substâncias psicotrópicas;
f) Tráfico ilícito de armas, munições e explosivos;
g) Corrupção;
h) Fraude, incluindo a fraude lesiva dos interesses financeiros das Comunidades Europeias, na acepção da convenção de 26 de Julho de 1995 relativa à protecção dos interesses financeiros das Comunidades Europeias;
i) Branqueamento dos produtos do crime;
j) Falsificação de moeda, incluindo a contrafacção do euro;
l) Cibercriminalidade;
m) Crimes contra o ambiente, incluindo o tráfico ilícito de espécies animais ameaçadas e de espécies e essências vegetais ameaçadas;
n) Auxílio à entrada e à permanência irregulares;
o) Homicídio voluntário e ofensas corporais graves;
p) Tráfico ilícito de órgãos e de tecidos humanos;
q) Rapto, sequestro e tomada de reféns;
r) Racismo e xenofobia;
s) Roubo organizado ou à mão armada;
t) Tráfico de bens culturais, incluindo antiguidades e obras de arte;
u) Burla;
v) Extorsão de protecção e extorsão;
x) Contrafacção e piratagem de produtos;
z) Falsificação de documentos administrativos e respectivo tráfico;
aa) Falsificação de meios de pagamento;
bb) Tráfico ilícito de substâncias hormonais e outros factores de crescimento;
cc) Tráfico ilícito de materiais nucleares e radioactivos;
dd) Tráfico de veículos roubados;
ee) Violação;
ff) Fogo posto;
gg) Crimes abrangidos pela jurisdição do Tribunal Penal Internacional;
hh) Desvio de avião ou navio;
ii) Sabotagem.

3 – No que respeita às infracções não previstas no número anterior só é admissível a entrega da pessoa reclamada se os factos que justificam a emissão do mandado de detenção europeu constituírem infracção punível pela lei portuguesa, independentemente dos seus elementos constitutivos ou da sua qualificação.

(Redação dada pela Lei nº 35/2015, de 04-05)

ARTIGO 3º
Conteúdo e forma do mandado de detenção europeu

1 – O mandado de detenção europeu contém as seguintes informações, apresentadas em conformidade com o formulário em anexo:

a) Identidade e nacionalidade da pessoa procurada;

b) Nome, endereço, número de telefone e de fax e endereço de correio electrónico da autoridade judiciária de emissão;

c) Indicação da existência de uma sentença com força executiva, de um mandado de detenção ou de qualquer outra decisão judicial com a mesma força executiva nos casos previstos nos artigos 1º e 2º;

d) Natureza e qualificação jurídica da infracção, tendo, nomeadamente, em conta o disposto no artigo 2º;

e) Descrição das circunstâncias em que a infracção foi cometida, incluindo o momento, o lugar e o grau de participação na infracção da pessoa procurada;

f) Pena proferida, caso se trate de uma sentença transitada em julgado, ou a medida da pena prevista pela lei do Estado membro de emissão para essa infracção;

g) Na medida do possível, as outras consequências da infracção.

2 – O mandado de detenção deve ser traduzido numa das línguas oficiais do Estado membro de execução ou noutra língua oficial das instituições das Comunidades Europeias aceite por este Estado, mediante declaração depositada junto do Secretariado-Geral do Conselho.

ARTIGO 4º
Transmissão do mandado de detenção europeu

1 – Quando se souber onde se encontra a pessoa procurada a autoridade judiciária de emissão pode transmitir o mandado de detenção europeu directamente à autoridade judiciária de execução.

2 – A autoridade judiciária de emissão pode, em qualquer caso, decidir inserir a indicação da pessoa procurada no sistema de informação Schengen (SIS).

3 – A inserção da indicação deve ser efetuada nos termos do disposto nos artigos 26º a 31º da Decisão 2007/533/JAI do Conselho, de 12 de junho de 2007, relativa ao estabelecimento, ao funcionamento e à utilização do Sistema de Informação Schengen de segunda geração (SIS II).

4 – Uma indicação inserida no SIS produz os mesmos efeitos de um mandado de detenção europeu, desde que acompanhada das informações referidas no nº 1 do artigo 3º

5 – As autoridades de polícia criminal que verifiquem a existência de uma indicação efectuada nos termos do número anterior procedem à detenção da pessoa procurada.

(Redação dada pela Lei nº 35/2015, de 04-05)

ARTIGO 5º
Regras de transmissão do mandado de detenção europeu

1 – A transmissão do mandado de detenção europeu pode ter lugar através do sistema de telecomunicações de segurança da rede judiciária europeia.

2 – Quando não for possível recorrer ao SIS, a autoridade judiciária de emissão pode recorrer aos serviços da INTERPOL para transmitir o mandado de detenção europeu.

3 – A autoridade judiciária de emissão pode transmitir o mandado de detenção europeu por todo e qualquer meio seguro que permita obter um registo escrito do mesmo, em condições que dêem ao Estado membro a possibilidade de verificar a sua autenticidade.

4 – Todas as dificuldades relacionadas com a transmissão ou a autenticidade de todo e qualquer documento necessário para a execução do mandado de detenção europeu devem ser resolvidas através de contactos directos entre as autoridades judiciárias interessadas ou, se for caso disso, através da intervenção das autoridades centrais dos Estados membros.

5 – Qualquer entidade que receba um mandado de detenção europeu e não seja competente para lhe dar seguimento transmite-o, no mais curto prazo, ao Ministério Público junto do tribunal da relação competente para o processo de execução do mandado de detenção europeu e informa a autoridade judiciária de emissão.

SECÇÃO II
Medidas provisórias, princípio da especialidade, entrega e extradição posterior

ARTIGO 6º
Transferência temporária e audição da pessoa procurada enquanto se aguarda a decisão sobre a execução do mandado

1 – Sempre que o mandado de detenção europeu tenha sido emitido para efeitos de procedimento penal e, para qualquer uma das finalidades seguintes, tenha sido emitida e reconhecida uma decisão europeia de investigação, a autoridade judiciária de execução do mandado de detenção europeu, enquanto se aguarda a decisão sobre a execução do mandado, pode aceitar que:

a) Se proceda à audição da pessoa procurada; ou
b) Autorize a transferência temporária da pessoa procurada.

2 – As condições em que se realiza a audição da pessoa procurada e as condições e a duração da transferência temporária observam o disposto na Lei nº 88/2017, de 21 de agosto.

3 – Em caso de transferência temporária, a pessoa procurada deve poder regressar ao Estado membro de execução para assistir às audiências que tenham lugar no âmbito do processo de execução do mandado de detenção europeu.

4 – O disposto no n.º 1 é correspondentemente aplicável aos casos em que seja apresentado um pedido de auxílio judiciário com as finalidades aí previstas.

5 – *(Revogado.)*

6 – *(Revogado.)*

(Redação dada pela Lei nº 115/2019, de 12-09)

ARTIGO 7º
Princípio da especialidade

1 – A pessoa entregue em cumprimento de um mandado de detenção europeu não pode ser sujeita a procedimento penal, condenada ou privada de liberdade por uma infracção praticada em momento anterior à sua entrega e diferente daquela que motivou a emissão do mandado de detenção europeu.

2 – O disposto no número anterior não se aplica quando:

a) A pessoa entregue, tendo a possibilidade de abandonar o território do Estado membro de emissão não o fizer num prazo de 45 dias a contar da extinção definitiva da sua responsabilidade penal, ou regressar a esse território após o ter abandonado;

b) A infracção não for punível com pena ou medida de segurança privativas da liberdade;

c) O procedimento penal não der lugar à aplicação de uma medida restritiva da liberdade individual;

d) A pessoa entregue seja sujeita a pena ou medida não privativas da liberdade, nomeadamente uma sanção pecuniária ou uma medida alternativa, mesmo se esta pena ou medida forem susceptíveis de restringir a sua liberdade individual;

e) A pessoa, previamente à sua entrega, tenha nela consentido e renunciado ao benefício da regra da especialidade perante a autoridade judiciária de execução;

f) A pessoa, após ter sido entregue, tenha renunciado expressamente ao benefício da regra da especialidade no que diz respeito a determinados factos praticados em data anterior à sua entrega;

g) Exista consentimento da autoridade judiciária de execução que proferiu a decisão de entrega.

3 – Se o Estado membro de emissão for o Estado português, a renúncia prevista na alínea *f*) do número anterior deve:

a) Ser feita perante o tribunal da relação da área onde a pessoa residir ou se encontrar;

b) Ser exarada em auto assinado pela pessoa e redigida por forma a demonstrar que essa pessoa foi informada dos factos e das suas consequências jurídicas e expressou a sua renúncia voluntariamente e com plena consciência das consequências dessa renúncia;

c) Ser prestada com a assistência de um defensor.

4 – Se o Estado membro de execução for o Estado português, o consentimento a que se refere a alínea *g*) do n.º 2:

a) É prestado pelo tribunal da relação que proferiu a decisão de entrega;

b) (*Revogada.*)

c) Deve ser prestado sempre que esteja em causa infracção que permita a entrega, por aplicação do regime jurídico do mandado de detenção europeu;

d) Deve ser recusado pelos motivos previstos no artigo 11º, podendo ainda ser recusado apenas com os fundamentos previstos nos artigos 12º e 12º-A;

e) Devem ser prestadas as garantias a que se refere o artigo 13º, em relação às situações nele previstas;

f) Deve ser prestado ou recusado no prazo de 30 dias a contar da data da recepção do pedido.

5 – Se o Estado português for o Estado de emissão, é competente para solicitar o consentimento a que se refere a alínea *g*) do nº 2 a autoridade judiciária com competência para o conhecimento da infração praticada em momento anterior à sua entrega e diferente daquela que motivou a emissão do mandado de detenção europeu.

6 – O pedido de consentimento a que se refere a alínea *g*) do nº 2 é apresentado pelo Estado membro de emissão ao Estado membro de execução acompanhado das informações referidas no nº 1 do artigo 3º e de uma tradução, nos termos do nº 2 do artigo 3º

(Redação dada pela Lei nº 35/2015, de 04-05)

ARTIGO 8º
Entrega ou extradição posterior

1 – A pessoa entregue a um Estado membro em execução de um mandado de detenção europeu pode, sem o consentimento do Estado membro de execução, ser entregue a outro Estado membro por força de um mandado de detenção europeu emitido por uma infracção praticada antes da sua entrega, nos seguintes casos:

a) Quando a pessoa procurada não beneficiar da regra da especialidade, nos termos das alíneas *a*), *e*), *f*) e *g*) do nº 2 do artigo 7º;

b) Quando a pessoa procurada consinta na sua entrega a Estado membro diverso do Estado membro de execução, por força de um mandado de detenção europeu.

2 – O consentimento previsto na alínea *b*) do número anterior deve:

a) Ser prestado perante as autoridades judiciárias competentes do Estado membro de emissão e registado em conformidade com o direito desse Estado;

b) Ser redigido por forma a demonstrar que a pessoa o deu voluntariamente e com plena consciência das sua consequências;

c) Ser prestado com a assistência de um defensor.

3 – Se o Estado membro de emissão for o Estado Português, o consentimento a que se refere a alínea *b*) do nº 1 é prestado perante o tribunal da relação da área do seu domicílio ou, se não o tiver, da área onde se encontrar a pessoa em causa, observando-se as formalidades previstas no artigo 18º da presente lei, com as necessárias adaptações.

4 – Se o Estado membro de execução for o Estado português, ao consentimento a que se refere a alínea *g*) do nº 2 do artigo anterior é aplicável o disposto no nº 4 do mesmo artigo.

5 – O pedido de consentimento referido no número anterior é apresentado em conformidade com o disposto no artigo 4º, acompanhado das informações referidas no nº 1 do artigo 3º e de uma tradução, nos termos do nº 2 do mesmo artigo.

6 – Sem prejuízo do disposto no nº 1, uma pessoa que tenha sido entregue em execução de um mandado de detenção europeu não pode ser extraditada para um Estado terceiro sem o consentimento da autoridade judiciária de execução que proferiu a decisão de entrega.

7 – O consentimento a que se refere o número anterior deve ser dado em conformidade com as convenções que vinculem esse Estado membro e de acordo com o direito desse Estado.

(Redação dada pela Lei nº 35/2015, de 04-05)

SECÇÃO III
Outras disposições

ARTIGO 9º
Autoridade central

É designada como autoridade central, para assistir as autoridades judiciárias competentes e demais efeitos previstos na presente lei, a Procuradoria-Geral da República.

(Redação dada pela Lei nº 35/2015, de 04-05)

ARTIGO 10º
Desconto da detenção cumprida no Estado membro de execução

1 – O período de tempo de detenção resultante da execução de um mandado de detenção europeu é descontado no período total de privação da liberdade a cumprir no Estado membro de emissão em virtude de uma condenação a uma pena ou medida de segurança.

2 – Para o efeito do disposto no número anterior, no momento da entrega, a autoridade judiciária de execução transmite à autoridade judiciária de emissão todas as informações respeitantes ao período de tempo de detenção cumprido pela pessoa procurada em execução do mandado de detenção europeu.

(Redação dada pela Lei nº 35/2015, de 04-05)

CAPÍTULO II

Execução de mandado de detenção europeu emitido por Estado membro estrangeiro

SECÇÃO I

Condições de execução

ARTIGO 11º

Motivos de não execução obrigatória do mandado de detenção europeu

A execução do mandado de detenção europeu é recusada quando:

a) A infracção que motiva a emissão do mandado de detenção europeu tiver sido amnistiada em Portugal, desde que os tribunais portugueses sejam competentes para o conhecimento da infracção;

b) A pessoa procurada tiver sido definitivamente julgada pelos mesmos factos por um Estado membro desde que, em caso de condenação, a pena tenha sido integralmente cumprida, esteja a ser executada ou já não possa ser cumprida segundo a lei do Estado membro onde foi proferida a decisão;

c) A pessoa procurada for inimputável em razão da idade, nos termos da lei portuguesa, em relação aos factos que motivam a emissão do mandado de detenção europeu;

d) (*Revogada.*)

e) (*Revogada.*)

f) O facto que motiva a emissão do mandado de detenção europeu não constituir infração punível de acordo com a lei portuguesa, desde que se trate de infração não incluída no nº 2 do artigo 2º.

(Redação dada pela Lei nº 115/2019, de 12-09)

ARTIGO 12º

Motivos de não execução facultativa do mandado de detenção europeu

1 – A execução do mandado de detenção europeu pode ser recusada quando:

a) (*Revogada*);

b) Estiver pendente em Portugal procedimento penal contra a pessoa procurada pelo facto que motiva a emissão do mandado de detenção europeu;

c) Sendo os factos que motivam a emissão do mandado de detenção europeu do conhecimento do Ministério Público, não tiver sido instaurado ou tiver sido decidido pôr termo ao respetivo processo por arquivamento;

d) A pessoa procurada tiver sido definitivamente julgada pelos mesmos factos por um Estado membro em condições que obstem ao ulterior exercício da acção penal, fora dos casos previstos na alínea *b*) do artigo 11º;

e) Tiverem decorrido os prazos de prescrição do procedimento criminal ou da pena, de acordo com a lei portuguesa, desde que os tribunais portugueses sejam competentes para o conhecimento dos factos que motivam a emissão do mandado de detenção europeu;

f) A pessoa procurada tiver sido definitivamente julgada pelos mesmos factos por um Estado terceiro desde que, em caso de condenação, a pena tenha sido integralmente cumprida, esteja a ser executada ou já não possa ser cumprida segundo a lei do Estado da condenação;

g) A pessoa procurada se encontrar em território nacional, tiver nacionalidade portuguesa ou residir em Portugal, desde que o mandado de detenção tenha sido emitido para cumprimento de uma pena ou medida de segurança e o Estado Português se comprometa a executar aquela pena ou medida de segurança, de acordo com a lei portuguesa;

h) O mandado de detenção europeu tiver por objecto infracção que:

i) Segundo a lei portuguesa tenha sido cometida, em todo ou em parte, em território nacional ou a bordo de navios ou aeronaves portugueses; ou

ii) Tenha sido praticada fora do território do Estado membro de emissão desde que a lei penal portuguesa não seja aplicável aos mesmos factos quando praticados fora do território nacional.

2 – A execução do mandado de detenção europeu não pode ser recusada, em matéria de contribuições e impostos, de alfândegas e de câmbios, com o fundamento previsto no nº 1, pela circunstância de a legislação portuguesa não impor o mesmo tipo de contribuições ou impostos ou não prever o mesmo tipo de regulamentação em matéria de contribuições e impostos, de alfândegas e de câmbios que a legislação do Estado membro de emissão.

3 – A recusa de execução nos termos da alínea *g*) do nº 1 depende de decisão do tribunal da relação, no processo de execução do mandado de detenção europeu, a requerimento do Ministério Público, que declare a sentença exequível em Portugal, confirmando a pena aplicada.

4 – A decisão a que se refere o número anterior é incluída na decisão de recusa de execução, sendo-lhe aplicável, com as devidas adaptações, o regime relativo ao reconhecimento de sentenças penais que imponham penas de prisão ou medidas privativas da liberdade no âmbito da União Europeia, devendo a autoridade judiciária de execução, para este efeito, solicitar a transmissão da sentença.

(Redação dada pela Lei nº 115/2019, de 12-09)

ARTIGO 12º-A
Decisões proferidas na sequência de um julgamento no qual o arguido não tenha estado presente

1 – A execução do mandado de detenção europeu emitido para efeitos de cumprimento de uma pena ou medida de segurança privativas da liberdade pode ser recusada se a pessoa não tiver estado presente no julgamento que conduziu à

decisão, a menos que do mandado conste que a pessoa, em conformidade com a legislação do Estado membro de emissão:

a) Foi notificada pessoalmente da data e do local previstos para o julgamento que conduziu à decisão, ou recebeu informação oficial da data e do local previstos para o julgamento, de uma forma que deixou inequivocamente estabelecido que tinha conhecimento do julgamento previsto e de que podia ser proferida uma decisão mesmo não estando presente no julgamento; ou

b) Tendo conhecimento do julgamento previsto, conferiu mandato a um defensor por si designado ou pelo Estado para a sua defesa e foi efetivamente representado por esse defensor no julgamento; ou

c) Depois de ter sido notificada da decisão e expressamente informada do direito a novo julgamento ou a recurso que permita a reapreciação do mérito da causa, incluindo de novas provas, que pode conduzir a uma decisão distinta da inicial, declarou expressamente que não contestava a decisão ou não requereu novo julgamento ou recurso dentro do prazo aplicável; ou

d) Não foi notificada pessoalmente da decisão, mas na sequência da sua entrega ao Estado de emissão é expressamente informada de imediato do direito que lhe assiste a novo julgamento ou a recurso que permita a reapreciação do mérito da causa, incluindo apreciação de novas provas, que podem conduzir a uma decisão distinta da inicial, bem como dos respetivos prazos.

2 – No caso de o mandado de detenção europeu ser emitido nas condições da alínea *d*) do número anterior, e de a pessoa em causa não ter recebido qualquer informação oficial prévia sobre a existência do processo penal que lhe foi instaurado, nem ter sido notificada da decisão, ao ser informada sobre o teor do mandado de detenção europeu pode a mesma requerer que lhe seja facultada cópia da decisão antes da sua entrega ao Estado membro de emissão.

3 – Para efeitos do disposto no número anterior, logo após ter sido informada do requerimento, a autoridade judiciária de emissão faculta, a título informativo, cópia da decisão por intermédio da autoridade judiciária de execução, sem que tal implique atraso no processo ou retarde a entrega, não sendo esta comunicação considerada como uma notificação formal da decisão nem relevante para a contagem de quaisquer prazos aplicáveis para requerer novo julgamento ou interpor recurso.

4 – No caso de a pessoa ser entregue nas condições da alínea *d*) do nº 1 e ter requerido um novo julgamento ou interposto recurso, a detenção desta é, até estarem concluídos tais trâmites, revista em conformidade com a legislação do Estado membro de emissão, quer oficiosamente, quer a pedido da pessoa em causa.

(Aditado pela Lei nº 35/2015, de 04-05)

ARTIGO 13º
Garantias a fornecer pelo Estado membro de emissão em casos especiais

1 – A execução do mandado de detenção europeu só terá lugar se o Estado membro de emissão prestar uma das seguintes garantias:

a) Quando a infracção que motiva a emissão do mandado de detenção europeu for punível com pena ou medida de segurança privativas da liberdade com carácter perpétuo, só será proferida decisão de entrega se estiver prevista no sistema jurídico do Estado membro de emissão uma revisão da pena aplicada, a pedido ou o mais tardar no prazo de 20 anos, ou a aplicação das medidas de clemência a que a pessoa procurada tenha direito nos termos do direito ou da prática do Estado membro de emissão, com vista a que tal pena ou medida não seja executada;

b) Quando a pessoa procurada para efeitos de procedimento penal for nacional ou residente no Estado membro de execução, a decisão de entrega pode ficar sujeita à condição de que a pessoa procurada, após ter sido ouvida, seja devolvida ao Estado membro de execução para nele cumprir a pena ou a medida de segurança privativas da liberdade a que foi condenada no Estado membro de emissão.

2 – À situação prevista na alínea *b*) do número anterior é correspondentemente aplicável o disposto na parte final do nº 4 do artigo 12º.

(Redação dada pela Lei nº 115/2019, de 12-09)

ARTIGO 14º
Obrigações internacionais concorrentes

1 – O regime jurídico do mandado de detenção europeu não prejudica as obrigações assumidas pelo Estado Português sempre que a pessoa procurada tenha sido extraditada para Portugal a partir de um terceiro Estado e esteja protegida por disposições em matéria de especialidade do acordo ao abrigo do qual foi extraditada.

2 – No caso previsto no número anterior serão tomadas pela autoridade judiciária de execução todas as medidas necessárias para solicitar imediatamente o consentimento do Estado de onde a pessoa procurada foi extraditada, por forma que esta possa ser entregue ao Estado membro de emissão.

3 – Os prazos estabelecidos no artigo 26º só começam a correr a partir da data em que as regras de especialidade deixarem de vigorar.

4 – Serão asseguradas as condições materiais necessárias para a entrega efectiva da pessoa procurada enquanto se aguardar a decisão do Estado de onde foi extraditada.

SECÇÃO II
Processo de execução

ARTIGO 15º
Competência para a execução do mandado de detenção europeu

1 – É competente para o processo judicial de execução do mandado de detenção europeu o tribunal da relação da área do seu domicílio ou, se não o tiver, da área onde se encontrar a pessoa procurada à data da emissão do mandado.

2 – O julgamento é da competência da secção criminal.

ARTIGO 16º
Despacho liminar e detenção da pessoa procurada

1 – Recebido o mandado de detenção europeu o Ministério Público junto do tribunal da relação competente promove a sua execução no prazo de quarenta e oito horas.

2 – Efectuada a distribuição, o processo é imediatamente concluso ao juiz relator para, no prazo de cinco dias, proferir despacho liminar sobre suficiência das informações que acompanham o mandado de detenção europeu, tendo especialmente em conta o disposto no artigo 3º

3 – Se as informações comunicadas pelo Estado membro de emissão forem insuficientes para que se possa decidir da entrega, serão solicitadas com urgência as informações complementares necessárias, podendo ser fixado prazo para a sua recepção.

4 – A autoridade judiciária de emissão pode transmitir, por sua iniciativa, a qualquer momento, todas as informações suplementares que repute úteis.

5 – Quando o mandado de detenção europeu contiver todas as informações exigidas pelo artigo 3º e estiver devidamente traduzido é ordenada a sua entrega ao Ministério Público, para que providencie pela detenção da pessoa procurada.

6 – A detenção da pessoa procurada obedece aos requisitos estabelecidos no Código de Processo Penal para a detenção de suspeitos.

ARTIGO 17º
Direitos do detido

1 – A pessoa procurada é informada, quando for detida, da existência e do conteúdo do mandado de detenção europeu, bem como da possibilidade de consentir ou não consentir em ser entregue à autoridade judiciária de emissão.

2 – O detido tem direito a ser assistido por defensor.

3 – Quando o detido não conheça ou não domine a língua portuguesa é nomeado, sem qualquer encargo para ele, intérprete idóneo.

4 – É correspondentemente aplicável o disposto nos artigos 57º a 67º do Código de Processo Penal, devendo ser entregue à pessoa procurada, quando for detida, documento de que constem os direitos referidos nos números anteriores.

(Redação dada pela Lei nº 115/2019, de 12-09)

ARTIGO 18º
Audição do detido

1 – A entidade que proceder à detenção comunica-a de imediato, pela via mais expedita e que permita o registo por escrito, ao Ministério Público junto do tribunal da relação competente.

2 – A pessoa procurada é apresentada ao Ministério Público, para audição pessoal, imediatamente ou no mais curto prazo possível.

3 – O juiz relator procede à audição do detido, no prazo máximo de quarenta e oito horas após a detenção, e decide sobre a validade e manutenção desta, podendo aplicar-lhe medida de coacção prevista no Código de Processo Penal.

4 – O juiz relator nomeia previamente defensor ao detido, se não tiver advogado constituído.

5 – O juiz relator procede à identificação do detido, elucidando-o sobre a existência e o conteúdo do mandado de detenção europeu e sobre o direito de se opor à execução do mandado ou de consentir nela e os termos em que o pode fazer, bem como sobre a faculdade de renunciar ao benefício da regra da especialidade.

6 – O consentimento na entrega à autoridade judiciária de emissão prestado pelo detido, o teor da informação que lhe foi transmitida sobre a regra da especialidade e a declaração do detido são exarados em auto, assinado pela pessoa procurada e pelo seu defensor ou advogado constituído.

ARTIGO 19º
Audição do detido pelo tribunal de 1ª instância

1 – Sempre que o detido não possa, por qualquer razão, ser ouvido pelo tribunal da relação é apresentado ao Ministério Público junto do tribunal de 1ª instância da sede do tribunal competente.

2 – No caso previsto no número anterior, a audição tem lugar exclusivamente para efeitos de validação e manutenção da detenção ou de aplicação de medida de coacção prevista no Código de Processo Penal pelo juiz do tribunal de 1ª instância, devendo o Ministério Público tomar as providências adequadas à apresentação do detido no primeiro dia útil subsequente.

ARTIGO 20º
Execução do mandado de detenção com consentimento da pessoa procurada

1 – O consentimento na entrega à autoridade judiciária de emissão prestado pelo detido é irrevogável e tem como consequência a renúncia ao processo de execução do mandado de detenção europeu.

2 – O juiz deve certificar-se de que o consentimento a que se refere o número anterior foi prestado voluntariamente e com plena consciência das suas consequências.

3 – A decisão judicial de homologação do consentimento equivale, para todos os efeitos, à decisão final do processo de execução do mandado de detenção europeu.

ARTIGO 21º
Oposição da pessoa procurada

1 – Se a pessoa procurada não consentir na sua entrega ao Estado membro de emissão é concedida a palavra ao seu defensor para que deduza oposição.

2 – A oposição pode ter por fundamentos o erro na identidade do detido ou a existência de causa de recusa de execução do mandado de detenção europeu.

3 – Deduzida a oposição, nos termos dos números anteriores, é concedida a palavra ao Ministério Público para que se pronuncie sobre as questões suscitadas na

mesma e sobre a verificação dos requisitos de que depende a execução do mandado de detenção europeu.

4 – A oposição e os meios de prova devem ser apresentados no decurso da diligência de audição do arguido, sem prejuízo de, a requerimento do defensor, o tribunal fixar, por despacho irrecorrível, prazo para o efeito, sempre que tal prazo seja necessário para a preparação da defesa ou para a apresentação dos meios de prova, tendo em conta a necessidade de se cumprirem os prazos estabelecidos no artigo 26º

5 – Finda a produção da prova será concedida a palavra ao Ministério Público e ao defensor da pessoa procurada para alegações orais.

ARTIGO 22º
Decisão sobre a execução do mandado de detenção europeu

1 – O tribunal profere decisão fundamentada sobre a execução do mandado de detenção europeu no prazo de cinco dias a contar da data em que ocorrer a audição da pessoa procurada.

2 – Se as informações comunicadas pelo Estado membro de emissão forem insuficientes para que se possa decidir da entrega, são solicitadas com urgência as informações necessárias, podendo ser fixado prazo para a sua recepção, para que possam ser cumpridos os prazos estabelecidos no artigo 26º

ARTIGO 23º
Decisão em caso de pedidos concorrentes

1 – Se vários Estados-membros tiverem emitido um mandado de detenção europeu contra a mesma pessoa, o tribunal decide sobre qual dos mandados deve ser executado tendo em conta todas as circunstâncias e, em especial:

a) A gravidade relativa das infracções;

b) O lugar da prática das infracções;

c) As datas dos mandados de execução concorrentes;

d) A circunstância de o mandado ter sido emitido para efeitos de procedimento penal ou de cumprimento de uma pena ou medida de segurança privativas da liberdade.

2 – Pode ser solicitado parecer ao EUROJUST para efeitos da tomada da decisão prevista no nº 1.

3 – Em caso de conflito entre um mandado de detenção europeu e um pedido de extradição apresentado por um país terceiro, a decisão sobre qual dos pedidos deve ser satisfeito tem em conta todas as circunstâncias, em especial as referidas no nº 1, bem como as mencionadas na convenção aplicável.

4 – O disposto no presente artigo não prejudica as obrigações assumidas pelo Estado Português previstas no Estatuto do Tribunal Penal Internacional.

ARTIGO 24º
Recurso

1 – Só é admissível recurso:

a) Da decisão que mantiver a detenção ou a substituir por medida de coacção;
b) Da decisão final sobre a execução do mandado de detenção europeu.

2 – O prazo para a interposição do recurso é de cinco dias e conta-se a partir da notificação da decisão ou, tratando-se de decisão oral reproduzida em acta, a partir da data em que tiver sido proferida.

3 – O requerimento de interposição do recurso é sempre motivado, sob pena de não admissão do recurso. Se o recurso for interposto por declaração na acta, a motivação pode ser apresentada no prazo de cinco dias, contado da data da interposição.

4 – O requerimento de interposição do recurso e a motivação são notificados ao sujeito processual afectado pelo recurso, para que possa responder, no prazo de cinco dias.

5 – O julgamento dos recursos previstos neste artigo é da competência das secções criminais do Supremo Tribunal de Justiça.

6 – O processo é remetido ao Supremo Tribunal de Justiça imediatamente após a junção da resposta ou findo o prazo para a sua apresentação.

ARTIGO 25º
Vista do processo e julgamento

1 – Feita a distribuição na secção criminal do Supremo Tribunal de Justiça, o processo é concluso ao relator, por cinco dias, e depois remetido, com projecto de acórdão, a visto simultâneo dos restantes juízes, por cinco dias.

2 – O processo é submetido a julgamento na primeira sessão após o último visto, independentemente de inscrição em tabela e com preferência sobre os outros e baixa três dias após o trânsito.

ARTIGO 26º
Prazos e regras relativos à decisão sobre a execução do mandado de detenção europeu

1 – Se a pessoa procurada consentir na sua entrega ao Estado membro de emissão, a decisão definitiva sobre a execução do mandado de detenção europeu deve ser tomada no prazo de 10 dias a contar da data em que foi prestado o consentimento.

2 – Nos outros casos a decisão definitiva sobre a execução do mandado de detenção europeu deve ser tomada no prazo de 60 dias após a detenção da pessoa procurada.

3 – Quando o mandado de detenção europeu não puder ser executado nos prazos previstos nos nºs 1 ou 2, nomeadamente por ter sido interposto recurso da decisão proferida, a autoridade judiciária de emissão será informada do facto e das suas razões, podendo os prazos ser prorrogados por mais 30 dias.

4 – Serão asseguradas as condições materiais necessárias para a entrega efectiva da pessoa procurada enquanto não for tomada uma decisão definitiva sobre a execução do mandado de detenção europeu.

5 – Sempre que, devido a circunstâncias excepcionais, não for possível cumprir os prazos fixados no presente artigo, a Procuradoria-Geral da República informará a EUROJUST do facto e das suas razões.

ARTIGO 27º
Privilégios e imunidades

1 – Quando a pessoa procurada beneficiar de um privilégio ou de uma imunidade de jurisdição ou de execução os prazos fixados no artigo 26º só começam a correr a partir do dia em que ocorrer o conhecimento de que tal privilégio ou imunidade foi levantado.

2 – Se o levantamento do privilégio ou da imunidade for da competência de uma autoridade portuguesa o respectivo pedido é apresentado pelo tribunal competente para o processo judicial de execução do mandado de detenção europeu no mais curto prazo.

3 – Se o levantamento do privilégio ou da imunidade for da competência de outro Estado ou de uma organização internacional compete à autoridade judiciária de emissão apresentar-lhe o respectivo pedido.

4 – Serão asseguradas as condições materiais necessárias a uma entrega efectiva da pessoa procurada a partir do momento em que esta deixe de beneficiar do privilégio ou imunidade.

ARTIGO 28º
Notificação da decisão

O tribunal competente notifica a autoridade judiciária de emissão, no mais curto prazo, da decisão proferida sobre a execução do mandado de detenção europeu.

ARTIGO 29º
Prazo para a entrega da pessoa procurada

1 – A pessoa procurada deve ser entregue no mais curto prazo possível, numa data acordada entre o tribunal e a autoridade judiciária de emissão.

2 – A entrega deve ter lugar no prazo máximo de 10 dias, a contar da decisão definitiva de execução do mandado de detenção europeu.

3 – Se for impossível a entrega da pessoa procurada no prazo previsto no número anterior, em virtude de facto de força maior que ocorra num dos Estados membros, o tribunal e a autoridade judiciária de emissão estabelecem de imediato os contactos necessários para ser acordada uma nova data de entrega, a qual deverá ter lugar no prazo de 10 dias a contar da nova data acordada.

4 – A entrega pode ser temporariamente suspensa por motivos humanitários graves, nomeadamente por existirem motivos sérios para considerar que a entrega colocaria manifestamente em perigo a vida ou a saúde da pessoa procurada.

5 – O tribunal informa de imediato a autoridade judiciária de emissão da cessação dos motivos que determinaram a suspensão temporária da entrega da pessoa procurada e é acordada uma nova data de entrega, a qual deverá ter lugar no prazo de 10 dias a contar da nova data acordada.

(Redação dada pela Lei nº 35/2015, de 04-05)

ARTIGO 30º
Prazos de duração máxima da detenção

1 – A detenção da pessoa procurada cessa quando, desde o seu início, tiverem decorrido 60 dias sem que seja proferida pelo tribunal da relação decisão sobre a execução do mandado de detenção europeu, podendo ser substituída por medida de coacção prevista no Código de Processo Penal.

2 – O prazo previsto no número anterior é elevado para 90 dias se for interposto recurso da decisão sobre a execução do mandado de detenção europeu proferida pelo tribunal da relação.

3 – Os prazos previstos nos números anteriores são elevados para 150 dias se for interposto recurso para o Tribunal Constitucional.

ARTIGO 31º
Entrega diferida ou condicional

1 – O tribunal pode, após ter proferido decisão no sentido da execução do mandado de detenção europeu, suspender a entrega da pessoa procurada, para que seja sujeita a procedimento penal em Portugal ou, no caso de já ter sido condenada por sentença transitada em julgado, para que possa cumprir, em Portugal, a pena respectiva.

2 – Quando deixem de se verificar os motivos que justificaram o diferimento da entrega, o tribunal informa a autoridade judiciária de emissão e é acordada uma nova data de entrega, a qual deverá ter lugar no prazo de 10 dias.

3 – Em lugar de diferir a entrega o tribunal pode decidir entregar a pessoa procurada ao Estado membro de emissão, temporariamente, em condições a fixar em acordo escrito com a autoridade judiciária de emissão, vinculativo para todas as autoridades do Estado membro de emissão.

ARTIGO 32º
Apreensão e entrega de bens

1 – O tribunal competente para o processo judicial de execução do mandado de detenção europeu ordena a apreensão e entrega à autoridade judiciária de emissão, a seu pedido ou por iniciativa das entidades competentes, dos objectos:

a) Que possam servir de prova;

b) Que tenham sido adquiridos pela pessoa procurada em resultado da infracção.

2 – Os objectos referidos no número anterior são entregues à autoridade judiciária de emissão mesmo quando o mandado de execução europeu não puder ser executado, por morte ou evasão da pessoa procurada.

3 – Os objectos referidos no nº 1 que sejam susceptíveis de apreensão ou perda podem, para efeitos de um procedimento penal em curso em Portugal, ser conservados temporariamente ou entregues ao Estado membro de emissão na condição de serem restituídos.

4 – Ficam ressalvados os direitos adquiridos pelo Estado Português ou por terceiros sobre os objectos referidos no nº 1.

5 – No caso previsto no número anterior os objectos apreendidos e entregues ao Estado membro de emissão serão restituídos gratuitamente logo que concluído o procedimento penal.

ARTIGO 33º
Natureza urgente do processo de execução do mandado de detenção europeu

1 – Os actos processuais relativos ao processo de execução do mandado de detenção europeu praticam-se mesmo fora dos dias úteis, das horas de expediente dos serviços de justiça e das férias judiciais.

2 – Os prazos relativos ao processo de execução do mandado de detenção europeu correm em férias.

ARTIGO 34º
Direito subsidiário

É aplicável, subsidiariamente, ao processo de execução do mandado de detenção europeu o Código de Processo Penal.

ARTIGO 35º
Despesas

1 – As despesas ocasionadas pela execução do mandado de detenção europeu em território nacional serão suportadas pelo Estado Português.

2 – Todas as outras despesas serão custeadas pelo Estado membro de emissão.

CAPÍTULO III
Emissão em Portugal de mandado de detenção europeu

ARTIGO 36º
Competência para a emissão do mandado de detenção europeu

É competente para a emissão do mandado de detenção europeu a autoridade judiciária competente para ordenar a detenção ou a prisão da pessoa procurada nos termos da lei portuguesa.

ARTIGO 37º
Regime da emissão e transmissão do mandado de detenção europeu

A emissão e a transmissão do mandado de detenção europeu estão sujeitas às regras previstas no capítulo I.

CAPÍTULO IV
Trânsito

ARTIGO 38º
Trânsito

1 – É facultado o trânsito, pelo território ou pelo espaço aéreo nacional, para efeitos de entrega de uma pessoa procurada, desde que não se trate de cidadão nacional ou pessoa residente em território nacional, destinando-se a entrega ao cumprimento de pena ou medida de segurança privativas da liberdade quando sejam comunicados os seguintes elementos:

a) A identidade e a nacionalidade da pessoa sobre a qual recai o mandado de detenção europeu;

b) A existência de um mandado de detenção europeu;

c) A natureza e a qualificação jurídica da infracção;

d) A descrição das circunstâncias em que a infracção foi praticada, incluindo a data e o lugar.

2 – Se a pessoa sobre a qual recai o mandado de detenção europeu para efeitos de procedimento penal tiver a nacionalidade portuguesa ou residir em território nacional, a autorização do trânsito pode ficar sujeita à condição de que a pessoa, após ter sido ouvida, seja restituída para cumprimento da pena ou medida de segurança privativas da liberdade a que venha a ser condenada no Estado membro de emissão.

3 – O pedido de trânsito pode ser comunicado à autoridade central por qualquer meio que permita conservar um registo escrito.

4 – A decisão sobre o pedido de trânsito é comunicada pelo mesmo procedimento.

5 – Os pedidos de trânsito a que se referem os nºs 2 e 3 são transmitidos pela autoridade central ao Ministério Público no tribunal da relação competente, o qual, colhidas as informações necessárias, decide no mais curto prazo, compatível com a efetivação do trânsito.

6 – O tribunal da relação competente, para o efeito previsto no número anterior, é o do lugar onde se verificar ou tiver início o trânsito da pessoa procurada em território nacional.

7 – O pedido de trânsito só pode ser recusado nos casos previstos no artigo 11º

8 – O disposto neste artigo não se aplica em caso de trânsito por via aérea sem que esteja prevista uma aterragem em território nacional.

9 – Em caso de aterragem imprevista o Estado membro de emissão deve comunicar os elementos previstos no nº 1.

10 – O regime estabelecido no presente artigo é aplicável, com as necessárias adaptações, ao trânsito de pessoa extraditada de um país terceiro para um Estado membro.

(Redação dada pela Lei nº 35/2015, de 04-05)

CAPÍTULO V
Disposições finais e transitórias

ARTIGO 39º
Disposição transitória

Até que o SIS esteja em condições de transmitir todas as informações referidas no artigo 3º, a inserção, no SIS, da indicação da pessoa procurada produz os mesmos efeitos de um mandado de detenção europeu enquanto se aguarda a recepção do original em boa e devida forma.

ARTIGO 40º
Entrada em vigor

O regime jurídico do mandado de detenção europeu entra em vigor no dia 1 de Janeiro de 2004, aplicando-se aos pedidos recebidos depois desta data com origem em Estados membros que tenham optado pela aplicação imediata da Decisão Quadro, do Conselho, de 13 de Junho de 2002 relativa ao mandado de detenção europeu e aos processos de entrega entre os Estados membros, publicada no Jornal Oficial das Comunidades Europeias, de 18 de Julho de 2002.

Aprovada em 3 de Julho de 2003.

O Presidente da Assembleia da República, *João Bosco Mota Amaral.*

Promulgada em 4 de Agosto de 2003.

Publique-se.

O Presidente da República, JORGE SAMPAIO.

Referendada em 8 de Agosto de 2003.

O Primeiro-Ministro, *José Manuel Durão Barroso.*

ANEXO
(a que se refere o artigo 3º)

ANEXO
(da Lei nº 65/2003, de 23 de agosto)
Mandado de detenção europeu

O presente mandado foi emitido por uma autoridade judiciária competente. Solicita-se a detenção do indivíduo abaixo indicado e a sua entrega às autoridades judiciárias para efeitos de procedimento penal ou de cumprimento de uma pena ou medida de segurança privativas da liberdade.

a) Informações relativas à identidade da pessoa procurada:

Apelido: ....

Nome(s) próprio(s): ....

Apelido de solteira (eventualmente): ....

Alcunhas ou pseudónimos (eventualmente): ....

Sexo: ....

Nacionalidade: ....

Data de nascimento: ....

Local de nascimento: ....

Residência (e/ou último endereço conhecido): ....

....

Língua ou línguas que a pessoa procurada compreende (se forem conhecidas): ....

....

Sinais particulares / descrição da pessoa procurada: ....

....

Foto e impressões digitais da pessoa procurada, caso existam e possam ser transmitidas, ou contacto da pessoa junto da qual se poderão obter esses dados ou o perfil de ADN (se for possível enviar e se a informação não tiver sido já incluída):

b) Decisão que fundamenta o mandado de detenção:

1. Mandado de detenção ou decisão judicial com a mesma força executiva: ....

   Tipo: ....

2. Sentença com força executiva: ....

   ....

   Referência: ....

c) Indicações relativas à duração da pena:

1. Duração máxima da pena ou medida de segurança privativas de liberdade aplicável à(s) infração/infrações:

....

....

2. Duração da pena ou medida de segurança privativas da liberdade proferida:

....

Pena ainda por cumprir: ....

....

....

d) Indicar se a pessoa esteve presente no julgamento que conduziu à decisão:

1. ☐ Sim, a pessoa esteve presente no julgamento que conduziu à decisão.

2. ☐ Não, a pessoa não esteve presente no julgamento que conduziu à decisão.

3. Se assinalou a quadrícula no ponto 2, queira confirmar se se verifica uma das seguintes situações:

☐ 3.1a. a pessoa foi notificada pessoalmente em ... (DD/MM/AAAA) e desse modo informada da data e do local previstos para o julgamento que conduziu à decisão e informada de que essa decisão podia ser proferida mesmo não estando presente no julgamento;

OU

☐ 3.1b. a pessoa não foi notificada pessoalmente, mas recebeu efetivamente por outros meios uma informação oficial da data e do local previstos para o julgamento que conduziu à decisão, de uma forma que deixou inequivocamente estabelecido que teve conhecimento do julgamento previsto, e foi informada de que podia ser proferida uma decisão mesmo não estando presente no julgamento;

OU

☐ 3.2. tendo conhecimento do julgamento previsto, a pessoa conferiu mandato a um defensor designado por si ou pelo Estado para a sua defesa em tribunal e foi efetivamente representada por esse defensor no julgamento;

OU

☐ 3.3. a pessoa foi notificada da decisão em … (DD/MM/AAAA) e foi expressamente informada do direito a novo julgamento ou a recurso e a estar presente nesse julgamento ou recurso, que permite a reapreciação do mérito da causa, incluindo novas provas, e pode conduzir a uma decisão distinta da inicial:

☐ a pessoa declarou expressamente que não contestava a decisão;

OU

☐ a pessoa não requereu novo julgamento ou recurso dentro do prazo aplicável;

OU

☐ 3.4. a pessoa não foi notificada pessoalmente da decisão, mas

– a pessoa será informada pessoalmente da decisão imediatamente após a entrega; e,

– quando notificada da decisão, a pessoa será expressamente informada do direito que lhe assiste a novo julgamento ou a recurso e a estar presente nesse julgamento ou recurso, que permite a reapreciação do mérito da causa, incluindo novas provas, e pode conduzir a uma decisão distinta da inicial; e

– a pessoa será informada do prazo para solicitar um novo julgamento ou recurso, que será de … dias.

4. Se assinalou a quadrícula no ponto 3.1b, 3.2 ou 3.3 supra, queira fornecer informações sobre a forma como foi preenchida a condição pertinente:

……………………………………………………………………………………

……………………………………………………………………………………

……………………………………………………………………………………

e) Infração ou infrações:

O presente mandado de detenção refere-se a um total de .... infração(ões).

Descrição das circunstâncias em que a(s) infração(ões) foi/foram cometida(s), incluindo o momento (a data e a hora), o local e o grau de participação da pessoa procurada na infração/nas infrações

....

....

....

....

....

Natureza e qualificação jurídica da(s) infração(ões) e disposição legal/código aplicável:

....

....

....

....

....

I. Indicar, se for caso disso, se se trata de uma ou mais das infrações que se seguem, puníveis no Estado membro de emissão com pena ou medida de segurança privativas de liberdade de duração máxima não inferior a 3 anos e tal como definidas pela legislação do Estado membro de emissão:

0 Participação numa organização criminosa

0 Terrorismo

0 Tráfico de seres humanos

0 Exploração sexual de crianças e pedopornografia

0 Tráfico de estupefacientes e de substâncias psicotrópicas

0 Tráfico de armas, munições e explosivos

0 Corrupção

0 Fraude, incluindo a fraude lesiva dos interesses financeiros das Comunidades Europeias na aceção da Convenção, de 26 de julho de 1995, relativa à Proteção dos Interesses Financeiros das Comunidades Europeias

0 Branqueamento dos produtos do crime

0 Falsificação de moeda, incluindo a contrafação do euro

0 Cibercriminalidade

0 Crimes contra o ambiente, incluindo o tráfico de espécies animais ameaçadas e de espécies e variedades vegetais ameaçadas

0 Auxílio à entrada e à permanência irregulares

0 Homicídio voluntário, ofensas corporais graves

0 Tráfico de órgãos e tecidos humanos

0 Rapto, sequestro e tomada de reféns

0 Racismo e xenofobia

0 Roubo organizado ou à mão armada

0 Tráfico de bens culturais, incluindo antiguidades e obras de arte

0 Burla

0 Extorsão de proteção e extorsão

0 Contrafação e piratagem de produtos

0 Falsificação de documentos administrativos e respetivo tráfico

0 Falsificação de meios de pagamento

0 Tráfico ilícito de substâncias hormonais e outros fatores de crescimento

0 Tráfico ilícito de materiais nucleares e radioativos

0 Tráfico de veículos roubados

0 Violação

0 Fogo-posto

0 Crimes abrangidos pela jurisdição do Tribunal Penal Internacional

0 Desvio de avião ou navio

0 Sabotagem

II Descrição completa da(s) infração/infrações que não se encontrem previstas no ponto I:

f) Outras circunstâncias pertinentes para o processo (facultativo):

[NB: Incluir aqui eventuais observações sobre extraterritorialidade, interrupção de prazos e outras consequências da(s) infração/infrações]

....

....

....

....

....

g) O presente mandado engloba também a apreensão e a entrega de bens que poderão servir de prova:

O presente mandado engloba também a apreensão de bens adquiridos pela pessoa procurada em resultado da infração:

Descrição (e localização) dos bens (se possível):

....

....

....

....

....

---

h) A(s) infração/infrações que estão na base do presente mandado de detenção é/são passíveis de pena ou medida de segurança privativas de liberdade com carácter perpétuo ou tem (têm) por defeito tal pena ou medida:

- o sistema jurídico do Estado membro de emissão preveja uma revisão da pena proferida - o mais tardar, no prazo de 20 anos - com vista ao não cumprimento de tal pena ou medida,

e/ou

- o sistema jurídico do Estado membro de emissão permite a aplicação de medidas de clemência, a que a pessoa tenha direito nos termos do direito ou da prática do Estado membro de emissão, com vista ao não cumprimento de tal pena ou medida.

i) Autoridade judiciária que emitiu o mandado:

Designação oficial:

....

....

....

Nome do seu representante*:

....

....

....

Função (título/grau):

....

....

....

Referência do processo:

Endereço:

....

....

....

Telefone: (indicativo do país) (indicativo regional) (...)

Fax: (indicativo do país) (indicativo regional) (...)

Endereço de correio eletrónico:

....

....

....

Contacto da pessoa indicada para tratar dos necessários aspetos práticos inerentes à entrega:

....

....

....

(* Será incluída nas diferentes versões linguísticas uma referência ao «detentor» da autoridade judiciária.)

Caso tenha sido designada uma autoridade central para a transmissão e receção administrativas dos mandados de detenção europeus:

Nome da autoridade central:

....

....

....

Pessoa eventualmente a contactar (título/grau e nome):

....

....

....

Endereço:

....

....

....

Telefone:

Fax:

Endereço de correio eletrónico:

....

....

....

Assinatura da autoridade judiciária de emissão e/ou do seu representante:

____

Data:

Carimbo oficial (eventualmente):

(Redação dada pela Lei nº 35/2015, de 04-05)

Regime Jurídico das Perícias Médico-Legais e Forenses

Lei nº 45/2004, de 19 de agosto

Estabelece o regime jurídico das perícias médico-legais e forenses

A Assembleia da República decreta, nos termos da alínea *c*) do artigo 161º da Constituição, para valer como lei geral da República, o seguinte:

CAPÍTULO I
Disposições gerais

ARTIGO 1º
Objecto

A presente lei estabelece o regime jurídico da realização das perícias médico--legais e forenses.

ARTIGO 2º
Realização de perícias

1 – As perícias médico-legais são realizadas, obrigatoriamente, nas delegações e nos gabinetes médico-legais do Instituto Nacional de Medicina Legal, adiante designado por Instituto, nos termos dos respectivos estatutos.

2 – Excepcionalmente, perante manifesta impossibilidade dos serviços, as perícias referidas no número anterior poderão ser realizadas por entidades terceiras, públicas ou privadas, contratadas ou indicadas para o efeito pelo Instituto.

3 – Nas comarcas não compreendidas na área de actuação das delegações e dos gabinetes médico-legais em funcionamento, as perícias médico-legais podem ser realizadas por médicos a contratar pelo Instituto nos termos dos artigos 28º, 29º e 31º da presente lei.

4 – As perícias médico-legais solicitadas ao Instituto em que se verifique a necessidade de formação médica especializada noutros domínios e que não possam ser

realizadas nas delegações do Instituto ou nos gabinetes médico-legais, por aí não existirem peritos com a formação requerida ou condições materiais para a sua realização, poderão ser efectuadas, por indicação do Instituto, em serviço universitário ou de saúde público ou privado.

5 – Sempre que necessário, as perícias médico-legais e forenses de natureza laboratorial poderão ser realizadas por entidades terceiras, públicas ou privadas, contratadas ou indicadas pelo Instituto.

6 – Quando se verifiquem os casos previstos nos nºs 2, 4 e 5 será dada preferência, em circunstâncias equivalentes, a serviços públicos ou integrados no Serviço Nacional de Saúde.

ARTIGO 3º
Requisição de perícias

1 – As perícias médico-legais solicitadas por autoridade judiciária ou judicial são ordenadas por despacho da mesma, nos termos da lei de processo, não sendo, todavia, aplicáveis às efectuadas nas delegações do Instituto ou nos gabinetes médico-legais as disposições contidas nos artigos 154º e 155º do Código de Processo Penal.

2 – Por razões de celeridade processual, a requisição dos exames periciais deve ser acompanhada das informações clínicas disponíveis ou que possam vir a ser obtidas pela entidade requisitante até à data da sua realização.

ARTIGO 4º
Denúncia de crimes

1 – As delegações e os gabinetes médico-legais do Instituto podem receber denúncias de crimes, no âmbito da actividade pericial que desenvolvam, devendo remetê-las no mais curto prazo ao Ministério Público.

2 – Sempre que tal se mostre necessário para a boa execução das perícias médico-legais, as delegações e os gabinetes médico-legais do Instituto podem praticar os actos cautelares necessários e urgentes para assegurar os meios de prova, procedendo, nomeadamente, ao exame, colheita e preservação dos vestígios, sem prejuízo das competências legais da autoridade policial à qual competir a investigação.

3 – O disposto nos números anteriores é igualmente aplicável ao perito médico da delegação ou gabinete médico-legal do Instituto cuja intervenção seja solicitada no âmbito do serviço de escala para a realização de perícias médico-legais urgentes.

ARTIGO 5º
Responsabilidade pelas perícias

1 – As perícias e pareceres solicitados às delegações e aos gabinetes médico-legais do Instituto, bem como às entidades previstas nos nºs 2, 4 e 5 do artigo 2º, são realizados pelos peritos designados pelos dirigentes ou coordenadores dos respectivos serviços.

2 – As perícias e pareceres solicitados a médicos contratados para o exercício de funções periciais em comarcas não compreendidas na área de actuação das delegações ou dos gabinetes médico-legais em funcionamento são realizadas pelos médicos constantes da lista referida no nº 2 do artigo 28º, nomeados por despacho da autoridade judiciária ou judicial.

3 – A nomeação dos médicos referidos no número anterior é feita pela forma que mais convier ao movimento pericial da comarca e deve respeitar uma equitativa distribuição do serviço.

4 – No exercício das suas funções periciais, os médicos e outros técnicos especialistas em medicina legal, os médicos contratados para o exercício dessas funções, os médicos dos serviços de saúde e as entidades terceiras referidas nos nºs 2, 4 e 5 do artigo 2º gozam de autonomia e são responsáveis pelas perícias, relatórios e pareceres por si realizados.

5 – Sem prejuízo do disposto no número anterior, os peritos e entidades nele referidos encontram-se obrigados a respeitar as normas, modelos e metodologias periciais em vigor no Instituto, bem como as recomendações decorrentes da supervisão técnico-científica dos serviços.

6 – Por urgente conveniência de serviço ou em caso de manifesta impossibilidade do perito que efectuou o exame pericial, a elaboração ou conclusão do respectivo relatório poderá ser cometida pelos dirigentes ou coordenadores dos respectivos serviços a outro perito, desde que detentor de qualificação profissional igual ou superior à do primeiro e disponha das condições necessárias para esse efeito.

ARTIGO 6º
Obrigatoriedade de sujeição a exames

1 – Ninguém pode eximir-se a ser submetido a qualquer exame médico-legal quando este se mostrar necessário ao inquérito ou à instrução de qualquer processo e desde que ordenado pela autoridade judiciária competente, nos termos da lei.

2 – Qualquer pessoa devidamente notificada ou convocada pelo director de delegação do Instituto ou pelo coordenador de gabinete médico-legal para a realização de uma perícia deve comparecer no dia, hora e local designados, sendo a falta comunicada, para os devidos efeitos, à autoridade judiciária competente.

3 – O examinado pode, nos termos do disposto no artigo 155º do Código de Processo Penal, com as necessárias adaptações, fazer-se acompanhar por pessoa da sua confiança para a realização do exame pericial.

4 – A autoridade judiciária competente pode assistir à realização dos exames periciais.

ARTIGO 7º
Despesas de deslocação

1 – As pessoas que residam fora da área da comarca em que se encontre sediada a delegação do Instituto, o gabinete médico-legal ou o estabelecimento universitário

ou de saúde especializado no qual tenham comparecido para a realização de exames, podem requerer que lhes seja arbitrada uma quantia a título de compensação pelas despesas realizadas.

2 – A quantia referida no número anterior terá por base os valores estabelecidos nas tabelas aprovadas pelo Ministro da Justiça e será paga pelo Cofre Geral dos Tribunais através da sua delegação junto do tribunal que solicitou o exame.

3 – As quantias arbitradas são consideradas custas do processo.

ARTIGO 8º
Custo dos exames e perícias

1 – Pela realização dos exames e perícias requisitados aos serviços do Instituto ou por este deferidas às entidades indicadas nos nºs 2 e 5 do artigo 2º são pagas ao Instituto as quantias estabelecidas em tabela aprovada por portaria do Ministro da Justiça.

2 – As quantias devidas pelos exames e perícias médico-legais realizados por médicos contratados para o exercício de funções periciais nas comarcas não compreendidas na área de actuação das delegações ou dos gabinetes médico-legais em funcionamento são-lhes pagas directamente pelo tribunal que os requisitou, de acordo com a tabela aprovada por portaria do Ministro da Justiça.

3 – Os exames e perícias realizados nos estabelecimentos previstos no nº 4 do artigo 2º são pagos directamente a estes pelos tribunais de acordo com os valores fixados por portaria do Ministro da Justiça ou com as tabelas em vigor no Serviço Nacional de Saúde, consoante se trate de exames periciais clínicos, de exames laboratoriais, imagiológicos ou outros complementares de diagnóstico.

4 – Nos casos previstos no número anterior, poderá uma parte da quantia paga pelos tribunais ao serviço de saúde reverter, até um máximo de 50%, para os médicos ou técnicos que os tenham efectuado.

5 – As quantias a que se referem os números anteriores são consideradas custas do processo.

6 – O pagamento ao Instituto é liquidado, independentemente da cobrança das custas, pelo preparo para despesas que tiver sido efectuado pelo requerente dos exames periciais ou pelo Cofre Geral dos Tribunais, conforme for o caso.

7 – O disposto no presente artigo aplica-se ainda que haja lugar ao arquivamento do processo.

ARTIGO 9º
Exames complementares

O Instituto pode celebrar protocolos com instituições públicas ou privadas ou celebrar contratos com médicos ou outros técnicos, com vista à realização de exames periciais complementares e de exames complementares de diagnóstico requeridos pelas perícias efectuadas nos seus serviços.

ARTIGO 10º
Acesso à informação

1 – No exercício das suas funções periciais, os médicos e outros técnicos têm acesso à informação relevante, nomeadamente à constante dos autos, a qual lhes deve ser facultada em tempo útil pelas entidades competentes por forma a permitir a indispensável compreensão dos factos e uma mais exaustiva e rigorosa investigação pericial.

2 – Para efeitos do disposto no número anterior, o presidente do Instituto, os directores das delegações, os directores dos serviços técnicos ou os coordenadores dos gabinetes médico-legais podem, observado o disposto nos nºs 3 e 4 do artigo 156º do Código de Processo Penal, solicitar informações clínicas referentes aos examinados em processos médico-legais, directamente aos serviços clínicos hospitalares, serviços clínicos de companhias seguradoras ou outras entidades públicas ou privadas, que as devem prestar no prazo máximo de 30 dias.

ARTIGO 11º
Livre trânsito e direito de acesso

1 – Os funcionários envolvidos em investigação pericial no âmbito de situações de vítimas mortais de crime doloso ou em que exista a suspeita de tal, quando devidamente identificados e em missão de serviço, têm direito de acesso às instalações públicas ou privadas onde decorra a investigação.

2 – A identificação a que se refere o número anterior faz-se por meio de cartão de identificação, aprovado pelo conselho directivo do Instituto.

ARTIGO 12º
Esclarecimentos complementares

Na prestação de esclarecimentos complementares posteriores à realização da perícia e envio do respectivo relatório médico-legal deverá prescindir-se, sempre que possível, da presença do perito, devendo a autoridade judicial que a solicita usar os meios técnicos processualmente previstos.

CAPÍTULO II
Exames e perícias médico-legais

SECÇÃO I
Perícias médico-legais urgentes

ARTIGO 13º
Realização de perícias urgentes

1 – Consideram-se perícias médico-legais urgentes aquelas em que se imponha assegurar com brevidade a observação de vítimas de violência, tendo designadamente

em vista a colheita de vestígios ou amostras susceptíveis de se perderem ou alterarem rapidamente, bem como o exame do local em situações de vítimas mortais de crime doloso ou em que exista suspeita de tal.

2 – Para a realização das perícias médico-legais urgentes a que se refere o número anterior haverá, diariamente, em cada delegação e gabinete médico-legal, um perito em serviço de escala, sendo da responsabilidade do director da delegação ou do coordenador do gabinete médico-legal indicar, para cada mês, os médicos escalados.

3 – Para assegurar a realização de perícias médico-legais urgentes fora do horário normal de funcionamento dos serviços, as delegações do Instituto e os gabinetes médico-legais elaboram e remetem às autoridades judiciárias e aos órgãos de polícia criminal da respectiva área de actuação a lista dos peritos em serviço de escala no mês seguinte, indicando os seguintes elementos:

a) Nome dos peritos;
b) Período de tempo assegurado por cada perito;
c) Contacto de cada perito durante o respectivo período de prevenção.

4 – O disposto nos nºs 2 e 3 só se aplica aos gabinetes médico-legais em funcionamento que disponham de peritos do quadro do Instituto em número suficiente para assegurar o período de prevenção.

5 – As perícias médico-legais urgentes relativas a vítimas de agressão realizadas fora das horas normais de funcionamento dos serviços médico-legais poderão ter lugar em serviços de urgência de hospitais públicos ou outros estabelecimentos oficiais de saúde, dependendo, neste último caso, da prévia celebração de protocolos de cooperação entre estes e o Instituto.

6 – Nas situações previstas no nº 4, excepcionalmente, sempre que se verificar o impedimento do perito médico de escala ou nas comarcas não compreendidas na área de actuação das delegações ou dos gabinetes médico-legais em funcionamento, pode a autoridade judiciária nomear médico contratado para o exercício de funções periciais ou médico de reconhecida competência para a realização de perícias médico-legais urgentes.

7 – O Instituto ou os médicos referidos no número anterior podem cobrar, por cada perícia médico-legal urgente efectuada, os preços previstos em tabela aprovada por portaria do Ministro da Justiça, valendo as quantias arbitradas como custas do processo.

SECÇÃO II
Exames e perícias no âmbito da tanatologia forense

ARTIGO 14º
Verificação e certificação dos óbitos

A verificação e certificação dos óbitos é da competência dos médicos, nos termos da lei.

ARTIGO 15º
Óbito verificado em instituições de saúde

1 – Nas situações de morte violenta ou de suspeita de morte violenta, bem como nas mortes de causa ignorada e quando o óbito for verificado em instituições públicas de saúde ou em instituições privadas de saúde, deve o seu director ou director clínico:

a) Comunicar o facto, no mais curto prazo, à autoridade judiciária competente, remetendo-lhe, devidamente preenchido, o boletim de informação clínica aprovado por portaria conjunta dos Ministros da Justiça e da Saúde, bem como qualquer outra informação relevante para a averiguação da causa e das circunstâncias da morte;

b) Assegurar a permanência do corpo em local apropriado e providenciar pela preservação dos vestígios que importe examinar.

2 – Compete ao conselho directivo do Instituto propor alterações ao modelo do boletim de informação clínica a que se refere a alínea *a*) do nº 1.

3 – Nos casos em que seja ordenada a realização de autópsia médico-legal, a autoridade judiciária envia ao serviço médico-legal ou ao médico contratado que a vai realizar, juntamente com o despacho que a ordena, cópia do boletim de informação clínica.

ARTIGO 16º
Óbito verificado fora de instituições de saúde

1 – Em situações de morte violenta ou de causa ignorada, e quando o óbito for verificado fora de instituições de saúde, deve a autoridade policial:

a) Inspeccionar e preservar o local;

b) Comunicar o facto, no mais curto prazo, à autoridade judiciária competente, relatando-lhe os dados relevantes para averiguação da causa e das circunstâncias da morte que tiver apurado;

c) Providenciar, nos casos de crime doloso ou em que haja suspeita de tal, pela comparência do perito médico da delegação do Instituto ou do gabinete médico-legal que se encontre em serviço de escala para as perícias médico-legais urgentes, o qual procede à verificação do óbito, se nenhum outro médico tiver comparecido previamente, bem assim como ao exame do local, sem prejuízo das competências legais da autoridade policial à qual competir a investigação.

2 – Quando haja lugar ao exame do local, nos termos da alínea *c*) do número anterior, é elaborada informação pelo perito médico, a enviar à autoridade judiciária.

3 – No caso das restantes situações de morte violenta ou de causa ignorada e das referidas na alínea *c*) do nº 1, que se verifiquem em comarcas não compreendidas na área de actuação das delegações do Instituto ou de gabinetes médico-legais em funcionamento, compete à autoridade de saúde da área onde tiver sido encontrado o corpo proceder à verificação do óbito, se nenhum outro médico tiver comparecido

previamente e, se detectada a presença de vestígios que possam fazer suspeitar de crime doloso, providenciar pela comunicação imediata do facto à autoridade judiciária.

4 – O disposto no número anterior aplica-se também perante a manifesta impossibilidade de contactar o perito médico em serviço de escala.

5 – O transporte do perito médico ou da autoridade de saúde ao local é assegurado pela autoridade policial que tiver tomado conta da ocorrência.

6 – Em todas as situações em que não haja certeza do óbito, as autoridades policiais ou os bombeiros devem conduzir as pessoas com a máxima brevidade ao serviço de urgência hospitalar mais próximo.

7 – Na situação referida no nº 1, compete às autoridades policiais promover a remoção dos cadáveres, consoante o local em que se tiver verificado o óbito, para a casa mortuária do serviço médico-legal da área ou, na sua inexistência, para a do hospital ou do cemitério mais próximos:

a) Após a verificação do óbito e a realização do exame de vestígios nos casos referidos na alínea *c*) do nº 1; ou

b) Por determinação da autoridade judiciária competente.

8 – Excepcionalmente, perante a manifesta impossibilidade de contactar o perito médico em serviço de escala, a autoridade de saúde ou a autoridade judiciária competente, e existindo substanciais prejuízos decorrentes da permanência do corpo no local, pode a autoridade policial determinar e proceder à sua remoção para os locais referidos no número anterior, observando-se com as necessárias adaptações o disposto no nº 3 do presente artigo.

9 – Para o efeito do disposto nos dois números anteriores, as autoridades policiais podem requisitar a colaboração dos bombeiros, dos serviços médico-legais, dos serviços de saúde ou de agências funerárias.

10 – Nas situações previstas nos números anteriores em que existam dados identificativos, compete, ainda, às autoridades policiais promover a comunicação do óbito às famílias.

11 – As despesas inerentes às situações previstas nos números anteriores são satisfeitas pelo Cofre Geral dos Tribunais, através da sua delegação junto do tribunal territorialmente competente, e são consideradas custas do processo.

12 – As disposições previstas nos números anteriores aplicam-se, com as devidas adaptações, em todas as situações de morte de pessoas detidas em estabelecimentos prisionais, esquadras ou postos de autoridades policiais ou outras forças de segurança.

13 – Os cadáveres que derem entrada nos serviços médico-legais devem ser sujeitos a um exame pericial do hábito externo, cujo resultado será comunicado por escrito no mais curto prazo à autoridade judiciária competente, tendo em vista o estipulado no nº 1 do artigo 18º

ARTIGO 17º
Intervenção das autoridades judiciárias

O disposto nos artigos anteriores não dispensa a intervenção pessoal da autoridade judiciária competente que se demonstre necessária a garantir os direitos dos cidadãos e às exigências da investigação criminal.

ARTIGO 18º
Autópsia médico-legal

1 – A autópsia médico-legal tem lugar em situações de morte violenta ou de causa ignorada, salvo se existirem informações clínicas suficientes que associadas aos demais elementos permitam concluir, com segurança, pela inexistência de suspeita de crime, admitindo-se, neste caso, a possibilidade da dispensa de autópsia.

2 – Tal dispensa nunca se poderá verificar em situações de morte violenta atribuível a acidente de trabalho ou acidente de viação dos quais tenha resultado morte imediata.

3 – A autópsia médico-legal pode, ainda, ser dispensada nos casos em que a sua realização pressupõe o contacto com factores de risco particularmente significativo susceptíveis de comprometer de forma grave as condições de salubridade ou afectar a saúde pública.

4 – Compete ao presidente do conselho directivo do Instituto autorizar a dispensa da realização de autópsia médico-legal nos casos previstos no número anterior, mediante comunicação escrita do facto, no mais curto prazo, à entidade judiciária competente.

5 – A autópsia médico-legal pode ser realizada após a constatação de sinais de certeza de morte, competindo a sua marcação, com a possível brevidade, ao serviço médico-legal ou à autoridade judiciária nas comarcas não compreendidas na área de actuação das delegações do Instituto ou de gabinetes médico-legais em funcionamento, de acordo com a capacidade do serviço.

6 – Compete à autoridade judiciária autorizar a remoção dos corpos com vista à realização da autópsia médico-legal, bem como assegurar a sua adequada preservação nos casos em que os mesmos não sejam removidos para as delegações ou gabinetes médico-legais.

7 – As remoções efectuadas nas condições previstas no número anterior não estão sujeitas a averbamento nos assentos de óbito nem a licenças ou a taxas especiais.

ARTIGO 19º
Realização das perícias

1 – As autópsias médico-legais são realizadas por um médico perito coadjuvado por um auxiliar de perícias tanatológicas.

2 – Havendo fundadas suspeitas de crime doloso, as autópsias médico-legais realizadas em comarca não compreendida na área de actuação de delegação do Instituto ou de gabinete médico-legal em funcionamento são obrigatoriamente executadas por dois médicos peritos, coadjuvados por um auxiliar de perícias tanatológicas.

3 – Excepcionalmente, perante particular complexidade da autópsia ou impossibilidade de coadjuvação por auxiliar de perícias tanatológicas pode, também, a autópsia ser realizada por dois médicos peritos.

ARTIGO 20º
Local de realização das perícias

Os exames periciais de tanatologia forense solicitados pelas autoridades judiciárias de comarca compreendida na área de actuação de delegação do Instituto ou de gabinete médico-legal em funcionamento são obrigatoriamente realizados nestes serviços médico-legais, excepto se o presidente do conselho directivo do Instituto, o director da delegação ou o coordenador do gabinete médico-legal decidir a sua execução em local diferente.

SECÇÃO III
Exames e perícias no âmbito da clínica médico-legal e forense

ARTIGO 21º
Realização das perícias

1 – Os exames e perícias de clínica médico-legal e forense são realizados por um médico perito.

2 – Os exames de vítimas de agressão sexual podem ser realizados, sempre que necessário, por dois médicos peritos ou por um médico perito auxiliado por um profissional de enfermagem.

3 – O disposto no nº 1 não se aplica aos exames em que outros normativos legais determinem disposição diferente.

4 – Dado o grau de especialização dos médicos peritos e a organização das delegações e gabinetes médico-legais do Instituto, deverá ser dada primazia, nestes serviços, aos exames singulares, ficando as perícias colegiais previstas no Código de Processo Civil reservadas para os casos em que o juiz, na falta de alternativa, o determine de forma fundamentada.

ARTIGO 22º
Local de realização das perícias

1 – Os exames e perícias singulares de clínica médico-legal e forense solicitados pelas autoridades judiciárias de comarca compreendida na área de actuação de delegação do Instituto ou de gabinete médico-legal em funcionamento são obrigatoriamente realizados por estes serviços médico-legais, nas suas instalações, excepto se o presidente do Instituto, o director da delegação ou o coordenador do gabinete médico-legal decidir a sua execução em local diferente.

2 – As juntas médicas que devam ser presididas por juiz podem realizar-se em instalações do tribunal quando as delegações do Instituto ou os gabinetes médico-

-legais em funcionamento não disponham de condições para tal, ou mediante acordo previamente estabelecido com o director da delegação ou coordenador do gabinete médico-legal.

SECÇÃO IV
Exames e perícias no âmbito da genética, biologia e toxicologia forenses

ARTIGO 23º
Realização das perícias

1 – Os exames de genética, biologia e toxicologia forenses são obrigatoriamente solicitados à delegação do Instituto da área territorial do tribunal ou da autoridade policial que os requer.

2 – O disposto no número anterior não se aplica aos exames de genética no âmbito da criminalística biológica que podem ser também solicitados ao Laboratório de Polícia Científica da Polícia Judiciária.

3 – Estes exames podem também ser directamente solicitados pelos tribunais às entidades terceiras referidas no nº 5 do artigo 2º

SECÇÃO V
Exames e perícias no âmbito da psiquiatria e psicologia forenses

ARTIGO 24º
Realização das perícias

1 – Os exames e perícias de psiquiatria e psicologia forense são solicitados pela entidade competente à delegação do Instituto da área territorial do tribunal que os requer.

2 – Sempre que a delegação não disponha de especialistas nestas áreas em número suficiente para assegurar a resposta às solicitações, pode deferir os exames e perícias a serviços especializados do Serviço Nacional de Saúde.

3 – A distribuição dos exames e perícias nos termos do número anterior deverá ter em conta as possibilidades de resposta desses serviços e, sempre que possível, a sua área assistencial e o local de residência habitual dos examinandos.

SECÇÃO VI
Produtos e objectos examinados

ARTIGO 25º
Destino dos objectos e produtos examinados

1 – Após a realização do exame pericial de vestígios, produtos biológicos ou peças anatómicas, o perito procede à recolha, acondicionamento e selagem de uma amos-

tra susceptível de possibilitar a realização de nova perícia no caso de os objectos e produtos examinados o permitirem e à destruição do remanescente.

2 – A amostra fica depositada no serviço médico-legal durante o período de dois anos, após o qual o serviço médico-legal pode proceder à sua destruição, salvo se, entretanto, o tribunal tiver comunicado determinação em contrário.

3 – No caso de crimes da competência reservada de investigação da Polícia Judiciária, pode o Laboratório de Polícia Científica, sob sua exclusiva responsabilidade, proceder ao transporte e conservação das respectivas amostras.

ARTIGO 26º
Objectos e produtos que revertem a favor dos serviços médico-legais

1 – Os objectos que sejam declarados perdidos a favor do Estado e as peças anatómicas que devam ter o destino referido no artigo 25º podem ser afectos ao espólio museológico do serviço médico-legal que tiver procedido ao seu exame sempre que se revistam de interesse científico ou serem utilizados para fins de ensino e investigação.

2 – No caso de peças anatómicas deve observar-se o estipulado na legislação que regula a dissecação de cadáveres ou de parte deles, bem como a extracção de peças, tecidos ou órgãos para fins de ensino e de investigação científica.

3 – A declaração da utilidade relativa aos objectos que sejam declarados perdidos a favor do Estado deve ser proposta ao tribunal competente pelo serviço médico-legal que procedeu ao exame, fazendo-o constar no respectivo relatório.

SECÇÃO VII
Médicos a contratar para o exercício de funções periciais

ARTIGO 27º
Exercício de funções periciais

1 – A realização de perícias médico-legais e forenses compete aos médicos do quadro do Instituto ou contratados nos termos definidos na presente lei.

2 – Podem, ainda, exercer funções periciais docentes ou investigadores do ensino superior no âmbito de protocolos para o efeito celebrados pelo Instituto com instituições de ensino públicas ou privadas.

ARTIGO 28º
Médicos a contratar para o exercício de funções periciais

1 – A selecção de médicos a contratar para o exercício de funções nas comarcas não compreendidas na área de actuação das delegações e dos gabinetes médico-legais em funcionamento é feita por concursos trienais abertos pelo Instituto.

2 – Até 15 de Junho do ano anterior a cada triénio, o Instituto procede à abertura dos concursos referidos no número anterior devendo as listas de classificação final ser publicadas até 15 de Outubro.

3 – Os factores a ponderar na selecção de candidatos são definidos pelo conselho directivo do Instituto, ouvidos o órgão consultivo do Instituto e o conselho médico-legal, e constarão do respectivo aviso de abertura, podendo envolver uma avaliação de conhecimentos.

4 – O conselho directivo do Instituto pode proceder às diligências que considere indispensáveis à verificação dos dados pessoais fornecidos pelos candidatos, bem assim como de todos os elementos curriculares necessários ao cabal exercício da função.

ARTIGO 29º
Regime dos contratos

1 – Os contratos para o exercício de funções periciais têm a natureza de contratos de prestação de serviços nos termos da lei geral, podendo prever o pagamento por acto pericial e vigoram por um período de três anos.

2 – Para os efeitos do número anterior, os médicos das diversas carreiras médicas que se encontrem em regime de dedicação exclusiva ou de disponibilidade permanente, incluindo os da carreira médica de medicina legal, podem exercer funções periciais, sem quebra do compromisso de renúncia e sendo as remunerações daí decorrentes estabelecidas em norma constante de diploma específico.

3 – Os candidatos podem ser contratados para mais de um gabinete ou comarca, nos termos a definir no aviso de abertura do concurso.

4 – Os contratos são celebrados entre os médicos e o Instituto, podendo este contratar médicos directamente sempre que se verifique a impossibilidade de celebrar contrato com os médicos constantes das listas referidas no nº 2 do artigo 28º ou venham a ficar vagos lugares previamente ocupados.

5 – O Instituto envia a cada tribunal das comarcas não compreendidas na área de actuação das delegações e dos gabinetes médico-legais em funcionamento a lista nominativa dos médicos contratados para exercerem funções na respectiva área, assim como as alterações que lhe sejam introduzidas.

6 – Os contratos podem ser rescindidos a todo o tempo pelo Instituto.

7 – Os médicos podem denunciar os seus contratos, desde que o façam com a antecedência mínima de 90 dias, sob pena de incorrerem em responsabilidade civil pelos danos causados.

8 – Aos médicos contratados pelo Instituto para o exercício de funções periciais são vedadas, no âmbito da actividade pericial do tribunal ou tribunais da comarca da área de actuação do serviço médico-legal relativo ao contrato, nesses tribunais, outras intervenções periciais, nomeadamente como peritos representantes de seguradoras ou de sinistrados.

9 – Excepcionalmente, pode o conselho directivo do Instituto autorizar o afastamento do impedimento referido no número anterior, em casos devidamente fundamentados.

SECÇÃO VIII
Disposições finais e transitórias

ARTIGO 30º
Acesso a informação genética ou biológica

O acesso à informação genética ou biológica bem como o tratamento dos respectivos dados são regulados em legislação específica que salvaguarde os direitos fundamentais das pessoas, nos termos da Constituição e do direito internacional aplicável.

ARTIGO 31º
Abertura de concursos

1 – O primeiro triénio a que se refere o nº 1 do artigo 28º tem início a 1 de Janeiro de 2005, considerando-se automaticamente denunciados e rescindidos a partir desta data todos os contratos para o exercício de funções periciais médicas em vigor, nomeadamente nos tribunais do trabalho.

2 – Consideram-se automaticamente denunciados e rescindidos os contratos para o exercício de funções periciais médicas, nomeadamente nos tribunais de trabalho, em vigor nas comarcas que passem a estar abrangidas na área de actuação dos gabinetes médico-legais, a partir do momento em que estes são instalados.

ARTIGO 32º
Contratos de prestação de serviços

1 – O Instituto pode celebrar contratos nos termos do artigo 17º do Decreto-Lei nº 41/84, de 3 de Fevereiro, com médicos especialistas ou outros de reconhecida competência em áreas específicas, enquanto não estiverem preenchidos os lugares dos quadros da carreira médica de medicina legal e da carreira médica hospitalar.

2 – O disposto no número anterior aplica-se aos médicos que se encontrem em regime de dedicação exclusiva, sem que a percepção das remunerações decorrentes do contrato envolva quebra do compromisso de renúncia.

ARTIGO 33º
Norma revogatória

São revogados:

a) Os artigos 40º a 54º e 78º a 82º do Decreto-Lei nº 11/98, de 24 de Janeiro;

b) O artigo 6º, *in fine*, do Decreto-Lei nº 96/2001, de 26 de Março;

c) O nº 2 do artigo 91º do Código das Custas Judiciais, aprovado pelo Decreto-Lei nº 224-A/96, de 26 de Novembro, com a redacção introduzida pelos Decretos-Leis nºs 320-B/2000, de 15 de Dezembro, e 324/2003, de 27 de Dezembro;

d) A Portaria nº 283/98, de 6 de Maio;

e) A Portaria nº 608/99, de 9 de Agosto.

ARTIGO 34º
Entrada em vigor

1 – A presente lei entra em vigor no dia seguinte ao da sua publicação.

2 – A disposição legal referida na alínea *c*) do artigo 33º mantém-se transitoriamente em vigor até à publicação das portarias referidas no artigo 8º

Aprovada em 8 de Julho de 2004.

O Presidente da Assembleia da República, *João Bosco Mota Amaral.*

Promulgada em 2 de Agosto de 2004.

Publique-se.

O Presidente da República, JORGE SAMPAIO.

Referendada em 5 de Agosto de 2004.

O Primeiro-Ministro, *Pedro Miguel de Santana Lopes.*

Toxicodependência – Procedimentos de Diagnóstico e Exames Periciais

Portaria nº 94/96, de 26 de março

Considerando que a viabilização da perícia médico-legal e do exame médico referidos nos artigos 52º e 43º do Decreto-Lei nº 15/93, de 22 de Janeiro, depende da definição dos procedimentos de diagnóstico e dos exames periciais necessários à caracterização do estado de toxicodependência;

Considerando que importa clarificar o modo de intervenção dos serviços médico-legais, dos serviços de saúde especializados e de médicos no apoio às autoridades policiais e judiciárias, designadamente no âmbito da realização daquelas perícias e exames e do cumprimento da obrigação de tratamento que seja imposta a toxicodependente ou da sujeição voluntária deste a tal tratamento;

Considerando que a definição prévia dos limites quantitativos máximos para cada dose média individual diária das plantas, substâncias ou preparações constantes das tabelas I a IV anexas ao Decreto-Lei nº 15/93, de consumo mais frequente, constitui elemento importante para a aplicabilidade do nº 3 do artigo 26º e do nº 2 do artigo 40º, ambos daquele diploma;

Considerando o disposto no nº 1 do artigo 71º do Decreto-Lei nº 15/93, de 22 de Janeiro;

Ouvido o Conselho Superior de Medicina Legal:

Manda o Governo, pelos Ministros da Justiça e da Saúde, o seguinte:

I – Disposição Geral

1º
Objecto

A presente portaria tem como objecto a definição:

a) Dos procedimentos de diagnóstico e dos exames periciais necessários à caracterização do estado de toxicodependência;

b) Do modo de intervenção dos serviços de saúde especializados no apoio às autoridades policiais e judiciárias;

c) Dos limites quantitativos máximos para cada dose média individual diária das plantas, substâncias ou preparações constantes das tabelas I a IV anexas ao Decreto-Lei nº 15/93, de 22 de Janeiro, de consumo mais frequente.

II - Procedimentos de diagnóstico e exames periciais

2º
Finalidades

1 - Para efeitos da perícia prevista no artigo 52º do Decreto-Lei nº 15/93, de 22 de Janeiro, os procedimentos de diagnóstico e os exames periciais têm por finalidade determinar:

a) O eventual estado de toxicodependência do arguido;

b) A natureza dos produtos consumidos pelo arguido;

c) O estado do arguido no momento da sua realização;

d) Os eventuais reflexos do consumo na capacidade do arguido para avaliar a ilicitude dos seus actos ou para se determinar de acordo com a avaliação feita.

2 - Para efeitos do exame médico previsto no artigo 43º do Decreto-Lei nº 15/93, de 22 de Janeiro, os procedimentos de diagnóstico e os exames periciais têm por finalidade determinar:

a) O eventual estado de toxicodependência da pessoa a eles sujeita;

b) A existência de grave risco para a sua saúde ou de perigosidade social decorrentes daquele estado.

3º
Enumeração

Os procedimentos de diagnóstico e os exames periciais que devem ser realizados tendo em vista as finalidades referidas no número anterior são os seguintes:

a) Recolha da história pessoal, abrangendo o período pré-natal, a infância, a adolescência e a idade adulta;

b) Recolha da história familiar;

c) Recolha da situação actual;

d) Recolha da história clínica, abrangendo o eventual consumo de estupefacientes ou de substâncias psicotrópicas, os outros hábitos tóxicos e os antecedentes médico-cirúrgicos;

e) Exame objectivo, abrangendo a apresentação, o exame físico e o exame psiquiátrico;

f) Exames complementares, quando necessários, abrangendo os toxicológicos ao sangue, à urina ou a outros produtos biológicos, os serológicos e os psicológicos.

4º
Intervenção do Conselho Superior de Medicina Legal

1 – O Conselho Superior de Medicina Legal pode, com respeito pelo disposto no número anterior, pormenorizar os conteúdos de cada procedimento e exame, bem como definir as respectivas metodologia e regras de realização.

2 – A pormenorização, metodologia e regras de realização referidas no número anterior são comunicadas aos institutos de medicina legal e, por intermédio do Conselho Superior da Magistratura, da Procuradoria-Geral da República e da Direcção-Geral da Saúde, aos tribunais judiciais, aos magistrados do Ministério Público junto deles e aos serviços de saúde especializados com competência para realizar aqueles procedimentos e exames.

3 – A pormenorização, metodologia e regras de realização são de observância obrigatória a partir do 1º dia do mês seguinte ao da respectiva comunicação.

III – Intervenção dos serviços médico-legais, dos serviços de saúde especializados e de médicos na realização de perícias e de exames médicos e no tratamento de toxicodependentes

5º
Solicitações das autoridades judiciárias para realização de perícias e de exames médicos

Depois de efectuadas as diligências necessárias ao apuramento das notícias ou dos indícios que dão o arguido ou outra pessoa como sendo toxicodependente e, no último caso, como existindo grave risco para a sua saúde ou perigosidade social decorrentes de tal estado, em termos tais que permitam presumir, com um razoável grau de segurança, pela confirmação de tais notícias ou indícios, as autoridades judiciárias competentes ordenam a realização de perícia ou de exame médico, aplicando-se-lhes, com as necessárias adaptações, o disposto no artigo 159º do Código de Processo Penal, no artigo 37º do Decreto-Lei nº 387-C/87, de 29 de Dezembro, e no Decreto-Lei nº 326/86, de 29 de Setembro.

6º
Realização de exame médico

Sem prejuízo da aplicação das disposições legais referidas no número anterior, o exame médico previsto no artigo 43º do Decreto-Lei nº 15/93, de 22 de Janeiro:

a) Pode também ser realizado pelo Serviço de Prevenção e Tratamento da Toxicodependência através das unidades especializadas de que dispõe ou que supervisiona;

b) Não pode ser realizado pelos serviços médico-legais.

7º
Realização de exames complementares

1 – Relativamente aos exames complementares, designadamente toxicológicos ao sangue, à urina ou a outros produtos biológicos, podem as autoridades judiciárias que tenham ordenado a realização de perícia ou de exame médico:

a) Ordenar a sua realização quando recebam dos peritos solicitação expressa para o efeito;

b) Ordenar ou autorizar a sua realização antecipada e conjuntamente com a ordem de realização da perícia ou do exame médico; ou

c) Ordenar directa e imediatamente a sua realização a serviços médico-legais, a serviços de saúde especializados ou a médicos cujo centro de actividade se localize na comarca sede daquelas autoridades.

2 – A listagem dos serviços e dos médicos com certificação de qualidade para a realização dos exames complementares toxicológicos é comunicada pelo Instituto Nacional de Saúde Dr. Ricardo Jorge aos serviços de saúde especializados com competência para realizar perícias e exames médicos e, por intermédio do Conselho Superior da Magistratura, da Procuradoria-Geral da República e do Conselho Superior de Medicina Legal, aos tribunais judiciais, aos magistrados do Ministério Público junto deles e aos institutos de medicina legal.

3 – As conclusões dos exames complementares, quando não sejam realizados pelos serviços ou médicos que tenham realizado a perícia ou o exame médico, são a estes comunicadas directamente ou por intermédio da autoridade judiciária que os tenha ordenado ou autorizado.

8º
Solicitações das autoridades judiciárias para tratamento de toxicodependente

1 – Quando a pena ou a medida processual penal aplicadas a toxicodependente não sejam privativas da liberdade e se encontrem subordinadas ao cumprimento da obrigação de tratamento, a autoridade judiciária determina que tal obrigação seja preferencialmente cumprida em serviço de saúde especializado público situado na área do respectivo círculo judicial ou, quando os custos correspondentes possam ser suportados pelo toxicodependente ou por outra entidade com recursos para o efeito, em serviço privado, situado na mesma área, que tenha sido devidamente licenciado pela entidade competente.

2 – O disposto no número anterior é aplicável, com as devidas adaptações, à sujeição voluntária a tratamento prevista no nº 5 do artigo 43º do Decreto-Lei nº 15/93, de 22 de Janeiro.

IV – Limites quantitativos máximos para cada dose média individual diária das plantas, substâncias ou preparações de consumo mais frequente e intervenção de entidades especializadas na realização do respectivo exame laboratorial

9º
Limites

Os limites quantitativos máximos para cada dose média individual diária das plantas, substâncias ou preparações constantes das tabelas I a IV anexas ao Decreto-Lei nº 15/93, de 22 de Janeiro, de consumo mais frequente, são os referidos no mapa anexo à presente portaria, da qual faz parte integrante.

10º
Intervenção de entidades especializadas

1 – Na realização do exame laboratorial referido nos nºs 1 e 2 do artigo 62º do Decreto-Lei nº 15/93, de 22 de Janeiro, o perito identifica e quantifica a planta, substância ou preparação examinada, bem como o respectivo princípio activo ou substância de referência.

2 – Os métodos analíticos adoptados e a listagem das entidades especializadas na realização do exame laboratorial referido no número anterior são comunicados conjuntamente pelo Conselho Superior de Medicina Legal e pelo Instituto Nacional de Saúde Dr. Ricardo Jorge às próprias entidades especializadas e, por intermédio do Conselho Superior da Magistratura e da Procuradoria-Geral da República, aos tribunais judiciais e aos magistrados do Ministério Público junto deles.

V – Disposição final

11º
Início de vigência

A presente portaria, com excepção dos nºs 2 dos seus nºs 7º e 10º, entra em vigor no 1º dia do 2º mês seguinte ao da sua publicação.

Ministérios da Justiça e da Saúde.

Assinada em 27 de Fevereiro de 1996.

O Ministro da Justiça, *José Eduardo Vera Cruz Jardim*. – A Ministra da Saúde, *Maria de Belém Roseira Martins Coelho Henriques de Pina.*

(MAPA A QUE SE REFERE O Nº 9)

Plantas, substâncias ou preparações constantes das tabelas I a IV de consumo mais frequente	Tabela	Limite quantitativo máximo (1)	
Heroína (diacetilmorfina)	I-A	(2)	0,1
Metadona	I-A	(2)	0,1
Morfina	I-A		0,2
Ópio (suco)	I-A	(3-*b*)	1
Cocaína (cloridrato)	I-B	(2) (4)	0,2
Cocaína (éster metílico de benzoilecgonina)	I-B	(2) (4)	0,03
Canabis (folhas e sumidades floridas ou frutificadas)	I-C	(3-*c* e *d*)	2,5
Canabis (resina)	I-C	(3-*c* e *e*)	0,5
Canabis (óleo)	I-C	(3-*f*)	0,25
Fenciclidina (PCP)	II-A	(3-*a*)	0,01
Lisergida (LSD)	II-A		50 µg
MDMA	II-A	(2) (3-*g*)	0,1
Anfetamina	II-B		0,1
Tetraidrocanabinol (Δ9THC)	II-B		0,05

(1) Os limites quantitativos máximos para cada dose média individual diária são expressos em gramas, excepto quando expressamente se indique unidade diferente.

(2) Os limites referidos foram estabelecidos com base em dados epidemiológicos referentes ao uso habitual.

(3) As quantidades indicadas referem-se:

a) Às doses diárias mencionadas nas farmacopeias oficiais;
b) Às doses equipotentes à da substância de abuso de referência;
c) À dose média diária com base na variação do conteúdo médio do THC existente nos produtos da *Canabis;*
d) A uma concentração média de 2 % de Δ9THC;
e) A uma concentração média de 10 % de Δ9THC;
f) A uma concentração média de 20 % de Δ9THC;
g) Às doses médias habituais referidas na literatura, que variam entre 80 mg e 160 mg (ca. 2 mg/kg) da substância pura. No entanto, pode aparecer misturada com impurezas (por exemplo, MDA, cafeína) ou ainda em associação com heroína.

(4) Para a cocaína são especificados limites quantitativos diferentes, respectivamente para o cloridrato e para o éster metílico de benzoilecgonina, uma vez que o potencial aditivo das duas formas químicas é muito diferente.

(Cfr. Declaração de Rectificação nº 11-H/96, de 29-06)

Regulamento de Fiscalização da Condução sob Influência do Álcool ou de Substâncias Psicotrópicas

Lei nº 18/2007, de 17 de maio

Aprova o Regulamento de Fiscalização da Condução sob Influência do Álcool ou de Substâncias Psicotrópicas

A Assembleia da República decreta, nos termos da alínea *c*) do artigo 161º da Constituição, o seguinte:

ARTIGO 1º
Regulamento

É aprovado o Regulamento de Fiscalização da Condução sob Influência do Álcool ou de Substâncias Psicotrópicas, anexo à presente lei e que dela faz parte integrante.

ARTIGO 2º
Norma revogatória

É revogado o Decreto Regulamentar nº 24/98, de 30 de Outubro.

ARTIGO 3º
Regulamentação

Salvo disposição em contrário no Regulamento anexo, a regulamentação necessária à boa execução do presente regime jurídico é aprovada por portaria conjunta dos membros do Governo responsáveis pela administração interna, justiça e saúde, no prazo de 30 dias.

ARTIGO 4º
Entrada em vigor

A presente lei entra em vigor 90 dias após a sua publicação.

Aprovada em 15 de Março de 2007.

O Presidente da Assembleia da República, *Jaime Gama.*

Promulgada em 7 de Maio de 2007.

Publique-se.

O Presidente da República, ANÍBAL CAVACO SILVA.

Referendada em 8 de Maio de 2007.

O Primeiro-Ministro, *José Sócrates Carvalho Pinto de Sousa.*

Regulamento de Fiscalização da Condução Sob Influência do Álcool ou de Substâncias Psicotrópicas

CAPÍTULO I
Avaliação do estado de influenciado pelo álcool

ARTIGO 1º
Detecção e quantificação da taxa de álcool

1 – A presença de álcool no sangue é indicada por meio de teste no ar expirado, efectuado em analisador qualitativo.

2 – A quantificação da taxa de álcool no sangue é feita por teste no ar expirado, efectuado em analisador quantitativo, ou por análise de sangue.

3 – A análise de sangue é efectuada quando não for possível realizar o teste em analisador quantitativo.

ARTIGO 2º
Método de fiscalização

1 – Quando o teste realizado em analisador qualitativo indicie a presença de álcool no sangue, o examinando é submetido a novo teste, a realizar em analisador quantitativo, devendo, sempre que possível, o intervalo entre os dois testes não ser superior a trinta minutos.

2 – Para efeitos do disposto no número anterior, o agente da entidade fiscalizadora acompanha o examinando ao local em que o teste possa ser efectuado, assegurando o seu transporte, quando necessário.

3 – Sempre que para o transporte referido no número anterior não seja possível utilizar o veículo da entidade fiscalizadora, esta solicita a colaboração de entidade transportadora licenciada ou autorizada para o efeito.

4 – O pagamento do transporte referido no número anterior é da responsabilidade da entidade fiscalizadora, sem prejuízo do disposto no nº 3 do artigo 158º do Código da Estrada.

ARTIGO 3º
Contraprova

Os métodos e equipamentos previstos na presente lei e disposições complementares, para a realização dos exames de avaliação do estado de influenciado pelo álcool, são aplicáveis à contraprova prevista no nº 3 do artigo 153º do Código da Estrada.

ARTIGO 4º
Impossibilidade de realização do teste no ar expirado

1 – Quando, após três tentativas sucessivas, o examinando não conseguir expelir ar em quantidade suficiente para a realização do teste em analisador quantitativo, ou quando as condições físicas em que se encontra não lhe permitam a realização daquele teste, é realizada análise de sangue.

2 – Nos casos referidos no número anterior, sempre que se mostre necessário, o agente da entidade fiscalizadora assegura o transporte do indivíduo ao estabelecimento da rede pública de saúde mais próximo para que lhe seja colhida uma amostra de sangue.

3 – A colheita referida no número anterior é sempre realizada nos estabelecimentos da rede pública de saúde que constem de lista a divulgar pelas administrações regionais de saúde ou, no caso das Regiões Autónomas, pelo respectivo Governo Regional.

ARTIGO 5º
Colheita de sangue

1 – A colheita de sangue é efectuada, no mais curto prazo possível, após o acto de fiscalização ou a ocorrência do acidente.

2 – Posteriormente, a amostra de sangue é enviada à delegação do Instituto Nacional de Medicina Legal da área respectiva, pelo estabelecimento que procedeu à colheita.

3 – Na colheita e acondicionamento da amostra de sangue são utilizados os procedimentos e o material aprovados, salvaguardando-se a protecção de dados pessoais.

ARTIGO 6º
Exame toxicológico de sangue para quantificação da taxa de álcool

1 – O exame para quantificação da taxa de álcool no sangue é efectuado com recurso a procedimentos analíticos, que incluem a cromatografia em fase gasosa.

2 – O exame referido no número anterior é sempre efectuado pelo Instituto Nacional de Medicina Legal.

3 – No prazo máximo de 30 dias a contar da data da recepção da amostra, a delegação do Instituto Nacional de Medicina Legal que proceder ao exame envia o resultado obtido à entidade fiscalizadora que o requereu, em relatório de modelo aprovado em regulamentação.

4 – Sempre que o resultado do exame seja positivo, a entidade fiscalizadora procede ao levantamento de auto de notícia correspondente, a que junta o relatório.

5 – O resultado do exame de sangue para quantificação da taxa de álcool prevalece sobre o resultado do teste no ar expirado realizado em analisador quantitativo.

ARTIGO 7º
Exame médico para determinação do estado de influenciado pelo álcool

1 – Para efeitos do disposto no nº 8 do artigo 153º e no nº 3 do artigo 156º do Código da Estrada, considera-se não ser possível a realização do exame de pesquisa de álcool no sangue quando, após repetidas tentativas, não se lograr retirar ao examinando uma amostra de sangue em quantidade suficiente.

2 – O exame médico para determinação do estado de influenciado pelo álcool apenas pode ser realizado em estabelecimento da rede pública de saúde designado nos termos do nº 3 do artigo 4º e obedece aos procedimentos fixados em regulamentação.

3 – O médico que realizar o exame deve seguir os procedimentos fixados na regulamentação referida no número anterior, podendo, caso julgue necessário, recorrer a outros meios auxiliares de diagnóstico que melhor permitam avaliar o estado de influenciado do examinando.

CAPÍTULO II
Avaliação do estado de influenciado por substâncias psicotrópicas

ARTIGO 8º
Substâncias psicotrópicas a avaliar

1 – Para efeitos do disposto no artigo 81º do Código da Estrada, são especialmente avaliadas as seguintes substâncias psicotrópicas:

a) Canabinóides;
b) Cocaína e seus metabolitos;
c) Opiáceos;
d) Anfetaminas e derivados.

2 – Para os mesmos efeitos, pode ainda ser pesquisada a presença no sangue de qualquer outra substância psicotrópica que tenha influência negativa na capacidade para o exercício da condução.

ARTIGO 9º
Indícios

Para efeitos de aplicação do nº 1 do artigo 157º do Código da Estrada, deve ser aprovado um guia orientador de indícios de influência por substâncias psicotrópicas, por despacho normativo do membro do Governo responsável pela saúde.

ARTIGO 10º
Exame para detecção de substâncias psicotrópicas

A detecção de substâncias psicotrópicas inclui um exame prévio de rastreio e, caso o seu resultado seja positivo, um exame de confirmação, definidos em regulamentação.

ARTIGO 11º
Exame de rastreio

1 – O exame de rastreio é efectuado através de testes rápidos a realizar em amostras biológicas de urina, saliva, suor ou sangue e serve apenas para indiciar a presença de substâncias psicotrópicas.

2 – Para a realização do exame referido no número anterior, são competentes as entidades fiscalizadoras, os estabelecimentos da rede pública de saúde que constem de lista a divulgar pelas administrações regionais de saúde ou, no caso das Regiões Autónomas, pelo respectivo Governo Regional e o Instituto Nacional de Medicina Legal.

3 – Quando o estabelecimento da rede pública de saúde em que o examinando der entrada não dispuser de condições para proceder ao exame de rastreio, deve proceder à colheita de uma amostra de sangue ao examinando e remetê-la à delegação do Instituto Nacional de Medicina Legal competente, para que proceda à realização daquele exame.

ARTIGO 12º
Exame de confirmação

1 – O exame de confirmação é realizado numa amostra de sangue, após exame de rastreio com resultado positivo.

2 – Quando o exame de rastreio apresente resultado positivo e seja realizado por entidade fiscalizadora, o examinado é conduzido a estabelecimento da rede pública de saúde, a fim de ser submetido à colheita de uma amostra de sangue a remeter para a delegação do Instituto Nacional de Medicina Legal da área respectiva.

3 – Quando o exame de rastreio apresente resultado positivo e seja realizado em estabelecimento da rede pública de saúde, este providencia a colheita e remessa à delegação do Instituto Nacional de Medicina Legal competente, nos termos e para os efeitos previstos no número anterior.

4 – A delegação do Instituto Nacional de Medicina Legal que proceder ao exame de confirmação deve enviar, no prazo máximo de 30 dias a contar da data da recepção

da amostra, o seu resultado à entidade fiscalizadora que o requereu, em relatório de modelo aprovado em regulamentação.

5 – Sem prejuízo do disposto no artigo seguinte, só pode ser declarado influenciado por substâncias psicotrópicas o examinado que apresente resultado positivo no exame de confirmação.

6 – Quando o resultado do exame de confirmação for positivo, a entidade fiscalizadora procede ao levantamento de auto de notícia correspondente, a que junta o relatório daquele exame.

ARTIGO 13º
Exame médico

1 – Quando, após repetidas tentativas de colheita, não se lograr retirar ao examinando uma amostra de sangue em quantidade suficiente para a realização do teste, deve este ser submetido a exame médico para avaliação do estado de influenciação por substâncias psicotrópicas.

2 – O exame referido no número anterior obedece ao procedimento fixado em regulamentação e apenas pode ser realizado em estabelecimento da rede pública de saúde que conste de lista a divulgar pelas administrações regionais de saúde ou, no caso das Regiões Autónomas, pelo respectivo Governo Regional.

3 – A presença de sintomas de influência por qualquer das substâncias previstas no nº 1 do artigo 8º, ou qualquer outra substância psicotrópica que possa influenciar negativamente a capacidade para a condução, atestada pelo médico que realiza o exame, é equiparada para todos os efeitos legais à obtenção de resultado positivo no exame de sangue.

CAPÍTULO III
Disposições finais

ARTIGO 14º
Aprovação dos equipamentos

1 – Nos testes quantitativos de álcool no ar expirado só podem ser utilizados analisadores que obedeçam às características fixadas em regulamentação e cuja utilização seja aprovada por despacho do presidente da Autoridade Nacional de Segurança Rodoviária.

2 – A aprovação a que se refere o número anterior é precedida de homologação de modelo, a efectuar pelo Instituto Português da Qualidade, nos termos do Regulamento do Controlo Metrológico dos Alcoolímetros.

3 – Os analisadores qualitativos, bem como os modelos dos equipamentos a utilizar nos testes rápidos de urina, saliva ou suor a efectuar pelas entidades fiscalizadoras, são aprovados por despacho do presidente da Autoridade Nacional de Segurança Rodoviária.

ARTIGO 15º
Segurança

É garantida a confidencialidade dos dados em todas as operações de colheita, transporte, manuseamento e guarda de amostras biológicas e da informação delas obtida, ficando obrigados pelo dever de sigilo todos os que com eles tenham contacto.

ARTIGO 16º
Conservação das amostras biológicas

1 – O Instituto Nacional de Medicina Legal guarda e garante a conservação das amostras biológicas já analisadas pelo período que decorre até:

a) À comprovação de testes negativos; ou
b) Ao final do prazo para interposição de impugnação contenciosa; ou
c) Ao trânsito em julgado da sentença no caso de acção judicial.

2 – Findo o período referido no número anterior, o Instituto Nacional de Medicina Legal procede à sua destruição, salvo ordem judicial em contrário.

3 – As amostras biológicas referidas no número anterior não podem ser utilizadas para fins distintos dos previstos no presente acto.

ARTIGO 17º
Estatística

O Instituto Nacional de Medicina Legal e as entidades fiscalizadoras devem remeter à Autoridade Nacional de Segurança Rodoviária o número de exames de pesquisa de álcool e de substâncias psicotrópicas realizados, dando conhecimento dos seus resultados.

Regime de Recolha, Acondicionamento e Expedição das Amostras Biológicas Destinadas às Análises Laboratoriais e Tipos de Exames Médicos a Efetuar para Deteção dos Estados de Influenciado por Álcool ou por Substâncias Psicotrópicas

Portaria nº 902-B/2007, de 13 de agosto

O nº 1 do artigo 158º do Código da Estrada prevê que sejam fixados em regulamento o tipo de material a utilizar na determinação da presença do álcool no ar expirado, bem como na recolha e transporte das amostras biológicas destinadas a determinar, no sangue, a taxa de álcool ou a presença de substâncias psicotrópicas.

É o que pretende o presente diploma, que vem regulamentar aquelas matérias, fixando os requisitos a que devem obedecer os analisadores quantitativos, o modo como se deve proceder à recolha, acondicionamento e expedição das amostras biológicas destinadas às análises laboratoriais, os procedimentos a aplicar na realização das referidas análises e os tipos de exames médicos a efectuar para detecção dos estados de influenciado por álcool ou por substâncias psicotrópicas.

Assim:

Manda o Governo, pelos Ministros da Administração Interna, da Justiça e da Saúde, nos termos conjugados do artigo 3º da Lei nº 18/2007, de 17 de Maio, da alínea *d*) do nº 2 do artigo 4º do Decreto-Lei nº 44/2005, de 23 de Fevereiro, e do nº 1 do artigo 158º do Código da Estrada, aprovado pelo Decreto-Lei nº 114/94, de 3 de Maio, na última redacção que lhe foi conferida, o seguinte:

CAPÍTULO I
Avaliação do estado de influenciado pelo álcool

SECÇÃO I
Analisadores quantitativos

1º Os analisadores quantitativos são instrumentos de medição da concentração da massa de álcool por unidade de volume na análise do ar alveolar expirado (TAE).

2º Os aparelhos definidos no número anterior devem obedecer às seguintes características:

A – Características técnicas:

a) Cumprir os requisitos metrológicos e técnicos definidos no Regulamento do Controlo Metrológico dos Alcoolímetros;

b) Usar a unidade de leitura em gramas de álcool por litro de sangue (TAS) segundo o factor de conversão do teor de álcool no sangue fixado no nº 3 do artigo 81º do Código da Estrada;

B – Características gerais:

a) Possuir afixador alfanumérico que exiba a taxa de álcool no sangue do examinando (TAS) ou os motivos pelos quais não a pode determinar;

b) Ter acoplada impressora que emita talão, que contenha a taxa de álcool presente e ainda o número sequencial de registo, identificação do aparelho, data e hora da realização do teste;

c) Ser alimentados por corrente eléctrica alternada de 220 volts e contínua de 12 volts;

C – Características físicas – permitir o seu fácil transporte pelo operador e conter de forma legível e indelével as indicações seguintes:

a) Marca;
b) Modelo;
c) Número de série;
d) Identificação do fabricante;
e) Unidade de leitura;
f) Factor de conversão (TAE/TAS).

SECÇÃO II
Análise de sangue para quantificação da taxa de álcool

3º A substância objecto da análise laboratorial de quantificação da taxa de álcool no sangue é o álcool etílico.

4º A colheita do sangue destinado à realização das análises para quantificação da taxa de álcool é efectuada em estabelecimento da rede pública de saúde a que o examinando seja conduzido pelo agente de autoridade, o qual, em caso de acidente de viação, pode ser o serviço de saúde em que dê entrada.

5º Para a realização da colheita prevista no número anterior, o agente de autoridade deve entregar no estabelecimento da rede pública de saúde um impresso do modelo do anexo I, acompanhado de uma bolsa devidamente selada de modelo aprovado pela Autoridade Nacional de Segurança Rodoviária (ANSR), contendo o material destinado à recolha e acondicionamento da amostra, constituído por:

a) Tubo com a capacidade mínima de 5 cc, contendo um anticoagulante e conservante adequados destinado à amostra de sangue;

b) Contentor adequado ao acondicionamento do tubo referido na alínea anterior.

6º O funcionário do estabelecimento da rede pública de saúde encarregado de receber o equipamento deve garantir a segurança das amostras e a sua correcta expedição para o Instituto Nacional de Medicina Legal, I. P.

7º No estabelecimento da rede pública de saúde, o médico que atender o examinando deve providenciar a obtenção de um volume de sangue venoso suficiente para encher por completo o tubo referido na alínea *a*) do nº 5º, recolhido de acordo com os procedimentos habituais, mas sem usar álcool como desinfectante cutâneo.

8º Para a expedição, o tubo que contém a amostra de sangue é introduzido no contentor referido na alínea *b*) do nº 5º e, em seguida, fechado dentro de bolsa de modelo a aprovar pela ANSR.

9º O médico que promover a colheita deve:

a) Preencher, correcta e completamente, o impresso do modelo do anexo I;

b) Entregar ao agente de autoridade que requisitou o exame o original preenchido, contendo a sua vinheta de identificação profissional;

c) Entregar o duplicado ao examinado ou, caso não seja possível, ao agente de autoridade que requisitou o exame para que, posteriormente, o entregue ao examinado ou a quem legalmente o represente;

d) Providenciar para que sejam introduzidos na bolsa referida no número anterior a amostra de sangue, devidamente acondicionada no tubo e contentor respectivos, e o triplicado do impresso preenchido, contendo a sua vinheta de identificação profissional;

e) Providenciar para que a bolsa selada seja remetida, de imediato, à delegação do Instituto Nacional de Medicina Legal, I. P., da sua área ou, caso não seja possível, que seja mantida refrigerada até à sua remessa.

10º O relatório da análise para quantificação da taxa de álcool no sangue, referido no nº 3 do artigo 6º do Regulamento de Fiscalização da Condução sob Influência do Álcool ou de Substâncias Psicotrópicas, aprovado pela Lei nº 18/2007, de 17 de Maio, obedece ao modelo do anexo II, devendo o original ser remetido à entidade fiscalizadora requisitante, o duplicado à ANSR e o triplicado arquivado na delegação do Instituto Nacional de Medicina Legal, I. P., que proceder à análise.

SECÇÃO III
Exame médico

11º No exame médico para avaliação do estado de influenciado pelo álcool, referido no artigo 7º do Regulamento de Fiscalização da Condução sob Influência do Álcool ou de Substâncias Psicotrópicas, deve ser observado o seguinte:

A – Aspecto geral:

Apresentação – fácies, conjuntivas, hálito, pulso;

B – Provas de equilíbrio:

a) Equilíbrio (olhos abertos e pés juntos);
b) Equilíbrio sobre o pé esquerdo;
c) Equilíbrio sobre o pé direito;
d) Sinal de Romberg;
e) Marcha (olhos abertos);
f) Marcha (olhos fechados e percorrendo o mesmo caminho que fez de olhos abertos);
g) Marcha pé ante pé;

C – Coordenação dos movimentos:

a) Prova do dedo indicador ao nariz;
b) Prova de oposição dos dedos indicadores, da mão esquerda e da mão direita;
c) Rítmicos alternados;
d) Tremor dos dedos das mãos – tipo intencional e postural;

D – Funções cognitivas:

a) Orientação temporal;
b) Orientação espacial;
c) Orientação autopsíquica;
d) Orientação alopsíquica;
e) Memória;
f) Juízo crítico;
g) Conversação sobre tema banal, de preferência profissional;
h) Leitura (em voz alta) e compreensão de um texto;
i) Descrição de uma gravura;
j) Interpretação de uma gravura;
l) Dicção;
m) Escrita;
n) Cálculo simples;
o) Contar de 20 a 1;

E – Provas oculares:

a) Reacção pupilar à luz;
b) Reacção pupilar à acomodação;
c) Nistagmo;

F – Reflexos:

a) Reflexos rotulianos – à esquerda e à direita;

b) Reflexos aquilianos – à esquerda e à direita;

G – Sensibilidade:

a) Dolorosa;

b) Discriminativa;

H – Entrevista:

a) Contacto com o médico;

b) Atitude geral no decorrer da observação;

I – Quaisquer outros dados que possam ter interesse para comprovar o estado do observado;

J – Declarações do observado:

a) Dia e hora da última refeição e tipo de alimentos consumidos;

b) Bebidas alcoólicas ingeridas nas últimas doze horas: qualidade, quantidade e hora da última ingestão;

c) Hábitos alcoólicos, doenças registadas e medicamentos em uso.

12º O médico que efectuar o exame deve, após a sua conclusão, preencher em triplicado o impresso do modelo do anexo III e apor a sua vinheta de identificação profissional no original.

13º O original do impresso referido no número anterior, com carimbo do estabelecimento de saúde, deve ser enviado ao departamento da autoridade fiscalizadora que solicitou o exame, o duplicado é entregue ao examinado e o triplicado é arquivado naquele estabelecimento.

CAPÍTULO II
Avaliação do estado de influenciado por substâncias psicotrópicas

SECÇÃO I
Exame de rastreio

14º Nos exames de rastreio a efectuar, pelas entidades fiscalizadoras, em amostras de saliva, suor ou urina, o agente de autoridade deve utilizar os equipamentos aprovados e usar os procedimentos constantes do despacho de aprovação para cada equipamento.

15º Nos exames de rastreio na urina, realizado em estabelecimentos da rede pública de saúde, são utilizados imunoensaios apropriados, tendo em conta as substâncias e concentrações previstas no quadro nº 2 do anexo V, devendo o agente de autoridade que conduzir o examinando entregar ao médico daquele estabelecimento um impresso do modelo do anexo IV.

16º Os exames previstos no número anterior devem ser executados, de acordo com os procedimentos do fabricante ou de validação interna, numa amostra de urina com o volume mínimo de 30 ml, sendo os resultados considerados positivos quando os valores obtidos forem iguais ou superiores às concentrações indicadas no quadro nº 2 do anexo v.

17º Nos exames de rastreio no sangue, realizado pelo Instituto Nacional de Medicina Legal, I. P., são utilizados imunoensaios apropriados, tendo em conta as substâncias previstos no quadro nº 1 do anexo v.

18º Se o resultado do exame de rastreio previsto no nº 15º for negativo, o médico deve:

a) Preencher, completa e correctamente, o impresso do modelo do anexo IV, colocando a sua vinheta de identificação profissional e o carimbo do estabelecimento no original e no triplicado;

b) Entregar o original ao agente de autoridade, o duplicado ao examinado e arquivar o triplicado no estabelecimento de saúde.

19º Se o resultado do exame referido no número anterior for positivo ou na impossibilidade de realização daquele exame, o médico deve providenciar a obtenção de um volume de sangue venoso destinado a exame de rastreio e confirmação, a realizar no Instituto Nacional de Medicina Legal, I. P.

20º Para a colheita da amostra de sangue, o agente de autoridade deve entregar no estabelecimento da rede pública de saúde além do impresso do modelo do anexo IV a bolsa referida no nº 5º contendo:

a) Tubo com a capacidade mínima de 10 cc, com anticoagulante e conservante adequados destinado à amostra de sangue;

b) Contentor adequado ao acondicionamento do tubo referido na alínea anterior.

21º Após a colheita de sangue o médico deve preencher completa e correctamente o impresso do modelo IV, referido no nº 15º, e seguir, com as devidas adaptações, os procedimentos constantes das alíneas *b*) a *e*) do nº 9º

SECÇÃO II
Exame de confirmação

22º O exame de confirmação da presença de substâncias psicotrópicas no sangue destina-se a identificar a substância ou substâncias e ou seus metabolitos que, em exame de rastreio, apresentaram resultados positivos.

23º Considera-se que o exame de confirmação é positivo sempre que revele a presença de qualquer das substâncias psicotrópicas previstas no quadro nº 1 do anexo v ou de outra substância ou produto, com efeito análogo, capaz de perturbar a capacidade física, mental ou psicológica do examinado para o exercício da condução de veículo a motor com segurança.

24º Concluído o exame de confirmação, a delegação do Instituto Nacional de Medicina Legal, I. P., que o efectuou deve preencher o relatório do modelo do anexo VI, enviar o original à entidade fiscalizadora requisitante, no prazo máximo de 30 dias a contar da data da recepção da adequada e efectiva solicitação dos exames, o duplicado à ANSR e arquivar o triplicado.

SECÇÃO III
Exame médico

25º No exame médico destinado a avaliar o estado de influenciado por substâncias psicotrópicas referido no nº 1 do artigo 13º do Regulamento para a Fiscalização da Condução sob Influência do Álcool ou de Substâncias Psicotrópicas deve ser observado o seguinte:

A – Observação geral:

a) Estado geral e de nutrição;
b) Aspecto geral e coloração da pele e mucosas – estigmas de picadas nas mãos, antebraços, braços, sangradouros, pescoço, trajecto das jugulares, pés ou outros, sinais de abcessos e fleimões, lesões cutâneas cicatrizadas, pele pálida, cianosada ou húmida, sudação, piloerecção;
c) Temperatura;
d) Pulso;
e) Tensão arterial;
f) Frequência respiratória;
g) Amplitude respiratória;
h) Olhos – pupilas, conjuntivas hiperemiadas, lacrimejo;
i) Nariz – rinorreia, crises esternutatórias, septo nasal;
j) Boca – hálito etílico, hálito a amoníaco, hálito a éter, mucosas, higiene oral, cáries dentárias, dentes incisivos;

B – Estado mental:

a) Nível de consciência;
b) Contacto com o médico;
c) Comportamento motor;
d) Atitude no decorrer da observação;
e) Funções cognitivas:
Orientação temporal;
Orientação espacial;
Orientação autopsíquica;
Orientação alopsíquica;
Memória;
Juízo crítico;
Conversação;

Leitura;
Interpretação de uma gravura;
Dicção;
Escrita;
Cálculo simples;
Contar de 20 a 1;

f) Percepção;
g) Pensamento;

C – Provas de equilíbrio:

a) Equilíbrio;
b) Equilíbrio sobre o pé esquerdo;
c) Equilíbrio sobre o pé direito;
d) Sinal de Romberg;
e) Marcha (olhos abertos);
f) Marcha (olhos fechados percorrendo o mesmo caminho que fez de olhos abertos);
g) Marcha pé ante pé;

D – Coordenação dos movimentos:

a) Prova do dedo indicador ao nariz;
b) Prova de oposição dos dedos indicadores, da mão esquerda e da mão direita;
c) Rítmicos alternados;
d) Tremor dos dedos das mãos;

E – Provas oculares:

a) Miose ou midríase;
b) Reacção pupilar à luz;
c) Reacção pupilar à acomodação;
d) Nistagmo;

F – Reflexos:

a) Reflexos rotulianos: à esquerda, à direita;
b) Reflexos aquilianos: à esquerda, à direita;

G – Sensibilidade:

a) Dolorosa;
b) Discriminativa;

H – Quaisquer outros dados que possam ter interesse para comprovar o estado do observado;

I – Declarações do observado:

a) Outras substâncias psicotrópicas ingeridas nas últimas vinte e quatro horas – via de administração e hora do último consumo: Qualidade, quantidade e forma de consumo: oral, inalada, fumada, injectada;

b) Hábitos toxicofílicos;

c) Doenças registadas;

d) Medicação realizada nas últimas setenta e duas horas, tendo em atenção os fármacos potencialmente responsáveis por reacções cruzadas com substâncias ílicitas, nomeadamente descongestionantes nasais, antitússicos, antiespamódicos, analgésicos, antigripais, antidiarreicos ou simpaticomiméticos.

26º Concluído o exame referido no número anterior, o médico deve preencher, em triplicado, o relatório do exame do modelo do anexo VII, colocar a sua vinheta de identificação profissional e mandar proceder de acordo com o disposto no nº 13º

CAPÍTULO III
Disposições finais

27º As delegações do Instituto Nacional de Medicina Legal, I. P., não devem efectuar os exames de rastreio ou de confirmação quando verifiquem a ocorrência de quaisquer factos que possam pôr em causa a integridade ou a identidade da amostra.

28º Sempre que não seja realizado o exame solicitado, a delegação do Instituto Nacional de Medicina Legal, I. P., deve:

a) Dar conhecimento à entidade fiscalizadora dos fundamentos para a não realização do exame solicitado;

b) Suspender a realização da análise até que se mostrem reunidas as condições necessárias à sua realização;

c) Conservar a amostra durante o período de tempo previsto no artigo 16º do Regulamento para a Fiscalização da Condução sob Influência do Álcool ou de Substâncias Psicotrópicas.

29º A aquisição dos equipamentos e a preparação dos impressos necessários à aplicação do presente diploma são efectuadas do seguinte modo:

a) A ANSR procede à aquisição das bolsas referidas nos nºs 5º e 8º, que, posteriormente entrega às delegações do Instituto Nacional de Medicina Legal, I. P., e ao equipamento referido no nº 14º que fornece às entidades fiscalizadoras;

b) O Instituto Nacional de Medicina Legal, I. P., procede à aquisição dos tubos para recolha de sangue, respectivos contentores referidos nas alíneas *a*) e *b*) do nº 5º e no nº 8º, à preparação das bolsas e à elaboração dos impressos constantes dos anexos II e VI;

c) As entidades fiscalizadoras procedem à elaboração e distribuição pelas suas unidades dos impressos previstos nos anexos I, III, IV e VII, bem como à recolha e distribuição das bolsas desde as delegações do Instituto Nacional de Medicina Legal, I. P., até às respectivas unidades;

d) Os estabelecimentos de saúde procedem à colheita das amostras de urina e de sangue, sendo a amostra de sangue acondicionada e enviada para a delegação do Instituto Nacional de Medicina Legal, I. P., da área, no material aprovado pela ANSR.

30º Os estabelecimentos da rede pública de saúde devem também fornecer à ANSR, mensalmente, a identificação dos intervenientes nos acidentes de viação, mortos nas vinte e quatro horas subsequentes à entrada no respectivo estabelecimento.

31º A presente portaria tem sete anexos, fazendo dela, todos, parte integrante.

32º É revogada a Portaria nº 1006/98, de 30 de Novembro.

33º A presente portaria entra em vigor no dia 15 de Agosto de 2007.

Pelo Ministro da Administração Interna, *Ascenso Luís Seixas Simões*, Secretário de Estado da Protecção Civil, em 10 de Agosto de 2007. – Pelo Ministro da Justiça, *José Manuel Vieira Conde Rodrigues*, Secretário de Estado Adjunto e da Justiça, em 9 de Agosto de 2007. – O Ministro da Saúde, *António Fernando Correia de Campos*, em 9 de Agosto de 2007.

ANEXO I

ANÁLISE PARA QUANTIFICAÇÃO DA TAXA DE ÁLCOOL NO SANGUE

Entidade Fiscalizadora requisitante ______

NOME ______

Contribuinte nº [ ] Data de nascimento [ ] D [ ] M [ ] A

Licença [ ] Carta [ ] Nº [ ] Emitida por: ______

B.I. [ ] Passaporte [ ] Nº [ ] Emitido por: ______

Domicílio ______

Código Postal [ ] - [ ]

Interveniente em acidente [ ] Condutor [ ]

Contra Prova [ ] Peão [ ]

Resultado obtido no teste de ar expirado :

Data do teste [ ] D [ ] M [ ] A Hora do teste [ ] h [ ] m

Resultado:

Estabelecimento de Saúde: ______

Amostra de sangue

Data da colheita [ ] D [ ] M [ ] A Selo nº [ ]

Hora da colheita: [ ] h [ ] m

Medicação efectuada antes da realização da colheita e após entrada no hospital: ______

Medicamentos e dosagens administrados nas últimas 48 horas: ______

Assinatura do examinado: ______

Assinatura da testemunha em caso do examinado não assinar: ____________

Identificação da testemunha: ____________ B.I. ____________

Assinatura do médico: ____________

(carimbo estabelecimento saúde)

Vinheta

BEAV nº:
Condutor: *A B C D E F G*

A preencher pela entidade fiscalizadora

ANEXO II

MINISTÉRIO DA JUSTIÇA

Delegação de ______ do Instituto Nacional de Medicina Legal IP

Para

Entidade Fiscalizadora

RELATÓRIO Nº ______

Análise laboratorial para quantificação da taxa de álcool no sangue de:

____

Local de colheita [ ]

Data e hora da colheita [D] [M] [A] às [ ] horas [ ] min.

Data e hora de recepção: [ ] [ ] [ ] às [ ] horas [ ] min.

Selo nº [ ]

Resultado:

Concentração de álcool etílico	g/l

Observações:

Delegação de ______ do INML, ____ de ______ de ____

O Serviço de Toxicologia Forense

ANEXO III

MINISTÉRIO DA SAÚDE

EXAME PARA AVALIAÇÃO DO ESTADO DE INFLUENCIADO PELO ÁLCOOL

RELATÓRIO MÉDICO

Entidade Fiscalizadora requisitante ____________________

NOME ____________________

Contribuinte nº ☐☐☐☐☐☐☐☐☐ Data de nascimento ☐☐ ☐☐ ☐☐ (D M A)

Licença ☐ Carta ☐ Nº ☐☐☐☐☐☐☐☐☐☐ Emitida por __________

B.I. ☐ Passaporte ☐ Nº ☐☐☐☐☐☐☐☐☐☐ Emitido por __________

Domicílio ____________________

Código Postal ☐☐☐☐ - ☐☐☐

Interveniente em acidente ☐ Condutor ☐

Contra Prova ☐ Peão ☐

(Riscar o que não interessa:)

A. Aspecto geral:
a) Fácies ruborizado - *Ausente, Presente.* *b)* Conjuntivas hiperemiadas - *Ausente, Presente.* *c)* Hálito etílico - *Ausente, Presente.* *d)* Pulso

B. Provas de equilíbrio:
a) Equilíbrio (olhos abertos e pés juntos) - *Bom, Mau, Deficiente.*
b) Equilíbrio sobre o pé esquerdo - *Bom, Mau, Deficiente.*
c) Equilíbrio sobre o pé direito - *Bom, Mau, Deficiente.*
d) Sinal de Romberg (olhos fechados e pés juntos) - *Negativo, Positivo.*
e) Marcha (olhos abertos) - *Normal, Lenta, Em ziguezague, Oscilante, Pernas afastadas, Quedas.*
f) Marcha (olhos fechados percorrendo o mesmo caminho que fez de olhos abertos) - *Normal, Lenta, Em ziguezague, Oscilante, Pernas afastadas, Quedas, Não consegue orientar-se.*
g) Marcha pé ante pé. - *Sem/com desequilíbrio.*

C. Coordenação dos movimentos:
a) Prova do dedo indicador ao nariz - *Normal, Anormal.*
b) Prova de oposição dos dedos indicadores da mão esquerda e da mão direita - *Normal, Anormal.*
c) Rítmicos alternados (afiar navalha, percussão, dar corda ao relógio) - *Normal, Anormal.*
d) Tremor dos dedos das mãos - tipo intencional ou postural : - *Não tem, Tem, Acentuado, Ligeiro.*

D. Funções cognitivas:
a) Orientação temporal (dia, mês, ano, tempo de viagem) - *Mantida, Alterada.*
b) Orientação espacial (onde está, onde reside, caminho percorrido até ao exame) - *Mantida, Alterada.*
c) Orientação autopsíquica (nome, filiação, profissão, estado civil) - *Mantida, Alterada.*
d) Orientação alopsíquica (identificação dos circunstantes) - Mantida, Alterada.
e) Memória: **Imediata** - *Mantida, Alterada;* **Recente** - *Mantida, Alterada;* **Remota** - *Mantida, Alterada.*
f) Juízo crítico - *Mantido, Alterado.*
g) Conversação (sobre tema banal, de preferência profissional) - ☐ *Normal, Com erros, Alterada (ideias delirantes, ideias deliroides).*

Verso

h) Leitura (em voz alta) e compreensão de um texto - *Boa, Má, Deficiente.*
i) Descrição de uma gravura - *Boa, Má, Deficiente.*
j) Interpretação de uma gravura - *Boa, Má, Deficiente.*
l) Dicção - *Normal, Lenta, Rápida, Hesitante, Explosiva, Incompreensível, Falha nas palavras teste.*
m) Escrita - *Normal, Tremida, Ilegível, Palavras incompletas.*
n) Cálculo simples - *Correcto, Incorrecto, Lento.*
o) Contar de 20 a 1 (tempo máximo, vinte segundos) - *Consegue, Não consegue.*

E. Provas oculares:
a) Reacção pupilar à luz - *Tem, Não tem.*
b) Reacção pupilar à acomodação - ☐ *Tem, Não tem.*
c) Nistagmo - *Tem, Não tem.*

F. Reflexos:
a) Reflexos rotulianos:
à esquerda: *Normal, Aumentado, Diminuído, Abolido;* **à direita**: *Normal, Aumentado, Diminuído, Abolido.*
b) Reflexos aquilianos:
à esquerda: *Normal, Aumentado, Diminuído, Abolido;* **à direita**: *Normal, Aumentado, Diminuído, Abolido.*

G. Sensibilidade:
a) Dolorosa - *Mantida, Alterada.*
b) Discriminativa - *Mantida, Alterada.*

H Entrevista:

a) Contacto com o médico - *Bom, Mau, Deficiente*
b) Atitude geral no decorrer da observação - *Normal, Excitação, Apatia, Vivacidade, Lentidão, Euforia, Tristeza, Sinceridade, Falsidade, Fantasia.*

I. Quaisquer outros dados que possam ter interesse para comprovar o estado do observado.
....

J. Declarações do observado:
a) Dia e hora da última refeição - ...../...../..... hora(s) ......min - Tipo de alimentos....................
b) Bebidas alcoólicas ingeridas nas últimas doze horas.................... A que horas bebeu pela última vez...... hora(s) ...... minutos - Qualidades e quantidades....................
c) Hábitos alcoólicos.................... Doenças registadas.................... Medicamentos em uso....................

L. Conclusões:
- Pelo exame efectuado, conclui-se que:
***a)* O observado não apresenta sintomas de poder estar influenciado pelo álcool.**
***b)* O observado apresenta sintomas de poder estar influenciado pelo álcool.**

Assinatura do examinado: ____________________

Assinatura de testemunha em caso do examinado não assinar: ____________________

Identificação da testemunha: ____________________ **B.I.** __________

Assinatura do médico: ____________________ **Vinheta**

(carimbo estabelecimento saúde)

ANEXO IV

EXAME DE CONFIRMAÇÃO DE SUBSTÂNCIAS PSICOTRÓPICAS

Entidade Fiscalizadora requisitante ____________________

NOME ____________________

Contribuinte nº ☐☐☐☐☐☐☐☐☐ Data de nascimento ☐☐ ☐☐ ☐☐ (D M A)

Licença ☐ Carta ☐ Nº ☐☐☐☐☐☐☐☐☐☐☐ Emitida por __________

B.I. ☐ Passaporte ☐ Nº ☐☐☐☐☐☐☐☐☐☐☐ Emitido por __________

Domicílio ____________________

Código Postal ☐☐☐☐ - ☐☐☐

Interveniente em acidente ☐ Condutor ☐

Contra Prova ☐ Peão ☐

Resultado do exame de rastreio na ☐ Urina ☐ Saliva ☐ Suor

Imunoensaio utilizado: ____________________

Canabinóides	Cocaína	Opiáceos	Anfetaminas
Neg.	Neg.	Neg.	Neg.
Pos.	Pos.	Pos.	Pos.

(se positivo indicar as unidades de absorvância obtidas)

Estabelecimento de Saúde: ....

Amostra de sangue Determinações analíticas solicitadas

Data da colheita: ☐☐ ☐☐ ☐☐ (D M A)	Canabinóides ☐
	Cocaína e metabolitos ☐
Hora da colheita: ☐☐ h ☐☐ m	Opiáceos ☐
Selo Nº ☐☐☐☐☐☐	Anfetaminas e derivados ☐
	Outras:

Medicação efectuada antes da realização da colheita e após entrada no hospital: ______

Medicamentos e dosagens administrados nas últimas 48 horas: ____________________
____

Assinatura do examinado: ______________________________________

Assinatura da testemunha em caso do examinado não assinar: ________________

Identificação da testemunha:______________________________ B.I. ____________

Assinatura do médico: ______________________________ **Vinheta**

(carimbo estabelecimento saúde)

ANEXO V

Quadro 1

SUBSTÂNCIAS A ANALISAR

Grupo	**Substância**
Canabinóides	Δ 9 Tetrahidrocanabinol (THC); 11 - Hidroxi - Δ 9 tetrahidrocanabinol (11-OH-THC) 11 - Nor – 9- carboxy- Δ 9 tetrahidrocanabinol (THCCOOH)
Opiáceos	Morfina; 6 Monoacetilmorfina (6MAM)
Cocaína e metabolitos	Cocaína; Benzoilecgonina
Anfetaminas e derivados	Anfetamina; Metanfetamina; 3,4 Metilenodioxianfetamina (MDA) 3,4 Metilenodioximetanfetamina (MDMA) 3,4 Metilenodioxietanfetamina (MDE; MDEA) 3,4 Metilenodioxifenil-2-butamina (MBDB)

Quadro 2

VALORES DE CONCENTRAÇÃO PARA EXAME DE RASTREIO NA URINA

Grupo de Substâncias	Concentração (ng/ml)
Canabinóides	50
Cocaína e metabolitos	300
Opiáceos	300
Anfetaminas	1000

BEAV nº:

Condutor: A B C D E F G

A preencher pela entidade fiscalizadora

ANEXO VI

MINISTÉRIO DA JUSTIÇA

Delegação de ___________ do Instituto Nacional de Medicina Legal IP

Para

Entidade Fiscalizadora

RELATÓRIO Nº. ______

Análise laboratorial para rastreio/confirmação de substâncias psicotrópicas no sangue de:

____

Local de colheita

Data e hora da colheita ☐☐ ☐☐ ☐☐ às ☐☐ horas ☐☐ min.
D M A

Data e hora de recepção: ☐☐ ☐☐ ☐☐ às ☐☐ horas ☐☐ min.

Selo nº ☐☐☐☐☐☐

Resultado:

Substância	Resultado

Observações

Delegação de ______ do INML, ____ de _______ de ____

O Serviço de Toxicologia Forense

ANEXO VII

MINISTÉRIO DA SAÚDE

EXAME MÉDICO PARA AVALIAÇÃO DO ESTADO DE INFLUENCIADO POR SUBSTÂNCIAS PSICOTRÓPICAS

(Canabinóides, Cocaína, Opiáceos, Anfetaminas ou Outras)

Entidade Fiscalizadora requisitante ___________________________

NOME: ___________________________

Contribuinte nº ☐☐☐☐☐☐☐☐☐ Data de nascimento ☐☐ ☐☐ ☐☐
D M A

Licença ☐ Carta ☐ Nº ☐☐☐☐☐☐☐☐☐☐ Emitida por: __________

B.I. ☐ Passaporte ☐ Nº ☐☐☐☐☐☐☐☐☐☐ Emitido por: __________

Domicílio ___________________________

Código Postal ☐☐☐☐ - ☐☐☐

Interveniente em acidente ☐ Condutor ☐

Contra Prova ☐ Peão ☐

(Riscar o que não interessa)

A - Observação Geral

Estado geral e de nutrição - *Bom. Deficiente. Mau.*
Aspecto geral e coloração da pele e mucosas:
Estigmas de picadas nas mãos, antebraço, braço, sangradouro, pescoço, trajecto das jugulares, pés ou outros.
Sinais de abcessos e fleimões Lesões cutâneas cicatrizadas. Pele pálida, cianosada, húmida.
Sudação. Piloerecção. Temperatura. Pulso. Tensão arterial. Frequência respiratória.
Amplitude respiratória: *Superficial. Profunda. Regular.*
Olhos: Pupilas: *Miose. Midríase. Normais.*
Conjuntivas hiperemiadas - *Presente. Ausente.*
Lacrimejo - *Presente. Ausente.*
Nariz: Rinorreia - *Presente. Ausente.*
Crises esternutatórias - *Presente. Ausente.*
Septo nasal - *Sem alterações. Atrofiado. Perfurado. Não observável. Outra*
Boca: Hálito etílico - *Presente. Ausente.*
Hálito a amoníaco - *Presente. Ausente.*
Hálito a éter - *Presente. Ausente.*
Mucosas - *Hidratadas/ desidratadas.*
Higiene oral - *Boa. Deficiente. Má.*
Cáries dentárias - *Presente. Ausente. Raras. Múltiplas.*
Dentes incisivos - *Escurecidos. Normais.*

B - Estado Mental

a) Nível de consciência - *Vigil. Sonolento. Estuporoso. Comatoso.*
b) Contacto com o médico - *Bom. Mau. Deficiente.*
c) Comportamento motor - *movimentos lentificados, rápidos, abruptos, harmoniosos, ausentes, tiques (movimentos estereotipados repetitivos), tremores, agitação, inquietação*
d) Atitude no decorrer da observação - *Normal, cooperante, confiante, evasivo. arrogante, apático, excitado. vivacidade, lentidão. indiferença ,euforia, tristeza, insegurança, desconfiança, inquietação, ansiedade, irritabilidade, sinceridade, falsidade, fantasia, hostilidade, labilidade emocional, agressividade, inibição, desinibição, pânico.*
e) Funções cognitivas:
e.1) Orientação temporal (dia, mês, ano, tempo de viagem) - *Mantida, Alterada.*
e.2) Orientação espacial (onde está, onde reside, caminho percorrido até ao exame) – *Mantida, Alterada.*
e.3) Orientação autopsíquica (nome, filiação, profissão, estado civil) - *Mantida. Alterada.*
e.4) Orientação alopsíquica (identificação dos circundantes) - *Mantida. Alterada.*
e.5) Memória: ***Imediata*** - *Mantida. Alterada.* **Recente:** *Mantida. Alterada.* **Remota:** *Mantida. Alterada.*
e.6) Juízo crítico - *Mantido. Alterado.*
e.7) Conversação (sobre tema banal, de preferência profissional) - *Normal. Com erros. Absurda (ideias delirantes, ideias deliroides).*
e.8) Leitura (em voz alta) e compreensão de um texto - *Boa. Má. Deficiente.*
e.9) Interpretação de uma gravura - *Boa. Má. Deficiente.*
e.10) Dicção - *Normal. Lenta. Rápida. Hesitante. Explosiva. Incompreensível. Falha nas palavras teste.*
e.11) Escrita - *Normal. Tremida. Ilegível. Palavras incompletas.*
e.12) Cálculo simples - *Correcto. Incorrecto. Lento.*
e.13) Contar de 20 a 1 (tempo máximo, vinte segundos) - *Conseguiu. Não conseguiu.*
f) Percepção e pensamento - (experiências anormais referidas ao ambiente, ao corpo e a si próprio) *alucinações visuais, auditivas, tácteis; sentir-se perseguido, observado, caluniado, a impressão de ter o pensamento controlado ou influenciado (delírio persecutório pensamento de ser roubado).*

C - Provas de Equilíbrio:

a) Equilíbrio (olhos abertos e pés juntos) - *Bom. Mau. Deficiente.*
b) Equilíbrio sobre o pé esquerdo - *Bom. Mau. Deficiente.*
c) Equilíbrio sobre o pé direito - *Bom. Mau. Deficiente.*
d) Sinal de Romberg (olhos fechados e pés juntos) - *Negativo. Positivo.*
e) Marcha (olhos abertos) - *Normal. Lenta. Em ziguezague. Oscilante. Pernas afastadas. Quedas.*
f) Marcha (olhos fechados percorrendo o mesmo caminho que fez de olhos abertos) - *Normal. Lenta. Em ziguezague. Oscilante. Pernas afastadas. Quedas. Não consegue orientar-se.*
g) Marcha pé ante pé - *Sem e com desequilíbrio.*

D - Coordenação dos Movimentos

a) Prova do dedo indicador ao nariz - *Normal. Anormal.*
b) Prova de oposição dos dedos indicadores da mão esquerda e da mão direita - *Normal. Anormal.*
c) Rítmicos alternados - (afiar navalha, percussão, dar corda ao relógio) - *Normal. Anormal.*
d) Tremor dos dedos das mãos (tipo intencional ou postural) - *Não Tem. Tem acentuado. Ligeiro.*

E - Provas oculares

a)Miose ou midríase
b)Reacção pupilar à luz - *Tem. Não tem.*
c)Reacção pupilar à acomodação - *Tem. Não tem.*
d)Nistagmo - *Tem. Não tem.*

F - Reflexos:

a) Reflexos rotulianos:
-à esquerda: *Normal, aumentado, diminuído, abolido;*
-à direita: *Norma, aumentado, diminuído, abolido.*
b) Reflexos aquilianos:
à esquerda: *Norma, aumentado, diminuído, abolido;*
à direita: *Normal, aumentado, diminuído, abolido.*

G - Sensibilidade:

a) Dolorosa: *mantida, alterada;*
b) Discriminativa: *mantida, alterada*

H - Quaisquer outros dados que possam ter interesse para comprovar o estado do observado

....
....
....

I - Declarações do observado

a) Outras substâncias psicotrópicas consumidas nas últimas vinte e quatro horas ....
....
A que horas consumiu, e via de consumo pela última vez .... horas(s) .... minutos.
Qualidades, quantidade e forma de consumo - *Oral. - Inalada. - Fumada. - Injectada.* -
b) Hábitos toxicofílicos ....
Doenças registadas ....
Medicação realizada nas últimas 72 horas ....

J - Conclusões

- Pelo exame efectuado, conclui-se que o observado:

a) Não apresenta sintomas e/ou sinais de poder estar influenciado por marijuana, cocaína, opiáceos, anfetaminas ou outra substância psicotrópica.
b) Apresenta sintomas e/ou sinais de poder estar influenciado por marijuana, cocaína, opiáceos, anfetaminas ou outra substância psicotrópica.
c) Apresenta sintomas e/ou sinais de poder estar em privação/abstinência de opiáceos, cocaína anfetaminas ou outra substância psicotrópica

Assinatura do examinado: ______________________________

Assinatura de testemunha em caso do examinado não assinar: ____________________

Identificação da testemunha: ______________________________ B.I. ______________

Assinatura do médico: ______________________________

Vinheta

Proteção de Testemunhas em Processo Penal

Lei nº 93/99, de 14 de julho

Regula a aplicação de medidas para protecção de testemunhas em processo penal

A Assembleia da República decreta, nos termos da alínea *c*) do artigo 161º da Constituição, para valer como lei geral da República, o seguinte:

CAPÍTULO I
Disposições gerais

ARTIGO 1º
Objecto

1 – A presente lei regula a aplicação de medidas para protecção de testemunhas em processo penal quando a sua vida, integridade física ou psíquica, liberdade ou bens patrimoniais de valor consideravelmente elevado sejam postos em perigo por causa do seu contributo para a prova dos factos que constituem objecto do processo.

2 – As medidas a que se refere o número anterior podem abranger os familiares das testemunhas, as pessoas que com elas vivam em condições análogas às dos cônjuges e outras pessoas que lhes sejam próximas.

3 – São também previstas medidas que se destinam a obter, nas melhores condições possíveis, depoimentos ou declarações de pessoas especialmente vulneráveis, nomeadamente em razão da idade, mesmo que se não verifique o perigo referido no nº 1.

4 – As medidas previstas na presente lei têm natureza excepcional e só podem ser aplicadas se, em concreto, se mostrarem necessárias e adequadas à protecção das pessoas e à realização das finalidades do processo.

5 – É assegurada a realização do contraditório que garanta o justo equilíbrio entre as necessidades de combate ao crime e o direito de defesa.

(Redação dada pela Lei nº 29/2008, de 04-07)

ARTIGO 2º
Definições

Para os efeitos da presente lei considera-se:

a) Testemunha: qualquer pessoa que, independentemente do seu estatuto face à lei processual, disponha de informação ou de conhecimento necessários à revelação, percepção ou apreciação de factos que constituam objecto do processo, de cuja utilização resulte um perigo para si ou para outrem, nos termos dos nºs 1 e 2 do artigo anterior;

b) Intimidação: toda a pressão ou ameaça, directa, indirecta ou potencial, que alguém exerça sobre a testemunha com o objectivo de condicionar o seu depoimento ou declarações;

c) Teleconferência: depoimentos ou declarações tomados sem a presença física da testemunha e com a intervenção de meios técnicos de transmissão à distância, em tempo real, tanto do som como de imagens animadas;

d) Elementos de identificação: quaisquer elementos que, isolados ou conjuntamente com outros, permitam individualizar uma pessoa, distinguindo-a das demais;

e) Residência: local do domicílio ou local escolhido para a testemunha poder ser contactada.

ARTIGO 3º
Recursos

É reduzido a metade o prazo de recurso das decisões previstas no presente diploma, o qual sobe de imediato e em separado.

CAPÍTULO II
Ocultação e teleconferência

ARTIGO 4º
Ocultação da testemunha

1 – Oficiosamente ou a requerimento do Ministério Público, do arguido, do assistente ou da testemunha, o tribunal pode decidir que a prestação de declarações ou de depoimento que deva ter lugar em acto processual público ou sujeito a contraditório decorra com ocultação da imagem ou com distorção da voz, ou de ambas, de modo a evitar-se o reconhecimento da testemunha.

2 – A decisão deve fundar-se em factos ou circunstâncias que revelem intimidação ou elevado risco de intimidação da testemunha e mencionará o âmbito da ocultação da sua imagem ou distorção de voz.

ARTIGO 5º
Teleconferência

1 – Sempre que ponderosas razões de protecção o justifiquem, tratando-se da produção de prova de crime que deva ser julgado pelo tribunal colectivo ou pelo júri, é admissível o recurso à teleconferência, nos actos processuais referidos no nº 1 do artigo anterior.

2 – A teleconferência pode ser efectuada com a distorção da imagem ou da voz, ou de ambas, de modo a evitar-se o reconhecimento da testemunha.

ARTIGO 6º
Requerimento

1 – A utilização da teleconferência é decidida a requerimento do Ministério Público, do arguido ou da testemunha.

2 – O requerimento contém a indicação das circunstâncias concretas que justificam a medida e, se for caso disso, a distorção da imagem e do som.

3 – A decisão é precedida da audição dos sujeitos processuais não requerentes.

ARTIGO 7º
Local

A prestação de depoimento ou de declarações a transmitir à distância deverá ocorrer em edifício público, sempre que possível em instalações judiciárias, policiais ou prisionais, que permitam a colocação dos meios técnicos necessários.

ARTIGO 8º
Acesso ao local

O tribunal poderá limitar o acesso ao local da prestação do depoimento ou das declarações ao pessoal técnico, funcionários ou elementos de segurança que considere estritamente indispensáveis.

ARTIGO 9º
Compromisso

Sempre que se pretenda evitar o reconhecimento da testemunha através da imagem e da voz ou não deva ser revelada a sua identidade, o pessoal técnico que intervenha na teleconferência prestará compromisso de não divulgação do local ou de elementos de identificação da testemunha, sob a cominação da punição pelo crime de desobediência qualificada.

ARTIGO 10º
Magistrado acompanhante

O juiz que presidir ao acto deverá assegurar a presença de um magistrado judicial no local da produção do depoimento ou das declarações, a quem caberá, designadamente:

a) Identificar e ajuramentar a testemunha cuja identidade não deva ser revelada ou cujo reconhecimento se pretende evitar;

b) Receber o compromisso a que se refere o artigo anterior;

c) Assegurar a liberdade e espontaneidade do depoimento ou das declarações;

d) Providenciar pela percepção nítida das perguntas por parte da testemunha e pela transmissão das respostas em tempo real;

e) Servir de interlocutor do juiz que presidir ao acto, alertando-o para qualquer incidente que surja durante a prestação do depoimento ou das declarações;

f) Garantir a autenticidade e integridade do registo videográfico, que deve ser junto ao processo;

g) Tomar todas as medidas preventivas disciplinares e coactivas legalmente admissíveis que se mostrem adequadas a garantir as limitações de acesso ao local, e, de um modo geral, a segurança de quantos aí se encontrem.

ARTIGO 11º
Perguntas

As perguntas a que a testemunha deva responder durante a produção de prova são formuladas à distância, nos termos da lei do processo.

ARTIGO 12º
Reconhecimento

Se, durante a prestação do depoimento ou das declarações, for necessário o reconhecimento de pessoas, documentos ou objectos, é facultada à testemunha a respectiva visualização.

ARTIGO 13º
Não revelação de identidade

Sempre que não deva ser revelada a identidade da testemunha, cabe especialmente ao juiz que preside ao acto evitar a formulação de perguntas que induzam a testemunha a fornecer indirectamente a sua identidade.

ARTIGO 14º
Acesso ao som e à imagem

1 – No caso de ocultação da imagem e da voz da testemunha, deverá facultar-se ao juiz que presidir ao acto ou ao tribunal o acesso, em exclusivo, ao som e à imagem não distorcidos, se os meios técnicos disponíveis o permitirem.

2 – Será sempre assegurada a comunicação autónoma e directa entre o juiz que preside ao acto e o magistrado acompanhante, bem como entre o arguido e o seu defensor.

ARTIGO 15º
Imediação

Os depoimentos e declarações prestados por teleconferência, nos termos deste diploma e demais legislação aplicável, consideram-se, para todos os efeitos, como tendo tido lugar na presença do juiz ou do tribunal.

CAPÍTULO III
Reserva do conhecimento da identidade da testemunha

ARTIGO 16º
Pressupostos

A não revelação da identidade da testemunha pode ter lugar durante alguma ou em todas as fases do processo se estiverem reunidas cumulativamente as seguintes condições:

a) O depoimento ou as declarações disserem respeito a crimes de tráfico de pessoas, de associação criminosa, de terrorismo, de terrorismo internacional ou de organizações terroristas ou, desde que puníveis com pena de prisão de máximo igual ou superior a oito anos, a crimes contra a vida, contra a integridade física, contra a liberdade das pessoas, contra a liberdade ou autodeterminação sexual, de corrupção, de burla qualificada, de administração danosa que cause prejuízo superior a 10 000 unidades de conta, ou cometidos por quem fizer parte de associação criminosa no âmbito da finalidade ou actividade desta;

b) A testemunha, seus familiares, a pessoa que com ela viva em condições análogas às dos cônjuges ou outras pessoas que lhes sejam próximas correrem um grave perigo de atentado contra a vida, a integridade física, a liberdade ou bens patrimoniais de valor consideravelmente elevado;

c) Não ser fundadamente posta em dúvida a credibilidade da testemunha;

d) O depoimento ou as declarações constituírem um contributo probatório de relevo.

(Redação dada pela Lei nº 42/2010, de 03-09)

ARTIGO 17º
Competência

1 – A não revelação de identidade da testemunha é decidida pelo juiz de instrução, a requerimento do Ministério Público.

2 – O requerimento contém a indicação dos fundamentos para a não revelação da identidade no caso concreto e a indicação das provas que devam ser produzidas.

3 – Nenhum juiz de instrução pode apreciar o pedido de não revelação de identidade de uma testemunha em processo no qual tenha praticado, ordenado ou autorizado os actos referidos nas alíneas *a*) a *d*) do nº 1 do artigo 268º e *a*) a *c*) do nº 1 do artigo 269º do Código de Processo Penal, bem como em processo em que tenha presidido a actos de instrução ou ao debate instrutório.

4 – A decisão de um juiz sobre o pedido de não revelação de identidade impede-o de intervir posteriormente no processo.

ARTIGO 18º
Processo complementar de não revelação de identidade

1 – Para apreciação do pedido de não revelação de identidade é organizado um processo complementar, secreto e urgente, em separado, ao qual apenas tem acesso o juiz de instrução e quem ele autorizar.

2 – O juiz de instrução assegurará a guarda e a confidencialidade do processo complementar.

3 – O juiz de instrução solicita à Ordem dos Advogados a nomeação de advogado com perfil adequado para a representação dos interesses da defesa, com intervenção limitada ao processo complementar, e procede, oficiosamente ou a requerimento, às diligências que repute necessárias para apuramento dos pressupostos da concessão da medida.

4 – Antes de proferir decisão, o juiz de instrução convoca o Ministério Público e o representante da defesa para um debate oral e contraditório sobre os fundamentos do pedido.

5 – A decisão que concede a medida estabelece uma designação codificada à testemunha, pela qual passará a ser referenciada no processo. A designação é comunicada à autoridade judiciária com competência na fase em que o processo se encontre.

6 – O arguido que assumir essa qualidade nos termos do disposto no artigo 57º do Código de Processo Penal, após a concessão da medida de não revelação de identidade a uma testemunha, tem o direito de requerer em seu benefício o debate previsto no nº 4. É correspondentemente aplicável o disposto nos nºs 3 e 4.

7 – A medida é revogada pelo juiz de instrução, a requerimento do Ministério Público ou da testemunha, logo que se mostre desnecessária, realizadas as diligências convenientes e ouvido o Ministério Público, se não for o requerente.

ARTIGO 19º
Audição de testemunhas e valor probatório

1 – A testemunha a quem for concedida a medida de não revelação de identidade pode prestar depoimento ou declarações com recurso à ocultação de imagem ou à distorção da voz ou à teleconferência, nos termos do disposto nos artigos 4º e 5º

2 – Nenhuma decisão condenatória poderá fundar-se, exclusivamente, ou de modo decisivo, no depoimento ou nas declarações produzidas por uma ou mais testemunhas cuja identidade não foi revelada.

CAPÍTULO IV
Medidas e programas especiais e segurança

ARTIGO 20º
Medidas pontuais de segurança

1 – Sempre que ponderosas razões de segurança o justifiquem, estando em causa crime que deva ser julgado pelo tribunal colectivo ou pelo júri e sem prejuízo de outras medidas de protecção previstas nesta lei, a testemunha poderá beneficiar de medidas pontuais de segurança, nomeadamente das seguintes:

a) Indicação, no processo, de residência diferente da residência habitual ou que não coincida com os lugares de domicílio previstos na lei civil;
b) Ter assegurado transporte em viatura fornecida pelo Estado para poder intervir em acto processual;
c) Dispor de compartimento, eventualmente vigiado e com segurança, nas instalações judiciárias ou policiais a que tenha de se deslocar e no qual possa permanecer sem a companhia de outros intervenientes no processo;
d) Beneficiar de protecção policial, extensiva a familiares, a pessoa que com ela viva em condições análogas às dos cônjuges ou a outras pessoas que lhe sejam próximas;
e) Usufruir na prisão de um regime que lhe permita estar isolada de outros reclusos e ser transportada em viatura diferente;
f) Alteração do local físico de residência habitual.

2 – As medidas previstas no número anterior são ordenadas pelo Ministério Público, durante o inquérito, oficiosamente, a requerimento da testemunha ou do seu representante legal ou por proposta das autoridades de polícia criminal e, posteriormente ao inquérito, pelo juiz que presidir à fase em que o processo se encontra, a requerimento do Ministério Público.
3 – A autoridade judiciária realiza as diligências necessárias para avaliar a necessidade e adequação da medida no caso concreto.
4 – De três em três meses, a autoridade judiciária procede ao reexame da decisão, mantendo-a, modificando-a ou revogando as medidas aplicadas.
5 – A protecção policial referida na alínea *d*) do nº 1 será, em regra, assegurada por corporação policial que não tenha tido intervenção relevante na investigação.
6 – Quando a protecção policial se prolongue previsivelmente por um período superior a três meses, a corporação policial responsável pode propor à autoridade judiciária a aplicação de outras medidas pontuais de segurança que reduzam o perigo para a testemunha.

7 – As medidas previstas no nº 1 podem incluir regras de comportamento a observar pelo beneficiário, implicando a sua inobservância dolosa a suspensão das medidas aplicadas.

8 – As decisões de modificação, revogação e suspensão das medidas são, salvo manifesta impossibilidade, precedidas de audição da testemunha.

(Redação dada pela Lei nº 29/2008, de 04-07)

ARTIGO 21º
Programa especial de segurança

A testemunha, o seu cônjuge, ascendentes, descendentes ou irmãos, a pessoa que com ela viva em condições análogas às dos cônjuges ou outras pessoas que lhe sejam próximas podem beneficiar de um programa especial de segurança durante a pendência do processo ou mesmo depois de este se encontrar findo, se estiverem reunidas cumulativamente as seguintes condições:

a) O depoimento ou as declarações disserem respeito aos crimes referidos na alínea *a*) do artigo 16º;

b) Existir grave perigo para a vida, a integridade física ou psíquica ou para a liberdade;

c) O depoimento ou as declarações constituírem um contributo que se presuma ou que se tenha revelado essencial para a descoberta da verdade.

(Redação dada pela Lei nº 29/2008, de 04-07)

ARTIGO 22º
Conteúdo do programa especial de segurança

1 – O programa especial de segurança inclui a aplicação de uma ou várias medidas administrativas de protecção e apoio, eventualmente complementadas por regras de comportamento a observar pelo beneficiário, convenientemente articuladas.

2 – Para efeitos do disposto no número anterior, constituem medidas de protecção e apoio, entre outras, as seguintes:

a) Fornecimento de documentos emitidos oficialmente de que constem elementos de identificação diferentes dos que antes constassem ou devessem constar dos documentos substituídos;

b) Alteração do aspecto fisionómico ou da aparência do corpo do beneficiário;

c) Concessão de nova habitação, no País ou no estrangeiro, pelo tempo que for determinado;

d) Transporte gratuito da pessoa do beneficiário, do agregado familiar e dos respectivos haveres para o local da nova habitação;

e) Criação de condições para angariação de meios de subsistência;

f) Concessão de um subsídio de subsistência por um período limitado.

3 – Se o programa especial de segurança incluir regras de comportamento, a sua inobservância dolosa implica a supressão do programa.

4 – A decisão de supressão do programa prevista no número anterior é, salvo manifesta impossibilidade, precedida de audição do beneficiário.
(Redação dada pela Lei nº 29/2008, de 04-07)

ARTIGO 23º
Comissão de Programas Especiais de Segurança

1 – É criada a Comissão de Programas Especiais de Segurança, na dependência directa do Ministro da Justiça, a quem caberá estabelecer e assegurar a efectivação dos programas especiais de segurança.

2 – A Comissão de Programas Especiais de Segurança é constituída por um presidente e por um secretário, nomeados pelo Ministro da Justiça, um magistrado judicial e um magistrado do Ministério Público com experiência no domínio do combate à criminalidade violenta e organizada, indicados, respectivamente, pelo Conselho Superior da Magistratura e pelo Conselho Superior do Ministério Público, e por um representante do Ministro da Administração Interna, por este designado.

3 – As decisões da Comissão são tomadas por maioria simples de votos, tendo o presidente voto de qualidade.

4 – Os membros da Comissão são nomeados por um período de três anos, renováveis.

ARTIGO 24º
Procedimento

1 – Sempre que possível, organizar-se-á um único processo confidencial para cada programa especial de protecção, o qual abrangerá a testemunha e as pessoas referidas no artigo 21º

2 – À Comissão é devida a mais pronta e eficaz colaboração de todas as entidades públicas, com vista ao estabelecimento e execução do programa.

3 – O estabelecimento do programa depende da concordância do beneficiário, o qual assinará declaração aceitando e comprometendo-se a respeitar o programa.

4 – O programa especial de protecção poderá ser alterado sempre que necessário e será obrigatoriamente revisto com a periodicidade que nele se determinar.

ARTIGO 25º
Impedimentos

A intervenção pessoal num determinado processo penal constitui impedimento para integrar a Comissão de Programas Especiais de Segurança, no que respeitar ao estabelecimento e aplicação dos programas, devido a esse processo.

CAPÍTULO V
Testemunhas especialmente vulneráveis

ARTIGO 26º
Testemunhas especialmente vulneráveis

1 – Quando num determinado acto processual deva participar testemunha especialmente vulnerável, a autoridade judiciária competente providenciará para que, independentemente da aplicação de outras medidas previstas neste diploma, tal acto decorra nas melhores condições possíveis, com vista a garantir a espontaneidade e a sinceridade das respostas.

2 – A especial vulnerabilidade da testemunha pode resultar, nomeadamente, da sua diminuta ou avançada idade, do seu estado de saúde ou do facto de ter de depor ou prestar declarações contra pessoa da própria família ou de grupo social fechado em que esteja inserida numa condição de subordinação ou dependência.

(Redação dada pela Lei nº 29/2008, de 04-07)

ARTIGO 27º
Acompanhamento das testemunhas especialmente vulneráveis

1 – Logo que se aperceba da especial vulnerabilidade da testemunha, a autoridade judiciária deverá designar um técnico de serviço social ou outra pessoa especialmente habilitada para o seu acompanhamento e, se for caso disso, proporcionar à testemunha o apoio psicológico necessário por técnico especializado.

2 – A autoridade judiciária que presida ao acto processual poderá autorizar a presença do técnico de serviço social ou da outra pessoa acompanhante junto da testemunha, no decurso daquele acto.

ARTIGO 28º
Intervenção no inquérito

1 – Durante o inquérito, o depoimento ou as declarações da testemunha especialmente vulnerável deverão ter lugar o mais brevemente possível após a ocorrência do crime.

2 – Sempre que possível, deverá ser evitada a repetição da audição da testemunha especialmente vulnerável durante o inquérito, podendo ainda ser requerido o registo nos termos do artigo 271º do Código de Processo Penal.

ARTIGO 29º
Intervenção nas fases subsequentes ao inquérito

O juiz que presida a acto processual público ou sujeito ao contraditório, com vista à obtenção de respostas livres, espontâneas e verdadeiras, pode:

a) Dirigir os trabalhos de modo que a testemunha especialmente vulnerável nunca se encontre com certos intervenientes no mesmo acto, designadamente com o arguido;

b) Ouvir a testemunha com utilização de meios de ocultação ou de teleconferência, nomeadamente a partir de outro local do edifício do tribunal, aplicando-se devidamente adaptado o disposto nos artigos 4º a 15º;

c) Proceder à inquirição da testemunha, podendo, depois disso, os outros juízes, os jurados, o Ministério Público, o defensor e os advogados do assistente e das partes civis pedir-lhe a formulação de questões adicionais.

ARTIGO 30º
Visita prévia

Sempre que tal se lhe afigure útil, o juiz que presida a acto processual público ou sujeito a contraditório poderá notificar o acompanhante para que compareça perante si com a testemunha especialmente vulnerável para fins exclusivos de apresentação e para que lhe sejam previamente mostradas as instalações onde decorrerá o acto em que deva participar.

ARTIGO 31º
Afastamento temporário

1 – Em qualquer fase do processo, a testemunha especialmente vulnerável pode ser afastada temporariamente da família ou do grupo social fechado em que se encontra inserida.

2 – O afastamento temporário é decidido pelo juiz, a requerimento do Ministério Público.

3 – Antes de decidir, o juiz procede às diligências necessárias, convocando a testemunha especialmente vulnerável, o acompanhante e outras pessoas que repute necessário ouvir, designadamente o técnico de serviço social.

4 – Sempre que o julgar necessário, o juiz solicita o apoio e acompanhamento do Instituto de Reinserção Social.

CAPÍTULO VI
Medidas adicionais de protecção

ARTIGO 31º-A
Concessão de moratória

1 – À testemunha que, como resultado da sua colaboração com a justiça, se encontre em situação patrimonial que a impossibilite de cumprir obrigações pecuniárias para com o Estado ou outras entidades públicas pode ser concedida moratória se o superior interesse da realização da justiça o justificar, por despacho conjunto dos membros do Governo responsáveis pelas áreas da justiça e da tutela, mediante proposta fundamentada da Comissão de Programas Especiais de Segurança.

2 – A concessão de moratória interrompe o prazo de prescrição.

3 – O processo e a decisão relativos à concessão de moratória têm carácter confidencial e urgente.

(Aditado pela Lei nº 29/2008, de 04-07)

CAPÍTULO VII
Regulamentação e execução

ARTIGO 32º
Regulamentação

1 – O Governo tomará as providências de carácter organizativo e técnico, bem como assegurará as infra-estruturas e outros meios tecnológicos necessários à boa aplicação da presente lei.

2 – As medidas previstas nos artigos anteriores poderão ser requeridas e adoptadas a partir da data e nas demais condições previstas na legislação regulamentar da presente lei.

ARTIGO 33º
Entrada em vigor

A presente lei entra em vigor no 60º dia posterior ao da sua publicação.

Aprovada em 27 de Maio de 1999.

O Presidente da Assembleia da República, *António de Almeida Santos.*

Promulgada em 29 de Junho de 1999.

Publique-se.

O Presidente da República, JORGE SAMPAIO.

Referendada em 1 de Julho de 1999.

O Primeiro-Ministro, *António Manuel de Oliveira Guterres.*

Proteção de Testemunhas em Processo Penal – – Regulamentação

Decreto-Lei nº 190/2003, de 22 de agosto

Pela Lei nº 93/99, de 14 de Julho, a Assembleia da República aprovou o diploma que regula a aplicação de medidas para protecção de testemunhas em processo penal, em consonância com o movimento internacional de reconhecimento dos direitos das testemunhas, plasmado na Recomendação nº R (97) 13 do Conselho da Europa. Esta lei determina que, com a publicação de legislação regulamentar, se desenvolverão e concretizarão os mecanismos de protecção de testemunhas ali previstos. É o que agora se leva a efeito através do presente decreto-lei.

Numa curta síntese, destaca-se que o presente diploma concretiza as regras de confidencialidade essenciais à efectiva protecção de testemunhas que requeiram a reserva do conhecimento da identidade, desenvolve os meios de efectivar as diferentes medidas pontuais de segurança previstas naquela lei e desenvolve as regras de funcionamento da comissão de programas especiais de segurança.

Assim:

Ao abrigo do artigo 32º da Lei nº 93/99, de 14 de Julho, e nos termos da alínea *a*) do nº 1 do artigo 198º da Constituição, o Governo decreta o seguinte:

CAPÍTULO I
Disposição geral

ARTIGO 1º
Objecto

O presente decreto-lei regulamenta a Lei nº 93/99, de 14 de Julho, que regula a aplicação de medidas para protecção de testemunhas em processo penal.

CAPÍTULO II
Reserva do conhecimento da identidade da testemunha

ARTIGO 2º
Processo de averiguação

1 – O Ministério Público, assim que tenha conhecimento de testemunha que alegadamente preencha os pressupostos do artigo 16º da Lei nº 93/99, de 14 de Julho, abre um processo de averiguação secreto.

2 – A testemunha é identificada no processo de averiguação com um nome de código e com uma residência diferente da sua residência habitual, constando a verdadeira identidade e residência de documento também secreto.

3 – O documento referido no número anterior é colocado em envelope fechado na primeira inquirição da testemunha e na sua presença, sendo guardado em cofre, à guarda e sob responsabilidade do Ministério Público.

4 – No caso de o Ministério Público não confirmar que a testemunha preenche os pressupostos previstos no artigo 16º da Lei nº 93/99, de 14 de Julho, determina a destruição imediata do auto de inquirição e do envelope fechado.

5 – O acto de destruição referido no número anterior é realizado na presença da testemunha, ficando apenas a constar do processo de averiguação o auto de destruição e o despacho fundamentado do Ministério Público que ordenou aquele acto.

6 – No caso de o Ministério Público confirmar que a testemunha preenche os pressupostos previstos no artigo 16º da Lei nº 93/99, de 14 de Julho, prossegue com o requerimento previsto no nº 1 do artigo 17º da mesma lei.

7 – No requerimento referido no número anterior a testemunha é identificada através do nome de código e da residência diferente da residência habitual, seguindo, em apenso e em envelope lacrado, a verdadeira identificação.

ARTIGO 3º
Nomeação de advogado da defesa

Para os efeitos do disposto no nº 3 do artigo 18º da Lei nº 93/99, de 14 de Julho, a Ordem dos Advogados garante a urgência e a confidencialidade do processo de nomeação de advogado, observando, com as necessárias adaptações, as regras de confidencialidade previstas no artigo 6º

ARTIGO 4º
Inquirição de testemunha no processo complementar

Para efeitos do disposto nos nºs 3 e 4 do artigo 18º da Lei nº 93/99, de 14 de Julho, sempre que, em diligência sujeita ao contraditório, o juiz de instrução considerar necessária a inquirição da testemunha, pode recorrer às medidas previstas no capítulo II da mesma lei.

ARTIGO 5º
Não concessão da medida de reserva do conhecimento da identidade

1 – No caso de o juiz de instrução decidir não conceder a medida de reserva do conhecimento da identidade da testemunha, ou de esta ser revogada, são destruídos todos os autos que identifiquem ou possam identificar a testemunha, assim como o envelope que contém aquela identificação, sendo aplicável, com as necessárias adaptações, o disposto no nº 5 do artigo 2º

2 – O processo administrativo aberto no Ministério Público e o envelope fechado são igualmente destruídos, sendo aplicável, com as necessárias adaptações, o disposto no nº 5 do artigo 2º

ARTIGO 6º
Confidencialidade

1 – No processo de reserva do conhecimento da identidade da testemunha, a autoridade judiciária competente em cada fase processual designa elemento de órgão de polícia criminal ou funcionário de justiça responsável pela comunicação dos actos processuais e por todos os actos de secretaria.

2 – A tramitação processa-se em mão entre a autoridade judiciária e o responsável designado e entre este e os restantes intervenientes no processo.

3 – Para cada processo é elaborado um registo próprio, sob a responsabilidade do funcionário designado, que será remetido ao cofre da autoridade judiciária competente no termo do mesmo.

4 – O requerimento de interposição de recurso de decisão judicial relativa à reserva do conhecimento da identidade da testemunha é entregue em mão ao funcionário judicial designado no processo, que procede de acordo com o disposto nos números anteriores.

CAPÍTULO III
Medidas pontuais de segurança

ARTIGO 7º
Indicação de residência diferente

1 – Para efeitos do disposto na alínea *a*) do nº 1 do artigo 20º da Lei nº 93/99, de 14 de Julho, no caso de indicação, no processo, de residência diferente da residência habitual ou que não coincida com os lugares de domicílio previstos na lei civil, o documento com a indicação da residência verdadeira é colocado em envelope fechado e permanece em cofre ou outro dispositivo de segurança, à guarda e sob responsabilidade do Ministério Público, pelo período de tempo de aplicação da medida pontual de segurança.

2 – As notificações da testemunha são solicitadas ao Ministério Público, que procede de acordo com o disposto no artigo 6º

(Redação dada pelo Decreto-Lei nº 227/2009, de 14-09)

ARTIGO 8º
Transporte em viatura e segurança da testemunha

Para efeitos do disposto nas alíneas *b*) e *c*) do nº 1 do artigo 20º da Lei nº 93/99, de 14 de Julho, a autoridade judiciária solicita à força de segurança territorialmente competente a disponibilização de viatura e respectivo condutor para o transporte da testemunha, bem como os meios necessários à sua segurança nas instalações judiciárias ou policiais.

ARTIGO 9º
Protecção policial

Para efeitos do disposto na alínea *d*) do nº 1 do artigo 20º da Lei nº 93/99, de 14 de Julho, a autoridade judiciária solicita ao corpo de segurança pessoal da Polícia de Segurança Pública a protecção policial da testemunha, familiares ou outras pessoas que lhe sejam próximas, sem prejuízo da intervenção ou cooperação de outros órgãos de polícia criminal.

ARTIGO 10º
Segurança na prisão

Para efeitos do disposto na alínea *e*) do nº 1 do artigo 20º da Lei nº 93/99, de 14 de Julho, a autoridade judiciária ordena ao director-geral dos Serviços Prisionais que seja aplicada à testemunha regime que lhe permita estar isolada de outros reclusos e ser transportada em viatura diferente.

ARTIGO 10º-A
Alteração do local físico de residência habitual

1 – Para efeitos do disposto na alínea *f*) do nº 1 do artigo 20º da Lei nº 93/99, de 14 de Julho, a autoridade judiciária solicita a intervenção da Comissão de Programas Especiais de Segurança com vista à efectivação da medida.

2 – O Instituto de Gestão Financeira e Infra-Estruturas da Justiça, I. P., presta a mais pronta e eficaz colaboração à Comissão na implementação da medida, assegurando os meios necessários.

3 – O documento com a indicação do local físico para onde foi alterada a residência habitual é colocado em envelope fechado e permanece em cofre ou outro dispositivo de segurança, à guarda e sob responsabilidade do Ministério Público, pelo período de tempo de aplicação da medida pontual de segurança.

4 – Finda a vigência da medida pontual de segurança, a autoridade judiciária determina a destruição imediata do documento e do envelope fechado, sendo apenas conservado o auto de destruição e o despacho fundamentado da autoridade judiciária que ordenou aquele acto.

5 – As notificações da testemunha são solicitadas ao Ministério Público, que procede de acordo com o disposto no artigo 6º

6 – À comunicação entre a autoridade judiciária e a Comissão e ao procedimento na Comissão é aplicável, com as necessárias adaptações, o disposto nos artigos 14º e 15º

(Aditado pelo Decreto-Lei nº 227/2009, de 14-09)

CAPÍTULO IV
Comissão de Programas Especiais de Segurança

ARTIGO 11º
Sede da Comissão

A Comissão de Programas Especiais de Segurança (Comissão) tem sede em Lisboa, em instalações facultadas pela Secretaria-Geral do Ministério da Justiça, e funciona na dependência directa do Ministro da Justiça.

ARTIGO 12º
Funcionamento da Comissão

1 – A Comissão reúne, ordinariamente, uma vez por semestre e, extraordinariamente, sempre que seja convocada pelo presidente, por sua iniciativa ou a solicitação de qualquer membro da Comissão.

2 – De todas as reuniões da Comissão é lavrada acta, assinada por todos os membros presentes.

3 – Os membros da Comissão exercem a sua função em regime de acumulação de serviço e mantêm todos os vencimentos, benefícios e regalias correspondentes ao lugar de origem.

4 – Os membros da Comissão têm direito a uma senha de presença por cada sessão em que participem, a fixar por despacho conjunto dos Ministros das Finanças e da Justiça, ouvido o presidente da Comissão.

5 – Por proposta do seu presidente, a Comissão aprova o regulamento de funcionamento interno.

6 – A Comissão dispõe de um fundo de maneio, destinado a suportar despesas ocasionais e de pequeno montante resultantes da acção da Comissão no âmbito das suas atribuições, de montante a fixar pelo Ministro da Justiça.

7 – A gestão do fundo de maneio compete ao presidente da Comissão, que pode delegar esta competência.

(Redação dada pelo Decreto-Lei nº 227/2009, de 14-09)

ARTIGO 13º
Serviços de apoio

1 – Podem ser criados serviços de apoio da Comissão coordenados por um oficial de justiça, nomeado em comissão de serviço, ao abrigo do Decreto-Lei nº 343/99, de 26 de Agosto.

2 – O recrutamento do restante pessoal necessário ao funcionamento dos serviços de apoio da Comissão, até dois funcionários, é feito através do recurso aos adequados instrumentos de mobilidade previstos na legislação em vigor.

CAPÍTULO V
Programas especiais de segurança

ARTIGO 14º
Comunicação ou requerimento da aplicação de programas especiais de segurança

1 – Sempre que a autoridade judiciária considerar necessária a aplicação de um programa especial de segurança às pessoas referidas no artigo 21º da Lei nº 93/99, de 14 de Julho, comunica-o à Comissão de Programas Especiais de Segurança.

2 – A comunicação é confidencial, feita por escrito e entregue em mão ao presidente ou ao secretário da Comissão.

3 – A comunicação contém os fundamentos que justificam a aplicação do programa especial de segurança, podendo ainda propor as medidas de protecção e apoio adequadas ao caso.

4 – As pessoas referidas no artigo 21º da Lei nº 93/99, de 14 de Julho, podem requerer a aplicação de programa especial de segurança, em requerimento dirigido ao presidente da Comissão e entregue ao Ministério Público titular ou interveniente no processo, consoante a fase em que o mesmo se encontrar, sendo aplicável, com as necessárias adaptações, o número anterior.

5 – O Ministério Público, recebido o requerimento referido no número anterior, diligencia pela sua entrega, em mão, ao presidente ou ao secretário da Comissão, acompanhado de parecer sobre a necessidade da aplicação do programa especial de segurança.

ARTIGO 15º
Procedimento

1 – Sempre que a Comissão receber a comunicação ou o requerimento referidos no artigo anterior, abre um processo escrito e confidencial, sem prejuízo do disposto no nº 1 do artigo 24º da Lei nº 93/99, de 14 de Julho.

2 – O presidente da Comissão faz exame preliminar da comunicação ou requerimento e elabora, em oito dias, projecto de decisão contendo:

a) Rejeição liminar da comunicação ou do requerimento;

b) Indicação do prosseguimento do processo com a fixação imediata do conteúdo do programa especial de segurança;

c) Indicação do prosseguimento do processo com realização de diligências para aferir da necessidade e viabilidade da aplicação de programa especial de segurança ou do tipo de medidas de protecção e apoio a aplicar.

3 – A Comissão reúne no prazo máximo de oito dias a partir do momento em que o presidente apresenta o projecto de decisão, decidindo, de imediato, no caso de rejeição da comunicação ou requerimento ou de aplicação de programa especial de segurança com fixação do seu conteúdo.

4 – No caso de o processo dever prosseguir com realização de diligências para aferir da necessidade e viabilidade da aplicação de programa especial de segurança, a Comissão decide as diligências necessárias, devendo estas ser realizadas no prazo máximo de 30 dias pelo Ministério Público, pelos órgãos de polícia criminal ou por outras entidades públicas.

5 – Realizadas as diligências referidas no número anterior, a Comissão reúne de imediato, devendo decidir pela rejeição da comunicação ou do requerimento ou pela aplicação de programa especial de segurança.

6 – O processo escrito com o programa especial de segurança contém, nomeadamente, a indicação:

a) Das pessoas beneficiárias do programa;
b) Dos motivos que fundamentam a aplicação do programa;
c) Do conjunto de medidas de protecção e apoio a ser aplicadas;
d) Da duração do programa;
e) Das regras de comportamento a ser observadas pelos beneficiários do programa.

7 – O processo confidencial relativo ao programa especial de segurança fica à guarda e sob responsabilidade do presidente da Comissão.

8 – No caso de rejeição da aplicação do programa especial de segurança, a Comissão procede à destruição da comunicação ou do requerimento, aplicando-se, com as necessárias adaptações, o disposto no nº 5 do artigo 2º

ARTIGO 16º
Fornecimento de documentos

1 – Para efeitos do disposto na alínea *a*) do nº 1 do artigo 22º da Lei nº 93/99, de 14 de Julho, a Comissão ordena ao director-geral ou entidade correspondente do serviço responsável pela emissão de documentos oficiais as diligências necessárias à elaboração de documentos fictícios que contenham elementos de identificação criados pela Comissão e respectivo registo nas bases de dados.

2 – Para efeitos do disposto no número anterior, os elementos de identificação entregues pela Comissão ao director-geral ou entidade correspondente não podem ter qualquer referência àqueles que constem ou devessem constar dos documentos substituídos.

3 – O director-geral ou entidade correspondente designa um funcionário que fica especialmente incumbido da emissão dos documentos e inserção dos elementos de identificação nas bases de dados respectivas, sendo aplicável, com as necessárias adaptações, o artigo 6º

4 – A emissão dos documentos fictícios é tramitada em processo secreto e urgente.

5 – Sem prejuízo do disposto no artigo 348º do Código Penal, as entidades que intervenham no processo de emissão dos documentos fictícios, em estrita obediência às normas previstas no presente decreto-lei, estão isentas de responsabilidade civil, administrativa e penal.

6 – Os beneficiários da nova documentação entregam à Comissão todos os documentos que contêm a sua verdadeira identificação, ficando estes à guarda e sob responsabilidade do presidente, pelo período que durar o programa especial de segurança.

7 – Os beneficiários da nova documentação não podem:

a) Utilizar os documentos que contêm a sua verdadeira identificação;

b) Celebrar contratos que impliquem a apresentação de qualquer documento de identificação sem autorização da Comissão.

8 – Findo o programa especial de segurança:

a) O beneficiário devolve à Comissão os documentos fictícios por esta fornecidos, que procede à sua destruição imediata;

b) A Comissão devolve ao beneficiário os documentos que contêm a sua verdadeira identificação;

c) A Comissão ordena ao director-geral ou entidade correspondente que emitiu a documentação a destruição dos elementos de identificação fictícios que tenham sido inseridos nas respectivas bases de dados.

ARTIGO 17º
Outras medidas de protecção e apoio

1 – Para efeitos do disposto na alínea *e*) do nº 2 do artigo 22º da Lei nº 93/99, de 14 de Julho, a Comissão promove a integração do beneficiário no meio social em que passa a estar inserido, diligenciando pelo acesso a actividade profissional ou a cursos de formação profissional, tendo em consideração, na medida do possível, as suas habilitações académicas e profissionais.

2 – Para efeitos do disposto na alínea *f*) do nº 2 do artigo 22º da Lei nº 93/99, de 14 de Julho, a Comissão decide da concessão de um subsídio de subsistência ao beneficiário tendo por referência o salário mínimo nacional e o nível de vida do beneficiário no momento da entrada no programa especial de segurança.

ARTIGO 18º
Plano de protecção e assistência temporário

1 – Na pendência da decisão sobre a aplicação do programa, a Comissão pode decidir, a requerimento fundamentado do Ministério Público, o estabelecimento de um plano de protecção e assistência temporário.

2 – O plano só pode ser aplicado se houver indícios fortes de ameaça séria e eminente das pessoas referidas no artigo 21º da Lei nº 93/99, de 14 de Julho.

CAPÍTULO VI
Testemunhas especialmente vulneráveis

ARTIGO 19º
Afastamento temporário

1 – Para efeitos do disposto no artigo 31º da Lei nº 93/99, de 14 de Julho, o juiz ordena à instituição de acolhimento a protecção temporária da criança ou jovem, nos termos da lei de protecção de crianças e jovens em perigo, aprovada pela Lei nº 147/99, de 1 de Setembro, ou a qualquer instituição, pública ou privada, que tenha acordo de cooperação com o Estado Português adequada àquele acolhimento.

2 – No caso de a testemunha especialmente vulnerável ser adulta, o juiz ordena o seu acolhimento em serviços do Instituto de Solidariedade e Segurança Social, previstos no Decreto-Lei nº 316-A/2000, de 7 de Dezembro, em instituições particulares de solidariedade social que tenham acordo de cooperação com o Estado Português ou em casas da rede pública de apoio a mulheres vítimas de violência.

CAPÍTULO VII
Disposição final

ARTIGO 20º
Entrada em vigor

O presente diploma entra em vigor no dia seguinte ao da sua publicação.

Visto e aprovado em Conselho de Ministros de 31 de Julho de 2003. – *José Manuel Durão Barroso – Maria Manuela Dias Ferreira Leite – João Luís Mota de Campos.*

Promulgado em 6 de Agosto de 2003.

Publique-se.

O Presidente da República, Jorge Sampaio.

Referendado em 8 de Agosto de 2003.

O Primeiro-Ministro, *José Manuel Durão Barroso.*

Estatuto da Vítima

Lei nº 130/2015, de 4 de setembro

Procede à vigésima terceira alteração ao Código de Processo Penal e aprova o Estatuto da Vítima, transpondo a Diretiva 2012/29/UE do Parlamento Europeu e do Conselho, de 25 de outubro de 2012, que estabelece normas relativas aos direitos, ao apoio e à proteção das vítimas da criminalidade e que substitui a Decisão-Quadro 2001/220/JAI do Conselho, de 15 de março de 2001.

A Assembleia da República decreta, nos termos da alínea *c*) do artigo 161º da Constituição, o seguinte:

ARTIGO 1º
Objeto

A presente lei procede à vigésima terceira alteração ao Código de Processo Penal e aprova o Estatuto da Vítima, transpondo a Diretiva 2012/29/UE do Parlamento Europeu e do Conselho, de 25 de outubro de 2012, que estabelece normas relativas aos direitos, ao apoio e à proteção das vítimas da criminalidade e que substitui a Decisão-Quadro 2001/220/JAI do Conselho, de 15 de março de 2001.

ARTIGO 2º
Alteração do Código de Processo Penal

Os artigos 68º, 212º, 246º, 247º, 292º e 495º do Código de Processo Penal, aprovado pelo Decreto-Lei nº 78/87, de 17 de fevereiro, alterado pelos Decretos-Leis nºs 387-E/87, de 29 de dezembro, 212/89, de 30 de junho, e 17/91, de 10 de janeiro, pela Lei nº 57/91, de 13 de agosto, pelos Decretos-Leis nºs 423/91, de 30 de outubro, 343/93, de 1 de outubro, e 317/95, de 28 de novembro, pelas Leis nºs 59/98, de 25 de agosto, 3/99, de 13 de janeiro, e 7/2000, de 27 de maio, pelo Decreto-Lei nº 320-C/2000, de 15 de dezembro, pelas Leis nºs 30-E/2000, de 20 de dezembro, e 52/2003, de 22 de agosto, pelo Decreto-Lei nº 324/2003, de 27 de dezembro, pela Lei nº 48/2007, de 29 de agosto, pelo Decreto-Lei nº 34/2008, de 26 de fevereiro, pelas Leis nºs 52/2008, de 28 de agosto, 115/2009, de 12 de outubro, 26/2010, de 30 de agosto, 20/2013, de 21 de fevereiro, pela Lei Orgânica nº 2/2014, de 6 de agosto, e pelas Leis nºs 27/2015, de 14 de abril, e 58/2015, de 23 de junho, passam a ter a seguinte redação:

(Alterações inseridas no local próprio)

ARTIGO 3º
Aditamento ao Código de Processo Penal

É aditado ao Código de Processo Penal, aprovado pelo Decreto-Lei nº 78/87, de 17 de fevereiro, o artigo 67º-A, alterado pelos Decretos-Leis nºs 387-E/87, de 29 de dezembro, 212/89, de 30 de junho, e 17/91, de 10 de janeiro, pela Lei nº 57/91, de 13 de agosto, pelos Decretos-Leis nºs 423/91, de 30 de outubro, 343/93, de 1 de outubro, e 317/95, de 28 de novembro, pelas Leis nºs 59/98, de 25 de agosto, 3/99, de 13 de janeiro, e 7/2000, de 27 de maio, pelo Decreto-Lei nº 320-C/2000, de 15 de dezembro, pelas Leis nºs 30-E/2000, de 20 de dezembro, e 52/2003, de 22 de agosto, pelo Decreto-Lei nº 324/2003, de 27 de dezembro, pela Lei nº 48/2007, de 29 de agosto, pelo Decreto-Lei nº 34/2008, de 26 de fevereiro, pelas Leis nºs 52/2008, de 28 de agosto, 115/2009, de 12 de outubro, 26/2010, de 30 de agosto, 20/2013, de 21 de fevereiro, pela Lei Orgânica nº 2/2014, de 6 de agosto, e pelas Leis nºs 27/2015, de 14 de abril, e 58/2015, de 23 de junho, com a seguinte redação:

(Aditamento inserido no local próprio)

ARTIGO 4º
Alteração sistemática ao Código de Processo Penal

1 – Os títulos IV e V do livro I da parte I do Código de Processo Penal, aprovado pelo Decreto-Lei nº 78/87, de 17 de fevereiro, são renumerados, passando a ser, respetivamente, os títulos V e VI.

2 – É aditado um novo título IV ao livro I da parte I do Código de Processo Penal, aprovado pelo Decreto-Lei nº 78/87, de 17 de fevereiro, com a designação «Vítima», sendo composto pelo artigo 67º-A.

ARTIGO 5º
Estatuto da Vítima

É aprovado, em anexo à presente lei e da qual faz parte integrante, o Estatuto da Vítima.

ARTIGO 6º
Entrada em vigor

A presente lei entra em vigor no prazo de 30 dias a contar da data da sua publicação.

Aprovada em 22 de julho de 2015.

A Presidente da Assembleia da República, *Maria da Assunção A. Esteves.*

Promulgada em 22 de agosto de 2015.

Publique-se.

O Presidente da República, Aníbal Cavaco Silva.

Referendada em 24 de agosto de 2015.

Pelo Primeiro-Ministro, *Paulo Sacadura Cabral Portas, Vice-Primeiro-Ministro.*

Estatuto da Vítima

CAPÍTULO I
Disposições gerais

ARTIGO 1º
Objeto

O Estatuto da Vítima (doravante, Estatuto) contém um conjunto de medidas que visam assegurar a proteção e a promoção dos direitos das vítimas da criminalidade, transpondo para a ordem jurídica interna a Diretiva 2012/29/UE do Parlamento Europeu e do Conselho, de 25 de outubro de 2012, que estabelece normas relativas aos direitos, ao apoio e à proteção das vítimas da criminalidade e que substitui a Decisão-Quadro 2001/220/JAI do Conselho, de 15 de março de 2001.

ARTIGO 2º
Articulação com outros diplomas legais

1 – O presente Estatuto não prejudica os direitos e deveres processuais da vítima consagrados no Código de Processo Penal, nem o regime de proteção de testemunhas consagrado na Lei nº 93/99, de 14 de julho, alterada pelas Leis nºs 29/2008, de 4 de julho, e 42/2010, de 3 de setembro.

2 – O presente Estatuto não prejudica também os regimes especiais de proteção de vítimas de determinados crimes.

CAPÍTULO II
Princípios

ARTIGO 3º
Princípio da igualdade

Toda a vítima, independentemente da ascendência, nacionalidade, condição social, sexo, etnia, raça, língua, idade, religião, deficiência, convicções políticas ou ideológicas, orientação sexual, cultura e nível educacional, goza dos direitos fundamentais inerentes à dignidade da pessoa humana, sendo-lhe assegurada a igualdade de oportunidades para viver sem violência e preservar a sua saúde física e psíquica.

ARTIGO 4º
Princípio do respeito e reconhecimento

À vítima é assegurado, em todas as fases e instâncias de intervenção, tratamento com respeito pela sua dignidade pessoal.

ARTIGO 5º
Princípio da autonomia da vontade

A intervenção junto da vítima está limitada ao respeito integral da sua vontade, sem prejuízo das demais disposições aplicáveis no âmbito da legislação penal e processual penal.

ARTIGO 6º
Princípio da confidencialidade

Sem prejuízo do disposto no Código de Processo Penal, os serviços de apoio técnico à vítima asseguram o adequado respeito pela sua vida privada, garantindo o sigilo das informações que esta prestar.

ARTIGO 7º
Princípio do consentimento

1 – Sem prejuízo do disposto no Código de Processo Penal, qualquer intervenção de apoio à vítima deve ser efetuada após esta prestar o seu consentimento livre e esclarecido.

2 – A vítima pode, em qualquer momento, revogar livremente o seu consentimento.

3 – Fora do âmbito do processo penal, qualquer intervenção de apoio a vítima que careça de capacidade para prestar o seu consentimento apenas pode ser efetuada em seu benefício direto.

4 – Sempre que, nos termos da lei, um indivíduo maior careça, em virtude de limitação ou alteração das funções físicas ou mentais, de doença ou outro motivo similar, de capacidade para consentir numa intervenção, esta não pode ser efetuada

sem que nos termos da lei seja providenciada a devida autorização ou assistência, ou na sua ausência ou, se este for o agente do crime, de uma pessoa designada nos termos da lei.

5 – A vítima deve, na medida do possível, participar no processo de autorização.

6 – Caso a vítima seja uma criança e exista um conflito de interesses entre esta e os titulares das responsabilidades parentais, que os impeça de a representarem, ou caso a criança vítima não esteja acompanhada da sua família ou se encontre dela separada, deve ser nomeado um representante à criança vítima, nos termos da lei.

7 – O disposto no presente artigo não prejudica os procedimentos de urgência previstos nos artigos 91º e 92º da Lei de Proteção das Crianças e Jovens em Perigo, aprovada pela Lei nº 147/99, de 1 de setembro, alterada pela Lei nº 31/2003, de 22 de agosto.

ARTIGO 8º
Princípio da informação

O Estado assegura à vítima a prestação de informação adequada à tutela dos seus direitos, designadamente nos termos previstos nos artigos 11º e 12º

ARTIGO 9º
Princípio do acesso equitativo aos cuidados de saúde

O Estado, tendo em conta as necessidades de saúde, assegura as medidas adequadas com vista a garantir o acesso equitativo da vítima aos cuidados de saúde de qualidade apropriada.

ARTIGO 10º
Obrigações profissionais e regras de conduta

Qualquer intervenção de apoio técnico à vítima deve ser efetuada na observância das normas e obrigações profissionais, bem como das regras de conduta aplicáveis ao caso concreto.

CAPÍTULO III
Direitos das vítimas de criminalidade

ARTIGO 11º
Direito à informação

1 – É garantida à vítima, desde o seu primeiro contacto com as autoridades e funcionários competentes, inclusivamente no momento anterior à apresentação da denúncia, e sem atrasos injustificados, o acesso às seguintes informações:

a) O tipo de serviços ou de organizações a que pode dirigir-se para obter apoio;

b) O tipo de apoio que pode receber;

c) Onde e como pode apresentar denúncia;

d) Quais os procedimentos subsequentes à denúncia e qual o seu papel no âmbito dos mesmos;

e) Como e em que termos pode receber proteção;

f) Em que medida e em que condições tem acesso a:

i) Consulta jurídica;
ii) Apoio judiciário; ou
iii) Outras formas de aconselhamento;

g) Quais os requisitos que regem o seu direito a indemnização;

h) Em que condições tem direito a interpretação e tradução;

i) Quais os procedimentos para apresentar uma denúncia, caso os seus direitos não sejam respeitados pelas autoridades competentes que operam no contexto do processo penal;

j) Quais os mecanismos especiais que pode utilizar em Portugal para defender os seus interesses, sendo residente em outro Estado;

k) Como e em que condições podem ser reembolsadas as despesas que suportou devido à sua participação no processo penal;

l) Em que condições tem direito à notificação das decisões proferidas no processo penal.

2 – A extensão e o grau de detalhe das informações a que se refere o número anterior podem variar consoante as necessidades específicas e as circunstâncias pessoais da vítima, bem como a natureza do crime.

3 – No momento em que apresenta a denúncia, é assegurado à vítima o direito a assistência gratuita e à tradução da confirmação escrita da denúncia, numa língua que compreenda, sempre que não entenda português.

4 – Podem ser fornecidas, em fases posteriores do processo, informações complementares das prestadas nos termos do nº 2, em função das necessidades da vítima e da relevância dessas informações em cada fase do processo.

5 – A vítima tem direito a consultar o processo e a obter cópias das peças processuais nas mesmas condições em que tal é permitido ao ofendido nos termos previstos no Código de Processo Penal.

6 – Sempre que a vítima o solicite junto da entidade competente para o efeito, e sem prejuízo do regime do segredo de justiça, deve ainda ser-lhe assegurada informação, sem atrasos injustificados, sobre:

a) O seguimento dado à denúncia, incluindo:

i) A decisão de arquivamento ou de não pronúncia, bem como a decisão de suspender provisoriamente o processo;
ii) A decisão de acusação ou de pronúncia;

b) Os elementos pertinentes que lhe permitam, após a acusação ou a decisão instrutória, ser inteirada do estado do processo, incluindo o local e a data da realização da audiência de julgamento, e da situação processual do arguido, por factos que lhe digam respeito, salvo em casos excecionais que possam prejudicar o bom andamento dos autos;

c) A sentença do tribunal.

7 – Para os efeitos previstos no número anterior, a vítima pode de imediato declarar, aquando da prestação da informação aludida na alínea *l*) do nº 1, que deseja ser oportunamente notificada de todas as decisões proferidas no processo penal.

8 – As informações prestadas nos termos das alíneas *a*) e *c*) do número anterior devem incluir a fundamentação da decisão em causa ou um resumo dessa fundamentação.

9 – Devem ser promovidos os mecanismos adequados para fornecer à vítima, em especial nos casos de reconhecida perigosidade do arguido, de informações sobre as principais decisões judiciárias que afetem o estatuto deste, em particular a aplicação de medidas de coação.

10 – Deve ser dado conhecimento à vítima, sem atrasos injustificados, da libertação ou evasão da pessoa detida, acusada, pronunciada ou condenada.

11 – Deve ser assegurado à vítima o direito de optar por não receber as informações referidas nos números anteriores, salvo quando a comunicação das mesmas for obrigatória nos termos das normas do processo penal aplicável.

ARTIGO 12º
Garantias de comunicação

1 – Devem ser tomadas as medidas necessárias para garantir que as vítimas compreendam e sejam compreendidas, desde o primeiro contacto e durante todos os outros contactos com as autoridades competentes no âmbito do processo penal.

2 – Para efeitos do disposto no número anterior, a comunicação com a vítima deve ser efetuada numa linguagem simples e acessível, atendendo às caraterísticas pessoais da vítima, designadamente a sua maturidade e alfabetismo, bem como qualquer limitação ou alteração das funções físicas ou mentais que possa afetar a sua capacidade de compreender ou ser compreendida.

3 – Salvo se tal for contrário aos interesses da vítima ou prejudicar o bom andamento do processo, a vítima pode fazer-se acompanhar de uma pessoa da sua escolha no primeiro contacto com as autoridades competentes, caso devido ao impacto do crime a vítima solicite assistência para compreender ou ser compreendida.

4 – Nas situações referidas no número anterior, são aplicáveis as disposições legais em vigor relativas à nomeação de intérprete.

ARTIGO 13º
Assistência específica à vítima

O Estado assegura, gratuitamente nos casos estabelecidos na Lei nº 34/2004, de 29 de julho, alterada pela Lei nº 47/2007, de 28 de agosto, que a vítima tenha acesso a consulta jurídica e, se necessário, o subsequente apoio judiciário.

ARTIGO 14º
Despesas da vítima resultantes da sua participação no processo penal

À vítima que intervenha no processo penal, deve ser proporcionada a possibilidade de ser reembolsada das despesas efetuadas em resultado dessa intervenção, nos termos estabelecidos na lei, em função da posição processual que ocupe no caso concreto.

ARTIGO 15º
Direito à proteção

1 – É assegurado um nível adequado de proteção à vítima e, sendo caso disso, aos seus familiares elencados na alínea *c)* do nº 1 do artigo 67º-A do Código de Processo Penal, nomeadamente no que respeita à segurança e salvaguarda da vida privada, sempre que as autoridades competentes considerem que existe uma ameaça séria de represálias e de situações de revitimização ou fortes indícios de que essa privacidade possa ser perturbada.

2 – O contacto entre vítimas e os seus familiares e os suspeitos ou arguidos em todos os locais que impliquem a presença de uns e de outros no âmbito da realização de diligências processuais, nomeadamente nos edifícios dos tribunais, deve ser evitado, sem prejuízo da aplicação das regras estabelecidas no Código de Processo Penal.

3 – O juiz ou, durante a fase de inquérito, o Ministério Público podem determinar, sempre que tal se mostre imprescindível à proteção da vítima e obtido o seu consentimento, que lhe seja assegurado apoio psicossocial.

4 – O disposto nos números anteriores não prejudica a aplicação do regime especial de proteção de testemunhas, nomeadamente no que se refere à proteção dos familiares da vítima.

ARTIGO 16º
Direito a uma decisão relativa a indemnização e a restituição de bens

1 – À vítima é reconhecido, no âmbito do processo penal, o direito a obter uma decisão relativa a indemnização por parte do agente do crime, dentro de um prazo razoável.

2 – Há sempre lugar à aplicação do disposto no artigo 82º-A do Código de Processo Penal em relação a vítimas especialmente vulneráveis, exceto nos casos em que a vítima a tal expressamente se opuser.

3 – Os bens pertencentes à vítima que sejam apreendidos em processo penal devem ser de imediato examinados e restituídos, salvo quando assumam relevância probatória ou sejam suscetíveis de ser declarados perdidos a favor do Estado.

ARTIGO 17º
Condições de prevenção da vitimização secundária

1 – A vítima tem direito a ser ouvida em ambiente informal e reservado, devendo ser criadas as adequadas condições para prevenir a vitimização secundária e para evitar que sofra pressões.

2 – A inquirição da vítima e a sua eventual submissão a exame médico devem ter lugar, sem atrasos injustificados, após a aquisição da notícia do crime, apenas quando sejam estritamente necessárias às finalidades do inquérito e do processo penal e deve ser evitada a sua repetição.

ARTIGO 18º
Gabinetes de atendimento e informação à vítima nos órgãos de polícia criminal

1 – Cada força e serviço de segurança constituem a sua rede de gabinetes de atendimento, dotados de condições adequadas, nomeadamente de privacidade, ao atendimento de vítimas.

2 – O atendimento deve ser realizado nas condições previstas no nº 1 do artigo anterior e de forma a serem transmitidas à vítima, de forma adequada e completa, as informações previstas na lei.

3 – O disposto nos números anteriores deve igualmente ser concretizado, sempre que possível, nas instalações dos departamentos de investigação e ação penal.

ARTIGO 19º
Vítimas residentes noutro Estado membro

1 – É assegurada aos cidadãos residentes em Portugal, vítimas de crimes praticados noutros Estados membros, a possibilidade de apresentar denúncia junto das autoridades nacionais, sempre que não tenham tido a possibilidade de o fazer no Estado membro onde foi cometido o crime, caso em que as autoridades nacionais devem transmiti-la prontamente às autoridades competentes do território onde foi cometido o crime, nos termos da legislação aplicável.

2 – A transmissão da denúncia é de imediato comunicada à vítima que a tenha apresentado.

3 – Aos cidadãos residentes noutros Estados membros, vítimas de crimes praticados em Portugal, é assegurada:

a) A recolha de depoimento imediatamente após a apresentação da denúncia do crime à autoridade competente;

b) A aplicação, na medida do possível, das disposições relativas à audição por videoconferência e teleconferência, para efeitos da prestação de depoimento.

CAPÍTULO IV
Estatuto de vítima especialmente vulnerável

ARTIGO 20º
Atribuição do estatuto de vítima especialmente vulnerável

1 – Apresentada a denúncia de um crime, não existindo fortes indícios de que a mesma é infundada, as autoridades judiciárias ou os órgãos de polícia criminal competentes podem, após avaliação individual da vítima, atribuir-lhe o estatuto de vítima especialmente vulnerável.

2 – No mesmo ato é entregue à vítima documento comprovativo do referido estatuto, compreendendo os seus direitos e deveres.

ARTIGO 21º
Direitos das vítimas especialmente vulneráveis

1 – Deve ser feita uma avaliação individual das vítimas especialmente vulneráveis, a fim de determinar se devem beneficiar de medidas especiais de proteção.

2 – As medidas especiais de proteção referidas no número anterior são as seguintes:

a) As inquirições da vítima devem ser realizadas pela mesma pessoa, se a vítima assim o desejar, e desde que a tramitação do processo penal não seja prejudicada;

b) A inquirição das vítimas de violência sexual, violência baseada no género ou violência em relações de intimidade, salvo se for efetuada por magistrado do Ministério Público ou por juiz, deve ser realizada por uma pessoa do mesmo sexo que a vítima, se esta assim o desejar e desde que a tramitação do processo penal não seja prejudicada;

c) Medidas para evitar o contacto visual entre as vítimas e os arguidos, nomeadamente durante a prestação de depoimento, através do recurso a meios tecnológicos adequados;

d) Prestação de declarações para memória futura, nos termos previstos no artigo 24º;

e) Exclusão da publicidade das audiências, nos termos do artigo 87º do Código de Processo Penal.

ARTIGO 22º
Direitos das crianças vítimas

1 – Todas as crianças vítimas têm o direito de ser ouvidas no processo penal, devendo para o efeito ser tomadas em consideração a sua idade e maturidade.

2 – Em caso de inexistência de conflito de interesses, a criança pode ser acompanhada pelos seus pais, pelo representante legal ou por quem tenha a guarda de facto durante a prestação de depoimento.

3 – É obrigatória a nomeação de patrono à criança quando os seus interesses e os dos seus pais, representante legal ou de quem tenha a guarda de facto sejam conflituantes e ainda quando a criança com a maturidade adequada o solicitar ao tribunal.

4 – A nomeação do patrono é efetuada nos termos da lei do apoio judiciário.

5 – Não devem ser divulgadas ao público informações que possam levar à identificação de uma criança vítima, sob pena de os seus agentes incorrerem na prática de crime de desobediência.

6 – Caso a idade da vítima seja incerta e existam motivos para crer que se trata de uma criança, presume-se, para efeitos de aplicação do regime aqui previsto, que a vítima é uma criança.

ARTIGO 23º
Recurso à videoconferência ou à teleconferência

1 – Os depoimentos e declarações das vítimas especialmente vulneráveis, quando impliquem a presença do arguido, são prestados através de videoconferência ou de teleconferência, por determinação do Ministério Público, oficiosamente ou a requerimento da vítima, durante a fase de inquérito, e por determinação do tribunal, oficiosamente ou a requerimento do Ministério Público ou da vítima, durante as fases de instrução ou de julgamento, se tal se revelar necessário para garantir a prestação de declarações ou de depoimento sem constrangimentos.

2 – A vítima é acompanhada, na prestação das declarações ou do depoimento, por técnico especialmente habilitado para o seu acompanhamento previamente designado pelo Ministério Público ou pelo tribunal.

ARTIGO 24º
Declarações para memória futura

1 – O juiz, a requerimento da vítima especialmente vulnerável ou do Ministério Público, pode proceder à inquirição daquela no decurso do inquérito, a fim de que o depoimento possa, se necessário, ser tomado em conta no julgamento, nos termos e para os efeitos previstos no artigo 271º do Código de Processo Penal.

2 – O Ministério Público, o arguido, o defensor e os advogados constituídos no processo são notificados da hora e do local da prestação do depoimento para que possam estar presentes, sendo obrigatória a comparência do Ministério Público e do defensor.

3 – A tomada de declarações é realizada em ambiente informal e reservado, com vista a garantir, nomeadamente, a espontaneidade e a sinceridade das respostas.

4 – A tomada de declarações é efetuada, em regra, através de registo áudio ou audiovisual, só podendo ser utilizados outros meios, designadamente estenográficos ou estenotípicos, ou qualquer outro meio técnico idóneo a assegurar a reprodução integral daquelas, ou a documentação através de auto, quando aqueles meios não estiverem disponíveis, o que deverá ficar a constar do auto.

5 – A inquirição é feita pelo juiz, podendo em seguida o Ministério Público, os advogados constituídos e o defensor, por esta ordem, formular perguntas adicionais,

devendo a vítima ser assistida no decurso do ato processual por um técnico especialmente habilitado para o seu acompanhamento, previamente designado pelo tribunal.

6 – Nos casos previstos neste artigo só deverá ser prestado depoimento em audiência de julgamento se tal for indispensável à descoberta da verdade e não puser em causa a saúde física ou psíquica de pessoa que o deva prestar.

ARTIGO 25º
Acesso a estruturas de acolhimento

As vítimas especialmente vulneráveis podem, se no quadro da avaliação individual tal for considerado necessário, ser temporariamente alojadas em estruturas de acolhimento apoiadas pelo Estado.

ARTIGO 26º
Assistência médica e medicamentosa

1 – As vítimas especialmente vulneráveis podem ser assistidas pelos serviços de saúde integrados no Serviço Nacional de Saúde situados na área da estrutura de acolhimento onde forem inseridas, em alternativa aos serviços de saúde da sua residência.

2 – As vítimas especialmente vulneráveis estão isentas do pagamento das taxas moderadoras no âmbito do Serviço Nacional de Saúde, nos termos a regulamentar por portaria do membro do Governo responsável pela área da saúde.

ARTIGO 27º
Comunicação social

1 – Os órgãos de comunicação social, sempre que divulguem situações relativas à prática de crimes, quando as vítimas sejam crianças ou jovens ou outras pessoas especialmente vulneráveis, não podem identificar, nem transmitir elementos, sons ou imagens que permitam a sua identificação, sob pena de os seus agentes incorrerem na prática de crime de desobediência.

2 – Sem prejuízo do disposto no número anterior, os órgãos de comunicação social podem relatar o conteúdo dos atos públicos do processo penal relativo ao crime em causa.

CAPÍTULO V
Disposições finais

ARTIGO 28º
Formação dos profissionais

1 – As autoridades policiais e os funcionários judiciários suscetíveis de entrar em contacto com vítimas recebem formação geral e especializada de nível adequado a

esse contacto, a fim de aumentar a sua sensibilização em relação às necessidades das vítimas e de lhes permitir tratá-las de forma não discriminatória e com respeito e profissionalismo.

2 – As atividades do Centro de Estudos Judiciários contemplam conteúdos sobre vitimação, a fim de aumentar a sensibilização dos magistrados judiciais e do Ministério Público em relação às necessidades das vítimas.

ARTIGO 29º
Financiamento

1 – Em matéria de investimento para a disponibilização de respostas no domínio do apoio à vítima, o apoio público da administração central rege-se pelo regime de cooperação, nos termos da lei em vigor.

2 – O apoio financeiro referido no número anterior pode ser assegurado por verbas oriundas dos fundos comunitários, nos termos dos regulamentos aplicáveis.

Regime de Concessão de Indemnização às Vítimas de Crimes Violentos e de Violência Doméstica

Lei nº 104/2009, de 14 de setembro

Aprova o regime de concessão de indemnização às vítimas de crimes violentos e de violência doméstica

A Assembleia da República decreta, nos termos da alínea *c*) do artigo 161º da Constituição, o seguinte:

CAPÍTULO I
Disposição geral

ARTIGO 1º
Objecto

1 – A presente lei aprova o regime aplicável ao adiantamento pelo Estado das indemnizações devidas às vítimas de crimes violentos e de violência doméstica.

2 – Para efeitos de aplicação da presente lei considera-se:

a) Crimes violentos, os crimes que se enquadram nas definições legais de criminalidade violenta e de criminalidade especialmente violenta previstas nas alíneas *j*) e *l*) do artigo 1º do Código de Processo Penal;

b) Violência doméstica, o crime a que se refere o artigo 152º do Código Penal. *(Redação dada pela Lei nº 121/2015, de 01-09)*

CAPÍTULO II
Indemnização às vítimas de crimes violentos

ARTIGO 2º
Adiantamento da indemnização às vítimas de crimes violentos

1 – As vítimas que tenham sofrido danos graves para a respectiva saúde física ou mental directamente resultantes de actos de violência, praticados em território português ou a bordo de navios ou aeronaves portuguesas, têm direito à concessão de um adiantamento da indemnização pelo Estado, ainda que não se tenham constituído ou não possam constituir-se assistentes no processo penal, quando se encontrem preenchidos os seguintes requisitos cumulativos:

a) A lesão tenha provocado uma incapacidade permanente, uma incapacidade temporária e absoluta para o trabalho de pelo menos 30 dias ou a morte;

b) O facto tenha provocado uma perturbação considerável no nível e qualidade de vida da vítima ou, no caso de morte, do requerente;

c) Não tenha sido obtida efectiva reparação do dano em execução de sentença condenatória relativa a pedido deduzido nos termos dos artigos 71º a 84º do Código de Processo Penal ou, se for razoavelmente de prever que o delinquente e responsáveis civis não venham a reparar o dano, sem que seja possível obter de outra fonte uma reparação efectiva e suficiente.

2 – O direito a obter o adiantamento previsto no número anterior abrange, no caso de morte, as pessoas a quem, nos termos do nº 1 do artigo 2009º do Código Civil, é concedido um direito a alimentos e as que, nos termos da Lei nº 7/2001, de 11 de Maio, vivam em união de facto com a vítima.

3 – O direito ao adiantamento da indemnização mantém-se mesmo que não seja conhecida a identidade do autor dos actos de violência ou, por outra razão, ele não possa ser acusado ou condenado.

4 – Têm direito ao adiantamento da indemnização as pessoas que auxiliem voluntariamente a vítima ou colaborem com as autoridades na prevenção da infracção, perseguição ou detenção do delinquente, verificados os requisitos constantes das alíneas *a*) a *c*) do nº 1.

5 – A concessão do adiantamento da indemnização às pessoas referidas no número anterior não depende da concessão de indemnização às vítimas de lesão.

6 – Quando o acto de violência configure um crime contra a liberdade e autodeterminação sexual ou contra menor, pode ser dispensada a verificação do requisito previsto na alínea *a*) do nº 1 se circunstâncias excepcionais e devidamente fundamentadas o aconselharem.

ARTIGO 3º
Exclusão ou redução do adiantamento da indemnização

1 – O adiantamento da indemnização pode ser reduzido ou excluído tendo em conta a conduta da vítima ou do requerente antes, durante ou após a prática dos factos,

as suas relações com o autor ou o seu meio ou quando aquela se mostre contrária ao sentimento de justiça ou à ordem pública.

2 – O disposto no presente capítulo não é aplicável quando o dano seja causado por um veículo terrestre a motor, bem como se forem aplicáveis as regras sobre acidentes de trabalho ou em serviço, nos casos em que as entidades empregadoras estejam legal ou contratualmente obrigadas a efectuar seguros de acidentes de trabalho.

ARTIGO 4º
Montante do adiantamento e outros meios de ressarcimento

1 – O adiantamento da indemnização é fixado em termos de equidade, tendo como limites máximos, por cada lesado, o valor equivalente a 340 unidades de conta processual (UC) para os casos de morte ou lesão grave.

2 – Nos casos de morte ou lesão de várias pessoas em consequência do mesmo facto, o adiantamento da indemnização tem como limite máximo o valor equivalente a 300 UC para cada uma delas, com o máximo total correspondente a 900 UC.

3 – Se o adiantamento da indemnização for fixado sob a forma de renda anual, o limite máximo é equivalente a 40 UC por cada lesado, não podendo ultrapassar o montante de 120 UC quando sejam vários os lesados em virtude do mesmo facto.

4 – Na fixação do montante do adiantamento da indemnização é tomada em consideração toda a importância recebida de outra fonte, nomeadamente do próprio delinquente ou da segurança social.

5 – Sem prejuízo do disposto no número anterior, os seguros privados de vida ou acidentes pessoais só são tomados em consideração na medida em que a equidade o exija.

6 – Nos casos a que se refere o nº 3 do artigo 2º, há igualmente lugar a um adiantamento da indemnização por danos de coisas de considerável valor, tendo como limite máximo o valor correspondente a 150 UC.

7 – A fixação do adiantamento da indemnização por lucros cessantes tem como referência as declarações fiscais de rendimentos da vítima relativas aos três anos anteriores à prática dos factos, bem como, no caso de morte, da do requerente ou, verificando-se a falta dessas declarações, tomando por base um rendimento não superior à retribuição mínima mensal garantida.

8 – No caso de não ter sido concedida qualquer indemnização no processo penal ou fora dele por facto unicamente imputável ao requerente, nomeadamente por não ter deduzido pedido de indemnização cível ou por dele ter desistido, o limite máximo do montante do adiantamento da indemnização a conceder pelo Estado é reduzido para metade, salvo quando circunstâncias excepcionais e devidamente fundamentadas aconselhem o contrário.

9 – Sem prejuízo da aplicação dos critérios indemnizatórios estabelecidos na presente lei, podem ainda ser conferidas às vítimas medidas de apoio social e educativo, bem como terapêuticas adequadas à recuperação física, psicológica e profissional, em cumprimento das demais disposições legais aplicáveis, e no quadro de protocolos a celebrar entre a Comissão de Protecção às Vítimas de Crimes e entidades públicas e privadas pertinentes em razão da matéria.

CAPÍTULO III
Indemnização às vítimas de violência doméstica

ARTIGO 5º
Adiantamento da indemnização às vítimas de violência doméstica

1 – As vítimas do crime de violência doméstica têm direito à concessão de um adiantamento da indemnização pelo Estado quando se encontrem preenchidos cumulativamente os seguintes requisitos:

a) Esteja em causa o crime de violência doméstica, previsto no nº 1 do artigo 152º do Código Penal, praticado em território português;

b) A vítima incorra em situação de grave carência económica em consequência do crime mencionado na alínea anterior.

2 – A vítima, bem como os requerentes indicados no nº 4 do artigo 10º por solicitação ou em representação desta, deve comunicar à Comissão de Protecção às Vítimas de Crimes todas as alterações da sua situação sócio-económica ou familiar, bem como quaisquer outras alterações anteriores ou posteriores à decisão de concessão do adiantamento da indemnização que sejam susceptíveis de influenciar o sentido da mesma.

3 – A violação do dever de informação previsto no número anterior implica o cancelamento imediato do pagamento das quantias concedidas ou a devolução das quantias indevidamente recebidas.

4 – É aplicável aos pedidos de adiantamento de indemnização por violência doméstica o disposto no artigo 3º

ARTIGO 6º
Montante do adiantamento

1 – O adiantamento da indemnização a conceder às vítimas de violência doméstica e a fixação do seu montante são determinados em juízo de equidade, dependendo da séria probabilidade de verificação dos pressupostos da indemnização.

2 – O montante a que se refere o número anterior não pode exceder o equivalente mensal à retribuição mínima mensal garantida durante o período de seis meses, prorrogável por igual período.

3 – Excecionalmente, em casos devidamente fundamentados, de especial situação de carência e de falta de meios de subsistência que o justifiquem, pode o montante do adiantamento da indemnização ser concedido numa única prestação.

4 – É aplicável às vítimas de violência doméstica o disposto no nº 9 do artigo 4º

(Redação dada pela Lei nº 121/2015, de 01-09)

CAPÍTULO IV
Comissão de Protecção às Vítimas de Crimes

ARTIGO 7º
Comissão de Protecção às Vítimas de Crimes

1 – A Comissão de Protecção às Vítimas de Crimes, doravante designada Comissão, é um órgão administrativo independente responsável, por si ou através dos seus membros, pela concessão de adiantamentos de indemnização por parte do Estado às vítimas de crimes violentos e de violência doméstica.

2 – A Comissão é constituída por um presidente e por um número par de membros, num mínimo de dois e num máximo de quatro, designados pelo membro do Governo responsável pela área da justiça, em termos a fixar na regulamentação prevista no artigo 24º

3 – Para além do presidente, a Comissão pode dispor, no máximo, de dois membros a exercer funções a tempo completo.

4 – Compete à Comissão:

a) Estabelecer as orientações que devam ser seguidas pelo presidente e pelos seus membros, quer na decisão dos pedidos de adiantamento da indemnização, quer na decisão de conceder uma provisão por conta do adiantamento da indemnização a fixar posteriormente;

b) Sem prejuízo do disposto nos artigos 4º e 6º, estabelecer montantes indemnizatórios a atribuir em função de tipos de situações;

c) Decidir os pedidos de adiantamento de indemnização quando o caso implique novidade face a casos anteriormente decididos ou especificidade que aconselhe a adopção de uma deliberação que contrarie as orientações previstas nas alíneas *a*) ou *b*);

d) Promover o exercício do direito de sub-rogação pelo Estado, nos termos dos artigos 15º e 16º, nos direitos dos lesados contra o autor dos actos de violência e pessoas com responsabilidade meramente civil, dentro dos limites da indemnização prestada;

e) Aprovar o relatório anual, o qual deve ser publicado no sítio da Internet da Comissão;

f) Promover, em articulação com outras entidades públicas ou privadas, a divulgação do direito das vítimas ao adiantamento da indemnização e das competências da Comissão nesse âmbito;

g) Exercer as demais competências que lhe forem cometidas por lei.

5 – Não podem ser membros da Comissão pessoas que tenham intervindo em qualquer processo instaurado pelo facto que der origem ao pedido de indemnização.

6 – A Comissão deve aprovar um relatório anual a submeter ao membro do Governo responsável pela área da justiça, contendo, designadamente:

a) Identificação do número de processos entrados, pendentes e resolvidos no ano em causa, bem como uma análise comparativa dos últimos cinco anos;

b) Identificação do montante global de adiantamentos de indemnizações atribuídos e dos montantes que transitam para o ano seguinte;

c) Identificação dos montantes atribuídos em função dos tipos de crimes estabelecidos;

d) Identificação discriminada da percentagem das receitas obtidas nos termos das alíneas *d*) a *h*) do nº 3 do artigo 9º;

e) Recomendações com vista a melhorar o funcionamento da Comissão, bem como a relação com as entidades públicas e privadas que coadjuvam a Comissão na instrução e decisão dos pedidos.

ARTIGO 8º
Competência do presidente e dos membros

1 – Compete ao presidente da Comissão:

a) Representar a Comissão;

b) Convocar e estabelecer a ordem de trabalhos das reuniões;

c) Presidir às reuniões;

d) Gerir e organizar a Comissão, definindo designadamente a distribuição de trabalhos, tarefas e processos pelos membros da Comissão;

e) Organizar os serviços da Comissão, garantindo o seu permanente funcionamento, de forma a atender às situações de grave carência económica que exijam a concessão de uma provisão, nos termos do nº 5 do artigo 14º;

f) Solicitar a cada membro da Comissão a informação necessária à preparação das reuniões, em especial, tendo em vista o exercício, pela Comissão, da competência prevista na alínea *c*) do nº 4 do artigo 7º;

g) Acompanhar a actuação dos membros da Comissão na instrução e na decisão dos pedidos de indemnização;

h) Promover o cumprimento das deliberações da Comissão e, em particular, das orientações e dos limites fixados para as indemnizações a conceder;

i) Garantir o respeito pelos princípios da estabilidade e da sustentabilidade orçamental, controlando a execução do orçamento em função das indemnizações atribuídas;

j) Promover activamente a concessão à Comissão de doações, contribuições mecenáticas ou de entidades terceiras;

l) Exercer as demais competências que lhe sejam conferidas por lei.

2 – Compete ao presidente e aos membros da Comissão, no respeito das orientações fixadas pela Comissão, a decisão dos pedidos de adiantamento da indemnização e dos pedidos de concessão de provisão por conta do adiantamento da indemnização, quando não esteja em causa uma das situações previstas na alínea *c*) do nº 4 do artigo 7º

ARTIGO 9º
Estrutura orçamental

1 – As receitas e as despesas relativas à Comissão constituem um subsector do orçamento da Secretaria-Geral do Ministério da Justiça, sendo objecto de um registo contabilístico autónomo.

2 – A Comissão dispõe de número de identificação fiscal próprio, nos termos da alínea *e*) do nº 1 do artigo 4º do Decreto-Lei nº 129/98, de 13 de Maio.

3 – Constituem receitas da Comissão:

a) As provenientes de dotações orçamentais que lhe sejam atribuídas no Orçamento do Estado;

b) As transferências do Instituto de Gestão Financeira e de Infra-Estruturas da Justiça, I. P.;

c) O produto das taxas e contribuições que lhe sejam afectos;

d) O produto de doações, heranças, legados ou contribuições mecenáticas;

e) As obtidas no âmbito do exercício do direito de sub-rogação do Estado no crédito da vítima sobre o responsável, bem como as decorrentes do reembolso das quantias adiantadas nos casos em que a vítima obtenha reparação, total ou parcial, do dano sofrido;

f) As contribuições de entidades terceiras;

g) Quaisquer outras receitas que lhe sejam atribuídas por lei, contrato ou título.

4 – As receitas referidas nas alíneas *b*) a *g*) do número anterior são inscritas no orçamento da Comissão como receitas consignadas com transição de saldo.

5 – Constituem despesas da Comissão:

a) As que resultem da atribuição de adiantamentos de indemnizações nos termos da presente lei;

b) O pagamento das custas processuais no âmbito da apresentação de acções, tendo em vista o reembolso ou o exercício dos direitos em que o Estado fica sub-rogado devido à atribuição de adiantamentos de indemnizações;

c) As inerentes ao seu funcionamento.

CAPÍTULO V
Procedimento para concessão do adiantamento

ARTIGO 10º
Pedido

1 – A concessão de adiantamento de indemnização por parte do Estado depende de requerimento apresentado à Comissão pelas pessoas referidas nos artigos 2º e 5º

2 – O requerimento para a concessão do adiantamento da indemnização pode ser apresentado por transmissão electrónica de dados, nos termos de portaria do membro do Governo responsável pela área da justiça.

3 – O modelo de requerimento é aprovado por portaria do membro do Governo responsável pela área da justiça e deve conter as informações essenciais ao correcto exercício do direito pelo requerente bem como permitir a entrega dos elementos necessários à correcta instrução do pedido, incluindo, designadamente:

a) A indicação do montante da indemnização pretendida;

b) A indicação de qualquer importância já recebida;

c) A indicação das pessoas ou entidades públicas ou privadas susceptíveis de, no todo ou em parte, virem a efectuar prestações relacionadas com o dano;

d) A indicação de ter sido concedida qualquer indemnização e qual o seu montante, caso tenha sido deduzido pedido de indemnização no processo penal ou fora dele, ou a mera indicação do processo, caso este se encontre pendente.

4 – As entidades públicas, incluindo o Ministério Público, as associações ou outras entidades privadas que prestem apoio às vítimas de crimes podem apresentar o requerimento previsto no nº 1 por solicitação ou em representação da vítima, devendo fazê-lo necessariamente por transmissão electrónica de dados, nos termos de portaria do membro do Governo responsável pela área da justiça.

ARTIGO 11º
Prazos

1 – O pedido de concessão do adiantamento da indemnização por parte do Estado deve ser apresentado à Comissão no prazo de um ano a contar da data do facto, sob pena de caducidade.

2 – O menor à data da prática do facto pode apresentar o pedido de concessão do adiantamento da indemnização por parte do Estado até um ano depois de atingida a maioridade ou ser emancipado.

3 – Se tiver sido instaurado processo criminal, os prazos referidos nos números anteriores podem ser prorrogados pelo presidente da Comissão e expiram após decorrido um ano sobre a decisão que lhe põe termo.

4 – Em qualquer caso, o presidente da Comissão pode relevar o efeito da caducidade, quando o requerente alegue razões que, justificadamente, tenham obstado à apresentação do pedido em tempo útil.

ARTIGO 12º
Tramitação electrónica do procedimento

1 – A tramitação dos processos é efectuada electronicamente em termos a definir por portaria do membro do Governo responsável pela área da justiça.

2 – A tramitação electrónica dos processos garante a respectiva integralidade, autenticidade e inviolabilidade.

ARTIGO 13º
Instrução

1 – Sem prejuízo do disposto na alínea *c*) do nº 4 do artigo 7º, o presidente ou o membro da Comissão responsável pelo processo procede a todas as diligências instrutórias que se revelem necessárias podendo, nomeadamente:

a) Ouvir os requerentes e os responsáveis pela indemnização, caso seja necessário;

b) Aceder às denúncias e participações relativas aos factos criminosos e a quaisquer peças de processo penal instaurado, ainda que pendente de decisão final;

c) Aceder a informações sobre a situação profissional, financeira ou social da vítima, do requerente ou dos responsáveis pela reparação do dano junto de qualquer pessoa, singular ou colectiva, ou qualquer entidade pública.

2 – A Comissão pode ainda solicitar as informações que considere necessárias à administração fiscal ou a estabelecimentos de crédito, quando a vítima, o requerente ou o responsável pela reparação do dano se recusem a fornecê-las ou caso existam fundadas razões no sentido de que os mesmos dispõem de bens ou recursos que pretendem ocultar.

3 – Às informações solicitadas não é oponível o sigilo profissional ou bancário.

4 – Exclusivamente para efeitos de averiguação da condição económica da vítima ou do requerente, a Comissão pode proceder à consulta das bases de dados do registo predial, comercial e automóvel e de outros registos ou arquivos semelhantes.

5 – As informações obtidas nos termos dos números anteriores não podem ser utilizadas para fins diferentes da instrução do pedido, sendo proibida a sua divulgação.

6 – As entidades públicas ou privadas que prestam apoio às vítimas de crimes podem colaborar com a Comissão nas diligências probatórias previstas no nº 1, nos termos a definir por portaria do membro do Governo responsável pela área da justiça.

ARTIGO 14º
Decisão do pedido

1 – A instrução é concluída no prazo máximo de um mês.

2 – Concluída a instrução, o presidente ou o membro da Comissão decide de imediato sobre a concessão da indemnização e qual o respectivo montante.

3 – A concessão da indemnização e a fixação do respectivo montante é deliberada pela Comissão, sob proposta do presidente ou do membro responsável pela instrução, quando se verifique uma das situações previstas na alínea *c*) do nº 4 do artigo 7º

4 – A fixação do montante indemnizatório é determinada nos termos dos artigos 4º e 6º, em função dos tipos de situações fixados pela Comissão e obedecendo às orientações por esta estabelecidas.

5 – Antes de concluída a instrução, o membro da Comissão por ela responsável pode, em situações de evidente carência económica do requerente, conceder de imediato uma provisão por conta do adiantamento da indemnização a fixar posteriormente.

6 – A Comissão deve garantir um funcionamento interno permanente de forma a dar prontamente resposta às situações previstas no número anterior.

7 – As entidades públicas podem colaborar com a Comissão na decisão dos pedidos, nos termos a definir por portaria do membro do Governo responsável pela área da justiça.

8 – A Comissão comunica ao tribunal onde correr o processo respeitante ao facto gerador do dano, exclusivamente por via electrónica, a decisão que conceda o adiantamento da indemnização.

CAPÍTULO VI
Direitos do Estado

ARTIGO 15º
Sub-rogação

1 – O Estado, através da Comissão, fica sub-rogado nos direitos dos lesados contra o autor dos actos de violência e pessoas com responsabilidade meramente civil, dentro dos limites da indemnização prestada.

2 – Para efeitos de exercício dos direitos referidos no número anterior a Comissão é apoiada juridicamente pela Direcção de Serviços Jurídicos e de Contencioso da Secretaria-Geral do Ministério da Justiça ou contrata os necessários serviços jurídicos, nos termos legalmente estabelecidos.

3 – Para efeitos do disposto nos números anteriores, o comprovativo do adiantamento da indemnização, cujo modelo é aprovado por portaria do membro do Governo responsável pela área da justiça, tem força executiva própria e serve de suporte à execução instaurada.

4 – Quando o autor dos actos geradores da indemnização estiver em execução de pena sob a tutela dos serviços prisionais ou dos serviços de reinserção social, a indemnização concedida é comunicada, preferencialmente por meios electrónicos, ao serviço respectivo, bem como ao tribunal de execução das penas, para os efeitos previstos na legislação relativa à execução das penas e tendo em vista o direito da Comissão a ser ressarcida pelo responsável do dano, pelo adiantamento de indemnização concedido ao abrigo da presente lei.

5 – Nos casos previstos no número anterior, o tribunal de execução das penas deve, aquando da homologação do plano individual de readaptação ou aquando da decisão de aplicação de medidas de flexibilização da pena, ter em consideração o dever de indemnização que recai sobre o recluso.

6 – O autor dos actos de violência, as pessoas com responsabilidade meramente civil e os serviços prisionais ou de reinserção social, nos casos em que o autor dos actos geradores da indemnização estiver em execução de pena sob a respectiva tutela, devem informar a Comissão dos pagamentos que sejam efectuados à vítima por conta da reparação efectiva dos danos sofridos.

ARTIGO 16º
Reembolso

1 – Quando a vítima, posteriormente ao pagamento da provisão ou da indemnização, obtiver, a qualquer título, uma reparação ou uma indemnização efectiva do dano sofrido, deve a Comissão exigir o reembolso, total ou parcial, das importâncias recebidas.

2 – O disposto no número anterior aplica-se quando, tendo sido entregue a provisão, se averiguar ulteriormente que a indemnização não foi concedida por não preenchimento dos requisitos referidos nos artigos 2º e 5º

3 – Para efeitos de exercício dos direitos referidos nos números anteriores a Comissão é apoiada juridicamente pela Direcção de Serviços Jurídicos e de Contencioso, da Secretaria-Geral do Ministério da Justiça, ou contrata os necessários serviços jurídicos, nos termos legalmente estabelecidos.

CAPÍTULO VII
Responsabilidade criminal

ARTIGO 17º
Informações falsas

1 – Quem obtiver ou tentar obter uma indemnização nos termos da presente lei com base em informações que sabe serem falsas ou inexactas é punível com prisão até três anos ou multa.

2 – Sem prejuízo do disposto no número anterior, em caso de falsidade da informação a que se refere a alínea *d*) do nº 3 do artigo 10º, a Comissão deve exigir o reembolso da quantia eventualmente paga aos requerentes, nos termos do disposto no artigo 16º.

CAPÍTULO VIII
Aplicação no espaço

ARTIGO 18º
Princípio geral

1 – A presente lei é aplicável aos factos previstos nos artigos 2º e 5º cometidos fora do território português contra portugueses ou cidadãos de Estados membros da União Europeia com residência habitual em Portugal, desde que não tenham direito a indemnização pelo Estado em cujo território o dano foi produzido.

2 – Para os efeitos previstos no número anterior, cabe à Comissão verificar a existência ou não do direito à indemnização do requerente no Estado em cujo território o dano foi produzido.

ARTIGO 19º
Requerentes com residência habitual em Estado membro da União Europeia

1 – Nos casos referidos no nº 1 do artigo 2º e no nº 1 do artigo 5º, quando o requerente tenha a sua residência habitual noutro Estado membro da União Europeia e tenha apresentado à autoridade competente desse Estado um pedido de concessão de adiantamento de indemnização a pagar pelo Estado Português, incumbe à Comissão:

a) Receber o pedido transmitido pela autoridade competente do Estado membro da residência habitual do requerente;

b) Acusar, no prazo de 10 dias, a recepção do pedido ao requerente e à autoridade competente do Estado membro da sua residência habitual e comunicar os contactos da Comissão e o prazo provável da decisão do pedido;

c) Instruir e decidir o pedido;

d) Comunicar ao requerente e à autoridade competente do Estado membro da sua residência habitual a decisão sobre a concessão do adiantamento da indemnização.

2 – Para efeitos do disposto na alínea *c*) do número anterior, a Comissão pode:

a) Solicitar à autoridade competente do Estado membro da residência habitual do requerente que promova a audição deste ou de qualquer outra pessoa, designadamente uma testemunha ou um perito, bem como o envio da respectiva acta de audição;

b) Ouvir directamente o requerente ou qualquer outra pessoa, por videoconferência, solicitando à autoridade competente do Estado membro da residência habitual do requerente a colaboração necessária.

ARTIGO 20º
Indemnização por outro Estado membro da União Europeia

1 – No caso de ter sido praticado um crime objecto da presente lei no território de um outro Estado membro da União Europeia, o pedido para a concessão de indemnização a pagar por aquele Estado pode ser apresentado à Comissão, desde que o requerente tenha a sua residência habitual em Portugal.

2 – Apresentado o pedido, incumbe à Comissão:

a) Informar o requerente sobre o modo de preenchimento do requerimento de pedido de indemnização e sobre os documentos comprovativos necessários ou sobre a entrega dos mesmos por via electrónica;

b) Transmitir o requerimento e os documentos referidos na alínea anterior, no prazo de 10 dias, à autoridade competente do Estado membro em cujo território o crime foi praticado;

c) Auxiliar o requerente na resposta aos pedidos de informação suplementares solicitados pela autoridade competente do Estado membro em cujo território o crime foi praticado, transmitindo as respostas, a pedido do requerente, directamente àquela autoridade;

d) Providenciar, a solicitação da autoridade competente do Estado membro em cujo território o crime foi praticado, a audição do requerente ou de qualquer outra pessoa, transmitindo a acta da audição àquela autoridade;

e) Colaborar com a autoridade competente do Estado membro em cujo território o crime foi praticado sempre que esta opte pela audição directa do requerente ou de qualquer outra pessoa, em conformidade com a legislação daquele Estado, nomeadamente através de telefone ou videoconferência;

f) Receber a decisão sobre o pedido de indemnização transmitida pela autoridade competente do Estado membro em cujo território o crime foi praticado.

ARTIGO 21º
Formalidades na transmissão dos pedidos

1 – Os pedidos e as decisões referidos nos artigos 19º e 20º são transmitidos através de requerimentos normalizados aprovados por decisão da Comissão Europeia, publicados no Jornal Oficial da União Europeia.

2 – Os requerimentos e os documentos apresentados nos termos dos artigos 19º e 20º estão dispensados de legalização ou de qualquer outra formalidade equivalente.

3 – Os serviços solicitados e prestados pela Comissão, ao abrigo do disposto nos artigos 19º e 20º, não dão lugar a qualquer pedido de reembolso de encargos ou despesas.

ARTIGO 22º
Idioma em situações transfronteiriças

1 – Os requerimentos e outros documentos transmitidos pela Comissão, para efeitos do disposto nos artigos 19º e 20º, são redigidos numa das seguintes línguas:

a) Língua oficial do Estado membro da União Europeia ao qual aqueles requerimentos e documentos são enviados;

b) Outra língua desse Estado membro, desde que corresponda a uma das línguas das instituições comunitárias;

c) Outra língua, desde que corresponda a uma das línguas das instituições comunitárias, e aquele Estado membro a tenha declarado aceitar, nos termos da alínea *b*) do nº 1 do artigo 13º da Directiva nº 2004/80/CE, do Conselho, de 29 de Abril.

2 – O texto integral da decisão e a acta de audição, referidos, respectivamente, na alínea *d*) do nº 1 do artigo 19º e na alínea *d*) do nº 2 do artigo 20º, podem ser transmitidos em português ou inglês.

3 – Sem prejuízo do disposto nos números seguintes, a Comissão pode recusar a recepção dos requerimentos e documentos transmitidos para efeitos do disposto nos artigos 19º e 20º quando os mesmos não estejam redigidos em português ou em inglês.

4 – A Comissão não pode recusar a recepção da acta de audição referida na alínea *a*) do nº 2 do artigo 19º, desde que a mesma esteja redigida numa língua que corresponda a uma das línguas das instituições comunitárias.

5 – A Comissão não pode recusar a recepção da decisão referida na alínea *f*) do nº 2 do artigo 20º, desde que a mesma esteja redigida numa língua prevista na legislação do Estado membro que a transmite.

CAPÍTULO IX
Disposições finais

ARTIGO 23º
Extinção da Comissão para a Instrução dos Pedidos de Indemnização às Vítimas de Crimes Violentos

1 – Com a entrada em vigor do decreto regulamentar previsto no artigo 24º da presente lei e tomada de posse dos membros da nova Comissão de Protecção às Vítimas de Crimes, extingue-se a actual Comissão para a Instrução dos Pedidos de

Indemnização às Vítimas de Crimes Violentos, prevista no artigo 6º do Decreto--Lei nº 423/91, de 30 de Outubro, e no Decreto Regulamentar nº 4/93, de 22 de Fevereiro, cessando as funções dos seus membros.

2 – Sem prejuízo do disposto no número anterior, a Comissão de Protecção às Vítimas de Crimes sucede, para todos os efeitos, à Comissão para a Instrução dos Pedidos de Indemnização às Vítimas de Crimes Violentos, sendo transferidos para a primeira os processos que estejam pendentes na segunda.

ARTIGO 24º
Regulamentação

A constituição, funcionamento e o exercício dos poderes e deveres da Comissão de Protecção às Vítimas de Crimes são regulados por decreto regulamentar.

ARTIGO 25º
Norma revogatória

São revogados:

a) A Lei nº 129/99, de 20 de Agosto;

b) O Decreto-Lei nº 423/91, de 30 de Outubro.

ARTIGO 26º
Aplicação no tempo

Sem prejuízo do disposto na parte final do nº 2 do artigo 23º, a presente lei não se aplica aos processos pendentes à data da sua entrada em vigor.

ARTIGO 27º
Entrada em vigor

A presente lei entra em vigor a 1 de Janeiro de 2010.

Aprovada em 23 de Julho de 2009.

O Presidente da Assembleia da República, *Jaime Gama.*

Promulgada em 28 de Agosto de 2009.

Publique-se.

O Presidente da República, Aníbal Cavaco Silva.

Referendada em 28 de Agosto de 2009.

O Primeiro-Ministro, *José Sócrates Carvalho Pinto de Sousa.*

Regime Jurídico Aplicável à Prevenção da Violência Doméstica, à Proteção e à Assistência das Vítimas

Lei nº 112/2009, de 16 de setembro*

Estabelece o regime jurídico aplicável à prevenção da violência doméstica, à protecção e à assistência das suas vítimas e revoga a Lei nº107/99 , de 3 de Agosto, e o Decreto-Lei nº 323/2000, de 19 de Dezembro

A Assembleia da República decreta, nos termos da alínea *c*) do artigo 161º da Constituição, o seguinte:

CAPÍTULO I
Disposições gerais

ARTIGO 1º
Objeto

A presente lei estabelece o regime jurídico aplicável à prevenção da violência doméstica e à proteção e à assistência das suas vítimas.

ARTIGO 2º
Definições

Para efeitos de aplicação da presente lei, considera-se:

a) «Vítima» a pessoa singular que sofreu um dano, nomeadamente um atentado à sua integridade física ou psíquica, um dano emocional ou moral, ou uma perda

* Texto de acordo com a republicação da Lei nº 129/2015, de 3 de setembro.

material, diretamente causada por ação ou omissão, no âmbito do crime de violência doméstica previsto no artigo 152º do Código Penal;

b) «Vítima especialmente vulnerável» a vítima cuja especial fragilidade resulte, nomeadamente, da sua diminuta ou avançada idade, do seu estado de saúde ou do facto de o tipo, o grau e a duração da vitimização haver resultado em lesões com consequências graves no seu equilíbrio psicológico ou nas condições da sua integração social;

c) «Técnico de apoio à vítima» a pessoa devidamente habilitada que, no âmbito das suas funções, presta assistência direta às vítimas;

d) «Rede nacional de apoio às vítimas de violência doméstica» o conjunto dos organismos vocacionados para o apoio às vítimas, incluindo o organismo da Administração Pública responsável pela área da cidadania e da igualdade de género, o Instituto da Segurança Social, I. P. (ISS, I. P.), as casas de abrigo, as estruturas de atendimento, as respostas de acolhimento de emergência, as respostas específicas de organismos da Administração Pública e o serviço telefónico gratuito com cobertura nacional de informação a vítimas de violência doméstica;

e) «Organizações de apoio à vítima» as organizações da sociedade civil, não governamentais (organizações não governamentais, organizações não governamentais de mulheres, instituições particulares de solidariedade social, fundações ou outras associações sem fins lucrativos), legalmente estabelecidas, cuja atividade se processa em cooperação com a ação do Estado e demais organismos públicos;

f) «Programa para autores de crimes no contexto da violência doméstica» a intervenção estruturada junto dos autores de crimes no contexto da violência doméstica, que promova a mudança do seu comportamento criminal, contribuindo para a prevenção da reincidência, proposta e executada pelos serviços de reinserção social, ou por outras entidades competentes em razão da matéria.

CAPÍTULO II
Finalidades

ARTIGO 3º
Finalidades

A presente lei estabelece um conjunto de medidas que têm por fim:

a) Desenvolver políticas de sensibilização nas áreas da educação, da informação, da saúde, da segurança, da justiça e do apoio social, dotando os poderes públicos de instrumentos adequados para atingir esses fins;

b) Consagrar os direitos das vítimas, assegurando a sua proteção célere e eficaz;

c) Criar medidas de proteção com a finalidade de prevenir, evitar e punir a violência doméstica;

d) Consagrar uma resposta integrada dos serviços sociais de emergência e de apoio à vítima, assegurando um acesso rápido e eficaz a esses serviços;

e) Tutelar os direitos dos trabalhadores vítimas de violência doméstica;

f) Garantir os direitos económicos da vítima de violência doméstica, para facilitar a sua autonomia;

g) Criar políticas públicas destinadas a garantir a tutela dos direitos da vítima de violência doméstica;

h) Assegurar uma proteção policial e jurisdicional célere e eficaz às vítimas de violência doméstica;

i) Assegurar a aplicação de medidas de coação e reações penais adequadas aos autores do crime de violência doméstica, promovendo a aplicação de medidas complementares de prevenção e tratamento;

j) Incentivar a criação e o desenvolvimento de associações e organizações da sociedade civil que tenham por objetivo atuar contra a violência doméstica, promovendo a sua colaboração com as autoridades públicas;

l) Garantir a prestação de cuidados de saúde adequados às vítimas de violência doméstica;

m) Prever a análise retrospetiva de situações de homicídio ocorrido em contexto de violência doméstica e que tenham sido já objeto de decisão judicial transitada em julgado ou de decisão de arquivamento, com vista a retirar conclusões que permitam a implementação de novas metodologias preventivas ao nível dos procedimentos dos serviços da Administração Pública com intervenção na proteção das vítimas.

ARTIGO 4º
Plano Nacional Contra a Violência Doméstica

1 – Ao Governo compete elaborar e aprovar um Plano Nacional Contra a Violência Doméstica (PNCVD), cuja aplicação deve ser prosseguida em coordenação com as demais políticas sectoriais e com a sociedade civil.

2 – A dinamização, o acompanhamento e a execução das medidas constantes do PNCVD competem ao organismo da Administração Pública responsável pela área da cidadania e da igualdade de género.

ARTIGO 4º-A
Análise retrospetiva de situações de homicídio em violência doméstica

1 – Os serviços da Administração Pública com intervenção na proteção das vítimas de violência doméstica realizam uma análise retrospetiva das situações de homicídio ocorrido em contexto de violência doméstica e que tenham sido já objeto de decisão judicial transitada em julgado ou de decisão de arquivamento, visando retirar conclusões que permitam a implementação de novas metodologias preventivas ao nível dos respetivos procedimentos.

2 – Para efeitos do número anterior, é constituída uma Equipa de Análise Retrospetiva de Homicídio em Violência Doméstica composta por:

a) Um representante designado pelo Ministério da Justiça;

b) Um representante designado pelo Ministério da Saúde;

c) Um representante designado pelo Ministério da Solidariedade, Emprego e Segurança Social;

d) Um representante da Secretaria-Geral do Ministério da Administração Interna (SGMAI);

e) Um representante do organismo da Administração Pública responsável pela área da cidadania e da igualdade de género;

f) Um representante do Ministério Público;

g) Um representante da força de segurança territorialmente competente na área em que tiver sido praticado o crime.

3 – Para além dos elementos referidos no número anterior, podem ainda integrar a equipa um ou mais representantes de entidades locais, incluindo organizações da sociedade civil, que tenham tido intervenção no caso.

4 – A análise prevista no nº 1 compreende exclusivamente a análise dos seguintes elementos:

a) Documentação constante do processo judicial;

b) Documentação técnica das entidades representadas na equipa;

c) Depoimentos prestados pelos técnicos que acompanharam o caso;

d) Demais documentação de natureza técnica considerada relevante.

5 – Para efeitos do disposto no presente artigo, as entidades públicas ou privadas com intervenção neste domínio devem facultar toda a documentação e prestar outras informações relevantes solicitadas para o efeito.

6 – Sempre que se justificar, a Equipa de Análise Retrospetiva de Homicídio em Violência Doméstica produz recomendações tendo em vista a implementação de novas metodologias preventivas ao nível dos procedimentos.

7 – Os elementos da Equipa de Análise Retrospetiva de Homicídio em Violência Doméstica estão sujeitos ao dever de confidencialidade.

8 – Os representantes das entidades que integram a Equipa de Análise Retrospetiva de Homicídio em Violência Doméstica não têm, pelo exercício destas funções, direito a receber qualquer tipo de remuneração ou abono.

9 – O procedimento previsto no presente artigo é regulamentado por portaria aprovada pelos membros do Governo responsáveis pelas áreas da administração interna, da cidadania e da igualdade de género, da saúde, da justiça e da segurança social.

CAPÍTULO III
Princípios

ARTIGO 5º
Princípio da igualdade

Toda a vítima, independentemente da ascendência, nacionalidade, condição social, sexo, etnia, língua, idade, religião, deficiência, convicções políticas ou ideológicas, orientação sexual, cultura e nível educacional goza dos direitos fundamentais inerentes à dignidade da pessoa humana, sendo-lhe assegurada a igualdade de oportunidades para viver sem violência e preservar a sua saúde física e mental.

ARTIGO 6º
Princípio do respeito e reconhecimento

1 – À vítima é assegurado, em todas as fases e instâncias de intervenção, tratamento com respeito pela sua dignidade pessoal.

2 – O Estado assegura às vítimas especialmente vulneráveis a possibilidade de beneficiar de um tratamento específico, o mais adaptado possível à sua situação.

ARTIGO 7º
Princípio da autonomia da vontade

A intervenção junto da vítima está limitada ao respeito integral da sua vontade, sem prejuízo das demais disposições aplicáveis no âmbito da legislação penal e processual penal.

ARTIGO 8º
Princípio da confidencialidade

Sem prejuízo do disposto no Código de Processo Penal, os serviços de apoio técnico à vítima asseguram o adequado respeito pela sua vida privada, garantindo o sigilo das informações que esta prestar.

ARTIGO 9º
Princípio do consentimento

1 – Sem prejuízo do disposto no Código de Processo Penal, qualquer intervenção de apoio à vítima deve ser efetuada após esta prestar o seu consentimento livre e esclarecido.

2 – A intervenção de apoio específico, nos termos da presente lei, ao jovem vítima de violência doméstica, com idade igual ou superior a 16 anos, depende somente do seu consentimento.

3 – A intervenção de apoio específico, nos termos da presente lei, à criança ou jovem vítima de violência doméstica, com idade inferior a 16 anos, depende do consentimento de representante legal, ou na sua ausência ou se este for o agente do crime, da entidade designada pela lei e do consentimento da criança ou jovem com idade igual ou superior a 12 anos.

4 – O consentimento da criança ou jovem com idades compreendidas entre os 12 e os 16 anos é bastante para legitimar a intervenção de apoio específico nos termos da presente lei, caso as circunstâncias impeçam a receção, em tempo útil, de declaração sobre o consentimento de representante legal, ou na sua ausência ou se este for o agente do crime, da entidade designada pela lei.

5 – A criança ou jovem vítima de violência doméstica, com idade inferior a 12 anos, tem o direito a pronunciar-se, em função da sua idade e grau de maturidade, sobre o apoio específico nos termos da presente lei.

6 – A vítima pode, em qualquer momento, revogar livremente o seu consentimento.

7 – O disposto no presente artigo não prejudica os procedimentos de urgência previstos nos artigos 91º e 92º da Lei de Proteção das Crianças e Jovens em Perigo, aprovada pela Lei nº 147/99, de 1 de setembro.

ARTIGO 10º
Proteção da vítima que careça de capacidade para prestar o seu consentimento

1 – Fora do âmbito do processo penal, qualquer intervenção de apoio a vítima que careça de capacidade para prestar o seu consentimento apenas poderá ser efetuada em seu benefício direto.

2 – Sempre que, nos termos da lei, um maior careça, em virtude de perturbação mental, de doença ou por motivo similar, de capacidade para consentir numa intervenção, esta não poderá ser efetuada sem a autorização do seu representante, ou na sua ausência ou se este for o agente do crime, de uma autoridade ou de uma pessoa ou instância designada nos termos da lei.

3 – A vítima em causa deve, na medida do possível, participar no processo de autorização.

ARTIGO 11º
Princípio da informação

O Estado assegura à vítima a prestação de informação adequada à tutela dos seus direitos, designadamente sobre os serviços de apoio e as medidas legais disponíveis, garantindo que a mesma é prestada em tempo útil e em língua que a vítima compreenda.

ARTIGO 12º
Princípio do acesso equitativo aos cuidados de saúde

O Estado, tendo em conta as necessidades de saúde, assegura as medidas adequadas com vista a garantir o acesso equitativo da vítima aos cuidados de saúde de qualidade apropriada.

ARTIGO 13º
Obrigações profissionais e regras de conduta

Qualquer intervenção de apoio técnico à vítima deve ser efetuada na observância das normas e obrigações profissionais, bem como das regras de conduta aplicáveis ao caso concreto.

CAPÍTULO IV
Estatuto de vítima

SECÇÃO I
Atribuição, direitos e cessação do estatuto de vítima

ARTIGO 14º
Atribuição do estatuto de vítima

1 – Apresentada a denúncia da prática do crime de violência doméstica, não existindo fortes indícios de que a mesma é infundada, as autoridades judiciárias ou os órgãos de polícia criminal competentes atribuem à vítima, para todos os efeitos legais, o estatuto de vítima.

2 – Sempre que existam filhos menores, o regime de visitas do agressor deve ser avaliado, podendo ser suspenso ou condicionado, nos termos da lei aplicável.

3 – No mesmo ato é entregue à vítima documento comprovativo do referido estatuto, que compreende os direitos e deveres estabelecidos na presente lei, além da cópia do respetivo auto de notícia, ou da apresentação de queixa.

4 – Em situações excecionais e devidamente fundamentadas pode ser atribuído o estatuto de vítima pelo organismo da Administração Pública responsável pela área da cidadania e da igualdade de género, valendo este para os efeitos previstos na presente lei, com exceção dos relativos aos procedimentos policiais e judiciários.

5 – A vítima e as autoridades competentes estão obrigadas a um dever especial de cooperação, devendo agir sob os ditames da boa fé.

ARTIGO 15º
Direito à informação

1 – É garantida à vítima, desde o seu primeiro contacto com as autoridades competentes para a aplicação da lei, o acesso às seguintes informações:

a) O tipo de serviços ou de organizações a que pode dirigir-se para obter apoio;

b) O tipo de apoio que pode receber;

c) Onde e como pode apresentar denúncia;

d) Quais os procedimentos sequentes à denúncia e qual o seu papel no âmbito dos mesmos;

e) Como e em que termos pode receber proteção;

f) Em que medida e em que condições tem acesso a:

i) Aconselhamento jurídico; ou

ii) Apoio judiciário; ou

iii) Outras formas de aconselhamento;

g) Quais os requisitos que regem o seu direito a indemnização;

h) Quais os mecanismos especiais de defesa que pode utilizar, sendo residente em outro Estado.

2 – Sempre que a vítima o solicite junto da entidade competente para o efeito, e sem prejuízo do regime do segredo de justiça, deve ainda ser-lhe assegurada informação sobre:

a) O seguimento dado à denúncia;
b) Os elementos pertinentes que lhe permitam, após a acusação ou a decisão instrutória, ser inteirada do estado do processo e da situação processual do arguido, por factos que lhe digam respeito, salvo em casos excecionais que possam prejudicar o bom andamento dos autos;
c) A sentença do tribunal.

3 – Devem ser promovidos os mecanismos adequados para fornecer à vítima a informação sobre a libertação de agente detido, preso preventivamente ou condenado pela prática do crime de violência doméstica, no âmbito do processo penal.

4 – A vítima deve ainda ser informada, sempre que tal não perturbe o normal desenvolvimento do processo penal, sobre o nome do agente responsável pela investigação, bem como da possibilidade de entrar em contacto com o mesmo para obter informações sobre o estado do processo penal.

5 – Deve ser assegurado à vítima o direito de optar por não receber as informações referidas nos números anteriores, salvo quando a comunicação das mesmas for obrigatória nos termos do processo penal aplicável.

ARTIGO 16º
Direito à audição e à apresentação de provas

1 – A vítima que se constitua assistente colabora com o Ministério Público de acordo com o estatuto do assistente em processo penal.

2 – As autoridades apenas devem inquirir a vítima na medida do necessário para os fins do processo penal.

ARTIGO 17º
Garantias de comunicação

1 – Devem ser tomadas as medidas necessárias, em condições comparáveis às aplicáveis ao agente do crime, para minimizar tanto quanto possível os problemas de comunicação, quer em relação à compreensão, quer em relação à intervenção da vítima na qualidade de sujeito processual nos diversos atos processuais do processo penal em causa.

2 – São aplicáveis nas situações referidas no número anterior, as disposições legais em vigor relativas à nomeação de intérprete.

ARTIGO 18º
Assistência específica à vítima

O Estado assegura, gratuitamente nos casos estabelecidos na lei, que a vítima tenha acesso a consulta jurídica e a aconselhamento sobre o seu papel durante o processo e, se necessário, o subsequente apoio judiciário quando esta seja sujeito em processo penal.

ARTIGO 19º
Despesas da vítima resultantes da sua participação no processo penal

À vítima que intervenha na qualidade de sujeito no processo penal, deve ser proporcionada a possibilidade de ser reembolsada das despesas efetuadas em resultado da sua legítima participação no processo penal, nos termos estabelecidos na lei.

ARTIGO 20º
Direito à proteção

1 – É assegurado um nível adequado de proteção à vítima e, sendo caso disso, à sua família ou a pessoas em situação equiparada, nomeadamente no que respeita à segurança e salvaguarda da vida privada, sempre que as autoridades competentes considerem que existe uma ameaça séria de represálias, de situações de revitimação ou fortes indícios de que essa privacidade possa ser perturbada.

2 – O contacto entre vítimas e arguidos em todos os locais que impliquem a presença em diligências conjuntas, nomeadamente nos edifícios dos tribunais, deve ser evitado, sem prejuízo da aplicação das regras processuais estabelecidas no Código de Processo Penal.

3 – Às vítimas especialmente vulneráveis deve ser assegurado o direito a beneficiarem, por decisão judicial, de condições de depoimento, por qualquer meio compatível, que as protejam dos efeitos do depoimento prestado em audiência pública.

4 – O juiz ou, durante a fase de inquérito, o Ministério Público, devem determinar, sempre que tal se mostre imprescindível à proteção da vítima e obtido o seu consentimento, que lhe seja assegurado apoio psicossocial e proteção por teleassistência, por período não superior a seis meses, prorrogável se circunstâncias associadas à proteção da vítima o justificarem.

5 – A vítima pode requerer que a sua morada seja ocultada nas notificações das autoridades competentes que tenham o suspeito ou o arguido como destinatário.

6 – O organismo da Administração Pública responsável pela área da cidadania e da igualdade de género pode recorrer a regimes de parceria para instalar, assegurar e manter em funcionamento sistemas técnicos de teleassistência.

7 – O disposto nos números anteriores não prejudica a aplicação das demais soluções constantes do regime especial de proteção de testemunhas, nomeadamente no que se refere à proteção dos familiares da vítima.

(Redação dada pela Lei nº 54/2020, de 26-08)

ARTIGO 21º
Direito a indemnização e a restituição de bens

1 – À vítima é reconhecido, no âmbito do processo penal, o direito a obter uma decisão de indemnização por parte do agente do crime, dentro de um prazo razoável.

2 – Para efeito da presente lei, há sempre lugar à aplicação do disposto no artigo 82º-A do Código de Processo Penal, exceto nos casos em que a vítima a tal expressamente se opuser.

3 – Salvo necessidade imposta pelo processo penal, os objetos restituíveis pertencentes à vítima e apreendidos no processo penal são imediatamente examinados e devolvidos.

4 – Independentemente do andamento do processo, à vítima é reconhecido o direito a retirar da residência todos os seus bens de uso pessoal e, ainda, sempre que possível, os seus bens móveis próprios, bem como os bens pertencentes a filhos menores e a pessoa maior de idade que se encontre na direta dependência da vítima em razão de afetação grave, permanente e incapacitante no plano psíquico ou físico, devendo os bens constar de lista disponibilizada no âmbito do processo e sendo a vítima acompanhada, quando necessário, por autoridade policial.

ARTIGO 22º
Condições de prevenção da vitimização secundária

1 – A vítima tem direito a ser ouvida em ambiente informal e reservado, devendo ser criadas as adequadas condições para prevenir a vitimização secundária e para evitar que sofra pressões.

2 – A vítima tem ainda direito, sempre que possível, e de forma imediata, a dispor de adequado atendimento psicológico e psiquiátrico por parte de equipas multidisciplinares de profissionais habilitadas à despistagem e terapia dos efeitos associados ao crime de violência doméstica.

ARTIGO 23º
Vítima residente noutro Estado

1 – A vítima não residente em Portugal beneficia das medidas adequadas ao afastamento das dificuldades que surjam em razão da sua residência, especialmente no que se refere ao andamento do processo penal.

2 – A vítima não residente em Portugal beneficia ainda da possibilidade de prestar declarações para memória futura imediatamente após ter sido cometida a infração, bem como da audição através de videoconferência e de teleconferência.

3 – É ainda assegurado à vítima de crime praticado fora de Portugal a possibilidade de apresentar denúncia junto das autoridades nacionais, sempre que não tenha tido a possibilidade de o fazer no Estado onde foi cometido o crime, caso em que as autoridades nacionais devem transmiti-la prontamente às autoridades competentes do território onde foi cometido o crime.

4 – No caso de a vítima residir ou se ausentar para outro Estado-membro da União Europeia, a mesma pode solicitar a emissão de uma decisão europeia de proteção com respeito às medidas de coação, injunções ou regras de conduta no âmbito da suspensão provisória do processo em fase de inquérito, ou a penas principais ou acessórias nas quais sejam decretadas medidas de proteção nos termos previstos no regime jurídico correspondente.

ARTIGO 24º
Cessação do estatuto de vítima

1 – O estatuto de vítima cessa por vontade expressa da vítima ou por verificação da existência de fortes indícios de denúncia infundada.

2 – O estatuto de vítima cessa igualmente com o arquivamento do inquérito, do despacho de não pronúncia ou após o trânsito em julgado da decisão que ponha termo à causa, salvo se, a requerimento da vítima junto do Ministério Público ou do tribunal competente, consoante os casos, a necessidade da sua proteção o justificar.

3 – A cessação do estatuto da vítima não prejudica, sempre que as circunstâncias do caso forem consideradas justificadas pelos correspondentes serviços, a continuação das modalidades de apoio social que tenham sido estabelecidas.

4 – A cessação do estatuto da vítima, quando ocorra, em nenhum caso prejudica as regras aplicáveis do processo penal.

SECÇÃO II
Proteção policial e tutela judicial

ARTIGO 25º
Acesso ao direito

1 – É garantida à vítima, com prontidão, consulta jurídica a efetuar por advogado, bem como a célere e sequente concessão de apoio judiciário, com natureza urgente, nos termos legais.

2 – Quando o mesmo facto der causa a diversos processos, deve ser assegurada, sempre que possível, a nomeação do mesmo mandatário ou defensor oficioso à vítima.

(Redação dada pela Lei nº 2/2020, de 31-03)

ARTIGO 26º
Assessoria e consultoria técnicas

Os gabinetes de apoio aos magistrados judiciais e do Ministério Público previstos na Lei de Organização do Sistema Judiciário devem, sempre que possível, incluir assessoria e consultoria técnicas na área da violência doméstica.

ARTIGO 27º
Gabinetes de atendimento e informação à vítima nos órgãos de polícia criminal

1 – Os gabinetes de atendimento a vítimas a funcionar junto dos órgãos de polícia criminal asseguram a prevenção, o atendimento e o acompanhamento das situações de violência doméstica.

2 – Cada força e serviço de segurança constituem a sua rede de gabinetes de atendimento, dotados de condições adequadas, nomeadamente de privacidade, ao atendimento de vítimas.

3 – O disposto nos números anteriores deve igualmente ser concretizado, sempre que possível, nas instalações dos departamentos de investigação e ação penal (DIAP).

ARTIGO 27º-A
Intervenção dos órgãos de polícia criminal

1 – No cumprimento das disposições aplicáveis às situações de violência doméstica, as forças e os serviços de segurança adotam os procedimentos necessários para assegurar o acompanhamento e a proteção policial das vítimas.

2 – A proteção policial de uma vítima de violência doméstica, no âmbito judicial ou fora dele, deve assentar na prestação de orientações de autoproteção ou num plano individualizado de segurança, elaborado pela autoridade de polícia localmente competente, em função do nível de risco de revitimação.

ARTIGO 28º
Celeridade processual

1 – Os processos por crime de violência doméstica têm natureza urgente, ainda que não haja arguidos presos.

2 – A natureza urgente dos processos por crime de violência doméstica implica a aplicação do regime previsto no nº 2 do artigo 103º do Código de Processo Penal.

ARTIGO 29º
Denúncia do crime

1 – A denúncia de natureza criminal é feita nos termos gerais, sempre que possível, através de formulários próprios, nomeadamente autos de notícia padrão, criados no âmbito da prevenção, da investigação criminal e do apoio às vítimas.

2 – É ainda assegurada a existência de formulários próprios no âmbito do sistema de queixa eletrónica, que garante a conexão com um sítio da Internet de acesso público com informações específicas sobre violência doméstica.

3 – A denúncia é de imediato elaborada pela entidade que a receber e, quando feita a entidade diversa do Ministério Público, é a este imediatamente transmitida, acompanhada de avaliação de risco da vítima efetuada pelos órgãos de polícia criminal.

ARTIGO 29º-A
Medidas de proteção à vítima

1 – Logo que tenha conhecimento da denúncia, sem prejuízo das medidas cautelares e de polícia já adotadas, o Ministério Público, caso não se decida pela avocação, determina ao órgão de polícia criminal, pela via mais expedita, a realização de atos processuais urgentes de aquisição de prova que habilitem, no mais curto período de tempo possível sem exceder as 72 horas, à tomada de medidas de proteção à vítima e à promoção de medidas de coação relativamente ao arguido.

2 – Com a denúncia, a vítima é sempre encaminhada para as estruturas locais de apoio, em vista à elaboração de plano de segurança, caso não tenha sido elaborado pelo órgão de polícia criminal e para efeitos do recebimento de demais apoio legalmente previsto.

ARTIGO 30º
Detenção

1 – Em caso de flagrante delito por crime de violência doméstica, a detenção efetuada mantém-se até o detido ser apresentado a audiência de julgamento sob a forma sumária ou a primeiro interrogatório judicial para eventual aplicação de medida de coação ou de garantia patrimonial, sem prejuízo do disposto no nº 3 do artigo 143º, no nº 1 do artigo 261º, no nº 4 do artigo 382º e no nº 3 do artigo 385º do Código de Processo Penal.

2 – Para além do previsto no nº 1 do artigo 257º do Código de Processo Penal, a detenção fora de flagrante delito pelo crime previsto no número anterior pode ser efetuada por mandado do juiz ou do Ministério Público, se houver perigo de continuação da atividade criminosa ou se tal se mostrar imprescindível à proteção da vítima.

3 – Para além das situações previstas no nº 2 do artigo 257º do Código de Processo Penal, as autoridades policiais podem também ordenar a detenção fora de flagrante delito pelo crime previsto no nº 1, por iniciativa própria, quando:

a) Se encontre verificado qualquer dos requisitos previstos no número anterior; e

b) Não for possível, dada a situação de urgência e de perigo na demora, aguardar pela intervenção da autoridade judiciária.

ARTIGO 31º
Medidas de coação urgentes

1 – Após a constituição de arguido pela prática do crime de violência doméstica, o tribunal pondera, no prazo máximo de 48 horas, a aplicação, com respeito pelos pressupostos gerais e específicos de aplicação das medidas de coação previstas no Código de Processo Penal, de medida ou medidas de entre as seguintes:

a) Não adquirir, não usar ou entregar, de forma imediata, armas ou outros objetos e utensílios que detiver, capazes de facilitar a continuação da atividade criminosa;

b) Sujeitar, mediante consentimento prévio, a frequência de programa para arguidos em crimes no contexto da violência doméstica;

c) Não permanecer na residência onde o crime tenha sido cometido ou onde habite a vítima;

d) Não contactar com a vítima, com determinadas pessoas ou frequentar certos lugares ou certos meios.

2 – O disposto nas alíneas *c*) e *d*) do número anterior mantém a sua relevância mesmo nos casos em que a vítima tenha abandonado a residência em razão da prática ou de ameaça séria do cometimento do crime de violência doméstica.

3 – As medidas previstas neste artigo são sempre cumuláveis com qualquer outra medida de coação prevista no Código de Processo Penal.

4 – A medida ou medidas de coação que impliquem a restrição de contacto entre progenitores são imediatamente comunicadas ao representante do Ministério Público que exerce funções no tribunal competente, para efeitos de instauração, com caráter de urgência, do respetivo processo de regulação ou alteração da regulação do exercício das responsabilidades parentais.

(Redação dada pela Lei nº 24/2017, de 24-05)

ARTIGO 32º
Recurso à videoconferência ou à teleconferência

1 – Os depoimentos e declarações das vítimas, quando impliquem a presença do arguido, são prestados através de videoconferência ou de teleconferência, se o tribunal, designadamente a requerimento da vítima ou do Ministério Público, o entender como necessário para garantir a prestação de declarações ou de depoimento sem constrangimentos, podendo, para o efeito, solicitar parecer aos profissionais de saúde, aos técnicos de apoio à vítima ou a outros profissionais que acompanhem a evolução da situação.

2 – A vítima é acompanhada, sempre que o solicitar, na prestação das declarações ou do depoimento, pelo técnico de apoio à vítima ou por outro profissional que lhe tenha vindo a prestar apoio psicológico ou psiquiátrico.

ARTIGO 33º
Declarações para memória futura

1 – O juiz, a requerimento da vítima ou do Ministério Público, pode proceder à inquirição daquela no decurso do inquérito, a fim de que o depoimento possa, se necessário, ser tomado em conta no julgamento.

2 – O Ministério Público, o arguido, o defensor e os advogados constituídos no processo são notificados da hora e do local da prestação do depoimento para que possam estar presentes, sendo obrigatória a comparência do Ministério Público e do defensor.

3 – A tomada de declarações é realizada em ambiente informal e reservado, com vista a garantir, nomeadamente, a espontaneidade e a sinceridade das respostas, devendo a vítima ser assistida no decurso do ato processual pelo técnico de apoio à vítima ou por outro profissional que lhe tenha vindo a prestar apoio psicológico ou psiquiátrico, previamente autorizados pelo tribunal.

4 – A inquirição é feita pelo juiz, podendo em seguida o Ministério Público, os advogados constituídos e o defensor, por esta ordem, formular perguntas adicionais.

5 – É correspondentemente aplicável o disposto nos artigos 352º, 356º, 363º e 364º do Código de Processo Penal.

6 – O disposto nos números anteriores é correspondentemente aplicável a declarações do assistente e das partes civis, de peritos e de consultores técnicos e acareações.

7 – A tomada de declarações nos termos dos números anteriores não prejudica a prestação de depoimento em audiência de julgamento, sempre que ela for possível e não puser em causa a saúde física ou psíquica de pessoa que o deva prestar.

ARTIGO 34º
Tomada de declarações

Se, por fundadas razões, a vítima se encontrar impossibilitada de comparecer na audiência, pode o tribunal ordenar, oficiosamente ou a requerimento, que lhe sejam tomadas declarações no lugar em que se encontre, em dia e hora que lhe comunicará.

ARTIGO 34º-A
Avaliação de risco da vítima na fase de julgamento

No despacho que designa dia para a audiência de julgamento, o tribunal deve solicitar avaliação de risco atualizada da vítima.

ARTIGO 34º-B
Suspensão da execução da pena de prisão

1 – A suspensão da execução da pena de prisão de condenado pela prática de crime de violência doméstica previsto no artigo 152º do Código Penal é sempre subordinada ao cumprimento de deveres ou à observância de regras de conduta, ou ao acompanhamento de regime de prova, em qualquer caso se incluindo regras de conduta que protejam a vítima, designadamente, o afastamento do condenado da vítima, da sua residência ou local de trabalho e a proibição de contactos, por qualquer meio.

2 – O disposto no número anterior sobre as medidas de proteção é aplicável aos menores, nos casos previstos no nº 2 do artigo 152º do Código Penal.

ARTIGO 35º
Meios técnicos de controlo à distância

1 – O tribunal, com vista à aplicação das medidas e penas previstas nos artigos 52º e 152º do Código Penal e no artigo 31º da presente lei, deve, sempre que tal se mostre imprescindível para a vítima, determinar que o cumprimento daquelas medidas seja fiscalizado por meios técnicos de controlo à distância.

2 – O controlo à distância é efetuado, no respeito pela dignidade pessoal do arguido, por monitorização telemática posicional, ou outra tecnologia idónea, de acordo com os sistemas tecnológicos adequados.

3 – O controlo à distância cabe aos serviços de reinserção social e é executado em estreita articulação com os serviços de apoio à vítima, sem prejuízo do uso dos sistemas complementares de teleassistência referidos no nº 5 do artigo 20º.

4 – Para efeitos do disposto no nº 1, o juiz solicita prévia informação aos serviços encarregados do controlo à distância sobre a situação pessoal, familiar, laboral e social do arguido ou do agente.

5 – À revogação, alteração e extinção das medidas de afastamento fiscalizadas por meios técnicos de controlo à distância aplicam-se as regras previstas nos artigos 55º a 57º do Código Penal e nos artigos 212º e 282º do Código de Processo Penal.

ARTIGO 36º
Consentimento

1 – A utilização dos meios técnicos de controlo à distância depende do consentimento do arguido ou do agente e, nos casos em que a sua utilização abranja a participação da vítima, depende igualmente do consentimento desta.

2 – A utilização dos meios técnicos de controlo à distância depende ainda do consentimento das pessoas que o devam prestar, nomeadamente das pessoas que vivam com o arguido ou o agente e das que possam ser afetadas pela permanência obrigatória do arguido ou do agente em determinado local.

3 – O consentimento do arguido ou do agente é prestado pessoalmente perante o juiz, na presença do defensor, e reduzido a auto.

4 – Sempre que a utilização dos meios técnicos de controlo à distância for requerida pelo arguido ou pelo agente, o consentimento considera-se prestado por simples declaração deste no requerimento.

5 – As vítimas e as pessoas referidas no nº 2 prestam o seu consentimento aos serviços encarregados da execução dos meios técnicos de controlo à distância por simples declaração escrita, que o enviam posteriormente ao juiz.

6 – Os consentimentos previstos neste artigo são revogáveis a todo o tempo.

7 – Não se aplica o disposto nos números anteriores sempre que o juiz, de forma fundamentada, determine que a utilização de meios técnicos de controlo à distância é imprescindível para a proteção dos direitos da vítima.

ARTIGO 37º
Comunicação obrigatória e tratamento de dados

(Revogado pela Lei nº 24/2017, de 23-08)

ARTIGO 37º-A
Base de Dados de Violência Doméstica

1 – É criada a Base de Dados de Violência Doméstica (BDVD), sendo o respetivo tratamento da responsabilidade da SGMAI.*

* A Resolução do Conselho de Ministros nº 139/2019, de 19 de agosto, determina que a base de dados criada deve passar a designar-se «Base de Dados de Violência contra as Mulheres e Violência Doméstica».

2 – O tratamento de dados efetuado no âmbito da BDVD reporta-se às ocorrências participadas às forças de segurança (Guarda Nacional Republicana – GNR e Polícia de Segurança Pública – PSP), às respetivas avaliações de risco, e às decisões comunicadas nos termos do artigo anterior, e tem por finalidades exclusivas:

a) Contribuir para o conhecimento do fenómeno e para o desenvolvimento da política criminal e da política de segurança interna em matéria de violência doméstica, disponibilizando informação, sem qualquer identificação de dados pessoais;

b) Contribuir para a prevenção e investigação criminal do fenómeno, na prossecução das atribuições e competências do Ministério Público e das forças de segurança.

3 – O acesso à base de dados por parte da SGMAI é feito por dois tipos de utilizadores:

a) Os trabalhadores da SGMAI credenciados para utilizar a base de dados com a finalidade de extração de dados, que não acedem a dados pessoais.

b) Os trabalhadores da SGMAI credenciados para utilizar a base de dados com a finalidade de garantir a coerência e a fiabilidade da informação, acedendo, no que respeita a dados pessoais, apenas ao NUIPC.

4 – Os elementos das forças de segurança (GNR e PSP), credenciados para o efeito, acedem aos registos constantes da BDVD para efeitos de investigação criminal e de aperfeiçoamento das práticas de policiamento da violência doméstica.

5 – O Ministério Público, enquanto titular da ação penal, acede através de elementos credenciados para o efeito, aos registos constantes da BDVD, com a finalidade de coadjuvar a atividade de prevenção e investigação criminal do fenómeno da violência doméstica.

6 – Os trabalhadores ou elementos do Ministério Público das forças de segurança com acesso à Base de Dados de Violência Doméstica estão sujeitos ao dever de confidencialidade.

7 – A Base de Dados de Violência Doméstica é notificada à Comissão Nacional de Proteção de Dados, nos termos da Lei nº 67/98, de 26 de outubro.

ARTIGO 37º-B
Comunicação obrigatória de decisões judiciais

(Revogado pela Lei nº 24/2017, de 24-05)

ARTIGO 38º
Medidas de apoio à reinserção do agente

1 – O Estado deve promover a criação das condições necessárias ao apoio psicológico e psiquiátrico aos agentes condenados pela prática de crimes de violência

doméstica, bem como àqueles em relação aos quais tenha recaído decisão de suspensão provisória do processo, obtido o respetivo consentimento.

2 – São definidos e implementados programas para autores de crimes no contexto da violência doméstica, designadamente com vista à suspensão da execução da pena de prisão.

ARTIGO 39º
Encontro restaurativo

(*Revogado.*)

ARTIGO 40º
Apoio financeiro

A vítima de violência doméstica beneficia de apoio financeiro do Estado, nos termos da legislação aplicável.

SECÇÃO III
Tutela social

ARTIGO 41º
Cooperação das entidades empregadoras

Sempre que possível, e quando a dimensão e a natureza da entidade empregadora o permitam, esta deve tomar em consideração de forma prioritária:

a) O pedido de mudança do trabalhador a tempo completo que seja vítima de violência doméstica para um trabalho a tempo parcial que se torne disponível no órgão ou serviço;

b) O pedido de mudança do trabalhador a tempo parcial que seja vítima de violência doméstica para um trabalho a tempo completo ou de aumento do seu tempo de trabalho.

ARTIGO 42º
Transferência a pedido do trabalhador

1 – Nos termos do Código do Trabalho, o trabalhador vítima de violência doméstica tem direito a ser transferido, temporária ou definitivamente, a seu pedido, para outro estabelecimento da empresa, verificadas as seguintes condições:

a) Apresentação de denúncia;

b) Saída da casa de morada de família no momento em que se efetive a transferência.

2 – Em situação prevista no número anterior, o empregador apenas pode adiar a transferência com fundamento em exigências imperiosas ligadas ao funcionamento da empresa ou serviço ou até que exista posto de trabalho compatível disponível.

3 – No caso previsto no número anterior, o trabalhador tem direito a suspender o contrato de imediato até que ocorra a transferência.

4 – É garantida a confidencialidade da situação que motiva as alterações contratuais do número anterior, se solicitado pelo interessado.

5 – O disposto nos números anteriores é aplicável, com as devidas adaptações, aos trabalhadores que exercem funções públicas, independentemente da modalidade de constituição da relação jurídica de emprego público ao abrigo da qual exercem as respetivas funções.

6 – Na situação de suspensão a que se refere o nº 3, são aplicáveis aos trabalhadores que exercem funções públicas, com as necessárias adaptações, os efeitos previstos no artigo 277º da Lei Geral do Trabalho em Funções Públicas, aprovada pela Lei nº 35/2014, de 20 de junho.

ARTIGO 43º
Faltas

As faltas dadas pela vítima que sejam motivadas por impossibilidade de prestar trabalho em razão da prática do crime de violência doméstica são, de acordo com o regime legal aplicável, consideradas justificadas.

ARTIGO 44º
Instrumentos de regulamentação coletiva de trabalho

Os instrumentos de regulamentação coletiva de trabalho, sempre que possível, devem estabelecer, para a admissão em regime de tempo parcial e para a mobilidade geográfica, preferências em favor dos trabalhadores que beneficiem do estatuto de vítima.

ARTIGO 45º
Apoio ao arrendamento

A vítima tem direito a apoio ao arrendamento, à atribuição de fogo social ou a modalidade específica equiparável, nos termos definidos na lei ou em protocolos celebrados com entidades para o efeito.

ARTIGO 46º
Rendimento social de inserção

1 – A vítima tem, nos termos da lei, direito ao rendimento social de inserção, sendo o respetivo pedido tramitado com caráter de urgência.

2 – Para efeitos da determinação do montante do rendimento social de inserção a atribuir a vítimas de violência doméstica às quais tenha sido atribuído esse

estatuto e se encontrem comprovadamente em processo de autonomização, não são considerados quaisquer rendimentos do trabalho de outros elementos do agregado familiar.

ARTIGO 47º
Abono de família

A requerimento da vítima, opera-se a transferência da perceção do abono de família relativamente aos filhos menores que consigo se encontrem.

ARTIGO 48º
Acesso ao emprego e a formação profissional

1 – À vítima de violência doméstica deve ser assegurada prioridade no acesso às ofertas de emprego, à integração em programas de formação profissional ou em qualquer outra medida ativa de emprego.

2 – É igualmente assegurada à vítima prioridade no atendimento nos centros de emprego e centros de emprego e formação profissional do Instituto do Emprego e Formação Profissional, I. P. (IEFP, I. P.,), que deve ser realizado em condições de privacidade.

ARTIGO 49º
Tratamento clínico

O Serviço Nacional de Saúde assegura a prestação de assistência direta à vítima por parte de técnicos especializados e promove a existência de gabinetes de atendimento e tratamento clínico com vista à prevenção do fenómeno da violência doméstica.

ARTIGO 50º
Isenção de taxas moderadoras

A vítima está isenta do pagamento das taxas moderadoras no âmbito do Serviço Nacional de Saúde.

ARTIGO 51º
Restituição das prestações

1 – As prestações económicas e sociais inerentes ao estatuto de vítima que tenham sido pagas indevidamente devem ser restituídas.

2 – Consideram-se como indevidamente pagas as prestações económicas e sociais cuja atribuição tenha sido baseada em falsas declarações de quem haja beneficiado do estatuto de vítima ou na omissão de informações legalmente exigidas.

ARTIGO 52º
Falsas declarações

Sem prejuízo da responsabilidade penal, a prestação de falsas declarações no âmbito do estatuto de vítima determina a cessação das prestações económicas e sociais previstas na lei.

CAPÍTULO V
Rede nacional

ARTIGO 53º
Rede nacional de apoio às vítimas de violência doméstica

1 – A rede nacional de apoio às vítimas de violência doméstica compreende o organismo da Administração Pública responsável pela área da cidadania e da igualdade de género, o ISS, I. P., as casas de abrigo, as respostas de acolhimento de emergência e as estruturas de atendimento.

2 – Integram ainda a rede nacional de apoio às vítimas as respostas específicas do artigo 62º

3 – No âmbito da rede, é também assegurada a existência de um serviço telefónico permanente, gratuito e com cobertura nacional, de informação a vítimas de violência doméstica.

4 – (*Revogado.*)

5 – (*Revogado.*)

6 – (*Revogado.*)

7 – (*Revogado.*)

8 – No quadro da rede nacional de apoio às vítimas de violência doméstica, a relevância das organizações de apoio à vítima é reconhecida pelo Estado e o seu papel é estimulado por este, nomeadamente na concretização das políticas de apoio.

ARTIGO 53º-A
Articulação no âmbito da rede e com outros intervenientes

1 – Quaisquer modalidades de apoio público à constituição ou funcionamento das casas de abrigo, das estruturas de atendimento e das respostas de acolhimento de emergência carecem da supervisão técnica do organismo da Administração Pública responsável pela área da cidadania e da igualdade de género, nos termos da alínea *j*) do artigo 58º, sendo da responsabilidade do ISS, I. P., a respetiva fiscalização, nos termos das suas atribuições, bem como o apoio técnico e o acompanhamento daquelas respostas sociais objeto de acordo de cooperação.

2 – Nos casos em que as vítimas são pessoas idosas ou em situação dependente, sem retaguarda familiar, deve o ISS, I. P., ou outro organismo competente, desenvolver um encaminhamento prioritário para o acolhimento no âmbito da rede de servi-

ços e equipamentos sociais, sem prejuízo da articulação devida com a rede nacional de apoio a vítimas de violência doméstica.

3 – As forças e serviços de segurança atuam em estreita cooperação com a rede nacional de apoio às vítimas de violência doméstica.

4 – Nas situações em que as vítimas de violência doméstica sejam crianças ou jovens de menor idade, compete à Comissão Nacional de Proteção das Crianças e Jovens em Risco e às comissões de proteção das crianças e jovens estabelecer os procedimentos de proteção nos termos das suas atribuições legais, sem prejuízo das modalidades de cooperação possíveis com os organismos e entidades da rede nacional de apoio às vítimas de violência doméstica.

5 – Todos os intervenientes na rede e todas as entidades que com a mesma cooperam devem articular-se tendo em vista a concretização, em cada momento, das medidas que se revelarem mais adequadas à proteção das vítimas.

ARTIGO 54º
Gratuitidade

1 – Os serviços prestados através da rede nacional de apoio às vítimas de violência doméstica são gratuitos.

2 – Por comprovada insuficiência de meios económicos, o apoio jurídico prestado às vítimas é gratuito.

ARTIGO 55º
Participação das autarquias locais

1 – No âmbito das suas competências e atribuições, as autarquias locais podem deter estruturas integradas na rede nacional de apoio às vítimas de violência doméstica, colaborar na divulgação de outras estruturas em funcionamento nas respetivas áreas territoriais e ceder equipamentos para a criação de respostas no âmbito da rede nacional.

2 – Nos casos em que a propriedade dos equipamentos seja das autarquias locais, a manutenção das instalações é assegurada por esta, podendo nos restantes casos, e sempre que possível, contribuir para o bom estado de conservação das mesmas.

ARTIGO 56º
Financiamento

1 – Em matéria de investimento para construção e equipamento de respostas na área da violência doméstica, o apoio público da administração central enquadra-se em programas específicos de investimento para equipamentos sociais.

2 – O apoio financeiro referido no número anterior pode ser assegurado por verbas oriundas dos fundos comunitários, nos termos dos regulamentos aplicáveis.

3 – O apoio financeiro para funcionamento das respostas sociais na área da violência doméstica rege-se pelo regime de cooperação, nos termos da legislação em vigor.

ARTIGO 57º
Colaboração com entidades estrangeiras

No âmbito da rede nacional de apoio às vítimas de violência doméstica podem estabelecer-se acordos de cooperação com entidades similares estrangeiras para segurança dos respetivos utentes.

ARTIGO 58º
Comissão para a Cidadania e a Igualdade de Género

A Comissão para a Cidadania e a Igualdade de Género é responsável pelo desenvolvimento das políticas de proteção e promoção dos direitos das vítimas de violência doméstica, cabendo-lhe, nomeadamente:

a) Participar nas alterações legislativas que respeitem ao âmbito do seu mandato;

b) Promover os protocolos com os organismos e serviços com intervenção nesta área e as organizações não-governamentais ou outras entidades privadas;

c) Promover formação especializada das equipas multidisciplinares que compõem a rede nacional;

d) Colaborar na inserção de conteúdos específicos nos planos curriculares e de formação de todos os profissionais que, direta ou indiretamente, contactam com o fenómeno da violência doméstica;

e) Solicitar e coordenar as auditorias e os estudos de diagnóstico e avaliação das carências, medidas e respostas sociais;

f) Dinamizar, coordenar e acompanhar a elaboração do diagnóstico da situação das vítimas;

g) Concertar a ação de todas as entidades públicas e privadas, estruturas e programas de intervenção na área das vítimas, de modo a reforçar estratégias de cooperação e de racionalização de recursos;

h) Cooperar com a Comissão Nacional de Proteção das Crianças e Jovens em Risco no desenvolvimento das políticas, estratégias e ações relativas à promoção e proteção das crianças e jovens vítimas de violência doméstica;

i) Certificar, para o efeito, as entidades cuja atividade na área da violência doméstica implique, pela sua relevância, integração na rede nacional de apoio às vítimas de violência doméstica;

j) Assegurar a supervisão técnica nas respostas específicas de atendimento e de acolhimento de vítimas, procedendo à verificação da conformidade dos procedimentos adotados com as orientações técnicas nacionais, comunitárias e europeias sobre a matéria e à sua articulação com as políticas públicas, bem como à monitorização do trabalho das equipas quanto aos modelos de intervenção e práticas de atuação, que deve atender às orientações emanadas pelos serviços de segurança social, e à formação, informação e atualização das competências técnico-científicas das pessoas que as integram;

k) Organizar e coordenar o registo de dados de violência doméstica, desagregados por idade, nacionalidade e sexo, com a finalidade de recolha e análise de elementos de informação relativos às ocorrências reportadas às forças de segurança e das decisões judiciárias que, nos termos da lei, devam ser comunicadas;

l) Emitir os pareceres previstos na lei.

ARTIGO 58º-A
Competências do Instituto da Segurança Social, I. P.

Ao ISS, I. P., compete, em matéria de políticas públicas de combate à violência doméstica e da proteção e promoção dos direitos das vítimas, nomeadamente:

a) Desenvolver a cooperação com as instituições particulares de solidariedade social ou equiparadas, no âmbito dos respetivos acordos de cooperação celebrados para as respostas sociais de apoio às vítimas de violência doméstica;

b) Assegurar a fiscalização, o apoio técnico e o acompanhamento das respostas sociais, nos termos do nº 1 do artigo 53º-A;

c) Garantir a devida articulação e coordenação com outros organismos e estruturas, nomeadamente no âmbito da rede nacional, por forma a proteger as vítimas e a promover a sua integração social;

d) Promover procedimentos de resposta, em situação de emergência, designadamente no âmbito da Linha Nacional de Emergência Social, a vítimas de violência doméstica;

e) Participar nas alterações legislativas que respeitem ao seu âmbito de atuação;

f) Participar na implementação e execução do Plano Nacional Contra a Violência Doméstica;

g) Participar na definição da estratégia nacional para o combate à violência doméstica;

h) Assegurar a recolha e o tratamento dos dados estatísticos relativos à violência doméstica, no âmbito das suas competências.

ARTIGO 59º
Cobertura territorial da rede nacional

1 – Cabe ao Estado promover a criação, a instalação, a expansão e o apoio ao funcionamento das casas de abrigo e restantes estruturas que integram a rede nacional.

2 – A rede de casas de abrigo e as restantes estruturas que integram a rede nacional devem assegurar a cobertura equilibrada do território nacional e da população, devendo abranger todos os distritos.

3 – Nas áreas metropolitanas de Lisboa e do Porto, a rede referida nos números anteriores deve contemplar, pelo menos, duas casas de abrigo.

ARTIGO 60º
Casas de abrigo

1 – As casas de abrigo são as unidades residenciais destinadas a acolhimento temporário a vítimas, acompanhadas ou não de filhos menores.

2 – Ao Estado incumbe conceder apoio, com caráter de prioridade, às casas de abrigo de mulheres vítimas de violência doméstica e assegurar o anonimato das mesmas.

ARTIGO 61º
Estruturas de atendimento

1 – As estruturas de atendimento são constituídas por uma ou mais equipas técnicas de entidades públicas dependentes da administração central ou local, de entidades que com aquelas tenham celebrado protocolos de cooperação e de outras organizações de apoio à vítima que assegurem, de forma integrada, com caráter de continuidade, o atendimento, o apoio e o reencaminhamento personalizado de vítimas, tendo em vista a sua proteção.

2 – Os protocolos de cooperação a que se refere o número anterior devem merecer acordo entre os organismos da Administração Pública responsáveis pelas áreas da cidadania e da igualdade de género e da segurança social, assegurando a sua conformidade com os parâmetros da presente lei e do PNCVD.

3 – As equipas a que se refere o nº 1 têm uma natureza multidisciplinar, integrando preferencialmente técnicos de apoio à vítima.

ARTIGO 61º-A
Respostas de acolhimento de emergência

As respostas de acolhimento de emergência visam o acolhimento urgente de vítimas acompanhadas ou não de filhos menores, pelo período necessário à avaliação da sua situação, assegurando a proteção da sua integridade física e psicológica.

ARTIGO 62º
Respostas específicas de organismos da Administração Pública

Os organismos da Administração Pública, designadamente no âmbito do serviço nacional de saúde, das forças e serviços de segurança, do IEFP, I. P., dos serviços da segurança social e dos serviços de apoio ao imigrante, devem promover o atendimento específico às vítimas de violência doméstica no âmbito das respetivas competências.

ARTIGO 63º
Objetivos das casas de abrigo

São objetivos das casas de abrigo:

a) Acolher temporariamente vítimas, acompanhadas ou não de filhos menores;

b) Nos casos em que tal se justifique, promover, durante a permanência na casa de abrigo, aptidões pessoais, profissionais e sociais das vítimas, suscetíveis de evitarem eventuais situações de exclusão social e tendo em vista a sua efetiva reinserção social.

ARTIGO 64º
Funcionamento das casas de abrigo

1 – As casas de abrigo são organizadas em unidades que favoreçam uma relação afetiva do tipo familiar, uma vida diária personalizada e a integração na comunidade.

2 – Para efeitos do número anterior, as casas de abrigo regem-se nos termos descritos na presente lei, no seu regulamento interno e pelas normas aplicáveis às entidades que revistam a mesma natureza jurídica com acordos de cooperação celebrados, desde que não contrariem as normas constantes na presente lei.

3 – O regulamento interno de funcionamento, a aprovar pelos membros do Governo responsáveis pelas áreas da cidadania e da igualdade de género e da solidariedade e segurança social, ou por quem estes designarem, é obrigatoriamente dado a conhecer às vítimas aquando da sua admissão, devendo ser subscrito por estas o correspondente termo de aceitação.

4 – As casas de abrigo dispõem, para efeitos de orientação técnica, de, pelo menos, um licenciado nas áreas sociais ou comportamentais, preferencialmente psicólogo e ou técnico de serviço social, que atua em articulação com a equipa técnica.

5 – Atendendo à natureza e fins prosseguidos pelas casas de abrigo, as autoridades policiais territorialmente competentes prestam todo o apoio necessário com vista à proteção dos trabalhadores e das vítimas, assegurando uma vigilância adequada junto das mesmas.

ARTIGO 65º
Organização e gestão das casas de abrigo

1 – As casas de abrigo podem funcionar em equipamentos pertencentes a entidades públicas ou particulares sem fins lucrativos.

2 – As casas de abrigo devem coordenar-se com as restantes estruturas que integram a rede nacional.

3 – Tratando-se de entidades particulares sem fins lucrativos, o Estado apoia a sua ação mediante a celebração de acordos de cooperação.

ARTIGO 66º
Equipa técnica

1 – As casas de abrigo dispõem de uma equipa técnica, integrando preferencialmente técnicos de apoio à vítima, a quem cabe o diagnóstico da situação das vítimas acolhidas na instituição, designadamente de avaliação de risco e das suas necessidades, bem como o apoio na definição e execução dos projetos de promoção dos seus direitos e autonomização.

2 – A equipa deve ter uma constituição pluridisciplinar, integrando as valências de direito, psicologia e serviço social.

ARTIGO 67º
Formação da equipa técnica

O organismo da Administração Pública responsável pela área da cidadania e da igualdade de género assegura, sem prejuízo da participação de outras entidades, a formação específica ao pessoal técnico das casas de abrigo e dos centros de atendimento.

ARTIGO 68º
Acolhimento

1 – A admissão das vítimas nas casas de abrigo processa-se por indicação da equipa técnica das entidades que integram a rede nacional e, em situação de emergência, também por indicação dos órgãos de polícia criminal na sequência de pedido da vítima, de acordo com a avaliação de grau de risco.

2 – O acolhimento é assegurado pela instituição que melhor possa garantir as necessidades de apoio efetivo à vítima de acordo com a análise da competente equipa técnica.

3 – O acolhimento nas casas de abrigo é de curta duração, pressupondo o retorno da vítima à vida na comunidade de origem, ou outra por que tenha optado, em prazo não superior a seis meses.

4 – A permanência por mais de seis meses pode ser autorizada, a título excecional, mediante parecer fundamentado da equipa técnica acompanhado do relatório de avaliação da situação da vítima.

5 – O disposto no presente artigo não prejudica a existência de acolhimento de crianças e jovens, decidido pelo tribunal competente, nos termos dos artigos 49º a 54º da Lei de Proteção das Crianças e Jovens em Perigo.

ARTIGO 69º
Causas imediatas de cessação do acolhimento

Constituem causas imediatas de cessação de acolhimento, entre outras:

a) O termo do prazo previsto nos nºs 3 e 4 do artigo anterior;

b) A manifestação de vontade da vítima;

c) O incumprimento das regras de funcionamento da casa de abrigo.

ARTIGO 70º
Direitos e deveres da vítima e dos filhos menores em acolhimento

1 – A vítima e os filhos menores acolhidos em casas de abrigo têm os seguintes direitos:

a) Alojamento e alimentação em condições de dignidade;

b) Usufruir de um espaço de privacidade e de um grau de autonomia na condução da sua vida pessoal adequados à sua idade e situação.

2 – Constitui dever especial da vítima e dos filhos menores acolhidos em casas de abrigo cumprir as respetivas regras de funcionamento.

ARTIGO 71º
Denúncia

1 – Os responsáveis das casas de abrigo devem denunciar aos serviços do Ministério Público competentes as situações de vítimas de que tenham conhecimento, para efeitos de instauração do respetivo procedimento criminal.

2 – Quando os responsáveis das casas de abrigo encontrem motivos de fundada suspeita de terem os filhos menores acolhidos sido também vítimas de violência doméstica, devem denunciar imediatamente tal circunstância ao Ministério Público, por meio e forma que salvaguardem a confidencialidade da informação.

ARTIGO 72º
Domicílio da vítima acolhida em casa de abrigo

A vítima acolhida em casa de abrigo considera-se domiciliada no centro de atendimento que processou a respetiva admissão.

ARTIGO 73º
Assistência médica e medicamentosa

Mediante declaração emitida pela entidade gestora da casa de abrigo onde a vítima se encontra acolhida, os serviços de saúde integrados no serviço nacional de saúde dessa área providenciam toda a assistência necessária à vítima e aos seus filhos, garantindo a confidencialidade dos dados.

ARTIGO 74º
Acesso aos estabelecimentos de ensino

1 – Aos filhos menores das vítimas acolhidas nas casas de abrigo é garantida a transferência escolar, sem observância do *numerus clausus*, para estabelecimento escolar mais próximo da respetiva casa de abrigo.

2 – A referida transferência opera-se com base em declaração emitida pelo centro de atendimento que providenciou a admissão da vítima.

3 – O estabelecimento escolar referido no nº 1 está obrigado a garantir sigilo relativamente às informações a que possa ter acesso por motivo do processo de transferência.

ARTIGO 75º
Núcleos de atendimento

(*Revogado.*)

ARTIGO 76º
Grupos de ajuda mútua

Tendo em vista a autonomização das vítimas, os grupos de ajuda mútua de cariz comunitário que visem promover a autoajuda e o empoderamento das vítimas são certificados pelo organismo da Administração Pública responsável pela área da cidadania e da igualdade de género, sempre que o requeiram, para efeitos de integração na rede nacional de apoio às vítimas de violência doméstica.

CAPÍTULO VI
Educação para a cidadania

ARTIGO 77º
Educação

Incumbe ao Estado definir, nos objetivos e linhas de orientação curricular da educação pré-escolar, dos ciclos do ensino básico e secundário, os princípios orientadores de um programa de prevenção do crime de violência doméstica, de acordo com o desenvolvimento físico, emocional, psicológico e social das crianças que frequentem aqueles estabelecimentos de educação, tendo em vista, nomeadamente, proporcionar-lhes noções básicas sobre:

a) O fenómeno da violência e a sua diversidade de manifestações, origens e consequências;

b) O respeito a que têm direito, da sua intimidade e da reserva da sua vida privada;

c) Os comportamentos parentais e o inter-relacionamento na vida familiar;

d) A violência simbólica e o seu caráter estrutural e institucional;

e) Relações de poder que marcam as interações pessoais, grupais e sociais;

f) O relacionamento entre crianças, adolescentes, jovens e pessoas em idade adulta.

ARTIGO 78º
Sensibilização e informação

O Estado assegura a promoção de políticas de prevenção de violência doméstica através da:

a) Elaboração de guiões e produtos educativos para ações de sensibilização e informação nas escolas que incluam as temáticas da educação para a igualdade de género, para a não-violência e para a paz, para os afetos, bem como da relação entre género e multiculturalismo e da resolução de conflitos através da comunicação;

b) Criação e divulgação de materiais informativos e pedagógicos dirigidos à população estudantil;

c) Realização de concursos nas escolas para selecionar os melhores materiais pedagógicos produzidos a fim de integrarem exposições temporárias;

d) Dinamização de ações de sensibilização junto das escolas, em parceria com os restantes atores da comunidade educativa, por parte de militares e agentes das forças de segurança envolvidos em programas de proximidade, comunitários e de apoio à vítima;

e) Elaboração de guiões e produtos para sensibilização das famílias sobre a necessidade de adotarem estratégias educativas alternativas à violência;

f) Sensibilização para a eliminação de todas as referências sexistas e discriminatórias dos materiais escolares;

g) Dinamização de ações de sensibilização junto dos organismos da Administração Pública e empresas públicas de forma a modificar as condutas que favorecem, estimulam e perpetuam a violência doméstica;

h) Promoção de campanhas nacionais e locais nos meios de comunicação social;

i) Divulgação de material informativo acerca dos indícios reveladores da violência junto dos profissionais de saúde, destinado a sensibilizá-los para a deteção desses casos;

j) Promoção da expansão da base de conhecimentos e o intercâmbio, com entidades nacionais e estrangeiras, da informação, da identificação e da difusão de boas práticas para a prevenção da violência doméstica.

ARTIGO 79º
Formação

1 – Na medida das necessidades, deve ser promovida formação específica na área da violência doméstica a docentes da educação pré-escolar, dos ensinos básico e secundário, para que adquiram conhecimentos e técnicas que os habilitem a educar as crianças no respeito pelos direitos e liberdades fundamentais, pela igualdade entre homens e mulheres, pelo princípio da tolerância e na prevenção e resolução pacífica dos conflitos, no âmbito da vida familiar e social, bem como na deteção das formas de violência.

2 – Aos profissionais da área da saúde cuja atuação se revele relevante na matéria deve ser ministrada formação sobre violência doméstica, que inclui a preparação para a deteção precoce dos casos de violência e, sempre que existam indícios reveladores da prática do crime, a sensibilização para a sua denúncia.

3 – As atividades de formação do Centro de Estudos Judiciários contemplam conteúdos sobre o crime de violência doméstica, as suas causas e consequências.

4 – Os órgãos de polícia criminal e os técnicos de medicina legal recebem componente formativa específica na área da violência doméstica com vista à prevenção de formas de vitimização secundária, nomeadamente no âmbito da recolha dos meios de prova.

ARTIGO 80º
Protocolos

1 – Os estabelecimentos de ensino e de educação e entidades especialmente vocacionadas para o acompanhamento de situações resultantes do crime de violência doméstica podem celebrar protocolos de cooperação.

2 – As autarquias que tenham, ou desejem ter, projetos contra a violência, nomeadamente espaços de informação sobre a problemática da violência doméstica, são apoiadas mediante a celebração de protocolos, tendo em vista a realização de campanhas e ações de sensibilização nas comunidades locais e o alargamento da cobertura nacional da rede de apoio às vítimas.

3 – O Estado promove, com as ordens profissionais da área da saúde, a celebração dos protocolos necessários à divulgação regular de material informativo sobre violência doméstica nos consultórios e nas farmácias.

4 – Podem ser celebrados protocolos entre o organismo da Administração Pública responsável pela área da cidadania e da igualdade de género e os vários organismos da Administração Pública envolvidos na proteção e na assistência à vítima com vista à definição dos procedimentos administrativos de comunicação de dados e ao desenvolvimento integrado das políticas de rede de tutela da vítima e de sensibilização contra a violência doméstica.

5 – O organismo da Administração Pública responsável pela área da cidadania e da igualdade de género pode ainda celebrar protocolos com as organizações não governamentais com vista à articulação dos procedimentos relativos à proteção e à assistência à vítima.

ARTIGO 80º-A
Orçamento

1 – Cada entidade inscreve no respetivo orçamento os encargos decorrentes da execução da presente lei.

2 – Do montante das verbas referidas no número anterior e da sua execução, bem como da estimativa do montante correspondente a isenções concedidas a pessoas com estatuto de vítima de violência doméstica, é dado conhecimento ao membro do Governo responsável pela área da igualdade, até ao final do primeiro trimestre do ano subsequente.

(Redação dada pela Lei nº 42/2016, de 28-12)

CAPÍTULO VII
Disposições finais

ARTIGO 81º
Disposições transitórias

1 – Até à sua revisão, mantém-se em vigor, com as necessárias adaptações, o Decreto Regulamentar nº 1/2006, de 25 de janeiro.

2 – (*Revogado.*)

ARTIGO 82º
Disposição revogatória

São revogados a Lei nº 107/99, de 3 de agosto, e o Decreto-Lei nº 323/2000, de 19 de dezembro.

ARTIGO 83º
Regulamentação

1 – Os atos regulamentares necessários à execução da presente lei são aprovados pelo Governo no prazo de 180 dias.

2 – O modelo de documento comprovativo da atribuição do estatuto de vítima, previsto no nº 1 do artigo 14º, é aprovado por portaria dos membros do Governo responsáveis pelas áreas da cidadania e da igualdade de género, da administração interna e da justiça.

3 – As características dos sistemas tecnológicos de controlo à distância previstos no artigo 35º são aprovadas por portaria do membro do Governo responsável pela área da justiça.

4 – As condições de utilização inicial dos meios técnicos de teleassistência, previstos nos nºs 4 e 5 do artigo 20º, e dos meios de controlo à distância previstos no artigo 35º da presente lei, são fixados por portaria dos membros do Governo responsáveis pelas áreas da cidadania e da igualdade de género e da justiça.

5 – Os requisitos e qualificações necessários à habilitação dos técnicos de apoio à vítima previstos na alínea *c*) do artigo 2º são definidos por despacho dos membros do Governo responsáveis pelas áreas da cidadania e da igualdade de género, da justiça, da formação profissional e da solidariedade e segurança social.

ARTIGO 84º
Entrada em vigor

A presente lei entra em vigor 30 dias após a sua publicação.

Aprovada em 23 de Julho de 2009.

O Presidente da Assembleia da República, *Jaime Gama.*

Promulgada em 28 de Agosto de 2009.

Publique-se.

O Presidente da República, ANÍBAL CAVACO SILVA.

Referendada em 28 de Agosto de 2009.

O Primeiro-Ministro, *José Sócrates Carvalho Pinto de Sousa.*

Regime Jurídico das Ações Encobertas para Fins de Prevenção e Investigação Criminal

Lei nº 101/2001, de 25 de agosto

A Assembleia da República decreta, nos termos da alínea *c*) do artigo 161º da Constituição, para valer como lei geral da República, o seguinte:

ARTIGO 1º
Objecto

1 – A presente lei estabelece o regime das acções encobertas para fins de prevenção e investigação criminal.

2 – Consideram-se acções encobertas aquelas que sejam desenvolvidas por funcionários de investigação criminal ou por terceiro actuando sob o controlo da Política Judiciária para prevenção ou repressão dos crimes indicados nesta lei, com ocultação da sua qualidade e identidade.

ARTIGO 2º
Âmbito de aplicação

As acções encobertas são admissíveis no âmbito da prevenção e repressão dos seguintes crimes:

a) Homicídio voluntário, desde que o agente não seja conhecido;

b) Contra a liberdade e contra a autodeterminação sexual a que corresponda, em abstracto, pena superior a 5 anos de prisão, desde que o agente não seja conhecido, ou sempre que sejam expressamente referidos ofendidos menores de 16 anos ou outros incapazes;

c) Relativos ao tráfico e viciação de veículos furtados ou roubados;

d) Escravidão, sequestro e rapto ou tomada de reféns;

e) Tráfico de pessoas;

f) Organizações terroristas, terrorismo, terrorismo internacional e financiamento do terrorismo;

g) Captura ou atentado à segurança de transporte por ar, água, caminho-de-ferro ou rodovia a que corresponda, em abstracto, pena igual ou superior a 8 anos de prisão;

h) Executados com bombas, granadas, matérias ou engenhos explosivos, armas de fogo e objectos armadilhados, armas nucleares, químicas ou radioactivas;

i) Roubo em instituições de crédito, repartições da Fazenda Pública e correios;

j) Associações criminosas;

l) Relativos ao tráfico de estupefacientes e de substâncias psicotrópicas;

m) Branqueamento de capitais, outros bens ou produtos;

n) Corrupção, peculato e participação económica em negócio e tráfico de influências;

o) Fraude na obtenção ou desvio de subsídio ou subvenção;

p) Infracções económico-financeiras cometidas de forma organizada ou com recurso à tecnologia informática;

q) Infracções económico-financeiras de dimensão internacional ou transnacional;

r) Contrafacção de moeda, títulos de créditos, valores selados, selos e outros valores equiparados ou a respectiva passagem;

s) Relativos ao mercado de valores mobiliários.

(Redação dada pela Lei nº 61/2015, de 24-06)

ARTIGO 3º
Requisitos

1 – As acções encobertas devem ser adequadas aos fins de prevenção e repressão criminais identificados em concreto, nomeadamente a descoberta de material probatório, e proporcionais quer àquelas finalidades quer à gravidade do crime em investigação.

2 – Ninguém pode ser obrigado a participar em acção encoberta.

3 – A realização de uma acção encoberta no âmbito do inquérito depende de prévia autorização do competente magistrado do Ministério Público, sendo obrigatoriamente comunicada ao juiz de instrução e considerando-se a mesma validada se não for proferido despacho de recusa nas setenta e duas horas seguintes.

4 – Se a acção referida no número anterior decorrer no âmbito da prevenção criminal, é competente para autorização o juiz de instrução criminal, mediante proposta do Ministério Público.

5 – Nos casos referidos no número anterior, a competência para a iniciativa e a decisão é, respectivamente, do magistrado do Ministério Público junto do Departamento Central de Investigação e Acção Penal e do juiz do Tribunal Central de Instrução Criminal.

6 – A Polícia Judiciária fará o relato da intervenção do agente encoberto à autoridade judiciária competente no prazo máximo de quarenta e oito horas após o termo daquela.

ARTIGO 4º
Protecção de funcionário e terceiro

1 – A autoridade judiciária só ordenará a junção ao processo do relato a que se refere o nº 5 do artigo 3º se a reputar absolutamente indispensável em termos probatórios.

2 – A apreciação da indispensabilidade pode ser remetida para o termo do inquérito ou da instrução, ficando entretanto o expediente, mediante prévio registo, na posse da Polícia Judiciária.

3 – Oficiosamente ou a requerimento da Polícia Judiciária, a autoridade judiciária competente pode, mediante decisão fundamentada, autorizar que o agente encoberto que tenha actuado com identidade fictícia ao abrigo do artigo 5º da presente lei preste depoimento sob esta identidade em processo relativo aos factos objecto da sua actuação.

4 – No caso de o juiz determinar, por indispensabilidade da prova, a comparência em audiência de julgamento do agente encoberto, observará sempre o disposto na segunda parte do nº 1 do artigo 87º do Código de Processo Penal, sendo igualmente aplicável o disposto na Lei nº 93/99, de 14 de Julho.

ARTIGO 5º
Identidade fictícia

1 – Para o efeito do nº 2 do artigo 1º, os agentes da polícia criminal podem actuar sob identidade fictícia.

2 – A identidade fictícia é atribuída por despacho do Ministro da Justiça, mediante proposta do director nacional da Polícia Judiciária.

3 – A identidade referida no número anterior é válida por um período de seis meses prorrogáveis por períodos de igual duração, ficando o funcionário de investigação criminal a quem a mesma for atribuída autorizado a, durante aquele período, actuar sob a identidade fictícia, quer no exercício da concreta investigação quer genericamente em todas as circunstâncias do tráfico jurídico e social.

4 – O despacho que atribui a identidade fictícia é classificado de secreto e deve incluir a referência à verdadeira identidade do agente encoberto.

5 – Compete à Polícia Judiciária gerir e promover a actualização das identidade fictícias outorgadas nos termos dos números anteriores.

ARTIGO 6º
Isenção de responsabilidade

1 – Não é punível a conduta do agente encoberto que, no âmbito de uma acção encoberta, consubstancie a prática de actos preparatórios ou de execução de uma infracção em qualquer forma de comparticipação diversa da instigação e da autoria mediata, sempre que guarde a devida proporcionalidade com a finalidade da mesma.

2 – Se for instaurado procedimento criminal por acto ou actos praticados ao abrigo do disposto na presente lei, a autoridade judiciária competente deve, logo que tenha

conhecimento de tal facto, requerer informação à autoridade judiciária que emitiu a autorização a que se refere o nº 3 do artigo 3º

ARTIGO 7º
Legislação revogada

São revogados:

a) Os artigos 59º e 59º-A do Decreto-Lei nº 15/93, de 22 de Janeiro;

b) O artigo 6º da Lei nº 36/94, de 29 de Setembro.

Aprovada em 17 de Julho de 2001.

O Presidente da Assembleia da República, *António de Almeida Santos.*

Promulgada em 11 de Agosto de 2001.

Publique-se.

O Presidente da República, JORGE SAMPAIO.

Referendada em 16 de Agosto de 2001.

O Primeiro-Ministro, *António Manuel de Oliveira Guterres.*

Medidas de Combate à Criminalidade Organizada e Económico-Financeira

Lei nº 5/2002, de 11 de janeiro

Estabelece medidas de combate à criminalidade organizada e económico--financeira e procede à segunda alteração à Lei nº 36/94, de 29 de Setembro, alterada pela Lei nº 90/99, de 10 de Julho, e quarta alteração ao Decreto-Lei nº 325/95, de 2 de Dezembro, alterado pela Lei nº 65/98, de 2 de Setembro, pelo Decreto-Lei nº 275-A/2000, de 9 de Novembro, e pela Lei nº 104/2001, de 25 de Agosto.

A Assembleia da República decreta, nos termos da alínea *c*) do artigo 161º da Constituição, para valer como lei geral da República, o seguinte:

....

Aprovada em 31 de Outubro de 2001.

O Presidente da Assembleia da República, *António de Almeida Santos.*

Promulgada em 19 de Dezembro de 2001.

Publique-se.

O Presidente da República, JORGE SAMPAIO.

Referendada em 27 de Dezembro de 2001.

O Primeiro-Ministro, *António Manuel de Oliveira Guterres.*

Medidas de Combate à Criminalidade Organizada e Económico-Financeira*

CAPÍTULO I

ARTIGO 1º
Âmbito de aplicação

1 – A presente lei estabelece um regime especial de recolha de prova, quebra do segredo profissional e perda de bens a favor do Estado, relativa aos crimes de:

a) Tráfico de estupefacientes, nos termos dos artigos 21º a 23º e 28º do Decreto-Lei nº 15/93, de 22 de janeiro;

b) Terrorismo, organizações terroristas, terrorismo internacional e financiamento do terrorismo;

c) Tráfico de armas;

d) Tráfico de influência;

e) Recebimento indevido de vantagem;

f) Corrupção ativa e passiva, incluindo a praticada nos setores público e privado e no comércio internacional, bem como na atividade desportiva;

g) Peculato;

h) Participação económica em negócio;

i) Branqueamento de capitais;

j) Associação criminosa;

l) Pornografia infantil e lenocínio de menores;

m) Dano relativo a programas ou outros dados informáticos e a sabotagem informática, nos termos dos artigos 4º e 5º da Lei nº 109/2009, de 15 de setembro, e ainda o acesso ilegítimo a sistema informático, se tiver produzido um dos resultados previstos no nº 4 do artigo 6º daquela lei, for realizado com recurso a um dos instrumentos referidos ou integrar uma das condutas tipificadas no nº 2 do mesmo artigo;

n) Tráfico de pessoas;

o) Contrafação de moeda e de títulos equiparados a moeda;

p) Lenocínio;

* Texto de acordo com a republicação da Lei nº 30/2017, de 30 de maio.

q) Contrabando;

r) Tráfico e viciação de veículos furtados.

2 – O disposto na presente lei só é aplicável aos crimes previstos nas alíneas *p*) a *r*) do número anterior se o crime for praticado de forma organizada.

3 – O disposto nos capítulos II e III é ainda aplicável aos demais crimes referidos no nº 1 do artigo 1º da Lei nº 36/94, de 29 de setembro.

4 – O disposto na secção II do capítulo IV é ainda aplicável aos crimes previstos na Lei nº 109/2009, de 15 de setembro, quando não abrangidos pela alínea *m*) do nº 1 do presente artigo.

CAPÍTULO II
Segredo profissional

ARTIGO 2º
Quebra de segredo

1 – Nas fases de inquérito, instrução e julgamento de processos relativos aos crimes previstos no artigo 1º, o segredo profissional dos membros dos órgãos sociais das instituições de crédito, sociedades financeiras, instituições de pagamento e instituições de moeda eletrónica, dos seus empregados e de pessoas que a elas prestem serviço, bem como o segredo dos funcionários da administração fiscal, cedem, se houver razões para crer que as respetivas informações têm interesse para a descoberta da verdade.

2 – Para efeitos da presente lei, o disposto no número anterior depende unicamente de ordem da autoridade judiciária titular da direção do processo, em despacho fundamentado.

3 – O despacho previsto no número anterior identifica as pessoas abrangidas pela medida e especifica as informações que devem ser prestadas e os documentos que devem ser entregues, podendo assumir forma genérica para cada um dos sujeitos abrangidos quando a especificação não seja possível.

4 – Se não for conhecida a pessoa ou pessoas titulares das contas ou intervenientes nas transações é suficiente a identificação das contas e transações relativamente às quais devem ser obtidas informações.

5 – Quando se trate de informações relativas a arguido no processo ou a pessoa coletiva, o despacho previsto no nº 2 assume sempre forma genérica, abrangendo:

a) Informações fiscais;

b) Informações relativas a contas bancárias ou a contas de pagamento e respetivos movimentos, de que o arguido ou pessoa coletiva sejam titulares ou cotitulares, ou em relação às quais disponham de poderes para efetuar movimentos;

c) Informações relativas a transações bancárias e financeiras, incluindo operações de pagamento e de emissão, distribuição e reembolso de moeda eletrónica, em que o arguido ou a pessoa coletiva sejam intervenientes;

d) Identificação dos outros intervenientes nas operações referidas nas alíneas *b*) e *c*);

e) Documentos de suporte das informações referidas nos números anteriores.

6 – Para cumprimento do disposto nos números anteriores, as autoridades judiciárias e os órgãos de polícia criminal com competência para a investigação têm acesso às bases de dados da administração fiscal.

ARTIGO 3º
Procedimento relativo a instituições de crédito, sociedades financeiras, instituições de pagamento e instituições de moeda eletrónica

1 – Após o despacho previsto no artigo anterior, a autoridade judiciária ou, por sua delegação, o órgão de polícia criminal com competência para a investigação, solicitam às instituições de crédito, às sociedades financeiras, às instituições de pagamento ou às instituições de moeda eletrónica as informações e os documentos de suporte, ou sua cópia, que sejam relevantes.

2 – As instituições de crédito, as sociedades financeiras, as instituições de pagamento e as instituições de moeda eletrónica são obrigadas a fornecer os elementos solicitados, no prazo de:

a) 5 dias, quanto a informações disponíveis em suporte informático;

b) 30 dias, quanto aos respetivos documentos de suporte e a informações não disponíveis em suporte informático, prazo que é reduzido a metade caso existam arguidos detidos ou presos.

3 – Se o pedido não for cumprido dentro do prazo, ou houver fundadas suspeitas de que tenham sido ocultados documentos ou informações, a autoridade judiciária titular da direção do processo procede à apreensão dos documentos, mediante autorização, na fase de inquérito, do juiz de instrução.

4 – Os documentos que não interessem ao processo são devolvidos à entidade que os forneceu ou destruídos, quando não se trate de originais, lavrando-se o respetivo auto.

5 – Se as instituições referidas no nº 1 não forem conhecidas, a autoridade judiciária titular da direção do processo solicita ao Banco de Portugal a difusão do pedido de informações.

6 – As instituições de crédito, sociedades financeiras, instituições de pagamento ou instituições de moeda eletrónica indicam à Procuradoria-Geral da República uma entidade central responsável pela resposta aos pedidos de informação e de documentos.

ARTIGO 4º
Controlo de contas bancárias e de contas de pagamento

1 – O controlo de conta bancária ou de conta de pagamento obriga a respetiva instituição de crédito, instituição de pagamento ou instituição de moeda eletrónica a comunicar quaisquer movimentos sobre a conta à autoridade judiciária ou ao órgão de polícia criminal dentro das vinte e quatro horas subsequentes.

2 – O controlo de conta bancária ou de conta de pagamento é autorizado ou ordenado, consoante os casos, por despacho do juiz, quando tiver grande interesse para a descoberta da verdade.

3 – O despacho referido no número anterior identifica a conta ou contas abrangidas pela medida, o período da sua duração e a autoridade judiciária ou órgão de polícia criminal responsável pelo controlo.

4 – O despacho previsto no nº 2 pode ainda incluir a obrigação de suspensão de movimentos nele especificados, quando tal seja necessário para prevenir a prática de crime de branqueamento de capitais.

5 – A suspensão cessa se não for confirmada por autoridade judiciária, no prazo de 48 horas.

ARTIGO 5º
Obrigação de sigilo

As pessoas referidas no nº 1 do artigo 2º ficam vinculadas pelo segredo de justiça quanto aos atos previstos nos artigos 2º a 4º de que tomem conhecimento, não podendo, nomeadamente, divulgá-los às pessoas cujas contas são controladas ou sobre as quais foram pedidas informações ou documentos.

CAPÍTULO III
Outros meios de produção de prova

ARTIGO 6º
Registo de voz e de imagem

1 – É admissível, quando necessário para a investigação de crimes referidos no artigo 1º, o registo de voz e de imagem, por qualquer meio, sem consentimento do visado.

2 – A produção destes registos depende de prévia autorização ou ordem do juiz, consoante os casos.

3 – São aplicáveis aos registos obtidos, com as necessárias adaptações, as formalidades previstas no artigo 188º do Código de Processo Penal.

CAPÍTULO IV
Perda de bens a favor do Estado

SECÇÃO I
Perda alargada

ARTIGO 7º
Perda de bens

1 – Em caso de condenação pela prática de crime referido no artigo 1º, e para efeitos de perda de bens a favor do Estado, presume-se constituir vantagem de ati-

vidade criminosa a diferença entre o valor do património do arguido e aquele que seja congruente com o seu rendimento lícito.

2 – Para efeitos desta lei, entende-se por «património do arguido» o conjunto dos bens:

a) Que estejam na titularidade do arguido, ou em relação aos quais ele tenha o domínio e o benefício, à data da constituição como arguido ou posteriormente;

b) Transferidos para terceiros a título gratuito ou mediante contraprestação irrisória, nos cinco anos anteriores à constituição como arguido;

c) Recebidos pelo arguido nos cinco anos anteriores à constituição como arguido, ainda que não se consiga determinar o seu destino.

3 – Consideram-se sempre como vantagens de atividade criminosa os juros, lucros e outros benefícios obtidos com bens que estejam nas condições previstas no artigo 111º do Código Penal.

ARTIGO 8º
Promoção da perda de bens

1 – O Ministério Público liquida, na acusação, o montante apurado como devendo ser perdido a favor do Estado.

2 – Se não for possível a liquidação no momento da acusação, ela pode ainda ser efetuada até ao 30º dia anterior à data designada para a realização da primeira audiência de discussão e julgamento, sendo deduzida nos próprios autos.

3 – Efetuada a liquidação, pode esta ser alterada dentro do prazo previsto no número anterior se houver conhecimento superveniente da inexatidão do valor antes determinado.

4 – Recebida a liquidação, ou a respetiva alteração, no tribunal, é imediatamente notificada ao arguido e ao seu defensor.

ARTIGO 9º
Prova

1 – Sem prejuízo da consideração pelo tribunal, nos termos gerais, de toda a prova produzida no processo, pode o arguido provar a origem lícita dos bens referidos no nº 2 do artigo 7º

2 – Para os efeitos do número anterior é admissível qualquer meio de prova válido em processo penal.

3 – A presunção estabelecida no nº 1 do artigo 7º é ilidida se se provar que os bens:

a) Resultam de rendimentos de atividade lícita;

b) Estavam na titularidade do arguido há pelo menos cinco anos no momento da constituição como arguido;

c) Foram adquiridos pelo arguido com rendimentos obtidos no período referido na alínea anterior.

4 – Se a liquidação do valor a perder em favor do Estado for deduzida na acusação, a defesa deve ser apresentada na contestação. Se a liquidação for posterior à acusação, o prazo para defesa é de 20 dias contados da notificação da liquidação.

5 – A prova referida nos nºs 1 a 3 é oferecida em conjunto com a defesa.

ARTIGO 10º
Arresto

1 – Para garantia do pagamento do valor determinado nos termos do nº 1 do artigo 7º, é decretado o arresto de bens do arguido.

2 – A todo o tempo, logo que apurado o montante da incongruência, se necessário ainda antes da própria liquidação, quando se verifique cumulativamente a existência de fundado receio de diminuição de garantias patrimoniais e fortes indícios da prática do crime, o Ministério Público pode requerer o arresto de bens do arguido no valor correspondente ao apurado como constituindo vantagem de atividade criminosa.

3 – O arresto é decretado pelo juiz, independentemente da verificação dos pressupostos referidos no nº 1 do artigo 227º do Código de Processo Penal, se existirem fortes indícios da prática do crime.

4 – Em tudo o que não contrariar o disposto na presente lei é aplicável ao arresto o regime do arresto preventivo previsto no Código de Processo Penal.

ARTIGO 11º
Modificação e extinção do arresto

1 – O arresto cessa se for prestada caução económica pelo valor referido no nº 1 do artigo anterior.

2 – Se, em qualquer momento do processo, for apurado que o valor suscetível de perda é menor ou maior do que o inicialmente apurado, o Ministério Público requer, respetivamente, a redução do arresto ou a sua ampliação.

3 – O arresto ou a caução económica extinguem-se com a decisão final absolutória.

ARTIGO 12º
Declaração de perda

1 – Na sentença condenatória, o tribunal declara o valor que deve ser perdido a favor do Estado, nos termos do artigo 7º

2 – Se este valor for inferior ao dos bens arrestados ou à caução prestada, são um ou outro reduzidos até esse montante.

3 – Se não tiver sido prestada caução económica ou esta não for suficiente, o arguido pode pagar voluntariamente o montante referido no número anterior, ou o valor remanescente, nos 10 dias subsequentes ao trânsito em julgado da sentença, extinguindo-se o arresto com esse pagamento.

4 – Não se verificando o pagamento, são perdidos a favor do Estado os bens arrestados.

5 – Não havendo bens arrestados ou não sendo suficiente o seu valor para liquidar esse montante, havendo outros bens disponíveis, o Ministério Público instaura execução.

ARTIGO 12º-A
Investigação financeira ou patrimonial

Para identificação e rastreio do património incongruente nos termos do artigo 7º, a investigação financeira ou patrimonial pode realizar-se depois de encerrado o inquérito nos casos previstos no nº 2 do artigo 8º e, para efeitos da execução instaurada nos termos do disposto no nº 5 do artigo anterior, mesmo depois da condenação, com os limites previstos no artigo 112º-A do Código Penal, aplicando-se os termos da execução por custas.

SECÇÃO II
Perda de instrumentos

ARTIGO 12º-B
Perda de instrumentos

1 – Os instrumentos de facto ilícito típico referido no artigo 1º são declarados perdidos a favor do Estado ainda que não ponham em perigo a segurança das pessoas, a moral ou a ordem públicas, nem ofereçam sério risco de ser utilizados para o cometimento de novos factos ilícitos típicos.

2 – Em tudo o que não contrariar o disposto no número anterior, é aplicável à perda dos instrumentos aí prevista o disposto no Código Penal ou em legislação especial.

CAPÍTULO V
Regime sancionatório

ARTIGO 13º
Falsidade de informações

1 – Quem, sendo membro dos órgãos sociais de instituição de crédito, sociedade financeira, instituição de pagamento ou instituição de moeda eletrónica, ou seu empregado, ou a elas prestando serviço, ou funcionário da administração fiscal, fornecer informações ou entregar documentos falsos ou deturpados no âmbito de procedimento ordenado nos termos do capítulo II é punido com pena de prisão de 6 meses a 3 anos ou multa não inferior a 60 dias.

2 – Na mesma pena incorre quem, sem justa causa, se recusar a prestar informações ou a entregar documentos ou obstruir a sua apreensão.

ARTIGO 14º
Contraordenações

1 – Constitui contraordenação, punível com coima de € 750 a € 750 000, o incumprimento das obrigações previstas no capítulo II, por parte das instituições de crédito, sociedades financeiras, instituições de pagamento ou instituições de moeda eletrónica.

2 – Caso o incumprimento seja reiterado, os limites máximo e mínimo da coima são elevados para o dobro.

3 – Em caso de negligência, o montante máximo da coima é reduzido a metade.

4 – A instrução dos processos de contraordenações previstas nos números anteriores é da competência, relativamente a cada entidade, da autoridade encarregue da supervisão do respetivo sector.

5 – Compete ao Ministro das Finanças a aplicação das sanções previstas nos nºs 1 a 3.

CAPÍTULO VI
Disposições finais

ARTIGO 15º
Norma revogatória

São revogados:

a) O artigo 5º da Lei nº 36/94, de 29 de setembro, na redação que lhe foi dada pela Lei nº 90/99, de 10 de julho;

b) O artigo 19º do Decreto-Lei nº 325/95, de 2 de dezembro.

ARTIGO 16º
Entrada em vigor

A presente lei entra em vigor 30 dias após a sua publicação.

ÍNDICE ANALÍTICO DO CÓDIGO DE PROCESSO PENAL

ÍNDICE-SUMÁRIO

LEGISLAÇÃO COMPLEMENTAR

CÓDIGO DA EXECUÇÃO DAS PENAS
E MEDIDAS PRIVATIVAS DA LIBERDADE

SUMÁRIO